'HIR OES I'R IAITH'

Agweddau ar hanes y Gymraeg a'r gymdeithas

Robert Owen Jones

Argraffiad cyntaf— Mawrth 1997

ISBN 1 85902 426 2

Argraffwyd gan Wasg Gomer, Llandysul, Ceredigion

Cyflwynaf y gyfrol hon i
Nest fy ngwraig ac i'n plant,
Ioan, Catrin, Lowri, Luned a Dafydd.

CYNNWYS

RHAGAIR

Cymerodd y gyfrol hon flynyddoedd i ddod i olau dydd, ond nid ar gyfer cyhoeddi y dechreuais chwilota a dadansoddi, ond ar gyfer seminarau â sawl cenhedlaeth o fyfyrwyr yn Adran y Gymraeg Coleg y Brifysgol Abertawe. Ugain mlynedd yn ôl caniataodd yr Athro D. Ellis Evans imi gynnig cwrs ar dafodieitheg i fyfyrwyr y dosbarth Anrhydedd. Cafwyd ymateb da ac aeth y cwrs o nerth i nerth. Pan oedd sôn yn ddiweddarach am radd yn y Gymraeg ac Astudiaethau Busnes, cynigiais gwrs ar iaith yn ei chyd-destun. Bu'r Athro Brynley F. Roberts yntau hefyd yn daer am imi drosi'r darlithoedd yn llyfr. Plannwyd yr had ac o dipyn i beth dechreuodd egino gan beri imi ymestyn, ac ailwampio'r cwrs tymor yn gwrs blwyddyn. Y trydydd Athro y gweithiais ag ef—Yr Athro Hywel Teifi Edwards oedd y nesaf i yrru'r maen i'r wal. Perswadiodd fi yn gwbl Philistaidd i roi'r gorau i'm cyrsiau Cernyweg Canol a Llydaweg Canol a chynnig cwrs 'deche' ar gymdeithaseg iaith! Nid oedd deunydd darllen ar ieithyddiaeth gymdeithasegol ar gael yn y Gymraeg—dyna oedd y sialens!

Cefais bleser yn chwilota, yna'n traddodi a dehongli gan aros am ymateb y gynulleidfa ffyddlon bob bore Mawrth. O hynny y tyfodd y gyfrol hon ac iddynt hwy y genhedlaeth ifanc hon y ceisiais gyflwyno beth o rin a her iaith, yn arbennig felly iaith leiafrifol fel y Gymraeg.

'Rwy'n ddyledus i'm gwraig, Nesta, a'r plant i gyd am adael i mi ddianc mor gyson at y pentyrrau papurau ac am wrando arnaf yn cwyno a thuchan weithiau neu'n gorfoleddu ar adegau eraill. Heb eu hamynedd a'u cefnogaeth ni fyddai'r gwaith wedi dod yn ei flaen. Dymunaf ddiolch i'r Athro Hywel Teifi Edwards am ei anogaeth a'i frwdfrydedd ynglŷn â'r gwaith ac i'r Athro Dafydd Johnston am ei gefnogaeth ymarferol yntau. Gan fy mod yn gwbl anwybodus ac anllythrennog ym materion prosesydd geiriau ni allaswn fod wedi dodi trefn ar y llithoedd a'r pentyrrau papurau oni bai am fedrusrwydd arbennig Mrs. Gaynor Miles, Ysgrifenyddes yr Adran Gymraeg. Llwyddodd hi i greu teipysgrif gymen o lawysgrif traed brain. Mawr yw fy nyled iddi am ei diwydrwydd a'i safonau uchel. Diolchaf hefyd i'r Dr. Dyfed Elis Gruffydd o Wasg Gomer am ei gymorth parod a'i awgrymiadau gwerthfawr. Un mater yw ysgrifennu, camp arall yw gwisgo'r cyfan mewn diwyg gymen. Diolch i bawb.

ROBERT OWEN JONES
Mawrth 1996

IAITH A CHYMDEITHAS

Cefndir Clasurol astudio iaith

Mae traddodiad hir i astudio iaith yn Ewrop. Y Groegwyr oedd y rhai cyntaf i fynd ati i drafod iaith a cheisio ei disgrifio. Iddynt hwy 'roedd iaith yn rhan annatod o fywyd a thrwy ei deall byddai dyn yn dysgu llawer am ystyr a threfn bywyd hefyd. Canlyniad hyn oedd cryn ddamcaniaethu a dyfalu athronyddol ac o dipyn i beth crisialodd y gwahanol safbwynt-iau yn ddwy ysgol ar wahân a geisiai gael trefn ar ochr gyfathrebol bywyd dyn. Yr ymbalfalu, y dyfalu a'r athronyddu manwl hwn a roes fod i'r hyn a alwn ni bellach yn astudiaethau gramadegol.

Felly gwlad Groeg, ryw bedair canrif cyn Crist, oedd crud astudiaethau ieithyddol yn Ewrop ac yn wir datblygiadau ar y dechreuadau carbwl hyn fu sylfaen astudiaethau gramadegol yn Ewrop am ryw ddwy fil o flynyddoedd. Er mor arwynebol ac annigonol oedd y disgrifiadau cynharaf 'roedd meddwl ymchwilgar y Groegiaid yn ffactor gwbl allweddol i sicrhau cynnydd. Dyma a ddywed Leonard Bloomfield (1935: 4) un o ieithyddwyr pwysicaf dechrau ein canrif ni: 'The Greeks had a gift of wondering about things that other people took for granted.' Beth oedd natur y camau cyntaf hyn? Heb os, eu hymgais i sefydlu rhannau ymadrodd oedd y man cychwyn— eu sylweddoliad bod modd torri llifeiriant llafar yn unedau llai a bod y rhain wedyn yn perthyn i wahanol ddosbarthiadau yn ôl eu patrymau a'u defnydd.

Y cyntaf o'r Groegiaid i drafod iaith oedd Aristotle (384-322 CC) a ddadleuodd fod geiriau'r iaith Roeg yn ymrannu'n dri dosbarth, sef enwau, geiriau traethiadol (berfau), a galwodd y gweddill yn gysyllteiriau. 'Roedd hwn yn ddosbarthiad amrwd efallai ond o leiaf dyma fan cychwyn i astudiaethau ieithyddol!

Haerodd y Stoiciaid yn y drydedd ganrif cyn Crist fod pedair rhan ymadrodd, sef enw, berf, cysylltair a bannod a'u prif reswm dros hyn oedd eu cred fod pedair lefel ar fywyd. Fel y digwydd 'roedd eu rhaniadau yn gwbl ddilys, ond nid astudiaeth o batrymau iaith a barodd hyn ond eu dyfaliadau athronyddol am natur ac ystyr bywyd ei hun. Gan fod iaith yn adlewyrchiad ar fywyd 'roedd yn gwbl deg chwilio am gyfatebiaethau! 'Roedd y gramadegau cynharaf hyn i gyd, felly, yn llawforynion i athroniaeth a'r argymhellion a'r disgrifiadau yn tarddu'n uniongyrchol o'r safbwyntiau hynny.

'Roedd tarddiad a natur iaith yn fater llosg ac allweddol. Haerai aelodau o garfan yr Ysgol Naturiol fod iaith wedi datblygu'n syml wrth i ddyn ymateb i'r hyn a welai o'i gwmpas. 'Roeddynt o'r farn fod cysylltiad seicolegol rhwng y gwrthrych a'r gair a'i dynodai a'r dyn a ddefnyddiodd y gair hwnnw am y tro cyntaf. Mae coeden yn dynodi math arbennig o dyfiant am mai dyna'r gair a lefarodd dyn pan welodd goeden am y tro cyntaf! Os hynny, paham y cafwyd geiriau gwahanol am yr un gwrthrych, er enghraifft, merch, girl, fille. Os ymateb naturiol i wrthrych a roes fodolaeth i air, yna paham y cawn ni'r fath amrywiaeth yn Ewrop heddiw? Paham y cawn ni gymaint o amrywiadau ar lafar yn y Gymraeg, megis merch, geneth, hogan, roces, croten, modan, lodes? Ateb yr Ysgol Naturiol i'r fath ddryswch oedd honni bod geiriau 'naturiol' yn tarddu o iaith wreiddiol y ddynoliaeth, ond gyda threigl y blynyddoedd cafodd y gwreiddiol ei lygru gan esgor ar amrywiaeth o eiriau gwahanol am yr un gwrthrych. Felly, dyma roi lle amlwg i'r gred fod rhai patrymau ieithyddol yn cynrychioli'r gwreiddiol, y pur, y gorau, a'r dilychwin a'r amrywiadau eraill i gyd yn ddiwerth a distatws. Ateb yr Ysgol Naturiol yng Ngroeg oedd honni mai'r iaith Roeg oedd yr iaith orau, urddasol ac effeithiol ac am hynny hi oedd yr iaith naturiol ac iaith wreiddiol y ddynoliaeth. Mae'n drawiadol sylwi yn y cyswllt hwn mor amlwg oedd balchder cenedlaethol yn y dadlau a'r tafoli. 'Roedd y rhesymoli yn un cylch caeëdig. Gan fod eu hiaith yn naturiol 'roedd felly yn urddasol, yn bur ac yn berffaith a byddai unrhyw batrwm gwahanol yn llygriadau ar y patrwm sylfaenol. Gan fod eu hiaith yn berffaith yna hi oedd yr iaith wreiddiol, naturiol. Ond mae'n rhaid inni gofio nad dwli a berthynai i'r Groegiaid yn unig oedd hyn. Briga i'r wyneb yr un math o resymoli mewn llefydd mor wahanol i'w gilydd â'r Aifft, China, Sweden, Yr Almaen a'r Alban.

Psammatichus[1] oedd brenin yr Aifft yn y seithfed ganrif cyn Crist. Nid oedd ei berthynas â'i gymdogion yn Phrygia yn un arbennig o gyfeillgar ac i fwydo'i falchder cenedlaethol ei hun penderfynodd brofi mai iaith ei wlad ef oedd yr un wreiddiol, naturiol a oedd felly yn rhagori o ran statws ar bob iaith arall. Gorchmynnodd i hen fugail gymryd efeilliaid rai misoedd oed i'w magu mewn man anghysbell lle yr oedd yn gofalu am ei braidd. Nid oeddynt i gael cysylltiad ag unrhyw fod dynol heblaw am y bugail wrth gwrs, ac yr oedd yntau dan lw i beidio siarad â hwy. Y gred wedyn oedd y byddai'r rhain yn sicr o dyfu i siarad yr iaith naturiol. Un diwrnod clywodd y bugail eu gair cyntaf, 'becos' a rhuthrodd yn wyllt i lys y brenin. Galwodd yntau ato ddynion doeth a dysgedigion ei deyrnas er mwyn chwilota am ystyr a tharddiad y gair 'becos'. Mewn amser cwblhaodd y rhain eu gwaith ond nid oedd ganddynt newyddion da i'r brenin. Cytunasant mai gair Phrygia am fara oedd 'becos' ac 'roedd gorfod cydnabod hyn yn gyfaddefiad agored fod iaith Phrygia yn uwch ei statws nag iaith yr Aifft. Ni feddyliasant o gwbl am y posibilrwydd amlwg mai ceisio dynwared sŵn y defaid a wnâi'r plant![2] Yn ôl pob tebyg cafwyd arbrawf cyffelyb yn 1493 dan orchymyn Iago IV, brenin yr Alban. Yn yr achos hwnnw dywedir i'r plentyn ddechrau llefaru'n huawdl yn yr Hebraeg (D. Crystal, 1971: 47). Brigodd yr un syniadau i'r wyneb droeon yn ystod yr ugain canrif ddiwethaf. Cyfeiriodd Otto Jespersen (1860-1943) at y fath ffenomena a oedd yn sylfaenedig ar ymateb greddfol dyn i'w amgylchfyd fel damcaniaeth 'bow-bow', 'pooh-pooh', 'ding-dong', 'yo-he-ho' neu 'la-la'.[3] Hyd yn oed pan nad oedd pwyslais ar gysylltiad seicolegol a chyntefig rhwng dyn ac iaith parhaodd y syniad drwy'r Oesoedd Canol ac i mewn i gyfnod y Dadeni Dysg mai'r iaith orau, yr un buraf a'r fwyaf persain oedd iaith wreiddiol y ddynoliaeth.

Un o ganlyniadau anochel y Dadeni Dysg oedd i bobl o wahanol genhedloedd ddechrau cysylltu â'i gilydd gan gynefino â seiniau ieithoedd estron. 'Roedd rhai geiriau mor debyg i'r geiriau cyfatebol yn eu hiaith hwy, ac eto'n gwbl groes i eiriau iaith arall. Paham tybed? Ceisiodd Andreas Kempe

(1622-89) gynnig ateb (M. Müller, 1862). Sylwodd ef fod y Ddaneg a'r Swedeg yn bur debyg i'w gilydd ac yn hollol wahanol i'r Ffrangeg. Honnodd i Dduw ym Mharadwys siarad y Swedeg tra siaradai Adda ac Efa y Ddaneg ond y Ffrangeg a glywid o enau'r sarff! Wrth gwrs, 'roedd y dehongliad yn egluro'n gwbl glir paham yr oedd y Ddaneg a'r Swedeg mor wahanol i'r Ffrangeg. Ond mae'n ddiddorol sylwi mai'r Swedeg ac nid y Ddaneg oedd iaith Duw—yr iaith berffaith, wrth gwrs—a gŵr o Sweden oedd Andreas Kempe! (D. Crystal, 1987: 7)

Yn yr unfed ganrif ar bymtheg ceisiodd J.G. Becanus o'r Iseldiroedd argyhoeddi'r byd mai'r Almaeneg oedd iaith wreiddiol y ddynoliaeth ac felly 'roedd pob iaith arall yn israddol iddi. (D. Crystal, 1971: 48) Ni ddefnyddiodd ef derminoleg y Groegwyr ynglŷn â gwedd naturiol a chyntefig yr iaith wreiddiol ond yn sicr coleddai'r syniad mai'r iaith wreiddiol oedd yr un berffeithiaf a dilwgr. Yn ei dyb ef 'roedd yr Almaeneg yn iaith 'bur' a cham bychan wedyn oedd cyhoeddi mai hi oedd iaith wreiddiol y byd. Ond 'roedd hanes Tŵr Babel a gweithred Duw yn gwahanu'r holl ieithoedd yn broblem yr oedd yn rhaid iddo rywfodd ei goresgyn. Pan aethpwyd ati i adeiladu Tŵr Babel ni chytunai un garfan â'r fath gynllun a chadwasant draw. Trwy hynny ni ddaethant dan felltith Duw ac o'r herwydd hwy yn unig a gadwodd yr iaith wreiddiol. Disgynyddion i'r garfan ufudd honno oedd Almaenwyr ei ddydd!

Yn ystod y cyfnod hwn cyhoeddwyd dyfaliadau di-sail tebyg o sawl cyfeiriad ond yn sylfaen i bob un yr oedd y gred mai iaith bur yn unig a allai fod yn famiaith i lu o ieithoedd tebyg. Oherwydd eu statws ym myd dysg haerwyd droeon mai'r iaith Groeg neu Ladin oedd y cynsail i ieithoedd Ewrop. 'Roedd gwirionedd yn hynny yn achos rhai ieithoedd wrth gwrs, ond 'roedd yn sylfaen amhriodol i ieithoedd eraill. Mynnodd rhai mai'r Hebraeg oedd yr iaith wreiddiol a bod ieithoedd Ewrop yn enghreifftiau o lefaru Hebraeg o chwith, sef rhywbeth tebyg i'r hyn a elwir yn 'back slang' heddiw. Ysgrifennir a darllenir yr Hebraeg o'r ochr dde i'r chwith tra ceir y gwrthwyneb yn achos ieithoedd Ewrop i gyd. Felly 'roedd y cysyniad fod perthynas glòs rhwng iaith a'r dyn a'i siaradai yn bodoli o'r cyfnodau cynharaf, ond yn lle datblygu hynny gan ddisgrifio'r berthynas, llygad-dynnwyd y Groegwyr a'r rhai a'u dilynodd gan y syniad o iaith naturiol gyntefig a oedd hefyd yn iaith wreiddiol y byd.

Gelwir y garfan arall ymysg y Groegwyr yn Ysgol Gonfensiwn. Craidd eu safbwynt oedd y gred mai arferiad a chytundeb rhwng siaradwyr a benderfynasai eirfa a gramadeg iaith yn y gorffennol, a'r rhain oedd y grymoedd gweithredol ym mhob cyfnod. Nid cysylltiad seicolegol oedd yn pennu natur iaith, ond defnydd effeithiol o'r patrymau trwy gytundeb rhwng aelodau'r gymdeithas. Taerent nad oedd unrhyw reswm dros batrwm arbennig i luosogi enwau, dyweder. Y ffaith bwysig oedd bod y siaradwyr a ddefnyddiai'r fath batrwm yn gytûn ynglŷn ag arwyddocâd gramadegol y gyfundrefn. O'r herwydd, gellid newid geiriau a chreu geiriau newydd cyhyd â bod cytundeb ymysg siaradwyr yr iaith. Gellid dileu patrymau anodd ac afreolaidd a gellid cadw rhai eraill am eu bod yn fwy urddasol. 'Roedd yr ysgol hon yn bendant o blaid rhyddid i ddysgedigion i newid a chymhennu patrymau iaith. Wrth gwrs 'roedd perygl yn hyn, na fyddai'r iaith yn cael ei disgrifio yn union fel y defnyddid hi, ond yn hytrach yn ôl syniadau a safbwyntiau'r gramadegydd unigol. Gan mai cytundeb oedd yr elfen weithredol, gallai'r gramadegydd annog dychwelyd at hen ffurfiau, neu greu patrymau newydd am eu bod yn well! Ar y cyfan tueddai'r ysgol hon i edrych yn ôl gan geisio cadw hen ffurfiau a dileu patrymau afreolaidd pan ddigwyddent. Fel yr Ysgol Naturiol 'roedd yr ysgol hon eto yn gryf o'r farn bod y cysylltiad rhwng dyn ac iaith yn allweddol, ond yn lle disgrifio iaith o fewn cyd-destun cymdeithas, yn lle disgrifio iaith fel y defnyddid hi, tueddid i roi amlinelliad o iaith fel y dylai gael ei defnyddio. Yn hynny o beth 'roedd eu pwyslais yn gwbl normadol, gan gynhyrchu gramadeg a ddyfarnai o blaid yr hyn a ystyrid yn dda, yn llenyddol ac yn urddasol.

Mae'n debyg mai'r enghraifft orau o astudiaethau iaith y Groegiaid oedd eiddo Dionysius Thrax. Perthynai ef i gylch o ddysgedigion a drigai yn Alexandria yn y drydedd ganrif cyn Crist. Yn eu gwaith hwy cyrhaeddodd astudiaethau iaith yn yr hen fyd eu pen llanw, a'r pwyslais a'r fframwaith a amlinellwyd ganddynt oedd y rhai a drosglwyddwyd dros ysgwydd y canrifoedd i orllewin Ewrop. Sefydlodd Thrax wyth rhan ymadrodd ar gyfer Groeg a sail ei ddatganiadau oedd Groeg Clasurol—gweithiau llenyddol Homer. Sefydlodd ei reolau ar Roeg cyfnod arall oherwydd ei fod yn tybio mai'r cyfrwng llenyddol hwnnw oedd yr iaith bur a'r hyn a siaradai ei gyfoedion yn wyriadau isradd ar y patrwm perffaith, clasurol. Dan ei law ef, tyfodd gramadeg i fod yn gyfrwng i ddeall llenyddiaeth fawr ac i ysgrifennu'n gelfydd, yn hytrach nag yn ddisgrifiad effeithiol o'r iaith gyfoes. Fel amlinelliad o iaith 'roedd y Gramadeg yn un effeithiol a thrylwyr ac oherwydd hynny daethpwyd i gredu fod astudiaethau gramadegol wedi cyrraedd eu llawn dwf. Nid oedd angen holi nac ymchwilio ymhellach gan fod y fframwaith delfrydol eisoes yn eu gafael. Cam bychan iawn wedyn oedd haeru bod y fframwaith yn addas ar gyfer pob iaith. Dyna ddigwyddodd yn achos y Lladin. Benthycwyd y fframwaith yn ei grynswth o Roeg, ac yn rhai o ramadegau cynharaf y Lladin cynhwyswyd adran ar gyfer y fannod, er na fodolai'r fath ran ymadrodd yn iaith Rhufain! Gydag amser addaswyd y fframwaith ar gyfer y Lladin. 'Roedd hynny'n ddigon effeithiol, yn bennaf am fod strwythur y Lladin a'r Roeg yn ddigon tebyg i'w gilydd.

Un gwendid mawr yn astudiaethau gramadegol gorllewin Ewrop erbyn cyfnod yr Ymerodraeth Rufeinig oedd bod astudio iaith wedi datblygu'n wyddor haniaethol. 'Roedd wedi ei hysgaru'n llwyr oddi wrth y myrddiynau a siaradai'r iaith yn feunyddiol, wedi ei dyrchafu a'i chaethiwo o fewn llenyddiaeth a byd gwŷr dysg. I'r Rhufeinwyr 'roedd y gair gramadeg yn golygu'r gelfyddyd o ddarllen ac ysgrifennu'n gain. Dyma oedd y patrwm a drosglwyddwyd i ieithoedd gorllewin Ewrop pan ddechreuodd ysgolheigion ymddiddori yn eu hieithoedd eu hunain yng nghyfnod y Dadeni Dysg. Dim ond un amrywiad ar iaith a drafodid, a'r un llenyddol oedd hwnnw fynychaf. Yn lle disgrifio 'roedd y pwyslais ar ddeddfu, ac ar frydiau cafwyd ymgais amrwd i orfodi iaith i mewn i fframwaith gramadegol y Lladin.

Astudio'r Gymraeg

Mae'r gramadeg hynaf ar glawr a chadw yn y Gymraeg, eiddo Einion Offeiriad, yn enghraifft gampus o'r tueddiad cibddall hwnnw. Nid disgrifiad o briod deithi'r Gymraeg a geir yn y Dwned ond cyfieithiad i'r Gymraeg o ramadeg Lladin Donatws o'r bedwaredd ganrif. Cymreigiad ar enw'r ysgolhaig hwnnw yw y Dwned, sef teitl gramadeg Einion. Nid oedd o unrhyw werth i ddysgu'r cywion beirdd i ddefnyddio'r Gymraeg yn fwy effeithiol, ac nid oedd ychwaith yn gyfrwng iddynt ddysgu'r Lladin. Dichon mai ei brif bwrpas oedd profi cof beirdd ieuainc! Pan gafwyd gramadegau yn yr iaith Gymraeg 'roeddynt, fel y gellid disgwyl, o fewn fframwaith disgrifiadol a chysyniadol gramadegau'r byd clasurol. Y gwir yw na chafwyd unrhyw ddatblygiad o bwys yn nulliau astudio iaith yn Ewrop rhwng cyfnod Dionysius Thrax ac ymddangosiad Ieithyddiaeth Fodern yn yr ugeinfed ganrif.

Ni fynnwn awgrymu nad oes gwerth i'r gramadegau Cymraeg cynnar. I'r gwrthwyneb, mae rhai ohonynt yn arbennig o dreiddgar, ond rhaid pwysleisio mai cynnyrch eu hoes oedd gweithiau Gruffydd Robert, gramadeg John Davies, a gramadegau niferus y ganrif ddiwethaf. 'Roedd pob un ohonynt, yn union fel gramadegau ieithoedd eraill Ewrop, yn cynnwys gwahanol raddfeydd ar y pwyslais a geid yng ngramadeg Thrax. 'Roeddynt i gyd yn ceisio disgrifio patrymau'r hyn a ystyrient yn 'iaith orau'. Unffurfiaeth patrwm a gyflwynid. Rhywbeth a berthynai i'r cyfrwng ysgrifenedig oedd gramadeg. Nid oedd unrhyw berthynas rhwng y disgrifiadau hyn o'r amrywiad 'safonol' a'r trawstoriad o amrywiadau a geid bob dydd ym mywyd siaradwyr yr iaith. Aethai'r gramadegau yn ddisgrifiad o amrywiad haniaethol a chyfyng yn hytrach nag yn amlinelliad o sut yr oedd yr iaith yn gweithredu ym mywyd beunyddiol ei siaradwyr. Y tebyg yw mai Gramadeg William Owen Pughe, a gyhoeddwyd gyntaf yn 1803, ydyw'r enghraifft orau o ymyrryd â'r iaith gan gyflwyno patrymau mympwyol yr awdur ac nid rhai dilys siaradwyr y Gymraeg. I Pughe gwaith y gramadegydd oedd trwsio iaith ac adfer y ffurfiau coeth hynny a ddiflanasai oddi ar wefusau ei siaradwyr. Yn Pughe (1832) disgrifir amserau modd mynegol y ferf gan gysylltu o fewn yr un patrwm y berfau 'bod' a 'mynd' er enghraifft:

Amser Presennol

Awyf, awyt, ayw, aym, aych, aynt   I am going . . .
wyf, wyt, yw, ym, ych, ynt   I am . . .

Amherffaith

awn, ait, ai, aem, aech, aent   I was going . . .
oeddwn, oeddit, oedd, oeddem,
oeddech, oeddent   I was . . .

Perffaith

1. ais	aist	aes	aesam	aesach	aesant
2. aethym	aethost	aeth	aetham	aethach	aethach
3. athais	athaist	athoedd	atham	athach	athant
4. athwyf	athwyt	ethyw	ethym	ethych	ethynt
5. eddwyf	eddwyt	eddyw	eddym	eddych	eddynt
6. eisym	eist	aethws	aesom	aesoch	aesant
7. buais	buaist	bues	buasam	buasach	buasant
8. bum	buost	bu	buam	buach	buant

Yn y perffaith mae'n amlwg iddo gysylltu patrwm 1 (mynd) a phatrwm 7 (bod) ac yn yr un modd mae patrwm 2 ac 8 yn ymgysylltu. Yn 3, 4, 5 a 6 ceir rhediadau cymysg eraill sy'n amlwg ddigon yn adlewyrchiad teg o allu creadigol anhygoel yr awdur ei hun!

Edrych yn ôl a wnaeth John Morris-Jones a rhaid cydnabod bod stamp hanesyddol, llenyddol a normadol ar ei *Welsh Grammar Historical and Comparative* (1913). Yr hyn a wnaeth oedd diorseddu mympwyon yr unigolyn ynglŷn ag iaith, ac edrych ar batrymau fel y defnyddid hwy gan y beirdd a'r llenorion gorau. Llwyddodd i sefydlu orgraff a phatrymau llenyddol safonol i'r iaith. 'Roedd hyn fel y gwelir maes o law yn gymwynas amhrisiadwy i ffyniant yr iaith, ond disgrifiad o un wedd ar yr iaith ydyw. Nid oedd gan John Morris-Jones ddiddordeb ysol mewn amrywiadau tafodieithol er iddo gael ei benodi yn Ysgrifennydd y Gymdeithas Llafar Gwlad ar 11 Mai, 1889. Ymgais oedd y gymdeithas yn ôl y cofnodion swyddogol (Bangor 467A) i sefydlu 'Welsh Dialect Society in connection with the University College of North Wales'. Yn anffodus, ni fu llawer o lewyrch ar waith y gymdeithas. Ymddengys na lwyddodd i sicrhau cysylltwyr yn y gwahanol ardaloedd a allai gasglu deunydd dilys. Yn ei lythyr at y Gymdeithas yn Ebrill,

1890, dywed Edward Foulkes o Lanberis: 'I don't think that this part of Caernarvonshire has many well-marked peculiarities of dialect.' (Bangor MS 4671). Mae'n amlwg mai nodweddion anghyffredin ac anghyfarwydd oedd tafodiaith i'r gŵr bonheddig hwnnw. Tua'r un adeg derbyniwyd llythyr oddi wrth H. Ellis, y cysylltwr o Bennal, Machynlleth, a dyma oedd ei ymateb: 'Yr ydym wedi gwneud y casgliad a ganlyn wrth wrando ar ymadroddion fel nad ydym yn gwarantu eu bod oll yn nodweddiadol o'r ardaloedd ond yr oeddynt yn ddieithr i mi.' (467b) Felly y llinyn mesur y tro hwn oedd geirfa'r cysylltwr ei hun! Iddo ef, gair tafodieithol oedd unrhyw un na ddigwyddai yn ei lafar ef ei hun. Ymddengys i Gymdeithas Llafar Gwlad ddihoeni a chwalu o fewn tair blynedd i ddyddiad ei sefydlu, a hynny o bosibl am nad oedd y rhai a oedd ynglŷn â'r gwaith yn gwbl argyhoeddedig fod y tafodieithoedd yn rhan greiddiol o bob iaith, ac yn adlewyrchiad o'r grymoedd hynny sydd ar waith o fewn iaith. Oni cheir tafodieithoedd, yn wir ni cheir iaith fyw. Ond eto, fel y ceisiais ddangos 'roedd prif bwyslais y traddodiad ieithyddol hanesyddol ar ddisgrifio'r safonol a'r digyfnewid. Haniaeth ieithyddol oedd cynnyrch eu disgrifio ac yr oedd John Morris-Jones o fewn y traddodiad hwnnw, oherwydd yn *An Elementary Welsh Grammar* (1921: V) dengys ei safbwynt yn gwbl eglur: 'The written language has been corrupted not only under the influence of false etymological theories but in the opposite direction by the substitution of dialectal for literary forms . . . The value of the tradition is that it represents the language in a form which was everywhere recognised as pure and of which the various dialects represent different corruptions.' Efallai mai'r pwyslais ar sefydlu cyfrwng llenyddol derbyniol ac unffurf a barodd na chafwyd cynnydd ym maes astudiaethau tafodieithol yng Nghymru ar ddechrau'r ganrif hon. Ond rhaid cofio, serch hynny, nad yr amrywiad safonol llenyddol yw'r iaith Gymraeg; un amrywiad mewn cyd-destunau priodol yw'r llenyddol. Nid unffurfiaeth patrwm a geir mewn iaith fyw ond yn hytrach amrywiaeth dihysbydd sy'n codi o'r ffaith bod iaith yn rhan o gymdeithas, ac yn cael ei newid a'i ffurfio gan ffactorau cymdeithasol. Ar yr un pryd, y mae yn gyfrwng hynod o effeithiol i gyfleu ystyron cymdeithasol.

Bellach mae ieithyddiaeth fodern i raddau helaeth iawn fel y gramadegau traddodiadol yn ddadansoddiad o iaith o'r tu allan i'w chyd-destun cymdeithasol. Dyma ddywed P.P. Giglioli (1972: 8-9) am ieithyddiaeth ddamcaniaethol y ganrif hon: 'Mae'n rhagdybied bodolaeth cymunedau ieithyddol cwbl unffurf a phob un yn defnyddio patrymau ieithyddol diamrywiad. Ar sail y dybiaeth hon cais ieithyddiaeth ddamcaniaethol roi amlinelliad o reolau ieithyddol (heb ystyried y cyd-destun cymdeithasol) a'r rhai hynny'n cyfrif am ymddygiad ieithyddol sydd yn unffurf ac yn ddiamrywiad.'

Astudio'r Tafodieithoedd

Yn chwarter olaf y ganrif ddiwethaf dechreuwyd ystyried pwysigrwydd amrywiaeth o fewn iaith. Georg Wenker oedd yr un cyntaf i geisio cwmpasu tafodieithoedd yr Almaen a hynny ar lefel genedlaethol o'r flwyddyn 1877 ymlaen. Ar un olwg adwaith yn erbyn dulliau haearnaidd a haniaethol ysgol y Neo-Ramadegwyr o Brifysgol Leipzig oedd ei waith. Honnai y rhai hynny fod newid ieithyddol bob amser yn digwydd ar un pwynt mewn amser, yn effeithio ar bawb o siaradwyr yr iaith, ac yn gweithio drwy'r iaith i gyd. 'Roedd hyn yn rhagdybio'r amhosibl, sef fod siaradwyr yr iaith i gyd yn ymddwyn yn ieithyddol, yn yr un modd, ar yr un pryd â'i gilydd, a heb adael un enghraifft heb ei newid. Math o adwaith yn erbyn yr astudiaethau clinigol a haniaethol hyn oedd gwaith Wenker. 'Roedd y tafodieithoedd yn brawf eglur nad oedd pob siaradwr ar draws llawr gwlad yn siarad yn union yr un fath â'i gilydd. Nid unffurfiaeth, ond yn hytrach amrywiaeth a gynrychiolai'r realiti ieithyddol.

O waith Wenker datblygodd gwyddor tafodieitheg yng ngwledydd eraill Ewrop ac yn UDA a hynny yn bennaf i geisio dadlennu'r amrywiaeth o fewn iaith yn nhermau dosbarthiad daearyddol. Erbyn y chwe degau daeth ysgol-heigion yn UDA i weld fod cefndir cymdeithasol yr unigolyn lawn bwysiced â'r man y trigai ynddo.[4] Yng ngwaith Labov yn Efrog Newydd yn 1966 ceir yr enghraifft gyntaf o waith ieithyddol cymdeithasegol. Gallodd ef ddangos fod dosbarth cymdeithasol yn ffactor bwysig ym mhatrwm llafar y trigolion. Dangosodd, er enghraifft, fod digwyddiad [r] ynghanol ac ar ddiwedd gair yn nodwedd newydd yn Saesneg yr ardal ond yn un a ddechreuodd gyda'r dosbarth cymdeithasol uchaf ac a dreiddiodd ar raddfeydd gwahanol i lafar brodorion o ddosbarthiadau cymdeithasol is. Dangosodd hefyd fod digwyddiad [r] yn llafar pobl yn dibynnu ar yr union sefyllfa gymdeithasol y caent eu hunain ynddi. Ceid cynnydd wrth symud o'r sefyllfa anffurfiol i un ffurfiol neu gyhoeddus. Oddi ar hynny gwelwyd llawer mwy o waith tebyg, a bellach mae ieithyddiaeth gymdeithasegol yn gangen bwysig o astudiaethau ieithyddol.[5]

Nid digwyddiad sydyn oedd y sylweddoliad bod iaith a chymdeithas ynghlwm wrth ei gilydd. Hynny i raddau oedd y tu cefn i ymdrechion cynnar y Groegwyr ond fel y gwelsom symudodd y pwyslais tuag at y safonol, y ffurfiol a'r llenyddol.[6] Y gwir yw, wrth gwrs, na ellir cael cymdeithas heb iaith, ac ni all iaith fodoli heb gymdeithas o bobl i'w defnyddio. Mae iaith a chymdeithas yn anwahanadwy; dwy wedd ar yr un realiti ydynt. Yr hyn a wnaeth tafodieitheg ddaearyddol oedd dangos fod lleoliad daearyddol yn un ffactor bwysig sy'n dylanwadu ar lafar pobl.

Fel y crybwyllwyd, Georg Wenker oedd tad tafodieitheg a dechreuodd ar arolwg cenedlaethol o'r Almaeneg yn 1877. Dilynwyd ef gan Ferdinand Werde yn 1926 ac yna gan W.S. Mitzka yn 1939. Dechreuwyd cyhoeddi'r *Wortatlas* yn 1951 a chwblhawyd y gwaith gydag ymddangosiad yr ugeinfed gyfrol yn 1971. Gellir yn hawdd feirniadu'r arolwg ar dir dilysrwydd a chynrychioledd. Cymerodd y gwaith ganrif namyn chwe blynedd i'w gwblhau ac o'r herwydd nid oedd y deunydd a gasglwyd hanner can mlynedd a mwy ynghynt yn gynrychioliadol o'r ardaloedd hynny pan gyhoeddwyd y deunydd. Yn ogystal, rhaid amau a oedd y siaradwyr yn gynrychiolaeth deg o boblogaeth pob ardal. Y dybiaeth oedd y byddai llafar un neu ddau berson a holid ym mhob ardal yn cynrychioli tafodiaith y gymdogaeth. 'Roedd, felly, elfen gref o gyffredinoli ymhlyg yn y fethodoleg. Dyma'r union fframwaith a fabwysiadwyd gan Gilliéron yn ei arolwg tafodieithol yn Ffrainc (1896-1910) ac yn ddiweddarach hyfforddwyd gweithwyr yn ôl yr un dulliau ar gyfer arolwg tafodieithol o'r Unol Daleithiau a Chanada a ddechreuwyd yn New England dan gyfarwyddyd Hans Kurath yn 1930.

Nid yw *The Survey of English Dialects* (Orton, 1962) yn ddisgrifiad cyflawn na dilys o amrywiadau'r Saesneg. Cyfyngwyd y gwaith i ardaloedd gwledig yn unig a chanolbwyntiwyd y casglu ar batrymau'r henoed, dynion yn bennaf oherwydd '. . . in this country men speak vernacular far more frequently, more consistently and more genuinely than women . . .' (H. Orton, 1962: 15) Rhan allweddol yn y fethodoleg oedd y dybiaeth mai hen berson wedi byw ar hyd ei oes mewn cymdogaeth arbennig oedd y siaradwr gorau. Golygai hyn dderbyn y cyffrediniad fod y siaradwr yn gynrychiolydd dilys o boblogaeth yr ardal. Dyma sylfaen y rhan fwyaf o draethodau ymchwil ar dafodieitheg yng Nghymru rhwng 1926 a dechrau'r wythdegau. Y gwir yw, wrth gwrs, nad yw pawb mewn cymuned arbennig yn siarad yr un fath yn union â'i gilydd. Mae profiadau a chysylltiadau cymdeithasol, diddordebau a gogwydd diwylliannol yn rhwym o gael effaith ar lafar pobl o'r un genhedlaeth. Yn fy ngwaith ar dair tafodiaith (1967) holais nifer o siaradwyr yn Nyffryn Nantlle, Llanfachreth a Thyddewi. Dwy nodwedd yn unig a oedd yn gyffredin iddynt, sef eu bod wedi byw yn eu hardaloedd ar hyd eu hoes ac 'roeddynt i gyd yn bensiynwyr. Ond y gwir yw mai pobl o'r un teip oeddynt i gyd. Ni chefais siaradwyr nad oeddynt yn capela ac nad oeddynt yn darllen y Gymraeg. Mewn gwirionedd 'roedd ar gael yn Nyffryn Nantlle hen wragedd a gwŷr na fyddent byth yn capela ac nad oedd ganddynt ddiddordeb mewn llenyddiaeth na diwylliant Cymraeg. Ni chefais gynrychiolaeth o'r Clwb Bingo nac o blith mynychwyr Yr Afr neu'r Victoria Vaults! 'Roedd fy sampl siaradwyr felly yn ddiffygiol gan mai oedran a lleoliad daearyddol yn unig oedd fy meini prawf. Yn nhermau oedran, mae'n gwbl hysbys fod iaith o fewn y gymuned yn gallu amrywio'n fawr o batrymau'r to hynaf i batrymau plant. Byddai'n gwbl gywir honni hefyd nad patrymau statig yw patrymau iaith yr unigolyn. Drwy gydol ei oes bydd ei batrymau—ei idiolect—yn newid ac yn datblygu. Mewn gwirionedd mae'r idiolect, sef cyfanswm patrymau'r unigolyn, mor unigryw ag ydyw croen ei fysedd! Bydd ei batrymau yn debyg i idiolectau eraill ond yn sicr ni fydd yn cyfateb ym mhob nodwedd i idiolect person arall: '. . . no two speakers have the same language because no two speakers have the same experience of language.' (R.A. Hudson, 1980: 12).

Yn ôl Otto Jesperson (1946: 17), '. . . every individual conforms more or less exactly to an external norm. Every individual has a norm for his "parole" given him from without: it is given him in fact by his observation of the individual "paroles" of others.' Wrth ddechrau siarad, patrymau'r teulu yw'r norm i blant bychain ond wrth dyfu bydd y cylch cymdeithasol yn cynyddu a chyda hynny ceir cydymffurfio â'r patrymau sydd yn gyffredin i'w cyfoedion yn y cylch chwarae neu'r ysgol. Mae dylanwad cyfoedion yn gallu bod yn hynod o bwysig ond yn ôl W. Labov (1972a: 138) patrymau'r rhieni yw'r norm hyd at dair neu bedair blwydd oed. Yna hyd at dair blwydd ar ddeg patrymau cyfoedion yw'r prif ddylanwad ac wedyn ar ôl hynny patrymau oedolion yw'r norm.[7] Y pwynt pwysicaf i'w gofio yw fod rhai nodweddion yn ein cyfundrefn lafar yn rhwym o newid a datblygu yn ôl y gymdeithas yr ydym yn rhan ohoni a bydd rhai nodweddion lleol yn cael eu cadw ac eraill yn cael eu dileu neu eu haddasu.

Drwy gyfrwng ei iaith mae dyn yn mynegi llawer o wybodaeth gymdeithasol. Pan fo dyn yn siarad, rhydd syniad bras inni o ba ardal y daw. Byddai unrhyw un wrth wrando arnaf fi yn gallu dweud yn syth fy mod yn dod o'r gogledd yn rhywle. Pam tybed? Am fod cynifer o fanion yn fy iaith sy'n fy lleoli'n syth. Mae gennyf ddwy sain wahanol yn *tŷ* a *ti*, *gwely* a *gweli*, *mul* a *mil*, *canu* a *cani*, sef [i] ac [i]. Defnyddiaf *'rŵan, bwrdd, taid, allan* ac *igian* ond yng Nghwm Tawe, er enghraifft, ceir *'nawr, bord, tad-cu, mas* ac *icen*. O wrando'n fanylach fe glywid *cadar, petha, ista, isho* a *mae gin i*, a fyddai'n cyfateb i *cater, pethe, ishte, moin* a *ma da fi* yng Nghwm Tawe. Pan glywir [æ] hir gaeëdig fel yn 'ceth fech' mae'n bosibl lleoli'r siaradwr naill ai yn y canolbarth neu yn y de-ddwyrain. Os digwydd *cader* a *pethe* yn llafar person yna daw yn bendant o'r gogledd-ddwyrain, y canolbarth neu'r de-orllewin oherwydd yn y Wenhwyseg yn y de-ddwyrain ceid *cadar* a *petha*, hynny yw ni cheir [e] yn y sillaf olaf ddiacen. Yn hynny o beth mae'r de-ddwyrain yn ddigon tebyg i'r gogledd-orllewin. Ar bob lefel ieithyddol ceir gwahaniaethau rhwng gwahanol ardaloedd.

Llwyddodd Alan R. Thomas yn *Linguistic Geography of Wales* (1973) i ddangos mor gyfoethog yw amrywiadau geirfäol lleol yn y Gymraeg. Dengys ffigurau 1.1, 1.2 a 1.3 bod y ffin ogleddol/ddeheuol yn bur symudol. Dengys ffigurau 1.4, 1.5, 1.6 a 1.7 y modd y ceir geiriau wedi eu cyfyngu i nifer penodol o ardaloedd. Mewn nifer o astudiaethau geirfäol gan fyfyrwyr yn Adran y Gymraeg, Prifysgol Cymru Abertawe dangoswyd bod llawer o eiriau tafodieithol lleol henoed y chwedegau wedi cael eu herydu ymhellach erbyn hyn gan eiriau benthyg o'r Saesneg, er enghraifft *stingies* yn lle *danad*, *pimple* yn lle *tosyn*, *mumps* yn lle'r *dwymyn doben* neu gan air Cymraeg arall sydd yn eithaf eang ei ddosbarthiad daearyddol, er enghraifft *enfys* yn lle *bwa'r arch* neu *bwa'r drindod*, *brychni* neu *freckles* yn lle *blode'r af* neu *smote'r af*. Pwynt diddorol a phwysig yw fod graddfa'r newid yn cynyddu wrth symud o'r henoed i'r ifanc a gwelwyd, hefyd, fod nodweddion eraill megis cefndir addysgol, gwaith, diddordebau, crefydd, diwylliant a rhwyd-weithiau cymdeithasol, yn ogystal â rhyw ac oedran, yn ffactorau cyflyrol posibl.

Ymgais yw ieithyddiaeth gymdeithasegol i ddadlennu a disgrifio'r cyd-ddibyniaeth anorfod sy'n bodoli rhwng iaith a gwead cymdeithasol ei siaradwyr. Mae hynny'n sicr o esgor ar gylch eang o ffactorau nad ydynt i gyd bob amser yn weithredol ym mhob cymuned. Llwyddodd Joshua Fishman (1972a: 45) i grynhoi'r cyfan mewn un frawddeg, 'The sociology of language focuses upon the entire gamut of topics related to the social organization of language behaviour including not only language *per se*, but also language attitudes and overt behaviour towards language and language users.' Fel yr awgrymwyd eisoes nid un patrwm unffurf a geir yn llafar yr unigolyn na'r gymdeithas ond plethiad o amrywiadau sy'n cysylltu iaith ag ymddygiad cymdeithasol ei siaradwyr. Yn ôl E. Goffman (1964: 133) gellir cael lleng o ffactorau cyflyrol posibl a rhaid bod yn effro i'r posibilrwydd y gall un neu gyfuniadau ohonynt fod yn weithredol mewn cymuned arbennig: 'It hardly seems possible to name a social variable that doesn't show up and have its systematic effect on speech behaviour: age, sex, class, caste, country of origin, generation, region, schooling, cultural cognitive assumptions, bilingualism. . .'

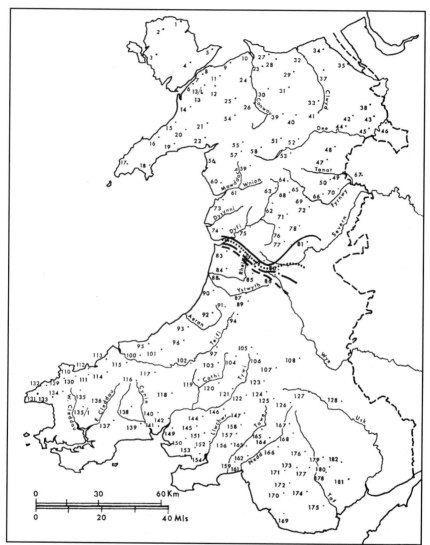

Ffig. 1.1: Ffin Gogledd/De

———————rhaca (rake) -------- twlc (pigsty) ·············· march (stallion)
—··—··—·· Mamgu (grandmother) tadcu (grandfather)

Ffynhonell: *Linguistic Geography of Wales* (1973)

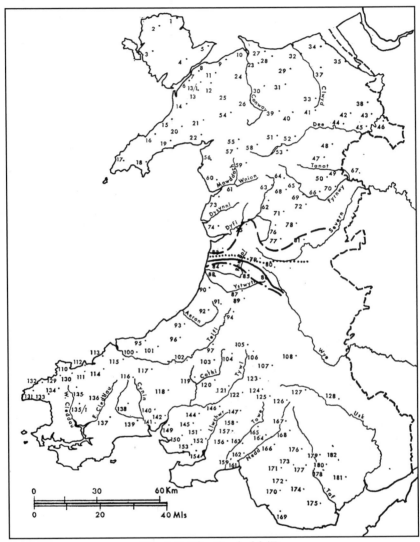

Fig. 1.2: Ffin Gogledd/De

--------moddion (medicine) ————— gwa(ha)dd(en) (mole), cwtsh
dan sta(e)r (understairs cupboard)
–·–·–·– mâs (out) ··············da (cattle)

Ffynhonnell: *Linguistic Geography of Wales* (1973)

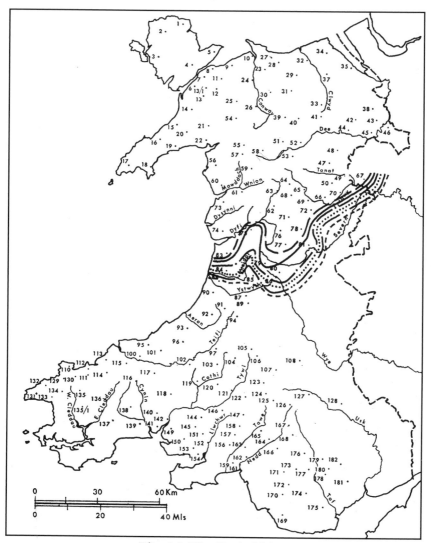

Ffig. 1.3: Ffin Gogledd/De

———————ffisig (medicine —·—·—·— penddüyn (boil)
················twrch (daear) (mole) ——— gwarchod (to care)
— ·· — ·· — pwrs (udder) --------- agoriad, coriad (key)

Ffynhonnell: *Linguistic Geography of Wales* (1973)

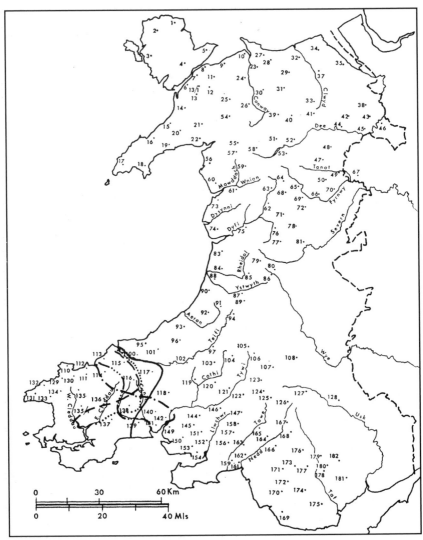

Ffig. 1.4: Penfro

················ pigodyn (pimple) — ···· — moddion tŷ (furniture)
———— feidir (cattle track) ········ yn geind (in heat)
— · — · — nicloth (handkerchief)

Ffynhonnell: *Linguistic Geography of Wales* (1973)

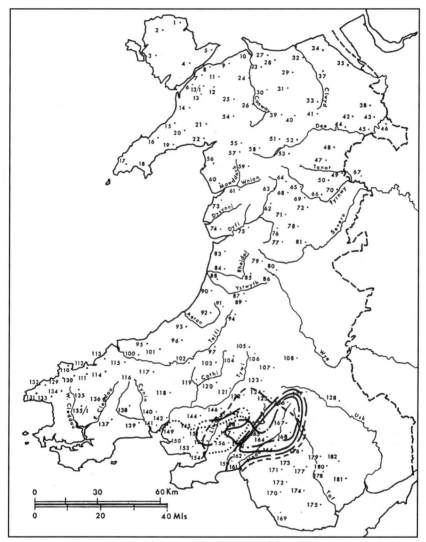

Ffig. 1.5: Llwchwr-Nedd

················shrwmp(syn) (mushroom) -------- blode'r (h)af (freckles)
—··—··—cêll (dairy) ——— iddia, itia (ivy)
—— —— bili bala (butterfly) — ···· —c(e)il(i)og y gwair (grasshopper)

Ffynhonnell: *Linguistic Geography of Wales* (1973)

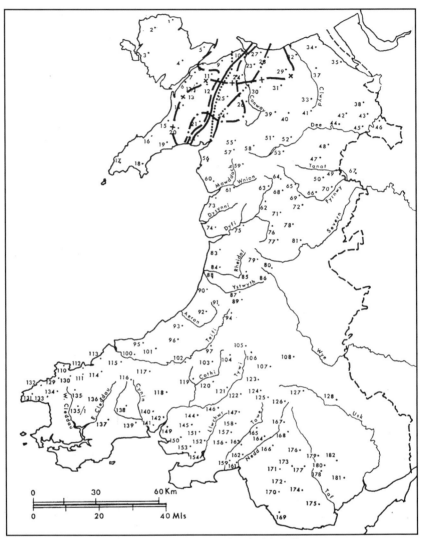

Ffig. 1.6: Ynys Môn a'r Gogledd Orllewin

— + —bydái (cowsheds)   — ···· — twll dan grisia(u) (under stairs)

—·—·—·—dadmar (melt)   ···············clwy melyn (jaundice)

--------- top côt (overcoat)   ——— daffod (untie)

Ffynhonnell: *Linguistic Goegraphy of Wales* (1973)

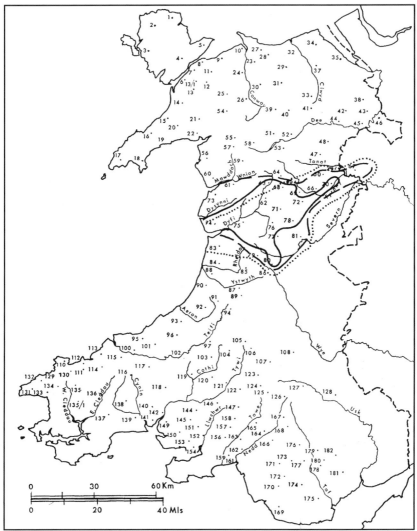

Ffig. 1.7: Y Canolbarth

- - - - - - - - -wtra (road) ················po(e)n yn y pen (headache)
————— iafu (liver)

Ffynhonnell: *Linguistic Geography of Wales* (1973)

Amrywiadau yn ôl defnydd—cyweiriau

Mae dyn yn fod cymdeithasol ac yn ystod un wythnos ceir ef yn cyfathrebu mewn trawstoriad o sefyllfaoedd cymdeithasol, er enghraifft, yn y gwaith, gartref, yn y dosbarth nos, mewn pwyllgor plaid wleidyddol, llywyddu cyfarfod diwylliannol, a hyfforddi tîm pêl-droed. Y ffaith ddiddorol i'w nodi ydyw y bydd ei batrymau iaith yn gwahaniaethu o un sefyllfa i'r llall. Bydd yn dewis patrwm a fydd yn dderbyniol ar gyfer y sefyllfa arbennig y bydd ynddi ar y pryd. Gallwn fynegi'r un ystyr mewn mwy nag un ffordd, ond bydd cyfyngiadau cymdeithasol arnom i ddefnyddio'r patrwm sy'n addas ar gyfer y sefyllfa y byddwn yn cyfathrebu ynddi ar y pryd. Felly, drwy gyfrwng iaith byddwn yn cyfleu gwybodaeth gymdeithasol. Mae ein patrymau yn amrywio yn ôl y cyd-destun cymdeithasol. Cymharer, er enghraifft:

> Caewch eich pennau! *neu* Caewch eich cegau!
> Byddwch dawel!
> Peidiwch â siarad! Tawelwch!
> Gawn ni dawelwch, os gwelwch yn dda!

Rhaid dewis yr un sydd yn addas ar gyfer y sefyllfa. Ond nid mater o ddewis penrhydd ydyw hyn ond mater o gydymffurfio â'r normau cymdeithasol. Ni fyddem yn dewis y cyntaf, 'Caewch eich pennau', wrth annerch llond neuadd o bobl. 'Gawn ni dawelwch, os gwelwch yn dda' fyddai'r dewis cywir. Nid yw'r cyntaf yn ramadegol anghywir ond yn ôl safonau cymdeithas ni fyddai'n addas. Yn y cwrdd ar nos Sul gallai'r cyhoeddwr ddweud: 'Ar ddiwedd yr oedfa gweinyddir y sacrament o Swper yr Arglwydd. Mae croeso i bob un sy'n caru'r Arglwydd gyfranogi o'r elfennau.' Bydd ei gynulleidfa yn deall i'r dim beth sydd ganddo dan sylw ond pe byddai am wahodd rhywun draw i de ni fyddai'n defnyddio'r patrymau uchod. Y tebyg yw yr achosai'r canlynol gysgod gwên: 'Ar ôl yr oedfa paratoir te yn ein tŷ ni. Mae croeso i chwi ddod i gyfranogi o'r danteithion'! Mae'r iaith yn anaddas yn y fath sefyllfa. Gwell fyddai: 'Hoffech chi ddod draw acw i de ar ôl yr oedfa? Mae croeso i chi ddod.' Wrth annerch cyfarfod seciwlar, diwylliannol neu wleidyddol, dyweder, go brin y byddwn yn cyfarch y gynulleidfa drwy ddweud: 'Frodyr a chwiorydd mae'n dda eich bod wedi dod ynghyd heno.' Rywfodd teimlwn fod rhyw arlliw crefyddol i'r cyfarchiad, 'Frodyr a chwiorydd', ac yn hytrach byddai 'Gyfeillion' yn fwy addas yng nghyddestun cyfarfod diwylliannol. Mae'n anodd credu y byddai'r hysbyseb isod yn ymddangos yn y papur lleol: 'Siop Ffasiwn Siân—dillad rhad i hen fenywod tew'. Y tro hwn mae'r cyddestun yn gofyn am batrymau ieithyddol gwahanol. Byddai 'rhesymol' yn well na 'rhad', gan fod rhad yn gallu awgrymu ansawdd gwael. Nid yw'n ddoeth cyfeirio at oedran na maint y fenyw ychwaith. Yn hytrach, byddai'r canlynol efallai yn fwy derbyniol, yn enwedig o gofio mai'r diben yw denu merched i'r siop: 'Amrywiaeth o ddillad rhesymol i'r wraig ffasiynol'. Mae cyd-destun y llefaru yn amlwg ddigon yn bur bwysig. Penderfynir y patrymau ieithyddol yn ôl pwy yw'r siaradwr, pwy yw'r gwrandawr a chefndir y cyfathrebu. Byddai Americanwyr fel Josua Fishman, Dell Hymes a J. Gumperz yn galw'r cyfuniad uchod yn 'achlysur' (*situation)* ac wedyn defnyddiant y term 'pau' (*domain)* am gadwyn o achlysuron tebyg.

Yr un cyntaf i sylwi ar y gwahaniaethau a gyfyd oherwydd defnydd yr iaith mewn gwahanol gysylltiadau oedd Bronislav Malinowski (1923). Yn ôl ei resymeg ef 'roedd pob sefyllfa yn unigryw ac felly ni allai'r fath sefyllfa na'i phatrymau iaith byth ddigwydd eto. Pwysleisia nad oes modd deall iaith oni cheir gwybodaeth drylwyr am gefndir cymdeithasol y cyfathrebu. Gall yr un bobl gwrdd â'i gilydd mewn dau le ar yr un dydd a bydd hynny, meddai, yn achosi amrywiaeth. Dyweder, er enghraifft, fod dau yn cwrdd â'i gilydd yn y bore yng nghyntedd eglwys neu mewn llyfrgell; bydd hynny'n rhwym o gael effaith ar yr iaith—ceid sisial yn hytrach na siarad arferol. Yna yn yr hwyr gwelant ei gilydd mewn dawns. Bydd cryn wahaniaeth yn y defnydd o'r tannau llais. Mynegwyd syniadau tebyg gan J.R. Firth (1957) yn ei 'gyd-destun y sefyllfa'. Er mai amlinelliad bras a geir yn ei weithiau ef ei hun mae'n amlwg iddo ddatblygu cryn dipyn ar ddulliau *ad hoc* Malinowski drwy ddangos fod modd cysylltu sefyllfaoedd tebyg â'i gilydd gan fod y patrymau iaith hefyd yn debyg i'w gilydd. O'i waith ef y datblygodd y term 'cywair' ymysg ieithyddwyr Prydain i gyfeirio at ddefnydd arbennig o iaith mewn sefyllfaoedd arbennig.[8] Mae'r canlynol yn enghreifftiau o gyweiriau gwahanol:

Ai

Arglwydd Iesu, yr Hwn a aethost i'r Groes er mwyn rhai gwael fel ni: agor ein llygaid i weled a chyffwrdd ein calonnau i deimlo maint dy ddioddefaint er sicrhau ein hiachawdwriaeth ni, fel y casäom y pethau y dylid eu casáu, y carom y pethau'r wyt Ti yn eu caru ac y byddom fyw yn deilwng o'th aberth drud.

Aii

Yn gyntaf oll, estynnaf i chwi gyfarchion blwyddyn newydd gyda'r dymuniad ar i bob un ohonoch dderbyn yn helaeth o wenau Duw yn ystod ei misoedd. Bydded i chwi dangnefedd. Llanwed Duw y bylchau â'i bresenoldeb a choded eraill i fod yn wylwyr ar y mur. Arhosed bendith Duw Hollalluog ar bob rhan o waith yr Eglwys ac arweinied ei Ysbryd ni yn ystod y flwyddyn.

Bi

Ymwna geoffiseg â chymhwysiad anianeg i astudiaeth y Ddaear. Yn wreiddiol, astudiaeth o ffurf ac adeiladwaith y ddaear yn unig ydoedd. Fodd bynnag, yn ystod y ganrif hon gwelir technegau geoffisegol yn cael eu defnyddio fwyfwy yn yr ymchwil am fwynau ym milltiroedd uchaf crystyn y Ddaear. Cymhwyswyd y dulliau yn wreiddiol i'r ymchwil am olew a nwy, ond yn ystod y blynyddoedd diweddaraf hyn defnyddir hwynt hefyd ym maes peirianneg sifil yn yr ymchwil am y safleoedd mwyaf manteisiol.

Bii

I fesur gwrthedd y tir gyrrid ffrwd drydanol i'r ddaear drwy ddwy hoelen fetel a elwir yn electrodau ffrwdol. Yn ddamcaniaethol ymestynnai'r llif i ddyfnder diderfyn ond gan fod ei dwyster yn lleihau yn gyflym hefo dyfnder gellir ystyried i'r ffrwd gael ei chyfyngu o fewn dyfnder yn gyfartal ag un rhan o dair o'r pellter rhwng yr electrodau ffrwdol.

Ci

Os ydych yn talu tuag at flwydd-dâl ymddeol, neu i gynllun pensiwn personol neu gyfraniadau gwirfoddol, ychwanegol, rhydd, ar wahân i gyfraniadau a wneir i gynllun pensiwn galwedigaethol eich cyflogwr, llenwch y bylchau hyn. Rhowch y taliad net a wnaed, ac eithrio gyda thaliadau blwydd-dâl ymddeol, lle dylech nodi'r taliad gros a wnaed.

Cii

Rhaid i chi ddarparu tystysgrif yswiriant neu nodyn cymwys (nid copi llun na'r polisi, y dderbynneb na'r atodlen) yn ymwneud â defnyddio'r cerbyd (ac eithrio cerbydau pobl fethedig o bum canpwys (254kl neu lai). Rhaid iddi gynnwys cyfrifoldeb i drydydd parti am farwolaeth neu niwed corfforol a difrod i eiddo a rhaid iddi fod yn ddilys ar y dyddiad y daw'r drwydded i rym. Os nad yw'r dystysgrif yn rhoi marc cofrestru'r cerbyd ac os nad yw yn eich enw chi, byddwch cystal ag egluro sut y mae'n cynnwys eich defnydd chi o'r cerbyd.

Ie, enghreifftiau o'r Gymraeg yw'r chwe pharagraff! Mae hynny'n ddigon amlwg ond dichon nad yw cynnwys pob un yn eglur i bawb. Mae Ai ac Aii yn enghreifftiau o'r Gymraeg yn trafod crefydd; Bi a Bii yn enghreifftiau o Gymraeg gwyddonol; Ci a Cii yn ymwneud â threthiant. Y nodweddion amlwg i wahaniaethu'r ddau gyntaf oddi wrth yr olaf yw geirfa, ond yn ogystal fe welwch fod patrymau gramadegol yn gallu gwahaniaethu rhwng gwahanol gyweiriau. Gallwn adnabod cywair crefyddol yn ôl yr eirfa a ddefnyddir. Bellach mae rhai geiriau yn y Gymraeg yn gyfyngedig i'r cywair crefyddol. Er enghraifft:

iachawdwriaeth, edifeirwch, sancteiddrwydd eiriol, balm, bendigo, gogoneddu, tangnefedd.

Bydd cyfuniadau o eiriau weithiau yn ddigon i ddangos mai'r cywair crefyddol ydyw. Er enghraifft:

yn fugail ac yn braidd, cymdeithas felys, seiadu bendithiol, amgylchyna ni â'th ras.

Mae paragraff Ai yn cynnwys esiampl o gystrawen sydd yn gyfyngedig bellach i'r cywair crefyddol. Yma ceir enw mewn cyfarchiad uniongyrchol yn cael ei oleddfu gan gymal perthynol—'Arglwydd Iesu, yr Hwn a aethost i'r groes'. Sylwch, hefyd, fod y rhagenw perthynol yn cael ei flaenu gan 'yr hwn', nodwedd sydd bellach yn annerbyniol yn y cyfrwng llenyddol. Gwelwch yma, hefyd, gryn ddefnydd o'r Modd Dibynnol sydd wedi colli tir mewn cyweiriau eraill—'casaom, carom, byddem'. Yn ogystal, ceir defnydd o ffurfiau trydydd unigol y Modd Gorchmynnol—pum enghraiff yn Aii— 'bydded, llanwed, coded, arhosed, arweinied'. Yn y cywair crefyddol, hefyd, ceir tueddiad i bentyrru ymadroddion megis:

> Rho inni weledigaeth i ddeall, i edrych i'r dyfodol, i geisio dy ewyllys Di, a thrwy hynny i fyw yn well er gogoniant i'th enw fel y byddom o un meddwl, o un ewyllys ac o un ysbryd.

Mewn gweddïau ceir tueddiad at gael brawddegau hir cyfansawdd a chymhleth. Mae cael brawddeg ferfol seml yn ddigwyddiad pur eithriadol yn y cywair crefyddol:

> O Dad, hollalluog a thrugarog bendiga'r bara hwn a'r cwpan hwn drwy y rhai yr ydym yn mynd i goffáu am farwolaeth dy fab, y rhyngodd bodd i ti ei ddanfon i'r byd i ddatguddio dy gariad ac i'n prynu ninnau a'i werthfawr waed.

Ceir un patrwm amlwg arall, sef y frawddeg annormal pan geir y goddrych yn rhagflaenu berf sydd hefyd yn cytuno â'r goddrych, mewn rhif a pherson, er enghraifft 'A'i ddisgyblion a ddaethant ato', 'Myfi a gefais wybodaeth', 'A'r Iesu a lefarodd'.

Byddai annerch dosbarth o fyfyrwyr gan ddefnyddio rhai o'r cystrawennau y gellid eu defnyddio mewn cyd-destun crefyddol yn sicr o ennyn ymateb swnllyd:

> Annwyl fyfyrwyr, y rhai a ddaethoch yma y prynhawn yma i gyfranogi o'r wybodaeth sydd mewn stôr i chwi, agorwch eich meddyliau i dderbyn, cymhwyswch eich clustiau i ddal gafael, fel y dysgoch yn dda, fel y derbynioch wledd o wybodaeth, y cynyddoch mewn doethineb ac fel y byddo llwyddiant ar eich llwybrau.

Wrth drafod cywair arbennig byddwn fel rheol yn edrych am nodweddion ar dair lefel sy'n dynodi defnydd arbennig o'r iaith:

i) geiriau neu gystrawennau sy'n gyfyngedig i'r cyd-destun hwnnw;
ii) geiriau neu gystrawennau sydd yn digwydd yn aml yn y cyd-destun;
iii) nodweddion sy'n digwydd yn anfynych yn y cyd-destun.

Weithiau bydd clywed gair neu ymadrodd yn peri inni allu adnabod y cywair. Mae 'llond llwy fwrdd' yn ein cyfeirio'n syth at y gegin, at goginio ac yn benodol at rysait. I mi a llawer o rai eraill o Ddyffryn Nantlle gallai 'llwy fwrdd', 'llwy de', ac ati ddynodi'r cyfarwyddiadau ar botel ffisig (moddion). 'Roedd Siop Fferyllwyr Jones ym Mhenygroes bob amser yn rhoi'r cyfarwyddiadau yn y Gymraeg ar y botel ffisig. 'Roedd William Jones a'i chwaer Janet Jones yn Gymry gwerth eu halen! Defnyddiasant y Gymraeg ar lefel gyhoeddus mewn cyfnod pan nad oedd yn ffasiynol gwneud hynny.

Mae'r darnau Bi a Bii uchod yn amlwg yn rhai gwyddonol. Ceir ynddynt eiriau lled-dechnegol, megis 'geoffiseg, anianeg, priodoleddau, gwrthedd, ffrwd drydanol, electrodau ffrwdol, dwyster'. Sylwer hefyd na cheir rhagenwau personol.

Yn y cywair gwyddonol, ffurfiau amhersonol/goddefol y ferf yw'r norm. Dyma'r hyn a geir yn y ddau baragraff enghreifftiol. Yn wir, y mae 72% o'r ffurfiau berfol yn amhersonol/goddefol.

Mae'r termau cywair crefyddol a chywair gwyddonol yn rhai pur gyffredinol a'r gwir yw fod modd cael is-raniadau. Mae gweddi gyhoeddus, pregeth, gwers ysgol Sul a dal pen rheswm ar garreg y drws â phâr o Dystion Jehofa, i gyd yn wahanol i'w gilydd mewn mân bethau ond eto'n ddigon tebyg i'w gilydd i fod yn enghreifftiau o'r cywair crefyddol. Bydd darlith ffiseg, tiwtorial mathetmateg gymhwysol, erthygl ar beirianneg gemegol a llyfr ar pharmacoleg yn cael eu dosbarthu'n gyffredinol o dan y teitl 'cywair gwyddonol'. Yr un modd gallwn sôn am gywair llenyddol, cywair celfyddyd, cywair byd ffasiwn, cywair chwaraeon, cywair gwleidyddol a chywair economaidd. O fewn y rhain i gyd gellir cael is-raniadau ac o ddilyn yr Ysgol Brydeinig gellir manylu ar gywair drwy sylwi ar dair nodwedd:

1. maes y traethu
2. cyfrwng y traethu
3. tenor neu arddull y traethu.

Mae amrywiadau ar y tair yn gallu esgor ar nifer o is-gyweiriau gwahanol o dan yr un pen cyffredinol. Amrywiaeth, nid unffurfiaeth yw'r norm ym mhob cymdeithas. Mae pob unigolyn â rheolaeth ar drawstoriad o gyweiriau ond nid ar yr un cyweiriau â'i frawd neu ei ffrind, neu berson sy'n byw yn yr un stryd. Yr hyn a wna cymdeithaseg iaith yw derbyn amrywiaeth fel y nodwedd normal ac yna ceisio egluro a dosbarthu'r fath amrywiadau. Mynegwyd yr agwedd hon yn glir iawn gan Lucia Elias-Olivares (1976: 3) yn ei hastudiaeth o gymunedau Sbaeneg/Saesneg yn Unol Daleithiau'r Amerig:

> A basic sociolinguistic principle is that in a heterogeneous speech community with varying degrees of linguistic diversity and social complexity, speakers interact using different speech varieties drawn from a repertoire of choices, which for the most part is not random.

Cyweiriau—maes y traethu

Cyfeiria 'maes' at destun neu gynnwys y traethu, er enghraifft crefydd. Ond gellid manylu ymhellach a chael pechod, cyfiawnhad drwy ffydd, etholedigaeth, tröedigaeth, prynedigaeth, neu foliant. Gallai'r maes fod yn un cyfreithiol a gellid manylu ymhellach yn ôl y maes, a chael ysgariad, gofal plant, prynu a gwerthu, yswiriant, masnach ac ati. Byddai chwaraeon yn ymrannu yn ôl y maes yn rygbi, pêl-droed, hoci, criced, mabolgampau.

Y gwir, yw wrth gwrs, nad unedau yn hollol ar wahân yw gwahanol gyweiriau. Yn ystod llifeiriant llafar byddwn yn symud yn rhwydd o un maes i un arall bron yn ddiarwybod a byddwn ar yr un pryd yn cymhwyso ein hiaith yn ôl gofynion y maes arbennig. Meddyliwch am sefyllfa nodweddiadol. Gall

Ffig. 1.8: Is-raniadau ar feysydd cyffredinol

Crefyddol

erthygl ddiwinyddol	pregeth	trafodaeth	gweddi gyhoeddus	gwers Ysgol Sul

Gwyddonol

Peirianneg	Ffarmacoleg	Patholeg	Biocemeg	Ffiseg

Chwarae

pêl-droed	criced	rhedeg	ceffylau	snwcer

dau gyfarch ei gilydd a holi am deuluoedd ei gilydd ac yna gall y sgwrs droi i drafod gwleidyddiaeth, i drafod buddsoddi cyfalaf, polisïau economaidd neu fyd chwaraeon a bydd yr eirfa yn newid yn ôl y maes. Yn fynych iawn wrth newid maes mae'n bosibl i bobl safoni, ac mewn cymdeithasau dwyieithog gall newid maes olygu newid iaith hefyd. Ym Mhatagonia bydd pobl yn cyfarch ei gilydd yn y Gymraeg; hi hefyd yw cyfrwng yr holi ynghylch teulu neu drafod ffermio a rhagolygon y cynhaeaf. Ond y foment yr eir ati i drafod gwleidyddiaeth neu fyd busnes trosir i'r Sbaeneg er y bydd pawb yn rhugl yn y Gymraeg. Mae'n bwysig iawn fod siaradwyr iaith yn gallu defnyddio eu hiaith i drafod pob maes oherwydd mewn sefyllfa pan fo rhai meysydd mewn iaith arall, a'r famiaith yn un lleiafrifol, yna mae'r famiaith mewn perygl, yn enwedig os na fydd y rhaniad meysydd rhwng y ddwy iaith yn un sefydlog a dinewid.

Cyweiriau—cyfrwng y traethu

Nodwedd arall sy'n gallu achosi amrywiaeth ieithyddol yw cyfrwng y traethu. Mae'n amlwg i bob Cymro, mae'n siŵr gennyf fi, nad yw'r patrymau llafar a'r patrymau ysgrifenedig yn cyfateb i'w gilydd bob tro. 'Rydym yn gyfarwydd â dweud un peth, a'i gofnodi ar bapur mewn dull gwahanol. Sylwch ar y gwahaniaethau rhwng y ddwy golofn isod:

Llafar	*Ysgrifenedig*
ha cynta	haf cyntaf
cwpwr	cwpwrdd
capal	capel
breninodd	brenhinoedd
Nagw i'n mynd	
Smo fi'n mynd	Nid wyf yn mynd
Dydw i ddim yn mynd	
Mae 'da fi ddwy chwaer	Mae gennyf ddwy chwaer
Mae gen i syched	Mae syched arnaf
Phrynes i ddim o'r llyfr	Ni phrynais y llyfr
Brynes i ddim y llyfr	
'Rwy'n gwybod bod e'n dod	Gwn ei fod yn dod
'Rwy'n gwybod bod e ddim yn dod	Gwn nad yw e'n dod
Glywes i yr enillodd e y gêm	Clywais iddo ennill y gêm
Ni'n mynd gatre 'eddi	'Rydym yn mynd adref heddiw
Es i yno	Euthum yno
Ces, gwnes, des	Cefais, gwneuthum, deuthum
Dwi isho bwyd	Mae arnaf eisiau bwyd
Wi moyn bwyd	
Mae gen i ofn	Mae arnaf ofn
'Rwy'n flin i glywed	Mae'n flin gennyf glywed
Mae 'da ni ddigon o fwyd	Mae gennym ddigon o fwyd

Ar brydiau gallwch glywed ar lafar ymadroddion sydd yn gyfieithiadau o briod-ddulliau Saesneg, megis 'Rhaid i chi wneud eich meddwl i fyny' yn lle 'Rhaid i chwi benderfynu.' 'Mae e'n wastad yn rhedeg ei gymydog i lawr' yn lle 'Mae e'n wastad yn lladd ar ei gymydog'. 'Cymerodd y parti le neithiwr' yn lle 'Cynhaliwyd y parti neithiwr'. Digwydd y priod-ddulliau gwallus hyn yn bennaf ar lafar er y gall rhai ohonynt ddigwydd yn yr iaith ysgrifenedig hefyd, yn arbennig felly gan bobl nad ydynt mor gartrefol yn y cyfrwng ysgrifenedig ag ydynt ar lafar. Bydd y rhai sy'n gyfarwydd â'r ddau gyfrwng yn sicr o sylweddoli fod gofynion y ddau yn wahanol i'w gilydd ac yn wir yn y Gymraeg mae'r agendor rhwng y ddau yn bur sylweddol. Byddai siarad yn ôl y patrwm llenyddol yn troi yn fwrn yn fuan ar glustiau'r gwrandawr. Byddai'r gwrthwyneb, hefyd, yn peri anawsterau gan ein bod wedi cyfarwyddo â gweld patrymau iaith arbennig ar bapur. Ond nid rhaniad deuol yn unig a geir gan ei bod yn bosibl cael amrywiadau cyfrwng yn y canol rhwng y ddau eithaf fel y dangosir isod:

Ffig. 1.9: Cyfrwng y traethu

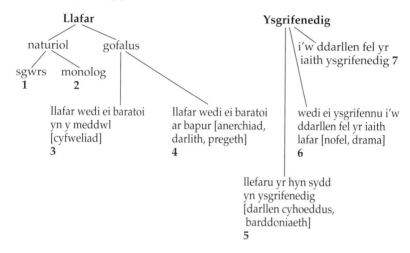

Yma ceir nifer o raddfeydd rhwng y llafar a'r ysgrifenedig. Wrth symud o sefyllfa sgwrs i'r monolog ac yna at lafar wedi ei baratoi, yr hyn a gawn yw cynnydd graddol yn y nodweddion a gyfrifir yn rhai llenyddol. Mewn sgwrs bydd nifer o bobl yn siarad gan ymateb i'w gilydd, a weithiau byddant yn siarad ar draws ei gilydd. Mewn sefyllfa sgwrs bydd pob un yn siaradwr ac yn wrandawr yn ei dro. Bydd y siaradwr yn defnyddio ymadroddion a fydd yn rhoi cyfle i'r gwrandawr ymateb, er enghraifft: 'ynte', 'ontefe', 'chi'n gweld', 'ti'n deall', 'ti'n gwybod'; 'Y siop wrth y gornel ynte (ontefe)'; 'Allen ni ddim i wneud e, chi'n gweld'; Mae'n bwysig i fod e'n mynd, chi'n deall'; 'Dw i ddim yn credu bod rhaid ateb, ti'n gwbod'. Ceir hefyd nifer o eirynnau llanw nad ydynt yn wir yn ychwanegu rhyw lawer at yr ystyr megis, 'wel', 'ym', 'w', 'elly (felly); 'Wel dwi'n credu fod hynna'n iawn, ym, ym dwi'n meddwl'; 'Nid fi nath e w, chi ontefe'; 'Dwi'n meddwl fod hynna'n iawn elly'.

Fe fydd y sgwrs yn gwbl ddibynnol ar ymateb y gwrandawr. Yn aml bydd y sgwrs yn crwydro o'r maes gwreiddiol a bydd yn rhaid i un dynnu'r sgwrs yn ôl at y pwnc cyntaf. Mewn monolog un sydd yn llefaru ac nid yw'n ddibynnol ar unrhyw ymateb llafar gan ei wrandawyr. Os digwydd i'r siaradwr ofyn cwestiwn, un rhethregol fydd hwnnw, ac yntau ei hun fydd yn ei ateb. Fynychaf bydd person yn defnyddio'r cyfrwng hwn wrth siarad â llu o wrandawyr ac nid ag unigolyn. Pan fydd person yn monologio yng nghwmni un neu ddau berson, rhydd yr argraff mai ef yw'r awdurdod ac nid oes cyfle i neb arall roi ei big i mewn. Bydd llafar cyhoeddus pan fo'n ddigymell yn enghraifft o hyn. Dyma gyfrwng llawer iawn o ddysgu yn yr ysgolion ac yn ein colegau. Ceir enghreifftiau o fonolog mewn pwyllgorau a siarad cyhoeddus yn gyffredinol, ac wrth gwrs ceir enghreifftiau o hyn ar y radio a'r teledu. Nid yw'r gwrandawyr yn weladwy, ac fel canlyniad, y cyfrwng monolog yw'r un a ddisgwylir, er enghraifft:

Pnawn da i chi i gyd. Croeso i chi ymuno â ni am yr awr nesa. Yn rhaglen ola'r flwyddyn mae gynnon ni ddetholiad o sylwada yn dangos beth ydach chi yn i ystyriad yn ddigwyddiada pwysica wyth deg wyth. Mi fydda rhai ohonoch chi'n dweud mai ymweliad tîm rygbi New Zealand oedd y digwyddiad mawr ac erill falla'n meddwl mai dathlu pedwar can mlwyddiant cyhoeddi Beibl William Morgan, ie . . . hynny oedd y peth pwysica. Dowch hefo fi nawr i gael sgwrs hefo un sydd am ddweud beth mae o'n gofio am yr hen flwyddyn . . .

Mae'r cyfrwng llafar sydd wedi ei baratoi ymlaen llaw yn ddigon tebyg i'r monolog. Cymerwn fwy o ofal â'n geirfa gan osgoi geiriau benthyg a hefyd ar brydiau ceisiwn osgoi defnyddio geiriau sydd yn amlwg yn lleol eu dosbarthiad. Gellid galw hwn yn llafar gofalus.

Mae'r darn sy'n dilyn yn ddarlith a gafodd ei hysgrifennu i'w thraddodi. Bydd felly yn cynnwys nodweddion y ddau gyfrwng:

Rydw i'n ofni fod y testun fel y mae yn dra chamarweiniol. Nid pwnc i ddarlith ydy Edward Lhuyd ond pwnc i gyfres o gyfrolau. Fe allai'r botanegydd a'r biolegwr, y daearyddwr a'r archaeolegydd a'r ieithegydd a'r ysgolhaig Gwyddeleg—fe allai rhain oll ddarlithio ar y gŵr rhyfeddol yma. Y rhan o'r maes enfawr yr ydw i'n bwriadu traethu arni 'nawr yw'r lle sydd iddo yn hanes datblygiad dysg Gymraeg. 'Rydym i gyd yn cytuno mai ei waith e, a'r modd yr ysbrydolodd e nifer fawr o fân foneddigion ac o offeiriad trwy Gymru benbaladr, y cyffro a greodd e oedd y peth hollol newydd yn hanes Cymru, yr ydym ni'n siŵr yn cytuno mai hynny sy'n egluro adfywiad dysg Gymraeg yn y ddeunawfed ganrif . . .

Mae'r darn uchod yn dra llenyddol ond sylwch ar nodweddion yr iaith lafar a gynhwyswyd er mwyn rhoi iddo fwy o ystwythder y cyfrwng llafar. Sylwch ar y ffurfiau berfol cwmpasog fel 'rydw i'n ofni', 'rydym i gyd yn cytuno', 'yr ydw i'n bwriadu'. Hefyd sylwch ar y rhagflaenydd 'fe' gyda ffurf gryno'r ferf 'fe allai'.

Mae defnyddio'r cyfrwng hwn yn grefft a ddysgir drwy ymarfer a phrofiad. Byddai araith wleidyddol wedi ei thraddodi drwy ddarllen sgript yn y cyfrwng llenyddol yn fethiant llwyr. Byddai pregeth na fyddai'n ddim amgenach na thraddodi'r ysgrifenedig yn sicr o ennyn beirniadaeth am y rheswm syml nad ydym fel gwrandawyr wedi arfer gwrando am ysbeidiau hir ar y cyfrwng ysgrifenedig. O dipyn i beth daw y gwleidydd, y cynghorydd, y pregethwr a'r darlithydd i weld pa mor bwysig yw gweu ystwythder yr iaith lafar i'r hyn a baratowyd ynghynt ar bapur.

Rhaid cydnabod fod cyfryngau 4, 5, 6 a 7 yn Ffigur 1.9 i gyd yn dibynnu ar feistrolaeth ar gyfrwng 7, sef yr ysgrifenedig. Mae gallu i ddarllen iaith yn gwbl hanfodol cyn y gellir ei hysgrifennu. Mewn rhai gwledydd heddiw ni fyddai'n bosibl cael yr amrywiadau cyfrwng a gynigiais uchod. I rai, cyfrwng llafar yn unig sydd i'w hiaith ac y mae'n ddigon posibl mai 'sgwrsio' fyddai eu hunig gyfrwng. Mewn sefyllfa felly rhaid gresynu am nad yw posibiliadau eu hiaith yn cael eu cyflawni. Mewn rhai sefyllfaoedd dwyieithog gall yr amrywiadau llafar ddigwydd mewn un iaith ac wrth newid cyfrwng newidir iaith hefyd. Deuwn yn ôl at hyn eto.

Cyweiriau—tenor y traethu

Cyfeiria'r drydedd elfen—tenor—at y berthynas a fodola rhwng y siaradwr a'r gwrandawr. Gellir cyfleu yr un ystyr mewn sawl ffordd, ond pennir addasrwydd ac effeithiolrwydd y gwahanol ffurfiau gan y berthynas a fodola rhwng siaradwr a gwrandawr. Yr hyn a geir, wrth gwrs, yw dangos graddfeydd agosatrwydd neu ffurfioldeb drwy gyfrwng yr ieithyddol. Gellid cymryd 'ti' a 'chwi' fel enghraifft o'r amrywiaeth tenor. Bydd llawer ohonom yn derbyn 'ti' fel y ffurf briodol ymysg pobl sy'n adnabod ei gilydd yn dda, ac sydd hefyd o'r un oedran. Cedwir 'chi' i gyfarch pobl hŷn fel arwydd o barch, a hefyd i gyfarch rhywun dieithr. Yn ardal y Dafen, Llanelli ceir trydydd ffurf i ddynodi ail berson unigol y rhagenw personol, sef 'fe'. Clywir hwn ymysg pobl sy'n adnabod ei gilydd yn dda, fel rheol o fewn cylch eithaf cyfyng fel aelodau o'r un teulu; er enghraifft,'Shwd i fe eddi' (Sut wyt ti heddiw). Digwydd 'ti' wrth gyfarch pobl o'r gymdogaeth sydd yn adnabod ei gilydd yn bur dda. Ceir 'chwi' wedyn wrth gyfarch pobl nad yw person yn eu hadnabod yn dda. Yn wir 'chi' a geir bob amser pan nad yw'r ddeuddyn yn gyfartal. Ar un ystyr mae'r defnydd arbennig o 'fe' yn arwydd o'r hyn a elwir yn 'social solidarity'.

Ar gyfer y Saesneg awgrymodd Martin Joos (1962) bum rhaniad yn ôl gwahanol fathau o berthynas rhwng pobl yn y sefyllfa gyfathrebol. Ni thâl addasu categorïau un iaith ar gyfer iaith arall, ond mentraf awgrymu tri chategori ar gyfer y Gymraeg yn amrywio o'r sefyllfa gyfyngedig i'r sefyllfa gartrefol, gyfeillgar i'r sefyllfa fwyaf ffurfiol. Mae'n amlwg y bydd rhai meysydd yn y cyfeillgar, er enghraifft materion a bywyd teuluol, tra bydd rhai meysydd eraill yn fwy tebygol yn y ffurfiol. Wrth ffurfioli ceir tueddiad i ddisodli geiriau ac ymadroddion lleol am rai safonol a rhai ehangach eu dosbarthiad. Yn y sefyllfa ffurfiol ni fydd y cyfathrebwyr bob amser yn gyfartal o ran statws neu gefndir economaidd. Mae'r arddull (tenor) ffurfiol yn enghraifft ardderchog o lafar gofalus. Ar y pegwn arall gellir cael y cyfeillgar neu weithiau'r cyfyngedig pryd y ceir nodweddion tafodieithol lleol heb eu haddasu o gwbl, pryd y ceir bratiaith, benthyciadau, rhegfeydd ac ar brydiau ymadroddion na fyddent yn ddealladwy i rai sydd o'r tu allan i'r cylch bach cyfyng. Pan oeddwn yn blentyn, 'rwy'n cofio rhai ymadroddion a oedd yn gwbl ddealladwy i mi ond a barai gryn ddryswch i eraill, a rhai cyfeillion hyd yn oed yn ei chael yn anodd deall. Pan ddeuai un i'r ystafell a heb gau'r drws ar ei ôl byddai aelod hŷn yn dweud: 'Fuost ti erioed yn Llundain mi wela i!' Ystyr hynny oedd, 'Dos i gau y drws!' Pan fyddai aelodau hŷn o'r teulu heb weld plentyn ers tro byd clywid y canlynol: 'Mae'n amsar rhoi cath ar ben hwn' a olygai 'Mae hwn wedi tyfu'n rhy gyflym'. Mae pwy yw'r bobl yn y sefyllfa gyfathrebol felly yn dra phwysig gan fod natur y berthynas rhwng y siaradwr a'i wrandawr yn cael effaith ar ddiwyg yr iaith a ddewisir. Ceir graddfeydd rhwng y ddau begwn eithaf—yr anffurfiol a'r ffurfiol.

Ieithyddiaeth Gymdeithasegol

O 1930au'r ganrif hon ymlaen rhoddodd tafodieithegwyr Unol Daleithiau'r Amerig gryn bwyslais ar geisio sicrhau atebion naturiol yn hytrach na'r safonol. I'r diben hwn aethpwyd ati i bwysleisio i'r siaradwyr nad ceisio atebion cywir, safonol a wneid ond yn hytrach cofnodi ymatebion pob dydd, y rhai y byddent yn eu defnyddio yn bennaf o fewn y teulu ac ymhlith eu cymdogion. Prif berygl gofyn cyfres o gwestiynau yw creu sefyllfa led ffurfiol ac felly 'roedd yn rhaid cael clywed sgwrsio rhydd er mwyn cael cofnod o lafar anffurfiol y siaradwr. Oddi ar y 1960au rhoddwyd mwy o sylw i'r berthynas rhwng pobl fel ffactor a allai gyflyru'r iaith. Yn W. Labov (1966) ceir astudiaeth o Saesneg rhan o Efrog Newydd yn ôl dosbarthiadau cymdeithasol ond hefyd yn nhermau amrywiaeth arddullol. Yn syml, llwyddodd i ddangos bod digwyddiad newidynnau fel 'r' a 'th' yn y ddinas yn dibynnu'n rhannol ar bwy oedd yn siarad ac â phwy y siaradai. Yn W. Labov (1966: 260) ceir disgrifiad o ddosbarthiad amrywiadau ar y sain gyntaf yn *thing, three*, sef [t] [tθ] a [θ]. Yr olaf yw'r un safonol. Fel y dengys Ffigur 1.10 'roedd graddfa digwyddiad yr amrywiadau ansafonol ar 'th' yn cyd-batrymu â dosbarthiad cymdeithasol y siaradwyr. Yr haenau isaf (0-1) a'r dosbarth gweithiol oedd â'r canran uchaf o'r ansafonol. Y dosbarth canol uchaf oedd â'r canran isaf. Wrth gasglu deunydd mewn gwahanol sefyllfaoedd llwyddodd W. Labov i edrych ar ddigwyddiad yr amrywiadau ansafonol mewn gwahanol arddulliau. Mewn llafar rhydd, cwbl anffurfiol cafwyd gwahaniaeth o 80 rhwng llafar y dosbarth isaf (93%) a llafar y dosbarth uchaf (13%). Wrth ffurfioli dilynodd pob dosbarth yr un broses, sef dileu yr

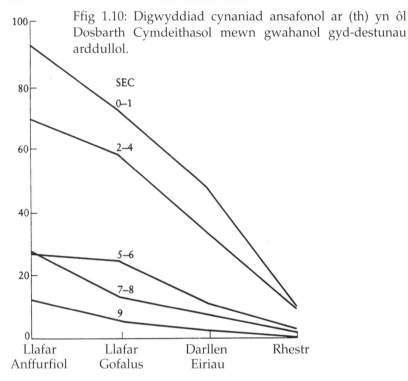

Ffig 1.10: Digwyddiad cynaniad ansafonol ar (th) yn ôl Dosbarth Cymdeithasol mewn gwahanol gyd-destunau arddullol.

Ffynhonnell: W. Labov (1966: 260)

amrywiadau anffurfiol. Dim ond 12% o wahaniaeth a geir rhwng y dosbarth uchaf a'r dosbarth isaf yn y sefyllfa ffurfiol. 'Roedd digwyddiad [θ] yn amlwg ddigon yn dibynnu ar bwy oedd yn siarad, ac ar ffurfioldeb/anffurfioldeb y sefyllfa gyfathrebol. Mae'n ddiddorol sylwi ar un patrwm amlwg ar y graff, sef bod gwahaniaeth mawr rhwng y sefyllfa sgwrsio rhydd a'r sefyllfa fwyaf ffurfiol yn iaith y dosbarthiadau isaf. Nid arddangosir y fath bolareiddio yn llafar y dosbarthiadau canol. Gallwn gasglu mai'r sefyllfa ffurfiol sy'n cynhyrchu'r ffurfiau safonol, ac y mae'r rhain wedi treiddio i sefyllfaoedd llai ffurfiol yn llafar y dosbarthiadau canol. Mae'r rhain yn amlwg yn ffurfiau statws uchel sydd yn brigo i'r wyneb yn llafar y dosbarthiadau isaf wrth iddynt ffurfioli eu llafar. Un enghraifft yw'r uchod o'r amrywio yn ôl arddull, sefyllfa sydd yn nodwedd hollol naturiol yng ngwead iaith.

Ceir yr un math o wybodaeth yng ngwaith P. Trudgill yn Norwich (1974). Disgrifiodd ddigwyddiad un ar bymtheg o newidynnau a ddangosai fod yr amrywiadau yn gysylltiedig â dosbarth cymdeithasol y siaradwyr a hefyd â graddfa ffurfioldeb y sefyllfa gyfathrebol. Dengys Ffigur 1.11 ddosbarthiad [ŋ] yn y sillaf olaf mewn geiriau fel 'hunting', 'singing', 'waiting', 'fishing', 'working'. Yn yr ardal cofnododd [n] fel yn y gair Saesneg *can* ac [ŋ] fel yn *sang*. Mae'n amlwg fod y dosbarthiadau uchaf yn agos iawn at y norm safonol oherwydd dim ond 28% o'u ffurfiau yn eu llafar anffurfiol a gynhwysai'r gwyriad [n]. Ar yr eithaf cymdeithasol arall—y dosbarth gweithiol isaf, y gwyriad [n] yn unig a ddigwydd yn eu llafar anffurfiol, ond yn y sefyllfa fwyaf ffurfiol dim ond 29% o'u hatebion a gynhwysai'r ansafonol [n]. Ymddengys fod y dosbarthiadau cymdeithasol i gyd wrth ffurfioli yn dangos cynnydd yn y newidyn safonol [ŋ].

Ffig. 1.11: Amrywiad ar (NG) yn ôl Dosbarth Cymdeithasol ac arddull.

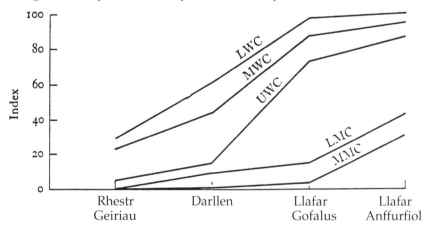

Ffynhonnell: P. Trudgill (1974: 92)

Yn ei astudiaeth o ffurfiau negyddol berfau cynorthwyol yn Saesneg gorllewin Swydd Efrog, dengys K.M. Petyt (1978) fod y ffactor ffurfiol/anffurfiol yn nodwedd wahaniaethol bwysig ym mhob dosbarth cymdeithasol. Yn y dafodiaith ceid tueddiad i fyrhau berfau cynorthwyol negyddol, er enghraifft *isn't—int,*

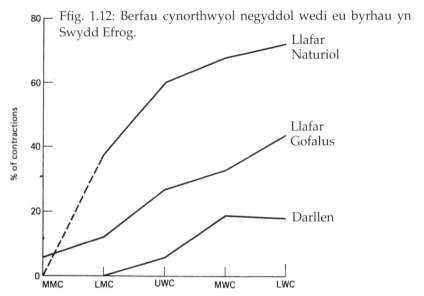

Ffig. 1.12: Berfau cynorthwyol negyddol wedi eu byrhau yn Swydd Efrog.

Ffynhonnell: K.M. Petyt (1978)

needn't—nint, hasn't—ant doesn't—dunt. Fel y gellid disgwyl ni chofnodwyd amrywiaeth arddullol o bwys ym mysg y dosbarth canol (Ffigur 1.12). Dim ond rhyw 5% o'r ffurfiau sydd yn rhai ansafonol. Yn y dosbarth nesaf cafwyd amrywiaeth sylweddol wrth symud o lafar gofalus i lafar rhydd (o 12% i 37%). Yn y dosbarth isaf gwelwyd amrywiaeth pellach rhwng yr anffurfiol a'r ffurfiol. Awgryma hyn fod y siaradwyr yn ymwybodol o ffurfiau tafodieithol ar y naill law a ffurfiau 'cywir' ar y llaw arall. I'r dosbarthiadau gweithiol, 'roedd y berthynas rhwng y siaradwr a'r gwrandawr yn ffactor a benderfynai faint o'r ffurfiau berfol ansafonol i'w cynnwys yn eu llafar. 'Roedd ffurfioli i'r dosbarth hwn yn fater o symud tuag at batrymau'r amrywiad safonol ar y Saesneg.

Ym mhob un o'r enghreifftiau uchod 'roedd dosbarth cymdeithasol yn esgor ar batrymau a thueddiadau arbennig ond 'roedd ffurfioli hefyd yn nodwedd gyflyrol bellach ym mhob dosbarth. Mae'n amlwg ddigon fod ffurfioli yn golygu addasu'r llafar tuag at y norm safonol. Nid un patrwm sydd i dafodiaith yr unigolyn. Fynychaf yn y sefyllfa anffurfiol yn unig y ceir y dafodiaith leol neu leol gymdeithasol. Yn llafar yr un siaradwyr mae modd clywed amrywiadau sydd yn fwy safonol o ran geirfa, cystrawen a chynaniad. Beth sydd yn achosi'r addasu a'r newid? Yn yr achosion hyn o'r Saesneg ymddengys fod amrywio anffurfiol/ffurfiol yn ffactor gyflyrol ychwanegol i safle cymdeithasol y siaradwr.

Mae'n gwbl glir fod siaradwyr iaith â rheolaeth ar sbectrwm o gyweiriau ond nid yw pawb yn hyddysg yn yr un cyweiriau. Nid yw'r unigolyn byth yn defnyddio'r holl bosibiliadau o fewn ei iaith. Gall cyfreithiwr ddeall manylion astrus y gyfraith ond byddai ar goll wrth wrando ar hynafgwyr cefn gwlad yn trafod amaethyddiaeth. Bydd y sawl a dderbyniodd addysg uwch fel rheol â meistrolaeth ar wahanol gyfryngau iaith tra bydd eraill yn bur garbwl wrth roi pin ar bapur. Nid yw pawb yn gallu siarad yn gyhoeddus a chaiff rhai gryn drafferth wrth geisio ffurfioli. Defnyddiwyd y termau 'elaborated code' a 'restricted code' gan yr Athro Basil Bernstein (1966) gyda'r naill yn cyfeirio at gadwyn gyweiriol eang a'r llall at gadwyn ddiffygiol.

Amrywiadau swyddogol a thafodieithoedd lleol neu ieithoedd lleiafrifol

Fel yr awgrymwyd eisoes mae'r ffordd y mae person yn siarad yn dibynnu i raddau helaeth ar gefndir cymdeithasol ac oedran yr unigolyn. Mae hon yn nodwedd fyd-eang. Nid yw'n dibynnu ar unrhyw ddewis bwriadol oni bai i'r unigolyn newid ei batrymau yn fwriadol er mwyn ei uniaethu ei hun â haen gymdeithasol wahanol i'w un gynhenid.[9] Gall dyn siarad tafodiaith arbennig neu famiaith arbennig mewn cymdeithas ddwyieithog ond yn fynych o fewn y gymdeithas bydd ffactorau ar waith a fydd yn ymestyn neu yn cyfyngu ar ddefnydd o'r dafodiaith neu'r iaith yn ôl patrymau arbennig. Gall cymdeithas fynnu bod amrywiad neu iaith arbennig yn cael ei dyrchafu o safle israddol i fod yn gyfartal neu'n uwch ei statws nag amrywiad arall. Mae'r Ffrangeg yn nhalaith Quebec yn enghraifft o hynny. Bellach deddfwyd o blaid y Ffrangeg gan gwtogi ar ddefnydd cyhoeddus o'r Saesneg. Mewn cymunedau cymdeithasol eraill gwelir tafodieithoedd lleol yn cael eu herydu gan dafodieithoedd a ystyrir yn uwch eu statws.

Dyma'r broses a ddatblygodd yn Lloegr oddi ar yr unfed ganrif ar bymtheg. Daeth yr hyn a ystyrid yn Saesneg llafar safonol yn nodwedd a berthynai i'r dosbarth uchaf a byth oddi ar hynny ceisiodd siaradwyr tafodieithoedd daearyddol efelychu'r amrywiad cymdeithasol hwn. Cyngor Puttenham yn *Arte of English Poesie* (1589) oedd: 'usual speech of the Court and that of London within sixty miles and not much above' (gw. A.C. Gimson, 1962: 82). Mewn cymunedau sydd yn rhannol ddwyieithog bydd yr iaith 'swyddogol' yn aml yn ennill tir ar draul iaith neu ieithoedd eraill. Yng ngogledd-ddwyrain yr Eidal ceir cymunedau lle defynddir yr Eidaleg, yr Almaeneg a'r Ffriwleg, a digwyddiad y tair iaith wedi ei gyflyru gan statws cyffredinol yr ieithoedd mewn perthynas â'i gilydd. Yr Eidaleg, fel y gellid disgwyl, yw'r iaith swyddogol, iaith y wlad ac iddi hi y rhoddir y statws uchaf. Ystyrir y Ffriwleg yn iaith o statws canolig a'r Almaeneg yw'r isaf o ran safle. Adlewyrchir y gwahaniaethau yma yn y modd y benthycir geiriau o un iaith i'r llall. Ceir tystiolaeth o eiriau'r Eidaleg a'r Friwleg yn Almaeneg ardal Sauris a cheir enghreifftiau o ymyrraeth yr Eidaleg yn y Ffriwleg, ond nid oes enghreifftiau o fenthyca o'r Almaeneg nac o'r Ffriwleg yn Eidaleg yr ardal. Drych yw hyn, wrth gwrs, o'r symudiad ieithyddol sydd ar gerdded yn yr ardal, y cefnu ar yr Almaeneg gan ddefnyddio Ffriwleg i drafod materion y gymuned. Ond yn ôl N. Denison (1972: 68) Eidaleg oedd prif iaith y genhedlaeth ifanc yn ystod chwedegau'r ganrif hon: '. . . for although most adults address their children in Italian, in the home they continue to use German amongst themselves. The reason given by informants for this use of Italian is in almost all cases the desire to ease the path of their children at school.' Mae hon yn hen gân!

Mae'n bwysig i ni gofio nad sefyllfa gwbl unigryw yw'r un a geir yng Nghymru heddiw. Mae'n wir fod siaradwyr y Gymraeg wedi gorfod derbyn am genedlaethau bod eu hiaith yn anaddas ar gyfer rhai sefyllfaoedd ac felly yn israddol, ond fel y ceisiaf ddangos nid yw'r iaith fel y cyfryw yn israddol nac yn analluog nac yn anaddas ar gyfer y byd technolegol cyfrifiadurol cyfoes. Mae adnoddau geirfäol a gramadegol yr iaith yn ddigon cadarn a hyblyg. Yr hyn sydd ei angen mewn sefyllfaoedd o'r fath yw siaradwyr yn penderfynu defnyddio'r iaith mewn cyd-destunau newydd a thrwy hynny ymestyn ei defnydd i beuoedd lle yr arferwn ddisgwyl clywed y Saesneg. Dyma ran bwysig o ymgyrchoedd Cymdeithas yr Iaith oddi ar y chwedegau. Gall llywodraethau ddeddfu o blaid neu yn erbyn iaith arbennig, ond yn y pen draw siaradwyr yr iaith yw'r rhai sydd, dan amodau penodol, efallai, yn penderfynu cynnal neu gefnu ar eu hiaith.

Heb symud o Ewrop heddiw mae'n bosibl cyfeirio at nifer o enghreifftiau o gymunedau lleiafrifol sy'n cael trafferthion i gynnal eu hiaith a'u diwylliant cynhenid oherwydd bod amgylchiadau gwleidyddol ac amodau cymdeithasol yn eu herbyn. Mae'r Llydaweg, y Gatalaneg, y Fasgeg, yr Isalmaeneg a'r Almaeneg yn enghreifftiau o hyn o fewn ffiniau Ffrainc yn unig. I gael newid a fyddai o blaid yr ieithoedd lleiafrifol byddai'n ofynnol sicrhau statws cyfartal iddynt â'r Ffrangeg gan ymestyn eu cyweiriau yn sylweddol fel y gallai eu siaradwyr eu defnyddio'n rhwydd ac effeithiol i drafod pob agwedd ar eu bywyd beunyddiol. Byddai hynny'n fater o adennill balchder siaradwyr yn eu hieithoedd a'u gwneud yn gyfrwng busnes, addysg, llenyddiaeth, cylchgronau a phapurau newydd, yn ieithoedd bywyd cyhoeddus ac yn llafar naturiol y dref yn ogystal â chefn gwlad. Dyma beth a ddigwyddodd yn achos yr Hebraeg yng ngwlad Israel. Ymestynnwyd ei chyweiriau o fod yn gyfyngedig i'r crefyddol i fod yn iaith y gellid ei defnyddio ym mhob sefyllfa posibl o fewn bywyd y gymdeithas. Yn y bôn ffactorau cymdeithasol sy'n bennaf cyfrifol am lywio presennol a dyfodol ieithoedd. Yn yr iaith, yn wir, adlewyrchir yr hyn a ddigwydd o fewn gwahanol gymunedau. Mae pwy yw'r gwrandawyr a'r siaradwyr yn y sefyllfa yn gallu cyflyru'r patrymau a ddefnyddir.

Amrywiaeth yn ôl siaradwr/gwrandawr

Fel y dangoswyd eisoes, mae daearyddiaeth a chefndir cymdeithasol ac addysgol yn gallu effeithio ar batrymau iaith yng ngwledydd gorllewin Ewrop. Ar brydiau gall rhyw y siaradwr neu'r gwrandawr esgor ar ffurfiau sy'n gyfyngedig i'r naill ryw neu'r llall. Yn achos y Saesneg dangosodd nifer o astudiaethau yn Unol Daleithiau'r Amerig fod llafar benywod yn tueddu i fod yn fwy safonol na llafar dynion o'r un cefndir cymdeithasol (J. Fischer, 1958; L. Levine and H.J. Crockett, 1966; W. Labov, 1966). Dyma'r union batrwm a gafodd P. Trudgill (1974) yn Saesneg Norwich a R.K.S. Macaulay a G.D. Trevelyan (1973) yn Saesneg Glasgow. Yn ôl B. Nordberg (1973) ceir yr un math o safoni ymysg merched yn Sweden. Ceisir egluro hyn drwy ddweud bod benywod yn fwy ymwybodol o wahaniaethau cymdeithasol ac o'r ffurfiau ieithyddol sy'n arwydd o hynny o fewn eu cymdeithas.[10] Ond ni fyddai'n deg cyffredinoli a dweud bod pob gwraig yn safoni. Ni cheir patrymau sy'n benodol yn rhai benywod ond yn hytrach ceir canran uwch i rai patrymau yn llafar gwragedd, ac mae'n bwysig cofio nad merched yn unig yw'r rhai sy'n siarad Saesneg safonol— 'Received Pronunciation'. Yn fy ngwaith ar Gymraeg y Wladfa (1983) sylwais ar dueddiadau digon tebyg ymhlith y merched y bûm yn eu holi. Ar y cyfan 'roedd y merched yn y ddau ddosbarth oedran hynaf yn gywirach eu Cymraeg. 'Roedd nifer y geiriau benthyg o'r Sbaeneg yn is bob tro na'r hyn a gafwyd gan ddynion o'r un oedran. 'Roedd y merched, hefyd, yn fwy tebygol o siarad Cymraeg â'i gilydd tra byddai'r dynion ar y cyfan yn barotach i gynnal sgwrs yn y Sbaeneg. Unwaith eto rhaid pwysleisio mai tueddiad yn hytrach na'r norm oedd hyn. Yr hyn a wnâi'r merched mewn gwirionedd oedd cadw patrymau a geid ymhlith merched a dynion y genhedlaeth hŷn. 'Roedd y merched ar y cyfan yn fwy ceidwadol a hynny yn naturiol ddigon yn codi o'u rhwydweithiau cymdeithasol cyfyng. 'Roeddynt yn ferched a oedd yn treulio'u hamser yn cadw tŷ. 'Roedd eu cylch cymdeithasol yn fwy unffurf nag eiddo'r dynion, ac 'roeddynt ar y cyfan yn fwy blaenllaw ym mywyd crefyddol a diwylliannol Cymraeg Dyffryn Camwy.

Sylwodd Beth Thomas (1980 a 1988) ar nodweddion seinegol ym Mhont-rhyd-y-fen a oedd yno hefyd yn gysylltiedig â rhyw y siaradwyr. 'Roedd yr hen wragedd yn defnyddio'r amrywiad mwy caëdig [ae] (sain rhwng e ac a) yn lle [a] ond ni ddigwyddai hyn yn llafar y dynion. Cadwodd y merched yr hen gynaniad ar *a* hir a ddisodlwyd gan [a:] yn llafar y dynion a'r cenedlaethau iau. Fel yn y Wladfa, cylch cymdeithasol cyfyng y merched sy'n cyfrif am geidwadaeth yn eu llafar. Mae'n ddiddorol nodi nad oedd y dynion yn y Wladfa nac ym

Mhont-rhyd-y-fen yn ymwybodol fod yna'r fath beth â phatrymau iaith benywod. Gelwir y math hwn o batrymu â rhyw yn 'sociolinguistic gender pattern' gan R. Fasold (1990: 92) ac y mae'n nodwedd eithaf cyffredin yng ngwledydd y Gorllewin: 'Sociolinguistic survey research has turned up a phenomenon I have called the "gender pattern". The gender pattern involves the differential use of certain status marking linguistic forms by sex.' (R. Fasold, 1990: 115-116)

Nid nodweddion sydd yn gyfyngedig i un rhyw yw'r rhain ond yn hytrach patrwm digwyddiad amlach yn llafar merched o'u cyferbynnu â dynion. Mewn astudiaeth o'r Swahili ym Mombasa, Kenya, cofnododd J. Russell (1982: 140) batrwm tebyg i'r hyn a ddisgrifiwyd yn y Gymraeg: '. . . it certainly looks as though it is women rather than men who are preserving the most obvious marks of this speech community'; hynny yw, y nodweddion lleol, ansafonol. Dyma enghraifft arall o geidwadaeth ieithyddol ymhlith merched.

Mewn nifer o gymunedau eraill ar draws y byd gall rhyw y rhai a fydd yn cyfathrebu â'i gilydd gael effaith uniongyrchol ar yr iaith yn y sefyllfa honno. Ceir patrymau a fydd yn gyfyngedig i'r naill ryw neu'r llall, a bydd yn hwylus dosbarthu'r rhain yn dri math.

Rhyw y siaradwr yn ffactor gyflyrol

Bydd nodweddion arbennig yn digwydd yn llafar dynion a rhai cwbl wahanol yn llafar merched. Hynny yw, yn y cymunedau hyn nid dillad, gwaith, swyddogaeth neu ymddangosiad sy'n gwahaniaethu rhwng dynion a merched ond hefyd yr iaith. Yn Gros Ventre, iaith Amerindiaidd yng ngogledd-ddwyrain yr Unol Daleithiau (P. Trudgill, 1974: 84), cyfetyb cytsain ddeintiol wedi ei thaflodoli yn llafar dynion i gytsain felar wedi ei thaflodoli yn llafar merched; er enghraifft, y gair am fara yw *djatsa* gan y dynion ond *kjatsa* bob amser ymhlith y merched. Ni cheir gwamalu o gwbl. Yn Koasati, iaith Indiaid yn Luisianna yn yr Unol Daleithiau, canfu M.R. Haas (1944) fod ffurfiau berfol gwahanol gan ddynion ar y naill law a merched ar y llall. Yma, rhyw y siaradwr a benderfynai ei batrymau berfol, a hyd yn oed pan fyddai gŵr yn adrodd stori byddai'n defnyddio'r patrymau priodol wrth adrodd sgwrs rhwng dyn a gwraig.

Ffig. 1.13: Enghreifftiau o batrymau berfol yn Koasati

Gwragedd	Gwŷr	Ystyr
otil	otis	'Rwyf fi'n paratoi'r tân
ost	osc	'Rwyt yn paratoi'r tân
ot	oc	Mae ef yn paratoi'r tân
lakawwil	lakawwis	'Rwyf yn ei godi
lakaw	lakaws	Mae ef yn ei godi
isk	isks	'Rwyf fi'n dweud
ka	kas	Mae e'n dweud

Pan geir 't' ddiweddol ym merfau'r gwragedd ceir 'c' gan y gwŷr. Pan geir cytsain ddiweddol arall neu lafariad ddiweddol ym merfau'r gwragedd, ceir 's' ym mhatrymau'r dynion bob tro. Ceir yr un math o gyd-batrymu rhwng rhyw ac amrywiadau ieithyddol yn yr iaith Garib Ynysig yn Dominica. Yn ôl D. Taylor (1951), mae enwau sy'n cyfeirio at weithred, ansawdd a chyflwr yn cael eu dosbarthu'n fenywaidd eu cenedl gan ddynion ond yn wrywaidd eu cenedl gan ferched. Oherwydd rheolau gramadegol sy'n gysylltiedig â chenedl ceir cryn amrywio mewn ymadroddion megis 'y dydd o'r blaen' sy'n 'tugura buag' gan y dynion ond yn 'ligira buga' gan y merched. I ddeall goblygiadau hyn ceisiwch drosi'r defnydd i'r Gymraeg. Byddem wedyn yn clywed 'y dydd mawr', 'y tri dydd', 'y ddau ddiwrnod pwysig' gan y merched ond 'y ddydd fawr', 'y tair dydd', 'y ddwy ddiwrnod bwysig' gan y dynion. Byddai'n iawn i bob dyn wedyn ddweud 'dwy funud' a gallai pob gwraig ddweud 'dau funud' heb orfod ymbalfalu am genedl gair! Yn ôl y chwedl leol tyfodd y gwahaniaethau ieithyddol rhwng y ddeuryw o sefyllfa ddwyieithog pan ymosododd llwyth y Carib ar Arawak yr ardal a lladd y gwŷr i gyd, ond arbed y merched i fod yn wragedd i ddynion y Carib! Ni ellir cadarnhau cywirdeb y stori, ond o leiaf mae'n ymgais eithaf da i geisio esbonio mewn termau cymdeithasol y gwahaniaethau amlwg sy'n parhau yn iaith y diriogaeth.

Rhyw siaradwr sy'n perthyn i garfan oedran neu statws arbennig yn ffactor gyflyrol

Yn Yukaghir yng ngogledd-ddwyrain Asia ceir 'tj' a 'dj' yn llafar y dynion yn cyfateb i 'ts' a 'ds' yn llafar y merched. Digwydd hynny yn gyson drwy'r eirfa. Awgryma P. Trudgill (1974: 85) mai ymdrech fwriadol ar ran y siaradwyr sy'n esgor ar y fath amrywiadau ac ar yr un pryd mae i oedran y siaradwr le canolog yn y dewis. Mae'r plant (bechgyn a genethod) yn defnyddio patrymau'r mamau, a'r bechgyn wedyn, wrth gyrraedd oedran gwŷr ieuainc, yn newid i gynaniad y dynion. Pan ânt yn benwyn digwydd newid arall sy'n effeithio ar ddynion a merched gan esgor ar 'cj' a 'jj'. Felly yn ystod eu hoes defnyddia'r dynion dair ffurf wahanol ar y clystyrau cytseiniol hyn, a phob ffurf yn perthyn i gyfnodau penodol yn eu bywyd. Mewn gwirionedd dim ond yn ystod ieuenctid a chanol oed y bydd eu patrymau yn gwbl wahanol i eiddo'r gwragedd.

Ffig. 1.14 : Newidynnau yn Yukaghir

	Plant	Ieuenctid Canol Oed	Henoed
Gwŷr	ts ds	tj dj	cj jj
Gwragedd	ts ds	ts ds	cj jj

Rhyw siaradwr a rhyw gwrandawr yn ffactorau pwysig

Ceir sefyllfa ddigon tebyg i'r un flaenorol ymhlith yr Adipon yn yr Ariannin (D. Hymes, 1972). Yno ceir amrywiaeth yn llafar dynion o oed arbennig sy'n eu didoli fel haen ar wahân i bawb arall yn y gymdeithas. Atodir '-in' at bob gair pan fo'r siaradwr yn ŵr arfog ond hefyd bydd gweddill y llwyth yn defnyddio'r un patrwm wrth gyfarch gŵr arfog. Yn y gymuned hon, felly, mae rhyw ac oedran y siaradwr a'r gwrandawr yn gallu bod yn bwysig. Mae'n debyg y gellir esbonio digwyddiad y ffurfiau arbennig ymhlith gwŷr ieuainc a dynion canol oed fel nodwedd ieithyddol sy'n cadarnhau pwysigrwydd statws y dynion hyn fel ymladdwyr ac amddiffynwyr y llwyth.

Yn Yana, iaith Amerindiaid yn Califfornia defnyddia'r gwragedd un fframwaith cyffredin wrth siarad â phawb ond mae gan y gwŷr batrymau deuol, sef yr un rhai â'r merched i gyfarch merched ond rhai cwbl wahanol i gyfarch dynion. Yn yr achos hwn mae rhyw y siaradwr a rhyw'r gwrandawr ynghyd yn esgor ar batrymau nodweddiadol wrywaidd.

Ffig. 1.15: Yana: patrwm yn ôl siaradwr/gwrandawr

		Siaradwr	
		Dyn	**Gwraig**
	Dyn	B	A
Gwrandawr			
	Gwraig	A	A

Ceir cydbatrymu digon tebyg yn y Kurux, iaith Ddrafidaidd yn India. Yn ôl Francis Ekka (1972) bydd merched wrth gyfarch merched eraill yn defnyddio ffurfiau berfol arbennig i ddynodi'r person cyntaf, yr unigol a'r lluosog a hefyd ffurfiau enwol lluosog. Un patrwm sydd gan y dynion, boed y gwrandawr yn ŵr neu yn wraig.

Ffig. 1.16: Patrymau berfol person cyntaf ac enwau lluosog yn Kurux

Dyn mewn sgwrs â dynion neu ferched	**Gwraig mewn sgwrs â gwraig**	
bardan	bar?en	deuaf
bardam	bar?em	deuwn
barckan	barc?an	deuthum
barckam	barc?am	daethom
xaddar	xadday	plant

Yn y ffurfiau berfol—ail berson unigol—ceir tri phatrwm gwahanol. Bydd dyn a gwraig yn defnyddio un ffurf mewn sgwrs â dyn ond pan fydd gwraig yn siarad â gwraig arall ceir yr ail batrwm a cheir trydydd patrwm pan fydd dyn mewn sgwrs â gwraig.

Ffig. 1.17: Patrymau cyferbyniol triphlyg yn Kurux

Dyn neu wraig mewn sgwrs â dyn	**Gwraig mewn sgwrs â gwraig**	**Dyn mewn sgwrs â gwraig**	
barday	bardin	bardi	deui
barckay	barckin	barcki	daethost

I ni, mae'r fath batrymau yn bur gymhleth ac afreal, efallai, ond olion a geir yma o fframweithiau ieithyddol a oedd yn adleisio ac ar brydiau yn cadarnhau'r gwahaniaethau rhyw a oedd yn hynod bwysig o fewn y gymdeithas. Yn ôl Peter Trudgill: 'The examples of distinct male and female varieties all come from technologically primitive food gathering or nomadic communities where sex roles are much more clearly defined. Different social attributes and different behaviour is expected from men and women and sex varieties are a symbol of this.'

Mewn gwirionedd, mae iaith fyw yn rhwym o ddangos amrywiadau a fydd yn adleisio strwythur cymdeithasol ac ymagweddiad diwylliannol ei siaradwyr. Confensiynau cymdeithasol sydd yn cynnal y fath amrywiaeth ac yn y cymdeithasau y cyfeiriais atynt eisoes y gwahaniaeth rhwng dynion a merched yw'r ffactor wahaniaethol gryfaf o ddigon.

Gellid cyfeirio at sefyllfaoedd eraill lle y disgwylid i ryw y gwrandawr ddylanwadu ar yr ieithyddol ond yn rhyfeddol ni ddigwydd hynny oherwydd amodau cymdeithasol arbennig. Yng ngogledd-orllewin yr Amazon mae'r gwragedd priod i gyd â mamieithoedd gwahanol i iaith gyffredin gynhenid gwŷr y gymuned. Mae'r fath sefyllfa, y fath gymysgwch ieithyddol, yn bur anodd i ni ei amgyffred, yn enwedig o ddeall mai iaith gynhenid pob llwyth yw'r iaith a drosglwyddir o un genhedlaeth i'r llall. Hi yw iaith weithredol y gymuned, hi yw'r *lingua franca* yn y Babel ieithyddol. Mae'r peth yn anhygoel! Tybed beth a ddigwyddai mewn cymuned yng Nghymru lle y byddai'r dynion i gyd yn siarad y Gymraeg a'r gwragedd o gefndir Ffrengig, Almaenig, Seisnig, Eidalaidd, Sbaenaidd, Llydewig, Gwyddelig a Gaelaidd? A fyddai gobaith i'r Gymraeg oroesi? Mae'n debyg y byddai pe byddai'r amodau cymdeithasol yn debyg i'r rhai sy'n bodoli yng ngogledd-orllewin yr Amazon.

Disgrifiodd A.P. Sorensen (1971) a J. Jackson (1974) y sefyllfa ieithyddol ryfeddol hon sydd mor ddieithr i ni yn y Gorllewin ond sydd yn gwbl normal mewn ardal sydd ddwywaith maint Cymru ar y ffin rhwng Brasil a Colombia. Yno mae'r boblogaeth yn bur denau—dim ond oddeutu 10,000 o bobl sydd yno yn perthyn i ryw ugain llwyth a phob un yn siarad iaith sydd yn annealladwy i aelodau llwythau eraill. Mae rhai yn hanesyddol yn perthyn i'w gilydd ond eraill o dardd-ieithoedd cwbl wahanol. Yn wleidyddol a chymdeithasol ymranna'r llwythau yn unedau o bum llwyth a cheir cryn ryng-gymdeithasu a masnachu ymhlith aelodau o'r un uned. Drwy'r ardal i gyd defnyddir y Tukana, un o'r ieithoedd brodorol, fel iaith busnes ond nid oes unrhyw arwydd i awgrymu fod hon yn uwch ei statws na'r lleill nac ychwaith yn debygol o erydu neu ddisodli unrhyw un o'r ieithoedd llwythol eraill. Paham, tybed? Mewn gwledydd eraill disodlodd iaith masnach a gweinyddiaeth yr ieithoedd cynhenid. Dyma sy'n digwydd ar hyn o bryd i Jafaneg yn Indonesia. Yn yr Affrig, mae'r Swahili yn enghraifft arall o'r iaith *lingua franca* yn goresgyn a disodli ieithoedd brodorol. Llwyddodd llwythau'r Amazon i gadw'r ddwy iaith ar wahân gan neilltuo'r Tukana ar gyfer cyfathrebu rhyng-lwythol yn unig. Iaith i'w defnyddio â dieithriaid ydyw ac nid o fewn cymuned glòs a chyfeillgar y llwyth ei hun. Felly, gweinyddir math o bolisi swyddogol i gyfyngu defnydd o'r Tukana i nifer dethol o sefyllfaoedd cyfyng. Yn hyn o beth nid yw'r person dwyieithog yn gallu troi ei gefn ar ei iaith gyntaf gan fod arferion ei gymdeithas yn gadarn o blaid yr iaith lwythol.

Un rheol gymdeithasol a weinyddir drwy'r llwythau i gyd yw na all gŵr ifanc briodi merch o'r un llwyth nac o'r un uned ag ef ei hun. Mae hyn yn gyfystyr â dweud bod yn rhaid iddo gael gwraig sydd yn siarad iaith wahanol iddo ef ei hun. Yn y gymuned, felly, bydd y dynion i gyd yn siarad iaith y llwyth a bydd nifer o famieithoedd gwahanol ymysg y gwragedd gan fod yn rhaid i wraig bob amser adael ei theulu ei hun a symud i fyw at dylwyth ei gŵr. Drwy hynny caiff ei hadnabod a'i harddel fel un o lwyth ei gŵr ac nid fel aelod o lwyth ei rhieni, ac felly er mwyn bod yn aelod cyflawn o dylwyth ei gŵr ac o'i gymuned, y fenyw sy'n newid ac yn ymaddasu er mwyn gallu ei huniaethu ei hun â'r gymdeithas. Mae pob gwraig yn y llwyth, felly, yn ddwyieithog ond y drefn ym mhob llwyth yw fod yn rhaid i'r gwragedd siarad iaith y gwŷr â'r plant. Nid yw'n briodol nac yn wir yn dderbyniol i'r fam arfer ei mamiaith yng nghlyw y plant. Gallai hynny wanio eu teyrngarwch i'r llwyth! Heb y fath drefn gallai'r arferion gwreica hyn esgor ar lwythau amlieithog a allai wedyn hybu cymysgiaith neu sefydlu'r iaith fusnes fel iaith gyntaf pob llwyth. Gellid disgwyl peth o hynny o fewn y system bresennol gan mai ei hail iaith ac nid ei mamiaith a drosglwyddir gan y fam i'w hepil. Golyga hynny y gall nodweddion ymyrraeth o iaith frodorol y fam gael eu trosglwyddo i lafar ei phlant. Byddai hynny'n golygu cryn amrywiadau yn iaith y plant o fewn y llwyth. Ni ddigwydd hynny o gwbl oherwydd y pwysigrwydd a roddir i iaith fel un o'r elfennau pwysicaf sy'n diffinio'r llwyth. Er mai ail iaith yw iaith y llwyth i'r mamau, hi hefyd yw'r unig iaith sy'n gyffredin i'r gwragedd i gyd. Mae'r gymdeithas leol yn amlwg ddigon yn ystyried fod yr iaith leol yn addas, yn ddigonol ac o radd uwch na'r iaith fasnach. Mae'r iaith leol yn bwysig gan ei bod yn nodwedd ddiffiniol o'r llwyth ei hun.

Pwy yw'r gwrandawr? Newid iaith neu beidio?

Mae pwy yw'r siaradwr a phwy yw'r gwrandawr, felly, yn bur bwysig a gall y ddwy ffactor gyda'i gilydd, fel yn yr enghreifftiau uchod, benderfynu pa batrymau ieithyddol a ddewisir yn y sefyllfa arbennig honno. Mae patrymau sy'n gwbl ddibynnol ar bwy yw'r gwrandawr yn brinnach. Un enghraifft o bosibl yw'r patrymau anghyflawn ynghyd â geirfa onomatopeig syml a geir wrth siarad â babanod a phlant ieuainc—iaith babi.

Yr enghraifft glasurol o batrymau a gyfyd yn ôl pwy yw'r gwrandawr yw'r sefyllfa a gofnodwyd ymysg Indiaid Nookta yn Vancouver (E. Sapir, 1915). Bydd y Nookta yn defnyddio geirfa arbennig wrth gyfeirio at neu wrth annerch plant a phobl â nam corfforol arnynt, megis pobl anarferol o dew, rhai â diffygion ar eu golwg neu ar eu clyw, pobl gloff a'r rhai sydd yn llawchwith a hefyd wrywod sydd wedi eu henwaedu! Dyma sefyllfa arbennig ac anarferol iawn!

Mor fynych mewn sefyllfaoedd dwyieithog, un garfan yn unig a fydd yn gallu defnyddio'r ddwy iaith, sef siaradwyr yr iaith isradd o ran statws, siaradwyr yr iaith nad yw'n iaith swyddogol neu wladwriaethol. Mewn geiriau eraill, siaradwyr yr iaith leiafrifol fynychaf yw'r rhai dwyieithog.[11] Bydd nifer helaeth o ffactorau cymdeithasol yn effeithio ar y dewis ieithyddol mewn gwahanol sefyllfaoedd. Un ffactor hollbwysig

yw iaith y sawl y cyfathrebir ag ef. Dyma'r prif linyn mesur a
ddefnyddir gan lawer o Gymry yn eu bywyd bob dydd. Eu
dewis cyntaf yw'r Gymraeg ond byddai'n anodd iawn dal pen
rheswm yn y Gymraeg â pherson sydd yn uniaith Saesneg.
Felly, yr hyn sy'n penderfynu pa iaith i'w defnyddio yw gallu
neu anallu'r gwrandawr i gyfathrebu drwy gyfrwng y
Gymraeg. Mae'r fath sefyllfa'n bur syml, yn symlach o'r hanner
na'r hyn a geir heddiw yng Nghymru. Faint o Gymry Cymraeg,
tybed, a fyddai'n rhoi'r Gymraeg yn gyntaf a derbyn anallu'r
person arall i gyfathrebu yn y Gymraeg fel eu hunig reswm
dros ddefnyddio'r Saesneg. Yn anffodus mae llawer o Gymry
Cymraeg yn siarad Saesneg â'i gilydd a hyn yn fynych yn
tarddu o'r ffaith eu bod yn fwy cartrefol yn trafod rhai
meysydd yn y Saesneg. Efallai mai diogi sydd wrth wraidd
hyn! Cawn drafod hyn yn fanylach yn y man.

Mae'n debyg mai'r cwestiwn y dylid ei ofyn yw, a ddylai
siaradwyr ieithoedd lleiafrifol droi i iaith arall yng nghwmni
pobl nad ydynt yn siarad eu hiaith hwy? Disgrifiodd S. Gal
(1979) yr hyn sy'n digwydd o fewn y gymuned Hwngareg ei
hiaith yn Oberwart, ardal sydd bron ar y ffin rhwng Awstria a
Hwngari. Yno y mae disgwyl i'r Hwngariaid droi i'r Almaeneg
yng nghwmni Awstriaid sydd yn uniaith yn yr Almaeneg.
Dyma gofnododd S. Gal (1979: 166): 'Several monolingual
construction workers, strangers to Oberwart had been repairing
the street in front of the inn. At lunch time they entered and sat
down near the table of four bilinguals who were conversing in
Hungarian. The monlinguals jokingly but insistently told the
bilinguals to stop. "Let us hear what you are saying. We live in
Austria. We are all Austrians. Don't you know how to talk
German?" were among the comments made. The bilinguals
switched to German.' Digwyddodd hyn er nad oedd siaradwyr
yr Almaeneg yn rhan o'r sgwrs ar y pryd. Mae gwedd llawer
mwy difrifol i amgylchiadau o'r fath—maent yn cyfyngu ar y
defnydd posibl o un o'r ieithoedd gan ei gwneud yn iaith
breifat yn unig a rhoi statws cyhoeddus i'r ail iaith yn unig, yr
iaith genedlaethol.

Adroddir digwyddiad tebyg gan J.J. Gumperz (1977: 12)
mewn rhan o Awstria ger y ffin â Slofenia lle ceir poblogaeth
ddwyieithog yn y Slofeneg a'r Almaeneg. Gellid treulio cryn

amser yno heb sylweddoli bod y boblogaeth yn ddwyieithog gan na fyddent yn siarad Slofeneg yng nghlyw unrhyw un nad oedd yn deall Slofeneg. Yn N. Dorian (1981: 79-80) disgrifir yr hyn a ddigwydd mewn cymuned Aeleg yn yr Alban. Pan fydd person uniaith Saesneg yn rhan o'r sefyllfa troir i'r Saesneg ond yn wahanol i'r sefyllfa yn Awstria ni throir i'r Saesneg am fod person unieithog yn digwydd bod o fewn clyw.

Er bod poblogaeth Oberwart wedi bod yn ddwyieithog er tua'r flwyddyn 1500 nodwedd gymharol ddiweddar yw dibrisio'r Hwngareg. Parodd newidiadau economaidd ac ymfudaeth i'r ardal yn ystod y ganrif ddiwethaf beth erydiad yn nefnydd yr Hwngareg. Edrychid i lawr ar y rhai a siaradai'r Hwngareg. Yr Almaeneg oedd iaith y bywyd masnachol ac yn wir ar ôl uno'r ardal yn swyddogol o fewn Awstria yn 1921 yr Almaeneg oedd iaith y weinyddiaeth, addysg a'r holl fudiadau 'cenedlaethol'. Parhaodd yr Hwngareg yn iaith y gymuned leol ac yn elfen bwysig yn niffiniad hunaniaeth y grŵp lleol. Hwngareg oedd yn dynodi 'ni' ac Almaeneg oedd iaith carfan 'nhw', sef y rhai o'r tu allan i'r gymuned. Pe byddai'r sefyllfa wedi aros yn sefydlog gallasai'r Hwngareg fod wedi dal ei thir. Ar un adeg pan briodai merched a siaradai Almaeneg â gwŷr o Oberwart ceid patrwm diddorol a dadlennol. Gorfodid y merched hyn i ddysgu'r Hwngareg os oeddynt am gael eu derbyn o fewn eu teuluoedd-yng-nghyfraith. Canlyniad peidio fyddai aros yn ddieithryn o fewn y gymdeithas. Gyda'r blynyddoedd gwanhaodd gafael yr Hwngareg ar y gymuned a bellach nid yw'r perthnasau uniaith yn trafferthu i ddysgu'r iaith. Mae hynny'n arwydd sicr o ddifodiant iaith. Mae hefyd yn adlewyrchiad o'r diffyg gwerth a rydd y bobl leol ar eu hiaith. Bu newid yn yr ymagweddu tuag at yr iaith a bellach ystyrir mai cyfrwng bywyd hen-ffasiwn yw'r Hwngareg. Yr Almaeneg yw iaith cynnydd economaidd a symudoledd cymdeithasol. Pan gyfyngir ar ddefnydd cymdeithasol iaith i'r lleol neu i'r bywyd teuluol neu i'r crefyddol yn unig, mae mewn perygl o golli tir, yn arbennig os yw bywyd a chysylltiadau'r person dwyieithog yn bennaf â phersonau uniaith.

Pwy yw'r gwrandawr a natur y berthynas â'r siaradwr

Yng ngwlad Paraguay ceir sefyllfa ddwyieithog ddiddorol sy'n wahanol iawn i'r sefyllfa yn Awstria, er bod achos dwyieithrwydd yn tarddu'n wreiddiol o'r un ffenomenon yn y ddwy wlad, sef iaith ymerodorol ochr yn ochr ag iaith leol. Y ddwy iaith yn Paraguay yw'r Sbaeneg a'r Gwarani. Er mai'r Sbaeneg oedd iaith yr ymfudwyr a'r concwerwyr Ewropeaidd, isel iawn yw canran y boblogaeth heddiw sydd yn unieithog yn y Sbaeneg. Yn ôl J.P. Rona (1966: 284) dangosodd cyfrifiad 1950 fod 89% o boblogaeth y brifddinas Asuncíon yn gallu siarad y Sbaeneg a 76.1% yn ddwyieithog, yn y Sbaeneg a'r Gwarani. Dim ond rhyw 13% a oedd yn uniaith yn y Sbaeneg a rhyw 10.9% a siaradai Gwarani yn unig. Felly yn y brifddinas dwyieithrwydd yn bendant yw'r norm ymhlith rhai â'r Sbaeneg yn famiaith iddynt yn ogystal ag ymhlith rhai a siaradai'r Gwarani fel eu mamiaith. Yma, felly, nid yw statws ymerodrol neu wladwriaethol y Sbaeneg wedi peri i'w siaradwyr deimlo mai eu hiaith hwy yw'r orau ac mai iaith lafar is ei statws yw'r Gwarani nad oes raid iddynt ymdrafferthu â hi. Mewn gwirionedd mae strwythur cymdeithasol a syniadau am werth ieithoedd o fewn y wlad wedi gwarchod y Gwarani gan hybu dwyieithrwydd ymysg pob haen gymdeithasol. Nododd J.P. Rona fod teimlad cryf yn y wlad mai'r Gwarani ac nid y Sbaeneg oedd yr iaith genedlaethol, ac nad oedd y sawl na allai siarad Gwarani yn ddinesydd cyflawn o'r wlad. Er bod pobl o'r farn fod y Sbaeneg yn fwy urddasol na'r Gwarani, bonws ydoedd hyn i'r sawl a oedd eisoes yn siarad Gwarani. Yn ôl J.P. Rona (1966: 286): 'Those who speak only Spanish have no social rating at all.' Ymddengys fod gallu i siarad y ddwy iaith yn hynod bwysig ym mywyd cymunedau dinesig.

Paham nad yw'r Sbaeneg wedi erydu tiriogaethau'r Gwarani gan ei disodli fel iaith weithredol y gymdeithas? Paham nad yw dwyieithrwydd wedi esgor ar dueddiadau tuag at unieithrwydd? Y prif reswm yw fod aelodau o'r ddwy gymdeithas ieithyddol wedi datblygu i fod yn ddwyieithog. Dyma nodwedd sy'n gwbl wahanol i'r hyn a ddigwyddodd yng ngwledydd eraill De'r Amerig. Yn Chile a'r Ariannin, y Sbaeneg yw'r iaith swyddogol a chenedlaethol. Rhaid i siaradwyr ieithoedd eraill ddysgu'r Sbaeneg ac nid yw'n rheidrwydd ar i berson unieithog yn y Sbaeneg ymdrafferthu i ddysgu unrhyw iaith Amerindiad neu un arall. Yno un cam mewn proses sy'n esgor mewn amser ar gymdeithas unieithog yw'r dwyieithrwydd hwnnw. Yn Paraguay, Sbaeneg yw iaith swyddogol gweinyddiaeth a llywodraeth ond yr iaith genedlaethol yw'r Gwarani. Sicrhaodd hynny ffyniant y Gwarani.

Un ffactor bwysig arall yng nghadwraeth Gwarani yw'r ffaith mai hi yw iaith gyntaf mwyafrif llethol poblogaeth yr ardaloedd gwledig, ac yng nghyfrifiad 1962 cofrestrwyd 52% fel rhai a siaradai Gwarani yn unig (J. Rubin, 1978: 189). Felly yng nghefn gwlad, Gwarani yw'r norm, ond mewn ardaloedd trefol a diwydiannol dwyieithrwydd yw'r nodwedd gynhyrchiol. Pam a sut y defnyddir y ddwy iaith? A ydyw yn dibynnu ar lefelau dwyieithrwydd y rhai a fydd yn cyfathrebu â'i gilydd? A fydd pobl sy'n siarad Sbaeneg fel iaith gyntaf yn sicr o ddefnyddio'r iaith honno â'i gilydd? Dichon y digwydd hynny o fewn teuluoedd a chylchoedd cymdeithasol cyfyngedig, ond drwy drwch y boblogaeth, boed y famiaith yn Sbaeneg neu yn Gwarani, ceir tueddiadau a phatrymau eithaf clir a phendant i'r dewis o ba iaith i'w defnyddio. Dengys J. Rubin (1968: 526) fod y boblogaeth ddwyieithog yn defnyddio'r naill iaith neu'r llall yn gyntaf yn ôl pwy yw'r gwrandawr yn y sefyllfa. Yng nghefn gwlad dewisir y Gwarani yn gwbl ddibetrus a dyma a ddigwyddai mae'n debyg wrth siarad â phobl o'r wlad a fyddai'n ymweld â'r dref. Sylfaenodd J. Rubin ei disgrifiad ar waith maes mewn tref fawr a thref fechan. Crynhoir ei chasgliadau yn Ffigur 1.18.

Yn y dref â phobl nad ydynt o'r berfeddwlad dibynna'r dewis ar ffurfioldeb neu anffurfioldeb y sefyllfa. Yn y sefyllfa ffurfiol Sbaeneg yw'r cyfrwng. Os yw'r sefyllfa yn anffurfiol a'r berthynas heb fod yn un agos disgwylid y Sbaeneg eto. Hyd yn oed pan fo'r berthynas yn un agos gall maes y sgwrs unwaith eto gael effaith ar y dewis. Wrth drafod materion a ystyrir yn 'ddifrifol', megis gwleidyddiaeth, yr economi, addysg neu'r gyfraith, dewisir y Sbaeneg. Gall 'difrifol' yn y cyswllt hwn gyfeirio at feysydd sydd â geirfâu arbenigol sydd ar gael yn y Sbaeneg yn unig.

Ffig. 1.18: Pryd y defnyddir y Gwarani a'r Sbaeneg

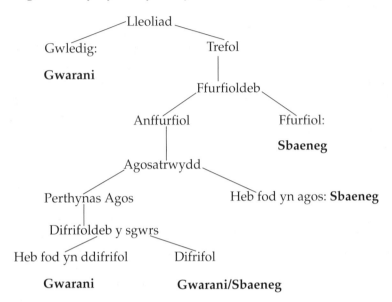

Yn Paraguay mae dwyieithrwydd i raddau pell iawn ynghlwm wrth gyweiriau. Mae'n amlwg fod natur y berthynas rhwng y siaradwr a'r gwrandawr yn effeithio ar ei ddewis. Cysylltir y Sbaeneg â ffurfioldeb ond yn ddieithriad wrth symud i'r pegwn arall—anffurfioldeb—newidir i'r Gwarani. Maent felly wedi neilltuo'r ddwy iaith i sefyllfaoedd cwbl wahanol. Y prif ffactor yw pwy yw'r gwrandawr—gwledig/trefol—ond yna ceir amrywio pellach yn ôl natur perthynas a maes y sgwrs o fewn y categori trefol. Mae'r sefyllfa'n enghraifft ardderchog o'r modd y mae statws eithaf cyfartal dwy iaith gwbl wahanol wedi esgor at batrwm dwyieithrwydd sydd ar hyn o bryd, beth bynnag, yn ddigon sefydlog. Pery felly tra bo nifer uchel o'r boblogaeth yn unieithog yn y Gwarani a thra bo trwch y boblogaeth o'r farn bod cenedlaetholdeb yn gwbl ddibynnol ar y gallu i gyfathrebu yn yr iaith honno.

Pwy yw'r siaradwr a'r gwrandawr a natur y berthynas rhyngddynt

Yn y Gymraeg gellir dangos statws a pherthynas drwy'r defnydd o 'ti' a 'chi'. Mae 'ti' yn anffurfiol tra bo 'chi' yn ffurfiol, fynychaf. Ond gall 'chi'' ddigwydd mewn perthynas anffurfiol fel o fewn yr un teulu neu â chydnabod ac fe'i defnyddir i ddangos parch, fel rheol wrth i'r ifanc gyfarch y to hŷn. Felly, i raddau, y mae oedran a natur y berthynas yn allweddol. Y drefn arferol wrth gyfarfod â phobl am y tro cyntaf yw defnyddio 'chi' gan droi i 'ti' wrth i bobl ddod yn fwy hyf ar ei gilydd. Ymhlith myfyrwyr defnyddir 'ti' o'r cychwyn, sydd yn awgrymu mai oedran a statws cyfartal sydd bwysicaf iddynt.

Fel y soniwyd eisioes yn ardal Dafen, Llanelli ceir system o dri therm, sef 'chi', 'ti' a 'fe'. Defnyddir y rhagenw trydydd person unigol gwrywaidd 'fe' i gyfeirio at yr ail berson unigol, boed yn wryw neu yn fenyw, ond dim ond pan fydd y siaradwr a'r gwrandawr o fewn perthynas glòs â'i gilydd, megis cyfeillion agos iawn ac aelodau o fewn yr un teulu. Gellir clywed y canlynol, 'Shwd i fe 'eddi?', 'Odi fe'n dod mas nawr 'te?' 'Ma fe'n wilia'n ry gloi' yn ogystal â 'Shwd i ti 'eddi? 'Wyt ti'n dod mas 'te?' 'Rwyt ti'n wilia'n ry gloi'. Mae'r cyfan yn cyfeirio at yr ail berson unigol ond yn dangos yn glir iawn natur y berthynas rhwng y siaradwyr. Fodd bynnag, mae'r fath batrwm yn syml iawn o'i gymharu â'r hyn a geir mewn rhai ieithoedd eraill.

Yn iaith Japan ac iaith Korea dangosir natur y berthynas rhwng y siaradwyr yn yr olddodiad berfol. Yn iaith Korea defnyddir chwe olddodiad gwahanol (S. Martin, 1964) sy'n mynegi: i) perthynas glòs, ii) cyfeillgarwch, iii) statws cyfartal, iv) cwrtais, v) awdurdodol, vi) parchus, ymostyngol. Yn ôl C. Geertz (1972: 168-9) dangosir safle pobl a'u perthynas â'i gilydd yn iaith Java drwy ddewis gofalus o gyfystyron yn ôl gofynion y sefyllfa. I gyfarch person sydd yn is ei statws na'r siaradwr ond sydd yn adnabyddus iddo defnyddir '*Apa pada slamet?*' am 'A ydych chi'n iawn?' Ond â pherson uwch ei safle neu â dieithryn ceir brawddeg gwbl wahanol—'*Menapa sami sugeng?*' sef 'A ydych chi'n iawn?' Gellid cael y pum amrywiad canlynol ar y frawddeg 'A ydych chi'n mynd i fwyta "casava" nawr', a hynny yn ôl lefelau perthynas y siaradwr â'r gwrandawr.

Ffig. 1.19: Amrywiaeth yn iaith Java yn ôl ffurfioldeb/anffurfioldeb

5 Menapa	pandejenengan	badé dahar sekul kalijan	kaspé samenika?
4 Menapa	sampéjan	badé neda sekul kalijan	kaspé samenika?
3 Napa	sampejan	adjeng neda sekul lan	kaspé waniki?
2 Apa	sampejan	arep neda sega lan	kaspé saiki?
1 Apa	kowé	arep mangan sega lan	kaspé saiki?

Yr unig air nad yw'n amrywio yw 'kaspé'. Nid mater o wybodaeth drylwyr o gyfystyron yn unig sydd yma, ond gwybod sut i'w cyfuno â'i gilydd. Mae'n amlwg fod 'apa' 'arep' 'sega' a 'saiki' yn gyfyngedig i lefelau 1 a 2 tra bo 'kowe' a 'mangan' i'w cael yn 1 yn unig. Cyfyd y fath amrywiaeth o gefndir diwylliannol a chymdeithasol y siaradwyr. Cyn y gall y system newid bydd yn rhaid i'r fframwaith cymdeithasol newid gyntaf. Tra bo'r system ddiwylliannol, grefyddol a chymdeithasol yn rhannu pobl yn wahanol haenau cwbl ar wahân bydd iaith yn rhwym o adlewyrchu hynny.

Un enghraifft o effaith fframwaith cymdeithasol haearnaidd ar y defnydd o iaith yw'r sefyllfa *caste* yr India. Rhan greiddiol o grefydd yr Hindŵ yw'r gred fod strwythur a safle cymdeithasol pob un wedi ei ragordeinio gan y gallu dwyfol. Genir dyn i haen arbennig a dyna yw ei dynged weddill ei oes. Ar y brig y mae'r Brahmin oherwydd eu cysylltiadau offeiriadol, yna daw y Rajput, sef y tirfeddianwyr, a'r Vaishya, y masnachwyr. Yna ceir yr haenau canol yn grefftwyr a gweithwyr cyflogedig ac yna ar y gwaelod y gwehilion (*untouchables*). Mae i bob un ei le a bydd arferion a defodau cymdeithasol yn cadw a chadarnhau'r gwahaniaethau hynny. Nid yw aelodau o wahanol haenau yn cymysgu'n gymdeithasol â'i gilydd, ac yn fynych cylch cymdeithasol cyfyng o fewn ei haen a'i deulu ei hun yw'r norm. Mae statws pob unigolyn mewn perthynas ag unigolion eraill yn dra phwysig. Y person hynaf fydd yn eistedd wrth ben y bwrdd ac eraill wedyn yn ôl eu safle. Os bydd Brahmin yn bresennol, yna ef fydd yn cael y sedd bwysicaf. Bydd personau o haenau is yn cael eistedd ar y llawr a'r gwehilion ymhellach i ffwrdd oddi wrth yr haenau eraill. Canlyniad hyn fu datblygiad tafodieithoedd cymdeithasol gan fod pob haen i raddau pell iawn yn rhwydwaith cymdeithasol cyfyngedig ynddi ei hun.

Yn Khalpur, sydd rhyw bedwar ugain milltir i'r gogledd o Delhi, mae 90% o'r boblogaeth yn Hindwiaid a 10% yn Foslemiaid (Gumperz, 1958). Mae crefydd yn eu gwahanu'n ddiwylliannol, yn gymdeithasol ac yn ieithyddol. Mae yno dafodiaith leol o Hindi sydd yn gwbl nodweddiadol o'r Moslemiaid. At hynny, ceir amrywiadau lleol pellach sy'n cyd-fynd â'r rhaniadau *cast* ymhlith yr Hindwiaid. O fewn y pentref ceir arferion a thraddodiadau sy'n pwysleisio'r gwahaniaethau statws. Bydd merched o blith y gwehilion yn gwisgo math o sgert blaen o ddeunydd rhad, tra bydd merched o haenau uwch â gwisgoedd traddodiadol yr ardal. Gellir adnabod benyw o blith y Rajput sydd wedi derbyn addysg, oddi wrth ei dillad gorllewinol. O fewn y patrwm tafodieithol hwn ceir dewis pellach rhwng amrywiadau sy'n dibynnu ar y berthynas rhwng y siaradwr â'r gwrandawr. Ymhlith yr haenau uchaf ceir dau batrwm (côd) a adnabyddir fel *moti boli* a *saf boli* ac yn ôl J.J. Gumperz (1971: 162): 'The former is used primarily within the family circle, with children and with close relatives as well as with animals and untouchable servants. It symbolizes the informality that attends these relationships. *Saf boli* on the other hand reflects the guardedness of the relationships outside the immediate friendship group, and the respect towards elders.' Yn y *moti boli* ceir canran uchel o nodweddion lleol a gellir ei ddefnyddio mewn ystod eang o feysydd. Dyma'r amrywiad sydd i raddau pell iawn yn dynodi ac yn cryfhau'r ymwybyddiaeth o 'ni' a 'nhw'. *Saf boli* yw'r cyfrwng sydd i'w ddisgwyl â phobl leol o'r tu allan i gylch y teulu a chyfeillion agosaf. Ystyrir hwn yn fwy ffurfiol ac yn gyfrwng sy'n dangos parch. Ceir symudiad geirfaol a gramadegol tuag at Hindi Safonol. Gellir ei ddefnyddio mewn trawstoriad eang o feysydd. Symudiad o berthynas agos, glòs i un rhannol ffurfiol sy'n esgor ar *saf boli*. Gellir ychwanegu dau batrwm pellach at y ddau hyn a hynny'n dibynnu ar wahanol raddfeydd ffurfioldeb o fewn y berthynas. Â phobl anlleol yn arbennig ym myd masnach, â theithwyr neu â phobl ym maes adloniant teithiol defnyddir Hindi Taleithiol. Mewn sefyllfa or-ffurfiol fel yn y byd addysgol, llywodraeth ganolog, masnach a diwydiant cenedlaethol, Hindi Safonol yw'r cyfrwng.

Y pwynt pwysig i'w gofio yw fod y pedwar amrywiad yn dibynnu'n gyfan gwbl ar safle'r gwrandawr ac ar natur y berthynas rhwng hwnnw a'r siaradwr. Graddfeydd ffurfioldeb y sefyllfa sy'n gorfodi'r union ddewis ar y siaradwr.

Ffig. 1.20: Amrywiadau llafar haen Rajput yn Khalpur

Perthynas	**Amrywiad ieithyddol**
Ffurfiol Iawn	Hindi Safonol
Ffurfiol	Hindi Taleithiol
Anffurfiol, parchus	Saf boli
Anffurfiol, agos	Moti boli

Mae'n amlwg fod pwy yw'r gwrandawr a'r siaradwr yn bwysig, ond yn y gymdeithas hon mae hynny hefyd yn gyfystyr â gofyn beth yw natur y berthynas rhyngddynt. I raddau pell iawn mae'r amrywiadau hyn ynghlwm wrth yr hyn a elwais yn 'tenor y traethu' (gw. tud. 41). Ni fydd Hindi Safonol yn debygol o erydu'r amrywiadau lleol gan fod ei ddigwyddiad yn gyfyngedig i'r ffurfiol yn unig. Pe byddai Hindi yn bosibl ym mhob un o'r arddulliau (tenorau) yna byddai perygl mawr iddi ddisodli'r tafodieithoedd lleol. Yr hyn sy'n cadw'r fath amrywiaeth rhag newid yw'r ffaith fod yr amrywiadau mewn dosbarthiad cyfatebol â'i gilydd. Mewn geiriau eraill ni all un amrywiad ddigwydd yn yr un cyd destun cymdeithasol ag unrhyw un o'r amrywiadau eraill. Gan nad ydynt yn gorgyffwrdd o ran eu swyddogaeth gymdeithasol erys y sefyllfa yn un bur sefydlog. Yr hyn sy'n nodwedd hynod o'r fath gymdeithas yw mai graddfeydd perthynas agos-ffurfiol sy'n rheoli'r dewis ieithyddol. Er ein bod ni yn y Gymraeg yn amrywio peth ar ein llafar yn ôl natur ein perthynas â phobl, nid yw'n golygu newid sydd mor gyson nac mor drwyadl â'r hyn a geir yn rhai o wledydd y dwyrain.

Dosbarthiad amrywiadau yn ôl maes y cywair

Yn Hemnesberget yng ngogledd Norwy mae'r boblogaeth yn defnyddio dwy dafodiaeth yn ôl gofynion bywyd pob dydd, ond ni fyddant byth yn cymysgu'r ddwy. Y dafodiaith leol yw Ranamål a ystyrir yn rhan o hunaniaeth yr unigolyn—yr arwydd ei fod yn un o'r gymdeithas leol. Mae'n falch o'i dafodiaith ac yn ei hystyried cystal ag unrhyw dafodiaith arall: 'By identifying himself as a dialect speaker both at home and abroad a member symbolizes pride in his community and in the distinctiveness of its contribution to society at large.' (Blom a Gumperz, 1972: 411) Nid yw'n cefnu ar ei dafodiaith wrth gyfarch a sgwrsio â rhywun o ardal arall. Nid pwy yw'r gwrandawr sy'n peri iddo newid i Bokmål—yr amrywiad safonol. Gall ddefnyddio Ranamål a Bokmål â phobl leol yn ogystal ag â phobl o barthau eraill. Mae i'r ddwy iaith swyddogaethau penodol o fewn y gymdeithas a phair traddodiad ac arferion cymdeithasol nad ydynt yn gor-gyffwrdd. Yn ôl J.P. Blom a J.J. Gumperz (1972: 411): 'In their everyday interaction they select among the two as the situation demands. Members view this alternation as a shift between two distinct entities which are never mixed.'

Sut y gall y fath sefyllfa fodoli? Y tro hwn yr hyn sy'n achosi trosi iaith (*code-switching*) yw maes yr ymgom. Wrth drafod materion pob dydd fel gwaith, tywydd, garddio, glanhau, bywyd cymdeithasol, adloniant, caru, ffraeo, bywyd teuluol a meysydd eraill a fydd yn ymwneud â'r ardal, y dafodiaith leol, y Ranamål, yw'r cyfrwng bob tro. Pan drafodir meysydd sydd ag arlliw swyddogol iddynt, a ffynhonnell yr awdurdod yn tarddu o'r tu allan i'r ardal, yna defnyddir y Bokmål. Ym myd addysg, crefydd a'r cyfryngau y Bokmål yw'r norm. Drwy fod yn gyfrwng addysg, cysylltwyd yr amrywiad swyddogol â meysydd academaidd a thechnegol. Bydd athrawon a disgyblion yn trafod mathemateg, daearyddiaeth, bywydeg neu beirianneg yn Norwyeg safonol, ond o droi i drafod y tywydd neu i holi ynghylch perthnasau troir i'r dafodiaith leol. Yn swyddfa'r cyfreithiwr lleol neu yn y banc y Bokmål fydd cyfrwng unrhyw drafodaeth swyddogol ond yna wrth newid cywair dewisir y dafodiaith leol: 'In the course of a morning spent at the community administration office, we noticed that clerks used both standard and dialect phrases depending upon whether they were talking about official affairs or not. Likewise, when residents step up to a clerk's desk, greetings and inquiries about family affairs tend to be exchanged in the dialect, while the business part of the transaction is carried on in the standard.' (Blom a Gumperz, 1971: 425)

I raddau pell iawn mae hyn yn ddigon tebyg i'r sefyllfa addysgol a fodolai yng Nghymru mewn sawl ardal Gymraeg tua chanol y ganrif hon. Saesneg oedd iaith y dysgu swyddogol yn 'geography', 'history', 'chemistry' ac yn y blaen er gwaetha'r ffaith fod yr athrawon a'r plant yn gwbl rugl yn y Gymraeg. Prif wendid y system yng Nghymru oedd bod y Gymraeg yn cael ei hystyried yn israddol ac yn annigonol ac fel canlyniad 'roedd yn bosibl i Saesneg y byd addysgol ymestyn yn raddol i gyweiriau eraill. Tra bo cydbwysedd rhwng cyweiriau siaradwyr mewn dwy iaith pery'r sefyllfa yn ddigon sefydlog. Os digwydd i Norwyeg safonol gael ei defnyddio yn rhai o feysydd y dafodiaith leol, ac os bydd y naill neu'r llall yn gwbl dderbyniol mewn cywair arbennig bydd hynny'n arwydd o ddechrau proses erydiad. Ceir olion o hynny ym mhatrymau rhai a fu'n byw o'r ardal am gyfnod, er enghraifft, myfyrwyr prifysgol. Tueddant i droi fwyfwy i'r safonol mewn cyweiriau y disgwylid y dafodiaith leol ynddynt. Hyd yn hyn nodwedd sydd ynghlwm wrth addysg yw hon.

Disgrifir sefyllfa ddwyieithog debyg gan L. Greenfield (1972) ymhlith mewnfudwyr o Puerto Rica a'u disgynyddion yn Efrog Newydd. Mae'r cymunedau hyn yn ddwyieithog yn y Sbaeneg a'r Saesneg. Y Sbaeneg yw'r famiaith a'r Saesneg yw'r cyfrwng â phobl nad ydynt yn siarad y Sbaeneg. Ond ymhlith y boblogaeth ddwyieithog nid yw'r darlun mor syml. Nid pwy yw'r gwrandawr sy'n cyflyru'r dewis bob tro, gan nad yw gallu'r gwrandawr i ddeall y Sbaeneg yn golygu mai honno fydd iaith y cyfathrebu. Darganfu L. Greenfield (1972) a L. Laosa (1975) fod dewis iaith i'r siaradwyr dwyieithog yn dibynnu i raddau ar natur y berthynas ac ar feysydd yr ymgom. Nid trosi mympwyol o un iaith i'r llall yw'r patrwm mewn gwirionedd ond tueddiad at gadw swyddogaethau cwbl wahanol i'r ddwy iaith. Mewn cyd-destun teuluol a chyfeillgar ceir y Sbaeneg, ond o drafod crefydd, addysg neu'r gwaith, troir yn syth i'r Saesneg. Wrth gwrs, byddai'r union feysydd a drafodir yn y Sbaeneg o fewn yr ardal ac ymhlith cydnabod, yn gallu digwydd yn y Saesneg, hefyd, wrth siarad â chyfaill neu â chyd-weithiwr nad yw'n siarad y Sbaeneg. Gallai'r uchod fod yn sefyllfa bur beryglus i'r Sbaeneg er iddi ymddangos yn iaith sicr ei gafael ar y gymdeithas yn ystod saithdegau'r ganrif hon. Pan gyfyngir y famiaith i sefyllfaoedd a meysydd arbennig a neilltuo iaith arall ar gyfer sefyllfaoedd penodol bydd y famiaith mewn perthynas anghyfartal â'r ail iaith, pan yw'n bosibl defnyddio'r ail iaith i drafod y meysydd a gysylltir â'r famiaith, ond ni ellir defnyddio'r famiaith yn y meysydd a gysylltir â'r ail iaith. Dyna union sefyllfa'r gymdeithas Puerto Rican yn Efrog Newydd. Canlyniad hyn yw fod y rhai sydd â'u rhwydweithiau cymdeithasol yn bennaf o fewn y gymdeithas ethnig honno yn gallu ymgodymu â'r ddeuoliaeth swyddogaethol, gan mai nifer fechan o'u cyweiriau sydd yn y Saesneg. I rai sydd â rhwydweithiau cymdeithasol allblyg, Saesneg yw cyfrwng arferol y rhan fwyaf o'u cyweiriau a golyga hynny y gall yr ail iaith ddod yn brif iaith iddynt.[13]

Sefyllfaoedd Dwylosia

Un sefyllfa ddwyieithog ddiddorol sydd yn debyg i'r rhai a amlinellwyd uchod ac eto'n bur wahanol yw'r hyn a alwodd C.A. Ferguson (1959) yn 'diglossia'. Mae pob cymdeithas ddwylosig yn ddwyieithog ond nid yw pob cymdeithas ddwyieithog yn ddwylosig. Beth yw ystyr hynny? Yn wahanol i'r sefyllfaoedd dwyieithog arferol, mae *pawb* mewn cymuned ddwylosig yn ddwyieithog, a'r ddwy iaith yn digwydd mewn sefyllfaoedd gwahanol i'w gilydd a defnydd o'r ddwy heb orgyffwrdd â'i gilydd. Yn ôl diffiniad C.A. Ferguson nid sefyllfa iaith safonol a thafodiaith leol yw'r ddwylosig ond yn hytrach 'two varieties of a language side by side throughout the community, each with a clearly defined role'. Dyna geir yn y gwledydd Arabaidd lle mae trwch y boblogaeth yn defnyddio Arabeg clasurol dan rai amodau cymdeithasol ac Arabeg lleol dan amodau eraill. Yng ngwlad Groeg digwydd y *Katharevusa* ochr yn ochr ac nid yn yr un cysylltiadau â'r *dhimotiki*. Yn y Swistir bydd siaradwyr yr Almaeneg yn rhugl yn yr amrywiad safonol yn ogystal â'r dafodiaith leol. Defnyddiant y ddwy, ond mewn cysylltiadau cwbl wahanol. Ceir yr un math o batrwm yn Haiti lle defnyddir y Ffrangeg yn ogystal â'r 'Creole' lleol. Ym mhob un o'r cymdeithasau a eilw Ferguson yn ddwylosig, mae'r ddau amrywiad yn perthyn i'w gilydd yn hanesyddol. Mae i un statws uwch na'r llall a dyma'r un a ddysgir fel ail iaith ym mhob cymuned. Nid yw'r amrywiad uchel, sef Arabeg clasurol, Groeg 'pur', Almaeneg safonol na'r Ffrangeg yn iaith gyntaf i unrhyw un yn y cymunedau hyn. Amrywiadau statws uchel ydynt a ddysgir gan blant wrth gymdeithasoli oherwydd bod y fframwaith cymdeithasol yn mynnu bod yn rhaid cael yr amrywiad arall 'gwell' mewn rhai sefyllfaoedd penodol. Yn Ffigur 1.21 dangosir sut y patryma'r amrywiadau mewn gwahanol sefyllfaoedd.

Ffig. 1.21: Sefyllfaoedd lle dewisir rhwng yr Uchel a'r Isel

	Uchel	Isel
Sefyllfa grefyddol	x	
Cyfarwyddiadau i weithwyr, gweision neu rai sy'n gweini		x
Llythyr personol	x	
Araith wleidyddol	x	
Darlith yn y brifysgol	x	
Ymgom â theulu, cyfeillion, cyd-weithwyr		x
Darllediad—y newyddion	x	
Radio—rhaglen sebon		x
Papur newydd—golygyddol, erthyglau	x	
Papur newydd—cartŵn gwleidyddol		x
Barddoniaeth	x	
Llên gwerin		x

Ffynhonnell: C.A. Ferguson (1972: 236)

Dyma yw'r sefyllfa drwy'r gwledydd Arabaidd i gyd. Yr amrywiad isel ym mhob gwlad yw'r dafodiaith leol a chaiff siaradwyr Arabeg lleol Algeria, er enghraifft, gryn drafferth i ddeall Arabeg lleol Iraq, ond y mae amrywiad uchel y ddwy wlad, sef Arabeg Clasurol, yn gwbl ddealladwy drwy'r gwledydd Arabaidd i gyd. Yn hyn o beth gweithreda'r amrywiad uchel fel *lingua franca* mewn meysydd penodol, ac mewn arddulliau ffurfiol, cyhoeddus ar lafar, a bob amser yn y cyfrwng ysgrifenedig.

O fewn cymdeithasau dwylosig ystyrir yr uchel fel yr iaith

gywir, urddasol a mwyaf effeithiol. Y fath ymagweddu ymhlith
y siaradwyr yw'r rheswm am ei pharhad. Hi oedd cyfrwng y
traddodiad llenyddol a deil yn gyfrwng unrhyw lenyddiaeth o
werth. Dyma gyfrwng y sefyllfaoedd statws i gyd. Nid yw'n
famiaith (amrywiad cyntaf) i unrhyw garfan o fewn y
gymdeithas. Fe'i dysgir fel ail iaith i'r plant yn yr ysgol ac o'r
dechrau hi yw unig gyfrwng y dysgu. Pan fydd plant yn dysgu
darllen ac ysgrifennu, yr amrywiad uchel yw'r un a ddysgir
iddynt. Mae'r fath sefyllfa dipyn yn wahanol i'r hyn a geir
mewn cymdeithasau eraill lle gall defnydd o'r dafodiaith leol a
defnydd o'r safonol gydbatrymu â swyddogaethau cymdeith-
asol cwbl wahanol. Yn Saesneg Lloegr, er enghraifft, cysylltir
safoni gan rai â meysydd neu sefyllfaoedd megis siarad
cyhoeddus, y byd addysg neu'r cyfryngau. I eraill mae
graddfa'r safoni yn dibynnu ar gefndir cymdeithasol yr
unigolyn neu ar y safle cymdeithasol y cais ymgyrraedd ato.
Mae'r amrywiad 'gwell' yn gysylltiedig â rhai cyweiriau ond
nid yw'n gyfyngedig i'r cyweiriau hynny'n unig. Mewn
cymdeithas ddwylosig mae'r naill amrywiad a'r llall yn gywair
clwm. Mae cydbwysedd cyweiriau yn y ddau amrywiad yn
gwbl sefydlog a'r sefydlogrwydd haearnaidd hwnnw ym
mhatrymau digwyddiad y ddwy iaith sy'n ei gwneud yn bosibl
i'r cymdeithasau barhau yn ddwyieithog a dwylosig.

Yn 1967 cyhoeddodd J. Fishman erthygl a amlinellai'r angen
am adolygu ac ymestyn y diffiniad o sefyllfa ddwylosig. Gall
ieithoedd nad ydynt yn perthyn i'w gilydd gydfodoli mewn
perthynas ddwylosig pan fydd y cymunedau hynny yn cadw'r
defnydd o'r ddwy iaith yn gwbl ar wahân. Yn J. Fishman (1980:
4) rhestrir y parau canlynol fel rhai a fodola mewn perthynas
ddwylosig er nad ydynt yn perthyn i'w gilydd: Hebraeg
ysgrifenedig a Yiddish, Sbaeneg a Gwarani yn Paraguay. Yr
Hebraeg a'r Sbaeneg yw'r amrywiadau uchel a'r Yiddish a'r
Gwarani yw'r llafar a'r isel. Mewn rhai gwledydd ceir sefyllfa
pan fydd y gymdeithas yn gwahaniaethu rhwng dau amrywiad
uchel ac un isel. Yn Tunisia, sy'n wlad Arabaidd, ceir y sefyllfa
ddwylosig a ddisgwylid rhwng Arabeg Clasurol (U) ac Arabeg
lleol (I) ond hefyd defnyddir y Ffrangeg mewn rhai
sefyllfaoedd penodol. Byddai hyn yn 'ddwylosia llydan' yn ôl
diffiniad R. Fasold (1984). Yng ngwaith M.H. Abdulaziz-Mklifi

(1978: 134) disgrifir y sefyllfa ieithyddol yn Tanzania fel un ddwylosig sy'n un ddwbl ac yn gorgyffwrdd. Y tafodieithoedd lleol yw'r (I) a Swahili yw'r (U) i rai ond i eraill y Saesneg yw'r (U) a'r Swahili yw'r amrywiad 'isel'.

Ym mhob un o'r enghreifftiau uchod estynnwyd y term dwylosia i gwmpasu pob sefyllfa lle gwahaniaethir rhwng defnydd o ddau amrywiad o fewn y gymdeithas. Teimlaf y byddai'n well cadw'r term ar gyfer y sefyllfaoedd a amlinellir gan C.A. Ferguson. Mae tebygrwydd rhwng y sefyllfa yn Paraguay a'r hyn a geir yn yr Aifft. Yn y ddwy wlad gellir cyfeirio at amrywiad uchel ac amrywiad isel, ond yn y sefyllfa ddwylosig 'glasurol' (Arabeg) nid yw'r amrywiad uchel yn famiaith i unrhyw garfan o'r gymdeithas. Yn Paraguay mae'r Sbaeneg yn iaith gyntaf i garfan fechan ond dylanwadol.

Nid yw'r un Hebraeg/Yiddish y cyfeiriwyd ati yn un hollol ddwylosig ychwaith er y gellid dadlau mai enghraifft sydd yma o symudiad graddol o sefyllfa ddwylosig. Mae gorgyffwrdd swyddogaethol bellach ymysg siaradwyr Yiddish. Ar un adeg yr Hebraeg a fyddai'n addas ar gyfer sefyllfaoedd ffurfiol ac ysgrifenedig. Bellach fe'i cyfyngwyd i sefyllfaoedd crefyddol— darllen yr ysgrythurau. Daeth Yiddish yn gyfrwng llenydd- iaeth, addysg a hyd yn oed yn gyfrwng ar gyfer trafod diwinyddiaeth. Nid yw'n sefyllfa sefydlog ac yn bendant cyfyngwyd yn aruthrol ar bosibiliadau defnyddio'r Hebraeg.

Dichon y byddai'r 'broad diglossia' yn cynnwys y Gymraeg yn y gorlan hon gan wahaniaethu rhwng Cymraeg llafar a Chymraeg llenyddol. Fel y nodais eisoes mae'n wir fod cryn wahaniaeth rhwng y ddau gyfrwng ac wrth ffurfioli, yr hyn a geir mor fynych yw symud graddol tuag at normau geirfáol a chystrawennol y cyfrwng llenyddol. 'Roedd H. Pilch (1971: 143) o'r farn bod y patrwm yng Nghymru yn unigryw o'i gymharu â'r hyn a geir yn yr ieithoedd Ewropeaidd eraill, oherwydd y gagendor cystrawennol sydd rhwng y ddau gyfrwng. Ond gwahaniaeth swyddogaeth yn ôl cyfrwng yn bennaf yw'r hyn a geir yng Nghymru, ond yn y sefyllfa ddwylosig gwahaniaethir yn ôl maes hefyd, ac yn yr olaf mae'r rhaniad rhwng yr amrywiad isel ac uchel yn llawer cliriach a phendant. Mae dwylosia yn derm rhagorol i ddisgrifio un teip o batrwm ieithyddol, patrwm diddorol, dieithr efallai os nad anhygoel i'r rhai nad ydynt yn gyfarwydd â'r fath drefn. Beth pe byddai pawb yng Nghymru yn siarad Cymraeg Canol mewn sefyllfaoedd cyhoeddus a ffurfiol gan droi yn ôl i'r tafodieithoedd lleol wrth drafod meysydd eraill? Byddai gennym wedyn batrwm dwylosig. Ond byddai'r fframwaith yn dibynnu ar sefydlogrwydd patrwm a chydbwysedd cyweiriau yn y ddau amrywiad ac ar system addysg a fyddai'n dysgu Cymraeg Canol fel cyfrwng cyfathrebol!

Diweddglo

'Rydym wedi edrych ar nifer helaeth o ffactorau cymdeithasol sy'n gallu effeithio ar iaith. Mae iaith yn rhan greiddiol o fywyd cymdeithasol a nid yw'n rhyfedd wedyn ei bod yn adlewyrchu gwerthoedd, safonau ac agweddau ar y gymdeithas. Mae amrywiaeth tafodieithol yn wedd hollol naturiol er bod addysg a'r sefydliad â phwyslais cryf ar unffurfiaeth a safoni. Bydd y Gymraeg maes o law yn dlotach a theneuach os collir cyfoeth geirfa ac ystwythder ymadrodd a phriod-ddull sydd hyd yma ar gael yn y tafodieithoedd. Mae iaith fyw â thrawstoriad cyweiriol eang, yr adnoddau hynny sydd yn galluogi ei siaradwyr i fynegi eu hunain yn effeithiol ac yn addas ym mhob sefyllfa. Yn wahanol i'r gred gyffredinol, nid yw rhai ieithoedd yn anaddas nac yn annigonol ar gyfer gofynion bywyd cyfoes. Gall siaradwyr iaith greu termau ac ymestyn neu addasu ystyron. Siaradwyr iaith sydd yn cynnal ac yn cyfoethogi iaith a hwy hefyd sy'n diraddio, yn erydu ac yn ymwrthod ag iaith. Gall ffactorau allanol ddylanwadu ar siaradwyr iaith gan liwio eu hagwedd ati. Gall dylanwadau gwleidyddol, economaidd a diwylliannol roi pwysau ar iaith. Gall rhaniadau cymdeithasol beri bod iaith yn colli ei gafael ar ddosbarthiadau arbennig. Yn Rwsia ar ddiwedd y ganrif ddiwethaf 'roedd y dosbarthiadau uchaf yn ddieithriad yn siarad Ffrangeg oherwydd bod iddi werth snobyddlyd. Iaith y gweddill, difreintiedig oedd y Rwsieg.

Byddai modd inni restru gwahanol gyfuniadau o ffactorau sy'n gallu erydu iaith. Ond nid yw pob cymuned ieithyddol, serch hynny, yn ymateb yn yr un modd i amodau sy'n achosi erydiad a chefnu ieithyddol mewn cymuned arall. Ym marn R.

Fasold (1984: 240): 'Language shift will occur only if, and to the extent that a community desires to give up its identity as an identifiable sociocultural group in favor of an identity as a part of some other community'. Os yw diwylliant a gwerthoedd cymdeithasol brodorol yn gwanio ac yn colli eu gafael, yna mater bach wedyn yw cefnu ar ac ymwrthod â'r famiaith am yr iaith arall sy'n rhan o'r diwylliant y symudir ato. Mae'n ymddangos fod iaith yn gwbl ddiogel tra bo'n rhan ddiffiniol o hunaniaeth yr unigolyn a thra bo'n pwysleisio i bwy ac i ba garfan y perthyn.

NODIADAU

[1]Gweler Leonard Bloomfield (1935: 4), J.Y.M. Simpson (1979: 5)

[2]Cynigir esboniad gwahanol ond diddorol gan D. Crystal (1987: 247): 'Twins have often been observed to talk to each other in a way that is unintelligible to adults or other children. The phenomenon has been variously labelled *crypto-phasia idioglossia* or *autonomous speech*. Estimates of incidence are uncertain but some have suggested that as many as 40% of twin pairs develop some form of private speech especially in the second year.'

[3]Gweler D. Crystal (1987: 289), C. Barker (1964: 31-39), J.Y.M. Simpson (1979: 16).

[4]Yn H. Kurath (1939) croniclir y prif deipiau o siaradwyr y dylid eu holi fel a ganlyn:

Teip I	Ychydig o addysg ffurfiol, yn darllen ychydig, cylch cymdeithasol cyfyng.
Teip II	Gwell addysg ffurfiol, cefndir diwylliedig, cylch cymdeithasol eang.
Teip III	Addysg uwchradd, cefndir diwylliedig da, cylch cymdeithasol eang.

Gwendid y dechneg hon oedd ei bod yn oddrychol, yn dibynnu ar farn y gweithiwr maes. Yn y chwedegau datblygwyd methodoleg a warantai well cynrychiolaeth o drwch cymdeithasol unrhyw ardal. Dyma dechneg hap-samplo rhannol—gw, W.Labov (1963, 1966, 1970, 1972 1972a) K.M.Petyt (1982) R.Shuy & R.Fasold (1973) W.Wolfran (1969)

[5]Gw. R.O. Jones (1983), J. a L. Milroy (1978), B. Thomas (1988), S. Romaine (1978), P. Trudgill (1974).

⁶Un eithriad cynnar oedd *De Lingua Latina* gan Marcus Terentius Varro (116-27CC). Iddo ef swyddogaeth gymdeithasol yn bennaf oedd i iaith ac nid cyfrwng ymchwiliadau athronyddol neu lenyddol.

⁷Ni ellir cymryd bod datblygiad ieithyddol pob plentyn yn ôl y patrwm arbennig hwn. Dichon na fydd rhai plant yn dod dan ddylanwad llafar eu rhieni. Nid yw plant i rieni a ddysgodd y Gymraeg fel ail-iaith o angenrheidrwydd yn mabwysiadu'r nodwddion acen a'r ymyrraeth o'r iaith arall sy'n nodweddu eu rhieni. Bydd rhai yn dysgu'r iaith mewn cylchoedd meithrin ac yn y dosbarth derbyn yn yr ysgol. Iddynt hwy patrymau'r athrawes a'r disgyblion eraill fydd y rhai gweithredol.

⁸Gw. N.E. Enkvist, J. Spencer a M.J. Gregory (1964), M.A.K. Halliday, A. McIntosh a P. Strevens (1964), J.C. Catford (1965), M. Gregory (1967) M.A.K. Halliday (1973, 1975, a 1978).

⁹Mae cymhwyso ieithyddol (*linguistic accommodation*) yn nodwedd gyffredin iawn. Pan fydd pobl o gefndiroedd gwahanol neu o ardaloedd gwahanol yn cyfarfod â'i gilydd byddant yn tueddu i osgoi hynodion tafodieithol gan ddewis geiriau a chystrawennau sydd yn eu tyb yn nes at rai eu gwrandawyr. Prif bwrpas hyn yw lleihau'r gwahaniaethau rhwng y siaradwr a'r gwrandawr. Gallai 'Sai'n credi bod y crwt moin dished' droi yn 'Dw i ddim yn credu bod y crwt eisie cwpaned o de'.

Yn A. Bell (1982) dangosir bod darllenwyr y newyddion yn Seland Newydd yn amrywio'u cynaniad yn ôl yr orsaf y byddant yn darlledu arni ar y pryd. Y drefn arferol yw i'r un person ddarllen y newyddion ar ddwy orsaf radio wahanol. Yn yr achos arbennig hwn 'roedd YA yn orsaf radio statws uchel a ZB o statws is. Dangosodd Bell fod digwyddiad 't' rhwng llafariad, e.e. 'butter' ar y cyfan yn ddi-lais ar YA ond â thueddiadau pendant i gael ei leisio ar ZB. Yr amrywiad lleisiol yw'r un arferol yn llafar Seland Newydd a'r hyn a wnâi'r darllenwyr oedd addasu eu llafar yn gadarnhaol tuag at batrymau eu gwrandawyr.

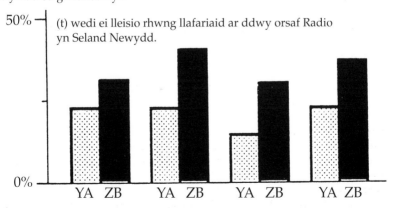

50% ─ (t) wedi ei lleisio rhwng llafariaid ar ddwy orsaf Radio yn Seland Newydd.

0%

YA ZB   YA ZB   YA ZB   YA ZB

Ffynhonnell: D. Crystal (1987: 50-51)

[10]Gw. hefyd W. Wolfram (1969), G. Sankoff (1972), L. Milroy (1980, 1982).

[11]Nid yw hyn bob amser yn wir, wrth gwrs. Nid siaradwyr yr iaith a ystyrir yn israddol yw'r rhai a ddaw yn ddwyieithog bob amser. Yn Guinea Newydd mae dwyieithrwydd bron yn orfodol ar gyfer cyfathrebu ar bob lefel. Mae llwyth yr Emenyo yn ddwyieithog yn eu hiaith eu hunain, a iaith y Dene, ond ychydig o siaradwyr yr iaith olaf sy'n rhugl yn iaith yr Emenyo. Nid yw'r Emenyo am foment yn teimlo eu bod yn llai pwysig na'r Dene yn economaidd neu'n wleidyddol, nac ychwaith yn ystyried eu hiaith yn israddol. I'r gwrthwyneb, mae dwyieithrwydd yn ychwanegu at eu statws ac yn eu gwneud yn llawer mwy urddasol na'r Dene unieithog! (R.E. Salisbury, 1962).

[12]Gw. R. Brown a A. Gilman (1960), P. Brown a M. Ford (1961), R.A. Hudson (180: 122): 'It concerns the social distance between people—how much experience they have shared, how many social characteristics they share (religion, sex, age, region of origin, race, occupation).'

[13]Dyna ddigwyddodd i'r Almaeneg yng ngwlad Belg. Yn rhagflaenu'r symudiad o'r Almaeneg i'r Ffrangeg bodolai sefyllfa ddwyieithog lle y gellid defnyddio'r naill iaith neu'r llall ar gyfer pob swyddogaeth (A. Verdoodt, 1972: 382-5).

Y GYMRAEG O'R CHWECHED HYD YR UNFED GANRIF AR BYMTHEG

Cefndir hanesyddol—teulu Indo-Ewropeaidd

Mae'r iaith Gymraeg yn perthyn i'r teulu Indo-Ewropeaidd a thrwy hynny nid yn unig y mae'n tarddu o'r un gwreiddyn â chanran uchel o ieithoedd Ewrop ond hefyd mae'n perthyn i Kurdish, Persieg, Pashto ac ieithoedd gogledd India, megis Hindi, Urdu a Bengali (Ffigur 2.1). Mewn gwirionedd siaredir cymaint â 500 o ieithoedd Indo-Ewropeaidd gwahanol heddiw gan ryw 500 miliwn o bobl ar gyfandir India yn unig. Yng ngorllewin Ewrop ceir yr is-ganghennau Helenig, Italig, Ellmynig a'r is-gangen Geltaidd sydd bellach ar gyrion eithaf gorllewin Ewrop. Y prif is-ganghennau eraill yw'r Albanieg, Armenieg a'r ieithoedd Balto-Slafig sy'n ymestyn o ddwyrain Ewrop ar draws Gweriniaeth Rwsia hyd at Fôr Siapan (Ffigur 2.2)

Credir i'r famiaith Proto Indo-Ewropeg gael ei siarad tua 3000 CC gan lwythau crwydrol o bosibl yng nghyffiniau Asia Leiaf. Yn ystod y mileniwm nesaf ymfudodd rhai o'r llwythau i'r gorllewin, i'r gogledd ac i'r dwyrain a chydag amser cafwyd newidiadau a datblygiadau amrywiol a roes fodolaeth i ieithoedd gwahanol. Ceir tystiolaeth ynglŷn â bodolaeth ieithoedd Helenig[1], Anatolaidd[2] ac Indo-Iranaidd[3] yn y cyfnod rhwng 2000 CC a 1000 CC.

Y Celtiaid, yn ystod y bumed ganrif cyn Crist, oedd y llwyth Indo-Ewropeaidd cyntaf i wasgaru ar draws Ewrop. Symudasant o'u cynefin yng nghanolbarth Ewrop gan ymsefydlu yn Ffrainc, Sbaen a gogledd yr Eidal (Ffigur 2.3). Yn ystod y flwyddyn 387-386 CC ymosodasant ar Rufain ac yn ôl Polybios buont yn bla ar y Rhufeinwyr hyd 349 CC.[4] Yn y flwyddyn 279CC cyraeddasant demlau Delphi yn Parnassos yng ngwlad Groeg ar ôl trechu byddinoedd Macedonia, Haemos, Thesali ac Athen. Aeth carfan arall ymlaen i Asia Leiaf gan ymsefydlu yn Galatia. Honnir i'r iaith Geltaidd barhau yn fyw yno hyd y bumed ganrif ôl Crist.[5]

Ffigur 2.1

Y TEULU INDO-EWROPEAIDD

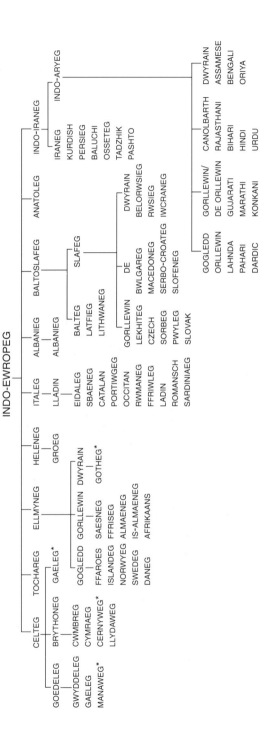

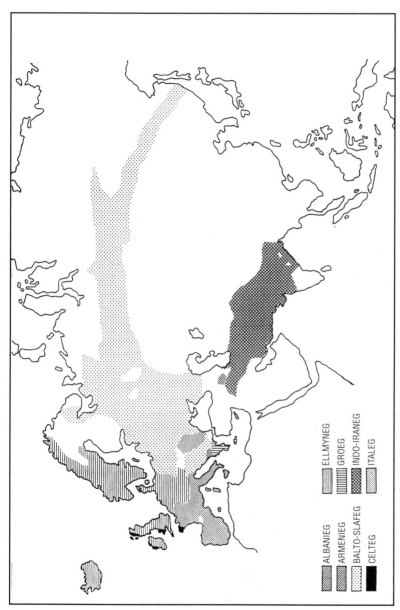

Ffig. 2.2: Dosbarthiad daearyddol y teulu Indo-Ewropeaidd

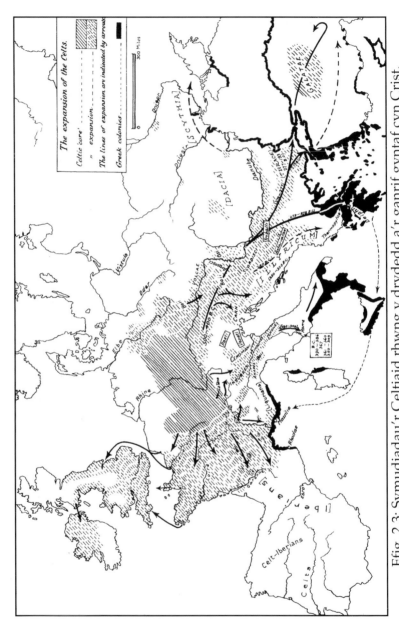

Ffig. 2.3: Symudiadau'r Celtiaid rhwng y drydedd a'r ganrif gyntaf cyn Crist.
Ffynhonnell: William Rees (1951)

Tua'r bedwaredd ganrif cyn Crist y cyrhaeddodd un llwyth Celtaidd—y Goedeliaid—Iwerddon ac yn ddiweddarach o bosibl y daeth llwyth Celtaidd arall—y Brythoniaid—i'r ynys hon. Cawsant y llaw uchaf ar y bobl a oedd yma eisoes, ac erbyn dyfodiad y Rhufeiniaid yn y flwyddyn 43 OC, Brythoneg oedd iaith brodorion yr ynys i gyd heblaw am ardaloedd y Pictiaid yng ngogledd yr Alban. Yn Iwerddon siaredid Goedeleg a ddatblygodd yn Hen Wyddeleg, ac yn Ffrainc ceid Galeg. Llethwyd Galeg gan Ladin a disodlwyd honno ganrifoedd yn ddiweddarach gan dafodieithoedd cynnar y Ffrangeg.

Mamiaith y Gymraeg—y Frythoneg

'Roedd y Frythoneg yn iaith y bu'n rhaid iddi gydfodoli ag iaith arall—iaith y goresgynwyr—Lladin. Llwyddodd y Rhufeinwyr i sefydlu llywodraeth sifil yn rhan ddwyreiniol a deheuol yr ynys ac yno daeth y Brythoniaid dan ddylanwad cynyddol moesau a diwylliant yn ogystal ag iaith y Rhufeiniaid (Ffigur 2.4). Ni ellir bod yn sicr beth oedd hynt a helynt y Frythoneg yn y rhannau hyn o'r wlad, ond gellir bod yn ddigon sicr mai statws eilradd oedd iddi ac o bosibl cafodd ei herydu'n gyson dan ddylanwad geirfa Ladin newydd. Yng ngweddill y wlad—Cernyw, Dyfnaint, Cymru, canolbarth Lloegr, gogledd Lloegr ac ucheldiroedd yr Alban—y Frythoneg oedd yr unig iaith o bwys i drwch y boblogaeth. Presenoldeb milwrol a sefydlwyd gan y Rhufeiniaid ac felly pur denau oedd y gyfathrach gymdeithasol a diwylliannol rhwng y ddwy ochr. O ystyried iddynt aros yma am gyfnod o tua phum can mlynedd, bychan iawn yw ôl y Lladin ar y Frythoneg. Paham, tybed? Paham na chafwyd cynnydd mewn poblogaeth ddwyieithog fel yn nwyrain a de'r ynys? Paham na chafodd Lladin ddylanwad trwm drwy gyfrwng Cristnogaeth—y grefydd newydd?

Yr ateb yn syml yw nad oedd amodau presenoldeb milwrol yn y dyddiau hynny yn cyffwrdd â bywydau trwch y boblogaeth mewn ardaloedd anghysbell ynghanol y coedwigoedd a'r mynyddoedd. Nid oedd angen y Lladin ar y Brython cyffredin, dim ond ymadrodd neu ddau ar gyfer masnachu o gwmpas ceyrydd y Rhufeiniaid. Ni ddatblygodd

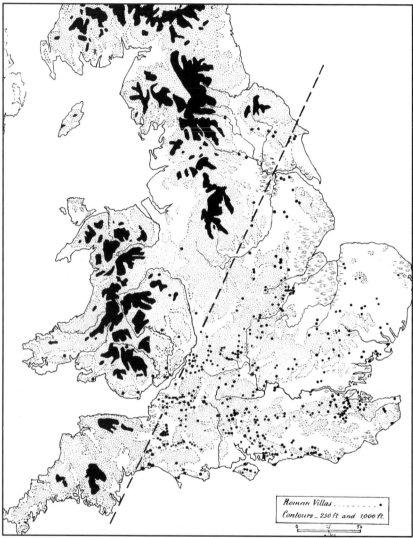

Ffig 2.4: Prydain Rufeinig: Presenoldeb milwrol/llywodraeth Rufeinig.

Ffynhonnell: William Rees (1951)

poblogaeth drwyadl ddwyieithog ac o'r herwydd nid oedd y Frythoneg mewn perygl. Ond bu'r gyfathrach yn ddigon clòs i fenthyciadau geirfaol lithro i'r Frythoneg. Geiriau am wrthrychau a oedd yn newydd i'r Brython oedd y rhain gan amlaf. Daeth geirfa crefydd, offer tŷ, bwyd, dillad, termau milwrol a thermau adeiladu i'r iaith. Dyma rai enghreifftiau:

ecles	eglwys	*arma*	arf
fides	ffydd	*miles*	milwr
vinum	gwin	*solea*	sail
caseus	caws	*fenestra*	ffenestr
torta	torth	*portus*	porth
pesca	pais	*catena*	cadwyn
manica	maneg	*longa*	llong
cera	cwyr	*populus*	pobl
candela	cannwyll		

Serch hynny, fe'u cymathwyd i fframwaith morffolegol a ffonolegol y Frythoneg ac fel y datblygai ac y newidiai honno, gwelwyd yr un broses yn y geiriau Lladin, yn union fel pe byddent yn eiriau'r Frythoneg. 'Roedd y gyfathrach gymdeithasol yn ddigon i allu trosglwyddo tua mil o eiriau Lladin i'r Frythoneg, ond 'roedd yn ddigon cyfyng ac ysbeidiol i rwystro erydiad pellach. At hynny rhaid cofio bod cefndir diwylliannol y boblogaeth yn ffactor arall a roddai urddas a phwysigrwydd i'r Frythoneg ac a weithredai fel gwrthglawdd yn erbyn ymdreiddiad safonau, diwylliant ac iaith y goresgynwyr.

'Roedd diwylliant y Brythoniaid yn un llafar a dibynnai ar gynulleidfa ac ar drefn gymdeithasol gref a allai gynnal y gelfyddyd lafar honno. 'Roedd y bardd a'r cyfarwydd yn ddynion pwysig yn y gymdeithas a hwy oedd y rhai a gynhyrchai'r diwylliant hwnnw a ffurfiai gadwyn ddi-dor â'r gorffennol. Cyfrannai hynny at yr ymwybyddiaeth o berthyn i drefn gymdeithasol a oedd â'i gwreiddiau yn ddwfn yng ngorffennol pell y llwyth. 'Roedd y diwylliant cynhenid hwn yn rhwym o bwysleisio a diffinio hunaniaeth yr unigolyn, yr arwahanrwydd cymdeithasol, ieithyddol a diwylliannol a oedd yn gwbl an-Lladinaidd.

Serch hynny, byddai dweud na chafodd y Rhufeinwyr

unrhyw ddylanwad uniongyrchol neu anuniongyrchol ar y Frythoneg yn osodiad gor-syml. 'Roedd cyfnod eu harhosiad ym Mhrydain yn un a welodd gyfnewidiadau gwleidyddol, economaidd, cymdeithasol a chrefyddol a dyna'r union gyfnod pan aeth y Frythoneg drwy bair cyfnewidiadau a'i traws-newidiodd yn bur sylweddol. Cyflymodd graddfa'r newid o ail hanner y bumed ganrif ymlaen, pan ddwysaodd ymosod-iadau'r Eingl a'r Sacsoniaid. Gŵyr y sawl sy'n gyfarwydd â hanes a datblygiad y Saesneg mai newid cymdeithasol tebyg a roes fodolaeth iddi hithau, sef goruchafiaeth gwleidyddol y Normaniaid ac effaith hynny ar ddadfeiliad cyflym yr iaith Anglo-Sacson.

Y Frythoneg yn newid

Beth oedd natur y cyfnewidiadau yn y Frythoneg a arweiniodd at ymddangosiad ieithoedd newydd, y Gymraeg, y Gernyweg a'r Llydaweg? Maent yn lluosog, ond gallwn gyfeirio at rai yma. Cyfnewidiadau cynanu a ddaeth gyntaf. Y term technegol am yr hyn a ddigwyddodd yw 'cymathiad', sef seiniau arbennig yn ymdebygu i seiniau cyfagos. Dechreuodd y newid mewn rhai geiriau, yn ôl pob tebyg, gan ymledu'n raddol drwy'r eirfa a datblygu'n rheol seinegol. Pan ddeuai'r atalseiniau di-lais p, t, c rhwng llafariaid neu lafariad a chytsain leisiol, troesant yn atalseiniau lleisiol, sef b, d, g. Er enghraifft

*mapos	*mabos	mab
*litanos	*lidanos	llydan
*tekos	*tegos	teg
*aratron	*aradron	aradr

Troes b, d, g gwreiddiol yn f, dd,—sef yn seiniau gydag ataliad rhannol pan oedd y seiniau o ddeutu iddynt ag ataliadau rhannol, er enghraifft:

*abona	*afona	afon
*bardos	*barddos	bardd
*daga	*daɣa	da

Cafwyd yr un math o newidiadau ar ddechrau geiriau dan amodau cyffelyb:

abona teka	*afona dega*	afon deg
merka daga	*mercha dday a*	merch dda
oina catena	*oina gadena*	un gadwyn
oina mainca mara	*oina fanica fara*	un faneg fawr

Adwaenir hyn bellach fel y treiglad meddal ac yn y Gymraeg magodd arwyddocâd gramadegol gan ddod yn un o'r prosesau hynny a allai ddynodi cenedl benywaidd enw ar ôl y fannod, neu ddynodi gwrthrych berf gryno fel yn 'y ferch fawr' a 'Prynais lyfr'. Peidiodd y broses seinegol: nid yw'r cytseiniaid bellach yn newid yn y cyd-destunau seinegol lle cafwyd treiglad meddal yn y Frythoneg. Ni all 'to tŷ' droi yn 'to dŷ, na 'eto' droi yn 'edo'. Nid cyd-destun seinegol y sain a bair y treiglad yn awr ond yn hytrach y cyd-destun gramadegol.

Dan amodau seinegol gwahanol datblygodd yr hyn a adwaenwn fel y treiglad llaes. Pan geid p, t, c, mewn clwstwr o ddwy atalsain neu yn dilyn s neu r troesant yn ff, th, ch:

catta	*catha*	cath	*marcos*	*marchos*	march
iecta	*ieitha*	iaith	*lectica*	*leithiga*	lleithig
cloppus	*cloffus*	cloff	*torta*	*tortha*	torth
sueks catta	*huech chatha*	chwe chath			

Cafwyd enghreifftiau o gymathu trwynol, hefyd, a ddatblygodd wedyn yn system y treiglad trwynol:

uindos	*uinnos*	gwyn	
trumbos	*trummos*	trwm	
komtess	*kontess*	*konnhes*	cynnes

Newidiwyd llafariaid hefyd dan ddylanwad llafariad a ddilynai. Affeithiad 'i' ac affeithiad 'a' yw'r rhai mwyaf cyffredin. Cafwyd dybledau fel y canlynol:

branos	brân	*brani*	brein
bardos	bardd	*bardi*	beirdd
crundis	crwn	*crunda*	cron
trumbis	trwm	*trumba*	trom

Paham y bu'r fath gyfnewidiadau yn bosibl os oedd y Frythoneg yn sicr ei gafael ar y boblogaeth? Defnyddiwyd termau fel 'diogi cynaniad', 'dadfeiliad' a 'dirywiad' wrth gyfeirio at y prosesau uchod, ond nid ydynt yn addas nac yn ddisgrifiadol gywir. Nid diraddio a throsi iaith yn fratiaith a wnaeth siaradwyr yr iaith ac nid prosesau bwriadol o du'r siaradwyr oedd ar waith. Yr hyn a gafwyd oedd datblygiad a newid naturiol o'r naill genhedlaeth i'r llall, prosesau sy'n gwbl nodweddiadol o bob iaith fyw ym mhob cyfnod. Pan gedwir iaith yn ei hunfan try yn iaith farw. Ceisiodd yr Alecsandriaid yn y ganrif gyntaf cyn Crist ddyrchafu ac adfer Groeg Clasurol y drydedd ganrif cyn Crist, ond i ddim diben: 'roedd eisoes yn iaith farw ac yn gyfrwng llenyddiaeth y gorffennol. Groeg diwygiedig—y *Koine*—oedd yr iaith fyw. Mae'n sicr nad oedd Brythoniaid y cyfnod yn sylweddoli bod eu hiaith yn newid yn bur gyflym, ac mai hwy oedd cychwynwyr a chyfryngwyr y newid. Rhaid cofio mai cyfrwng llafar yn unig oedd i'r iaith. Nid oedd yn iaith ysgrifenedig ac felly nid oedd parhad digyfnewid ffurfiau ysgrifenedig ar gael i fod yn elfen geidwadol a normadol a allasai arafu graddfa'r newid. Fel yr awgrymodd W.S.Y. Wang a C.C. Cheng (1970) a M. Chen (1972) wrth drafod newid yn ieithoedd China, tuedda cyfnewidiadau i ddechrau'n araf, yna cyflymant am gyfnod cyn arafu unwaith eto. Bydd newid yn dechrau mewn rhai geiriau arbennig gan gynyddu drwy ddigwydd mewn geiriau eraill yn llafar y genhedlaeth nesaf.[6] Mae'n debyg mai yn nhermau tryledaid geirfaol a'r broses araf-cyflym-araf (S-Curve model: M. Chen, 1972: 475) y gellir egluro colli sillaf olaf geiriau'r Frythoneg. Ni ddigwyddodd ym mhob gair ar un pwynt mewn amser ond yn hytrach cafwyd cyfnodau o ansicrwydd a gwamalu am rai cenedlaethau:

> When a phonological innovation enters a language, it begins as a minor rule affecting a small number of words . . . As the phonological innovation gradually spreads across the lexicon however, there comes a point when the minor rule gathers momentum and begins to serve as a basis for extrapolation. At this critical cross-over point the minor rule becomes a major rule and we would expect diffusion to be much more rapid.' [M. Chen 1972: 474]

Dechrau'r Gymraeg

Colli'r terfyniadau oedd y cam olaf a'r pwysicaf yn y newid o'r Frythoneg i'r Gymraeg. Yn y Frythoneg, mynegid amrywiol ystyron gramadegol o fewn y gair. 'Roedd y terfyniad '-os' yn 'bardos' yn dangos rhif, sef unigol, cenedl, sef gwrywaidd, a swyddogaeth y gair o fewn y frawddeg, sef goddrych yn yr achos hwn. Yn hyn o beth 'roedd y Frythoneg yn debyg iawn i'r Lladin. Yn y Lladin ceid chwe ffurfdroad swyddogaethol i'r enw. 'Roedd wyth yn yr Indo-Ewropeg a phump yn y Frythoneg. Dyma fyddai rhediad unigol yr enw gwrywaidd 'march':

Enwol	*markos*
Cyfarchol	*marke*
Gwrthrychol	*markon*
genidol	*marki*
derbyniol	*marku* *marki*

At yr uchod ceid pum cyflwr i'r rhif deuol a phum arall ar gyfer y lluosog. Gan fod ansoddeiriau yn cytuno â'r enw o ran cenedl—gwrywaidd, benywaidd, diryw; o ran rhif—unigol, deuol a lluosog; ac o ran cyflwr—goddrychol, cyfarchol, gwrthrychol, genidol a derbyniol, 'roedd modd cael pedwar deg pump o ffurfiau i bob ansoddair! Gyda diflaniad y sillaf olaf, felly, collwyd yr union ran a ddangosai'r gwahanol ystyron gramadegol. Nid oedd dim bellach i ddangos swyddogaeth y gair, na'i genedl na'i rif; ac eto 'roedd y rhain yn ystyriaethau gramadegol sylfaenol na ellid eu hepgor heb achosi dryswch ac amwysedd. 'Roedd yn rhaid eu mynegi mewn ffyrdd eraill. Newidiodd teipoleg ramadegol yr iaith yn llwyr o fod yn un synthetig i fod yn un rhannol analytig.

Er bod yr iaith wedi newid yn aruthrol ac yn parhau i wneud hynny, 'roedd ei hadnoddau yn ddigonol i'w siaradwyr allu datblygu dulliau gwahanol i fynegi'r ystyron gramadegol. Daeth trefn geiriau o fewn y frawddeg yn bwysig gan roi inni'r patrwm berf + goddrych + gwrthrych. Fel y ceisiais esbonio, nid newid a ddigwyddodd dros nos oedd hwn. Ni fynnwn adael yr argraff fod y terfyniadau mewn grym ac yn gwbl sefydlog yn llafar un genhedlaeth, a threfn geiriau yn weithredol yn llafar y nesaf. Byddai llawn mor gyfeiliornus awgrymu bod un gyfundrefn wedi diflannu cyn i'r newydd gael ei chreu a'i derbyn. Yn y cyswllt hwn gellid awgrymu i'r terfyniadau ddechrau anwadalu a cholli yn ystod hanner cyntaf y bumed ganrif a daeth y broses i ben erbyn ail hanner y chweched ganrif. Rhwng y ddau begwn amseryddol cafwyd cryn anwadalu, a hyd yn oed ar ôl i'r terfyniadau golli'n llwyr, cafwyd rhai olion yn y Gymraeg o ffurfiau gwahaniaethol i fynegi'r genidol. Yng Nghanu Aneirin (1961: 233) ceir:

> ath vodic gwas nym gwerth na thechut

Sylwer mai *nym* a geir yn y gystrawen enidol hon a nid *nef*. Rhoes y Frythoneg **nemos* (goddrychol) y ffurf *nef* ond o'r genidol y cafwyd *nyf*. Mae'n amlwg fod 'substratwm genidol' wedi parhau er bod yr union nodwedd forffolegol a ddangosai hynny wedi diflannu. Enghraifft debyg yn ôl pob golwg yw'r hen ffurf Caerdyf am Gaerdydd. Byddai'r gair Brythoneg **tamos* wedi rhoi *taf* inni a'r ffurf enidol **tami* a roddodd *tyf*.

Daethpwyd i ddangos cenedl gair ar y lefel gystrawennol, sef yn nhermau trefn a pherthynas geiriau â'i gilydd. Gellid gwneud enw yn benodol drwy roi bannod o'i flaen ac ar ôl y fannod dangosai enw benywaidd unigol dreiglad meddal. Collwyd y rhif deuol yn gyfan-gwbl ac yn wir diflanasai'r union elfennau a ddynodai'r rhif unigol a'r lluosog. Efallai y gellid hepgor ffurfiau arbennig i ddynodi dau ond yn sicr 'roedd angen gallu gwahaniaethu rhwng un a mwy nag un. Felly, drwy reidrwydd dyfeisiodd siaradwyr yr iaith system rif i'r Gymraeg drwy addasu a rhoi i ffurfiau arbennig ystyr luosog na allent yn ôl datblygiad hanesyddol fynegi'r lluosog o gwbl. Nid dadfeiliad iaith oedd hyn. Nid enghreifftiau oedd y rhain o siaradwyr yn esgeuluso ac yn dibrisio'u hiaith ac nid mater o symleiddio patrymau iaith ydoedd ychwaith. Y gwir yw fod patrwm lluosogi enwau yn y Frythoneg yn symlach ac yn fwy rheolaidd na'r hyn a ddaeth i rym yn y Gymraeg.

Datblygodd system y Gymraeg mewn mwy nag un ffordd. Daeth nifer helaeth o eiriau i'r Gymraeg â dau ffurf iddynt. Oherwydd affeithiad cafwyd *bardd* a *beirdd*, *march* a *meirch*. Drwy ryw fath o gytundeb ymysg siaradwyr yr iaith magodd y ffurfiau affeithiedig ystyr luosog. Lledodd y broses wedyn i eiriau lle na ddigwyddasai affeithiad yn hanesyddol. Daeth cyfnewid llafariad i fod yn gyfystyr â lluosogi. Mewn enwau eraill yn y Frythoneg ceid ffurf oddrychol arbennig, ond cyn ychwanegu terfyniadau'r cyflyrau eraill at fôn yr enw ychwanegid yn gyntaf olddodiad y bôn. Rhoddodd *lucos* inni'r gair *llyg* ond o'r ffurfdroadau eraill megis *lucote, lucoton* cafwyd *llygod*. Rhoes *latro, lleidr*, a *latrones, lladron*. O *merkes* a *merketes* cafwyd *merch* a *merched*. Drwy gytundeb cadwyd y ffurfiau a gynhwysai olddodiad y bôn i ddynodi'r lluosog. Daethpwyd i ystyried yr olddodiad fel morffem luosog ac yna ymledodd i eiriau eraill drwy gydweddiad. Yn ogystal â'r ddau ddull uchod a chyfuniad o'r ddau daeth pedwar dull arall i weithredu yn y Gymraeg, sef gollwng terfyniad unigol, gollwng terfyniad unigol a newid llafariad, cyfnewid terfyniad unigol am un lluosog, a hynny eto gyda newid llafariad. Dim ond un broses a geid yn y Frythoneg, sef ychwanegu terfyniad.

Dyfeisgarwch ac anghenraid oedd tu cefn i hyn, ymdrech i osgoi dryswch ac amwysedd. Mae'r ffaith fod y datblygiadau newydd wedi digwydd yn dystiolaeth sicr fod yr iaith honno— y Frythoneg dadfaeledig neu Gymraeg Cynnar—yn gyfrwng cyfathrebol a chymdeithasol effeithiol ac yn un nad oedd mewn cystadleuaeth ag unrhyw iaith arall. Mae'r gyfundrefn luosogi enwau yn y Gymraeg yn un unigryw, yn gwbl Gymreig ac yn wir yn fwy cymhleth fel fframwaith na'r hyn a geid yn y Frythoneg. 'Roedd y Gymraeg yn iaith y werin, yr uchelwyr a'r tywysogion. 'Roedd yn iaith hela, rhyfela, amaethu, masnach, adloniant a diwylliant. 'Roedd iddi amrywiol gyweiriau a'i hadnoddau ieithyddol yn cael eu hymestyn i gyfarfod â sefyllfaoedd newydd ac i fynegi profiadau newydd. Mewn geiriau eraill 'roedd y Gymraeg yn unig iaith y boblogaeth, ac yn gwbl ddigonol ar gyfer byw bywyd cyflawn. Ar ddiwedd y chweched ganrif hi oedd iaith trigolion rhan ddeheuol yr Alban a gogledd Lloegr ac i lawr arfordir y gorllewin drwy Cwmbria, heddiw a Swydd Gaerhirfryn a rhannau o Swydd Efrog ac yna i lawr drwy Gymru hyd at enau afon Hafren yn y de.

'Roedd y Cymry wedi eu trefnu yn fân lwythau o dan wahanol benaethiaid a'r ymwybyddiaeth o berthyn i'r llwyth o bosibl yn gryfach nag unrhyw arddangosiad o undod cenedlaethol. Y tebyg yw mai'r Hen Ogledd oedd y ganolfan wleidyddol a diwylliannol ac o'r fan honno y daeth arweiniad i wrthwynebu gelynion o'r tu allan. Yn llawysgrif Nennius, *Historia Brittonum* (819), croniclir hanes yr arweinydd, Cunedda, o'r Hen Ogledd a ddaeth gyda'i wyth mab i Gymru yn y bumed ganrif i ymlid y Gwyddelod a'r Sgotiaid a oedd yn ymosod ar hyd arfordir y gogledd-orllewin (Ffigur 2.5). Disgynnydd i un o'r meibion oedd Maelgwn a fu farw yn 547. Mewn atodiad i'r *Historia Brittonum* ceir y canlynol:

> Dyma enwau meibion Cunedda, y naw ohonynt; Tybion y cyntafanedig a fu farw yn ardal Manaw Gododdin ac ni ddaeth oddi yno gyda'i dad a'i frodyr; rhannodd Meirion ei fab, y tir gyda brodyr ei dad, Osmael, Rhufon, Deunawd, Ceredig, Afloeg, Einion, Dogfael ac Edern. Dyma ffin eu tiriogaeth o'r afon a elwir y Ddyfrdwy hyd at afon arall o'r enw Teifi, ac maent yn berchen ar nifer o ardaloedd yng Ngorllewin Prydain.

Felly mae'n gwbl amlwg fod gan y Brython-Gymry drefn gymdeithasol-wleidyddol a allai gynnal grym milwrol. 'Roedd yr ymwybyddiaeth o hunaniaeth arbennig ac iaith gyffredin yn ddigon i sianelu'r gallu milwrol y tu hwnt i ffiniau llwythol pan oedd brodyr o'r un iaith mewn cyni. 'Roedd hi'n amlwg yn gymdeithas filwrol ac arwrol a byddai'n deg dweud bod i bawb ei le priodol o fewn y fframwaith cymdeithasol hwnnw.

Y Cynfeirdd a'r Gogynfeirdd

Un o'r swyddogion pwysicaf a chynhaliwr y drefn a'r diwylliant oedd y bardd-gyfarwydd. Unwaith eto yn ei *Historia* cyfeiria Nennius at nifer o feirdd a oedd yn cydoesi â'r Brenin Ida o Northumbria tua 547-59:

> A'r pryd hwnnw 'roedd Talhaearn tad Awen yn enwog am ei farddoniaeth a hefyd Neirin, Taliesin a Bluchfardd a Chian a oedd yn enwog ar yr un pryd am farddoniaeth Gymraeg.

Hyd yn oed os oedd y Frythoneg wedi dadfeilio ac er bod fframwaith ieithyddol newydd wrthi'n ymffurfio, parhaodd y gelfyddyd farddol yn rhan greiddiol o ddiwylliant y gymdeithas. 'Roedd Talhaearn yn amlwg ddigon yn enwog am ei gyfraniad i'r diwylliant llafar hwnnw. Barddoniaeth i'w

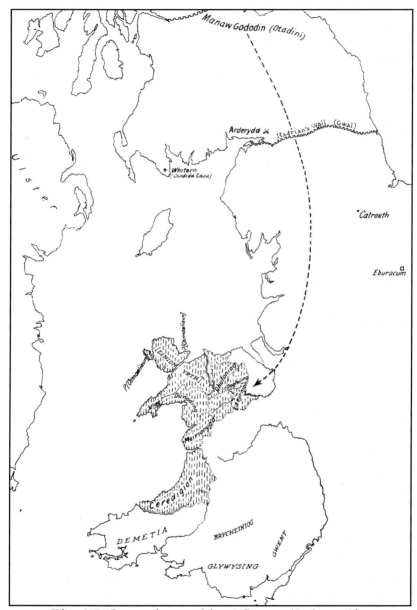

Ffig. 2.5: Cymorth cuneddau i Gymru (5ed ganrif).

Ffynhonnell: William Rees (1951)

hadrodd a'i chlywed oedd hon ond 'roedd pwrpas ehangach iddi na rhoi mwynhad a dyna, o bosibl, a gyfrifai am y safle uchel a roddid i'r bardd. Cawn gipolwg ar ei swyddogaeth yng Nghanu Taliesin ac yng ngherddi Aneirin sydd yn ôl pob tebyg yn dyddio o'r chweched ganrif.

Prif thema Taliesin yw clodfori dewrder ac arweiniad campus y brenin Urien Rheged a'i fab Owain ap Urien wrth iddynt ymladd â'u harch-elynion, y Saeson. 'Roedd y canu cynnar felly yn genedlaethol ei naws; 'roedd ynddo falchder a hyder ac nid oes ynddo adlais o israddoldeb nac anobaith. Bron na ellid dweud fod y bardd drwy ei ganu yn un a oedd yn chwipio brwdfrydedd a chefnogaeth i'r pennaeth. 'Roedd iddo swyddogaeth gymdeithasol a gwleidyddol. Mae'n bendant yn ganu arwrol ac fel y canu cyffelyb yn Iwerddon mae'n adlais o allu a phwysigrwydd offeiriadol a diwylliannol y bardd ers canrifoedd cyn hynny. 'Roedd y bardd yn gysylltiad di-dor â thraddodiadau, safbwyntiau ac ymagweddau cyn-Gristnogol a chyn-Gymreig. Dyma a ddywed Alwyn a Brinley Rees (1961: 17):

> There is evidence from the Celtic countries and from India that the poets were also the official historians and the royal genealogists. The poet's praises confirmed and sustained the king in his kingship, while his satire could blast both the king and his kingdom . . . such priestley functions as divination and prophecy also came within the province of these early Irish poets . . . It was initiates with this power and authority who had the custody of the original tales and they recited them on auspicious occasions even as the priests of other religions recite the scriptures.

Yn ei erthygl, 'The Archaism of Irish Tradition' (1947), dywed Myles Dillon fod awgrymiadau clir yn Iwerddon fod i farddoniaeth a chwedlau rin a galluoedd arbennig a hynny'n ddigon tebyg i'r hyn a geid yn yr India. Yn y gerdd 'Rayamana' gan Valmiki, er enghraifft, addewir hir oes i ddynion a buddugoliaeth i'r brenin:

> By listening to the deeds of Rama he who wishes for sons shall have his heart's desire, and to him who longs for riches shall

riches be given. The virgin who asks for a husband, shall have a
husband suited to her mind . . . [R.T.H. Griffith, 1874: 314]

Swydd y bardd oedd dyrchafu moesoldeb a delfrydau ei
gymdeithas a thrwy ddweud fod y pennaeth yn wrol ac yn
ymladdwr didrugaredd 'roedd yn trosglwyddo'r delfrydau
hynny i'r pennaeth. Drwy ganmol rhinweddau ei arglwydd
'roedd y bardd yn ei anrhydeddu a'i anfarwoli oherwydd y
gred fod moliant yn parhau am byth. Cawn enghraifft o hyn
yng ngherdd Taliesin, *Marwnad Owein* (I. Williams, 1960: 12):

> Pan ladawd Owein fflamdwyn
> Nyt oed uwy noc et kysceit
> Kyscit lloegyr llydan nifer
> a leuuer yn eu llygeit.
> 15   A rei ny ffoynt hayach
> a oedynt [hya]ch no reit
> Owein ae cospes yn drut
> mal cnut [y]n dylut deueit
> Gwr gwiw uch y amliw seirch
> 20   a rodei veirch i eircheit.

> Pan laddodd Owain Fflamddwyn
> Nid oedd yn fwy iddo na chysgu
> Roedd Lluoedd lloegr megis yn cysgu
> a golau yn eu llygaid.
> Ni fu i rai ffoi, 'roeddynt yn llawer
> dewrach nad oedd raid iddynt.
> Cosbodd Owain hwy yn fawr
> fel blaidd yn erlid defaid.
> Gŵr gwych uwch ei arfwisg amryliw
> a roddai geffylau i rai oedd yn gofyn iddo.

Rhydd ddarlun i ni o Owain fel un dewr, diofn a chryf a gâi
effaith andwyol ar ei elynion. 'Roedd yn hardd yr olwg ac yn
haelionus o ran ei natur. Mae'r gerdd yn gryno, ond yn hynod o
effeithiol. Mae'n amlwg yn gynnyrch gŵr proffesiynol, un
cyfarwydd â thrin geiriau at ddibenion arbennig.

   Yn *Gwaith Argoet Llwyfein* (I. Williams, 1960: 6) cawn
enghraifft arall o'r bardd yn canmol y nodweddion hynny a
ystyrid yn bwysig yn y drefn gymdeithasol:

1   E Bore duw sadwrn kat uawr a uu.
        or pan dwyre heul hyt pan gynnu.
        dygrysswys flamdwyn yn petwar llu.
        godeu a reget y ymdullu.
5   dyuwy o argoet hyt arvynyd.
        ny cheffynt eiryos hyt yr vn dyd.
        Atorelwis flamdwyn vawr trebystawt.
        A dodynt yg gwystlon a ynt parawt.
        Ys attebwys. Owein dwyrein ffosawt.
10   nyt dodynt nyt ydynt nyt ynt parawt.
        A cheneu vab coel bydei kymwyawc
        lew. kyn as talei o wystyl nebawt.

Ar fore dydd Sadwrn bu brwydr fawr
O pan gododd yr haul hyd nes iddi dywyllu
Ymsododd Fflamddwyn yn bedwar llu
Ymarfogodd Goddau a Rheged.
Wedi dod o Argoed hyd at Arfynydd.
Ni allent oedi undydd.
Â sŵn mawr gwaeddodd Fflamddwyn
'A ddaeth y gwystlon? A ydynt yn barod?'
Atebodd Owain fflangell y dwyrain
'Ni ddaethant, na, nid ydynt yn barod.'
Byddai disgynydd Coel wedi ei gystuddio
Pe byddai yn rhoi un yn wystl.

Mae'n darlunio arweinydd sy'n gallu ymgynnull ei filwyr ar fyr rybudd. 'Roedd y gelyn yn drahaus ac mor sicr ohono ei hun, ond ofer oedd hynny yn wyneb dewrder a gallu milwrol Owain.

Mae'n farddoniaeth ardderchog a'r ffaith hynod yw ei bod yn dyddio o'r chweched ganrif. 'Roedd diwylliant y Cymry fel y Gwyddyl ynghlwm wrth eu hiaith. 'Roedd rhin a gallu yn perthyn i eiriau. Amlygir celfyddyd a chrefftwaith ambell gymdeithas ar ffurf llun neu gerflun neu gywreinwaith metel. Cododd y beirdd gofgolofnau geiriol i arwyr y gymdeithas a rhannwyd y cof hwnnw wedyn â'r gymdeithas drwy'r cyfrwng llafar. Nid cadwraeth weladwy ond clywadwy ydoedd, wedi ei drosglwyddo ar y cof i genhedlaeth arall allu adrodd a rhyfeddu at arwyr eu gorffennol.

Tra perthynai Taliesin i dalaith Rheged, un o dalaith Gododdin oedd Aneirin. 'Roedd Manaw Gododdin i'r dwyrain o Reged a Din Eiddyn oedd y brif ganolfan. 'Roedd Mynyddog Mwynfawr ers amser wedi dioddef ymosodiadau'r Eingl o Northumbria. O'r diwedd penderfynodd drefnu cyrch yn eu herbyn drwy ymosod ar Gatraeth (Ffigur 2.6). Paratowyd yr osgordd yn Nin Eiddyn am flwyddyn. Aeth tri chant o farchogion o Ododdin ond fe'u hwynebwyd gan hanner can mil o'r Eingl. Er iddynt ymladd yn ardderchog fe'u lladdwyd i gyd ond am un. Mae'n debyg fod gor-ddweud yma wrth gyfeirio at gryfder y gelyn, ond yr hyn a fynnai Aneirin ei bwysleisio oedd dewrder a gwrhydri hyd at farwolaeth, hyd yn oed yn wyneb gorchfygiad (Ffigur 2.7).

> Gwyr a aeth Gatraeth oedd fraeth eu llu
> glasvedd eu hancwyn a gwenwyn vu
> trychant trwy beiryant yn cattau
> a gwedy elwch tawelwch vu
> Ket elwynt i lannau e benydu
> dadyl diau agheu y eu treidu.
> (I. Williams, 1961: 3)

> Roedd y gwŷr a aeth i Gatraeth yn llu wedi eu paratoi
> Buont yn gwledda ar fedd newydd a bu'n wenwyn iddynt,
> Tri chant yn ymladd dan awdurdod
> Ar ôl llawenydd bu tawelwch.
> Er iddynt fynd i eglwysi i wneud penyd
> Fe'u torrwyd i lawr gan angau anorfod.

Cân er cof am fechgyn a gwŷr ieuainc a syrthiodd yn y drin sydd yma. Mae'r ymdeimlad o hiraeth a cholled yn treiddio drwy'r gerdd. Dim ond trefn gymdeithasol solet a sefydlog a allai goffáu ei harwyr yn y fath fodd. Yn ôl K. Jackson (1969: 38),

> It carries with it an implication of a social setting, a military aristocratic society whether of a primitive or a more highly developed kind in which the real 'raison d'être' and the chief interest of the nobility is warfare and for which the accepted morality is courage and fierceness in war, generosity and

liberality in peace, a longing for fame, a horror of disgrace and a
welcome for death provided it leads to immortal glory.

'Roedd yn gwbl amlwg fod y gymdeithas yn ystyried fod y
Gymraeg yn addas ac yn ddigon urddasol ar gyfer gorchwyl
mor aruchel—coffáu dewrion y genedl. 'Roedd y Gymraeg yn
gadarn ac yn ddiogel. Hi oedd cyfrwng cyfathrebol pob haen o
fewn y trawstoriad cymdeithasol. Ynddi ceid cyweiriau statws
uchel yn ogystal â rhai isel, ac 'roedd diwylliant, hanes a
hunaniaeth y gymdeithas ynghlwm wrthi.

Er bod y canu cynharaf a gadwyd inni yn tarddu o'r Hen
Ogledd, nid yw hynny'n golygu mai yno'n unig y bodolai'r fath
drefn gymdeithasol a diwylliannol. Yn 616 cafodd Saeson
Northumbria fuddugoliaeth ym mrwydr Caer (Ffigur 2.7) ac
ysgarwyd Cymru oddi wrth yr Hen Ogledd. Yn y diriogaeth
honno gwanio fu hanes Cymraeg Cynnar a dim ond ar dir
Cymru y goroesodd. Ceir cerddi o'r seithfed ganrif ymlaen sy'n
amlwg wedi eu lleoli yng Nghymru ac y maent yn rhigolau'r
un traddodiad â Chanu Aneirin a Thaliesin. Pery'r cerddi yn
rhai sy'n canmol gwrhydri a dewrder ac yn *Armes Prydein* (930
A.D.) daw gwedd proffwydoliaeth i'r canu. Mae'r bardd yn
fflangellu'r Saeson yn chwyrn ond gwêl obaith i'r Cymry pan
ffurfir cynghrair o Sgandinafiaid Dulyn, Gwyddyl Iwerddon,
gwŷr Cernyw, Llydaw, yr Hen Ogledd a Chymru i ymlid y
Saeson o'r wlad. Daw Cynan a Chadwaladr yn ôl o'r bedd i
arwain y gynghrair i fuddugoliaeth!

Pwrpas y fath gerdd oedd lleisio dyheadau'r bobl, gan hybu
gobaith a hyder mewn cyfnod tywyll ac anodd yn eu hanes.
'Roedd y bardd yn gynhaliwr brwd i'r gyfundrefn ac yma y
mae'n annog yr un math o gefnogaeth ddigwestiwn o du'r
gymdeithas. 'Roedd felly'n groniclwr, yn hanesydd, yn
hyddysg yn yr achau ac yn un a oedd yn arbenigwr ar yr iaith.
Byddai'n gwbl anghywir, serch hynny, synied am y bardd fel
molwr mecanyddol am mai dyna a ddisgwylid. Yn hytrach,
daw teimlad ac ysbryd yr unigolyn i'r wyneb sy'n rhoi stamp
llenyddiaeth fawr ar lawer o'r canu.

Yn ein dyddiau ni chlywir cymaint am ddioddefaint a thrais
yn esgor ar ffoaduriaid sy'n gorfod gadael eu holl feddiannau
er mwyn diogelwch einioes. Mae colli cartref, cyfeillion,

Ffig 2.6: Amser brwydr Catraeth.

Ffynhonnell: A.O.H. Jarman (1988)

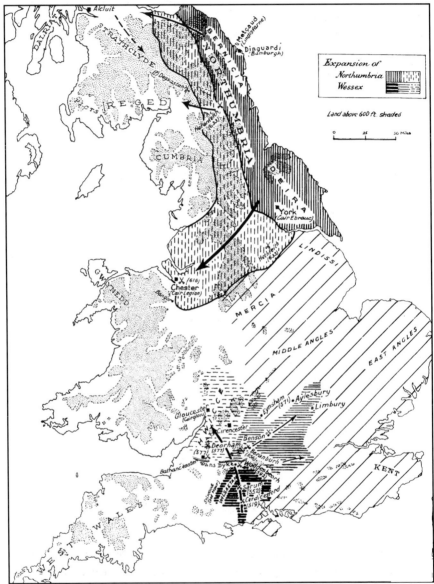

Ffig. 2.7: Ynysu Cymru. Brwydr Caer 616.

Ffynhonnell: William Rees (1951)

bywoliaeth, meddiannau a chymdogaeth yn brofiad ysgytwol sy'n sicr o adael ei ôl ar y dioddefus. Mewn marwnad i Gynddylan llwyddodd y bardd (tua'r nawfed ganrif) i gyfleu'r ing drwy roi'r gerdd yng ngenau Heledd, chwaer Cynddylan. 'Roedd y Saeson wedi goresgyn rhan o dywysogaeth Cynddylan ac nid oedd dim bellach yr un fath â chynt. Dyma ran o'r gerdd:

Stafell Gynddylan
(T. Parry, 1962: 12)

Stafell Gynddylan ys tywyll heno,
 Heb dân, heb wely;
Wylaf wers, tawaf wedy.

Stafell Gynddylan ys tywyll heno,
 Heb dân, heb gannwyll;
Namyn Duw pwy a'm dyry pwyll?

Stafell Gynddylan, neud athwyd heb wedd,
 Mae ym medd dy ysgwyd;
Hyd tra fu ni bu dollglwyd.

Stafell Gynddylan ys tywyll heno,
 Heb dân, heb gerddau;
Dygystudd deurudd dagrau.

Stafell Gynddylan, a'm gwan ei gweled
 Heb doed, heb dân;
Marw fy nglyw, byw fy hunan.

Stafell Gynddylan, a'm erwan pob awr
 Gwedi mawr ymgyfrdan
A welais ar dy bentan.

Cofnoda ddigwyddiad hanesyddol ond mae yma dristwch a hiraeth wrth gofio'r dyddiau gwell. Dim ond diwylliant a roddai bwys ar y gorffennol, y mawredd a'r trychinebau a allai gynhyrchu a gwerthfawrogi'r math hwn o lenyddiaeth. 'Roedd celfyddyd a chrefft y bardd yn dra phwysig ac yntau â'i le breintiedig yn llys ei dywysog.

Cadarnhawyd safle'r bardd yn ystod y cyfnod 1100-1300, oes y Gogynfeirdd neu Feirdd y Tywysogion. O dipyn i beth datblygwyd y mesurau caeth a daeth yr awdl yn brif gynnyrch y beirdd llys. Aethai'r grefft yn fwy cymhleth ac ar brydiau defnyddiwyd iaith a oedd braidd yn astrus a thywyll. Nid oedd hyn yn bosibl heb hyfforddiant a sefydlwyd Ysgolion y Beirdd yn benodol i hyfforddi gwŷr ieuainc yn y grefft farddol. 'Roedd dysgu geirfa, ymadroddion, cymariaethau a geiriau cyfystyr yn rhan o'r hyfforddiant hwnnw yn ogystal â dysgu meistroli rheolau cymhleth y mesurau caeth. At hynny, disgwylid iddynt feistroli rheolau gramadeg—Y Dwned.

Nid disgrifiad o'r Gymraeg oedd Y Dwned, ond cyfieithiad o Ramadeg Lladin gan Donatus o'r bedwaredd ganrif. Nid oedd o unrhyw werth i feistroli amrywiol gystrawennau'r Gymraeg, ond 'roedd dysgu'r rheolau yn ffordd o hyfforddi'r cof. Y cof, wedi'r cyfan, oedd llyfrgell y bardd. Ond y ffaith bwysicaf o ran cymdeithaseg yr iaith yw ei bod bellach yn faes, yn ogystal â chyfrwng addysgol. Dyma osod iaith yn ffocws astudiaeth, nid er mwyn deall natur iaith fel yn achos y Groegiaid a'r Rhufeinwyr gynt, ond er diben cwbl ymarferol—ei defnyddio'n effeithiol. Fel yn ystod y chwe chanrif flaenorol, 'roedd y bardd yn ŵr allweddol yn llys y tywysog er bod y modd y meddylid amdano ac yr ystyrid ef wedi newid rhyw gymaint.

Cawn gipolwg ar y wedd oruwchnaturiol a chyfrin a gysylltid â'r bardd yn Chwedl Taliesin a hefyd yn chwedl Myrddin. Nid dyn cyffredin dinod oedd y bardd Taliesin yn ôl y chwedl ond rhywun arbennig ac aruchel, tu hwnt i niwloedd y canrifoedd a'i hanes yn anghyffredin ac unigryw. 'Roedd y syniad fod y bardd yn wahanol i ddynion eraill yn rhan bwysig o chwedloniaeth y Cymry.

Yn ôl Chwedl Taliesin 'roedd gwrach o'r enw Ceridwen, gwraig Tegid Foel yn byw yng nghyffiniau'r Bala. 'Roedd hi'n wraig wybodus iawn ac yn bur gyfarwydd â gwaith Virgil! Dyma ddull y storïwr o bwysleisio ei gallu dewinol. 'Roedd i'r ddau un mab, Morfran, a gafodd y llysenw Afagddu am mai ef oedd y dyn hyllaf yn yr holl fyd. Gwyddai Ceridwen y byddai'r fath anfantais corfforol yn rhwystr cymdeithasol iddo a'r unig ateb oedd iddo fod yn hollwybodus—y gŵr mwyaf gwybodus yn y byd i gyd. Aeth Ceridwen ati'n syth i ymarfer ei dewiniaeth. Casglodd lond crochan o berlysiau i'w berwi yn ddi-baid am flwyddyn a diwrnod. Ar derfyn y cyfnod byddai tri diferyn ar ôl yn y crochan a fyddai'n cynnwys pob gwybodaeth. Tra byddai Ceridwen wrthi'n casglu perlysiau gwahanol o ddydd i ddydd i'w dodi yn y crochan, gofalai Gwion Bach am y tân o dan y crochan. Erbyn diwedd y cyfnod 'roedd Ceridwen wedi llwyr ymlâdd a syrthiodd i gysgu. Ond cyn hynny, 'roedd wedi gofalu bod Morfran yn eistedd wrth ymyl y crochan rhag ofn i'r diferion neidio ohono. Tra cysgai'r hen wrach gwthiodd Gwion y mab i un ochr ac eisteddodd yn ei le o flaen y crochan. Berwai'r hylif yn brysur ond yn sydyn neidiodd tri diferyn o'r crochan a disgyn ar fys Gwion. Ymatebodd i'r llosg gan lyfu ei fys. Dyna sut y daeth Gwion yn hollwybodus! Sylweddolodd y byddai Ceridwen o'i chof ac felly, heb ymdroi rhagor, i ffwrdd ag ef.

Pan ddeffroes Ceridwen a gweld y crochan yn wag, a Morfran mor ddi-fflach ag erioed, sylweddolodd fod Gwion Bach wedi ei thwyllo a rhaid oedd dial arno. Pan welodd Gwion ei bod ar ei drywydd defnyddiodd ei allu newydd a throes ei hun yn ysgyfarnog er mwyn gallu dianc ynghynt o afael Ceridwen. Ar amrantiad troes hithau yn filgi gan ei ymlid hyd at afon Dyfrdwy. Yno neidiodd ef i'r afon gan droi yn bysgodyn. Dilynodd hithau ef fel dyfrgi y tro hwn. Gan weld ei hun mewn perygl troes Gwion ei hun yn aderyn gan hedfan i ffwrdd ond ymateb Ceridwen oedd troi yn hebog. Pan welodd ei bod ar fin rhoi ei chrafangau ynddo disgynnodd ar bentwr o wenith a throi yn un o'r tywysennau. Ei hateb hi oedd troi yn iâr ddu a bwyta'r grawn, gan lyncu Gwion. Ai dyna ddiwedd y stori? Na, dyna'r dechrau yn wir! Ymhen naw mis rhoes Ceridwen enedigaeth i fab—Gwion wedi ei aileni! Ni allodd Ceridwen wneud ei gwaethaf iddo gan mai ef oedd y plentyn harddaf a welsai erioed ond nid oedd am ei gadw. Rhoddodd ef mewn cwdyn o groen ac fe'i taflodd i'r dŵr. Deuddydd yn ddiweddarach, ar y cyntaf o Fai, canfuwyd y baban gan y tywysog Elffin, mab Gwyddno a hynny yng ngogledd Ceredigion. Pan agorodd y cwdyn a gweld y baban, meddai, 'Dyma daliesin', sef 'dyma dalcen prydferth', ac er nad oedd y baban ond tri diwrnod oed atebodd, 'Taliesin bid', a dyna sut y cafodd ei enwi. Rhoddodd Elffin y baban ar gefn ei geffyl i

eistedd y tu ôl iddo ef ac yna aethant ill dau tua llys ei dad. Eisteddodd y baban yn unionsyth a chyfansoddodd gerdd er nad oedd ond tri diwrnod oed! Yn y llys rhyfeddai pawb at ei allu a'i wybodaeth. Pan oedd yn dair blwydd ar ddeg oed, aeth i lys Maelgwn Gwynedd yn Neganwy ac er bod pedwar bardd ar hugain yno eisoes, nid oedd un ohonynt i'w gymharu â Thaliesin. Gan gywilydd aethant i gyd yn fud.

Mae'n stori ddiddorol, ond stori'n unig ydyw. Serch hynny, dengys fywiogrwydd a dyfeisgarwch y diwylliant cynhenid. Cysylltwyd bardd hanesyddol o'r chweched ganrif â chwedloniaeth y gorffennol gan greu stori'r plentyn gwyrthiol, holl wybodus a chwbl ddoeth. Hwn oedd un o feirdd mwya'r genedl. 'Roedd yn amlwg yn ymgais i fawrygu'r gorffennol a hynny drwy ddiwyg llenyddol y storïwr a oedd fel y bardd yn arbenigwr ar iaith. Iaith oedd ei gyfrwng, ei arf i adrodd stori'n effeithiol, stori a oedd yn gwbl wybyddus i'w gynulleidfa o bosibl, ond a fyddai'n dal i ddiddanu yn ôl crefft a dawn geiriol y cyfarwydd ei hun.

Cyfnod Cymraeg Canol—y beirdd a'r cyfarwyddiaid

Dim ond iaith gyhyrog a pharch iddi a allai feithrin a datblygu llenyddiaeth mor wych â'r hyn a gawn yng nghyfnod Cymraeg Canol. Daeth yr iaith yn fwy na chyfrwng cyweiriau materion pob dydd. Yn ystod mileniwm cyntaf ei bodolaeth gwelwyd cyweiriau'r iaith yn cael eu hymestyn yn ôl gofynion bywyd. 'Roedd yn iaith llys y tywysogion ac wedyn yn ddiweddarach yn iaith llysoedd yr uchelwyr. 'Roedd yn iaith swyddogol uchelwyr a gwerin. Datblygodd yn gyfrwng llenyddol-llafar i ddechrau ond yn ysgrifenedig yn ddiweddarach. Datblygodd amrywiad safonol llenyddol a oedd yn ddealladwy drwy'r wlad i gyd. Ceir olion nodweddion tafodieithol lleol, ond yr elfen safonol sy'n brigo i'r wyneb amlaf. Yn wir, cyfnod Cymraeg Canol oedd Oes Aur yr iaith Gymraeg. Mae cynnyrch llenyddol y cyfnod yn dystiolaeth gref i'r amodau cymdeithasol a'i gwnaeth yn bosibl i'r iaith ymestyn ei hadnoddau a dal ei thir er gwaethaf cyfnewidiadau gwleidyddol ac economaidd.

Ar yr olwg gyntaf gellid meddwl y byddai cwymp y tywysogion a cholli annibyniaeth wleidyddol yn 1282 yn farwol i'r Gymraeg. Nid felly y bu hi a hynny oherwydd safle cymdeithasol cadarn yr iaith. Bu ansawdd gwych diwylliant Cymraeg, a pharhad y traddodiad llenyddol proffesiynol yn wrthglawdd yn erbyn diraddio statws y Gymraeg. Diflanasai llysoedd y tywysogion, cynheiliaid y beirdd a'r cyfarwyddiaid cyn hynny, ond nawr ymgymerodd yr uchelwyr lleol â'r dasg o noddi llenyddiaeth Gymraeg. Parhaodd y beirdd i fod yn wŷr proffesiynol gan ddibynnu am eu bywoliaeth ar nawdd y dosbarth uchaf. Dechreuasant deithio'r wlad—megis ar gylch-daith—ac un o effeithiau anuniongyrchol hyn oedd datblygu ymhellach amrywiad ieithyddol a oedd yn ddealladwy drwy'r wlad benbaladr. Ni fyddai'n talu i fardd o Fôn ddefnyddio'i dafodiaith leol wrth ganu yn Ynys Dawe neu ym Mro Morgannwg. 'Roedd yn rhaid i'w ganu fod yn ddealladwy. Wrth i'r uchelwyr lanw'r bwlch a adawyd gan y tywysogion daeth llenyddiaeth a thraddodiad yn nes at y bobl, er mai difyrrwch uchelwrol oedd o hyd yn ei hanfod:

> Yr hyn a erys heddiw yw difyrrwch haen uchaf cymdeithas—yr uchelwyr, gwŷr y mae ar y genedl ddyled fawr iddynt fel cynheiliaid diwylliant er mai cwerylgar erwin a llac eu moes a gormesol ar y tlawd oedd amryw ohonynt hwythau. Amrywient o ran eu cyfoeth, ond yr oeddynt oll yn berchnogion peth tir, yn preswylio mewn tai diddos, ar eu gorau yn nawdd ac achles i dlodion, yn ymhyfrydu yn eu gwehelyth o fab i dad a thaid a hen-daid, yn byw yn goeth lawer ohonynt ar bigion bwyd y wlad a diodydd y Cyfandir, ac yn anad dim yn ffurfio dosbarth o wŷr llythrennog a dynnai bleser o ddarllen barddoniaeth neu glywed ei datgan. Erddynt hwy a chanddynt hwy droeon y cynhyrchwyd rhwng 1300 a 1600 gannoedd o awdlau gwych eu crefft a miloedd o gywyddau cywrain. [Thomas Parry, 1953: 100]

Y bardd enwocaf o ddigon oedd Dafydd ap Gwilym (1320-80) ond cynhyrchwyd gwaith clodwiw gan ugeiniau o feirdd eraill megis Iolo Goch (1340-98), Siôn Cent (1400-30), Gutun Owain (*c*.1460), Guto'r Glyn (1445-75), Dafydd Nanmor (1450-80), Tudur Aled (1480-1525) ac eraill. Estynnwyd maes y canu o fod yn gerddi moliant a marwnadau i gynnwys serch, crefydd a cherddi gofyn. Weithiau byddai'r beirdd yn cellwair neu yn dweud y drefn ar gân a'r uchelwyr o'u gwirfodd yn noddi'r fath alwedigaeth draddodiadol. Diolch am yr uchelwyr breintiedig, diwylliedig. Gan eu bod yn rhoi'r fath bwys ar gynnal llenyddiaeth, yn farddoniaeth ac yn rhyddiaith, cadwyd cysylltiad agos â thraddodiadau ac ysbryd y gorffennol a rhoes hyn i gelfyddyd ac i lenyddiaeth wisg unigryw Gymreig. Canlyniad hyn oedd cadarnhau'r Gymraeg fel cyfrwng diwylliant ac adloniant, cyfrwng llenyddol o safon uchel ac, yn bwysicach fyth, datblygu'r Gymraeg fel cyfrwng llythrennedd ym mysg y dosbarth uchaf. 'Roedd adnoddau'r Gymraeg yn gwbl addas ar gyfer trawstoriad eang o feysydd, yn y cyfrwng llafar a'r ysgrifenedig ac mewn sefyllfaoedd ffurfiol yn ogystal â sefyllfaoedd cyfeillgar, distadl bywyd bob dydd. Daeth siaradwyr yr iaith i gysylltiad ag ieithoedd eraill, y Saesneg, wrth gwrs, ond cyn hynny y Lladin a'r Ffrangeg. 'Roedd yn gyfnod cynhyrchiol yn hanes yr iaith. Benthycwyd pan oedd angen hynny ond addaswyd geiriau ac ymadroddion gan roi gwisg gwbl Gymreig iddynt. Yr enghreifftiau gorau o gyfoeth y Gymraeg yw'r chwedlau a oroesodd o'r cyfnod canol. Maent hefyd yn enghreifftiau ardderchog o feistrolaeth y cyfarwyddiaid ar y grefft o adrodd stori.

Y Chwedlau

Nid creadigaeth y cyfarwyddiaid oedd eu chwedlau; nid dyfeisio digwyddiadau a chymeriadau a wnaent. Eu prif swyddogaeth oedd cadw a thraddodi chwedlau, traddodiadau a digwyddiadau a drosglwyddasid o dad i fab ers canrifoedd. Wrth gwrs 'roedd llawer o'r chwedlau'n perthyn i'r cyfnod cyn-Gristnogol a'r rheini wedi eu gweu ynghyd â thraddodiadau llafar diweddarach i'w gwneud yn fwy diddorol a mwy perthnasol i'r gynulleidfa. Bodolai traddodiad digon tebyg yn Iwerddon. Os nad oedd y cyfarwydd yn creu stori, beth oedd ei swyddogaeth, beth oedd ei apêl? Paham yr eisteddai cynulleidfa i wrando'n astud ar storïau a glywsent droeon o'r blaen?

Dibynnai cymaint ar grefft a dawn y cyfarwydd. Ei gyflwyniad o'r chwedl oedd yn cyfrif fwyaf, ei allu i ddal sylw a chadw diddordeb ei gynulleidfa hyd nes cyrraedd uchafbwynt y stori ei hun. Er bod cyflenwad storïau pob cyfarwydd yn ddigon tebyg, 'roedd gan bob un ei ffordd ei hun o gyflwyno'r stori. Dichon mai'r deongliadau personol hyn a barai i'r gynulleidfa allu gwrando ar yr un stori dro ar ôl tro. Nid yr un stori'n unig a geid ar unrhyw ddau achlysur. Byddai gwahaniaethau yn y manylion, pwyslais gwahanol ar ddigwyddiadau a dehongliad o'r cymeriadau yn ôl safbwynt a phrofiad y cyfarwydd unigol. Canlyniad hyn oedd dysgu chwaeth i'r gynulleidfa a rhoi iddynt y gallu beirniadol i fesur a phwyso dawn a llwyddiant y storïwr unigol. Un ffactor cwbl allweddol i'r cyfarwyddiaid oedd meistrolaeth lwyr ar yr iaith a gallu dihafal i ddefnyddio iaith i greu darlun byw ym meddwl y gwrandawyr. 'Roedd gofyn iddynt fod â gafael ar gyfoeth geirfa, ymadrodd, cyferbyniad a throsiad er mwyn gallu creu awyrgylch drwy iaith, goslef ac ystum. 'Roedd gofyn iddynt fod yn fyw i gyraeddiadau ieithyddol eu cynulleidfa gan ddethol yr amrywiadau iaith a fyddai'n gweddu i'w chwedl ac a fyddai'n effeithiol yn y cyd-destun cyhoeddus ac ar yr un pryd yn cyrraedd y gynulleidfa. Yn wir, 'roedd y cyfarwydd fel y bardd yn berfformiwr cyhoeddus proffesiynol ond 'roedd ei ddefnydd o iaith yn bur wahanol i eiddo'r bardd.

Yng nghyfnod y Gogynfeirdd ieithwedd hynafol, geidwadol a chymhleth a nodweddai'r farddoniaeth, ond yn y chwedlau cawn batrymau byrlymus iaith fyw y gymdeithas. Cymharer y canlynol. Dyma sut y disgrifiodd Cynddelw Brydydd Mawr frwydr yn erbyn y Saeson:

> Gwelais gadau geirw a rhuddfeirw rhain
> Oedd rydd i fleiddiau eu hargyfrain
> Gwelais eu hado heb eu hadain
> I dan draed adar, gwŷr gwanar gwain
> Gwelais eu trychni, trychant celain;
> Gwelais gwedi cad coludd ar ddrain

Dyma ddiweddariad:

> Gwelais frwydrau ofnadwy, a chyrff yn waed i gyd.
> Hawdd iawn oedd i fleiddiaid gladdu'r rhain.
> Gwelais filwyr a arferai wisgo arfau, wedi eu gadael
> heb fraich, o dan draed adar.
> Gwelais eu trychineb, tri chant o gyrff.
> Ar ôl y frwydr gwelais golyddion ar ddrain.

Nid yn unig y mae'r geiriau'n hynafol ond mae'r gystrawen, hefyd, yn bur wahanol i batrymau arferol y cyfnod. Beth sydd yma? Yn syml iawn yr hyn a gawn yw enghraifft o ddatblygu patrymau iaith mewn dull arbennig ar gyfer defnydd penodol—datblygu cywair barddoni. Dyma'r union beth a geir ym mhob iaith fyw, sef tueddiad i ddatblygu geirfa a defnyddio hynodion ieithyddol a fydd wedyn yn nodweddiadol o'r cywair arbennig hwnnw. Dengys yr uchod gystal meistr oedd Cynddelw ar y grefft o gyfleu ei neges mewn iaith a oedd yn gwbl briodol ar gyfer y maes a'r cyd-destun. Sylwer ar ei fedrusrwydd yn cael yr un odl drwy'r chwe llinell a'i ddefnydd o odl fewnol yn llinell 1—'geirw/rhuddfeirw'; llinell 3—'hado/hadain'; llinell 4—'adar/gwanar', a llinell 5 'trychni/trychant'. At hynny, defnyddia gytseinedd yn effeithiol drwy'r darn. Disgrifiodd yr Athro Gwyn Thomas (1985: 72) waith y Gogynfeirdd fel 'Plethiadau, troellau, patrymau'r glust yn hytrach na'r llygad!'

Yn y chwedlau ceir iaith gwbl wahanol, gan fod cyd-destun y traethu'n wahanol. Mae darnau disgrifiadol ardderchog ynddynt ac enghreifftiau o ddeialog sy'n hynod o effeithiol. Yn chwedl Math fab Mathonwy—pedwaredd Gainc y Mabinogi—adroddir hanes Lleu a'r modd y llwyddodd ei ewythr Gwydion drwy ystryw a hud i gael enw, arfau a gwraig iddo. Blodeuwedd, creadigaeth Gwydion, oedd y ferch hardd honno. Tra oedd Lleu i ffwrdd daeth Gronw Pebr heibio i'w gaer a ffolodd yn lân ar yr arglwyddes. Ymatebodd hithau i'w sylw a chynllwyniasant i ladd y gŵr. Disgrifir mor ddichellgar oedd Blodeuwedd a'r modd y llwyddodd i ddysgu sut yn union y gellid lladd Lleu. Yr awgrym i'r gynulleidfa, wrth gwrs, yw bod Lleu yn fod arbennig a dim ond wrth ei gael ar lan afon Cynfael y gellid ei ladd pan fyddai'n sefyll ag un droed ar gefn bwch a'r llall yn y dŵr! Trywanwyd Lleu gan Gronw ond yn lle marw ehedodd i'r awyr ar ffurf eryr. Crwydrodd Gwydion yr ardal yn chwilio amdano a'i gael yn y diwedd yn Nantlleu mewn cyflwr ofnadwy:

A phan ymyskytwei yr eryr y syrthei y pryuet a'r kic pwdyr o honow a'r hwch yn yssu y rei hynny. [I.Williams, 1930: 89]

Llwyddodd Gwydion i'w adfer i'w ffurf ddynol a dyma'r disgrifiad:

> Ny welsei neb ar ŵr dremynt druanach hagen noc a oed arnaw ef. Nit oed dim onyt croen ac ascwrn. [ibid., 90]

Dyma ddisgrifiad o'r hyn a ddigwyddodd i Gronw:

> Ac yna y doethant yll deu hyd ar lan auon Gynuael. Ac yna y seui Gronw Bebyr yn y lle yd oed Llew Llaw Gyffes ban y byryawd ef, a Llew yn y lle yd oed ynteu. Ac yna y dyuot (dywedodd) Gronwy Bebyr wrth Llew 'Arglwyd' heb ef 'canys o drycystryw gwreic y gwneuthum yti a wneuthum, minheu a archaf yti yr Duw, llech a welaf ar lan yr auon, gadel ym dodi honno y rynghof a'r dyrnawt'. 'Dioer' (wrth gwrs) heb y Llew 'nith omedaf o hynny'. 'Ie' heb ef, 'Duw a dalho it'. Ac yna y kymerth Gronwy y llech ac y dodes y ryngtaw a'r ergyd. Ac yna y byryawd Llew ef a'r par (gwaywffon) ac y guant y llech drwydi ac ynteu drwydaw yny dyrr y geuynn. [ibid: 92]

Mae'r disgrifio uchod a'r sgwrs yn hynod o drawiadol.

Yn chwedl Culhwch ac Olwen ceir y rhyfeddol, y trwstan a'r trafferthus wrth i Gulhwch gyda chymorth Arthur geisio ennill Olwen yn wraig iddo. Mae'r arddull yn ysgafn ac ar brydiau'n gellweirus, sy'n gweddu i'r dim i'r stori. Dyma ddisgrifiad bythgofiadwy; mae'n fanwl ond hefyd yn ddoniol:

> . . . Oed melynach ei fen na blodeu y banadl. Oed gwynnach y chnawd na distyrch y donn. Oed gwynnach ei falueu a'e byssedd na chanawon godrwyth o blith man grayan ffynhawn ffynhonus. Na golwc hebawc mut na golwc, gwalch tri mut, nit oed olwc tegach na'r eidi. Na bronn alarch gwyn oed gwynnach ei dwy uron. Oed kochach ei deurud na'r fion. Y sawl a'i gwelei kyflawn uydei o'e serch. Pedeir meillionen gwynnyon adyuei yn ei hol mynd yd elai. Ac am hynny y gelwi hi Olwen.
> [R. Bromwich a D.S. Evans, 1988: 18]

Mae ôl hen chwedloniaeth a byd yr hen dduwiau Celtaidd ar y chwedlau. Nid damwain yw fod cynifer o gyfatebiaethau rhwng y themâu a'r cymeriadau hyn a'r hyn a geir yn

Iwerddon. Tystia'r hyn a gadwyd inni yn y Pedeir Cainc ac yn chwedl Culwch ac Olwen fod cryn dipyn mwy o chwedlau Cymraeg ar gael ar lafar yn ystod yr Oesoedd Canol. Prawf hyn bwysiced oedd y gair llafar ym myd adloniant y Cymry a phwysiced oedd y traddodiad diwylliannol a'r gorffennol iddynt. Mae Breuddwyd Macsen, Breuddwyd Rhonabwy a Cyfranc Lludd a Llefelys o fewn yr un traddodiad â'r uchod ond fod eu cefndir hanesyddol yn ddiweddarach.

Y dosbarth arall o chwedlau a gadwyd yw'r rhai a adwaenir bellach fel y Rhamantau—llenyddiaeth Arthuraidd. Fel y digwydd mae'r tair a gadwyd yn rhyfeddol o debyg i dair rhamant fydryddol yn y Ffrangeg gan Chretien de Troyés. Mae *Erec et Enide* (c.1160) yn cyfateb i'n Geraint ac Enid ni, *Yvain* (1170) yn cyfateb i Iarlles y Ffynnon a *Perceval* (c.1180) yn debyg i Peredur y Gymraeg. Dadleuodd rhai mai benthyciadau o'r Ffrangeg yw'r rhai Cymraeg. Deil eraill mai chwedlau Cymraeg yw'r rhain yn wreiddiol wedi eu haddasu i'r Ffrangeg gan Chretien de Troyés.[7] Ni ellir amau'r ffaith fod cryn fynd a dod rhwng Cymru a Ffrainc yn yr Oesoedd Canol, yn bennaf drwy gyfrwng yr urddau eglwysig. Mae'r rhamantau braidd yn wahanol eu naws i'r chwedlau cynhenid eraill, ond eto nid Ffrengig mohonynt, nid cyfieithiadau ydynt. Yn hytrach, cawn yma ran o'r toreth deunydd a dyfodd o gwmpas y brenin Arthur. Gan mai ar lafar ac ar gof y cadwyd hwy, dichon fod olion diweddaru a moderneiddio ar y tair chwedl hon, ôl cymhwyso nes bod dylanwad y llysoedd Normanaidd arnynt. Mae'r ffaith bod rhamantau'r cyfandir yn troi o gwmpas Arthur a La Matiere de Bretagne yn dangos gryfed oedd y diwylliant brodorol yng Nghymru a chystal oedd statws y Cymry ar gyfandir Ewrop fel bod benthyca chwedlau wedi digwydd.

Mor gynnar â 1174 dywed Alanus de Insulis:

> Pa le sydd o fewn ffiniau gwledydd Cristnogol lle nad yw enwogrwydd adeiniog Arthur y Cymro wedi ymledu? Pwy sydd 'rwy'n gofyn nad yw'n siarad am Arthur y Cymro gan ei fod bron mor adnabyddus ymysg pobl Asia ag ydyw ymysg pobl Llydaw fel y mae'r pererinion sy'n dychwelyd o'r Dwyrain yn ei dystio? Mae pobl y Dwyrain fel pobl y Gorllewin yn sôn amdano er bod pellter yr holl ddaear rhyngddynt. Mae'r Aifft yn

siarad amdano ac nid yw Bosphorus yn dawel. Rhufain, brenhines dinasoedd a gân ei glodydd, ac nid yw ei ryfeloedd yn anhysbys i hen elyn Rhufain, Carthage . . . [B. Jones, 1959: 22]

Gormodiaith? Efallai yn wir, ond mae'r ffaith fod cymaint o storïau am Arthur a'i farchogion ar gael ar y cyfandir yn dystiolaeth glir fod llên Cymru, cyn diwedd y ddeuddegfed ganrif, mor fyrlymus ac mor bwysig fel i'w dylanwad ymledu y tu hwnt i ffiniau'r wlad a thu draw i hualau iaith. Ond digwyddodd y gwrthwyneb hefyd—benthycwyd storïau o'r cyfandir gan eu cyfieithu i'r Gymraeg a'u haddasu ar gyfer cynulleidfa o Gymry Cymraeg. Helyntion a hanes Siarlymaen yw testun pedair chwedl, sef Cronicl Turpin, Cân Roland, Pererindod Siarlymaen a Rhamant Otfel. At y rhain gallwn restru Cydymdeithas Amlyn ac Amig, Chwedlau Odo, Chwedlau Saith Doethion Rhufain a Bown o Hamtwn. Dyma dystiolaeth glir i gyflwr ffyniannus y math hwn o adloniant yn y gymdeithas.

Daeth y dylanwad allanol i mewn, yn bennaf, drwy'r gymdeithas Normanaidd ac o bosibl drwy'r gwŷr eglwysig, ond wrth fenthyca nid cyfieithu moel a gafwyd ond yn hytrach addasu'r gwreiddiol ar gyfer cynulleidfa Gymraeg. 'Roedd rhai aelodau o'r haen gymdeithasol uchaf Gymreig yn sicr yn ddwyieithog ond nid oedd y dwyieithrwydd hwnnw yn beryglus i safle cymdeithasol y Gymraeg. Hi oedd iaith adloniant ac felly 'roedd yn rhaid cyfieithu. Y tebyg yw y gellid dweud bod y dwyieithrwydd yn bur gyfyng a heb fod yn un dwylosig hyd yn oed.

Byddai'n gwbl gyfeiliornus honni, serch hynny, na chafodd y Ffrangeg unrhyw ddylanwad ar y Gymraeg. Yn naturiol ddigon cafwyd cryn effaith ar y boblogaeth o gwmpas cestyll y Normaniaid ac ar hyd y gororau, ond cyfyng iawn oedd yr effaith yng ngweddill y wlad. 'Roedd dwy genedl, dau ddiwylliant, a dwy iaith yn bodoli ochr yn ochr, a thrwch poblogaeth y naill a'r llall yn amharod i ddysgu ieithoedd ei gilydd.[8] Felly, bu mater iaith yn ffactor i gadw'r ddwy gymdeithas ar wahân. Yng ngeiriau D. Myrddin Lloyd (1959: 97-104), 'Saxon England fell to the Normans at a blow, but in Wales there was a dogged struggle of two centuries with violent swings of the pendulum.' Bu'r iaith Gymraeg yn rhwystr i'r broses o Normaneiddio Cymru.

Yn 1188 aeth Baldwin, Archesgob Caergaint, ar daith drwy Gymru i geisio milwyr i ymuno yn Rhyfel y Groes. Un o'i gyd-deithwyr oedd Gerallt, Archddiacon Brycheiniog. Bu'r ddau yn pregethu ac yn annog yn daer yn y Lladin a'r Ffrangeg, ond heb air yn y Gymraeg! Yng Nghemaes gwrandawodd yr Arglwydd Rhys arnynt a dyma oedd sylw digrifwr y brenin: 'Rhys dylet anwylo dy gyd-wladwr yr archddiacon hwn, oherwydd heddiw denodd gant neu fwy o'th lu i wasanaethu Crist, a phe byddai wedi eu hannerch yn y Gymraeg 'rwy'n amheus a fyddai un gŵr ar ôl yn dy wasanaeth.' (D. Walker, 1984: 35-36) Nid oedd trwch y llu wedi deall pregeth Gerallt o gwbl!

'Roedd yn bosibl byw bywyd cyflawn drwy'r Gymraeg; nid bywyd gwledig, amaethyddol, teuluol yn unig oherwydd ymwnâi'r Gymraeg â phob agwedd posibl ar fywyd pob haen yn y gymdeithas. 'Rydym eisoes wedi gweld mai'r Gymraeg oedd iaith llysoedd y tywysogion ac eiddo'r uchelwyr wedi hynny. Y Gymraeg oedd cyfrwng diwylliant traddodiadol a chyfoes y gymdeithas. 'Roedd yn rhan greiddiol o faes llafur ac astudiaethau'r beirdd a'r cyfarwyddiaid. Cynhyrchwyd llenyddiaeth fawr yn ystod cyfnod Cymraeg Canol a byddai'r cyfoeth hwnnw ar ei ben ei hun yn gwarantu defnyddio'r term 'Oes Aur' am y cyfnod hwnnw. Ond o safbwynt yr iaith, dyma gyfnod ymestyn ei gorwelion a'i defnyddioldeb, tymor cadarnhau ei safle a'i statws, ac adeg ei gosod yn iaith cymdeithas hyderus nad oedd arni angen unrhyw iaith arall ar gyfer byw bywyd llawn ac ystyrlon.

Y Gymraeg mewn cyd-destunau newydd—disodli'r Lladin—dysg a chrefydd

Cadwyd cryn dystiolaeth inni o'r Gymraeg yn disodli'r Lladin mewn meysydd a oedd ynghlwm wrth y Lladin yn yr oesoedd tywyll. Ar hyd y canrifoedd bu crefydd, a chynnyrch ysgrifenedig a ymwnâi â'r grefydd Gristnogol, yn yr iaith Ladin a chan fod addysg, llythrennedd a'r grefft o ysgrifennu i raddau helaeth ynghlwm wrth yr urddau eglwysig, Lladin oedd iaith cynnyrch y byd dysgedig a hi, wrth gwrs, oedd cyfrwng cyfathrach pobl ddysgedig ledled Ewrop. 'Roedd y ffaith fod un iaith yn gyffredin i Ewrop gyfan yn gymorth i hyrwyddo trosglwyddiad gwybodaeth o un wlad i'r llall.

Mor gynnar â dechrau'r ddegfed ganrif ceir sylwadau yn y *Computus Fragment* yn y Gymraeg ar dablau astronomegol Beda. Yn y Lladin gwreiddiol ceir enghreifftiau o gywair technegol manwl ac eto, fel y tystia'r canlynol, mae'r esboniad Cymraeg hefyd yn glir ac yn gwbl ddiamwys:

> passeren pigurthet loyr in pan oed bid ad ir loc guac issi in triti urd. [Pa seren y mae'r lleuad yn ei hwynebu pan fydd yn y lle gwag sydd yn y trydydd urdd]

Yr hyn sy'n dra phwysig o safbwynt y Gymraeg yw fod yr iaith wedi ymaddasu i'r dim fel cyfrwng i ryddiaith a ymwnâi â byd dysg a gwybodaeth. Cyfieithwyd *Historia Regum Brittaniae* Sieffre o Fynwy, *Brut y Brenhinedd* yn y drydedd ganrif ar ddeg. Parhad ar hanes Cymru hyd at 1282 yw *Brut y Tywysogion*. Gwyddom fod tri fersiwn Cymraeg yn cylchredeg yn ystod y drydedd ganrif ar ddeg a'r rheini yn gyfieithiadau o'r fersiwn Lladin gwreiddiol. 'Roedd y Gymraeg yn ddigon 'parchus' ac ystwyth i ymaddasu yn y cywair dysgedig.

Cawn yr un patrwm yn union yn y maes crefyddol. Lladin oedd iaith Eglwys Rufain o ran gwasanaeth, dysgeidiaeth, addysg a gweinyddiaeth. Rhyfeddod yw cael cynifer o lawysgrifau crefyddol yn y Gymraeg. Gellir rhannu'r deunydd Cymraeg a gadwyd inni yn dair adran: a) Darnau o'r Ysgrythurau, b) Pynciau'r ffydd—arweiniad a hyfforddiant diwinyddol ac esboniado, a c) Bucheddau'r Saint.

Paham, tybed, y cafwyd y rhain o gwbl yn enwedig o ystyried mai cyfieithiadau o'r Lladin yw'r cyfan heblaw am un, sef *Cysegrlan Fuchedd*.[9] Tybed ai ymgyrch efengylu oedd tu ôl i gyfieithiadau o'r Ysgrythurau? Yn 1284 ymwelodd yr Archesgob Pecham â Chymru a chan ddilyn argymhellion Pedwerydd Cyngor y Lateran (1215) anogodd ef offeiriaid plwyf i addysgu eu praidd ym mhrif nodau'r ffydd. Dim ond un dull a allai weithio yng Nghymru, sef drwy gyfieithiad i'r Gymraeg. Yn y *Beibl Ynghymraec* (diwedd y drydedd ganrif ar ddeg) ceir pennod gyntaf Genesis a rhan o'r ail bennod a chrynhoad o lyfrau hanesiol y Beibl. Cyfieithwyd y Pader, Gabriel yn annerch Mair (Luc), y croeshoeliad ac atgyfodiad Crist (Matthew) a'r pedair adnod ar ddeg gyntaf yn Efengyl Ioan. Nid yw hyn yn swmpus o bell ffordd ond ni ddylid synnu at hynny o gofio bod agwedd yr Eglwys at yr Ysgrythurau braidd yn ddifater cyn y Diwygiad Protestannaidd. (J.E.C. Williams, 1963: 83-4) Yn wir, yr unig ddarnau a droswyd oedd y rhai a oedd yn digwydd yng ngwasanaethau'r Eglwys, megis y Pader a'r Deg Gorchymyn. 'Roedd i'r *In Principio* (Ioan 1: 1-14) le pwysig fel y llith a ddarllenid ar ddiwedd yr offeren. Rhyw fath o ganllawiau oedd y rhain ar y dechrau i gynorthwyo Cymry uniaith i ddeall a gwerthfawrogi gwasanaethau'r Eglwys.

Yn gynnar yn y drydedd ganrif ar ddeg anfonodd Llywelyn Fawr air at y Pab yn cwyno'n dost am fod eglwys y Cymry wedi ei darostwng dan allu Caergaint, a bod esgobion di-Gymraeg yn cael eu penodi i fugeilio praidd nad oedd yn eu deall o gwbl. (Ll.B. Smith, 1986: 23) Yn 1234 plediodd canoniaid Llanelwy ar i'r Pab roi iddynt esgob a siaradai'r Gymraeg. Yn yr un flwyddyn, gorchmynnodd y Pab, Gregori IX, y dylid penodi i fywoliaethau offeiriaid a fyddai'n rhugl yn iaith y cymunwyr. (Ll.B. Smith ,1986: 24) 'Roedd yn amlwg ddigon fod y Gymraeg wedi hawlio'i lle ac wedi ymsefydlu'n ddigon rhwydd a diffwdan yn y cywair crefyddol. Nid oedd perygl i'r Ffrangeg a'r Saesneg ei lordio hi yn y cywair hwn! Mae'n ddiddorol nodi i'r Pab ei hun yn 1366 holi ynglŷn ag addasrwydd Alexander Dolby, deon Caer, fel ymgeisydd am Esgobaeth Bangor. Y llinyn mesur oedd y gallu i bregethu yn y Gymraeg.

Mae'r ail ddosbarthiad—y gweithiau addysgol, esboniadol—yn gyfieithiadau o rai gweithiau diwinyddol pwysig yn y ddeuddegfed a'r drydedd ganrif ar ddeg. Mae *Historia Lucidor* yn gyfieithiad Cymraeg o *Elucidarium Sive Dialogus De Summa Totius Christianae Theologiae*, gwaith cyntaf Honorius Augustodunensis ar ddechrau'r ddeuddegfed ganrif. Lluniwyd y gwaith ar ffurf cwestiwn ac ateb rhwng athro a'i ddisgybl a thrafodwyd y creu, lle dyn yn y creu, a dydd barn a pharadwys. Mae'r ddiwinyddiaeth yn syml a'r atebion i'r cwestiynau yn hawdd eu deall. Mae'n debyg i Honorius lunio'r llyfr i geisio amddiffyn hawliau Urdd San Benedict yn erbyn rhai urddau newydd mwy diwygiedig. I gael unrhyw effaith ar werin Cymru 'roedd yn rhaid ei gyflwyno yn y Gymraeg. Digon tebyg oedd y cymhelliad dros gyfieithu *Officum Parvum Beate Virginis Marie*, sef *Gwassanaeth Meir*. Bu cwlt Mair yn dra llewyrchus yn Lloegr oddi ar yr unfed ganrif ar ddeg. Yn y ddeuddegfed ganrif cysegrodd San Bernard Urdd y Sistersaidd iddi ac wrth i'r urdd honno ledu ar draws Ewrop, ymwthiodd cwlt Mair yn ei sgil. Sefydlwyd mynachlog Sistersaidd yn yr Hendy-gwyn ar Daf yn 1140 ac wedi hynny mewn mannau eraill yng Nghymru. Pwrpas y cyfieithiad, sydd yn ôl pob tebyg yn perthyn i'r bedwaredd ganrif ar ddeg, oedd cadarnhau cwlt Mair drwy geisio cyfleu cynnwys gwasanaeth Lladin yr eglwys mewn iaith y byddai'r ffyddloniaid yn gallu ei deall. Felly, daeth y Gymraeg yn gyfrwng addysgu a hyfforddi yn y cyd-destun crefyddol. Dyma enghraifft arall o'r Gymraeg yn ymestyn ei gorwelion a'i defnyddioldeb gan ymsefydlu fel cyfrwng cywair 'uchel'.

Mae'n sicr fod dibenion crefyddol, ac o bosibl gwleidyddol, dros ysgrifennu bucheddau'r saint. Erys rhyw ddeg ar hugain ohonynt a'r rhan fwyaf yn cofnodi bywydau, campau a gwyrthiau seintiau brodorol Cymru. Fe'u cyfansoddwyd gyntaf yn y Lladin, fel cofnod i'r byd fod cyfoeth crefyddol teilwng yng ngorffennol Cymru. Cyfansoddodd Rhygyfarch *Buchedd Dewi*—fersiwn Lladin c.1093-5—a hynny yn rhannol i geisio gwrthweithio dylanwad Normanaidd o fewn yr eglwys ac i geisio tanseilio hawl Esgobaeth Caergaint ar yr eglwys yng Nghymru. Bu hwn yn gam doeth yn wleidyddol ac yn grefyddol. Beth am y trosiad Cymraeg? Ym marn yr Athro Glanmor Williams (1962: 104) adwaith yn erbyn dylanwad Seisnig cynyddol yn ystod y bedwaredd ganrif ar ddeg oedd y trosiad Cymraeg. Unwaith eto, cawn enghraifft o'r Gymraeg yn ennill ei thir fel cyfrwng cwbl naturiol i'r meysydd crefyddol.

Y Cyfreithiau

Maes arall pwysig lle defnyddiwyd y Gymraeg ac nid y Lladin yw'r cyfreithiau Cymraeg. O gyfnod cynnar iawn 'roedd yn amlwg yr ystyrid y Gymraeg yn ddigon urddasol ar gyfer trafod materion cyfreithiol ac 'roedd ei hadnoddau yn ddigonol ar gyfer manylu a disgrifio diamwys. Mor gynnar â'r wythfed ganrif ym *Memorandum y Surexit* o Lyfr St. Chad cawn enghraifft o drin a thrafod hawliau cyfreithiol yn y Gymraeg.

Cadwyd testunau o'r Cyfreithiau Cymraeg mewn llawysgrifau sy'n dyddio o'r cyfnod 1180 hyd 1500. Dangosant mor ystwyth ac addas ydoedd y Gymraeg i drafod hawliau a materion technegol manwl a chymhleth. Yn y cyfreithiau cawn ddrych o fywyd Cymru yn yr Oesoedd Canol. Manylir ynglŷn â threfn a'r fframwaith cymdeithasol—y brenin, y llys, a'i swyddogion:

> A'r llys a gymyrth dechreu. Petwar svydavc ar ugeynt a dely bot yndy: Penteylu, Effeyryat, Dysteyn, Penhebogyd, Bravdvr Llys, Pengwastravt, Guas Ystauell, Bardd Teylu, Gostegvur, Penkuynyd, Medyd, Medyc, Trullyat, Dryssavr, Cog, Kanhvyllyd ... [A.R. Wiliam, 1960: 1]

'Roedd yr wyth arall yn swyddogion i'r Frenhines. Disgrifir pwy yw etifedd y brenin, sef

> Ef a dely bot yn vab neu yn ney ir brenhin

a manylir ynglŷn â'i hawliau, ei freintiau a sut y dylai gael ei drin.

Rhoddir amlinelliad o safle pob un o'r swyddogion ynghyd â'u hawliau, eu breintiau a'u swyddogaethau. Ceir cryn fanylu ym mhob adran. Dylai'r meddyg, er enghraifft, weini ar aelodau'r llys a'r milwyr yn rhad ac am ddim. Serch hynny, nodir tâl am drin rhai clwyfau megis 'dyrnawt em pen hyt er emenyd, a dyrnavt eg corf hyt er emyscar a thorry un o'r petwar post'. (A.R. Wiliam, 1960: 13)

Mae adran Cyfraith y Gwragedd yn hynod o ddiddorol a dadlennol. Ymdrinnir â hawliau'r gŵr a'r wraig o fewn priodas a'r eiddo y gallent ei hawlio pe byddent yn ymwahanu. 'Roedd amodau gwahanol yn ôl tri math o uniad rhywiol a gydnabyddid yn y cyfreithiau:

> i) Uniad pan roddid merch yn ffurfiol i'w gŵr gan ei pherthnasau
> ii) Uniad trwy lathlud pan âi merch â gŵr heb ganiatâd ei theulu
> iii) Uniad pan gâi y ferch ei threisio

Dyma rai o hawliau merch a roddid gan ei theulu (gw. A.R. Wiliam, 1960: 29)

Pe byddai gŵr yn gadael ei wraig cyn pen saith mlynedd 'roedd yn rhaid iddo dalu iddi deirpunt ei *hagweddi* (anrheg priodas, 'dowry') os oedd yn ferch i uchelwr, ynghyd â phunt a hanner, sef rhodd y priodfab i'r briodasferch, a chwe ugain ceiniog, sef tâl tad y briodasferch i'r brenin neu i'r arglwydd. Os oedd yn ferch i daeog, punt a hanner fyddai ei 'hagweddi', chwe ugain ceiniog oedd gwerth rhodd y priodfab i'r ferch a phedair ceiniog ar hugain oedd tâl y tad i'r brenin. Pe gadawai'r gŵr ar ôl saith mlynedd yna rhennid y cyfan yn gyfartal rhyngddynt. Rhestrir eiddo'r ddau yn fanwl. Câi y gŵr y moch a'r wraig y defaid. Y wraig oedd i dderbyn y llestri llaeth i gyd a'r holl bowlenni heblaw am un bowlen ac un bwced. Âi y rheini i'r gŵr. Derbyniai'r gŵr y car llusg ac un pâr o ychen, y costreli diod a'r tybiau ynghyd â'r dillad gwely isaf. Câi'r wraig y dillad gwely uchaf. Y gŵr a dderbyniai'r crochan, y blancedi, y gobennydd, yr arad, y fwyell goed, offer saer, y pentan haearn a'r holl grymanau ond un, ynghyd â'r radell. Derbyniai'r wraig y ffrâm i ddal offer coginio wrth y tân, y badell, y fwyell fawr, y gogr, swch yr aradr, un cryman, y cywarch a'r had llin, y gwlân a phethau gwerthfawr eraill ac eithrio aur ac arian. 'Roedd yn rhaid rhannu'r rhai hynny yn gyfartal.

Y gŵr oedd i dderbyn yr ysgubor, yr ŷd ar y ddaear neu yn y ddaear, yr ieir a'r gath. Y wraig oedd i hawlio'r cig hallt a'r caws a oedd yn yr heli neu allan ohono. Y gŵr oedd i gael y cig a'r caws a oedd yn hongian, y llestr ymenyn a'r caws a oedd wedi ei ddechrau. Gallai'r wraig dderbyn cymaint o flawd ag y gallai ei gludo rhwng ei dwylo heb blygu wrth gerdded o'r stordy i'r tŷ. Gallai'r ddau gadw eu dillad eu hunain ond 'roedd yn rhaid rhannu'r mentyll. Mae'r fath sylw i fanylion ac yn wir i fanion yn anhygoel, a'r hyn sy'n bwysig yw fod y meddwl cyfreithiol wedi gwneud hynny'n rhyfeddol o effeithiol a chlir.

Rhyfeddod, hefyd, yw sylwi ar sut y rhennid cymdeithas yn ôl safle'r unigolyn a sut yr amrywiai hawliau pob un, yn ddynion ac yn wragedd yn ôl eu safle. 'Roedd hawliau gwraig briod yn dibynnu ar statws cymdeithasol ei gŵr (gw. A.R. Wiliam, 1960: 29). Gallai gwraig y brenin roi hyd at draean o'i heiddo heb orfod gofyn am ganiatâd ei gŵr. Gallai gwraig uchelwr roi ei mantell, ei chrys, ei hesgidiau, ei phenwisg, ei bwyd a'i diod a'r hyn oedd ganddi wedi ei gasglu. Gallai roi benthyg celfi'r tŷ. Ni allai gwraig taeog roi dim i neb ac eithrio ei phenwisg, a dim ond ei gogor yn unig a allai ei fenthyca i berson arall cyhŷd ag y byddai'r person hwnnw o fewn clyw pan alwai hi amdano o ddrws ei thŷ.

'Roedd y cyfreithiau mewn gwirionedd yn cyffwrdd â phob agwedd ar fywyd yr unigolyn beth bynnag fyddai ei statws cymdeithasol. Ceir adran ar ddeddf gwlad yn delio â rhannu tir, lladrad, llofruddiaeth, gwerth anifeiliaid, tai a dodrefn, amaethyddiaeth, trin anifeiliaid, talu dyledion ac amodau cymhleth mechnïaeth. Dyma aralleiriad o'r ymdriniaeth â mechnïaeth yn *Llyfr Iorwerth* (A.R. Wiliam, 1960: 37):

> Ni ddylai neb fod yn fechnïwr ac yn ddyledwr canys y maent yn ddwy swyddogaeth wahanol a rhaid yw dewis rhwng y naill neu'r llall. Os yw un yn fechnïwr ni all fod yn ddyledwr. Os yw un yn dewis bod yn ddyledwr ni all weithredu fel mechnïwr. Oherwydd ni all dyn fod yn ddyledwr ac yn fechnïwr (ar yr un pryd).

Mae yma resymoli clòs sy'n dweud fod meichiau dyledwr yn gwbl ddiwerth ond rhydd gyfrifoldeb ar y sawl sy'n bwriadu bod, neu sydd yn fechnïwr, i beidio mynd i ddyledion! Nid yw'n rhyfedd o gwbl i Saunders Lewis (1932: 32) ddweud:

> Y cyfreithiau Cymraeg yw un o binaclau gwareiddiad yr Oesoedd Canol yn Ewrop.

'Roeddynt yn glir, yn drefnus ac yn ddatblygedig. Yr iaith Gymraeg a'r gyfraith Gymraeg oedd y ddwy elfen bwysicaf a wnaeth y Cymry'n genedl yn ystod yr Oesoedd Canol. Dyma'r ddwy nodwedd a roes undod i'r amrywiaeth gwleidyddol o Fôn i Fynwy o'r Mers i'r Môr. Yn ôl R.R. Davies (1984: 53), 'Welshmen could now be increasingly distinguished from Englishmen by the law to which they were subject.' Gwyddom i rai honni na allent ddadlau eu hachos yn ôl cyfraith Lloegr am mai Cymry oeddynt.[10] Dim ond cymdeithas a oedd yn sicr o'i hunaniaeth ei hun ac a ymfalchïai yn ei hiaith ei hun a allai fod wedi cynhyrchu'r fath gorff cyfreithiol. Er i Gymru golli ei hannibyniaeth wleidyddol yn 1282, parhaodd y cyfreithiau Cymraeg mewn grym.

Fy mwriad wrth ymhelaethu fel hyn yw ceisio dangos nad 'Oes Aur' lenyddol yn unig oedd y Cyfnod Canol yn achos y Gymraeg. 'Roedd yn gyfnod o ymestyn defnydd o'r iaith fel y datblygai sefyllfaoedd newydd. Daeth yn gyfrwng 'normal' i feysydd lle yn wir y disgwylid y Lladin. Dangoswyd eisoes i draethodau dysgedig ar hanes ymddangos yn y Gymraeg. At y rhain gellir ychwanegu rhai ar ddaearyddiaeth,[11] seryddiaeth[12] ac yn wir sêr-ddewiniaeth.[13] Syniadau Ewropeaidd canoloesol yw sylfaen y rhain i gyd, ond newidiwyd gwisg Ladin am un Gymraeg.

Meddygaeth

Yn y gweithiau meddygol Cymraeg, unwaith eto, ceir ôl dylanwad Ewropeaidd sy'n ategu'r ffaith fod meddygon proffesiynol Cymru yn wybyddus yn yr hyn a ddysgid ac a arferid mewn canolfannau fel Bologna a Solerno, ond eto y Gymraeg yw cyfrwng eu datganiadau.

Ymddengys fod cennin yn dda at bron popeth. Isod, ceir aralleiriad mewn Cymraeg diweddar o'r hyn a argymhellid gan Feddygon Myddfai (P. Diverres, 1913: 94-96):

Dyma rinweddau'r cennin
Da yw yfed y sudd rhag chwydu gwaed
Da yw i wragedd sy'n dymuno cael plant, fwyta cennin yn aml
Da yw cymryd cennin a gwin at frathiad neidr neu anifail arall
Da yw plastar o gennin a mêl ar ddolur
Da yw cymysgwch o sudd cennin a llaeth y fron at hen beswch neu glefyd yr ysgyfaint
Da yw sudd cennin a bustl gafr a mêl yn dri thraean ar gyfer trymder clyw, a dylid dodi hwnnw yn dwym yn y clustiau neu yn y ffroenau
Da yw ar gyfer cur yn y pen
Da yw ar gyfer dolur yr arennau
Da yw'r cennin i gyfannu asgwrn ac i aeddfedu doluriau crawnllyd

Os dodir cennin a halen ar glwyf bydd yn ei gau ar unwaith
Os bwyteir cennin yn amrwd bydd dyn yn feddw
Maent yn nerthu dynion sy'n dioddef o waedlin
Gallant ddileu gwynt yn y cylla

Yn yr un ddogfen ceir disgrifiadau o driniaethau llaw-feddygol yn ymwneud â'r pen ac â'r bledren. 'Roedd yr wybodaeth feddygol mor ddatblygedig yng Nghymru ag unrhyw ran arall o Ewrop, a'r pwynt pwysig i ni hoelio'n sylw arno yw i'r Gymraeg ddod yn gyfrwng naturiol ac addas i faes a oedd wedi'r cyfan yn dra arbenigol.

Y Gymraeg a'r cefndir gwleidyddol

Digwyddodd hyn i gyd yn yr union gyfnod pan fu'n rhaid i'r Cymry frwydro'n eofn i gadw eu hannibyniaeth a'u hunaniaeth. O ddiwedd yr unfed ganrif ar ddeg bu'n gythrwfl cyson rhwng tywysogion Cymru a'r Normaniaid. Sefydlodd y rhain unedau cryf ar hyd y Gororau, yng Nghaer, Amwythig a Henffordd. Adeiladwyd cestyll ganddynt ac o'u cylch tyfodd trefi caerog. Estroniaid oedd poblogaeth y rhain ac am rai cenedlaethau gwaherddid y Cymry rhag mynd i mewn iddynt. Ymestynnwyd gallu'r Normaniaid yn y de drwy iddynt hybu mewnlifiadau estron i rannau arbennig fel de Sir Benfro, rhan ddeheuol Penrhyn Gŵyr a rhannau o Fro Morgannwg. Dyma a ddywed Humphrey Llwyd (1584):

> The yeare 1108 the rage of the sea did overflow and drownea great part of the lowe countrie of Flanders, in such sorts that the inhabitants were driven to seeke themselves other dwelling places, who came to king Henrie and desired him to give them some void place to remaine in: who being verie liberall of that which was not his owne gave them the land of Ros in Dyvet or Westwales, where Pembrok, Tenby and Hereford are now built, and there they remaint to this daie, as may well be perceived by their speech and conditions, farre differing from the rest of the country.[14]

Felly dyma bresenoldeb milwrol, trefol a masnachol estron ar dir Cymru ond eto nid oedd trwch poblogaeth Cymru yn rhan o'r bywyd hwnnw.[15] Ond bu peth cymysgu o du haen uchaf y gymdeithas Gymraeg. Mor gynnar â degawd cyntaf y ddeuddegfed ganrif gwyddom i Nest, merch Rhys ap Tewdwr, briodi â Gerald o Windsor. 'Roedd Siwan, gwraig Llywelyn Fawr, yn ferch i'r Brenin John a Llywelyn ein Llyw Olaf yn briod ag Eleanor, merch Simon de Montford. Gallai priodasau cymysg gael effaith deuol—Cymreigio yn ogystal â Norman-eiddio. Erbyn y bedwaredd ganrif ar ddeg a'r bymthegfed ganrif 'roedd llawer o'r hen deuluoedd estron yn fodlon arddel treftadaeth Gymreig ac erbyn yr un cyfnod 'roedd llawer o'r trefi yn Gymreig eu naws. Erbyn y bymthegfed ganrif 'roedd y Gymraeg wedi adennill tir ym Mro Morgannwg, cymdogaeth a fu ynghynt dan sawdl y Normaniaid. Erbyn diwedd y bymthegfed ganrif, 'roedd uchelwyr Bro Morgannwg yn ddwy-ieithog a rhwng 1480 a diwedd y ganrif ddilynol cyfansoddwyd toreth o gywyddau ac awdlau iddynt yn y Gymraeg (B.Ll. James, 1972: 21-22). Cymraeg oedd iaith bywyd beunyddiol yr ardaloedd ar y ffin â Lloegr, yn arglwyddiaethau Gwent ac Abergafenni, drwy Frycheiniog i fyny i'r gogledd a hyd yn oed dros y ffin yn ardaloedd Henffordd, Amwythig a Chroes-oswallt. Yn ôl Ll.B. Smith (1986: 4), . . . 'y mae mwy nag un awgrym bod poblogaeth Gymraeg ei hiaith mewn rhanbarth mor ddwyreiniol â swydd Henffordd ar ddiwedd y bedwaredd ganrif ar ddeg ac wedyn. Yn un o blwyfi'r esgobaeth honno, er enghraifft, mynnai'r trigolion na fedrai person y plwyf eu gwasanaethu'n foddhaol gan na fedrai'r Gymraeg ac, fel sydd yn berffaith hysbys, yr oedd yr un esgobaeth i dderbyn copïau o'r Beibl Cymraeg a'r Llyfr Gweddi yn ôl gorchymyn y senedd yn 1563.' Mae'n gwbl amlwg, felly, fod yr amodau cymdeithasol ar ddiwedd y cyfnod canol diweddar yn ddigon cadarn o du'r Gymraeg.

Fel y dangoswyd eisoes, ni chollasai'r Gymraeg rym a statws cymdeithasol hyd yn oed ar ôl goruchafiaeth Edward I yn 1282. 'Roedd y fframwaith cymdeithasol a noddwyr llên yn ddigon cadarn ac eang i gadw hunaniaeth ddiwylliannol ac ieithyddol yn fyw. 'Roedd statws yr uchelwyr yn gwbl glwm wrth yr iaith gan ei bod yn un o nodweddion diffiniol cenedlaetholdeb ac arwahanrwydd y Cymro. Nid oedd yn ofynnol iddynt ddysgu'r Saesneg ychwaith. Mewn gwirionedd bu Edward I yn sobr o gyfrwys oherwydd drwy gyfrwng Ystatud Rhuddlan, 1284, cadwodd y *status quo* cyfreithiol i raddau pell iawn. Er iddo sicrhau buddugoliaeth wleidyddol yn 1282 gwyddai na allai wthio na phwyso gormod ar y Cymry ac felly cytunodd i adael i'r Cymry ddefnyddio'r cyfreithiau Cymreig mewn mân achosion yn llysoedd y cymydau. Yr uchelwyr, ran amlaf, a weinyddai'r gyfraith. 'Roedd eu safle a'u pwysigrwydd yn ddiogel ac 'roedd trwch y boblogaeth yn ddigon hapus. Nid oedd rhyw lawer wedi newid, yn ymddangosiadol beth bynnag. Y gwir yw na sylweddolodd y Cymry beth yn union fyddai goblygiadau tymor hir eu darostyngiad gwleidyddol. 'Roedd yr holl amodau cymdeithasol o'u plaid a'u hunaniaeth ddiwylliannol ac ieithyddol yn sicr. Hawdd iawn oedd gorffwys ar y rhwyfau heb sylweddoli pa effaith bell-gyrhaeddol y gallai gwleidyddiaeth ei gael ar iaith a diwylliant.

'Roedd y beirdd—gwŷr o statws—yn bur ddilornus o ddylanwadau estron Seisnig, a phur wan oedd y cymhelliad i ddysgu'r Saesneg yn ôl John Davies (1990: 225):

> Ni fuasai gan uchelwyr Cymru yn yr Oesoedd Canol Uwch fawr o gymhelliad i ddysgu Saesneg; y pryd hwnnw rhoddid yr epithet 'Sais' i Gymro a fedrai'r iaith, awgrym mai gallu prin a dirmygedig ydoedd yn eu plith.

Ond yn raddol fach dechreuodd y ffasiwn ddwyieithog ymysg teuluoedd bonedd Cymru yn arbennig tua diwedd y bymthegfed ganrif. Erbyn hynny, wrth gwrs, 'roedd y Saesneg wedi ennill tir yn Lloegr ei hunan ac erbyn ail hanner y bymthegfed ganrif 'roedd wedi disodli'r Lladin a'r Ffrangeg fel cyfrwng cyfraith, llywodraeth a gweinyddiaeth. Fel y dangoswyd eisoes, 'roedd y Gymraeg yn ystod y Cyfnod Canol wedi llwyddo i ddisodli'r Lladin o ran statws ac effeithiol-rwydd a chyfyng yn wir oedd dylanwad y Ffrangeg ar siaradwyr yr iaith. Erbyn diwedd y bymthegfed ganrif daethai'r Saesneg yn iaith safonol Lloegr, ac yn raddol cynyddodd y dogfennau Saesneg a gyrhaeddai Cymru. 'Roedd i'r Saesneg statws swyddogol, llywodraethol a grym gwleidyddol. Nid oedd grym tebyg i'r Gymraeg. Dichon mai dyma un rheswm paham y dechreuodd y bonedd ymdrechu i ddysgu'r Saesneg.

Dywedir i hen-daid John Wynn o Wydir fynychu ysgol yng Nghaernarfon yn 1470 er mwyn dysgu'r Saesneg (J. Davies, 1990: 225). Nid oedd traddodiad ysgrifennu gweithredoedd yng nghyfraith Hywel a dichon fod hynny'n un rheswm paham na chafwyd rhai yn y Gymraeg. Mae'r gweithredoedd Cymraeg a oroesodd yn rhai at ddibenion personol yn hytrach nag at ddibenion swyddogol. Yn ystod y bymthegfed ganrif, fel y crybwyllwyd uchod, gwelwyd cynnydd sylweddol mewn dogfennau swyddogol a'r rheini wedi eu llunio yn y Saesneg gan swyddogion. Yr hyn sy'n syndod yw i'r dosbarth uchelwrol a noddai'r diwylliant Cymraeg a Chymreig dderbyn blaenoriaeth y Saesneg ym meysydd swyddogol gweinyddiaeth a chyfraith. Yn ystod y canrifoedd blaenorol 'roedd y Gymraeg wedi dangos ei hystwythder a'i hyblygrwydd wrth gael ei haddasu ar gyfer meysydd newydd. Mae'n rhyfedd felly na fynnwyd cael dogfennau yn y Gymraeg. Drwy dderbyn dogfennau Saesneg a thrwy fynd ati i ddysgu'r iaith honno 'roedd y Cymry eu hunain yn dibrisio eu hiaith. Efallai na welent hyn yn fygythiad i'w hiaith. Wedi'r cyfan, 'roedd y diwylliant Cymraeg yn gadarn a diogel. Ar ôl buddugoliaeth Harri Tudur ar faes Bosworth yn 1485, aeth llawer o uchelwyr Cymru i Lundain i lys y brenin. 'Roedd Cymro ar yr orsedd a Chymru'n fuddugoliaethus! Hawdd iawn oedd cyfaddawdu pan nad oeddynt yn ymwybodol o unrhyw berygl. Difrawder yn wyneb y posibilrwydd o ennill gallu gwleidyddol oedd yr ymosodiad cyntaf o bwys ar y Gymraeg.

Yn y maes crefyddol, fel y gwelsom, bu'r Cymry'n barod i amddiffyn safle'r Gymraeg ond nid felly ym meysydd gweinyddiaeth, y gyfraith a masnach. Dyma'n sicr ddechrau'r syniad o iaith swyddogol a honno'n iaith estron, yn uwch ei statws ac yn ehangach ei defnyddioldeb na'r iaith frodorol. Mor bwysig yw ymagweddu iach tuag at iaith. Mor bwysig yw amddiffyn tiriogaeth defnydd iaith oherwydd y foment y cwtogir ei defnyddioldeb a rhoi lle i iaith arall yna yn y cyd-destunau hynny, gwanychir yr iaith frodorol. Fel y gwelwn ym mhennod 5, dyma'r union lwybr a droediodd y Cymry ym Mhatagonia rhyw bedair canrif yn ddiweddarach. Ni sylweddolasant hwythau y gallai cyfnewidiadau dibwys ar y pryd esgor ar dueddiadau negyddol ac erydol yn y tymor hir.

Tybed a oedd uchelwyr Cymru erbyn diwedd y bymthegfed ganrif yn y bôn yn bur ddihyder ac efallai yn eu hystyried eu hunain yn israddol o'u cymharu â bonheddwyr Lloegr? A oedd diffyg gallu gwleidyddol wedi eu gwneud yn dipyn o edmygwyr y Saeson? Cenhedlaeth neu ddwy ynghynt nid oedd hynny'n wir o bell ffordd. Gall tueddiadau dibwys arwain i bethau mwy. Dyna oedd hanes ymdreiddiad y Saesneg drwy fywyd Cymru.

Dosbarthiad daearyddol y Gymraeg

Dadleua R.R. Davies (1991:17) fod y ddeuddegfed ganrif yn dra phwysig oherwydd 'language was becoming one of the badges of national identity'. 'Roedd yn nod gwahaniaethol hynod o effeithiol. Ceir sawl cyfeiriad at y Saeson fel 'estrawn genedloedd a rhei agkyfyeit'—eu hiaith oedd yn eu didoli oddi wrth y Cymry (*Historia* Gruffydd Vab Kenan, 1977: 30-31). Felly, yn ôl y fath ddiffiniad, ymestynnai holl dir y Cymry dros yr ardaloedd hynny lle siaredid y Gymraeg. Yn yr wythfed ganrif ceisiodd brenin Mersia, sef Offa, osod ffin bendant rhwng ei deyrnas ef ac eiddo'r Cymry. Y Clawdd Offa enwog oedd y ffin honno. I'r dwyrain o'r ffin trigai'r Mersiaid ond i'r gorllewin y Gymraeg oedd unig iaith y brodorion. Nid oedd rhyw lawer o gyfathrach rhwng y ddwy genedl er eu bod yn byw ochr yn ochr â'i gilydd. Yn ôl tystiolaeth Arolwg Domesday yn 1086 'roedd rhannau helaeth o'r hyn a adwaenid yn ddiweddarach fel Sir y Fflint yn perthyn i Iarll Caer, a Saesneg yn sicr a fuasai iaith feunyddiol y trigolion ar un adeg. Mae enwau lleoedd Seisnig yno yn dystiolaeth o hynny, yn ogystal ag enwau Seisnig eraill a Gymreigiwyd yn ddiweddarach, megis Bagillt a darddodd o Backeley a Coleshill a droes yn Cwnswllt. Troes y terfyniad Saesneg poblogaidd -ton yn -tyn megis ym Mostyn, Mertyn a Prestatyn a darddai o bosibl o Preston. Unwaith eto, yn Arolwg Domesday, ystyrid y rhan helaethaf o ogledd Sir Ddinbych fel rhan o Loegr. Y nodyn diffiniol yn y cyswllt hwn eto oedd mai Saesneg oedd iaith y trigolion ar un adeg, ond bellach 'roedd 'in waste'. 'Roedd rhannau helaeth o Swydd Amwythig a Swydd Henffordd, hefyd, 'in waste'. Mewn geiriau eraill 'roedd y boblogaeth Saesneg wedi cilio i'r dwyrain. Y tebyg yw mai ymgyrchoedd dan Gruffydd ap Llywelyn tua chanol y ganrif a barodd i'r Saeson ollwng eu gafael ac i'r Cymry adfeddiannu ardaloedd sylweddol i'r dwyrain o Glawdd Offa. Drwy ymestyn eu hawdurdod, ymestynnwyd tiriogaeth yr iaith Gymraeg hefyd. I'r dwyrain o Glawdd Offa '. . . there must have been belts of varying widths where the Welsh language was irresistibly advancing eastward even during the reign of William I' (A.N. Palmer, 1890: 45).

Ar ôl Concwest y Normaniaid y Ffrangeg oedd iaith y concwerwr ond, wrth gwrs, nodwedd a berthynai i'r haen uchaf yn unig oedd hon. Byddai llawer o'r milwyr cyffredin yn siarad Saesneg ond ychydig o ddylanwad a gafodd y naill iaith na'r llall ar y werin Gymraeg. Nid oedd unrhyw ddiben mewn dysgu Saesneg—wedi'r cyfan 'roedd yn is ei statws na'r Gymraeg. Yn ardaloedd y ffin, felly, cafwyd poblogaeth gymysg ei hiaith am gyfnod ond y Gymraeg a drechodd. Yn 1341 ystyrid fod Arglwyddiaeth Ellsmere yn rhan o Gymru yn ogystal ag Arglwyddiaethau Croesoswallt a Whittington. Ar ôl y Deddfau Uno daeth y rhain yn rhan o Loegr yn ogystal â thiroedd eang yn ardal Amwythig, Henffordd a Chaerloyw lle arferid y Gymraeg fel y brif iaith gymdeithasol. Yn *Cambria Triumphans* (1660: 209) honnodd Percy Enderbie, 'Welsh is commonly used and spoken Englishward beyond these old meres a great way as in Herefordshire, Gloucestershire and a great part of Shropshire'. Felly, yn ystod cyfnod Cymraeg Canol estynnwyd tiriogaeth y Gymraeg i ardaloedd a fuasai am ddwy ganrif dan iau'r Saeson.

Ni newidiodd y sefyllfa ar ôl 1282, heblaw am fewnlifiad Saeson i'r cestyll a'r trefi a dyfodd o'u cwmpas. Ond ynysoedd bychain oedd y rhain ac ar y cyfan ychydig o ddylanwad erydol a gawsant ar y Gymraeg. Mewn gwirionedd, Cymreigiwyd llawer ohonynt, yn cynnwys yr arglwyddi Normanaidd. Dyna fu hanes y Scudmores yn ne Henffordd, Herbertiaid Rhaglan ym Mynwy, Turbervilles Morgannwg ac Aubres Brycheiniog. Priododd Sir William Scudmore â merch Owain Glyn Dŵr ac yng nghartref y teulu yn Kentchurch, Swydd Henffordd y cafodd Siôn Cent nawdd yn y bymthegfed ganrif. Pan ddyrchafwyd William Herbert, Arglwydd Rhaglan yn brif ustus

Cymru tua chanol y bymthegfed ganrif fe ganodd Guto'r Glyn iddo:

> Na ad Arglwydd swydd i Sais
> Na'i bardwn i un bwrdais
> Barna'n iawn brenin ein iaith
> Bwrw yn tân eu braint unwaith . . .
> Dwg Forgannwg a Gwynedd
> Gwna'n un o Gonwy i Nedd,
> O drigia Lloegr a'i dugiaid
> Cymru a dry yn dy raid.

Galwyd hwn o dras Normanaidd yn 'brenin ein iaith'. 'Roedd ardal Rhaglan ac i'r dwyrain iddi yn gwbl Gymraeg ei hiaith, a'r dylanwad Seisnig wedi ei gyfyngu i ardaloedd Trelech a Chas-gwent lle ceisiwyd sefydlu tiriogaethau o fewnfudwyr ddwy ganrif ynghynt. Yn ôl tystiolaeth Dafydd ap Gwilym, 'roedd y Gymraeg a'r diwylliant Cymreig yn parhau'n rymus yng Ngwent yn y bedwaredd ganrif ar ddeg er mor agos oedd y ffin wleidyddol ac ieithyddol. Dyma ddywed Dafydd am Ifor ap Llywelyn o Wern y Clepa ger Basaleg:

> Hyd y gŵyl golwg digust
> Hydr yw, a hyd y clyw clust
> Hyd y mae iaith Gymraeg
> A hyd y tyf hadau teg
> Hardd Ifor hoywryw ddefod
> Hir dy gledd, heuir dy glod.

'Roedd hwn yn ŵr hael iawn ac yn gynhaliwr y diwylliant traddodiadol Cymraeg. Felly, gallwn dybio fod yr iaith yno yn rym sylweddol ac nid ardal ffiniol fyddai hon ar y pryd hwnnw.

Er i Gymru golli ei hannibyniaeth yn 1282, ni chipiwyd yr awenau gweinyddol o ddwylo'r Cymry. Yn wir, yn y cyfnod hwn Cymreigiwyd rhai ardaloedd. Erbyn y bedwaredd ganrif ar ddeg Cymro oedd cwnstabl Fflint, a dim ond yn nhref y Fflint ei hun ac yn Rhuddlan y parhaodd dylanwad y Saesneg. Yn y flwyddyn 1340 ceir cofnod o ddau Sais o Moreton Anglicorum ger Rhiwabon a oedd yn ymgyfreithio ond ni allwyd clywed yr achos am nad oedd modd ffurfio rheithgor o rai a ddeallai ac a siaradai Saesneg. Mae'r fath gofnod yn sobr o ddadlennol am le'r Gymraeg yn y gymdeithas, hyd yn oed mewn ardal a oedd yn weddol agos at y gororau.

Tref Seisnig ydoedd Wrecsam ar y cychwyn, yn bennaf gan ei bod wedi ei lleoli i'r dwyrain o Glawdd Offa, ond fel yr awgrymwyd eisoes Cymreigiwyd rhannau helaeth o'r wlad i'r dwyrain o'r clawdd o'r unfed ganrif ar ddeg ymlaen. Yn *The History of the Town of Wrexham* (1890: 3) cyfeiria A.N. Palmer at gofnodion achosion cyfreithiol yn 1340. Enwau Cymraeg oedd i ran helaethaf y rhai a weithredodd ar y rheithgorau a gellid cyfrif ar un llaw yr erlynwyr a'r amddiffynyddion a oedd ag enwau Seisnig iddynt. 'Roedd y dref yn amlwg yn gymysg yn ieithyddol, ond y Gymraeg oedd gryfaf a hynny o bosibl ar sail y ffaith fod siaradwyr y Gymraeg yn y mwyafrif ym mharthau dwyreiniol Clawdd Offa.[16] Byddai'n anodd iawn tynnu llinell bendant ar fap i ddangos y ffin ieithyddol ar y pryd oherwydd anaml iawn y ceid y fath raniad clir, pendant. Fynychaf yr hyn a geid oedd ardal ieithyddol gymysg sydd wedyn yn esgor ar ddwyieithrwydd. Mae'n sicr fod ardal ddwyieithog wedi bodoli ar hyd y ffin ieithyddol ac nid Cymry dwyieithog yn unig fyddai'r rhai hynny ychwaith, ond Saeson dwyieithog hefyd. Yn y drydedd ganrif ar ddeg ymddengys fod un o brif deuluoedd Normanaidd Swydd Gaer wedi ei Gymreigio. Cyfeirir at Sir William de Malpas fel Gwilym Goch. (W.H. Rees, 1947: 192). 'Roedd hynny'n wir hefyd am deulu Stockton. Adnabyddid un aelod o'r teulu hwnnw yng nghanol y bedwaredd ganrif ar ddeg fel Iorwerth ap Madog. Gellid tybio ei fod ef, fel trigolion Coddington, yn ddwyieithog (W.H. Rees, 1947: 192).

Ar ddiwedd y bymthegfed ganrif, felly, 'roedd tiriogaeth y Gymraeg yn llawer ehangach na'r hyn a ddiffiniwyd fel Cymru yn ôl y Deddfau Uno yn 1536. Dyma sut y disgrifir y sefyllfa gan W.H. Rees (1947: 39):

> . . . a line drawn from a point near the Mersey estuary where the Cheshire hundreds of Wirral and Edisbury meet, along the eastern boundary of the hundred of Broxton (including Peckforton and Beckerton Hills) to Whitchurch situated near the

northern confines of Shropshire. The line probably proceeds thence southwards through Wem to Shrewsbury, thence keeping west of the Clee Hills via Church Stretton and Ludlow to the northern boundary of Herefordshire where it takes a general south-east direction forming an enclave up the Arrow Valley towards Kington and Radnor. It then proceeds south easterly via Yazar and Wormsley until the city of Hereford is reached; thence the Wye forms the language frontier until within a few miles of the Severn Estuary where it turns abruptly eastwards in order to include the uplands of the Forest of Dean within the Welsh-speaking district.

Rhwng yr unfed ganrif ar ddeg a'r bymthegfed ganrif 'roedd tiriogaeth y Gymraeg wedi ei hymestyn yn sylweddol i'r dwyrain o Glawdd Offa gan lwyr Gymreigio'r tiroedd a oedd agosaf at y clawdd (Ffigur 2.8 a 2.9). Cafwyd, hefyd, boblogaeth ddwyieithog yn yr ardaloedd hynny yn Sir Gaer, Swydd Amwythig, Swydd Henffordd a Sir Gaerloyw a oedd yn ffinio ar yr ardaloedd hyn a adenillwyd. Parhaodd y sefyllfa yn ddigon sefydlog drwy gydol cyfnod Cymraeg Canol ac o gwmpas y trefi masnach—Caer, Amwythig a Henffordd yn unig—y cafwyd erydu yn safle'r Gymraeg, sef tueddiad mewn rhai ardaloedd cyfagos a oedd yn ddwyieithog i droi'n gymunedau unieithog Saesneg. Dyma'r union broses a gyflymwyd ar ôl y Deddfau Uno yn 1536. Erbyn diwedd y bymthegfed ganrif 'roedd statws a gwerth y Gymraeg wedi dechrau simsanu yn y bröydd dwyieithog a cham bach wedyn oedd peidio a throsglwyddo'r iaith isaf ei gwerth yn gym-deithasol, yn weinyddol ac yn wleidyddol o un genhedlaeth i'r nesaf.

Ar ddiwedd y bymthegfed ganrif, yr unig ardaloedd yng Nghymru lle na siaredid y Gymraeg oedd de Penfro, Penrhyn Gŵyr, rhannau o Fro Morgannwg a chyffiniau Cas-gwent. 'Roedd y sefyllfa ym mhob un o'r rhain yn ganlyniad polisi bwriadol gan y Normaniaid o fewnfudo poblogaeth estron er mwyn llwyr ddarostwng a gweinyddu gwlad. Y gred gyffredin yw mai Is-almaenwyr a gludwyd i Benrhyn Gŵyr ac i dde Penfro. Mae'n anodd derbyn y fath ddehongliad o weld nad yw tystiolaeth hen enwau lleoedd yn gallu cadarnhau gwladychiad ar raddfa eang gan bobl a siaradai Is-almaeneg. Saesneg, yn

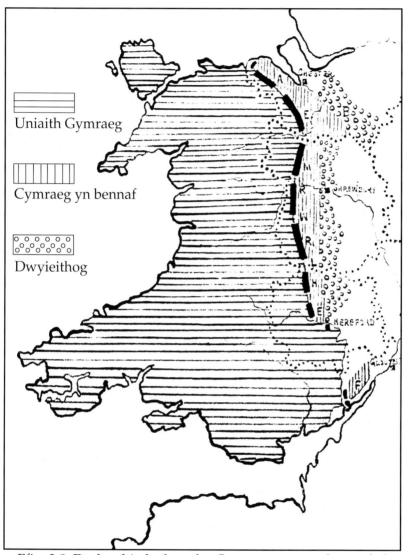

Ffig. 2.8: Dosbarthiad tebygol y Gymraeg yn ystod yr unfed ganrif ar ddeg.

Ffynhonnell: W.H. Rees (1947)

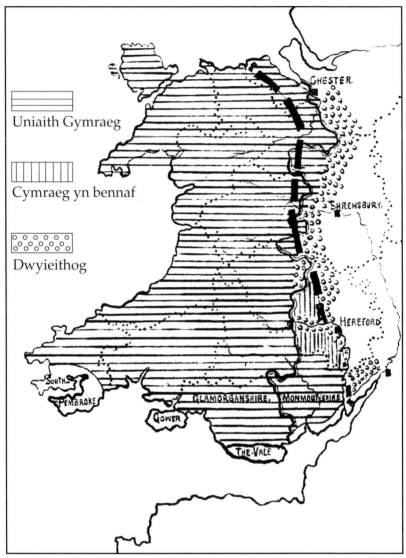

Ffig. 2.9: Dosbarthiad tebygol y Gymraeg yn ystod yr unfed ganrif ar bymtheg.

Ffynhonnell: W.H. Rees (1947)

bendant, yw tarddiad crynswth enwau lleoedd de Penfro a Gŵyr. Dywed R.M. Thomas (1967: 14) i fewnfudaeth sylweddol o Saeson i dde Penfro ddigwydd mor gynnar â chwarter olaf y ddeuddegfed ganrif. Cafwyd rhagor o fewnfudo o Iwerddon yn ystod teyrnasiad Elisabeth I. Yn ne Penfro, felly, daeth canran di-Gymraeg y boblogaeth yn llawer cryfach na'r rhai a siaradai'r Gymraeg. Mae'n bosibl i'r Cymry gael eu symud o'r ardaloedd a wladychwyd gan y Normaniaid, ond mae'n sicr i Gymry Cymraeg symud yn ôl i'r ardaloedd hynny yn ddiweddarach. Serch hynny, ni fu eu niferoedd yn ddigon cryf i Gymreigio'r rhannau hyn o'r de. Mewn rhestr o feiri a goruchwylwyr tref Dinbych-y-pysgod rhwng 1401 a theyrnasiad Elisabeth 1 ceir fod 539 ohonynt â chyfenwau Saesneg, un ar ddeg â chyfenwau Ffrangeg a dau gant tri deg tri ag enwau Cymraeg (I. James, 1887: 31). Ond, wrth gwrs, nid oes unrhyw sicrwydd fod y rhai â chyfenwau Cymraeg yn arddel yr iaith hyd yn oed ar ddechrau'r bymthegfed ganrif. Byddent yn sicr yn ddwyieithog oherwydd ni allasai Cymro uniaith fod wedi dal swydd gyhoeddus mewn ardal Seisnig. Yr unig ffordd i sicrhau swydd, llwyddiant masnachol a chyfoeth, gallu gwleidyddol, trefol ac eglwysig oedd drwy gyfrwng y Saesneg. Cyn cyfnod y Deddfau Uno 'roedd patrwm deuoliaeth ieithyddol Penfro wedi ei sefydlu, a digon tebyg oedd y darlun yn Abertawe a Phenrhyn Gŵyr 'Anglicana' mewn cyferbyniad â Gŵyr 'Wallicana'. Cyflymu'r broses o gymathiad ieithyddol a wnaeth y Deddfau Uno drwy anwybyddu a diraddio'r Gymraeg a'i gwneud yn gwbl ddianghenraid mewn cymunedau â phoblogaeth ieithyddol gymysg.

NODIADAU

[1]Y dystiolaeth gynharaf i fodolaeth y Roeg yw'r arysgrifau 'Linear B' o'r bedwaedd ganrif ar ddeg cyn Crist, a ddarganfuwyd yn Knossos a chanolfannau eraill ar ynys Creta. Erbyn yr wythfed ganrif cyn Crist 'roedd yr iaith wedi newid yn sylweddol gan esgor ar yr hyn a elwir yn Roeg Clasurol ac erbyn y bedwaredd ganrif cyn Crist 'roedd yn ddigon gwahanol i gael ei galw yn Roeg cyffredin (*Koine*). Honno oedd mamiaith Groeg cyfoes.

[2]Mae'r dystiolaeth am yr is-gangen Anatolaidd yn dyddio o'r ail ganrif ar bymtheg cyn Crist. Hethiad oedd y brif iaith Anatolaidd. Ni oroesodd unrhyw un o ieithoedd yr is-deulu hwn.

[3]Ymranna'r gangen Indo-Iranaidd yn ddwy sef Indo-Arieg ac Iraneg. Ceir tystiolaeth am is-gangen Indo-Arieg yn y Sanskrit mewn testunau crefyddol yn dyddio o 1000 C.C. Dyddia tystiolaeth am ieithoedd Iranaidd o'r chweched ganrif cyn Crist.

[4]Gw. P. Berresford Ellis (1985: 6-7).

[5]Diflannodd ieithoedd Celtaidd y llwythau a sefydlasai yng ngogledd yr Eidal ac yn Thracia yng Ngroeg a dyna fu hynt iaith y Celt-Iberiaid yn Sbaen.

[6]Gw. hefyd A.Sommerfelt (1962: 72-5). Wrth drafod y newid o /xw/ i /hw/ yn nhafodieithoedd cyfoes y Gymraeg dangosodd fod y newid yn ymestyn yn ddaearyddol, o un haen oedran i'r nesaf ac o rai geiriau arbennig i eiriau gwahanol. Ond dywed hefyd '. . . les changements ne s'apperent pas au meme moment dans tous les mots en question'. Yn W.S.Y. Wang a C.C. Cheng (1970) dywedir, 'A closer look at changes in progress and a more careful examination of large quantities of residual forms lead us to conclude that most, (not necessarily all) types of phonological change are phonetically abrupt but lexically gradual . . .'

[7]Gw. R.M. Jones (1957: 208-227). Yn Bobi Jones (1960 XV) rhestrir y gwahanol amrywiadau a geir ar Iarlles y Ffynnon: *Yvain*, Ffrangeg (*c.*1170); *Iwein*, Almaeneg (*c.*1204); *Ivent Safa*, Norwyeg (*c.*1300); *Henra Ivan*, Swedeg; *Ivent Saga*, Gwlad yr Ia.

[8]Gw. D. Walker (1977) a D. Walker (1984: 50): 'The Society in which he lived did not make for racial harmony or cultural interchange.'

[9]Awgrymodd J.E.C. Williams (1974: 399-400) mai traean yn unig o'r llyfr gwreiddiol a ddiogelwyd yn *Cyssegrlan Fuchedd*. 'Roedd yr awdur yn ôl pob tebyg yn aelod o Urdd St. Dominic ac yn un a gawsai ei drwytho yn y traddodiad llenyddol Cymraeg. Yn ôl R.I. Daniel (1981: CXVII) mae'n 'enghraifft brin o waith crefyddol Cymraeg gwreiddiol'. Fe'i cyfansoddwyd ynghanol y drydedd ganrif ar ddeg.

[10]Curia Regis Rolls 1237-42 (1979), No.1493.

[11]Gw. N. Lloyd ac M.E. Owen (1986: 116-132). Yma ceir esiamplau o'r mathau o weithiau ar ddaearyddiaeth a ddaeth i olau dydd.

[12]Gw. H. Lewis a P. Diverres (1928: 65-7, 73-77).

[13]N.L.W. 5267B. Yn y llawysgrif hon ceir darn astrolegol yn rhestru

nodweddion y personoliaeth yn ôl mis genedigaeth. Hefyd P. Diverres (1913: 62-8): ceir ynddo restr o driniaethau addas yn ôl lleoliad y planedau yn ystod y misoedd.

[14]Dyfynwyd yn Gwyn Williams (1977: 68-9).

[15]Ym Mro Morgannwg sefydlodd Robert Fitzhamon faenorau ar y dull Anglo-Normanaidd, gan boblogi rhai ardaloedd o'r bwrdeistrefi â mewnfudwyr o orllewin Lloegr. Ond fel y dengys B.Ll. James (1972: 18-19), '. . . there is no reason to believe that the Welsh speaking population was ever displaced except in some small, favoured areas which came to be known as Englishries . . . the inhabitants . . . of the Border Vale outside the Englishries were Welsh almost without exception. It is important to bear in mind that these bastions of Welshness remained almost untouched by Anglo-Norman infiltration.'

[16]Gw. A.H. Dodd (1957) a G.A. Usher 'Medieval Wrexham' yn Dodd (1957: 14-33).

CYFNOD Y NEWID A CHYFNOD CADWRAETH YR UNFED A'R AIL GANRIF AR BYMTHEG

Cyflwyniad

Os bu'r naw canrif a hanner cyntaf yn hanes y Gymraeg yn gyfnod o sefydlogi, cadarnhau ac ymestyn ei defnydd yn y gymdeithas, yna rhaid nodi fod dechrau'r unfed ganrif ar bymtheg yn agor cyfnod o newid a brwydro dros ei thynged os nad dros ei bodolaeth. Mae'r tair canrif nesaf yn hynod o ddiddorol i'r cymdeithasegydd iaith oherwydd dyma pryd y gwelwn bwysiced yw dylanwad ffactorau unigol ar enciliad iaith, er bod y rheiny yn eu dydd yn ymddangos yn ddigon dibwys. Cawn enghreifftiau hefyd o ddigwyddiadau a gafodd effaith tymor hir ar gadwraeth iaith a gwelwn bwysiced yw ymagweddu cadarnhaol yn natblygiad a thynged iaith. Fe welwn pa mor bwysig yw'r modd y mae siaradwyr yn ystyried statws a defnyddioldeb eu hiaith ac fel y gall defnyddio'r iaith mewn sefyllfaoedd penodol nid yn unig ymestyn ei defnyddioldeb ond hefyd ei dyrchafu ym meddwl ei siaradwyr.

Cefndir i'r Deddfau Uno 1536/1543

Fel y ceisiaf ddangos cafodd Deddfau Uno Harri'r VIII effaith andwyol aruthrol ar Gymru, yn ieithyddol, yn ddiwylliannol, yn economaidd ac yn gymdeithasol. Diarddelwyd y Gymraeg o safleoedd pwysig bywyd cyhoeddus a thrwy weinyddiaeth y Goron dyrchafwyd y Saesneg a'r Saeson, gan osod eu diwylliant a'u gwerthoedd hwy fel y rhai i anelu atynt. Y syndod mawr yw na chafwyd na gwrthryfel na phrotest o du arweinwyr a chynheiliaid traddodiadol y gymdeithas yng Nghymru, sef yr uchelwyr. Er i'r iaith gael ei sarhau ac er iddynt am genedlaethau ynghynt amddiffyn yr iaith fel nodwedd hollbwysig ar yr hunaniaeth Gymreig, ni chodasant fys bach yn erbyn y Deddfau Uno. Gwrthodasant weld a chydnabod y gallai'r fath ddeddfwriaeth gael effeithiau andwyol pellgyrhaeddol. Yn wir, os derbynnir gwaith y beirdd fel adlais o farn gyhoeddus eu cyfnod, yna mae'r ffaith iddynt anwybyddu'r cyfnewidiadau yn tystio'n glir na wrthwynebasai'r uchelwyr fwriadau cyffredinol y Deddfau Uno.

Mae'n eironig mai'r unig un a gwynodd yn swnllyd oedd y Sais, yr Esgob Rowland Lee, cynrychiolydd Thomas Cromwell yng Nghymru a Chadeirydd Cyngor y Mers. 'Roedd ef o'r farn bod y deddfau yn rhy bleidiol i uchelwyr Cymru, yn rhai a oedd yn wir yn or-ffafriol yn hytrach nag yn andwyol i bobl Cymru. Mae'n debyg mai ymateb i'r farn gyhoeddus bleidiol yng Nghymru a barodd iddo ysgrifennu at Thomas Cromwell gan honni yn ddiflewyn ar dafod:

> . . . there be very fewe Welshmen in Wales above Brecknock that may dispende ten pounde lande and, to say truthe their discretion lesse than their landes . . . [Letters and Papers, X 453]

'Roedd yn gwbl argyhoeddedig nad oedd mân uchelwyr Cymru yn deilwng nac yn addas i ddal swyddi gweinyddol dan y Goron. Buasai Lee yn ymgyrchwr gwrth-Gymreig hynod o effeithiol cyn hynny. Yn ôl Ambrose Bebb (1937: 28) 'roedd Lee yn 'bathew o esgob tew, blonegog, na fu erioed mewn pulpud, ond a oedd yn feistr godidog ar holl ddulliau cyfrwys, troellog, cignoeth y wleidyddiaeth Faciafelaidd newydd'. Honnir iddo, yn enw trefn a barn, grogi pum mil o Gymry mewn llai na chwe blynedd. Yng ngoleuni hynny tybed na welai rhai y gallai'r deddfau newydd eu gwaredu o afael y fath ddyn? Derbyniwyd y newidiadau yn ddirwgnach oherwydd yn y bôn 'roeddynt yn foddion i gadarnhau safle a gallu mân uchelwyr Cymru.

Fel yr awgrymwyd (gw. t. 121) 'roedd uchelwyr Cymry eisoes wedi dechrau cael blas ar y breintiau, y gallu a'r cyfoeth a oedd yn rhan annatod o uchelwriaeth Lloegr. Daeth llawer o hyn yn sgil buddugoliaeth Harri VII ar faes Bosworth yn 1485. Hwn oedd y 'mab darogan' y proffwydai'r traddodiad barddol amdano, yr un a ddaethai i ddymchwel iau y Saeson a rhoi'r fuddugoliaeth i'r Cymry. Wrth gwrs, bu ei gysylltu â'r fath broffwydoliaeth o fudd mawr i achos Harri ac nid yw'n syndod gweld i'r brenin osod 'pwys mawr ar ei darddiad honedig o

dras yr hen frenin Cymreig neu "Brydeinig", Cadwaladr.
Credodd ef ei hun a chredwyd gan eraill ei fod yn wir etifedd y
broffwydoliaeth hynafol y dôi arweinydd o gyff y llinach
frenhinol honno i lywodraethu eto ym Mhrydain' (G. Williams,
1985, Rhagair).

'Roedd dechrau llinach y Tuduriaid yn garreg filltir gobaith a
newid ym meddwl llawer iawn o wŷr amlwg Cymru. Dyma
oedd y sylw a wnaeth Lewis Glyn Cothi mewn cerdd i Syr Rhys
ap Tomos.

> Llyma'r Saeson llon a'u llid yn methu
> Llyma holl Gymru yn gwenu i gyd.

Mynegwyd yr un math o syniadaeth yng ngwaith Tudur Aled
ac Elis Gruffydd (y milwr o Galais) ar ddechrau'r unfed ganrif
ar bymtheg, a Gruffydd Hiraethog, Simwnt Fychan, Siôn Tudur
a George Owen ar ei diwedd. Ystyriai'r olaf, yr hynafiaethydd
o'r Henllys, fod Harri VIII fel 'Moses a'n gwaredodd o'n
rhwymau' ac fe'i galwodd yn 'Solomon ddoeth', hefyd.
Ymhyfrydai Harri yn ei achau Cymreig a dangosodd gryn
ffafriaeth i'w gefnogwyr yng Nghymru. Urddwyd Rhys ap
Thomas o Ddinefwr yn farchog. Derbyniodd stiwardiaethau
Aberhonddu a Llanfair-ym-Muallt ac ef oedd Siambrlen De
Cymru. Penododd y brenin Gymry amlwg i swyddi pwysig
yng Nghymru, yn siryfion, beilïaid, crwneriaid, cwnstabliaid,
rhysyfwyr, siedwyr a choedwigwyr. Rhoddodd swyddi milwrol
o bwys, hefyd, i Gymry cefnogol. Penododd Gymry yn
esgobion yn Llanelwy a Thyddewi, a hynny am y tro cyntaf ers
cryn amser. Cymro—Lewis Caerleon—oedd meddyg y brenin
ac un, David Owen, oedd ei gerfiwr a thrwy anogaeth y brenin
ei hun daliai nifer o wŷr Cymru fân swyddi yn y llys.[1] 'Roedd y
fath drefn o wobrwyo drwy freintiau yn rhwym o ddyrchafu
delwedd y brenin ymhlith ei ddeiliaid yng Nghymru. Cyn
diwedd ei deyrnasiad rhwng 1504 a 1508 rhoddodd siarteri
arbennig i'w Dywysogaeth yng ngogledd Cymru, ac i
ardaloedd Iâl, Y Waun, Dinbych, Rhuthun, Ceri a Chydewain a
ganiatâi hawliau manteisiol i'r trigolion. Gallent ddal swyddi
siryf, maer, cwnstabl neu feili heb unrhyw rwystr o gwbl.
'Roedd rhyddid iddynt brynu tir yn Lloegr pe dymunent, a dal
eiddo yn hen drefi caerog Seisnig Cymru. 'Roedd hyn yn

plesio'n fawr! Dyma oedd y 'rhyddid' y sonnid amdano, a dehonglid hyn fel gweithred gyhoeddus i gadarnhau statws breintiedig yr hen ddosbarth uchelwrol Cymreig! 'Roeddent yn rhywun o'r diwedd a'r brenin ei hunan wedi cydnabod hynny! Dyma'n wir yr union agwedd meddwl a'r awydd cibddall i efelychu dosbarth bonheddig Lloegr a roes yr ergyd gyntaf i'r iaith Gymraeg: 'yr oedd y genedl gyfan wedi ei swyno gan ryfeddol ysblander teyrnwialen y Tuduriaid' (W.A. Bebb, 1937: 23). Yn wir, 'roedd hedyn israddoldeb wedi ei hau cyn i Harri VIII gyflwyno'r Deddfau Uno. Nid yw'n rhyfedd, felly, na chafwyd na phrotest na chwyn yn erbyn y deddfau newydd. Ffurfioli, cadarnhau a chyfreithloni uniad a oedd eisoes wedi bod ar gerdded yn emosiynol ac yn seicolegol am ryw hanner canrif a wnaeth deddfau 1536 a 1543.[2]

Y Deddfau Uno—gwedd weinyddol

Byddai'n deg dweud mai ymgais oedd y Deddfau Uno i wireddu dymuniad Thomas Cromwell am beirianwaith gweinyddol a llywodraethol a fyddai'n sicrhau safle Harri VIII fel brenin ar y wlad i gyd. Dyna'n sicr oedd y prif gymhelliad fel y dywed Penry Williams (1988: 136):

> The principal motives behind the Acts are probably to be found in the desire of Thomas Cromwell for a more effective and uniform system of government . . .

Casglwyd peth tystiolaeth cyn 1536 a awgrymai fod anhrefn a thor-cyfraith yn rhemp yng Nghymru. Mewn llythyr at Cromwell ar 3 Mai 1532[3] cwynai un, Thomas Phillips, na weinyddid y gyfraith yn briodol na theg gan fod swyddogion y llysoedd yng Nghymru yn fodlon derbyn dirwyon fel cosb am anfadwaith a llofruddiaeth yn hytrach na'r crogbren, a ystyrid yn gosb gyfiawn. 'Roedd lladrata eiddo, yn arbennig gwartheg, yn rhemp a daliai Phillips nad oedd swyddogion cyfraith a threfn yn gwneud unrhyw ymgais wirioneddol i ddal y lladron. Ar 7 Mawrth 1533 derbyniodd Thomas Cromwell lythyr gan Syr E. Crofft yn datgan yr un pryder gan fod gweinyddwyr barn yn rhy galon-feddal yng Nghymru, yn enwedig yn ardaloedd y Mers:

Wales is far out of order and there have been many murders in
Oswestry and Powys. No punishment has followed because the
chiefs of the Council are spiritual men and cannot administer
punishment of death for felony and murder. [I wish that] some
man be sent down to use the sword of justice where we shall see
cause throughout the principality; otherwise the Welsh will wax
so wild it will not be a way to bring them into order again.[4]

Dileu anghysonderau ac amrywiaeth mewn gweinyddiaeth,
trefn a chyfraith a wnaeth deddfau 1536 a 1543. Gosodwyd
cyfraith a threfn Lloegr ar Gymru gyfan. Gynt, bodolai tri
phatrwm, a Chymru'n wir yn dair rhan gwbl ar wahân, sef

1. Tywysogaeth Cymru;
2. Y gogledd-ddwyrain (Sir y Fflint) a oedd ynghlwm
    wrth Sir Gaer;
3. Arglwyddiaethau'r Mers.

Yn nhiriogaethau 1 a 2 uchod '. . . y gyfraith Gymreig yn
gymysg â dogn helaeth o gyfraith gyffredin Lloegr a gawsai ei
chyflwyno gan Statud Cymru 1284 a weinyddid', ond yn y
Mers '. . . y gyfraith a ddefnyddid oedd 'arfer y Mers' sef
cymysgedd a amrywiai o arglwyddiaeth i arglwyddiaeth o'r
gyfraith Gymreig a'r gyfraith Seisnig' (J.G. Edwards, 1991: 28-29).
Drwy'r Deddfau Uno sefydlodd Harri VIII ddeuddeg sir yng
Nghymru, i gyd dan un gyfraith ac wedi eu gweinyddu gan
ddau sefydliad, sef Cyngor Cymru a'r Gororau a 'Sesiwn Fawr
y Brenin yng Nghymru'. Yn hynny o beth cydnabuwyd Cymru
yn uned. Clymwyd Cymru wrth Loegr ond yn hollol eironig
creodd y deddfau undod gweinyddol o fewn Cymru ei hun, sef
yr uned o ddeuddeg sir. Cymathwyd Mynwy â gweinyddiad
siroedd Lloegr ac o'r herwydd bu ei hunion statws yn bur
broblematig am ganrifoedd.
Sut yr effeithiodd y deddfau ar yr iaith Gymraeg? Cafodd
effaith anuniongyrchol drwy ddiraddio a diystyru'r iaith a
thrwy awgrymu ei bod yn fwy o rwystr nac o gymorth i'r
Cymry allu cystadlu â'u cyd-ddinasyddion dan frenhiniaeth
Lloegr. Deddfau oedd y rhain a luniwyd heb unrhyw
ymgynghoriad â phobl Cymru ac wrth gwrs mae arnynt ôl
meddwl y gorchfygwr a welai unrhyw gymathiad fel symudiad

un cyfeiriad yn unig. Y gorchfygedig a oedd i newid ac i ymaddasu a hynny yn ieithyddol fel yn gyfreithiol, yn weinyddol ac yn economaidd. Mae rhaglith yr ystatudau yn cyfleu'r agwedd meddwl yn glir iawn:

> Albeit the dominion principality and country of Wales justly and righteously is, and ever has been incorporated annexed, united and subject to and under the imperial crown of this realm as a very member and joint of the same, whereof the King's most Royal Majesty of mere droit and very right is very head, King, Lord and Ruler!

'Roedd yn ddatganiad gwleidyddol cryf, clir a diamwys ond â ymlaen i danseilio arwahanrwydd ieithyddol y Cymry:

> . . . yet not withstanding, because that in the same country principality and dominion divers rights usages laws and customs be far discrepant from the laws and customs of this realm, and also because that the people of the same dominion have and do daily use a speech nothing like nor consonant to the natural mother tongue used within this realm. Some rude and ignorant people have made distinction and diversity between the King's subjects of this realm and his subjects of the said dominion and principality of Wales' [I. Bowen Statues, 1908: 75-76]

'Roedd yr iaith Gymraeg yn dipyn o niwsans ac yn rhwystr i'r Cymry ddod ymlaen o fewn y deyrnas.[5] Serch hynny, yn ei gariad angerddol at ei ddeiliaid yng Nghymru, 'roedd y brenin drwy'r ddeddf yn estyn i'r Cymro yr un hawliau, breintiau a safle cyfartal â'r Sais dan gyfraith gwlad!

'Roedd ar glawr yn y rhaglith ei hun, felly, mai diwygio, gwella a rhyddhau'r Cymry i fywyd gwell oedd diben y deddfau a bod y newydd, wrth gwrs, yn rhagori cryn dipyn ar yr hen drefn. Beth yw hyn ond perswâd meddyliol ac ymagweddiadol? Yr un agwedd, ond yn uniongyrchol sarhaus, a frigodd i'r wyneb yn llythyr Rowland Lee at Thomas Cromwell ar 12 Mawrth 1536 pan fynegodd ei adwaith i fwriadau'r ddeddf gan haeru mai lladron a thwyllwyr oedd y Cymry i gyd, 'for if they may come to their trials at home, where one thief shall try another . . . then that as we have begun is foredone' (Letters and Papers X, No.453).

Yng ngolwg y gyfraith 'roedd y Cymry'n Saeson bellach a mawr oedd eu braint! Derbyniodd arweinwyr traddodiadol Cymru hyn yn dawel heb sylweddoli'r perygl a oedd i'w hunaniaeth wrth dderbyn eu bod yn israddol ac yn annigonol heb yr hyn a gynigid iddynt drwy'r deddfau newydd.

Deddfau Uno—y cymal iaith

Gyda'r drefn newydd 'roedd yn rhaid cael swyddogion i'w gweinyddu ac yn ôl ysbryd y ddeddf gallai Cymry weithredu fel ustusiaid, comisiynwyr, crwneriaid neu stiwardiaid ond byddai'n rhaid iddynt weithio drwy gyfrwng y Saesneg:

> Also be it enacted by the Authority aforesaid, That all Justices, Commissioners, Sheriffs, Coroners, Escheatars Stewards and their Lieutenants, and all other Officers and Ministers of the Law, shall proclaim and keep the Sessions Courts Hundreds Leets, Sheriffs Courts and all other courts in the English tongue . . .' [I. Bowen, 1908: 87]

Byddai'r gyfraith a gweinyddiaeth swyddogol a chyhoeddus yn y Saesneg yn unig o hynny ymlaen. Rhag ofn nad oedd y mater yn gwbl glir a diamwys â'r cymal ymlaen gan ddirymu unrhyw achos neu fater a drafodid drwy gyfrwng y Gymraeg:

> . . . no Person or Persons that use the Welsh speech or Language shall have or enjoy any Manner Office or Fees within the Realm of England, Wales, or other the King's Dominion upon Pain of forfeiting the same Offices or Fees, unless he or they use and exercise the English Speech or Language. [I. Bowen, 1908: 87]

Mewn geiriau eraill gwaharddwyd defnyddio'r Gymraeg ym mywyd cyhoeddus a swyddogol Cymru. 'Roedd y fath sylw'n sarhaus ac yn ddiraddiol a dyna'r union effaith a gafodd y Deddfau Uno ar yr iaith Gymraeg. Cyfyngwyd ar ddefnyddioldeb yr iaith. Nid oedd bellach yn addas ar gyfer rhai meysydd penodol. Cam bach oedd ystyried wedyn nad oedd y Gymraeg yn ddigonol ar gyfer sefyllfaoedd a meysydd statws uchel a swyddogol. 'Roedd yn rhaid wrth wybodaeth o'r Saesneg i fod yn geffyl blaen yn y gymdeithas, i ddal swyddi gweinyddol a chyfreithiol, i dderbyn addysg yn nwy brifysgol Lloegr, i lwyddo'n fasnachol a gweinyddol, ac i ddringo o fewn urddau eglwysig. Yr iaith Saesneg oedd yr allwedd a sicrhâi lwyddiant.

Dechrau'r Erydu Ieithyddol

Llyncodd yr uchelwyr yr abwyd. I fod yn bwysig, i fod yn rhywun yn lleol, i gadw eu safleoedd cymdeithasol breintiedig 'roedd yn rhaid bod yn ddwyieithog. Nawr rhaid pwysleisio nad yw dwyieithrwydd ynddo'i hun o unrhyw berygl i unrhyw famiaith. Bodola amlieithrwydd fel y norm sefydlog ledled y byd heddiw ac yn amlach na pheidio ni fydd iaith A yn colli tir i iaith B tra bo'i siaradwyr yn gallu ei defnyddio ar gyfer trawstoriad perthnasol o sefyllfaoedd cymdeithasol. Daw'r marweidd-dra i'r amlwg pan gyfyngir ar ddefnydd posibl un iaith gan roi mwy o bwysigrwydd a phwyslais ar yr iaith arall. Drwy ysgaru'r Gymraeg o fywyd cyhoeddus, o sefyllfaoedd ffurfiol llywodraeth leol, y gyfraith, addysg ac yn ddiwedd-arach maes crefydd, llwyddodd y Deddfau Uno i ddileu'r Gymraeg o gyweiriau pwysig, cyweiriau yn wir a gysylltid â'r ddau brif gyfrwng, sef y llafar a'r ysgrifenedig. Effaith seicolegol hyn oedd hau'r cysyniad fod y Gymraeg yn annigonol ac yn aneffeithiol ar gyfer rhai meysydd pwysig o fewn y gymdeithas gyfoes. Saesneg yn unig oedd yn anhepgorol ac felly 'roedd yr iaith Gymraeg yn israddol ei statws. Cam bychan, mewn hinsawdd o'r fath, oedd mynd i ddefnyddio mwy o'r Saesneg wrth i fwy o gyweiriau'r uchelwyr fynd yn rhai a oedd ynghlwm wrth y Saesneg. Yn aml byddai cyfnod addysgol yn Rhydychen a Chaergrawnt yn rhoi dysg eang a rhyddfrydig i sawl Cymro ifanc ond ar ddiwedd y dydd byddai ei feistrolaeth ar ei ail iaith, y Saesneg, yn llawer cadarnach ac ehangach na'i allu cyfathrebol yn ei famiaith. Y perygl mawr oedd i'r ail iaith ddatblygu'n brif iaith. Yn raddol, ymseisnigodd arweinwyr traddodiadol y gymdeithas Gymraeg. 'Roedd yr uchelwyr ran amlaf yn rhugl yn eu mamiaith ond yn anllythrennog. Dyma gyfyngu a chwtogi pellach ar bosibiliadau a defnyddioldeb yr iaith. Hawdd iawn ydoedd i iaith lafar ddistatws, cyfyng ei phosibiliadau cyweiriol, ddatblygu'n gasgliad o amrywiadau lleol di-raen a diurddas. Wrth gwrs, gallasai'r sefyllfa fod wedi datblygu'n wahanol pe na byddai'r agwedd negyddol, israddol tuag at y Gymraeg wedi brigo i'r wyneb hefyd. Er i feysydd y gyfraith, gweinyddiaeth, addysg a masnach gael eu cysylltu â'r Saesneg yn unig ni ddylasai hynny o angenrheidrwydd arwain at erydu a chefnu ar y Gymraeg. Oni allasai'r sefyllfa yng Nghymru fod wedi datblygu'n debyg i'r hyn a gafwyd rhwng y Gwarani a'r Sbaeneg yn Paraguay? Fel y dangosais eisoes (gw. t. 60), daliodd yr iaith frodorol ei thir yn erbyn y Sbaeneg, yr iaith ymerodrol, a chafwyd swyddogaethau gwahanol i'r ddwy iaith ac ymagweddu cyfartal, cadarnhaol tuag at y naill a'r llall. Y Sbaeneg yw iaith gwleidyddiaeth, gweinyddiaeth a'r gyfraith ond y Gwarani a glywir yn y farchnad, ar y stryd, ar y fferm, yn y ffatri ac ar yr aelwyd. Mae swyddogaeth glir, ddiamwys i'r Gwarani—hi yw'r iaith genedlaethol, ac yn ôl y farn gyhoeddus, dinesydd eilradd yw'r un nad yw'n ei siarad. Rhwystrwyd sefyllfa o'r fath yng Nghymru oherwydd yr holl ffactorau gwleidyddol, cymdeithasol, economaidd ac ymagweddiadol a barodd i ddwyieithrwydd Cymru fod yn un ansefydlog. Dwyieithrwydd unochrog ydoedd; y Cymry a ddysgodd y Saesneg yn bennaf er mwyn sicrhau llwyddiant cymdeithasol. Nid oedd disgwyl i Sais fynd ati i ddysgu'r Gymraeg. Dyma ran o gyngor William Wynn o'r Glyn, Meirionnydd i'w fab Cadwaladr a oedd ar y pryd yn fyfyriwr yn Rhydychen:

> Therefore praise God that thou hast careful parents to place thee in Oxford, a famous university, the fountain and well-head of all learning. Keep company with honest students who abhore evil courses as drinking and taking tobacco . . . Speak no Welsh to any that can speak English, no not to your bedfellows, and thereby you may . . . freely speak English tongue perfectly. I had rather that you should keep company with studious, honest Englishmen than with many of your own countrymen who are more prone to be idle and riotous than the English.[6]

Mae agwedd y Cymro at ei famiaith a'i gyd-Gymry ac at y Saesneg a'r Saeson yn ddigon clir. Prysurodd hyn dros-glwyddiad mwy o sefyllfaoedd i'r Saesneg, gan esgor ar anghyfartaledd cyweiriau rhwng y ddwy iaith. Cam bach wedyn oedd cefnu ar iaith yr oedd dyn wedi ei fagu i'w dilorni. Cyn diwedd yr unfed ganrif ar bymtheg 'roedd natur ac ansawdd yr iaith Gymraeg yn y fantol. Siaredid hi gan y rhan helaethaf o boblogaeth y wlad, ond perthynent gan mwyaf i'r dosbarthiadau cymdeithasol lleiaf breintiedig.

Bu Seisnigo'r uchelwyr yn broses raddol ond yn un tra effeithiol. Nid oedd effeithiau ansicrwydd y dosbarth uchaf ynglŷn â'i hunaniaeth Cymreig a datblygiad rhyw fath o gywilydd neu ymdeimlad o israddoldeb ynglŷn â Chymreictod yn gyfyngedig i'r dosbarth uchaf yn unig. Golygodd drawsnewid cymdeithas drwyddi draw. 'Roedd goblygiadau pellach i newid gwerthoedd a delfrydiaeth uchelwriaeth Gymreig.[7] Daeth uchelwyr Cymru yn rhai a roddai eu bryd yn llwyr ar wella'u byd ac ar fod yn geffylau blaen yn y gymdeithas, drwy ymdebygu fwyfwy i safonau a delfrydiaeth uchelwriaeth Lloegr:

> Yr oedd uchelwyr Cymru, fel eu tebyg, yn awyddus iawn i fabwysiadu'r safonau newydd . . . Rhoesant bwyslais cynyddol ar foesgarwch mewn cyfnod pan gâi lleygwyr amryddawn y cyfle i'w hamlygu'i hunain, ac arwyddion allanol o hynny oedd swydd dda, addysg drylwyr, elusengarwch, plastai hardd a'r eticet neu'r patrwm ymddygiad hwnnw a weddai i wŷr cwrtais a moesgar. Erbyn diwedd cyfnod y Tuduriaid yr oedd bonedd Cymru wedi datblygu cryn dipyn i'r cyfeiriad hwn ac ymdebygu fwyfwy i'r bonedd Seisnig trwy gydweithredu â hwy fel gwŷr cyhoeddus breintiedig. [J.G. Jones, 1982: 223]

Yng ngherddi William Llŷn a'i gyfoeswyr cawn bortread o fyd a oedd yn newid a chyn diwedd y ganrif ceir cwyno am ddiffyg nawdd i'r beirdd. 'Roedd yr uchelwyr yn fynych oddi cartref ac ni roddid cynhaliaeth bellach i'r beirdd proffesiynol. Dyma gŵyn William Llŷn yn ei gerdd 'Cowydd i Ifan Llwyd o Ial yn wadd ef adre o Loegr':

> Gwlad â'n brudd heb glod na bri
> Pan weddwo heb pen iddi. [J.C. Morrice, 1908: 229]

Dechreuodd yr hen fframwaith barddol edwino, yr union fframwaith a roesai bwysigrwydd, urddas a safon gyhoeddus i'r iaith ar hyd y canrifoedd. 'Roedd yr iaith yn dechrau cael ei herydu. Yn 1580 canodd William Llŷn farwnad i William Herbert, Iarll cyntaf Penfro gan ei ganmol am iddo siarad 'Cymraeg wrth Gymro a'i gâr'. Yr awgrym yma yw fod yr Iarll yn wahanol i lawer o'i gyd-uchelwyr. Pam canmol un am siarad ei famiaith oni bai bod hynny'n anffasiynol ac yn brin ymhlith uchelwyr y dydd? Nid yw'n rhyfedd, ychwaith, i Siôn Tudur gwyno yn 1580: 'Swydd y bardd sydd heb urddas'. Yn ôl Simwnt Fychan, 'roedd yr ymseisnigo wedi newid yr uchelwriaeth a amddiffynai'r iaith a'i diwylliant cyn hynny:

> Maent wyr ieuainc mewn trefi
> Yn gwatwar gwaith ein hiaith ni.[8]

Erbyn dechrau'r ail ganrif ar bymtheg 'roedd nawdd i'r beirdd yn nodwedd brin ryfeddol a chŵyn Edward ap Raff mewn marwnad i Siôn Tudur yn 1602 oedd mai 'Seisnig arbennig yw'r byd'. Erbyn canol y ganrif, yn 1665, gallai Edward Dafydd ddatgan, 'Nid yw'r byd hwn gyda'r beirdd'.

Ymateb Gwŷr Dysg i'r Tueddiadau Adfydus

Os oedd yr iaith dan gwmwl, yn anffasiynol ac yn ddiwerth nid oedd hynny'n golygu fod pawb yn dilyn yr un llwybr. Ym meddwl cynifer o'r uchelwyr, cyfrwng i gyfathrebu â'r lluoedd anllythrennog gwael eu byd oedd y Gymraeg. Yn ei 'Hunangofiant' (gol. Sidney Lee, 1886: 37-38) dyma ddywed yr Arglwydd Herbert o Cherbury (1583: 1648):

> After I had attained the age of nine during all which time I was in my said lady grandmother's house at Eyton [Shropshire] my parents thought it fit to send me to some place where I might learn the Welsh tongue, as believing it necessary to enable me to treat with those of my friends and tenants who understood no other language; whereupon I was recommended to Mr. Edward Thelwall of Plas y Ward in Denbighshire.

'Roedd eraill, serch hynny, a diolch amdanynt, yn effro iawn i berygl yr hyn a oedd yn digwydd. Mor gynnar ag 1547, mewn cyflwyniad i *Oll Synnwyr Pen Kembero Y gyd*, rhybuddiodd

William Salesbury y gallai'r cefnu ar y Gymraeg, y cwtogi ar ei chyweiriau wrth dderbyn y Saesneg yn unig fel iaith dysg a gwybodaeth, arwain i ddirywiad ieithyddol:

> A ydych chwi yn tybied nad rhaid amgenach eiriau na mwy amryw ar ymadroddion i draethu dysgeidiaeth . . . nag sydd gennych chwi yn arferedig wrth siarad beunydd yn prynu a gwerthu a bwyta ac yfed? . . . A chymerwch hyn yn lle rhybudd gennyf fi: Onid achubwch chwi a chyweirio a pherffeithio'r iaith cyn darfod am y to sydd heddiw, bydd y gwaith yn rhy hwyr wedyn . . . Ond gwrandewch chwi eto pa beth a ddywedaf fi wrthych, y sawl na bo gobaith i chwi ddysgu Saesneg na iaith arall y bo dysg ynddi. Gwrandewch pan ddywedaf wrthych: Oni fynnwch fyned yn waeth nag anifeiliaid mynnwch ddysg yn eich iaith.[9]

'Roedd William Salesbury yn ŵr dysgedig, wedi ei drwytho yn yr ieithoedd clasurol ym Mhrifysgol Rhydychen. 'Roedd wedi blasu cyffro a rhin y Dadeni yno ac fe'i llanwyd gan yr awydd i weld datblygiadau tebyg yn ei iaith ei hun. Dyma wedd gadarnhaol y Dadeni. Er mai drwy'r Saesneg y cyflwynwyd y Cymry i'r ddysg newydd o'r cyfandir, magwyd ynddynt yr awydd i gymhwyso eu gwybodaeth at eu hiaith eu hunain. Nid parhau i duchan, beirniadu a chwyno am y sefyllfa gyfoes a wnaethant, ond gweithredu—gweithio, casglu, cyhoeddi a thrwy hynny ddarparu gwrthwenwyn i'r dibristod a ddodwyd ar yr iaith ar ôl y Deddfau Uno. Yn 1547 cyhoeddodd William Salesbury Eiriadur Cymraeg-Saesneg. Gellid dadlau mai ei fwriad oedd hwyluso'r broses o ddysgu'r Saesneg i Gymry ieuainc. Beth bynnag am hynny, 'roedd cyhoeddi'r geiriadur yn enghraifft arall o'r Gymraeg mewn print a hynny'n dilyn yn fuan ar ôl cyhoeddi'r llyfr cyntaf yn y Gymraeg, sef *Yny lhyvyr Hwnn* gan John Prys o Aberhonddu.

Yn 1561 ysgrifennodd yr ysgolhaig a'r bardd, Gruffydd Hiraethog, y canlynol mewn cyflwyniad i'w gasgliad o ddiarhebion Cymraeg:

> Och Dduw mor angharedig ac mor annaturiol fydd llawer o genedl Cymru, ac yn enwedig y rhai a elont allan o derfynau eu genedig naturiol ddaearen a'u gwlad; pawb fel y bo yr achos yn

ymgais a'i arfaeth, rhai yn allfawl o gyfoeth er gweled a dysgu
moes ac arfer tai a llysoedd brenhinoedd, dugiaid, ieirll ac
arglwyddi . . . A phob un o'r rhai a drigant nemor oddicartref yn
casau ac yn gollwng dros gof iaith ei enedigol wlad a thafodiaith
ei fam gnawdol. A hynny a ellir ei adnabod pan brofo yn
wladaidd draethu Cymraeg ar lediaith ei dafod a mor fursen er
na ddysgodd iaith arall na siarad yn groyw iaith ei wlad ei hun,
a'r hyn a ddywed yn llediaith floesg lygredig yn dilyn iaith
estronol. [1561:4-6][10]

Mae'r awdur yn hynod o ddilornus o dueddiadau ei gyfnod.
'Roedd angen cryn argyhoeddiad a chryfder personoliaeth nid
yn unig i wrthod syniadau ei oes, nid yn unig i nofio yn erbyn y
llif ond hefyd i ddilorni'n gyhoeddus mewn print ymddygiad y
rhai a ystyrid yn arweinwyr cymdeithas. 'Roedd unigolion fel
Gruffydd Hiraethog yn bendant yn lefain yn y toes, gan iddynt
wrthod derbyn y *status quo*.

Un arall o'r dyneiddwyr cynnar oedd Gruffydd Robert,
offeiriad Pabyddol a ddihangodd i'r cyfandir yng nghyfnod y
Diwygiad Protestannaidd. Ymsefydlodd ym Milan yn yr Eidal
fel caplan i'r Archesgob Borromeo. Yno daeth yn rhan o
fwrlwm y Dadeni. Sylwodd fel yr oedd ieithoedd y cyfandir yn
cael eu hastudio o ddifrif a thrwy hynny yn derbyn urddas a
safle swyddogol. Troes ei sylw at y Gymraeg ac yn 1567
cyhoeddwyd ym Milan *Dosbarth Byrr ar y Rhan Gyntaf i Ramadeg
Cymraeg*. Hwn oedd yr ymgais cyntaf erioed i lunio gramadeg
i'r Gymraeg. Nid disgrifiad o'r Gymraeg oedd *Y Dwned* gan
Einion Offeiriad a ddefnyddid yn ysgolion y beirdd gynt ond
yn hytrach, cyfieithiad ydoedd, o ramadeg Lladin Donatus.
Llwyddodd Gruffydd Robert i roi disgrifiad syml a chlir o brif
nodweddion y Gymraeg yn cynnwys ei threigladau. Nawr, o
leiaf, 'roedd dulliau'r ddysg newydd yn cael eu haddasu ar
gyfer y Gymraeg. Nid oedd drws byd dysg a gwybodaeth wedi
ei gau yn glep! Pam, tybed, yr ymgymerodd yr alltud hwn â'r
fath dasg? 'Roedd yn amlwg am ddyrchafu'r Gymraeg ac er
pelled ydoedd o Gymru, 'roedd yn rhaid iddo leisio ei
anghymeradwyaeth o'r hyn a ddigwyddai gartref i'w iaith. Yn
ei ragarweiniad i'r Gramadeg cymer arno mai'r iaith ei hun
sydd yn llefaru:

Wrth fy ngweld fy hun ers llawer o flynyddoedd heb bris gan neb arnaf drwy dir Cymru na chwaith ddim gennyf mewn ysgrifen a ffrwyth ynddo i hyfforddi mewn dysg a dawn fy ngharedigion bobl. Mi dybiais mai da imi fynd drwy wledydd Ewrob i edrych ymysg ieithoedd eraill a geid yr un cyn ddiystyried ei chyflwr a mi ac mor ddiles i'r bobl sy'n ei dywedyd [siarad].

Wrth gwrs, daw i'r casgliad fod ysgolheigion gwledydd eraill yn dra pharchus o'u hieithoedd. Yna cawn ganddo feirniadaeth ddeifiol:

Fe fydd weithiau'n dostur fy nghalon wrth weld llawer a anwyd ac a fagwyd i'm siarad yn fy niystyru gan geisio ymwrthod â mi ac ymgystlwng ag estroniaith cyn adnabod dim ohoni. Canys ceir rhai yn gyttrym ag y gwelant afon Hafren neu glochdai Amwythig a chlywed Sais yn dywedyd unwaith 'good morrow' a dechreuant ollwng eu Cymraeg dros gof a'i siarad â chryn lediaith. Bydd ei Gymraeg yn Seisnigaidd a'i Saesneg (Duw a ŵyr) yn rhy Gymreigaidd.

Ateb Gruffydd Robert i'r argyfwng oedd ei Ramadeg Cymraeg yn 1567 a rhannau pellach yn 1584 ac 1594. Ceisiodd lanw gwagle drwy wneud y Gymraeg yn faes astudiaeth ysgolheigaidd. Fel y dyneiddwyr eraill a'i dilynodd 'roedd yn wladgarol ac yn falch o'i dras a'i iaith. 'Roedd hyn yn gwbl ganolog i feddwl a chalon y Dadeni ledled Ewrop, sef 'adnabod yr hunan a'r hunan cenhedlig yn arbennig' (B. Jarvis, 1992: 13).

I Siôn Dafydd Rhys 'roedd iaith a chenedl yn gyfystyr, a gwelai fygythiad gwaelodol i'r ddwy yn ymddygiad Cymry diwedd yr unfed ganrif ar bymtheg. 'Roedd hwn eto'n ŵr dysgedig iawn. Nid plwyfoldeb meddwl a'i harweiniodd i amddiffyn y Gymraeg. Treuliodd dair blynedd yng Ngholeg Crist, Rhydychen ac yna aeth i grwydro'r cyfandir a threulio cyfnod ym mhrifysgol Sienna yn yr Eidal. Yno derbyniodd radd M.D. Tra oedd yn yr Eidal cyhoeddodd dri llyfr, un mewn Lladin ar ramadeg yr iaith Roeg, yr ail yn 1567 yn yr Eidaleg yn ymdrin â gramadeg y Lladin a'r trydydd yn 1569 yn y Lladin yn ymwneud â chynanu'r Eidaleg. 'Roedd yn amlwg yn dipyn o ieithydd. Yn 1592 cyhoeddodd *Cambrobrytannicae Cymraecaere*

Linguae Institutiones et Rudimenta—Gramadeg Cymraeg, ond wedi ei ysgrifennu yn y Lladin er mwyn rhoi mwy o wybodaeth am y Gymraeg i'r byd ysgolheigaidd Ewropeaidd.[11] 'Roedd yn amlwg am ddileu'r agwedd sarhaus a oedd ar led ynglŷn â'r Gymraeg. Ei amcan oedd cyflwyno i'r byd yn yr iaith Ladin gyfoeth strwythur y Gymraeg a'i thraddodiad llenyddol aruchel. Nid yw'n waith gwych o bell ffordd gan iddo wasgu ei ddisgrifiadau o fewn y fframwaith Lladinaidd. 'Roedd *Dosbarth Byrr* Gruffydd Robert yn llawer amgenach ac wedi ei anelu at gynulleidfa gwbl wahanol, sef y Cymry eu hunain. 'Roedd Siôn Dafydd Rhys, serch hynny, yn feistr ar ysgrifennu'r Gymraeg fel y tystia ei ragymadrodd i'r gramadeg. Dywed fod amrywiaeth o feysydd dysgedig ar gael yng ngwledydd Ewrop yn eu hieithoedd eu hunain ond nid felly '. . . ein hiaith ni y Cymry . . . rhai ohonom yn mynd mor ddiflas a mor fursennaidd, mor benhoeden ac y daw brith gywilydd arnom o adrodd a siarad ein hiaith ein hunain.' [12]

Â i dipyn o hwyl wrth ddisgrifio'r fath rai diasgwrn-cefn:

> Eithr nid yw y fursennaidd sorod hyn o Gymry (os teg dweud y gwir) ond gwehilion a llwgr, a chrachyddion y bobl, a'i brynteion: a megis cachaduriaid y wlad.[13]

Mynega ei fwriad yn ddigon clir pan ddywed:

> Canys nid oes na ffordd na modd well yn y byd i warchadw iaith rhag ei cholli na gwneuthur Gramadeg iddi ac ohoni.[14]

Dyma adlais yn wir o syniadau Dyneiddiaeth Ewropeaidd, ond y rhyfeddod yn yr achos hwn yw mai iaith leiafrifol heb fod yn un swyddogol wladwriaethol oedd y Gymraeg. Ar y cyfan, 'It was the languages of state and government which were encouraged and perfected and which tended to triumph' (G. Williams, 1990: 10). Serch hynny, yng Nghymru gwnaeth y dyneiddwyr lawer o waith ieithyddol. Aethant ati i ddyrchafu, coethi a chyfoethogi eu hiaith er mai'r Saesneg oedd iaith swyddogol y wladwriaeth. Paham, tybed, yn arbennig o gofio cefndir gwleidyddol a chymdeithasol y cyfnod? Un eglurhad, o bosibl, ydoedd hirhoedledd hen fythau am darddiad y Cymry a'u hiaith. Yn ôl Sieffre o Fynwy 'roedd y Cymry yn tarddu o Brutus ac yntau yn or-ŵyr i Aeneas o ddinas Troy. Daethai ef a gweddillion ei lu yma i Brydain tua 1170 CC. Yn ôl chwedl arall 'roedd y Cymry yn tarddu o Samothes a oedd yn fab i Japhet ac yn ŵyr i Noah. Ar ôl y Dilyw ymsefydlasai ef a'i dylwyth yn y rhannau hynny o Ewrop y trigodd y Celtiaid ynddynt yn ddiweddarach. Felly 'roedd achyddiaeth Feiblaidd i'r Cymry! Yn ôl chwedl arall, daeth Joseph o Aramathea i Brydain ddeng mlynedd ar hugain ar ôl croeshoeliad Crist i daenu'r Efengyl. O'i weinidogaeth tyfodd yr Eglwys Geltaidd.[15] Oherwydd y fath gysylltiadau ieithyddol drwy'r chwedlau hyn â'r Hebraeg, y Groeg a'r Lladin tyfodd y syniad fod dysg, gwybodaeth a fersiynau Cymraeg o'r Ysgrythur wedi bodoli ar un cyfnod yng Nghymru. Ystyrient y Gymraeg yn iaith arbennig iawn ac er mwyn bod yn gyfartal â'r Lladin a'r Groeg credai'r dyneiddwyr fod yn rhaid iddynt weithredu drosti drwy ei dyrchafu, adfer ei hurddas ac ailddarganfod y gogoniant a berthynai iddi gynt.

Mae'n wir fod awelon y Dadeni wedi peri deffroad, diddordeb a brwdfrydedd heintus ym maes astudio ieithoedd llafar Ewrop, yn bennaf er mwyn dyrchafu eu statws fel ieithoedd gwladwriaethau. 'Roedd ysgolheigion yn dra awyddus i'w hieithoedd eu hunain ymdebygu i'r ieithoedd clasurol: 'acquire all the trappings of learning and elegance, must be correct in grammar and syntax, and uniform in orthography and practice, must possess an oppulence and abundance of vocabulary, turns of phrase and figures of speech' (G. Williams, 1990: 12).

Dyna'r union beth y ceisiodd y dyneiddwyr ei gyflawni yng Nghymru, a hynny er gwaetha'r ffaith nad oedd y Gymraeg yn iaith swyddogol nac ychwaith bellach yn gyfrwng cyweiriau statws uchel. Daeth gwaith y dyneiddwyr ar yr union adeg i wrthweithio effeithiau adfydus y Deddfau Uno. Parhaodd y pwyslais ar wneud y Gymraeg yn gyfrwng dysg drwy'r ail ganrif ar bymtheg ac i mewn i'r ddeunawfed ganrif er mai effaith cyfyngedig a gawsai'r gramadegau a'r geiriaduron ar drwch y boblogaeth. Serch hynny, 'roedd iddynt werth symbolaidd gan eu bod yn hoelio'u pwyslais ar y wedd ysgolheigaidd gan ddangos bod y Gymraeg lawn mor addas yn y maes hwnnw â'r Saesneg. 'Roedd astudiaethau Gramadegol

John Davies, *Antiquae Linguae Britannicae . . . Rudimenta* (1621), ei eiriadur, *Dictionarum Duplex* (1632), campwaith ysgolheigaidd Edward Lhuyd—*Archaeologia Britannica* (1707), geiriadur a gramadeg Thomas Richards, *Thesaurus Antiquae Linguae Britannicae* (1753) a geiriadur Saesneg-Cymraeg John Walters, 1770-94, o werth amhrisiadwy i wrthweithio effaith seicolegol addysg Saesneg a'r agweddau difrïol a dilornus a gysylltid â'r iaith Gymraeg drwy gydol y cyfnod oddi ar esgyniad y Tuduriaid i orsedd Lloegr.

Crefydd a'r Gymraeg yn yr unfed ganrif ar bymtheg

Er mai mudiad ysgolheigaidd oedd Dyneiddiaeth yn y bôn, ac o'r herwydd ar nifer cymharol fychan y gallai gael dylanwad, bu'n dra effeithiol. Rhoes ddelwedd newydd i'r iaith drwy'r gair printiedig, a chadarnhawyd hyn gan argyhoeddiad a sêl grefyddol pan gyhoeddwyd cyfieithiad Cymraeg yr Esgob William Morgan o'r Beibl yn 1588. 'Roedd yr un weithred hon o bwys symbolaidd aruthrol i'r Gymraeg. Dyma'r iaith yn awr yn gyfrwng cyhoeddus unwaith eto ac yn gyfrwng grym cymdeithasol, moesol a diwylliannol a allai gyrraedd pob haen gymdeithasol ac a adawodd ei ôl yn drwm ar fywyd trwch poblogaeth Cymru am y tair canrif ddilynol. Gellid dadlau, wrth gwrs, fod Dyneiddiaeth a sêl grefyddol yn anwahanadwy. Yn sicr, ni fyddai cyfieithiad o'r Ysgrythurau wedi dod i olau dydd oni bai am fwrlwm gweithgarwch y Dadeni, ond heb y Beibl, effaith gyfyngedig ac, efallai, byrhoedlog, y byddai'r Dadeni wedi ei gael ar gymdeithaseg y Gymraeg. Y Beibl Cymraeg, yn wir oedd coron y mudiad dyneiddiol yng Nghymru.[16]

Sut a phaham yr effeithiodd y Diwygiad Protestannaidd ar hynt a dyfodol y Gymraeg? Ar y dechrau araf a bylchog oedd dylanwad y grefydd newydd. Mae'n wir i rai o'r uchelwyr ddod dan argyhoeddiad cwbl ddilys bod y drefn newydd yn rhagorach o ran ei seiliau diwinyddol ac ysgrythurol na'r hen drefn ond nid oeddynt yn niferus. Serch hynny, taniodd brwdfrydedd ac argyhoeddiad yr ychydig y sicrwydd hwnnw fod yn rhaid cael yr Ysgrythurau yn iaith y bobl. Dyna'r cymhelliad a oedd wrth wraidd argraffu'r llyfr cyntaf yn y

Gymraeg—*Yny lhyvyr hwnn* yn 1547. Ynddo cafwyd cyfar-
wyddyd ynghylch darllen Cymraeg ynghyd â'r Pader, y Credo,
y Deg Gorchymyn a'r Calendr Eglwysig. Ymhen pedair
blynedd cyhoeddodd William Salesbury argraffiad Cymraeg o
lithoedd yr Eglwys. Yn sicr nid oedd hwn yn ddyn i laesu
dwylo oherwydd ymddengys iddo weithredu yn unol â'i
anogaeth ef ei hun i'w gyd-Gymry yn 1547. Honno oedd
blwyddyn cyhoeddi *Oll Synnwyr Pen Kembero Y gyd* ac yn y
rhagair ceir anogaeth daer i'r Cymry:

> A ny vynwch vynet yn waeth nag aniveiliait (y rain ny anet y
> ddyall mal dyn) mynuch ddysc yn ych iaith . . . mynuch yr
> Ysgrythur lan yn ych iaith fel y bu hi y gan ych dedwydd
> henafieit yr hen Uryttanneit . . . pererindotwch yn droednoeth at
> ras y Brenin a'i Gyngor iddeisyf cael cennad i gael yr Ysgrythur
> Lân yn eich iaith.

'Roedd y fath ddyhead yn gwbl gydnaws â syniadau'r
Dadeni ar y naill law ac â sylfeini Protestaniaeth ar y llall. Yn
1517 yn yr Almaen lleisiodd Martin Luther syniadau newydd
gan ddadlau mai'r Beibl oedd y prif awdurdod mewn materion
crefyddol ac nid yr Eglwys. Yn unol â hyn, ar ôl y Diwygiad
Protestannaidd yn Lloegr, deddfwyd bod yn rhaid darllen y
Beibl Mawr Saesneg o 1538 ymlaen ym mhob eglwys y plwyf
yn Lloegr ac yng Nghymru. Ni chafodd hyn yr effaith a
ddisgwylid yng Nghymru gan nad oedd trwch y boblogaeth yn
deall Saesneg beth bynnag. 'Roedd y fath sefyllfa yn gwbl groes
i'r meddylfryd Protestannaidd, sef y dylai fod gan bob person
yr hawl i glywed neges Duw yn ei iaith ei hun. Dyma'n sicr yr
argyhoeddiad a ysgogodd William Salesbury i weithredu yn
1551. Cyhoeddodd ei gyfieithiad ei hun o lithoedd gwasanaeth
yr Eglwys a hynny ar ei draul ei hunan. Gofynnodd i bedwar
esgob Cymru ac Esgob Henffordd archwilio ei gyfieithiad ac
yna awdurdodi ei ddefnyddio yng ngwasanaeth y cymun yn eu
hesgobaethau. Ni ddaeth dim o'r mater, ac o fewn dwy flynedd
'roedd Mari ar yr Orsedd ac yn rhwystr pendant i unrhyw
ymgais i hyrwyddo cyfieithu'r Beibl. Serch hynny, ni leihaodd
ei frwdfrydedd na'i argyhoeddiad ac yn gynnar yn nheyrnasiad
Elisabeth I ymroes Salesbury yn eiddgar unwaith eto i

ymgyrchu dros gael yr Ysgrythurau yn iaith y Cymry. Ef oedd yn rhannol gyfrifol am fesur seneddol 1563 a orchmynnodd y pum esgob i fynd ati i gyfieithu'r Beibl a'r Llyfr Gweddi Cyffredin i'r Gymraeg erbyn 1 Mawrth 1567.[17] 'Roedd y ffaith i'r mesur fynd drwy Dŷ'r Cyffredin a Thŷ'r Arglwyddi (er nid yn ddirwystr) yn rhyfeddod ynddo'i hun. 'Roedd yn un weithred rymus a allai wrthweithio drwg effeithiau'r Deddfau Uno ar yr iaith Gymraeg. Erbyn 1567 'roedd Salesbury ei hunan wedi cwblhau cyfieithu'r Llyfr Gweddi Cyffredin o Lyfr y Salmau a rhan helaeth o'r Testament Newydd. Cyfieithwyd y pum epistol gan yr Esgob Richard Davies a Thomas Huet, a oedd gyda Davies yn Nhŷ Ddewi, a oedd yn gyfrifol am gyfieithu Llyfr y Datguddiad a hynny o'r Sulgwyn 1567 ymlaen. Deddfwyd bod yr offeiriaid i ddarllen yr Efengylau a'r Epistolau yng ngwasanaeth y Cymun yn y Gymraeg a hefyd y Pader, y Credo, y Deg Gorchymyn a'r Litani yn wythnosol, eto yn y Gymraeg. 'Roedd y Gymraeg yn iaith gyhoeddus unwaith eto ac wedi derbyn ei lle priodol fel cyfrwng naturiol maes crefydd. Adferwyd peth o'i statws a daeth gwerin gwlad yn gyfarwydd â chlywed rhythmau, geirfa a phatrymau'r cyfrwng ysgrifen-edig yn cael eu llefaru. Gallent yn awr glywed y cyweiriau ffurfiol addas mewn cyd-destun ffurfiol, dilys. Ond y cam cyntaf oedd hwn, 'roedd rhagor i ddilyn.

'Roedd ansawdd y cyfieithiad yn rhagorol, ond yn anffodus difethwyd y gwaith gan orgraff Ladinaidd a mympwyol Salesbury, ei bwyslais ar hynafiaeth a'i ymgais yn ôl egwyddorion Dyneiddiaeth i gynnwys amrywiaeth morffolegol, geirfaol a chystrawennol helaeth yn ei waith. 'Roedd ganddo eiriau a ffurfiau canoloesol a Lladinaidd yn ei gyfieithiad yn ogystal â nodweddion Cymraeg ei gyfnod. 'Roedd yr hyn a ddarllenid o'r pulpud, felly, nid yn unig yn anodd ei ddarllen o du'r offeiriaid ond yn gwbl ddieithr ar glustiau'r gwrandawyr, ond o leiaf 'roedd y Gymraeg i'w chlywed yn gyhoeddus! Derbyniad llugoer iawn, felly, a gafodd y cyfieithiad a chwynai cyfoeswyr Salesbury ei fod wedi llygru orgraff yr iaith a chreu rhyddiaith a oedd lawn mor annealladwy â'r Saesneg i fwyafrif y boblogaeth. Dyma farn Maurice Kyffin yn 1595, dros chwarter canrif ar ôl cyhoeddi gwaith Salesbury:

. . . yr oedd cyfled llediaith a chymaint anghyfiaith yn yr ymadrodd brintiedig na alle clust gwir Gymro ddioddef clywed mo 'naw'n iawn.[18]

Er bod ysgolheictod y dyn yn ddigwestiwn ac er bod ei gyfieithiad o safon ddibynadwy a derbyniol, nid oedd Salesbury wedi taro ar yr union batrymau ieithyddol a fyddai'n hwyluso ymestyn y cywair ffurfiol newydd hwn i gyfoethogi Cymraeg trwch y boblogaeth. Nid oedd yr iaith yn rhan o'u profiad cymdeithasol ieithyddol hwy; 'roedd yn dra annhebyg i Gymraeg pob dydd. 'Roedd gormod o stamp yr unigolyn ar y cyfieithiad a dim ond nifer bychan o'r un cefndir addysgol ag ef ei hun a allasai gael budd ohono. Os oedd yn rhyfedd i'r glust, 'roedd yr orgraff hefyd yn ddryswch i'r llygaid gan ei fod yn hynafol ac yn gwbl anghyson. Nid oedd yn nodi treigladau bob tro er bod y rheiny yn rhan gynhenid a naturiol o'r iaith fyw. Er enghraifft, ceir ganddo *meddiantau, andiffoddadwy* a *vi deo*, sy'n anwybyddu'r treiglad trwynol yn llwyr. At hynny, amrywiai sillafiad geiriau. Ceir tri amrywiad pellach ar y gair Duw, sef *Deo, Dyw, Dew.* Ymddengys *oleo, llucern, pemp, mywn* am olew, llusern, pump a mewn. 'Roedd yr anghysondeb orgraffyddol yn faen tramgwydd sylweddol i gyfieithiad Salesbury ennill ei blwyf fel y patrwm mwyaf effeithiol ar gyfer y cywair crefyddol. Mae'n dasg amhosibl ymestyn cyweiriau iaith os nad yw'r patrymau a ddefnyddir yn rhai cyfarwydd i siaradwyr yr iaith. Mewn amser gall nodweddion ieithyddol y cywair arbennig hwnnw dyfu i fod yn dra unigryw ac o bosibl yn arbenigol, ond datblygiad naturiol yn nhrefn amser yw hynny a mater o ymgynefino â hwy a dysgu sut i'w defnyddio'n effeithiol yw'r ateb wedyn. Ond, wrth gwrs, ewyllys da, brwdfrydedd a pharodrwydd siaradwyr iaith i fabwysiadu ffurfiau newydd yw sail llwyddiant unrhyw gynllunio ieithyddol. Mae'n amlwg yn ôl cwynion ei gyfoeswyr nad oedd cyfieithiad Salesbury wedi cyrraedd y nod.

Ymddangosodd cyfieithiad cyflawn o'r Beibl yn 1588— gwaith y Dr William Morgan, ficer plwyf Llanrhaeadr-ym-Mochnant ar y pryd. Dyrchafwyd ef yn ddiweddarach yn Esgob Llandaf ac wedyn yn Esgob Llanelwy. 'Roedd yn ŵr athrylithgar ac yn ysgolhaig penigamp wedi ei hyfforddi gan athrawon blaenllaw y dydd yng Nghaergrawnt. 'Roedd yn amlieithog a gallai ddarllen yr Ysgrythurau yn yr ieithoedd gwreiddiol yn ogystal ag elwa ar gyfieithiadau mewn ieithoedd eraill.[19] Trwythwyd ef hefyd yn y diwylliant llenyddol Cymraeg. Gyda'i gefndir academaidd ieithyddol gwych, ei wybodaeth o farddoniaeth draddodiadol y Gymraeg a'i sêl dros gyfieithu er mwyn hybu pregethu yn y Gymraeg nid yw'n syndod i'r gwaith gorffenedig fod yn llwyddiant. 'Roedd yr adnoddau a'r gallu ganddo i drosglwyddo'r Beibl mewn diwyg a oedd yn ddealladwy i'w gyd-Gymry ond a oedd ar yr un pryd yn urddasol, yn gaboledig ac yn ddigon didramgwydd i gael ei dderbyn fel patrwm safonol.

Canmolodd y beirdd ei gywirdeb a'i eglurder ac ystyriai'r dyneiddwyr y byddai'r Beibl yn foddion i adfywio ac adfer yr iaith. Canmoliaeth ddifesur a gafwyd gan Maurice Kyffin a oedd mor feirniadol o waith Salesbury. Nid 'llediaith ac anghyfiaith' oedd Beibl 1588 ond yn hytrach 'gwaith angenrheidiol, gorchestol, duwiol, dysgedig; am yr hwn ni ddichon Cymru fyth dalu diolch iddo gymaint ag a haeddodd ef'.[20]

'Roedd y beirdd hefyd o'r farn fod William Morgan, drwy gyflawni'r fath orchest, wedi rhoi hyder a bywyd newydd yn yr iaith. Dyma farn Siôn Mawddwy ar ddiwedd y ganrif:

> Goleunod, awdur glanwaith
> Goleuaist, noddaist ein iaith.
> O Roeg ag 'Ebriw hygwbl
> A Lladin call, dawn y cwbl.
> Troist y ddau Destament trostynt
> Yn Gymraeg hoywdeg hynt.[21]

Mewn awdl foliant i William Morgan ar ddechrau'r ail ganrif ar bymtheg â Rhys Cain ati i sôn am ragoriaeth y cyfieithiad:

> Cwrs dwyfol, c'weiriaist hefyd
> Cymraeg iawn i'r Cymry i gyd.
> Rhoist bob gair mewn cywair call
> Rhodd Duw mor hawdd ei ddeall.[22]

'Roedd campwaith Morgan yn wir yn enghraifft odidog o daro ar yr union batrymau ieithyddol a oedd yn gweddu i'r dim i'r maes crefyddol. Er i Morgan ddileu hynodion hynafiaethol a mympwyol Salesbury gan ystwytho'r iaith, a gwrthod y Lladineiddiwch gormesol, nid efelychiad o iaith lafar ei gyfnod a gafwyd ganddo. 'Roedd yma ystwythder priod-ddull, ond safon y traddodiad llenyddol, rhyw ddieithrwch, o bosibl, a oedd yn gosod y cyfrwng ar wahân i lafar arferol y buarth, y farchnad a'r dref. Mae'n siŵr i hyn roi urddas ac arwahanrwydd i iaith y Beibl. Sefydlodd gywair newydd a oedd yn wir yn gwbl addas i'r cyd-destun, sef addoli Duw.

'Roedd hyn yn y bôn yn gwbl gydnaws â delfrydau ac amcanion y dyneiddwyr, sef ymroi i goethi a chyfoethogi eu hiaith, yn union fel y gwnâi gwŷr dysg yng ngweddill Ewrop. Y bwriad oedd dyrchafu'r iaith a'i gwneud yn gyfrwng effeithiol ac addas i'r ddysg newydd. Byddai hyn yn ei dro yn wrthglawdd yn erbyn y clefyd crach-Seisnigo a oedd wedi cydio yn y dosbarth uchelwrol. Fel y dangoswyd eisoes, dyna oedd nod Gruffydd Robert, Gwilym Hiraethog, Siôn Dafydd Rhys, William Salesbury, William Morgan, John Davies, Mallwyd a llu o rai eraill. Dyma farn yr awdur yn ei ragymadrodd i *Y Drych Cristnogawl* a ymddangosodd dair blynedd cyn cyhoeddi'r Beibl yn 1588:

> . . . ag yn wir wrth gymharu ieithoedd ynghyd ni wela fi yr un o'r ieithoedd cyphredin eraill nad yw'r Gymraeg yn gystal â'r orau ohonynt oll os ceiph ei dodi a'i gosod allan yn ei rhith a'i heulun i hun, ie ag yn blaenori ar lawer o ieithoedd eraill mywn aml foddau a fedrwn eu henwi . . .

Ysgrifennodd y Dr John Davies y canlynol fel rhan o lythyr annerch at Edmwnd Prys ar ddechrau *Antiquae Linguae Britannicae . . . Rudimenta*, sef ei ramadeg Cymraeg yn 1621:

> Yn ddiweddar iawn bid siwr, oblegid masnach feunyddiol gyda'r Saeson, a'r ffaith fod ein dynion ieuainc yn cael eu haddysg yn Lloegr a'u bod o'u plentyndod yn fwy cyfarwydd â'r Saesneg nag â'u hiaith eu hunain fe oresgynnwyd ein hiaith ni gan rai geiriau Saesneg a chan ffurfiau Saesneg ac y mae hynny'n digwydd fwy fwy bob dydd.

Diolch am yr ychydig lefain yn y blawd ac am y ffaith fod rhai wedi gweld peryglon y fath sefyllfa!

Er mai apêl at yr ychydig llythrennog oedd hon yn bennaf, 'roedd wedi ei chyfeirio at yr union rai a oedd nesaf yn y broses o gefnu ar iaith, diwylliant a gwreiddiau. Yn wir, 'roedd gwerth symbolaidd ac effaith seicolegol cyhoeddi'r Beibl yn 1588 yn anfesuradwy. Nid yn unig yr oedd y Gymraeg bellach yn gyfrwng sefyllfa gyhoeddus ffurfiol, yr hyn a ddilewyd gan Ddeddf Uno 1536, ond 'roedd hefyd yn gyfrwng maes a ddaeth yn gynyddol bwysig ym mywyd Cymru. Onid oedd cael y Gair yn y Gymraeg yn ei gwneud yn iaith freintiedig, yn rhoi iddi statws arbennig iawn cystal â'r Saesneg ymhlith ieithoedd Gorllewin Ewrop?

'Roedd y Gymraeg ymhlith y pedair iaith ar ddeg yn Ewrop yr oedd y Beibl ar gael ynddynt, ac o'r rhain y Gymraeg oedd yr unig iaith anwladwriaethol i fod yn gyfrwng Beibl cyhoeddedig.[23] Mae hynny ynddo'i hun yn dweud cyfrolau am ddycnwch dyneiddwyr yr unfed ganrif ar bymtheg. 'Roeddynt wedi darllen arwyddion dihoeni a chefnu ieithyddol ymhlith yr uchelwyr ac wedi ymateb yn hynod o sensitif i'r holl gyfnewidiadau cymdeithasol, gweinyddol, economaidd a chrefyddol a allasai effeithio'n uniongyrchol ac yn anuniongyrchol ar ddyfodol a pharhad yr iaith. Oni bai am glasur William Morgan yn 1588 mae'n bur sicr y byddai lle'r Gymraeg yn hanes Cymru yn ystod y ddwy ganrif a ddilynodd wedi bod yn dra gwahanol. Mae'n rhaid cytuno â sylwadau'r Athro Thomas Parry:

> Y mae ystyried y nifer o weithiau yr argraffwyd ef yn rhoi inni ryw syniad am y lle mawr a fu iddo ym mywyd y genedl, pob agwedd arno. Cyn 1800 argraffwyd y Beibl cyfan neu rannau ohono un ar ddeg ar hugain o weithiau. Rhwng 1800 a 1900 bu tua 370 o argraffiadau, a chofier bod pob argraffiad yn cynnwys rhai miloedd o gopïau. Efallai mai cymwynas fwyaf y Beibl i lenyddiaeth Gymraeg oedd rhoi i'r genedl iaith safonol goruwch pob tafodiaith. Mewn gwlad nad oedd iddi brifysgol na dim sefydliad diwylliannol i ganoli ei bywiogrwydd llenyddol ac i feithrin y geidwadaeth oleuedig honno sy'n anhepgor i barhad traddodiad, buasai perygl i'r iaith ddirywio yn nifer o dafodieithoedd digyswllt fel y digwyddodd yn Llydaw, a buasai

llafar un rhan o'r wlad mor chwithig i ran arall fel na bai modd cael mynegiant digon urddasol a chymeradwy i wneuthur prydyddiaeth goeth yn bosibl.[24]

Mewn geiriau eraill daeth y Beibl yn llinyn mesur ieithyddol yn ogystal ag yn ddatguddiad crefyddol a moesol. Bu'r Beibl yn foddion i warchod safonau ieithyddol gan sefydlu cyfrwng llenyddol a dderbyniwyd drwy'r wlad i gyd. 'Roedd hyn yn hynod o bwysig i genedl nad oedd iddi academi, prifysgol nac unrhyw sefydliad arall a allai hybu unoliaeth ieithyddol.

Hynt y Gymraeg yn yr ail ganrif ar bymtheg: Barddoniaeth

'Roedd hon yn ganrif dyngedfennol yn hanes y Gymraeg oherwydd parhaodd yr uchelwyr i ymddieithrio ac ymseisnigo fel yn y ganrif flaenorol, a golygai hynny fod yr union sylfeini cymdeithasol a roesai nawdd i'r diwylliant Cymraeg ynghynt yn diflannu'n gyflym. Yn y gorffennol 'roedd y diwylliant traddodiadol ac yn arbennig y canu caeth wedi rhoi statws a phwysigrwydd i'r iaith Gymraeg a thrwy hynny wedi meithrin safonau ieithyddol a fyddai'n ddealladwy drwy'r wlad benbaladr. Erbyn yr ail ganrif ar bymtheg nid oedd y drefn farddol draddodiadol ond megis yn rhygnu byw. Peidiodd nawdd gan yr uchelwyr a gellid dweud yn ddibetrus bod y rhwydwaith o feirdd proffesiynol wedi hen ddiflannu erbyn diwedd y ganrif. Ar y cyfan 'roedd beirdd y ganrif yn ddigon di-fflach a dieneiniad, yn union fel petai'r cyfnewidiadau cymdeithasol wedi cael effaith gwbl negyddol arnynt. Honnir mai Siôn Dafydd Las (m.1694) oedd yr olaf i weithio fel bardd proffesiynol a hynny i deulu y Nannau. Parhaodd rhai beirdd lleol i ganu i fân uchelwyr eu cymdogaethau eu hunain ond ni allent ddibynnu ar yr awen am eu bara ymenyn ac ni dderbyniasant hyfforddiant farddol yn ôl yr hen ddull. 'Roedd cryn anobaith a rhyw ymdeimlad cryf y byddai llesgedd y drefn farddol yn golygu tlodi a difodiant y Gymraeg. 'Roedd rhai o'r beirdd yn dipyn o adar corff. Proffwydent dranc y Gymraeg ar yr union adeg pan oedd rhwng 80% a 90% o boblogaeth y wlad yn Gymry uniaith! Dyna oedd barn y bardd Rhisiart Phylip mewn cywydd i'r

Dr John Davies, Mallwyd yn 1627. 'Roedd yr olaf, wrth gwrs, wedi gwneud ymdrech lew i ddyrchafu'r Gymraeg drwy ei ramadeg yn 1621 ond dyma sut y cyfarchodd y bardd yr iaith:

> Weithian oer a thenau wyd
> Iaith ddisdor foth ddisdyrrwyd;
> A'th blant diwaith blina tôn
> Aeth i sisial iaith Saeson
> A'th wadu di, waith du dig,
> A'th adel yn fethiedig.[25]

Digon tebyg oedd barn Edward Morris (y porthmon) o'r Perthillwydion ychydig yn ddiweddarach:

> Mae iaith gain Prydain heb bris,
> Mae'n ddiwobrwy mae'n ddibris;
> Darfu ar fath, dirfawr fodd
> Ei 'mgeleddiad, ymgywilyddiodd
> Y Gymraeg a gam rwygir
> Cwilydd ar gywydd yw'r gair;
> Darfu ei braint; a'r faint fu!
> Ai mewn lloches mae'n llechu.[26]

Tybed a oeddynt yn gorliwio'r sefyllfa? A oedd Seisnigo'r uchelwriaeth a diwedd y gyfundrefn farddol broffesiynol yn argoeli cnul yr iaith Gymraeg? Yn sicr 'roedd yn ergyd drom i'r diwylliant Cymraeg fel yr adnabyddid ef. Y diwylliant hwnnw yn y canrifoedd blaenorol a roesai fri, urddas ac unoliaeth i'r iaith Gymraeg. Diwylliant ac iaith a ddiffiniai'r hunaniaeth Gymreig. Nawr 'roedd y naill dan fygythiad a cham bach fyddai erydu'r llall. 'Roedd ofnau'r beirdd yn rhai digon teg. Yn wir, mentraf ddweud eu bod wedi gweld perygl y sefyllfa yn llawer cliriach na chenedlaethau a'u dilynodd. Dichon mai hinsawdd negyddol anobeithiol y cyfnod a barodd i Robert Vaughan o Hengwrt ac eraill fwrw ati'n egnïol i gasglu hen lawysgrifau a gynhwysai lên y gorffennol. Aeth John Jones Geillilyfdy, Ysgeifiog ati rhwng 1610 a 1654 i gopïo popeth y gallai gael ei ddwylo arno. I raddau pell iawn ceidwaid yr hen draddodiad oeddynt, ond o leiaf, yng nghanol dibristod mwyafrif uchelwyr Cymru o'u gwreiddiau, 'roedd rhai yn dal ar ôl i herio tueddiadau eu hoes. Oni bai i'r ychydig gadw'n fyw y diddordeb hynafiaethol mae lle i amau a fyddai Cymdeithas y Cymmrodorion wedi ei ffurfio yn ddiweddarach. Mae diwylliant yn dibynnu ar iaith fel cyfrwng mynegiant, ond amheus iawn yw dyfodol iaith nad yw yn gyfrwng diwylliant oherwydd, wedi'r cyfan, y mae diwylliant yn un maes statws pwysig ym mywyd cymdeithasol cymunedau. Pan nad yw iaith yn gyfrwng llenyddiaeth, adloniant a diwylliant yn ei ystyr ehangaf, yna, mewn sefyllfaoedd dwyieithog, bydd perygl i'r ail iaith lanw'r bylchau cymdeithasol hollbwysig. Dyma yw problem fawr sawl ardal yng Nghymru yn ystod yr ugeinfed ganrif. Cawn ystyried hynny ymhellach eto.

Wrth nodi'r cefnu ar y gyfundrefn farddol draddodiadol, wrth nodi peth llacio yn ansawdd y cynnyrch, mae'n siŵr y byddai'n gamgymeriad enfawr honni fod popeth yn ddiwerth ac nad oedd posibilrwydd y gwelid parhad. Yn fynych ynghanol dirywiad a llesgedd erys rhyw wreichionen a all fod yn fflam adfywiad yn y dyfodol. Ni ddiflannodd crefft y canu caeth yn llwyr yn ystod yr ail ganrif ar bymtheg neu ni allasai gwaith Goronwy Owen a Morusiaid Môn fod wedi cael ei gynhyrchu yn y ganrif ddilynol. 'Roedd hon yn ganrif a welodd ddirywiad yn sicr a gwelai rai hynny'n ergyd i ddyfodol yr iaith ond fel y dadleuodd y Dr Nesta Lloyd (1993, xxiii):

> Dyfarniad ysgubol o gatholig yw hwn, a dweud y lleiaf pan ystyrier bod tri o brif ysgrifenwyr rhyddiaith yr iaith, Morgan Llwyd, Charles Edwards ac Ellis Wynne wedi ysgrifennu eu campweithiau yn ystod y ganrif, beth bynnag yw'r farn gyffredin am ansawdd y farddoniaeth a gynhyrchwyd.

Mae un nodwedd yn bendant yn wir am y ganrif hon. Symudodd cartref barddoniaeth a diwylliant yn gyffredinol o blasdai'r haen gymdeithasol uchaf i dai a thyddynnod haenau canol ac isaf cymdeithas. Daeth canu ar geinciau adnabyddus y dydd yn dra chynhyrchiol, a rhai ohonynt yn geinciau poblogaidd Lloegr. Efallai nad oedd llawer o raen llenyddol ar y canu; 'roedd yr eirfa'n gyfyng ac yn dafodieithol ar y cyfan ac weithiau'n bur sathredig, ond 'roedd yn gyfrwng difyrrwch i'r werin yn eu hiaith hwy eu hunain. Efallai ei fod 'yn annysgedig

. . . yn sefydlog ac yn ddiddatblygiad', chwedl Thomas Parry (1945: 186), ond fel y dengys Nesta Lloyd yn ei *Blodeugerdd* (1993) fe ddatblygodd y canu rhydd yn ystod y ganrif i fod yn un o'r prif gyfryngau i gyflwyno gwirioneddau Protestaniaeth i'r bobl. Dyma enghraifft, yn wir, o ddatblygu cyfrwng llenyddol newydd yn yr union ieithwedd a fyddai'n ddealladwy i'r rhai y bwriadwyd y deunydd iddynt. 'Roedd *Salmau Cân* Edmwnd Prys yn enghraifft wych o briodi'r grefft lenyddol draddodiadol ag anghenion a chyraeddiadau ieithyddol y gynulleidfa. Mae pennill cyntaf 'Y Drydedd Salm ar Hugain: Gobaith yn naioni Duw' yn enghraifft odidog o hynny:

> Yr Arglwydd yw fy mugail clau
> Ni ad byth eisiau arnaf:
> Mi a gaf orwedd mewn porfa fras
> Ar lan dwfr gloywlas araf
> Fe goledd f'enaid ac a'm dwg
> 'Rhyd llwybrau diddrwg, cyfion
> Er mwyn ei enw mawr di-lys
> Fo'm tywys ar yr union.[27]

Enghraifft arall hynod o nodedig yw gwaith Rhys Pritchard (1579-1644). Rhoes ar gân mewn iaith syml iawn bwyntiau diwinyddol, cynghorion, cyfarwyddiadau a cherydd i Gristnogion ei gyfnod. Ymddangosodd peth o'i waith yn 1659 ond cyhoeddwyd *Cannwyll y Cymry* gyntaf yn 1681. Dyma rai enghreifftiau y byddai'n hawdd i werin syml eu trosglwyddo a'u cadw ar y cof:

> Mae holl feddwl dyn ysywaeth
> Gwedi ei lygru wrth naturiaeth
> Ni fyfyria ond drygioni
> Nes y darffo ei aileni.[28]

Mae cyfeiriadau amlwg yma at natur bechadurus dyn a'r angen i ymateb i eiriau Crist wrth Nicodemus (Ioan 3). Dyma enghreifftiau o rai cynghorion ymarferol mewn diwyg hawdd i'w cofio:

Bydd o ffydd a chrefydd union
Ofna Dduw o ddyfnder calon
Na wna ddrwg o flaen ei lygaid
Ym mhob man mae'n disgwyl arnad.

Bwrw d'ofal ar yr Arglwydd
Ac fe'th bortha mewn helaethrwydd,
Ni âd Duw i'r cyfiawn gwympo
Na dwyn diffyg byth tra gantho.[29]

Drwy ddod yn rhan o'r arfogaeth grefyddol datblygodd y distadl a'r diurddas yn gyfrwng pwrpasol i emynyddiaeth fawr y ddeunawfed ganrif. Ni ellir llai nag amenio datganiad Garfield H. Hughes am y ganrif, sef mai 'ynddi hi . . . y lluniwyd patrwm bywyd Cymreig y canrifoedd dilynol'.

Addysg grefyddol—Rhyddiaith Gymraeg

Un wedd ymarferol a phwysig ar addysg grefyddol yng Nghymru oedd y gair printiedig. Yn ystod yr ail ganrif ar bymtheg cyhoeddwyd llu o lyfrau crefyddol a'r rhan fwyaf ohonynt yn gyfieithiadau o'r Saesneg. Mae'r ffaith fod yr Anglicaniaid a'r Piwritaniaid mor barod i gyfieithu llyfrau pwysig eu cyfnod i'r Gymraeg yn dangos yn ddigon eglur fod y Gymraeg yn parhau yn ddigon cadarn ei gafael ar y gymdeithas a bod y dosbarth canol llythrennog yn llawer mwy cartrefol yn y Gymraeg er gwaethaf system ysgolion gramadeg Seisnig ac er gwaethaf yr agwedd ddilornus a gymerid at y Gymraeg ymysg y Saeson a'r rhai a oedd wedi cefnu arni. Snobyddiaeth, a'r awydd i wella'u byd a bod yn rhywun arall, a oedd wrth wraidd yr ymagweddu dilornus a negyddol. Mynegwyd hyn mewn dull eithaf doniol ond eto yn bur ddeifiol gan W.R., ymwelydd o Sais, yn 1622:

> Their native gibberish is usually pratled throughout the whole of Taphydome except in their market-towns, whose inhabitants being a little rais'd, and (as it were) pufft up into bubbles above the ordinary scum, do begin to despise it. Some of these being elevated above the common level, and perhaps refin'd into the quality of having two suits are apt to fancy themselves above

their tongue, and when in their t'other cloaths are quite ashamed on't. 'Tis usually cashired out of Gentlemen's Houses, there being scarcely to be heard even one single Welch tone in many families; their children are instructed in the Anglican ideom, and their schools are paedagogue'd with professors of the same, so that there may be some glimmering hopes that the British lingua may be quite extinct and may be English'd out of Wales.[30]

Profodd ffeithiau hanes na fyddai'r cancr hwnnw'n carlamu drwy rengoedd cymdeithas ac y mae'n sicr fod y galw am lyfrau crefyddol yn y Gymraeg wedi bod yn ffactor hynod bwysig yng nghadwraeth yr iaith.

Drwy'r ail ganrif ar bymtheg a'r ddeunawfed ganrif daeth toreth o lyfrau o'r gweisg yn bennaf er mwyn addysgu'r Cymry yn grefyddol. Rhwng 1595 a 1691 cyhoeddwyd pedwar ar hugain o lyfrau yn bennaf gan offeiriaid yr Eglwys a chyfeirir at y rhain fel y 'rhyddiaith Anglicanaidd'. Dim ond pum llyfr oedd yn weithiau gwreiddiol,[31] a'r pedwar ar bymtheg arall yn gyfieithiadau o glasuron crefyddol Saesneg a Lladin y cyfnod.[32] Wrth gwrs, 'roedd cyfieithu yn drefn gwbl dderbyniol oddi ar gyfnod dyneiddwyr y ganrif gynt. 'Roedd yn ddull tra effeithiol i ledaenu gwybodaeth ac ysgolheictod. Nid dysg, serch hynny, oedd y cymhelliad y tro hwn ond yn hytrach sêl grefyddol. Prif fyrdwn y gweithiau yn ddiwahân oedd yr angen am dduwioldeb ac uniongrededd ymhlith y Cymry. Gyda Beibl William Morgan yn 1588 a fersiwn diwygiedig y Dr John Davies yn 1622 sefydlwyd y Gymraeg yn gyfrwng naturiol i faes crefydd.

Er mai pwyslais a ddaethai o'r tu allan i Gymru oedd Protestaniaeth yn ffurf Eglwys Loegr ac wedyn yng ngwisg Piwritaniaeth ac Anghydffurfiaeth, sianelwyd y sêl genhadol drwy'r iaith Gymraeg. 'Roedd sicrhau y byddai Gair Duw o fewn cyrraedd pawb yng ngwledydd Ewrop wedi esgor yn gwbl naturiol, fel y gwelsom eisoes, ar baratoi cyfieithiadau o'r Beibl. Drwy gyfrwng iaith 'roedd modd cyrraedd calon a meddwl dyn. Nid yw'n rhyfedd, felly, i'r offeiriaid Angli-canaidd ac eraill yn ystod yr ail ganrif ar bymtheg fynd ati i gyfieithu i'r Gymraeg y llyfrau hynny a fyddai'n goleuo, hyfforddi a chadarnhau'r Cymry yn y ffydd newydd. Gellid tybio bod gwir angen llyfrau addysgol os ydym i dderbyn fod darlun Erasmus Saunders o gyflwr crefydd yn esgobaeth Tyddewi yn 1721 yn wir am Gymru gyfan. Dywed fod grym Eglwys Rufain wedi darfod ond fod rhai o arferion ac ofergoelion crefyddol y gorffennol wedi parhau, megis ymgroesi, gweddïo i'r meirw, dyrchafu Mair ac addoli'r seintiau. Yng ngogledd Cymru, meddai, 'roedd y sefyllfa'n llawer gwaeth: '. . . they continue in effect, still to pay for Obits, by giving Oblations to the Ministers at the Burials of their Friends (as they were formerly taught to do to pray them out of Purgatory) . . .'[33] At hynny, 'roedd gwerth cymdeithasol a seicolegol pwysig i'r fath lyfrau. Pe na byddent wedi gweld golau dydd byddai erydiad cymdeithasol y Gymraeg wedi bod yn gyflymach a llymach yn ystod y ganrif. Yn 1630 cwynasai Rowland Vaughan (cyfieithydd *Practice of Piety* gan Lewis Bayley) am ddiffyg deunydd crefyddol yn y Gymraeg ac mae'n amlwg yr ystyriai fod cyhoeddi yn yr iaith yn hollbwysig:

> O Frutaniaid gwaedol, cymmerwch chwithau bob poen a thraul i osod allan eich tafodiaith gyfoethog, oddieithr i chwi fod o'r un feddwl â'r Cymry Seisnigaidd, y rhai sydd yn tybied yn orau dileu a difodi ein iaith ni, fel y byddai yr holl ynys hon yn llefaru yn y Saesoneg eithr beth yw hyn ond meddylfryd anghrist-nogawl, ac adeiladu cestyll yn yr awyr a dymuno i lawer o eneidiau yn y cyfamser newynu am fara'r bywyd.

Gellir credu mai ef oedd awdur dienw *Carwr y Cymry* ac ynddo sonia'n ddiflewyn ar dafod am warth clerigwyr a ddarllenai ieithoedd estron ond nad arddelent y Gymraeg.

Yn 1651 cwynai John Edwards (cyfieithydd *Marrow of Modern Divinity*) am y cymhlyg isradd a gymerasai feddiant o gynifer o'i gyd-Gymry, sef yr union rai a allai ddarllen:

> . . . ie ym mhlith y pendefigion ysgolheigaidd, ie ym mysg y dysgawdwyr Eglwysig, braidd un o bymtheg a fedr ddarllen ac ysgrifennu Cymraeg. Ac o'r achos hyn y mae fod llyfrau Cymraeg mor ymbell [prin].

Drwy gyhoeddi'r llyfrau Anglicanaidd hyn yn y Gymraeg fe'i gwnaed hi'n bosibl i'r rhai a oedd yn gallu darllen i ymgyfarwyddo â phrif syniadau crefyddol eu dydd yn eu hiaith eu hunain. Bu hyn yn ysbardun i'r ychydig a dderbyniasai beth addysg i fod yn llythrennog yn yr iaith Gymraeg yn ogystal ag yn y Saesneg. Cafodd hyn effaith ddeublyg. Yn gyntaf, sefydlwyd a chadarnhawyd y Gymraeg fel iaith brintiedig, a thrwy hynny dyrchafwyd ei statws ymhlith yr anllythrennog a'r llythrennog; ac yn ail, meithrinwyd math safonol, llenyddol ar y Gymraeg a fyddai'n berthnasol i Gymru i gyd.

Er mai cyfieithiadau oedd y rhan fwyaf o gynnyrch yr Anglicaniaid, 'roedd ansawdd ieithyddol y gweithiau ar y cyfan o'r radd flaenaf. 'Roedd y rhain yn Gymreigwyr da! Cyfoethogodd hyn gyweiriau'r Gymraeg gan ymestyn meysydd ei defnyddioldeb, a pheri iddi fod yn amgenach na chyfrwng llafar a datblygu i fod yn gwbl addas mewn cyd-destun ffurfiol, yn ogystal â sefyllfaoedd cyffredin, arferol, bywyd beunyddiol y rhelyw o'r boblogaeth. Pe na chyhoeddasid y Beibl yn 1588 dichon na fyddai'r rhyddiaith Anglicanaidd wedi dod i olau dydd yn y Gymraeg a mentraf awgrymu y byddai dyfodol yr iaith wedi bod yn bur wahanol. Rhwng 1546 a 1644 cyhoeddwyd cyfanswm o 269 o lyfrau gan awduron o Gymru neu yn ymwneud â Chymru. 'Roedd 184 yn rhai Saesneg a 44 yn y Lladin a dim ond 41 yn y Gymraeg.[34] Hyd at 1660 dim ond dau bamffled a welodd olau dydd yn y Gymraeg, sef *Llyfr y Tri Aderyn* a *Gwaedd yng Nghymru* gan Morgan Llwyd. Yn ystod cyfnod y Rhyfel Cartref yn unig ymddangosodd tua 30,000 o bamffledi yn y Saesneg y gellid eu dosbarthu yng Nghymru. Mae'n gwbl amlwg, felly, fod defnyddioldeb y Gymraeg wedi cael ei gyfyngu'n sylweddol yng nghanol y ganrif. Y cyhoeddiadau crefyddol oedd yn gyfrifol i raddau helaeth am newid y sefyllfa. O 1680 ymlaen daeth mwy o lyfrau Cymraeg nag o rai Saesneg i olau dydd. 'Roedd y rhod yn troi a'r Gymraeg wedi ei sefydlu fel iaith llythrennedd.

Gellid dadlau'n bur huawdl na chafodd y llyfrau crefyddol effaith bellgyrhaeddol ar drwch y boblogaeth. Dichon fod hynny'n ddigon gwir yn y tymor byr, oherwydd 'roedd natur y cyhoeddiadau ynddynt eu hunain yn cyfyngu ar y garfan o'r boblogaeth y gallent gael effaith arnynt. Mae'n wir na chawsant unrhyw effaith uniongyrchol ar werin Cymru, yn y tymor byr beth bynnag. Parhaodd y rhai hynny yn bobl iaith un cyfrwng, sef yn rhai a siaradai'r Gymraeg yn unig. Cawsant effaith hynod o bwysig, serch hynny, ar y rhai a allai ddarllen gan ddadwneud dylanwadau a ffasiwn yr oes o gyfyngu llythrennedd i'r Saesneg yn unig.

Yn y deunaw ysgol ramadeg a sefydlasid erbyn 1603, nid oedd lle i'r Gymraeg. Nid oedd yn rhan o'r cwricwlwm am ei bod 'yn amherthnasol o ran gwireddu eu pwrpas—cyflawni'r blys am foneddigeiddrwydd ac am yrfa' (J. Davies, 1990: 247). Gwendid y fath agwedd iwtilitaraidd oedd cysylltu dysg, cynnydd economaidd, safle cymdeithasol ac, yn wir, bywyd trefol â'r Saesneg a chymryd y Gymraeg fel nod gwerin anllythrennog a difoes. Gallai'r fath agwedd meddwl fod yn gwbl ddamniol i berthnasedd cymdeithasol a pharhad iaith. Yn y Gymru a oedd ohoni yn yr ail ganrif ar bymtheg ac wedi hynny'n wir, ni ellid bod wedi sefydlu sefyllfa ddwylosig lle y byddai'r Gymraeg yn gyfrwng llafar a'r Saesneg yn gyfrwng ysgrifenedig. 'Roedd yr holl bwysau sefydliadol o du'r Saesneg ac fel y gwelsom eisoes, nid datblygu'n ddwyieithog gan gadw'r Saesneg ar gyfer dibenion a sefyllfaoedd arbennig a wnaeth yr uchelwyr. Derbyniasant addysg drwy gyfrwng y Saesneg ac o dipyn i beth ymestynnodd honno drwy eu cadwyn cyweiriol gan ddisodli'r Gymraeg hyd yn oed ar yr aelwyd. Cymwynas fawr y cyhoeddiadau crefyddol Anglicanaidd oedd rhoi i'r Cymry lyfrau yn y Gymraeg gan atal yr erydiad cymdeithasol-ieithyddol a'r crebachu ar bosibiliadau cyweiriol yr iaith, proses a fyddai wedi bod yn anorfod o ystyried hinsawdd wleidyddol, weinyddol, economaidd a chymdeithasol y cyfnod.

Rhyddiaith Biwritanaidd/Anghydffurfiol

Yn ystod y ganrif, hefyd, gwnaed cyfraniad pur sylweddol i gyhoeddi yn y Gymraeg gan y Piwritaniaid a'r Anghydffurfwyr. Fel y gellid tybio, eu sêl grefyddol a'u hawydd cenhadol i rannu'r 'goleuni mewnol' oedd yr ysgogiad i gyhoeddi un llyfr ar bymtheg rhwng 1630 a 1660 gan wŷr amlwg megis Oliver Thomas, Evan Roberts, Vavasor Powel, Morgan Llwyd, William Jones, Tyddewi a Richard Jones,

Dinbych. 'Roedd bron i draean o'r cynnyrch yn waith gwreiddiol a'r gweddill yn gyfieithiadau o lyfrau awduron Saesneg dylanwadol, megis W. Perkins, Thomas Shepherd a Richard Baxter. Unwaith eto mae'n rhaid pwysleisio arwyddocâd symbolaidd a seicolegol cyhoeddi'r llyfrau hyn. Mudiad Seisnig oedd Piwritaniaeth yn y bôn a dim ond ar hyd y gororau â Lloegr y cafodd ddylanwad o bwys. Yr un ffaith bwysig i'w nodi ydyw i'r mudiad o'i wirfodd droi yn gwbl Gymreig a hynny o bosibl am fod yr union bobl yr apelient atynt sef, crefftwyr, ffermwyr ac iwmyn ar y cyfan yn uniaith Gymraeg. Bu paratoi deunydd yn y Gymraeg yn symbyliad grymus i'r dosbarthiadau hynny i fynd ati i ddysgu darllen a dichon mai'r pwyslais ar lythrennedd yw'r cyfraniad pwysicaf a wnaeth crefydd i achos yr iaith yn ystod yr ail ganrif ar bymtheg a'r ddeunawfed ganrif. Nid oedd llythrennedd bellach yn dibynnu ar ddwyieithrwydd.

Er mai diben crefyddol oedd i'r gweithiau hyn, mae rhai ohonynt yn bendant ymhlith rhai o glasuron rhyddiaith y Gymraeg. Mae'n ddigon enwi un awdur yn unig, Morgan Llwyd. Yn ei 'Lythur i'r Cymru Cariadus' cawn esiampl odidog o arddull effeithiol a weddai i'r dim i'w destun. Ar ddechrau'r 'llythyr' rhybuddia ei ddarllenwyr rhag cael eu camarwain. Gwna hyn drwy bentyrru ymadroddion a chyferbynnu yn dra effeithiol:

> Oferedd yw printio llawer o lyfrau, blinder yw cynnwys llawer o feddyliau, peryglus yw dwedyd llawer o eiriau, anghysurus yw croesawu llawer o ysbrydoedd, a ffolineb yw ceisio ateb holl resymau dynion. Ond (O ddyn) cais di adnabod dy galon dy hun a mynd i mewn i'r porth cyfyng.

Cawn yma enghraifft o ddull hynod o ddarluniadol er mwyn hoelio ar feddyliau ei gyd-Gymry mai nodwedd gwbl bersonol yw'r profiad ysbrydol.

Gall gyferbynnu gwahanol ystadau bywyd er mwyn dysgu gwers neu wirionedd ysbrydol a hynny drwy ddull rhestru:

> Byr yw bywyd dyn ar y ddaear. Hir yw Byth. Gwerthfawr yw'r enaid. Chwerw yw pechod. Trom yw'r gyfraith. Creulon yw'r felldith . . . Mawr yw'r Barnwr. Parhaus yw ei farn . . . Gwag

yw'r boneddicaf. Gwael yw'r hoywaf, a gwyn ei fyd a'i gwado ei hunan ac a ymneilltuo oddiwrth y byd i gymdeithas y Tad a'r Mab.

Defnyddiodd Gymraeg rhywiog, safonol a oedd yn sylfaen ardderchog i ysgrifennu rhyddiaith y ganrif ddilynol.

Ar ôl yr Adferiad yn 1660, daeth rhagor o lyfrau o'r gweisg, nifer helaeth yn ailargraffiadau o gyfieithiadau blaenorol. Gwelsant angen mawr Cymru ar y pryd, sef cael gwerin lythrennog. Dyma oedd prif gymhelliad Thomas Gouge, clerigwr o Lundain, pan sefydlodd fudiad y Welsh Trust yn 1674. Ei nod ef a'i noddwyr yn Llundain ar y dechrau oedd dysgu plant Cymru i ddarllen y Saesneg. Rhwng 1674 a marwolaeth Gouge yn 1681 honnir i ryw dair mil o ddisgyblion fynd drwy ysgolion y Welsh Trust. Newidiodd Gouge ei syniadau cychwynnol a hynny'n bennaf oherwydd argyhoeddiad a dadleuon didwyll yr Annibynnwr o Gymro, Stephen Hughes. Yn ei *Ragymadrodd i Waith Ficer Pritchard* yn 1659 mynega ei argyhoeddiad a'i frwdfrydedd yn groyw iawn:

> . . . Peth arall a'm hannogodd i brintio'r pethau ymma, yw, y tybygoliaeth mawr, y cynhyrfir wrth hyn laweroedd ni fedrant ddarllain i ddysgu darllain Cymraeg . . . Ag ar ôl dyscu darllain hwn, pa rwystir fydd i ddarllain llyfrau Cymraeg eraill, trwy ba rai (oni chesglyr trwy hwn) y gellir casgli daioni mawr . . .

Bu ef, felly, yn gyfrwng i sicrhau cyhoeddi nifer o lyfrau defosiynol yn y Gymraeg, llyfrau wedi eu sianelu yn uniongyrchol at werin Cymru oherwydd credai yn gwbl ddiffuant mai 'Elusen i'r enaid yw gosod llyfr da yn llaw dyn' (Hughes, 1681). Cyhoeddodd waith y Ficer Pritchard yn 1659, adargraffiad yn 1672 ac fel *Cannwyll y Cymry* yn 1681, a chyfieithiad o glasur John Bunyan, *Taith neu Siwrnai y Pererin,* yn 1688

Yn 1679 bu'n gyfrifol am gyhoeddi wyth mil o Feiblau Cymraeg a chyhoeddwyd deng mil arall yn 1690, ddwy flynedd ar ôl ei farwolaeth yn 1688. 'Roedd yn ŵr ymarferol yn wir. Gweithredodd yn ôl ei argyhoeddiadau a thrwy hynny gosododd y Gymraeg yn gadarn yn y byd cyhoeddi. Ar ddechrau'r ganrif tua un llyfr Cymraeg y flwyddyn a ymddangosai. Rhwng 1670 a 1700 cyhoeddwyd 129 o lyfrau Cymraeg, sef ar gyfartaledd tua phedwar llyfr y flwyddyn. Yn ystod deng mlynedd ar hugain cyntaf y ddeunawfed ganrif cynyddodd y cyfanswm i 406 llyfr, sef cyfartaledd o dri llyfr ar ddeg y flwyddyn.[35] 'Roedd y cyhoeddi yn amlwg yn creu ehangach marchnad am ragor o lyfrau.

Erbyn diwedd y ganrif 'roedd niferoedd y rhai a allai ddarllen y Gymraeg wedi cynyddu cryn dipyn fel y tystia cynnyrch lleyg a phoblogaidd y gweisg. Yn 1680 dechreuodd Thomas Jones o Dre'r Ddôl ger Corwen gyhoeddi Almanaciau, cyhoeddiadau a oedd yn gwbl wahanol o ran eu cynnwys i'r llyfrau crefyddol arferol. Cynhwysent galendr, rhestr o ffeiriau Cymru ynghyd â'r dyddiadau, elfen o broffwydo cyflwr gwlad a byd yn ôl safleoedd y sêr a chasgliad o farddoniaeth gweddol ysgafn ei natur. 'Roedd Thomas Jones, yn amlwg ddigon, wedi taro'r hoelen ar ei phen drwy gyhoeddi llyfryn a fyddai'n apelio at drawstoriad llawer ehangach o'r boblogaeth. Erbyn diwedd y ganrif 'roedd gwerthu da ar almanaciau, baledi a phamffledi a nifer cynyddol o blith y werin bellach yn gallu darllen. 'Roedd gweithgarwch Stephen Hughes wedi dwyn ffrwyth; 'roedd y werin bellach yn geidwaid yr iaith. Dyma ddywedodd Thomas Parry:

> Y werin hon, a'i halmanac yn ei chartref, a'i baled yn y ffair, a'i hanterliwt ar y buarth, a'i phregeth a'i hemyn ym mheiriau'r diwygiadau a fu wrthi'n cynhyrchu toreth o ryw lun ar lenyddiaeth, wachul y rhan fynychaf, ac yn cadw cefndir o Gymreigrwydd llythrennog i gynnal ambell lenor a allai gynhyrchu pethau amgenach a mwy teilwng o'u galw'n llenyddiaeth.[36]

Efallai nad oedd hi'n ganrif fawr o ran ansawdd a swm ei chynnyrch llenyddol, ond yn bendifaddau 'roedd yn ganrif dyngedfennol yn hanes y Gymraeg. Y briodas rhwng crefydd a'r Gymraeg oedd y datblygiad pwysicaf o safbwynt ymestyn cyweiriau'r iaith a gosod parch a bri arni. Pwysigrwydd y ddeunawfed ganrif yw iddi adeiladu ar y sylfeini hyn gan rymuso lle'r Gymraeg ym mywyd y genedl.

Dosbarthiad daearyddol y Gymraeg

Ni welwyd newid syfrdanol yn nhiriogaeth y Gymraeg yn ystod yr unfed ganrif ar bymtheg a'r ail ganrif ar bymtheg. Ym Mhenfro ac ar Benrhyn Gŵyr cadarnhaodd y Deddfau Uno, yn arbennig y cymal iaith, safle'r Saesneg yn yr ardaloedd hynny. Er i Gymry Cymraeg fudo yn ôl yn raddol i'r parthau hyn ni Chymreigiwyd y boblogaeth ddi-Gymraeg. Oherwydd statws uwch y Saesneg ym myd gweinyddiaeth a chyfraith, ym myd addysg a masnach, Seisnigwyd y Cymry a symudasai yno, ond ni orlifodd y dylanwadau Seisnig i'r ardaloedd Cymraeg cyfagos. 'Roedd y *lansker* yn Sir Benfro i bob pwrpas yn ffin a gadwai ddwy gymdeithas a dwy iaith heb ymgymysgu. Digon tebyg oedd y sefyllfa ym Mhenrhyn Gŵyr: '. . . dwy gymdeithas ar wahân o fewn yr un cwmwd' (P.T.J. Morgan, 1982: 35). Ym Mro Morgannwg ar y llaw arall gwelwyd cryn ail-Gymreigio. Lle ceid enwau Saesneg ar gaeau, ffermydd a choedwigoedd yn y Cyfnod Canol, erbyn diwedd yr ail ganrif ar bymtheg ceid enwau Cymraeg.[37]

Ar ddechrau'r ail ganrif ar bymtheg, ar hyd y ffin â Lloegr, y Gymraeg a glywid fynychaf ac yn yr ardaloedd hynny a oedd bellach yn swyddi Caer, Amwythig a Henffordd a lle arferid siarad y Gymraeg, 'roedd poblogaeth ddwyieithog. Gan mai'r Saesneg oedd yr iaith urddasol, swyddogol, cyfrwng masnach a llwyddiant economaidd, nid yw'n rhyfedd i'r Gymraeg golli tir yn raddol yn yr ardaloedd hyn. Ymddengys fod dwyieithrwydd bob tro yn esgor yn ddiweddarach ar gymdeithas unieithog Saesneg. Wrth gwrs, nid digwyddiad sydyn yw cefnu ieithyddol ond yn hytrach proses a all gymryd dwy neu dair cenhedlaeth. Daliodd y Gymraeg ei thir ym Maelor Saesneg a berthynai i Sir y Fflint, er bod yr ardal wedi ei hamgylchynu ar dair ochr gan gymunedau Saesneg eu hiaith. Dadleuodd A.H. Dodd (1940: 55) na chafodd y Saesneg y llaw uchaf yno hyd ganol y ddeunawfed ganrif. Erbyn hynny 'roedd y ffin ieithyddol ddwyieithog wedi symud ymhellach i'r gorllewin.

Ar ffiniau siroedd Dinbych a Maldwyn cafwyd patrymau digon tebyg. Daliodd y Gymraeg ei thir am rai cenedlaethau ym mharthau gorllewinol Sir Amwythig, a thref Croesoswallt i bob

pwrpas yn parhau yn Gymraeg ei hiaith a'i naws. Ceir tystiolaeth
o'r ddeunawfed ganrif sy'n cefnogi hyn. Yn 1718 mynnodd
plwyfolion Whittington yn Swydd Amwythig gael curad a allai
siarad Cymraeg gan honni fod hynny'n draddodiad a hawl oesol
(W.H. Rees, 1947: 248). Naw mlynedd yn ddiweddarach, mewn
llythyr at yr S.P.C.K., dywed John Harding o Cherbury:

> Thanks for the little books in Welsh. Very acceptable to the
> parishoners who are very fond of their own language.

Hyd yn oed os oedd y Gymraeg wedi cilio o fywyd cyhoeddus
a masnachol yr ardaloedd hyn, 'roedd cywair crefyddol y bobl
yn dal ynghlwm wrth yr iaith.

Pan yw iaith dan gwmwl, heb gael y parch a'r safle sy'n
ddyledus iddi, yna mae'n anorfod y bydd cwtogi ar ei defnydd
a'i heffeithiolrwydd o fewn y gymdeithas. Cymraeg yn sicr
oedd iaith lafar ardal Ceri yn Nhrefaldwyn ar ddiwedd yr ail
ganrif ar bymtheg ond 'roedd yno ryw syniad rhyfedd mai'r
Saesneg oedd iaith llythrennedd. Mewn llythyr at yr S.P.C.K. ar
2 Mehefin 1722 dyma ddywed y Parchedig John Catlyn:

> I should be glad to know whether (one master of a charity
> school) may be obtained from London because it will be difficult
> to get one in those parts that has the necessary knowledge of the
> English tongue. If the society packets hereafter consist of more
> English than Welsh I can dispose of them to more advantage
> because though many in the neighbourhood do talk, yet few can
> read Welsh.

Ceir tystiolaeth ddigon tebyg o ardal y Drenewydd yn 1730:

> Sir John Price Newtown Montgomery has disposed of all Welsh
> books sent him last year. He desires to have such English books,
> because most in that and adjoining parishes understand English
> books better than Welsh, and can read but English so that Welsh
> books in that part of the country were wholly useless.'

Nid cyflwr ieithyddol a ddatblygasai dros nos ydoedd hyn.
'Roedd hadau dirywiad ac erydiad ieithyddol yno yn ystod
rhan olaf yr ail ganrif ar bymtheg. 'Roedd yn amlwg fod
poblogaeth ddwyieithog yn y cyffiniau erbyn hynny a chyda

mewnfudiad di-Gymraeg i'r ardal, cam bach oedd ansefydlogi safle israddol a bregus y Gymraeg yn y gymdeithas.

Digon cymysglyd oedd y sefyllfa ar gyrion dwyreiniol Maesyfed, Brycheiniog a Mynwy hefyd. Mae'n sicr fod poblogaeth ddwyieithog ar y ffin erbyn ail hanner yr ail ganrif ar bymtheg. Ar ddechrau'r ganrif, serch hynny, ceir digon o dystiolaeth fod y Gymraeg yn dra ffyniannus ar y ddwy ochr i'r ffin. Yn ôl *History of Cambria* gan David Powel (1584) y Gymraeg oedd iaith pobl Clifford, Whitney a Winforten yn Swydd Henffordd yn ail hanner yr unfed ganrif ar bymtheg. Yn 1605 yn ardal Skenfrith, Rockfield a Llangattock Vibon Avel sydd ar ffin Mynwy â Lloegr cynhaliwyd oedfaon Cymraeg yn y dirgel gan Gatholigion yr ardal. Felly, ar y pryd 'roedd y Gymraeg yn ddigon pwysig i fod yn gyfrwng crefydd. Dichon fod ymlyniad wrth Gatholigiaeth, hefyd, wedi cadarnhau eu Cymreictod.

Pan ddaeth Piwritaniaeth i ardaloedd y ffin ymddangosodd mewn diwyg Seisnig ac o Loegr hefyd y daeth arweinwyr cyntaf yr hen Anghydffurfwyr. Gellid dadlau fod hyn wedi prysuro erydiad y Gymraeg ym Maesyfed, dwyrain Brycheiniog a Dwyrain Mynwy. Ond mae'r fath ddehongliad yn llawer iawn rhy syml. Efengylwyr oedd dynion fel Richard Blinman o Gasgwent, Walter Cradock o Gaerdydd a Vavasor Powell o Gnwclas a'r Bedyddiwr John Miles o Swydd Henffordd, ac mae'n anodd credu y byddai'r rhain wedi ymroi yn egnïol i bregethu mewn iaith na fyddai eu cynulleidfaoedd yn ei deall. Byddai'n decach casglu nad llwyddiant yr Anghydffurfwyr a achosodd y Seisnigo ar y ffin, ond yn hytrach mai bodolaeth poblogaeth ddwyieithog a sicrhaodd lwyddiant taeniad eu cenadwri. Hynny yn ei dro a arweiniodd at sefydlu achosion crefyddol Saesneg.

Yn 1587 mewn 'Supplication to the Queen and Parliament' dyma ddywed John Penry:

> There is never a market town in Wales where English is not as rife as Welsh. From Chepstow to Chester, the whole compass of the land by the sea side they all understand English. Where Monmouth and Radnor border upon the Marches, they all speak English.'[38]

Beth yn union a olyga wrth 'they all speak English', tybed? A ydyw'r boblogaeth yn unieithog yn y Saesneg neu a yw pawb yn ddwyieithog? Credaf y byddai'n llawer tecach cymryd fod pawb yn deall a siarad Saesneg ond nad oedd pawb yn siarad y Gymraeg. 'Roedd hyn yn enghraifft arall o ddwyieithrwydd unochrog; hynny yw, 'roedd y Cymry Cymraeg yn ddwyieithog ond ni fyddai'r rhai a siaradai'r Saesneg fel mamiaith yn mynd ati i ddysgu'r Gymraeg. Fel canlyniad y Saesneg oedd y *lingua franca*, yr iaith gyffredin, yr iaith yr oedd yn rhaid wrthi. Rhoes hynny statws iddi ym meddwl siaradwyr y Gymraeg. Pan fo ymagweddiad anffafriol gan siaradwyr tuag at eu hiaith eu hunain, cam bach wedyn yw peidio â'i throsglwyddo o un genhedlaeth i'r nesaf. Yn y flwyddyn 1653 gwrthododd Eglwys Fedyddiedig newydd y Gelli roi galwad i Walter Prosser o Dredynog Mynwy i fod yn weinidog arnynt a hynny am na allai bregethu yn Saesneg (R. Mathias, 1973: 45). 'Roedd y ffyddloniaid yn y Gelli mor gynnar â chanol y ganrif yn fwy cartrefol yn y Saesneg. Prin ddwy filltir i'r gorllewin mae pentref Llanigon ond yno 'roedd y stori beth yn wahanol. Sefydlwyd achos yno gan yr Annibynwyr a Chymraeg oedd cyfrwng eu gwasanaethau. Yn ei ddyddiadur cofnododd y gweinidog Henry Maurice o Lŷn ei ddyletswyddau. Ar 5 Awst 1672 ymwelodd ag un, Captain Watkins, a chafwyd gair o weddi yno ar yr aelwyd yn y Gymraeg. Ar 7 Awst aeth i bregethu yng Ngwernyfed a Thalgarth a'r gwasanaethau yno hefyd yn y Gymraeg. Felly, ymddengys fod cyn lleied â dwy filltir rhwng dwy gymuned yn gallu rhoi bodolaeth i wahaniaethau ieithyddol.

Mae'n amlwg bod y ffin â Lloegr hefyd yn derfyn ieithyddol eithaf clir erbyn yr ail ganrif ar bymtheg. Yn 1694, yn nogfennau plwyf Heap sydd ar ffin ogleddol Maesyfed mynegir mai'r Saesneg oedd iaith y gwasanaethau i gyd yno. Yr un darlun a geir o Beguildy ar y ffin eto yn Nyffryn Teme yng ngogledd Maesyfed. Erbyn diwedd y ganrif, Saesneg oedd iaith arferol y gwasanaethau crefyddol, ond cynhelid un oedfa Gymraeg bob mis hyd 1730 pan welwyd nad oedd galw bellach am y fath ddarpariaeth. Gellir dweud mai'r Saesneg oedd iaith cymunedau eraill a oedd yn agos i'r ffin, megis Llanandras, Maesyfed, Pencraig, Kinnerton ac Evenjobb. Lleolwyd y rhain o fewn Esgobaeth Henffordd a'r Saesneg oedd iaith y gwasanaethau eglwysig oddi ar y Deddfau Uno.

Ar ddechrau'r ail ganrif ar bymtheg y Gymraeg yn sicr oedd iaith y rhan helaethaf o Sir Fynwy heblaw am yr ardal o gwmpas Cas-gwent, Trefynwy a Threlech. Erbyn canol y ganrif, serch hynny, 'roedd erydiad ieithyddol ar gerdded yn y de-ddwyrain. 'Roedd y Parchedig John Edwards yn enedigol o Caldicot, ac yn ei ragymadrodd i'w gyfieithiad o lyfr Edward Fisher, *The Marrow of Divinity* (*Madruddyn y Ddiwinyddiaeth Ddiweddaraf*) yn 1650 dywed iddo gael ei eni a'i fagu ar lan Hafren 'lle mae'r Saesoniaeth yn drech na'r Brittaniaeth'. Mae'n debyg mai'r ardal y cyfeiria ati yw'r tir rhwng Mathern a Caldicot yn cynnwys Parkskewett ac o bosibl yn ymestyn hyd at Redwick. 'Roedd yr ardaloedd hyn yn agored i ddylanwadau allanol oherwydd masnach gyson dros Afon Hafren. Ni fyddai dwyieithrwydd, serch hynny, yn ymestyn rhyw lawer i mewn i'r sir.

Yn J.A. Bradney (1923) cyfeirir at dystiolaeth ieithyddol a geir mewn ewyllysiau. Yn ewyllys William John Williams o Gemais ger Wysg yn 1624 nodir ei fod yn gadael dwy fuwch i'w ferch Jane a'u henwau oedd 'Rosye' a 'Mwnney'. Mae'n siŵr mai Mwyni, sef 'yr un fwyn', yw'r olaf. Yn 1627 gadawodd David Phillips o Langatwg ger Caerleon chwe buwch i'w ddisgyn-yddion a'u henwau oedd 'Talee fach', 'Penthee' (penddu), 'Balchee' (yr un falch), 'Brithee' (brith), 'Brechee' (brech) a 'Moynee' (mwyn). Y Gymraeg, yn sicr, oedd iaith naturiol y maes a'r buarth y pryd hwnnw. Yn 1664 daeth Robert Frampton o Swydd Dorset yn offeiriad plwyf Bryngwyn ger Rhaglan. Gorfu iddo ddysgu'r Gymraeg er mwyn gallu pregethu yn iaith ei gynulleidfa![39]

Yn adroddiad y Welsh Trust am 1678 rhestrir yr ardaloedd a dderbyniodd lyfrau Cymraeg yn ystod y flwyddyn. Dosbarthwyd 248 drwy'r sir i gyd yn y Gorllewin, y Canol a'r Dwyrain fel y dengys y rhestr ddosbarthu isod:

Bedwellty	46	Mynydd Islwyn	12
Cas newydd	23	Abergafenni	103
Llanishen (Trelech)	13	Llantrissant (Wysg)	4
Basaleg	4	Mathern	43

O edrych ar y rhestr mae'n rhyfedd gweld fod galw am lyfrau Cymraeg ym Mathern o gofio geiriau'r Parchedig John Edwards yn 1650. Ond wrth gwrs, y tebyg yw mai patrwm erydiad ynghlwm wrth oedran a gafwyd yno. Efallai fod carfan uchel y rhai a siaradai'r Gymraeg yn oedrannus a'r cenedlaethau iau i bob pwrpas yn cefnu ar yr iaith. Byddai henoed 1678 ym Mathern yn blant pan oedd John Edwards hefyd yn blentyn. Newid graddol oedd colli'r Gymraeg—proses o erydiad rhyng-genhedlaeth. Dyma'n wir a ddigwyddodd ar hyd y ffin yn gyffredinol.

Ar ddiwedd yr ail ganrif ar bymtheg 'roedd y ffin ieithyddol yn cyd-redeg yn eithaf clòs â'r ffin wleidyddol. Clywid digon o Gymraeg yng nghymdogaethau'r ffin, ond 'roeddynt hefyd yn datblygu'n gyflym i fod yn gymunedau dwyieithog. Erbyn canol y ddeunawfed ganrif 'roedd y patrwm dwyieithrwydd wedi ymledu ymhellach i dir Cymru ac ardaloedd y ffin bellach yn gwbl Saesneg o ran iaith a gogwydd diwylliannol. Ond fel y ceisiaf ddangos yn y bennod nesaf, cafwyd rhai datblygiadau pwysig yn ystod y ddeunawfed ganrif a fu'n foddion i arafu'r erydiad o'r dwyrain am gyfnod.

NODIADAU

[1]Ymddengys i lawer ymgartrefu wedyn yn Lloegr gan ddod yn berchnogion ystadau mawr. Un o'r rhai hynny oedd Seisyllt o Alltyrynys, Ewyas a dderbyniodd dir yn rhodd gan y brenin; Gw. Gwyn Williams (1977: 106).

[2]Gw. W.A. Bebb (1937: 26-27); Glanmor Williams (1985: 84).

[3]Letters and Papers of Henry VIII, Vol.V, No. 991.

[4]Letters and Papers VI, 210.

[5]Mynegir yr un agwedd yn union mewn llythyr a ysgrifennodd Harri'r VIII at drigolion dinas Galway yn Iwerddon yn yr un flwyddyn, sef 1536. Anogodd 'every inhabitant within the saide towne indevour theym selfe to speke Englyshe and to use theym selffe after the Englyshe facion; and specyally that you and every of you, do put forth your child to scole, to lerne and to speke Englyshe' (State Papers Henry VIII ii, pt iii, A,310).

[6]Clenennau Letters and Papers.

[7]Ceir cyflwyniad campus yn J. Gwynfor Jones (1982, 1987, 1994).

[8]Gw. Llawysgrif Caerdydd 83: 227.

[9]Gw. *Rhagymadroddion*, 1951: 10-11.

[10]Peniarth 155, 'Llyfr Richard Philip o Bictwn', 1561: 4-6.

[11]Gw. Ceri Davies (1981: 13): 'In Wales however the effects of humanism and the rediscovery of the classics upon scholars like Siôn Dafydd Rhys and many others who enjoyed the benefits of the new learning was not that they turned their backs on their own heritage and on tradition literary and historical which they had received but rather that they rediscovered them more fully and more gloriously. The renewed interest in the Greek and Latin classics inspired the Welsh humanities to search for the manuscripts of their own country and to assert that Wales had a literature which would stand comparison with the noblest of Greek and Latin achievements.'

[12]Gw. *Rhagymadroddion*, 1951: 64-5.

[13]Ibid.

[14]Ibid.

[15]Lleisir hyn yn glir iawn gan Richard Davies yn ei ragymadrodd i Destament Newydd, 1567: '. . . oblecit yn y ddecfet flwyddyn ar ugein ar ol derchafiad Christ i daeth i'r deyrnas hon y Senadur anrhydeddus Joseph o Aramathya discybl Christ ac eraill discyblion Cristynogaidd dyscedic gidac ef.' *Rhagymadroddion* (1951: 18.)

[16]Gw. R.G. Gruffydd (1989: 5).

[17]Gw. R.G. Gruffydd (1989: 10).

[18]Yn *Deffynniad Ffydd Eglwys Lloegr*, sef cyfieithiad Maurice Kyffin o *Apologia Ecclesiae Anglicanae* John Jewel (1562). Gw. *Rhagymadroddion* (1951: 92).

[19]Gw. 'Moliant William Morgan' gan Huw Machno, yn Dan L. James (1960: 5):
    Bu o'i ran 'fo Ebriw'n faith
    Bu'n nithio o'i ben wythiaith [ll. 47-8].

[20]Gw. *Rhagymadroddion* (1951: 91).

[21]J.Dyfrig Davies (1965: 272).

[22]Gw. R.G. Gruffydd (1989: 70).

[23]Dyma'r tair iaith ar ddeg arall: Almaeneg 1522 a 1534, Ffrangeg 1523 a 1530, Is-almaeneg 1523 a 1527, Saesneg 1524 a 1535, Islandeg 1540 a 1550, Hwngareg 1541 a 1590, Pwyleg 1552-3, Slofeneg 1557 a 1582, Rwmaneg 1561-3, Lithiwaneg 1579 a 1582.

[24]Parry (1953: 153).

[25]Gw. W. Ll. Davies, *Cymmrodor,* XLII: 178.

[26]Gw. H. Hughes, 1902: 39.

[27]Gw. Nesta Lloyd, 1993: 89.

[28]Gw. adargraffiad, 1867: 101.

[29]Ibid., 105, 250.

[30]Gw. W. Richards (1682: 123).

[31]Roedd y canlynol yn weithiau gwreiddiol: Robert Holland (1595), *Dau Gymro yn taring yn bell o'u gwlad;* Thomas Powell (1657), *Cerbyd Iechydwriaeth. Neu Prif Byngciau Crefydd Gristionogawl;* Edward Wynn (1662), *Trefn Ymarweddiad y Gwir Gristion;* Rondl Davies (1675), *Profiad yr Ysprydion neu Ddatcuddiad gau Athrawon a Rhybudd i'w gochelyd;* John Thomas (1680), *Ymarferol Athrawiaeth Gweddi.*

[32]Gweithiau defosiynol pwysig gan awduron megis W. Perkins, Arthur Dent, Lewis Bayley, William Brough oeddynt gan amlaf. Fe'u cyfieithwyd i hyfforddi'r Cymry yn sylfeini'r ffydd Gristnogol gyda phwyslais ar weddi, undod, iachawdwriaeth a bywyd y Cristion. 'Roedd pwrpas addysgiadol amlwg iddynt—bwyd cryf na fyddai'n apelio at drawstoriad eang o'r boblogaeth; gw. G. Pierce Jones (1976: 163-90).

[33]G.W. Erasmus Saunders (1721: 36).

[34]I. James (1887: 19).

[35]Gw. G.H. Jenkins (1983: 283).

[36]T. Parry (1953: 202).

[37]Gw. J.S. Corbett (1925: 178-180).

[38]Dyfynnwyd yn W.H. Rees (1947: 23).

[39]Gw. A. Roderick (1981: 26).

CANRIF Y DIWYGIADAU—
Y DDEUNAWFED GANRIF

Cyflwyniad

Canrifoedd hau ymagweddiadau negyddol tuag at yr iaith a chyfnod dadfeiliad y gyfundrefn ddiwylliannol draddodiadol oedd yr unfed a'r ail ganrif ar bymtheg. Y prif wrthglawdd yn erbyn Seisnigo cynyddol oedd Beibl 1588, y cyhoeddiadau crefyddol a bwrlwm y Dadeni Dysg. Sicrhaodd y rhain le i'r Gymraeg fel cyfrwng llythrennedd ymysg yr union haenau cymdeithasol a allasai'n hawdd fod wedi dilyn yr uchelwyr gan ymseisnigo ac ymddieithrio oddi wrth eu gwreiddiau a'u hiaith. Parhaodd trwch gwerin gwlad, serch hynny, yn Gymry uniaith, ond cyfrwng cyfyngedig yn cwmpasu trawstoriad bychan o feysydd ac yn y cyfrwng llafar yn unig oedd y Gymraeg. Mae'n wir y clywent Gymraeg ysgrifenedig y Beibl yn cael ei ddarllen yng ngwasanaethau'r eglwys ac 'roedd hynny'n bwysig iawn o gofio mai gwlad o gymunedau bychain oedd Cymru ar y pryd, lle y gallai llafar gwahanol gymunedau ddatblygu mewn ffyrdd cwbl unigryw gan esgor ar dafodieithoedd a fyddai'n gwbl annealladwy i'w gilydd. Yn absenoldeb diwylliant Cymraeg ffyniannus a chyhyrog 'roedd perygl i'r tafodieithoedd ddirywio'n amrywiadau cyfyng, lleol. Cam bach wedyn fyddai cysylltu'r Saesneg â'r anlleol gan hybu datblygiad honno fel *lingua franca*. Y Saesneg oedd yn teyrnasu eisoes ym myd y gyfraith, masnach, gweinyddiaeth, llywodraeth ac addysg. 'Roedd ymestyn cwmpas bywyd yr unigolyn, felly, yn golygu dysgu'r Saesneg, neu ar y gorau gallai esgor at ymyrraeth geirfaol trwm o'r Saesneg.

Er i Stephen Hughes ddodi cryn bwyslais ar gyhoeddi yn y Gymraeg, ychydig oedd y rhai a allai fanteisio ar hynny. Felly 'roedd y Gymraeg yn crebachu i fod yn hyn a alwodd yr Athro Basil Bernstein yn 'gadwyn gyweiriol gyfyngedig'.[1] Nid oedd posibiliadau'r iaith yn cael eu sylweddoli yn y gymdeithas. 'Roedd rhai cyweiriau ar ddiflannu o'r iaith—cyfraith, meddygaeth, masnach ac addysg—wrth iddynt gael eu disodli gan y Saesneg. 'Roedd nodweddion ieithyddol, yn eirfaoedd ac yn gystrawennau a oedd ynghynt yn gwbl naturiol mewn meysydd penodol wedi diflannu a chyda hynny gwanychodd ewyllys siaradwyr i greu, addasu ac ymestyn adnoddau eu hiaith i ymdopi â phob sefyllfa gyfathrebol. 'Roedd yn rhaid defnyddio'r Saesneg mewn rhai sefyllfaoedd penodol a chan fod y rheini yn ddieithriad yn amgylchiadau cymdeithasol pwysig 'roedd yn hawdd iawn i'r angen hwn am ail iaith esgor ar ddwyieithrwydd anghyfartal. Gallai hynny yn ddiweddarach esgor ar gymunedau uniaith yn y Saesneg.

Fel y dangoswyd yn y bennod flaenorol 'roedd hyn eisoes wedi digwydd mewn rhai ardaloedd a oedd yn gydiol â'r ffin â Lloegr. Pan yw iaith yn ddistatws a heb fod yn gyfrwng diwylliant aruchel nac yn gyfrwng llên werin fywiog, afaelgar, cam bach wedyn yw trosglwyddiad iaith yn arbennig os yw'r iaith a fabwysiedir yn gyfrwng symudoledd cymdeithasol neu yn gwbl angenrheidiol ar gyfer llwyddiant addysgol neu fasnachol.

Ar ddiwedd yr ail ganrif ar bymtheg, felly, er bod rhan helaetha'r boblogaeth yn Gymry unieithog, nid oedd niferoedd yn unig yn ddigon i sicrhau dyfodol diogel i'r iaith. 'Roedd y gwendidau sylfaenol yng nghymdeithaseg yr iaith yn ddigon i beryglu ei bodolaeth, yn enwedig pe ceid newidiadau o bwys yn strwythur cymdeithasol y wlad. Wrth gwrs, dyna'n union a gafwyd yn y ddeunawfed ganrif ac onibai am rai datblygiadau unigol ond hynod o bwysig yn ystod ail hanner y ganrif dichon y byddai hanes y Gymraeg wedi bod yn dra gwahanol.

Cefndir Cymdeithasol Economaidd

Byddai'n gwbl deg disgrifio'r ddeunawfed ganrif fel cyfnod o chwyldro ym mywyd Cymru ar bob lefel, yn gymdeithasol-economaidd, amaethyddol, diwydiannol, diwylliannol, crefyddol ac addysgol. Fel y gellid disgwyl cafodd pob newid effaith o fath ar yr iaith Gymraeg, rhai yn negyddol ac yn erydol ond eraill yn adeiladol a chadarnhaol. Ar ddechrau'r ganrif 'roedd poblogaeth Cymru oddeutu 415,000 a dros 80% o'r rhai hynny ynghlwm wrth amaethyddiaeth ac yn byw mewn cymunedau gwledig, hunangynhaliol ac anghysbell yn aml. Nid oedd yn hawdd i'r rhan fwyaf deithio o'u cynefin ac nid oedd galw am hynny. 'Roedd bywyd y werin yn dra phlwyfol ei orwelion a thlodi, clefydau ac afiechydon heintus, cynaeafau gwael a'r frwydr barhaus i gadw corff ac enaid ynghyd yn ddigon i wneud bywyd yn galed iawn. Ar y cyfan 'roedd y boblogaeth yn bur ifanc ac ar ddechrau'r ganrif tua 35 mlwydd oedd yr oedran y disgwylid i berson ei gyrraedd cyn cael ei ystyried yn oedrannus. Mewn gwirionedd 'roedd pobl yn marw ym mlodau eu dyddiau a hynny'n sicr oherwydd amodau byw celyd.

'Roedd yr hen ddosbarth uchelwrol yn dipyn gwell ei fyd ond erbyn dechrau'r ganrif 'roedd rhan helaethaf y teuluoedd bonheddig hyn wedi troi eu cefnau ar eu gwreiddiau a daeth priodasau cymysg â Saeson ac Albanwyr yn hynod o gyffredin. Daeth yn ffasiynol cadw tŷ yn Llundain, a'u rhwysg a'u hoferedd yno yn ddigon i'w dieithrio ymhellach oddi wrth y werin yng Nghymru. 'Roedd yr agendor rhwng y ddau begwn cymdeithasol yn anfesuradwy, 'roeddynt mewn bydoedd cwbl estron i'w gilydd. Dyma sut y disgrifiodd Ellis Wynne yr uchelwyr yn *Gweledigaeth Cwrs y Byd* (1709: 13)—yn bwdr yn eu moeth-usrwydd:

> . . . yn Srryd Balchder descynnasom ar ben 'hangle o Blasdy penegored mawr, wedi i'r Cŵn ar Brain dynnu ei Lygaid, a'i berchenogion wedi mynd i Loegr neu Ffrainc, i chwilio yno am beth a fasei can haws ei gael gartre, felly yn lle'r hên Dylwyth lusengar daionus gwladaidd gynt, nid oes rwan yn cadw meddiant ond y modryb Dylluan hurt, neu Frain rheibus, neu Biod brithfeilchion neu'r cyffelyb i ddadcan campeu y perchenogion presennol. Yr oedd yno fyrdd o'r fath blasau gwrthodedig a allasai oni bai Falchder fod fel cynt yn gyrchfa goreugwyr, yn Noddfa i'r gweiniaid, yn Yscol Heddwch a phob Daioni ac yn fendith i fil o Dai bach . . .

'Roedd Ellis Wynne mae'n amlwg yn gresynu oherwydd goblygiadau cymdeithasol y cefnu o du'r bonheddwyr. Ynghanol diffeithwch a drysni'r cyfnod mynnodd i'w ddarllenwyr gael cipolwg hefyd ar yr hyn a fu. Mae'n gwbl amlwg fod chwyldro cymdeithasol mawr wedi digwydd. Nid yr hen gyfundrefn nawdd yn unig a ddiflanasai ond hefyd yr anogaeth a'r gynhaliaeth a fu gynt yn anadl einioes i'r diwylliant Cymraeg, yn farddoniaeth, yn chwedlau ac yn gerddoriaeth.

Ar ddechrau'r ganrif, felly, 'roedd ymdeimlad cryf fod yr hen fyd, ei draddodiadau a'i werthoedd wedi diflannu am byth. Chwithdod am yr hyn a fu a barodd i Theophilus Evans geisio llanw'r gwagle â mesur da o falchder cenedlaethol. Yn *Drych y Prif Oesoedd* (1715) cyflwynodd hanes y Cymry ar ffurf epig ogoneddus gan olrhain hynafiaeth y Gymraeg i iaith y Beibl ei hun. Wrth gwrs, ni wahaniaethodd rhwng chwedl a ffaith ac yn wir ni welir yn ei lyfr ddim o ôl gwaith Celteg gymharol yr ysgolhaig Edward Lhuyd. 'Rwy'n siŵr mai adweithio a wnaeth Theophilus Evans yn erbyn yr ymagweddu negyddol tuag at yr iaith Gymraeg a ddaethai i'r amlwg yn negawdau cyntaf y ganrif. Cyfeirid ati'n fynych fel 'yr hen iaith' a oedd yn amherthnasol ar gyfer presennol a dyfodol y genedl. Yn ei ragymadrodd i'w gyfieithiad o waith defosiynol William Sherlock, *Ymadroddion Bucheddol ynghylch Marwolaeth* (1691) dywed Thomas Williams o Ddinbych fod y Gymraeg yn iaith heb ei hamddiffynwyr ac wedi ei chaethiwo (yn y gorffennol) ac oherwydd hynny'n annigonol ar gyfer meysydd ysgol-heictod. Pan gyhoeddodd Henry Rowlands ei waith ymffrostgar ynglŷn â'r derwyddon ym Môn—*Mona Antiqua Restaurata* (1723)—ni allai lai na chwyno am y Saesneg fel 'a genteel and fashionable tongue among us' ond 'iaith hynafol' oedd ei ddisgrifiad o'r Gymraeg. A ystyrid y Gymraeg, felly, yn gwrs, ac anffasiynol? Tybed nad oedd y syniad o israddoldeb ieithyddol wedi gafael yn y Cymry erbyn degawdau cyntaf y ddeunawfed ganrif? Yn 1721, yn ei ragymadrodd i'w *Ddifyrwch Crefyddol*, cwynai John Pritchard Prys o Langadwaladr am dranc barddoniaeth, oherwydd tlodi geirfa ac anwybodaeth o'r mesurau a'r gynghanedd, a hefyd oherwydd 'heneiddiodd yr iaith'. 'Roedd y rhai a dderbyniasai addysg fel petaent yn fodlon ar y *status quo*. 'Roeddynt yn barod i arddel gorffennol cyfoethog y Gymraeg ond eto ni roddent iddi'r flaenoriaeth yn eu cyfnod eu hunain. Yn ôl Prys Morgan (1981: 21), '. . . Welsh was little used as a written language save in the field of religion. Even scholars writing about Welsh matters to one another wrote very often in English.'

'Roedd eu haddysg wedi eu hyfforddi'n drylwyr yn y Saesneg ar draul y Gymraeg. Hyd yn oed yn achos llawer o'r rhai a geisiodd hybu'r Gymraeg, y Saesneg oedd cyfrwng naturiol trafod rhai meysydd hyd yn oed ym mysg ei gilydd.[2] 'Roedd y gyfundrefn addysgol Seisnig nid yn unig yn gyfrwng i ddysgu'r Saesneg i'r haenau cymdeithasol canol, yr amaethwyr, yr hwsmoniaid ac i raddau llai y crefftwyr, ond hefyd yn sianel hynod o effeithiol i gyflwyno syniadau ac ymagweddiadau newydd a gwahanol i'r gymdeithas leol. Nid creu pobl ddwyieithog a wnaeth y system ond esgor ar ddwyieithrwydd anghyfartal a olygai fod rhai meysydd, ynghyd â darllen ac ysgrifennu, ynghlwm wrth y Saesneg. Mewn sefyllfa ddwy-ieithog ddelfrydol gellid disgwyl rhwyddineb cyfartal yn y ddwy iaith, neu sefyllfa lle byddai'r iaith gyntaf yn parhau yn brif iaith, a'r ail iaith yn cael ei chadw at ddibenion arbennig a chyfyngedig. Pan ddaw'r ail iaith yn brif iaith, bydd safle eilradd a chyfyng y famiaith yn un o'r amlygiadau cliriaf o erydiad ieithyddol. Dyna'r union newid sy'n brigo i'r wyneb drwy gydol y ganrif. Gyda dwyieithrwydd gwelwyd lle amlycach, a defnydd ehangach yn cael ei roi i'r Saesneg. Efallai nad oedd y Saesneg wedi ennill tir ar ddechau'r ganrif yn nhermau niferoedd siaradwyr ond yn sicr disodlai'r Gymraeg mewn nifer cynyddol o gyweiriau'r Cymry dwyieithog. Y Saesneg oedd iaith y dyfodol, iaith cyfle a llwyddiant economaidd a chymdeithasol. Onid mudo i Lundain oedd unig obaith dyn i wella'i fyd? 'Roedd yn rhaid cael crap ar y Saesneg i lwyddo yno neu yn wir i ddringo i safle o bwys yn yr Eglwys, y fyddin neu'r llynges. Dyma'r union lwybr a gymerodd llawer, ac yn eu plith Richard Phillips, mab i offeiriad o Sir Benfro, a ddyrchafwyd yn Llywodraethwr Nova Scotia yn 1717.[3] Tra oedd crafu bywoliaeth yng nghefn gwlad yn faich cynyddol ar y traean o'r boblogaeth nad oeddynt yn dal tir o unrhyw fath—y llafurwyr a'r tlodion— 'roedd y sôn am waith a gwella'u byd yng Nghaer, Amwythig, Henffordd, Bryste a Llundain yn gyfle na ellid ei wrthod. Wrth allfudo 'roedd dyn mewn gwirionedd yn cefnu ar un math o fywyd am fath arall gyda'r gobaith y byddai llwyddo yn y wlad bell yn dod â breintiau yn ei sgil. Yn 1715 sefydlwyd Cymdeithas yr Hen Frythoniaid yn Llundain. Prif amcanion y gymdeithas oedd cyd-lynu'r gwahanol weithgareddau Cymreig yn y ddinas a rhoi cymorth ymarferol i deuluoedd Cymraeg a fyddai mewn adfyd, a bod yn gyfrifol am drefnu dathliadau lliwgar a rhodresgar Gŵyl Ddewi. Yn eu halltudiaeth canfu rhai fod gwerth i wreiddiau, iaith a diwylliant wedi'r cwbl.

I'r Cymro cyffredin, 'roedd llwyddiant, gwell safonau byw a gwireddu breuddwydion ynghlwm wrth y Saesneg. 'Roedd y cysyniad o newid, a gwella byd i raddau helaeth yn gysylltiedig ag ymuniaethu ag iaith a diwylliant arall. Nid yw'n syndod wedyn i'r Gymraeg gael ei hystyried yn gyfystyr â safle cymdeithasol israddol ac â chyfundrefn ddiwylliannol a oedd ar ddarfod erbyn degawdau cyntaf y ganrif. Gan fod asiantau'r sefydliad, bellach, yn wleidyddol, yn economaidd, yn addysgol ac yn gyfreithiol yn cyflwyno'r Saesneg fel iaith y dyfodol nid yw'n rhyfedd o gwbl fod cynifer yn cyfeirio'n dra pharchus, er efallai'n nawddogol, at y Gymraeg fel yr 'hen iaith'. Pan gafwyd diddordeb ysgolheigaidd yn y Gymraeg, ymgais oedd hynny i geisio ailgydio yn y gorffennol a thrwy hynny wrthwynebu'r ymagweddu israddol a negyddol a gawsai'r fath effaith andwyol ar gymdeithaseg y Gymraeg.

Yn ystod y ganrif dechreuodd diwydiannau trymion effeithio ar strwythur cymdeithasol Cymru. Erbyn 1720 'roedd Abertawe'n ganolfan ddiwydiannol o bwys, a thrwy'r porth-laddoedd gellid mewnforio ac allforio nwyddau yn hwylus ac effeithiol. Yn 1717 cynhyrchodd ffwrneisiau Pont-y-pŵl a Llanelli oddeutu 400 tunnell o haearn bwrw ac yng Nghaerffili, Machen a Thredegar cynhyrchwyd 200 tunnell. Dair blynedd yn ddiweddarach 'roedd un ffwrnais ar bymtheg yn gweithio yng Nghymru mewn canolfannau megis yr Hendy-gwyn, Cydweli, Caerfyrddin a Llanelli yn y gorllewin, Abertawe, Cwm Tawe, Cwm Nedd a Phont-y-pŵl yn y de ddwyrain, a'r Waun a Wrecsam yn y gogledd.

Prif angen diwydiant o'r fath oedd gweithlu ac nid oedd prinder gweithwyr yng Nghymru. Dyma'r union gyfnod pan ddechreuwyd cloddio llechi yn y gogledd-orllewin ac fel yn y de cafwyd patrwm mewnfudo i ardaloedd diwydiant trwm o'r cymdogaethau amaethyddol cyfagos. Cymraeg oedd iaith y mewnfudwyr yn ddieithriad ond Saeson oedd y meistri a chyfalaf o'r tu allan oedd yn gyfrifol am sefydlu a datblygu'r diwydiannau haearn, tun, copr, plwm, glo a llechi. Saeson oedd y crefftwyr fynychaf ac unwaith eto 'roedd rhaniad amlwg yn y gweithle rhwng meistri a rheolwyr Saesneg eu hiaith ar y naill law a'r llafurwyr di-grefft a siaradai'r Gymraeg ar y llall. Iaith lafar gwerin dlawd, ddiddysg oedd y Gymraeg; nid oedd y rhagolygon yn obeithiol o bell ffordd. 'Roedd y cyfnewidiadau cymdeithasol ac economaidd a oedd ar gerdded yn rhai a bwysleisiai statws uwch y Saesneg mewn cymhariaeth â safle difreintiedig y Gymraeg.

Yr Eglwys Wladol a'r Gymraeg

Ar ddechrau'r ddeunawfed ganrif 'roedd tua 90% o bobl Cymru yn aelodau o Eglwys Loegr a rhan helaethaf y gweddill yn Ymneilltuwyr. Er bod lle i ganmol gweithgarwch clerigwyr yr Eglwys dros y Gymraeg yn ystod y ganrif flaenorol, cyfyng iawn yn wir oedd apêl y llyfrau crefyddol at drwch y boblogaeth. Y tebyg yw mai ar y dosbarth llythrennog yn unig y gwelwyd eu dylanwad trymaf. Nid oedd brwdfrydedd na sêl grefyddol wedi cael effaith barhaol ar drwch y boblogaeth nad oeddynt yn llythrennog. Gan fod pwyslais Ymneilltuaeth ar y cyfan yn bur drymaidd ac academig, aelodau o blith y dosbarthiadau cymdeithasol canol oedd y mwyaf tebygol o ymuno â hwy.

Ar ddechrau'r ganrif bodolai rhyw dywyllwch ysbrydol a dryswch rhyfedd a awgrymai nad oedd sêl y Diwygiad Protestannaidd wedi gadael llawer o'i ôl ar werin Cymru. Rheolid bywyd gan gredoau ac arferion ofergoelus, gan swyngyfaredd a hen draddodiadau Pabyddol a oedd wedi goroesi. Yng ngeiriau G.H. Jenkins (1993: 109):

> Common people carried charms and amulets to ward off evil, engaged fairies, spirits and goblins in conversation, travelled long distances to wells and shrines to seek the blessings of saints and restored health, visited the cottages of cunning men and wise women with boundless faith and optimism and remained convinced that their lot in this world was bound up with the constellations of the phases of the moon.

Digon tebyg fel y gwelsom (gw. t. 161) yw disgrifiad Erasmus Saunders yn 1721 yn ei adroddiad *A view of the State of Religion in the Diocese of St. Davids*. Ond hefyd 'roedd rhyw lesgedd wedi meddiannu'r sefydliad eglwysig drwyddo draw a sêl a brwdfrydedd efengylaidd y ganrif gynt wedi pylu. 'Roedd cyflwr yr adeiladau yn bur druenus a'r Eglwys yn rhy dlawd i wario ar gadw a chynnal. Mae disgrifiadau Erasmus Saunders yn dra chondemniol o gyfundrefn nad oedd yn gallu rhoi arweiniad na symbyliad i blwyfolion geisio gwella'r sefyllfa:

> But first, of the Condition of our Churches, Chapels and Habitations of the clergy are in. Such is the melancholy and ruinous View . . . that I know not well where to begin . . . the pitiful Condition of our once so celebrated and noble Cathedral . . . And also the desolate Remains of the old Collegiate Church of Llandhewyfrefi in Cardigan-shire; . . . the poor Incumbant there tho' the Tythes of his Parish are said to be worth four hundred pounds per Ann is obliged to content himself with about Eight pounds Salary . . . [4]

Yn y *Llandaff Act Books* ar 4 Gorffennaf 1721 nodir fod Cadeirlan Llandaf hefyd mewn cyflwr truenus iawn. Nid yw'n rhyfedd o gwbl, felly, bod eglwysi plwyf yn dadfeilio ar garlam fel y tystia cofnodion eglwysig dau blwyf yn Sir Gaerfyrddin yn 1719. Ceir y disgrifiadau canlynol, y naill o blwyf Merthyr:

> The Chancel windows want mending. The floor there and in the Church is uneven. No Homilies Canons or Table of Degrees . . . The minister does not reside here. He lives in Carmarthen. He has also Llan Deilo Cowyn, a church three miles distance worth about £20 a year. The out-house next to the stable wants thatching and so does the barn.

a'r llall o Landdeusant:

> The windows want glazing. The walls of the church want rendering. The chancel floor is of earth only and very uneven. There was a book of Homilies, which the clark says Mr. George Lewis had and never restor'd. Prayers once a Sunday. The minister preaches every other Sunday. Tis a Welsh cure. No house. No Minister resident, Salary for servine the cure, £5 a year. [5]

Yn adroddiad eglwys Betws Gwerful Goch am 1730 cwynir am gyflwr y fynwent a amgylchynai'r eglwys.[6] Yno a hyd yn oed yng nghyntedd yr eglwys ei hun cynhelid y ffeiriau blynyddol ac ymddengys fod tir yr eglwys yn domen ysbwriel gyfleus i berchnogion y tai a'r tafarndai cyfagos. Y darlun cyffredinol a geir yw un o laesu dwylo ar ran yr eglwys, marweidd-dra crefyddol heb y grym a feddasai ynghynt a diffyg diddordeb ac ymroddiad ar ran y werin. 'Roedd yno broblem grefyddol yn sicr! Nid oedd offeiriad na churad ar gael i wasanaethu pob plwyf. Gallai offeiriad dderbyn bywoliaeth frasach mewn man arall yn ogystal â chadw ei blwyf yng nghefn gwlad Cymru. Y canlyniad oedd fod y plwyfi tlawd yn ddi-offeiriad, neu ar y gorau yn rhannu gwasanaeth curad â chylch o blwyfi eraill. Dyna oedd y sefyllfa ym Merthyr ac yn Llanddeusant. Yn aml byddai'r curad druan yn treulio'r Sul ar garlam o un eglwys i'r llall ac y mae lle i amau ansawdd a natur y gwasanaeth a geid. Yn ôl Erasmus Saunders 'roedd nifer o eglwysi yn yr esgobaeth wedi dadfeilio ac mewn eglwysi eraill 'roedd y ddarpariaeth grefyddol mor wan ac mor ysbeidiol fel y gellid rhag-weld yr un dyfodol iddynt hwythau. Nid oedd yn deg disgwyl i'r curad ymroi rhagor i'r gwaith am gyflog cywilyddus, ac yntau eisoes yn rhedeg o gwmpas fwy nag oedd yn llesol iddo'i hun na'i blwyfolion.

> ... He then abruptly huddles over as many prayers as may be in half an Hours time and then returns to his Road fasting ... till he has dispatch'd his Circuit and that Weariness or Darkness obliges him to Rest or perhaps for want of a little necessary Refreshment at home, to go where he ought not, where it's odds, but he will again meet with many of his Congregation.[7]

Saith deg tair o flynyddoedd yn ddiweddarach yn 1790 digon tebyg oedd y cwynion am ddarpariaeth eglwysig wael ac am offeiriaid barus. Yng nghofnodion eglwysig Aber-nant cofnodir y canlynol:

> Our minister does not reside on his cure but at Oswestry, from 80 to a 100 miles distant, and pays us a visit once in a twelve months: the reason of his absence we suppose, is because he is an usher to a Free School at Oswestry.

Yng nghofnodion Cynwyl Gaeo am yr un flwyddyn yr un yw'r stori:

> Our vicar does not reside with us now, but he is, as we have been told and believe in Scotland tutoring Lord Galloway's children. He hath a curate, he likewise does not live in our parish for want of a convenient house to reside in, he having a family.[8]

Sut y gallai tlodi, prinder gweithwyr a marweidd-dra crefyddol effeithio ar yr iaith Gymraeg? Gallai effeithio'n uniongyrchol ar ansawdd y Gymraeg ar draws llawr gwlad a hefyd ar safle a gwerth y Gymraeg yn gymdeithasol. Fel y soniwyd eisoes 'roedd cyhoeddi'r Beibl Cymraeg yn 1588 yn gam cadarnhaol yng nghymdeithaseg y Gymraeg. 'Roedd hi nawr yn gyfrwng naturiol i faes pwysig, sef crefydd, ac ynddi'r adnoddau ieithyddol i ddatblygu cywair addas a chyfoethog ar gyfer y maes hwnnw. Yn yr eglwys yn unig bellach y gallai gwerin gwlad glywed Cymraeg coeth a llenyddol y Beibl a ddaeth yn ddylanwad safonol ar y cymysgwch tafodieithol a geid o un pen o'r wlad i'r llall. Mewn gwasanaeth eglwysig gwrandawai gwerin anllythrennog ar eirfa, cystrawen a rhythmau'r iaith lenyddol ar lafar. Ymestynnai hyn ryw gymaint ar eu cadwyn gyweiriol. 'Roedd y cywair crefyddol hefyd yn enghraifft o Gymraeg cyhoeddus, ffurfiol ei naws, patrymau iaith a gysylltid â sefyllfaoedd statws uchel. Gyda chau eglwysi, a lleihad yn narpariaethau addoliad ym mhlwyfi cefn gwlad, 'roedd y cyfle i glywed ac i ymgyfarwyddo â'r cywair crefyddol yn y Gymraeg yn rhwym o brinhau. 'Roedd perygl mawr unwaith eto i'r Gymraeg ddirywio i fod yn gadwyn gyweiriol gyfyngedig, yn gyfrwng llafar trawstoriad cul o feysydd. Byddai hyn yn sicr o gael effaith andwyol ar yr iaith. Ond teimlaf y byddai'r effeithiau anuniongyrchol wedi bod yn llawer mwy difaol. Drwy beidio â bod yn gyfrwng addoliad cyhoeddus byddai'r iaith yn colli un sefyllfa statws uchel, a gallai goblygiadau hynny effeithio ar agwedd swyddogol yr eglwys at yr iaith ac ar y modd y cyflyrid ymagweddiad siaradwyr at yr iaith ei hunain.

Gallai dirywiad crefydd, felly, effeithio ar gymdeithaseg yr iaith yn genedlaethol yn ogystal ag yn lleol. Os oedd eglwysi

cefn gwlad i'w cysylltu â thlodi, yna iaith tlodi fyddai'r
Gymraeg a'r Saesneg fyddai iaith 'dod ymlaen a gwella byd'.
Os oedd esgobion ac offeiriaid am ddyrchafiadau, yna Lloegr
oedd y lle ac wrth gwrs y Saesneg oedd iaith swyddogol
gweinyddiaeth a llywodraeth eglwysig. Cam bach oedd i'r
Eglwys geisio Seisnigo plwyfolion drwy honni mai drwy'r
Saesneg yn unig y gellid hyfforddi'r werin yn effeithiol yng
nghredoau'r Eglwys. Cam bach wedyn oedd derbyn mai'r
Saesneg oedd cyfrwng 'naturiol' llythrennedd. Cwynodd
Erasmus Saunders yn huawdl ynghylch cynnal oedfaon
Saesneg mewn ardaloedd Cymraeg eu hiaith. 'Roedd y fath
beth yn gwbl wrthun iddo:

> St. Paul observes When the voice of him that speaketh is not
> understood then both he that speaks and he that is spoken to are
> mutually barbarous to each other. . . no one can be an useful and
> good Pastor whose Speech or Voice is unintelligible to his People
> . . . for of what use can anyone be . . . to instruct and teach those
> when he can't speak to?[9]

Dadleuodd fod y fath arferiad yn gwbl groes i draddodiad y
Diwygiad Protestannaidd:

> Absurdities of this kind are pretty well understood now in Most
> other Places where the Reformation is received, for there are but
> few that think themselves Reformed and continue still to have
> the Service in a Tongue unknown . . . Or how pleased would an
> English Congregation be to have a Frenchman, a Dutchman a
> Welshman or a German or any man officiate among them in a
> Language they do not understand?[10]

Nid oes lle i amau na cheisiodd yr Eglwys gyflawni hyn yn
ystod y ddeunawfed ganrif, a hynny i raddau am mai Saeson a
benodwyd i swyddi o bwys. Wedi i William Lloyd symud i
Peterborough yn 1679, ni phenodwyd Cymro yn Esgob Llandaf
am ddwy ganrif. Rhwng 1716 ac 1890 ni phenodwyd yr un
Cymro yn Esgob Cadeirlan Bangor. Mae cyfenwau rhai ohonynt
yn ddigon o dystiolaeth i'w tras estron: Hoadley, Reynolds,
Baker, Sherlock, Herring, Hulton, Pearce ac Egerton. Yn yr
esgobaethau eraill hefyd, Saeson neu Albanwyr yn ddieithriad

a benodid yn esgobion a'r rheiny eto â chyfenwau anghyf-
arwydd iawn i glust a thafod y Cymro, megis Clavering,
Claggett, Willes, Lowth a Mawson.

Yn raddol Seisnigwyd haenau uchaf yr Eglwys drwy benodi
arweinwyr na wyddent ddim am Gymru na'i phobl na'i hiaith
ac na falient yr un ffeuen am hynny. Lle i aros dros dro oedd
esgobaeth yng Nghymru hyd nes y ceid dyrchafiad i esgobaeth
ac incwm well iddi yn Lloegr. Dyma eiriau Thomas Herring,
esgob Bangor yn 1742 mewn llythyr at Iarll Harwicke: 'Though
I love Wales very much, I would not choose to be reduced to
butter, milk and lean mutton.' Er bod incwm Bangor yn uwch
na'r £500 a geid yn Esgobaeth Llandaf, derbyniai Esgob
Durham dros ddeng waith hynny. Ar ôl ei benodi, ychydig o'i
amser a dreuliai'r esgob yn ei esgobaeth oherwydd y galwadau
a oedd arno yn Nhŷ'r Arglwyddi. Dywedir na fu Benjamin
Hoadley, Esgob Bangor yn agos at ei esgobaeth erioed! Nid
yw'n rhyfedd o gwbl i'r Eglwys ymbellhau oddi wrth y werin
ac yn wir oddi wrth ei thraddodiadau lleol Cymreig a
Chymraeg. Ar y cyfan dynion o gefndir teuluol pendefigaidd
Seisnig oeddynt, a drwythwyd yn niwylliant Llundain ac a
wrthwynebai'n chwyrn unrhyw hynodion lleol, a dyna yn unig
oedd yr iaith Gymraeg iddynt—hynotbeth diwerth. Yn amlach
na pheidio 'roedd eu syniad am y Cymro a'r Gymraeg yn dra
dilornus. Pobl gwrs eu moesau, garw, aflêr ac anonest oedd y
Cymry, yn byw mewn cymunedau anghysbell ac yn parablu
rhyw iaith annealladwy. Rhan o genhadaeth yr esgobion yn wir
oedd ceisio newid rhyw gymaint ar y darlun. Nid yw'n syndod
deall fod Philip Bisse, Esgob Tŷ Ddewi yn gwbl wrth-Gymreig.
Yn 1720 condemniodd yn ddiflewyn ar dafod unrhyw ymgais i
gyhoeddi gweithiau crefyddol yn y Gymraeg. 'Roedd y Sais
hwn o'r farn mai drwy'r Saesneg yn unig y gellid trosglwyddo
neges yr Efengyl er bod y gynulleidfa fynychaf yn gwbl
anwybodus yn y Saesneg.

Yn ddiweddarach yn y ganrif cwynai rhai o blith Cylch y
Morrisiaid am ragfarn negyddol yr Eglwys yn erbyn y
Gymraeg. 'Roedd ganddynt le i gwyno! Trefnodd yr Esgob
Drummond o Lanelwy ginio i offeiriaid ei esgobaeth ac yn ei
anerchiad cyhoeddodd yn rhodresgar ac awdurdodol 'mai
gwell fyddai ped fai'r iaith Gymraeg wedi ei thynnu o'r

gwraidd'. Cynhyrfwyd William Wynn, person Llangynhafal, ac yng ngŵydd pawb rhoes bryd o dafod i'r esgob. Da iawn wir, ond galwai'r fath geryddu am argyhoeddiad a dewrder arbennig o gofio mai'r esgob oedd yn dyrchafu a rheoli gyrfa pob offeiriad o dan ei awdurdod.

Daeth yr Esgyb Eingl yn destun gwawd a dirmyg o fewn ac o'r tu allan i'r Eglwys. Erbyn 1766, yn ôl Ieuan Brydydd Hir, 'roedd yr 'Esgyb Eingl wedi mynd yn fleiddiau rheibus'.[11] Yn un o'i lythyrau cwynai Lewis Morris am Zachary Pearce, Esgob Bangor mewn geiriau cryf, enllibus a'i alw'n 'Ddyn bawaidd, drewllyd a di-ddaioni'.[12] 'Roedd Ieuan Brydydd Hir yn ŵr eglwysig, ond ffromwyd ef wrth weld yr esgobion yn dyrchafu eu cyfeillion ac aelodau o'u teuluoedd eu hunain i swyddi a bywoliaethau da gan ddiystyru offeiriaid cydwybodol a gweithgar er eu bod yn fwy cymwys, am mai Cymry oeddynt. Daeth ef yn un o brif elynion pob 'Sais anrasusawl', y dynion diegwyddor hyn a oedd yn darnio'r eglwys a'u bryd ar weld 'tranc yr hen barchedig odidawg Frutaniaeth'. Aeth mor bell â dweud bod y sefyllfa yng Nghymru dan yr esgobion estron cynddrwg â bod dan awdurdod y Pab yn Rhufain. 'Roedd yn ddweud mawr ar y pryd, ond dengys yn gwbl glir fel yr oedd teimladau wedi eu cynhyrfu gan agwedd gwrth-Gymreig a gweithredoedd anghyfiawn yr esgobion.

Wrth gwrs, ar ddiwedd y dydd sefydliad Seisnig oedd yr Eglwys ac 'roedd yr esgobaethau yng Nghymru dan awdurdod Caergaint. Y rhyfeddod mawr, mae'n debyg, yw ei bod wedi magu cymeriad Cymreig a Chymraeg yng Nghymru yn ystod y ddwy ganrif flaenorol Nid yw'n rhyfedd fod yr esgobion estron wedi trin yr Eglwys yng Nghymru fel estyniad ar yr Eglwys y gwyddent hwy amdani yn Lloegr. Ni feddai honno unrhyw deyrngarwch tuag at y Gymraeg! Nid yw'n rhyfedd o gwbl iddynt fod yn annoeth ynglŷn â phenodi Saeson i fywoliaethau Cymraeg. Gallai presenoldeb rhai di-Gymraeg yn y gynulleidfa beri newid cyfrwng yr addoliad i'r Saesneg er gwaetha'r ffaith na fyddai trwch y plwyfolion yn deall yr iaith honno. Y tebyg yw fod ugeiniau o enghreifftiau o hyn wedi eu goddef yn dawel a phobl yn raddol fach wedi eu cyflyru i dderbyn fod y Saesneg yn rhagorach iaith na'r Gymraeg. Ond cafwyd ambell eithriad hefyd sy'n dystiolaeth glir o'r modd y gall protest un ddeffro

anfodlonrwydd llawer, gan weithredu fel ysbardun i newid y
status quo.

Yn y 1760au cafwyd enghraifft o hyn yn Sir Fôn, protest leol
a dyfodd yn grwsâd genedlaethol. Y prif gymeriad a'r drwg yn
y caws oedd y Dr Thomas Bowles, Sais uniaith a benodwyd gan
yr Esgob Egerton yn Ebrill 1766 yn offeiriad Trefdraeth a
Llangwyfan. 'Roedd hwn yn sicr yn ŵr galluog iawn, wedi ei
addysgu yng Ngholeg Winchester ac yna yng Ngholeg
Magdalen, Rhydychen, lle derbyniodd bedair gradd—B.A.,
M.A., B.D. a D.D. 'Roedd yn arbenigwr yn y clasuron a
chyhoeddodd ramadeg Lladin yn 1748. Tra oedd yn ficer yn
Swydd Northampton cadwai ysgol i fechgyn bonheddig. Pan fu
farw ei wraig gyntaf symudodd i Fiwmaris i gadw ysgol yno,
ond ymhen dwy flynedd yn 1766 priododd ferch gefnog, leol a
bu'n rhaid iddo ymddiswyddo o'r ysgol gan na chaniatâi'r
rheolau i ŵr priod ddal y swydd. Drwy haelioni'r Esgob
Egerton a'i ganghellor y Dr George Harris sefydlwyd Thomas
Bowles yn offeiriad eglwys Trefdraeth ac eglwys Llangwyfan.
'Roedd y penodiad yn amlwg ddigon yn drewi o ffafriaeth ac
'roedd y ficer newydd yn brin iawn o'r cymwysterau a fyddai'n
briodol ar gyfer plwyfi gwledig. 'Roedd Bowles yn ysgolhaig
clasurol o gefndir bonheddig breintiedig, yn Sais uniaith ac yn
ddeuddeg a thrigain mlwydd oed. Ni ellid meddwl am berson
mwy anaddas i wasanaethu plwyfolion y ddau blwyf. Dim ond
pum person allan o bum cant a oedd yn gallu deall y Saesneg a
hyd yn oed pe byddai'r darlun ieithyddol yn wahanol, sut y
gallai dyn â'r fath gefndir ymuniaethu â gofidiau, dyheadau ac
amgylchiadau bywyd yng nghefn gwlad Cymru? Pe byddai
wedi bod yn awyddus i feistroli'r Gymraeg, ac wedi'r cyfan
'roedd yn ysgolhaig clasurol, byddai ei oedran yn ei erbyn, ond
y tebyg yw na chroesodd y fath fwriad ei feddwl neu byddai
wedi ymdrechu i wneud hynny yn ystod y ddwy flynedd ar ôl
iddi ymgartrefu ar Ynys Môn.

Yn ystod ei wasanaeth cyntaf Saesneg oedd y cyfan a'r
plwyfolion druan wedi eu synnu a'u rhyfeddu, nid yn unig am
fod y gwasanaeth mewn iaith annealladwy ond am mai hwn
oedd y tro cyntaf i'r rhan fwyaf ohonynt gwrdd â Sais uniaith.
'Roedd y plwyfolion yn sobr o anfodlon ond gan mai'r curad a
oedd yn Gymro a wasanaethai amlaf, ni fu llawer mwy na

chwyno ymysg ei gilydd yn ystod y flwyddyn gyntaf. Pan draddododd Bowles ei ail bregeth, unwaith eto yn y Saesneg, berwodd dicter un o'r addolwyr i'r wyneb. Nid oedd wedi deall yr un gair er i Bowles y tro hwn wneud ymdrech i ddraddodi'r testun yn y Gymraeg. Safodd Huw Morris ar ei draed ynghanol y bregeth a galwodd ar ei gyd-blwyfolion, 'Waeth i chi gyd fynd allan o 'ma achos fedrwch chi ddim dallt dim mae o'n ddeud'. Yna allan ag ef a nifer i'w ganlyn. Yn ei ffordd agored ei hun 'roedd Hugh Morris wedi herio addasrwydd Bowles ynghyd ag awdurdod yr Esgob i benodi Sais uniaith i blwyfi Cymraeg. Cafodd gefnogaeth leol a chenedlaethol.

Yn 1767 cyhoeddodd John Jones, Cymrawd yng Ngholeg Iesu, Rhydychen, *Considerations on the Illegality and Impropriety of preferring Clergymen who are unacquainted with the Welsh Language to beneficies in Wales*. Yn null rhesymegol cyfreithiwr profiadol dadleuodd dros roi ystyriaeth ganolog i allu ieithyddol wrth benodi offeiriaid i blwyfi yng Nghymru. Erbyn hyn, 'roedd plwyfolion Bowles wedi casglu deiseb yn gofyn am ddi-swyddo'r rheithor ond ymateb digon negyddol a gafwyd o Fangor drwy'r Canghellor Richard Harris. Datganodd yn gwbl ddigywilydd y byddai'n fuddiol i'r Cymry ddysgu'r Saesneg ac un o'r ffyrdd gorau i gyflawni hynny oedd drwy wrando ar bregeth Saesneg. Mae'n amlwg nad oedd y swyddog eglwysig am gydnabod ei fai!

Aeth yr helynt ymlaen am bum mlynedd arall a'r Cymmrodorion yn Llundain bellach yn ddiwyd o blaid y plwyfolion. Ar ôl achos cyfreithiol a gefnogodd gŵyn y plwyfolion fel un rhesymol, bu'n rhaid trosglwyddo'r mater i Lys Eglwysig gan mai hwnnw'n unig a allai awdurdodi diswyddo Bowles. Aeth deng mis arall heibio cyn cyflwyno'r achos i Lys y Bwâu, a dwy flynedd yn ddiweddarach ar 11 Mai cychwynnwyd yr achos yn erbyn Bowles. Yn y cyfamser 'roedd yr henwr hwn wedi dal ei fywoliaeth o £200 y flwyddyn a hynny gyda chefnogaeth Esgob Bangor. Crynhoir agwedd ochr Thomas Bowles yn glir iawn yng ngeiriau sarhaus ei amddiffynnwr yn y llys: 'Wales is a conquered country; it is proper to introduce the English language, and it is the duty of the bishops to promote the English in order to introduce the language.'[13] O'r diwedd yn 1772 dyfarnwyd o blaid yr egwyddor y dylai'r esgobion sicrhau na phenodid offeiriaid di-Gymraeg i blwyfi Cymraeg eu hiaith. Gan fod Bowles wedi ei benodi eisoes a chan ei fod yn honni ei fod yn gallu gwasanaethu yn y Gymraeg (celwydd, wrth gwrs!) ni allai'r llys ei ddiswyddo. Oherwydd yr anghydfod a'r drwgdeimlad lleol yn ei erbyn, gadawodd Dr Bowles Drefdraeth yn niwedd 1769 gan symud i gyffiniau Biwmaris. Bu farw yn 1773 ac yn dilyn hynny sefydlwyd Cymro Cymraeg yn rheithor Trefdraeth a Llangwyfan.

Mae'n hanesyn diddorol a hynod o bwysig ym mrwydr y Gymraeg yn y ddeunawfed ganrif ac er i'r Goliath eglwysig wrthod symud modfedd daliodd y werin ati i amddiffyn ei hawliau, ei hiaith a'i hunaniaeth. Nid ysgarmes rhwng Hugh Morris a'i gefnogwyr a Thomas Bowles a'i bleidlwyr yntau ydoedd hon, ond brwydr dros amddiffyn hunaniaeth, pharhad cymdeithas a'i hiaith. 'Roedd y ffaith fod pum cant o werinwyr cyffredin wedi beiddio codi llais yn erbyn anghyfiawnder ieithyddol, ynddo'i hun yn hwb i'r iaith. Codwyd ei statws. Nid iaith wych y gorffennol yn unig ydoedd, nid maes astudiaethau hynafiaethol, nid cyfrwng hen ffasiwn ac amherthnasol i'r bywyd modern, ond iaith fyw cymuned gyfoes a oedd yn falch ohoni ac yn hawlio cael ei defnyddio. 'Roedd i raddau yn enghraifft gynnar o wneud yr iaith yn bwnc gwleidyddol, oherwydd ymledodd yr argyhoeddiad drwy gylch y Morrisiaid i blith y Cymmrodorion gan droi y gymdeithas honno o fod yn un ysgolheigaidd a hynafiaethol i fod yn un a roddai bwys ar wedd ymarferol 'gwarchod yr heniaith'. Cawn ystyried hynny eto.

Fel y gwelwn, felly, 'roedd y ddeunawfed ganrif yn sicr yn gyfnod o ddwysáu'r prosesau hynny a allai gyflymu erydiad iaith. Yn wir 'roedd yr holl gyfnewidiadau cymdeithasol ac economaidd a diwylliannol yn Saesneg ganolog, gan eu bod yn rhoi'r flaenoriaeth i'r Saesneg a thrwy hynny'n effeithio ar y ddelwedd a oedd gan y Cymro o'i iaith ei hun. Gwaethygu'r fath sefyllfa a wnâi agwedd Seisnigaidd yr Eglwys a Seisnigrwydd digyfaddawd y system addysg a geid yng Nghymru. 'Roedd perygl i'r Gymraeg ddirywio'n fratiaith lafar ar gyfer nifer cyfyngedig o feysydd a sefyllfaoedd cymdeithasol. Nid felly y bu, ac ar ddiwedd y ganrif er bod fframwaith cymdeithasol yr iaith wedi ei gwanio, 'roedd 83% o boblogaeth Cymru yn gallu siarad yr iaith. Pam y digwyddodd hyn tybed? Cafwyd datblygiadau diwygiadol eraill a leihaodd effeithiau'r amodau negyddol.

Dylanwad adain efengylaidd yr Eglwys—argyhoeddiad Griffith Jones Llanddowror

Fel ym mhob cyfnod nid sefydliad unffurf oedd Eglwys Loegr yn y ddeunawfed ganrif. Llwyddasai i gynnwys o'i mewn drawstoriad o dueddiadau a charfanau diwinyddol o'r uchel-eglwysig ar y naill law i'r garfan genhadol efengylaidd ar y llall. Taniwyd yr olaf gan argyhoeddiad personol ac yr oeddynt yn debyg iawn i'r Piwritaniaid a'r Anghydffurfwyr diwedd-arach yn eu sêl dros bwysigrwydd pregethu a gwybodaeth drylwyr o'r Ysgrythurau. 'Roedd rhai tebyg i'r rhain yng Nghymru ar ddechrau'r ddeunawfed ganrif. 'Roedd Erasmus Saunders yn nodedig am ei sylwadau cignoeth ar gyflwr eglwysi, adeiladau, bugeiliaid a phreiddiau yn Esgobaeth Tŷddewi. Griffith Jones, serch hynny, oedd yr un mwyaf carismataidd o'r offeiriaid 'efengylaidd' ar ddechrau'r ganrif a'r un a gafodd y dylanwad mwyaf ar ddyfodol crefydd ac iaith yng Nghymru. 'Roedd yn fugail heb ei ail ac yn bregethwr tan gamp. Yn wir, tyrrai pobl o bell i wrando arno. 'Roedd ganddo neges bendant, glir, a mynegai honno mewn iaith a phriod-ddull a oedd yn ddealladwy i'w wrandawyr. Yn 1714 galwyd Griffith Jones o flaen ei well am iddo bregethu tu allan i'w blwyf gan ddenu cynulleidfaoedd lluosog. Mewn llythyr at yr Esgob Otley i'w amddiffyn ei hun cyhudda'r Eglwys o fethu yn ei chenhadaeth a bod gwŷr eglwysig yn euog o *anfoesoldeb, meddwdod, diffyg defosiwn teuluol* ac *iaith anweddus*. Wrth gwrs, nid oedd y fath siarad plaen yn dderbyniol gan y sefydliad ac efallai bod y ffaith iddo weinidogaethu am wyth mlynedd a deugain yn yr un plwyf ac nas dyrchafwyd ef o fewn rhengoedd yr Eglwys yn dangos nad oedd yn gwbl dderbyniol. Yn ddiweddarach cyfeiriai ei elynion ato fel y 'Pab Methodistaidd'. Ar un olwg 'roeddynt yn bur agos at eu lle oherwydd bu gwaith Jones yn gwbl allweddol yn paratoi'r tir ar gyfer y mudiad mawr a ddaeth yn ddiweddarach. 'Roedd Jones yn un o ragflaenwyr ysbrydol y mudiad Methodistaidd ac 'roedd ei safiad dros daenu'r Efengyl yn y Gymraeg a thros hyfforddi pobl a phlant i ddarllen ac ysgrifennu yn y Gymraeg yn wedd a ddylanwadodd yn fawr ar dwf a natur Methodistiaeth yng Nghymru. Bu Howel Harris am gyfnod yn gweithio yn Ysgolion Griffith Jones ac 'roedd yn ymwelydd cyson â Llanddowror. Bu Howel Davies 'apostol Penfro', yn gurad dan ofal Jones. Bu Peter Williams yn gurad yn y plwyf nesaf at Llanddowror. Ar ôl gwrando ar Griffith Jones yn pregethu yn 1735 y daeth Daniel Rowland dan argyhoeddiad o'i bechod a'i annheilyngdod. Daeth hwn yn ddiweddarach i fod yn un o bregethwyr mwyaf grymus y mudiad Methodistaidd a chyfeiriwyd ato fel y pregethwr mwyaf yn Ewrop gyfan.

Nid oes unrhyw amheuaeth na chafodd argyhoeddiad Griffith Jones ynglŷn â lle'r Gymraeg ym maes crefydd ddylanwad trwm ar y mudiad crefyddol newydd. Mae'n dra sicr fod Griffith Jones yn gyfarwydd â syniadau'r cyfnod ynglŷn â tharddiad y Gymraeg. 'Roedd Paul Pezron a Theophilus Evans wedi dadlau fod y Gymraeg yn chwaer iaith i'r Hebraeg a'i bod dan sêl a bendith Duw. Mewn llythyr a ysgrifennodd Griffith Jones ar 11 Hydref 1739 dadleua, 'May we not therefore justly fear when we attempt to abolish a language . . . that we fight against the decrees of heaven and seek to undermine the disposals of Divine providence.'[14] Yng ngolwg Jones 'roedd sefydlu ysgolion Cymraeg a dysgu'r werin yn eu hiaith eu hunain yn ddyletswydd Gristnogol.

Cyflwyno'r Efengyl yn effeithiol, achub eneidiau, datguddio rheidrwydd iachawdwriaeth i'r bobl, dyna oedd byrdwn ei neges a thrwy roi'r flaenoriaeth i'r neges dim ond un cyfrwng a oedd yn addas, sef iaith y gwrandawyr—y Gymraeg. Yn *Welsh Piety* 1741 gwna ei safbwynt yn gwbl glir, safbwynt a oedd ar y pryd yn dra gwahanol i un yr eglwys ac i un y mudiad crefyddol gwirfoddol arall, yr S.P.C.K.:

> Shall we be more concerned for the Propagation of the English Language than the Salvation of our people? Alas, Sir, must they not be taught in the things which concern their salvation, till

they be instructed in a language they do not as yet understand? . . . to give them English schools must be the same as setting up French Schools for the poor in England. It is absurd in the very reason and nature of the thing, to set about instructing the people in Religion in any other language but such as they understand.

Ar achlysur arall yn *Welch Piety* rhestra 'English preaching to Welsh congregation' fel un o ffaeleddau mawr yr Eglwys ynghyd ag absenoldeb offeiriaid a rhoi gofal llu o blwyfi ar ysgwyddau un curad. 'Roedd cwestiwn iaith y pregethu yn holl bwysig iddo. Tybed nad oes yma ryw atsain o'r hyn a ddywedasai William Salesbury ddwy ganrif ynghynt yn *Oll Synnwyr Pen Kembero y gyd*: 'A ni vynwch vynet yn waeth nag aniveiliait mynwch ddysc yn ych iaith . . . mynwch yr Ysgrythur lan yn ych iaith . . .'

Un o'r penderfyniadau pwysicaf a wnaeth Griffith Jones oedd mynnu mai'r Gymraeg fyddai prif gyfrwng y dysgu yn ei ysgolion. Yn hynny o beth 'roedd yn gwbl chwyldroadol. Y Saesneg oedd prif gyfrwng y mudiadau addysgol blaenorol, sef y Welsh Trust ar ddiwedd yr ail ganrif ar bymtheg a'r Gymdeithas er Taenu Gwybodaeth Gristnogol ar ddechrau'r ddeunawfed ganrif. Saeson crefyddol o gefndir bonheddig oedd arweinwyr y naill gymdeithas a'r llall a'u prif fwriad oedd dysgu eu disgyblion i ddarllen y Saesneg er mwyn iddynt wedyn allu darllen y lliaws o lyfrau da a llesol a gyhoeddid yn yr iaith honno. O dipyn i beth gwelodd arweinwyr y ddwy gymdeithas y byddai'n fuddiol hybu a dosbarthu cyhoeddiadau yn y Gymraeg ond ar y cyfan y ddelfryd oedd dysgu'r Saesneg i blant Cymru. Pan ddechreuodd y gymdeithas ymestyn ei gweithgarwch anfonwyd gair at y Dr A.H. Franke o'r Almaen i geisio ei gyngor. 'Roedd ef yn un o brif arweinwyr y cyfnod ym mudiad addysg i'r cyhoedd. 'Roedd yn athro ym Mhrifysgol Hallé ac yno dysgodd ei gyrsiau i gyd drwy gyfrwng yr Almaeneg yn hytrach na'r Lladin. Teimlai'n gryf ynglŷn ag addysgu'r bobl gyffredin ac agorodd ysgol yn ei gartref ei hun i'r diben hwnnw. Unwaith eto, yn y cyswllt hwnnw pwysleisiodd bwysiced oedd cyflwyno dysg ym mamiaith y disgyblion. Yn ôl Gwerfyl Pierce Jones (1976: 173) 'roedd llawer o aelodau'r Gymdeithas er Taenu Gwybodaeth Gristnogol yn gyfarwydd â syniadau Francke ond ni welwyd unrhyw frwdfrydedd ar eu rhan i hybu'r Gymraeg fel cyfrwng dysgu. Yn ôl Mary Clement (1954: XVI):

> Its attitude to the Welsh language, although not enthusiastic was tolerant. First and foremost, its aim was to promote Christian knowledge, and if, in order to do this effectively, books in another language were found necessary, the Society gave all such work generous support.

Eithriadau yn wir oedd yr ysgolion Cymraeg eu cyfrwng a sefydlwyd dan nawdd y Gymdeithas er Taenu Gwybodaeth Grisgnogol yn y gogledd-orllewin gan y Dr John Jones o Fangor ac yn ardal Wrecsam gan John Price. 'Roedd arweinwyr yr S.P.C.K. yn blant eu hoes ac yn gwbl argyhoeddedig y byddai cyflymu difodiant y Gymraeg yn weithred ganmoladwy. Ymhyfrydent yn y ffaith fod y Saesneg yn gyflym iawn yn disodli'r Wyddeleg yn Iwerddon a'r Aeleg yn yr Alban.[15] Wrth gwrs, gellid ychwanegu'r Gernyweg hefyd at y rhestr.

Lle sêl grefyddol yng nghadwraeth ac erydiad iaith

Mae'n gwbl hysbys fod y cywair cefyddol yn ffactor holl bwysig yng nghadwraeth iaith ar y naill law ac yn nhrylediad un iaith a chefnu ieithyddol ar y llaw arall.[16] Mae'r cyd-gysylltiad rhwng crefydd ac iaith yn aml yn un o'r ffactorau mwyaf dylanwadol yng nghymdeithaseg ieithoedd unigol. Mewn rhai crefyddau tyfodd iaith wreiddiol eu testunau cysegredig yn iaith sanctaidd ac wedyn yn unig gyfrwng addoliad. I'r Iddew ar hyd y canrifoedd yr Hebraeg oedd iaith crefydd er nad hi oedd y famiaith. Canlyniad hynny oedd bod pob Iddew dan orfodaeth i ddysgu a deall Hebraeg yr Ysgrythurau er mwyn addoli Duw. Ni wnâi unrhyw iaith arall y tro. Daeth y grefydd Iddewig a'r Hebraeg yn anwahanadwy. Digwyddodd yr un broses yng nghrefydd Islam. Arabeg Clasurol yw cyfrwng y Koran ac ni chaniateir ei gyfieithu i unrhyw iaith arall. Hi yw iaith addoli ym mhob gwasanaeth Islamaidd drwy'r byd i gyd, boed y man addoli yn

Birmingham, Toronto, Damascus neu Karachi. Golyga hyn fod yn rhaid i bobl sy'n siarad mamieithoedd ansemitaidd ddysgu Arabeg Clasurol er mwyn gallu addoli mewn ysbryd gwirionedd. Gall yr addolwyr fod yn siarad Urdu, Twrceg, Serbo-Croateg, Ffrangeg, Saesneg, Indonesieg neu iaith Malaya fel mamiaith, ond Arabeg Clasurol fydd cyfrwng eu gweddïau a'u trafodaethau crefyddol. Mae Arabeg fel Sanskrit yn yr India (ymhlith Hindŵiaid) yn ieithoedd arbennig a chysegredig, ac ystyrir mai hwy yw'r allweddi sy'n agor drws y ddealltwriaeth i hynodion a dirgelion y ddwy ffydd.

Er bod statws uchel i'r ieithoedd crefyddol hyn nid ydynt yn debyg o beryglu bodolaeth yr amrywiol famieithoedd, gan mai iaith un cywair yw Arabeg Clasurol yn Iran, Twrci a Pacistan. Fe'i hystyrir yn sobr o amharchus parablu am y tywydd neu am chwaraeon neu hyd yn oed ynghylch gwleidyddiaeth mewn Arabeg Clasurol. Iaith gysegredig yw hi i'w defnyddio mewn un cyd-destun cymdeithasol yn unig.

Nid felly yr oedd hi ar un adeg, wrth gwrs, gan y gwyddom fod trylediad Islam drwy'r Dwyrain Canol i ogledd yr Affrig wedi achosi tranc nifer o ieithoedd brodorol Yn yr achosion hynny daeth grym crefydd a grym milwrol Arabaidd ynghyd i beri erydiad ieithyddol.

Ar hyd y canrifoedd llwyddodd gwahanol genhedloedd i oresgyn cenhedloedd eraill a sefydlu trefedigaethau yn eu plith, drwy eu gorfodi i newid crefydd a thrwy hynny eu cael i fabwysiadu iaith y concwerwr. Bu crefydd yn arf dylanwadol mewn ymdreiddiad ieithyddol a diwylliannol. Bu hynny'n elfen gref yn llwyddiant yr amrywiol drefedigaethau Groegaidd a Phoenicaidd a sefydlwyd ar hyd glannau Môr y Canoldir. 'Roedd Carthage yn enghraifft o ardal lle goroesodd crefydd ac iaith Phoenicia ar ôl iddynt ddiflannu'n llwyr o'r famwlad ei hun. Yn Ne'r Amerig aeth goruchafiaeth Sbaeneg a Phortiwgaleg law yn llaw â Christnogaeth ac yn wir oddi ar y chwedegau, Sbaeneg ac nid Lladin yw unig iaith swyddogol yr eglwysi yn yr Ariannin, Chile, Uruguay, Peru a gwledydd eraill De'r Amerig, tra cynigir Cristnogaeth i Indiaid Brasil yn bennaf drwy gyfrwng Portiwgaleg. Mae derbyn y grefydd newydd yn fynych yn golygu dysgu'r iaith Ewropeaidd berthnasol a chefnu ar ddiwylliant a oedd ynghlwm wrth iaith y llwyth.

Yn Brasil llwyddodd ymfudwyr o'r Almaen ac o Japan i gadw eu mamieithoedd am rai cenedlaethau a hynny oherwydd iddynt gadw eu trefn grefyddol eu hunain. 'Roedd yr Almaenwyr yn Lutheriaid a'r Japaneaid yn Fwdistiaid. Iaith addoliad o fewn y trefedigaethau hyn oedd y famiaith. Cafwyd patrwm digon tebyg ymhlith y Cymry ym Mhatagonia.

Yng Ngogledd yr Amerig llwyddodd yr Huteriaid a'r Amish i gadw math arbennig o Almaeneg yn famiaith eu cymunedau. Almaeneg yw iaith addoliad yr enwad Protestannaidd hwn a chan fod crefydd yn elfen gwbl greiddiol ym mywyd y cymunedau, bu'n foddion i wrthweithio ffactorau erydol eraill. Dichon y gellir dweud yr un peth am yr Yiddish ymysg Iddewon Hasidig. 'Roedd hon yn iaith a ddatblygodd yn nwyrain Ewrop ymhlith Iddewon yn y dinasoedd, a ffynnodd fel iaith i'w harfer ymhlith ei gilydd. Ar ôl yr Ail Ryfel Byd, peidiodd y cymunedau Yiddish eu hiaith yn Ewrop a bellach Efrog Newydd yw prif ganolfan a chyrchfan yr Iddewon Hasidig.[17] Mae'r iaith yn ffynnu, a hynny nid yn unig am fod y bobl hyn yn tueddu i fyw yn yr un cymdogaethau lle maent fynychaf yn y mwyafrif ond hefyd am fod Yiddish bellach yn iaith grefyddol iddynt. Darllenir yr Ysgrythurau yn yr Hebraeg, ond cynhelir trafodaethau, darlithoedd, gwersi a phregethau yn yr Yiddish. Mae'r cymunedau hyn unwaith eto'n enghreifftiau dilys o'r honiad fod defnyddio iaith yn y cywair crefyddol nid yn unig yn rhoi statws i'r iaith ond hefyd yn gweithredu fel gwrthglawdd yn erbyn erydiad posibl o du iaith y mwyafrif.

Honnir bod rhyw chwarter miliwn o Iddewon Prydain yn tarddu o deuluoedd a fyddai'n siarad Yiddish ar ddechrau'r ugeinfed ganrif. Hyd yn ddiweddar iawn, serch hynny, 'roedd prif fudiadau Iddewig y wlad yn bendant yn wrth-Yiddish gan ei hystyried yn fratiaith y 'ghetto', yn fath o Almaeneg llygredig israddol. Gwrthwynebwyd yr iaith yn y synagog ac mewn ysgolion Iddewig, a gwrthodwyd hi gan Fudiad Cenedlaethol Seion, fel arwydd o israddoldeb yr Iddew—canlyniad y 'Diaspora'. Esgorodd y fath ymagweddu negyddol ar gefnu ar yr iaith o fewn dwy genhedlaeth—y patrwm arferol yn newid mamiaith grŵp. O fewn cymunedau Iddewig uniongred, ceidwadol yn Stanford Hill, Golders Green a Hendon yn Llundain yn unig y daliodd yr Yiddish ei thir ac y trosglwyddwyd hi fel mamiaith o un genhedlaeth i'r llall. Y ffaith ddiddorol yw mai Yiddish yw cyfrwng addoliad yr adain geidwadol hon a chan fod i'w crefydd le mor ganolog yn eu bywyd cymdeithasol, cadwyd Yiddish fel y brif iaith. Mewn un astudiaeth honnir bod yr iaith bellach, ynghyd â phwyslais diwinyddol arbennig yn un o nodweddion diffiniol y grŵp ceidwadol ym Mhrydain:

> . . . among the fundamentalist communities there now seems to be a consensus that the use of Yiddish as a vernacular is on the increase, and that the decision to speak exclusively Yiddish at home is now a choice increasingly being made by the most committed young married members of these communities.[18]

Mae defnydd o'r Yiddish yn y cywair crefyddol yn ei gwneud hefyd yn iaith gyhoeddus ac yn iaith llythrennedd:

> Among the fundamentalist groups, the most important focus for the use of Yiddish outside the family and purposes of religious study is in community religious events. For example the Malaveh Malku is a ceremonial celebration extending the conclusion of the sabboth, at which it is customary for discussions of Torah to be given in Yiddish often by a young male scholar. Yiddish songs will be sung at weddings and other family celebrations. The giving of sermons in Yiddish will be a feature of synagogue services on the sabboth and holy days. Tributes to the deceased will be given in Yiddish immediately following burial.[19]

Ymddengys, felly, fod y cwlwm iaith/crefydd yn un cryf iawn yng nghadwraeth Yiddish yn niwedd yr ugeinfed ganrif.

Yn y cymunedau, y cyfeiriais atynt, Almaeneg a Japaneg yn Brasil, Almaeneg yr Huteriaid yn UDA a Yiddish ymysg yr Iddewon, mae'r crefyddol yn elfen gymdeithasol bwysig a chanolog. Mae eu trefn gymdeithasol yn gwbl ddibynnol ar y wedd grefyddol ac o'r herwydd mae iaith crefydd yn rhan integredig o rwydweithiau cymdeithasol y cymunedau. Yn yr achosion hynny lle derbyniodd yr Huteriaid beth Saesneg i'w haddoliad, disodlwyd y famiaith fel prif iaith y gymdeithas.

Ymhlith y rhai a ymfudodd o gyfandir India i ddwyrain yr

Affrig ar ddechrau'r ganrif hon, 'roedd siaradwyr Panjabi a siaradwyr Konkani. Ymysg siaradwyr Panjabi 'roedd tri rhaniad crefyddol—Hindŵiaid, Moslemiaid a Sikhiaid. I'r garfan olaf yn unig y gweithredai Panjabi fel cyfrwng addoliad. Mae'n ddiddorol nodi unwaith eto mai ymhlith y Sikhiaid yn bennaf y trosglwyddwyd Panjabi o un genhedlaeth i'r nesaf yn eu hamgylchfyd diwylliannol newydd. Ymhlith siaradwyr y Konkani, a oedd yn Gristnogion, collwyd yr iaith o fewn oes yr ymfudwyr eu hunain. Yn y wlad newydd daethai'r Saesneg yn gyfrwng crefydd iddynt a hwylusodd hyn y broses o newid iaith. Daethai'r Saesneg yn gyfrwng achlysur cymdeithasol cyhoeddus a thrwy grefydd daeth siaradwyr Konkani gynt o Goa i ymuniaethu fwyfwy â'r Ewropeaid yn eu gwledydd newydd.[20]

Gall cyfrwng y cywair crefyddol, felly, ddylanwadu'n drwm ar gymdeithaseg iaith. Fel y gwelsom eisoes gall y maes crefyddol roi statws i iaith arbennig a hyd yn oed pan yw iaith wedi peidio â bod yn gyfrwng cynhyrchiol trawstoriad o gyweiriau gellir ei chadw'n fyw fel cyfrwng un maes yn unig. Mewn cymunedau ieithyddol mewnfudol, gall y cysylltiad â chrefydd fod yn rheswm pwysig dros gadw'r iaith leiafrifol a'i throsglwyddo i'r genhedlaeth nesaf. Ond ar yr un pryd gall newid iaith crefydda gael effaith andwyol ar famieithoedd cymunedau gan beri i'r ail iaith (un y cyfrwng crefyddol hefyd) ddod yn brif iaith ymhen amser, a gall hynny yn ei dro gyflymu'r newid o sefyllfa ddwyieithog i sefyllfa unieithog pan yw'r ail iaith wedi llwyr ddisodli'r iaith wreiddiol fel mamiaith y grŵp. Dyma'r union broses a rwystrwyd drwy bolisi iaith Mudiad Ysgolion Teithiol Griffith Jones Llanddowror. 'Roedd yn gam bach ar un olwg, ond yn un cwbl chwyldroadol a ddylanwadodd yn llesol ar gymdeithaseg y Gymraeg drwy gydol y ddeunawfed ganrif ac yn wir yn ystod y ganrif ddilynol.

Ysgolion Teithiol Griffith Jones

Yn 1708 tra oedd yn gurad yn Nhalacharn bu Griffith Jones yn dysgu yn un o ysgolion y Gymdeithas er Taenu Gwybodaeth Gristnogol yn y plwyf. Mae lle i gredu nad oedd y rhwydwaith

ysgolion yn gwbl effeithiol yn yr ymgyrch yn erbyn anllyth-
rennedd, ac mae'n debyg mai prinder athrawon cymwys,
cyflogau isel a'r pwyslais ar y Saesneg oedd wrth wraidd
hynny. Beth bynnag oedd argraff a phrofiad Griffith Jones, ni
cheir unrhyw gyfeiriadaeth ato wedyn ym myd addysg y werin
hyd 1731. Yn ystod y flwyddyn honno bu farw nifer o'i
blwyfolion o ryw bla, a dwysbigwyd Griffith Jones pan
sylweddolodd fod cymaint o oedolion wedi marw a heb gael y
cyfle na'r fraint o allu darllen yr Ysgrythurau eu hunain.
Penderfynodd gynnal ysgol yn ei blwyf i blant ac oedolion o
bob oedan. Derbyniodd hanner cant o Feiblau oddi wrth y
Gymdeithas er Taenu Gwybodaeth Gristnogol a'r rhain ynghyd
â'r Holwyddoreg oedd y gwerslyfrau. Bu'r ysgol yn llwyddiant
ysgubol ac o dipyn i beth daeth galw am gael ysgolion rhad fel
hon mewn plwyfi eraill. Fynychaf gweithid drwy'r eglwys leol,
yr offeiriad a'r curad ond pan geid gwrthwynebiad o'r tu
hwnnw a phe parhâi'r galw am ysgol, yna byddai Griffith Jones
yn llogi adeilad yn unswydd at y gwaith. O'r cychwyn syml
yma yn Sir Gaerfyrddin y dechreuodd cyfundrefn yr Ysgolion
Teithiol a ledodd yn raddol drwy Gymru gan gynnig cyfle i
werin ddifreintiedig gael addysg rhad a hynny yn eu hiaith eu
hunain.

Cynhelid yr ysgolion am gyfnod o dri mis a hynny rhwng
Medi a Mai fynychaf. Treuliai'r athro'r cyfnod yn cynnal ysgol i
blant yn ystod y dydd. Y Llyfr Gweddi Gyffredin a'r Beibl oedd
ei werslyfrau a dwywaith y dydd profid y plant drwy gyfrwng
yr Holwyddoreg. Yn yr hwyr cynhelid dosbarthiadau i
oedolion yn ôl yr un drefn. Ar derfyn y cyfnod symudai'r athro
i ardal arall i ailadrodd yr un llafur dyfal a dwys yn y fan
honno. Weithiau byddai'r ysgol yn dychwelyd i'r un ardal fwy
nag unwaith ond dibynnai yn bennaf ar y galw. Prif gonglfaen
y gyfundrefn oedd cynhyrchu darllenwyr a hefyd athrawon
newydd i barhau â'r gwaith ar ôl i'r athro symud i blwyf arall.
'Roedd yr egni a'r brwdfrydedd, felly, wedi ei sianelu nid yn
unig i gynhyrchu disgyblion llwyddiannus ond hefyd i greu
nifer cynyddol o athrawon, i allu ymestyn y rhwydwaith
ymhellach. Mae'n rhaid cydnabod mai llafur cariad oedd y
gwaith, yn bennaf oherwydd rhyw £3 neu £4 y flwyddyn oedd
tâl yr athrawon.

Serch hynny, 'roedd yn rhaid wrth drefn ac atebolrwydd oherwydd dibynnai Griffith Jones ar haelioni gwŷr cefnog i allu sicrhau fod dysgu effeithiol ac arolygu da ar yr ysgolion. Bu Madam Bridget Bevan yn gymorth mawr iddo. Hi oedd etifeddes John Vaughan o Derllys Court a gwraig i Arthur Bevan a fu'n Aelod Seneddol dros Gaerfyrddin am bedair blynedd ar ddeg. Mewn llythyr a anfonodd Howel Harris at ei frawd Joseph yn 1736 dywed am Madam Bevan:

> She gives up herself entirely to doing good, distributes Welsh Bibles about, has several Charity Schools on her own foundation. She has—they tell me—about £500 per ann at her own command (she has no children) and spends it on charitable uses.[20]

'Roedd sicrhau cefnogaeth un fel hi yn sicr yn ffactor bwysig yn llwyddiant y mudiad.

Cyhoeddid adroddiad blynyddol dan y teitl *Welch Piety* er mwyn i gefnogwyr y mudiad gael gwybodaeth am weith-garwch y flwyddyn. Yn rhifyn 1738-9 dywed Griffith Jones fod nifer yr ysgolion wedi cynyddu i 37 (1737-38) a chawn ddisgrifiad o ddulliau trefnus yr ysgolion o gadw manylion perthnasol am eu disgyblion:

> . . . several of them, having two and some three masters, who are obliged to keep a methodical list of names, places of abode, ages, quality calling and condition in the world, disposition and manners, progress in learning etc. of all the men, women and children that are taught by them.

Yn sicr, ni ellid cael gwell trefn!

Yn 1740 cynhaliwyd cant a hanner o ysgolion a dysgwyd 8,765 o ddisgyblion. Yn ystod 1740-41 cynhaliwyd 128 o ysgolion a dysgwyd 7,995 o ddisgyblion. Mae'n ddiddorol gweld mai yn Llanwrtyd yn unig y cynhaliwyd ysgol ddwy flynedd yn olynol, ac yno y cafwyd y niferoedd mwyaf ym Mrycheiniog yn ystod y ddwy flynedd. Cofrestrwyd 79 yn 1739-40 a 68 yn 1740-41. Yn ystod 1739-40 cynhaliwyd ysgolion ym mhob sir yng Nghymru ac eithrio Sir Fôn, Sir Gaernarfon a Sir y Fflint. Y flwyddyn ddilynol mewn wyth sir yn unig y cynhaliwyd ysgolion. Ni chofnodir unrhyw weithgarwch ym Maesyfed, Trefaldwyn, Fflint, Dinbych na Môn. Fel y gwelir yn Ffigur 4.1 isod 'roedd y prif weithgarwch yn y siroedd a ffiniai ar Sir Gaerfyrddin. O'r sir honno yr ehangodd y gwaith ac yn ystod y ddwy flynedd, yno y cynhaliwyd y nifer mwyaf o ysgolion.

Ffig. 4.1

Nifer yr ysgolion yn ôl y Siroedd	1739-40	1740-41
Caerfyrddin	39	44
Ceredigion	22	33
Penfro	12	15
Morgannwg	38	16
Brycheiniog	14	13
Mynwy	14	5
Maesyfed	7	0
Trefaldwyn	2	0
Fflint	0	0
Dinbych	1	0
Arfon	0	1
Meirion	1	1
Môn	0	0
Disgyblion	**8,765**	**7,995**

Yn Sir Gaerfyrddin hefyd y dysgwyd y niferoedd mwyaf o ddisgyblion yn ystod y ddwy flynedd yn olynol. O ystyried nifer y disgyblion a ddysgwyd yn 1739-40 a 1740-41 ym mhob sir fel canran o'r cyfanrif a ddysgwyd ym mhobman am y naill flwyddyn a'r llall, cawn ddarlun cliriach o weithgarwch yr Ysgolion Teithiol ar draws llawr gwlad. Yn Ffigur 4.2 nodir canrannau'r siroedd dros dri degawd yn ddiweddarach.

Ffig. 4.2: Canran o'r cyfanrif yn ôl y sir

	1739-40	1740-41	1772-73
Caerfyrddin	27%	31%	22%
Ceredigion	18%	28%	24%
Morgannwg	24%	13%	5%
Mynwy	9%	15%	11%
Brycheiniog	8%	8%	4%
Penfro	6%	3%	8%

Maesyfed	5%	-	-
Trefaldwyn	1%	-	2%
Dinbych	1%	-	3%
Meirion	1%	1%	4%
Arfon	-	1%	10%
Fflint	-	-	2%
Môn	-	-	5%

Mae'n ddiddorol sylwi ar leoliad yr ysgolion yn arbennig ym Maesyfed. Yno yng ngorllewin y sir yn unig y cynhaliwyd hwy, ffaith sy'n awgrymu fod y Gymraeg ar drai yn y rhan helaethaf o'r sir mor gynnar ag 1740. Ni ddaeth galw am ysgolion pellach yn ystod y flwyddyn ddilynol. Mae'n debyg fod Seisnigo ar gerdded yn nwyrain Mynwy hefyd oherwydd, ar y cyfan, yng nghanol a gorllewin y sir honno y cynhaliwyd yr ysgolion bron i gyd. Erbyn 1772 dim ond yng ngorllewin y sir y cynhaliwyd ysgolion Cymraeg. O'r holl ysgolion a gynhaliwyd y flwyddyn honno ym Mynwy dim ond 11% ohonynt oedd yn ysgolion Cymraeg. Ymddengys fod ffin ieithyddol eithaf clir yn weithredol yno erbyn dechrau'r saithdegau. I'r dwyrain o'r llinell Casnewydd/Pont-y-pŵl, Saesneg oedd yr ysgolion i gyd. O edrych ar leoliad yr ysgolion Cymraeg yn y tair sir ddwyreiniol yn y de cawn ryw gymaint o wybodaeth am ddefnydd cymdeithasol o'r Gymraeg yn y siroedd hynny.

Ffig. 4.3: Dosbarthiad Ysgolion Griffith Jones yn 1739, 1740 ac 1772 yn siroedd Maesyfed, Brycheiniog a Mynwy

		Gorllewin	**Canol**	**Dwyrain**
Maesyfed	1739	71%	29%	-
	1740	-	-	-
	1772	-	-	-
Brycheiniog	1739	70%	20%	10%
	1740	63%	25%	12%
	1772	50%	29%	21%
Mynwy	1739	67%	25%	8%
	1740	25%	50%	25%
	1772	100%	-	-

Erbyn 1772 'roedd Sir Faesyfed wedi Seisnigo'n bur helaeth ond ym Mrycheiniog llwyddodd y Gymraeg i ddal ei thir yn eithaf da yn enwedig yng ngorllewin y sir. Erbyn y saithdegau 'roedd Mynwy i'r dwyrain o Gasnewydd naill ai'n ddwyieithog neu'n uniaith Saesneg mewn rhai mannau. Mae'n ddiddorol mai Maesyfed a Seisnigodd gyntaf a hynny mewn dim o dro. Edrychwn ar ddosbarthiad daearyddol y Gymraeg a'r Saesneg yn ddiweddarach.

'Roedd yn dasg aruthrol a ofynnai am egni, brwdfrydedd, dyfalbarhad ac amynedd ar ran yr athrawon. Yn ôl cofrestrau'r gwahanol ysgolion gallai nifer y disgyblion amrywio rhwng 20 (St. Ismael, Sir Gaerfyrddin) a 196 (Tyddewi). Ym mhob dosbarth ceid amrywiaeth oedran, gallu ac ymroddiad. Ymddengys yn dasg gwbl amhosibl i'w chyflawni'n effeithiol, ond yn ôl pob tystiolaeth 'roedd yn llwyddiant. Mae'n sicr na ddysgwyd pob un disgybl i ddarllen, ond yn ôl tystiolaeth gyfoes 'roedd lefel llwyddiant yn uchel iawn. Dyma ddywed Thomas Ellis o Gaergybi yn *Welch Piety*, 1754:

This is to certify that J—T—Teacher of the Circulating Welsh Charity School in Holyhead has behaved exceedingly well in his Office during the last Quarter and the Children under this Care have made a suitable Proficiency.

My Parishioners grow more sensible of the Value of the Instruction gained in the Welsh School, preferably to that useless smothering in English . . . and the number of scholars therein is increased considerably of late, which makes my Parishioners and me very desirous of the longer Continuance of the School here.

Paham tybed yr ysgrifennodd ei lythyr yn yr iaith fain?

Rhwng 1731 a marwolaeth Griffith Jones yn 1761 sefydlasid 3,325 o ddosbarthiadau mewn 1,600 o ganolfannau lle dysgwyd tua 200,000 o werin Cymru i ddarllen. 'Roedd hynny yn orchwyl aruthrol ac yn gyflawniad anhygoel o gofio nad oedd poblogaeth Cymru ar y pryd ond oddeutu 450,000. Cymwynas fawr Griffith Jones oedd nid yn unig rhoi addysg ardderchog yn rhad ac am ddim i werin Cymru ar adeg pan oedd mwy na 75% o boblogaeth Ewrop yn anllythrennog ond gwnaeth hynny drwy gyfrwng y Gymraeg. Creodd yr ysgolion gorff o ddarllenwyr Cymraeg a oedd yn awyddus i ymarfer eu medrau newydd drwy ddarllen y Beibl a thanysgrifio i lyfrau Cymraeg. Heb y chwyldro yma mae'n anodd credu y byddai'r adfywiad crefyddol a'r adfywiad llenyddol a diwylliannol diweddarach wedi llwyddo.

Drwy ddysgu'r werin i ddarllen y Gymraeg a thrwy ddefnyddio'r Beibl a'r Llyfr Gweddi Gyffredin fel gwerslyfrau sicrhaodd le'r Gymraeg fel y cyfrwng naturiol a normal i grefydd. Drwy roi dysg i bobl yn eu hiaith eu hunain bu'n gyfrwng i ddileu dwy ganrif o ymosod negyddol ar y Gymraeg. O ganol yr unfed ganrif ar bymtheg cymerid yn ganiataol mai'r Saesneg oedd cyfrwng addysg. Hi oedd prif iaith yr ysgolion gramadeg ac i Loegr yr arferai'r uchelwyr anfon eu plant i'w haddysgu mewn canolfannau megis Eton, Bedford, Westminster, St. Albans, Amwythig a Winchester. Yno byddent yn dysgu gwell Saesneg! Ond yn awr daeth addysg i'r distadl a'r difreintiedig a hynny yn eu milltir sgwâr eu hunain ac yn y Gymraeg. Daeth y bobl gyffredin i feistroli crefft darllen ac ysgrifennu ond hefyd estynnwyd terfynau eu gallu a'u meistrolaeth ieithyddol. Daethant i ymgyfarwyddo â chystrawen, geirfa a hynodion y cyfrwng ysgrifenedig a daeth Cymraeg William Morgan yn llinyn mesur safonol i bobl gyffredin. Bu'n gam seicolegol mawr yn y broses o adfer parch ac urddas i'r Gymraeg ymhlith ei siaradwyr hi ei hunan. Daeth gwerin Cymru yn geidwaid teilwng yr iaith.

Methodistiaeth a'r Gymraeg

Yn gyntaf oll mudiad adfywiad ysbrydol oedd Methodistiaeth ond tyfodd i fod yn rym addysgol, diwylliannol a chymdeithasol a gafodd effaith aruthrol ar fywyd Cymru yn ystod y ddeunawfed ganrif. Yn bendifaddau 'roedd yn un o'r ffactorau unigol a ddylanwadodd fwyaf ar gymdeithaseg y Gymraeg gan greu yr union amodau a oedd yn bleidiol i ffyniant iaith ddistatws ac anwladwriaethol, hyd yn oed yn ystod oes aur gallu ymerodrol Lloegr yn y ganrif ddilynol. Tyfodd o ddechreuadau digon lleol ar lawer cyfrif ac 'roedd cysylltiad clir fel y dangoswyd (gw. t. 192) rhwng yr arweinwyr cynnar a Griffith Jones, Llanddowror. Byrdwn ei bregethu ef mor gynnar â 1714 oedd yr angen am adfywiad ysbrydol o fewn yr eglwys a thrwyddi hi yn y gymuned. Un wedd bwysig ar y fath bregethu oedd edifeirwch ym mywyd yr unigolyn wrth iddo ddod wyneb yn wyneb â'i bechod, â'i annheilyngdod ac â'i anghyfiawnder ei hun a daioni Duw a'i gynnig o faddeuant yng Nghrist ar y llaw arall. 'Roedd y newyddion da yn cynnig gobaith, ailenedigaeth ysbrydol a bywyd newydd. Pregethai'r angen am ffydd bersonol yn Iesu Grist a rheidrwydd profi sicrwydd cadwedigaeth. Byrdwn dros gyflwr colledig ei gyd-Gymry a marweidd-dra'r gyfundrefn eglwysig fel yr oedd a barodd iddo bregethu, tu allan i'w blwyf. Wrth wrando arno'n traethu yn Llanddewibrefi yn 1735 y daeth Daniel Rowland dan argyhoeddiad a chafodd dröedigaeth. Fel curad Eglwys Llangeitho pregethai Rowland ag arddeliad yn y plwyf gan dynnu tyrfaoedd i wrando arno. Aeth ei enw fel pregethwr ar led, a chyn hir teithiai gwrandawyr dros dir a môr i'w glywed. 'Roedd yn sicr yn bregethwr huawdl iawn, yn feistr ar siarad cyhoeddus, yn gallu trafod pwyntiau diwinyddol pur astrus mewn iaith a oedd yn addas ac eto yn ddigon syml i fod yn ddealladwy i'w gynulleidfa. Gallai gadw sylw ei gynulleidfa, a'r rheiny weithiau'n rhifo cymaint â dwy fil. 'Roedd ei ddisgrifiadau o uffern a phoenedigaeth y colledig yn arswydus o afaelgar ac yn sicr o fod yn ddraenen yn ochr rhai a ddaliai swyddi uchel yn yr Eglwys. Fe'i cyhuddwyd o chwarae ar deimladau, o chwipio brwdfrydedd, o greu ofn a dychryn drwy dwyllo pobl ddiniwed ac anwybodus. 'Roedd agwedd John Owen, Canghellor Bangor, yn 1743 yn un cwbl nodweddiadol o'r gwrthwynebiad a geid o fewn yr Eglwys i'r Efengylwyr:

> These South Wales Enthusiastick itinerants pretend to be Church of England People and come to Church, but at nights they creep into such houses as they are able to work themselves away to and there delude ignorant men and lead captive silly women and children by despising the clergy and accusing them of not preaching the Truth of the Gospel . . .[22]

Ni ddyrchafwyd Daniel Rowland yn rhengoedd yr Eglwys ac yn 1763 fe'i gwaharddwyd rhag pregethu yn Eglwys Llangeitho.

Yn yr un flwyddyn â Daniel Rowland (1735) y profodd
Howell Harris dröedigaeth yn Eglwys Talgarth. Cynhyrfwyd ef
pan ddywedodd y Ficer Pryce Davies nad oedd y person a
deimlai ei fod yn annheilwng i gymuno, yn deilwng i fyw na
marw ychwaith. Dyna oedd ei 'ffordd Ddamascus' ef ac yn fuan
iawn wedyn dechreuodd bregethu'n gyhoeddus ar hyd y wlad
er mwyn rhannu ag eraill ei brofiad personol o faddeuant. Fel
yn achos Gruffydd Jones, Daniel Rowland a William Williams
yn ddiweddarach rhoddodd gweinidogaeth deithiol Howell
Harris le clir a phendant i'r Gymraeg. Y ffordd i gyrraedd enaid
dyn â gwirionedd yr Efengyl oedd drwy gyfrwng ei famiaith.
Daeth y bregeth yn gwbl ganolog yn ngwaith y Methodistiaid
ac 'roedd cyflwyno'r neges i gyrraedd meddwl a chalon dyn yn
fater o fywyd a marwolaeth. Ar ôl i bobl gael tröedigaeth 'roedd
eu trwytho a'u dysgu yng Ngair Duw yn wedd arall bwysig
iawn ar gynnydd ysbrydol, ac felly 'roedd y pwyslais
Methodistaidd yn rhwym o gefnogi'r Ysgolion Teithiol
Cymraeg a'r rheiny yn eu tro yn cynhyrchu darllenwyr ac yn
creu gwrandawyr i'r Seiadau Methodistaidd.

Daeth y diwygiad crefyddol yn fater pwysig ym mywyd
gwerin Cymru yn arbennig felly yn siroedd y de ond hefyd yn
y gogledd erbyn degawdau olaf y ganrif. Daeth achubiaeth,
cadwedigaeth drwy ras, cyfiawnhad drwy ffydd, pechod
gwreiddiol, temtasiwn, colledigaeth, oerni ysbrydol, disgyb-
laeth ysbrydol, ffrwythau'r ysbryd, bydolrwydd, balchder
ysbrydol a llu o bynciau eraill yn feysydd trafod beunyddiol
ymhlith gwerin a fuasai cyn hynny yn gwbl anystyriol o
werthoedd ysbrydol. Dyma ddisgrifiad William Williams yn
1763 o gefndir crefyddol cyffredinol Cymru: 'Ysbryd yr
Arglwydd a oedd wedi ymado â chynulleidfaoedd cyfain,
gweinidogion oedd yn cael pregethu i'r cerrig.'[23]

Daeth yr eirfa, y cystrawennau, ac yn wir cyfoeth symbolaeth
Feiblaidd yn rhan o iaith y dyn cyffredin. Mae'n wir mai pobl
dda eu byd a oedd wedi derbyn addysg oedd yr arweinwyr
ond nid oedd safle cymdeithasol yn gymorth nac yn rhwystr i
un ymuno â'r Methodistiaid. Daeth y seiadau, felly, yn fagwrfa
effeithiol i ddysgu dynion i feddwl, i ddadansoddi, i ymarfer
hunanddisgyblaeth ac i dderbyn safonau ymarweddiad a oedd
yn wir yn dra chwyldroadol. Drwy'r seiat ymdreiddiai dysg-

eidiaeth Feiblaidd drwy'r unigolyn i'w deulu ac i'r gymdeithas. Daeth y crefyddol yn rym cymdeithasol, diwylliannol ac addysgol. Cafodd effaith ar bob agwedd ar fywyd yr aelod unigol, a sefydlwyd y Gymraeg fel y cyfrwng naturiol i'r cyfan. 'Roedd modd cynnal bywyd llawn heb orfod dysgu'r Saesneg. 'Roedd modd gwrando a thrafod syniadau ac athrawiaethau newydd; 'roedd modd ymestyn profiadau a gwireddu cyraeddiadau deallusol pobl gyffredin ddifreintiedig, a hynny yn y Gymraeg. Bu'n fagwrfa i arweinwyr crefyddol a chymdeithasol. Bu'r mudiad yn ysgol i siaradwyr cyhoeddus ac yn ysbardun i annog llythrennedd ac i hybu cyhoeddi cyson er mwyn diwallu galw'r darllenwyr newydd. Pam a sut tybed y cafodd y Diwygiad Methodistaidd y fath effaith ar y Cymry ac yn wir ar y Gymraeg?

'Rwy'n credu ei bod yn bwysig inni gofio mai mudiad a dyfodd yng Nghymru ydoedd ac nid cangen o Fethodistiaeth Lloegr. Mae'n wir fod cysylltiad wedi bodoli rhwng yr arweinwyr yng Nghymru a hoelion wyth Methodistiaeth Lloegr, ond yn ei hanfod nid efelychiad o waith Wesley a Whitfield oedd Methodistiaeth Cymru ond mudiad a darddodd yng Nghymru rai blynyddoedd cyn i waith tebyg ddechrau yn Lloegr. 'Roedd Daniel Rowland a Howell Harris wedi dechrau ar eu gweinidogaeth deithiol dair blynedd cyn i John Wesley deimlo gwres yr argyhoeddiad yn Aldersgate a thua phedair blynedd cyn i George Whitfield ddechrau pregethu. Mae'n wir i'r mudiad yn swyddogol gefnogi athrawiaethau Calfinaidd Whitfield yn erbyn safbwynt Arminaidd John Wesley, ond dylid cofio mai'r pwyslais Calfinaidd yn bennaf a goleddid yng Nghymru ymhlith yr Hen Ymneilltuwyr. Felly, nid mewn diwyg Seisnig y daeth sylfeini athrawiaethol i'r mudiad.

'Roedd y diwygiad yng Nghymru, felly, yn wahanol i'r hyn a gafwyd yn Lloegr. Mae'n bosibl fod hyn wedi rhoi stamp arbennig i'r pregethu ac i drefn a gweinyddiaeth y mudiad, a'r un nodwedd amlwg a gadarnhâi hyn oedd mai'r Gymraeg oedd iaith y gwaith. 'Roedd y mudiad yn hyn o beth wedi ymuniaethu'n llwyr â gwerin Cymru a gellid dadlau'n ddiogel mai Methodistiaeth oedd y wedd werinol Gymreig o fewn yr Eglwys drwy gydol y ganrif. Pe byddai'r gwaith wedi tardd ac wedi derbyn ei gefnogaeth o bleidiau Wesley a Whitfield yn

Lloegr mae'n sicr y byddai llawer iawn mwy o bwyslais ar y Saesneg ac mae'n ddigon posibl na fyddai wedi tyfu fel y gwnaeth. Llanwodd wagle ysbrydol ar y pryd ym mywyd y genedl ond hefyd llanwodd wagle ieithyddol y gallai'r Saesneg yn hawdd fod wedi camu iddo. Fel y ceisiais ddangos 'roedd y Saesneg yn dra ffasiynol yn yr Eglwys Wladol ac 'roedd rhyw syniad ar led mai'r Saesneg oedd yr iaith briodol gan mai hi oedd cyfrwng gweinyddiaeth yr Eglwys a iaith gwŷr y rhengoedd uchaf o fewn yr Eglwys. Torrodd y mudiad Methodistaidd grib y syniad hwnnw a llanwodd y gwagle cyweiriol crefyddol â Chymraeg graenus a choeth, Cymraeg a oedd yn y llinach llenyddol traddodiadol ac a aethai'n anghyfarwydd iawn i glustiau Cymry cyffredin erbyn y ddeunawfed ganrif.

Fel y disgrifiwyd ar ddechrau'r bennod hon, 'roedd dadfeiliad yr hen gyfundrefn lenyddol a diwylliannol wedi gadael bwlch ym mywyd y genedl a thueddid i gysylltu'r Gymraeg â'r hyn a oedd wedi edwino. Fel y gwelwn maes o law fe gafodd y gogwydd hynafiaethol ei ddylanwadau cadarnhaol yn ogystal â'i effeithiau negyddol ar statws cymdeithasol ac ymarferol y Gymraeg. Yr hyn a wnaeth y Diwygiad Methodistaidd oedd pontio'r gwagle rhwng gorffennol a phresennol gan wneud y Gymraeg yn berthnasol ac yn effeithiol ar gyfer trawstoriad o sefyllfaoedd pwysig yn ogystal â'r dibwys ym mywyd y gymdeithas. Fel mudiad Cymraeg a Chymreig y datblygodd y Diwygiad Methodistaidd a hynny sy'n cyfrif am ei bwysigrwydd yn hanes cymdeithaseg y Gymraeg. Esboniwyd hyn yn dra effeithiol gan J.E. Caerwyn Williams: '. . . dylanwadodd y Diwygiad Methodistaidd ar y werin yn fwy o lawer nag y gwnaeth y Diwygiad Protestannaidd, yn wir dylanwadodd arni yn fwy grymus nag y gwnaethai dim arall ers canrifoedd; fe'i cododd hi o fod yn gyffredin, mud i fod yn geidwad a stiward y dreftadaeth genedlaethol.'[24]

Uchod dangoswyd bwysiced yw crefydd ym mhatrwm cymdeithasol ac ieithyddol amrywiaeth o gymunedau. Ceisiais esbonio fod nifer lluosog o enghreifftiau ar gael sy'n dangos y gall defnyddio iaith arbennig yn y cyd-destun crefyddol weithredu fel gwrthglawdd yn erbyn erydiad ieithyddol a chyfnewid yr iaith honno am un arall. Ond ymhlyg yn yr enghreifftiau a nodais ceir un ffactor gyffredin; mae crefydd yn gwbl ganolog ym mywyd yr unigolyn, y teulu ac yn rhwydweithiau cymdeithasol y gymuned. Mae'r Yiddish yn ffynnu ym mysg Iddewon uniongred Hasidig Llundain, Israel ac Efrog Newydd am mai eu pwyslais crefyddol sy'n lliwio pob agwedd ar eu bywydau, yn economaidd, yn addysgol, yn ddiwylliannol, yn gymdeithasol ac yn adloniadol. Yr Yiddish yw iaith addoliad, yr elfen bwysicaf yn eu bywydau ac felly cadwodd ei gafael ar yr agweddau eraill ar eu bywydau. Gan fod eu bywydau wedi eu canoli ar y synagog, mae eu rhwydweithiau cymdeithasol hefyd ynghlwm wrth y synagog. Drwy hynny gellir cynnal patrymau diwylliannol ac adloniadol sydd unwaith eto yn gymorth i sefydlu rhwydweithiau cymdeithasol dwys o fewn yr un grŵp. Bydd rhan helaethaf eu bywyd yn troi o fewn yr un grŵp a thrwy hynny Yiddish yw'r iaith. Dylanwad ymylol yw un y byd o'r tu allan i'r grŵp. Megis hwythau mae eu ffrindiau gorau yn Iddewon Hasidig hefyd, a threfnir priodasau rhwng ieuenctid â'r un cefndir crefyddol ac sydd â'r Yiddish yn brif iaith iddynt. Gweithreda'r crefyddol fel ffactor sy'n asio pobl â'i gilydd yn gymuned glòs sydd yn ffordd o gynnal a chadarnhau'r iaith.

'Roedd holl natur a phwyslais Methodistiaeth yn ddigon tebyg. 'Roedd y rhain â phrofiad ysbrydol a'u cydiai â'i gilydd. 'Roeddynt yn bechaduriaid edifeiriol a thrwy brofiad tröedigaeth a'r ailenedigaeth 'roeddynt wedi croesi o blith y 'colledigion' i fod yn 'etholedigion'. Nid oedd tröedigaeth o angenrheidrwydd yn ei amlygu ei hun yn yr un modd ym mywyd pob un, a dyna paham y sefydlwyd seiadau ac iddynt drefn arbennig i chwilio a dilysu profiad pob un cyn iddo gael ei dderbyn i'r seiat. Cyn ymaelodi â'r seiat gyhoedddus 'roedd yn rhaid i bob un allu ateb deg cwestiwn yn foddhaol a fyddai'n rhoi gwybodaeth fanwl am ei stad ysbrydol. Chwilid am dystiolaeth o brofiad personol ac awydd 'i gefnu ar y byd a phlygu i drefn y seiat'.[25] Câi ei dderbyn yn ddiweddarach i'r seiat breifat ar sail ei ymddygiad a'i atebion i wyth gofyniad arall. Chwilid am dystiolaeth o gynnydd ysbrydol oddi ar adeg mynychu'r seiat gyhoeddus. Dyna'n wir oedd diben y cwestiynau ar gyfer aelodau newydd a gynhwysodd William

Williams yn *Drws y Society Profiad* (1777). Ar ôl cael derbyniad i'r seiat breifat disgwylid ffyddlondeb a theyrngarwch i holl weithgareddau'r seiat. Byddai amlder y cyfarfodydd yn amrywio o ardal i ardal ond cynhelid o leiaf un neu ddau bob wythnos. Yn 1743 yn Llanddeusant cynhelid tair seiat yr wythnos, dwy gyhoeddus ac un breifat. 'Roedd stiward neu flaenor yng ngofal pob seiat a cheid arolygwr a fyddai'n gyfrifol am gylch o seiadau a cheid cynghorwr hefyd a ymwelai i gynghori yn hytrach na holi'r aelodau. Byddai stiward pob seiat yn adrodd am ei braidd mewn cyfarfod misol o stiwardiaid gyda'r arolygwr a'r cynghorwr a weithredai yn y cylch hwnnw. 'Roedd y stiward â gofal bugeiliol manwl dros aelodau ei braidd fel y dywed E. White:

> Ei swyddogaethau ef hefyd oedd cadw cofrestr o bresenoldeb yr aelodau, gofalu am gymorth ar gyfer aelodau a oedd yn dlawd neu yn afiach, casglu arian er budd y mudiad a gweithredu fel cymrodwr rhwng yr aelodau.[26]

Yn y seiat byddai elfen gref o ddysgu, annog, arwain, disgyblu a chalonogi. Prif bwrpas y seiat oedd cadw'r aelodau rhag oeri yn y ffydd a'u gwarchod rhag temtasiynau'r byd a dichellion y diafol. Sefydlwyd y drefn seiadol yn 1737 ac erbyn 1750 'roedd 428 ohonynt yn cyfarfod yn rheolaidd a rhwng ugain a deg ar hugain o aelodau ym mhob un. 'Roedd mwy na hanner y rhain yn siroedd Caerfyrddin, Brycheiniog a Morgannwg.

'Roedd y drefn Fethodistaidd, felly, yn un a gydiai â'i gilydd bobl â phrofiadau ysbrydol tebyg ond hefyd ceisiai eu hasio yn uned glòs a ddibynai ar gydaddoli, cydweithio, gofal am ei gilydd a chariad at ei gilydd. Oherwydd ffurf y cyfarfodydd golygai y deuai cyd-aelodau i adnabod ei gilydd yn dda, i wybod am frwydrau ysbrydol ei gilydd; byddent wedyn yn gweddïo dros ei gilydd ac yn dysgu oddi wrth ei gilydd. 'Roedd parodrwydd dyn i ddinoethi ei bechodau a'i demtasiynau, i agor ei galon o flaen ei gyd-aelodau, i gyfaddef yn agored unrhyw ddrwg deimladau, cenfigen neu gynnen yn gofyn am ddewrder, ymddiriedaeth ac ymdeimlad cryf o berthyn. Galwodd Saunders Lewis y seiat yn 'glinig yr enaid' a dichon fod y gyffelybiaeth yn ddigon teg oherwydd wrth

gyfaddef eu pechodau yn gyhoeddus 'roedd yr aelodau yn sicr
yn dod i adnabod eu hunain yn well ac fel canlyniad byddent
yn aeddfedu yn y bywyd Cristnogol. Serch hynny, teimlid na
fyddai'n llesol cyfaddef pob math o bechod rhag i hynny fod yn
faen tramgwydd i dyfiant ysbrydol rhai aelodau eraill. 'Roedd
lle i'r seiat ddysgu, cynghori ac annog ond hefyd gellid
disgyblu a hyd yn oed diarddel pan fyddai trosedd yn galw am
hynny. 'Roedd y seiat, felly, yn rym cymdeithasol a disgyb-
laethol a rhoddid arweiniad clir ynglŷn â'r hyn a oedd yn
ymddygiad cywir a'r hyn nad oedd yn dderbyniol nac yn
dystiolaeth deilwng i un a honnai fod 'mewn rhyddid'.

Er mor ddiddorol fyddai ystyried yn fanylach dwf Method-
istiaeth a'i heffaith ar ymddygiad, syniadaeth, moesoldeb a
gwead cymdeithas yn gyffredinol, byddai hynny'n dasg
aruthrol. Yn hytrach, yr hyn a geisiaf ei wneud yw nodi rhai
pwyntiau yn unig sy'n dangos bwysiced yw'r cysylltiad rhwng
iaith a chymdeithas. Sylfaen fy ymdriniaeth drwy'r gyfrol yw
fod iaith a gwead cymdeithas yn gwbl anwahanadwy. Pan
ddigwydd cyfnewidiadau cymdeithasol daw newidiadau
ieithyddol yn eu sgil. Mae iaith mor fynych yn ddrych o'r hyn a
ddigwydd o fewn y gymdeithas. Ni ellir dadlau na chafodd
Methodistiaeth effaith ar werthoedd a gwead cymdeithas. Fe'i
hanelwyd at drwch y boblogaeth. Cafodd effaith bendant ar
ymagweddiad pobl at yr iaith Gymraeg. Hi oedd cyfrwng
mynegiant y wedd bwysicaf ar fywyd yr unigolyn. Hi oedd
iaith addoliad cyhoeddus, cyfrwng dysgu ac ymestyn
gorwelion ysbrydol yr unigolyn. Nid oes amheuaeth na
roddodd hyn statws ac urddas i'r iaith ymysg rhengoedd canol
cymdeithas yn ogystal ag ymysg y werin. Y Gymraeg oedd
iaith y nefoedd ac 'roedd hynny'n llawer pwysicach nag
unrhyw betheuach eraill. Yn rhyfedd iawn rhoes hyn hyder,
balchder a gwerth ymarferol i'r iaith. Yn ogystal â hynny
estynnwyd posibiliadau ieithyddol trwch y boblogaeth. Yn
hytrach na bod yn gyfrwng llafar nifer cyfyng o feysydd,
estynnwyd geirfa a chystrawen y werin wrth iddynt orfod
cyfathrebu'n effeithiol mewn sefyllfaoedd crefyddol newydd.
Gynt bodolai gwybodaeth oddefol neu led-ddealltwriaeth o
eiriau ac ymadroddion y cywair crefyddol, ond yn y seiat daeth
hyn yn raddol yn rhan gynhyrchiol o batrwm ieithyddol yr

aelodau. Nid mater o ddefnyddio geiriau newydd, geiriau'r cywair crefydd, megis gras, edifeirwch, ffydd, yr Iawn a llawer mwy, ydoedd hyn, ond yn hytrach dysgu gweu'r geiriau cymwys â'i gilydd i fynegi'n glir ac effeithiol brofiadau personol a dealltwriaeth athrawiaethol. Dysgwyd hefyd sut i fynegi teimladau, meddyliau a chymhellion, a sut i ymateb yn adeiladol wrth annog, cynghori neu ddisgyblu ei gilydd. Drwy'r cywair crefyddol cyfoethogwyd iaith gwerin ddinod pan ddaeth iaith ardderchog y Beibl yn ddylanwad safonol, llesol ar dafodieithoedd a oedd cyn hynny yn dirywio'n gyflym yn fratiaith. Daeth yr aelodau yn gyfarwydd ag amrywiaeth arddullol y Gymraeg gan feistroli arddull ffurfiol siarad cyhoeddus yn ogystal ag arddull llafar, gofalus gweithgareddau'r seiat. Mewn gwirionedd cyflwynwyd y Cymry i bosibiliadau ehangach eu hiaith eu hunain pan afaelodd bwrlwm y diwygiad ynddynt.

Gwedd bwysig arall ar ymyrraeth ieithyddol y Diwygiad Methodistaidd oedd y pwyslais cryf a roddid ar y Beibl fel Gair Duw a phwysiced ydoedd i bob un allu myfyrio yn hwnnw ei hunan. Ffrwyth y cymhelliad yma oedd y pwyslais a roddid ar ddysgu'r werin i ddarllen, yn gyntaf yn yr Ysgolion Teithiol ac wedi hynny drwy gyfrwng cyfundrefn yr ysgol Sul a sefydlodd Thomas Charles, ar ddiwedd y ganrif. Daeth y Gymraeg wedyn yn iaith dau gyfrwng iddynt, ond cyn hynny iaith lafar yn unig ydoedd. Mae'n holl bwysig inni gofio bod gwerin Cymru ar raddfa eithaf eang yn llythrennog mor gynnar â chanol y ddeunawfed ganrif, ond mae'n bwysicach byth nodi mai yn y Gymraeg yr oeddynt yn llythrennog ac nid yn iaith swyddogol gwladwriaeth Prydain. Mewn gwledydd eraill, mor fynych, iaith y wladwriaeth a ddaeth yn gyfrwng llythrennedd a bu hynny'n bendant yn ffactor pwysig yn erydiad ieithoedd brodorol anwladwriaethol. Mewn sefyllfaoedd dwyieithog gall llythrennedd sy'n gyfyngedig i'r ail iaith ostwng statws y famiaith a gweithredu fel un o'r ffactorau pwysicaf yn ei diflaniad. Un iaith leiafrifol anwladwriaethol sy'n enghraifft o hynny yw'r Lladineg sy'n gyfyngedig bellach i bum dyffryn ym mynyddoedd y Dolomitiau yng ngogledd yr Eidal. Ar un adeg siaredid yr iaith ar draws yr hyn a adwaenir heddiw fel gogledd yr Eidal, o'r Swistir hyd at ffin ogleddol-ddwyreiniol yr Eidal. Yn raddol ynyswyd siaradwyr yr iaith drwy fewnfudaeth siaradwyr yr Almaeneg o'r gogledd, a'r Eidaleg o'r de. Bellach dim ond tua 30,000 sy'n siarad yr iaith. Un ffactor pendant yn niflaniad yr iaith o'r ardaloedd Almaenig ac Eidalaidd yw'r ffaith na fu yn iaith ysgrifenedig hyd yn gymharol ddiweddar. Traddodiad llafar oedd i'w diwylliant a, hyd yma, ni ddatblygwyd orgraff gyffredin i'r pum tafodiaith a siaredir heddiw. Pan ddaeth llythrennedd yn nodwedd gyffredin ymhlith trwch y boblogaeth daeth hynny drwy'r Almaeneg neu'r Eidaleg. Yn raddol troes poblogaeth ddwyieithog a oedd yn llythrennog yn eu hail iaith yn unig yn rhai a ddewisodd drosglwyddo'r ail iaith yn hytrach na'r famiaith i'r genhedlaeth nesaf. 'Roedd diffyg llythrennedd yn yr iaith yn ffactor pwysig hefyd yn niflaniad y Gernyweg a'r Fanaweg.

Wrth sefydlu'r Gymraeg yn gyfrwng darllen ac ysgrifennu i'r Cymry Cymraeg, sicrhaodd Methodistiaeth nid yn unig statws uwch iddi ond hefyd dileodd y syniad cyfeiliornus a fodolai ynghynt mai drwy'r Saesneg yn unig y gellid derbyn addysg ac ymddiwyllio. Creodd gorff o ddarllenwyr a sychedai am ragor o ddeunydd darllen ac nad oedd am gyfyngu hynny i'r Beibl a'r Llyfr Gweddi yn unig. Creodd y Methodistiaid ddiwylliant a llên a allai gyrraedd pob haen o fewn y gymdeithas. Yr enwocaf o bosibl a'r gorau o awduron y Methodistiaid oedd William Williams, Pantycelyn. Defnyddiodd iaith fywiog, ymarferol a oedd yn ddealladwy i'r dyn mwyaf cyffredin ond a oedd, serch hynny, yn raenus ac yn urddasol. Yn ei emynau rhoes i'r dyn cyffredin farddoniaeth o safon uchel y gallai pawb ei deall a'i gwerthfawrogi. Nid criw bach dethol oedd gwrandawyr Williams, nid uchelwyr na phobl dosbarth canol yn unig, ond cynulleidfaoedd cymysg y seiadau—trawstoriad o'r gymdeithas i gyd. Cyhoeddodd *Môr o Wydr* yn 1762 a chafodd ei emynau gryn effaith. Gwelwyd llawer mwy o fwrlwm cenhadol nas cafwyd ers rhai blynyddoedd. Tystiodd Robert Jones, Rhoslan, fod tyrfa fawr wedi dod ynghyd, at y Lôn Fudr ym Mhen Llŷn yn 1762 lle canwyd emynau yn ddi-baid am dridiau a thair noson! Os nad honno oedd y gymanfa ganu gyntaf hi yn sicr oedd yr un hwyaf!

Cymwynas fawr Williams oedd iddo nid yn unig gyfansoddi

toreth o emynau a ddaeth yn rhan bwysig o addoliad y
Methodistiaid ond rhoes iaith gymen, odidog ar dafod pobl
gyffredin. Wrth gwrs nid emynau yn unig oedd cynnyrch y dyn
amryddawn hwn. Mae ei ryddiaith hefyd o safon uchel ac yn
esiampl i'r darllenydd o iaith rywiog a chyfoethog. Yn *Ductor
Nuptiarum neu Gyfarwyddwr Priodas* (1777) rhydd gyngor
ymarferol ynglŷn â materion rhyw a phriodas—nid pynciau
rhwydd i'w trafod. Ymddengys fod llawer o ferched dibriod yn
y seiadau a phrinder gwŷr ieuainc sengl yno. Cawsai llawer
merch gryn benbleth pan oedd yn rhaid iddi naill ai aros fel
aelod o'r seiat neu adael pe priodai ŵr anghrediniol. 'Roedd y
dewis yn un sobr o anodd, rhwng cariad at ŵr ar y naill law a
chariad at grefydd ar y llall. Yn *Cyfarwyddwr Priodas* disgrifir y
fath sefyllfa yn hynod o effeithiol a sensitif gan Williams pan
rydd yng ngenau merch a oedd yn y fath bicil y geiriau hyn:
'Cnawd yn erbyn yr ysbryd, ac ysbryd yn erbyn y cnawd, a'r
ddau sydd yn ymorchestu o mewn i mi fel gefeilliaid Rebeca ac
yn fy mhoeni ddydd a nos.'

Yn *Templum Experientiae Apertum* neu *Drws y Society Profiad*
mae'n trafod sut y dylid arwain seiat a chynnal trafodaeth
fuddiol. Oedd, 'roedd hyn ar gael yn y Gymraeg heb arlliw o ôl
y Saesneg nac ôl trosi o'r iaith honno arno ychwaith.
Dangosodd fod modd trafod yr amryfal bynciau yn y Gymraeg
a'i bod yn gwbl naturiol i wneud hynny gan fod yr adnoddau
ieithyddol ar gael eisoes yn y Gymraeg. Ond, wrth gwrs, yn ei
emynau yr anfarwolwyd ef. Ymatebodd yr Ymneilltuwyr drwy
gynhyrchu eu hemynyddiaeth eu hunain. Felly er nad
cymhelliad ieithyddol a barodd i Fethodistiaeth a'r hen
Ymneilltuaeth sefyll o blaid y Gymraeg, dyna'r union beth a
wnaethant. Mae'n eironig fod y mudiad a oedd mor danbaid
dros ddiwygio cymdeithas ac achub eneidiau wedi gwneud
cymaint dros yr iaith drwy beidio edrych yn ôl i'r gorffennol
ond drwy ei defnyddio fel cyfrwng i'r diwygiad. 'Roedd llawer
o'r farn mai dieithryn a fyddai'n lladd y diwylliant a'r iaith
Gymraeg oedd y 'meddwi ar grefydd'. Dyna'n bendant oedd
barn Theophilus Evans ar ddechrau'r ganrif a barn rhai o blith y
Morrisiaid yn ddiweddarach. Profodd amser fod eu hofnau yn
gwbl ddi-sail.

Gweithgarwch ysgolheigaidd, hynafiaethol a llenyddol

Un edefyn yng ngwead y Gymraeg oedd y diwygiad crefyddol a rhaid ystyried gweddau eraill er mwyn cael darlun cytbwys a chywir. Ym mhob cyfnod bu diwylliant, a llenyddiaeth yn arbennig, yn ffactorau allweddol yng nghadwraeth iaith. Yn ei llenyddiaeth gall cenedl ymgydnabod â'i gwreiddiau, â'i gorffennol ac â'r traddodiadau hynny sy'n rhoi iddi ei hunaniaeth. Ym mhob gwareiddiad dodir cryn bwyslais ar lenyddiaeth a thrwy hynny ar gyfrwng y llenyddiaeth, sef iaith. Yn yr ail bennod sylwyd ar bwysigrwydd llên a'r statws uchel a roes i'r Gymraeg yn ystod cyfnod Cymraeg Canol. Gyda dadfeiliad y fframwaith nawdd yn ystod yr unfed a'r ail ganrif ar bymtheg dirywiodd safon llenyddiaeth Gymraeg yn enbyd, a thrwy hynny collodd yr iaith y statws arbennig a oedd iddi ynghynt yng nghyfnod y beirdd proffesiynol. Hiraeth am y gogoniant a'r bri hwnnw yw prif fyrdwn cefnogwyr y Gymraeg yn y ddeunawfed ganrif. Amlygwyd hynny ar dair lefel: llên i'r werin; y gogwydd hynafiaethol, clasurol a gysylltir â'r Morrisiaid; a'r diddordeb ysgolheigaidd a ddaeth i raddau pell iawn yn wedd ar yr ogwydd hynafiaethol. O'r tri phwyslais y cyntaf a anelid yn benodol at y gwerinwr cyffredin. 'Roedd y ddau bwyslais arall yn fwy uchel-ael a'u hapêl at y dosbarth dysgedig newydd a oedd yn ymffurfio yng Nghymru. Ond fel y gwelwn 'roedd eu cyfraniad yn dra phwysig i hunan-ddelwedd y Cymro a'i agwedd at ei iaith.

Apêl adloniadol oedd i'r hyn a elwais yn 'llên y werin'. Carolau, baledi ac anterliwtiau ydoedd yn bennaf, llên difyrrwch wedi ei hanelu at y dyn cyffredin. 'Roedd yn amlwg fod galw am y math hwn o gynnyrch ac fe'i cyhoeddid yn bamffledi ac mewn almanaciau a'u gwerthu mewn ffeiriau a marchnadoedd ar hyd y wlad. Bratiog oedd yr iaith yn aml gan gynnwys toreth o eiriau benthyg o'r Saesneg. Ond er gwaeled ydoedd o ran ei werth llenyddol, mae iddo le pwysig yng nghymdeithaseg y Gymraeg yn ystod y ganrif:

> Yr oedd yn y mân gyhoeddwyr hyn ddigon o fenter a brwdfrydedd, ac er nad oedd eu chwaeth lenyddol ond isel fe ddug eu llafur ffrwyth helaeth trwy helpu'n sylweddol i beri bod aelodau cyffredin y gymdeithas Gymreig yn ymddiddori

yng ngweddillion traddodiad y genedl a helpu hefyd yn ddiau i gadw ac i godi darllenwyr Cymraeg. [Thomas Parry, 207]

'Roedd deunydd adloniant a difyrrwch, felly, ar gael yn y Gymraeg a hwnnw hefyd yn ddeunydd cyhoeddedig. Erbyn canol y ganrif teimlai ambell un y gellid gwella chwaeth a gwerthfawrogiad llenyddol y werin drwy gyhoeddi casgliadau o gerddi 'gwell' a fyddai ar yr un pryd yn apelgar a difyr. Dyna'n rhannol oedd nod Hugh Jones, Llangwm pan gyhoeddodd *Dewisol Ganiadau yr Oes Hon* yn 1759. Gobeithiai hefyd y byddai'r casgliad yn apelio at yr ifanc yn arbennig, gan eu symbylu i farddoni yn y dyfodol. Yn 1759 ac yn 1766 cyhoeddodd Dafydd Jones o Drefriw gasgliadau eraill o gerddi a'r rhain eto, fel y dywed yn ei ragymadrodd, wedi eu hanelu at rengoedd y Cymry llythrennog newydd. Cyfrol oedd hi a fyddai'n codi safon deunydd darllen 'pobl wladaidd ddiniwed ac . . . ifanc' a byddai hefyd yn adfer y Gymraeg 'i'w chyssefin burdeb'. 'Roedd William Jones o Fetws Gwerful Goch yn ymwybodol iawn o berygl ymdreiddiad y Saesneg i faes adloniant. Yn ei ragymadrodd i *Llu o Ganiadau* yn 1798, dywed bod

> . . . y rhan fwyaf o'r Cymry yn cymmeryd difyrrwch yn dysgu darllen a siarad Saesneg, etto yr wyf fi yn gobeithio y bydd rhai yn hoff ganddynt ddysgu 'carol' neu 'gerdd' yn eu hiaith eu hunain, yn enwedig yr ieuenctid sydd yn dechre darllen Cymraeg yn gyntaf ac fe alle y bydd i'r llyfr hwn hudo neu ddenu ymbell un i ddarllen yn well.

Felly, 'roedd lle arbennig i lên y werin a chyda threigl y blynyddoedd gwelwyd gwella yn ei ansawdd gan baratoi'r ffordd i'r eisteddfodau a ddaeth mor boblogaidd erbyn diwedd y ganrif. Bu'r hyn a alwodd E.G. Millward yn 'werineiddio llên Gymraeg' yn broses a gryfhaodd ddelwedd y Gymraeg yng Nghymru yn ystod y ddeunawfed ganrif.

Yn negawd cyntaf y ganrif cyhoeddwyd campwaith Edward Lhuyd *Archaeologia Britannica*. 'Roedd hwn yn waith ysgolheigaidd o'r radd flaenaf. Ynddo disgrifiodd Lhuyd eirfa a gramadeg yr ieithoedd Celtaidd ac yna aeth ati i'w cymharu â'i gilydd gan sefydlu rhai o egwyddorion mwyaf sylfaenol ieitheg gymharol. Ef oedd y cyntaf i awgrymu fod y Gymraeg yn aelod o deulu ieithyddol Celtaidd. Yn 1707 'roedd hynny'n gamp aruthrol. Er mai gwaith arbenigol a chyfyng ei apêl oedd yr *Archaeologia Britannica* 'roedd o'r pwys mwyaf gan mai'r Gymraeg oedd prif faes yr ymchwil ac oherwydd bod yr elfen gymharol yn awgrymu tarddiad tra hynafol i'r iaith. Ni chafwyd dim o'r safon uchel hwnnw wedyn ond fe gafwyd nifer o ymdrechion i ddisgrifio'r Gymraeg a rhoi statws parchus iddi fel maes astudiaethau ieithyddol. Yn 1727 cyhoeddodd William Gambold *Grammar of the Welsh Language* ac ymhen blwyddyn ymddangosodd *Gramadeg Cymraeg*, Siôn Rhydderch. Yn wahanol i Loegr nid oedd na phrifysgol nac unrhyw sefydliad arall yng Nghymru a allasai hybu ymchwil ieithyddol ar y Gymraeg. Gorfu i unigolion ysgwyddo'r dasg. Mae'n anodd gwybod pam yr ymgymerodd gwahanol unigolion â'r gwaith, ond mae'n siŵr fod yr ofn mawr a fodolai ynglŷn â dyfodol y Gymraeg yn ffactor cryf. Drwy greu gramadegau i'r iaith a chronni geiriaduron, dangosai'r unigolion hyn eu balchder yn yr iaith a thrwy eu gwaith ceisiasant ddarlunio cyfoeth a hynafiaeth y Gymraeg. Cyhoeddodd Siôn Rhydderch eiriadur Saesneg/Cymraeg yn 1725 ac yn 1753 ymddangosodd cyfrol Thomas Richards, *Thesaurus Antiquae Linguae Britannicae*. Yn 1770 cyhoeddodd John Walters o Landochau *Dissertation of the Welsh Language, pointing out its antiquity, copiousness, gramatical perfection* . . . Rhydd y talfyriad yna syniad inni o natur ei ogwydd a'i bwyslais. 'Roedd yn un a ymfalchïai ac a ymhyfrydai yn yr iaith a chredai ei bod yn gwbl hanfodol yn niffiniad yr hunaniaeth Gymreig. Yn wir, 'roedd hwn yn fath o faniffesto i fudiad adfywio ac adfer y Gymraeg, 'smarting with inferiority complex, shrill with boastfulness, it indicates the zeal and industry of the lexicographer and his determination to defeat defeatism'.[27]

Wrth gwrs, dyma gyfnod cyhoeddi syniadau ieithyddol gwladgarol Rowland Jones. 'Roedd ef yn gwbl argyhoeddedig fod y Gymraeg yn un o ieithoedd puraf y byd ac mai hi oedd yr allwedd i ddeall pob iaith arall. Credai hefyd fod elfennau o'r Gymraeg i'w gweld mewn ieithoedd eraill. Aeth Rowland Jones gam ymhellach nag Edward Lhuyd ond cam yn y tywyllwch ydoedd. Serch hynny, cafodd effaith ar fudiad adfywio'r

Gymraeg drwy *The Origins of Languages and Nations* (1764), *Hieroglyfic* (1768), *The Philosophy of Words* (1769) a *The Circles of Gomer* (1771). Ef yn anad unrhyw un arall a gafodd y dylanwad trymaf ar syniadaeth ac athroniaeth ieithyddol William Owen Pughe ar ddiwedd y ganrif. Mae'n dra phosibl iddo ddylanwadu ar Iolo Morganwg hefyd gan ysgogi rhai o'i syniadai hynafiaethol 'cenedlaethol'.

Yn 1771 ymddangosodd geiriadur llai gan William Evans ac un arall eto yn 1798 gan William Richards. I raddau rhoesant statws i'r iaith drwy bwysleisio ei hynafiaeth a'i chyfoeth er nad oedd hynny yn rhan o iaith bob dydd y cyfnod. Treuliodd Iolo Morganwg gyfnod yn gweithio â John Walters yn bathu geiriau newydd ac yn cyfieithu i'r Gymraeg pan nad oedd gair cymwys ar gael. Hwy oedd yn gyfrifol am eiriau megis 'cylchgrawn', 'geiriadur' a 'tanysgrifio' a enillodd eu plwyf yng ngeirfa'r iaith. Mae'n rhaid pwysleisio mai ymgais oedd hyn i ymestyn cyweiriau'r Gymraeg i feysydd nad oedd y Gymraeg hyd hynny wedi cael ei haddasu ar eu cyfer. Cyrhaeddodd y gwaith geiriadurol hwn ei benllanw yn 1803 pan gyhoeddodd William Owen Pughe ei eiriadur swmpus. Cynhwysai 100,000 o eiriau, sef 40,000 o eiriau yn fwy na'r hyn a gafwyd yng ngeiriadur Saesneg enwog Samuel Johnson. 'Roedd pwyslais Pughe yn dra hynafiaethol a chofier iddo bori cryn dipyn yn yr hen lawysgrifau tra bu'n cyd-weithio ag Owain Myfyr ar *The Myvyrian Archaiology of Wales*. 'Roedd Pughe â'i fryd ar ddangos cyfoeth geirfa'r Gymraeg a'r ffaith fod ynddi adnoddau morffolegol dihysbydd ar gyfer ffurfio geiriau newydd.

Rhan bwysig o'r diddordeb hynafiaethol hwn oedd cyhoeddi cynnwys hen lawysgrifau. Drwy hynny gobeithid dod â mawredd yr etifeddiaeth Gymraeg i sylw'r cyhoedd a thrwy ddarganfod perlau'r gorffennol credid y gellid adfer yr hen ddiwylliant a'r gogoniant a fu. Ymddangosodd *Mona Antiqua Restaurata* gan Henry Rowlands yn 1723. Darganfod hen hanes y derwyddon oedd ei brif destun ef—cwestiwn a gododd ei ben eto yn nawdegau'r ganrif pan honnodd Iolo Morganwg fod y derwyddon wedi goroesi yng Nghymru drwy'r gyfundrefn farddol. Ar y 21 Mehefin 1792 trefnodd Iolo gyfarfod cyntaf Gorsedd y Beirdd ar Primrose Hill yn Llundain. Yn 1730 cyhoeddodd William Watton a Moses Williams destun o

Gyfraith Hywel. Yn 1764 cyhoeddwyd detholiad o waith y Gogynfeirdd gan Ieuan Brydydd Hir a naw mlynedd yn ddiweddarach daeth detholiad o waith y cywyddwyr gan Rhys Jones o'r wasg. Yn 1789 cyhoeddodd Owain Myfyr gyfrol o waith Dafydd ap Gwilym i'w ddilyn yn 1793 gan gasgliad o waith Llywarch Hen. Yna rhwng 1801 ac 1807 cyhoeddodd brif destunau llenyddol Cymru yn dair cyfrol dan yr enw *The Myvyrian Archaiology of Wales.*

Mae'n ddigon gwir mai bychan fyddai nifer y rhai a allai elwa ar gyhoeddiadau o'r fath, ond yn sicr 'roedd galw amdanynt yn bennaf o blith y dosbarth mwy diwylliedig a mwy llwyddiannus yn economaidd a geid mewn trefi a dinasoedd. Ffrwyth hynny oedd sefydlu Cymdeithas y Cymmrodorion yn Llundain yn 1751. 'Roedd Morrisiaid Môn yn daer dros gael cymdeithas ar lun y Gymdeithas Frenhinol yn Lloegr a fyddai'n amddiffyn ac yn meithrin buddiannau Cymru. Yn y cyfansoddiad dodwyd cryn bwyslais ar yr iaith Gymraeg: 'The Discourse of the society shall be as much as possible in the Antient British language which they are specially bound to cultivate.' Bwriedid i'r gymdeithas fod yn esiampl ac yn gyd-lynydd i rai tebyg yng Nghymru ac yn wir yn UDA. Fel y gwelsom rhoddwyd cefnogaeth wiw i ymgyrch plwyfolion Trefdraeth a Llangwyfan yn erbyn y Sais, Thomas Bowles yn 1767-1772. Yn wir, gweithredodd y gymdeithas ar ran y plwyfolion yn llysoedd Llundain gan gymryd ar ei hysgwyddau fantell amddiffyn y Gymraeg. Bellach, felly, 'roedd corff o ddynion diwylliedig, dysgedig a rhai cefnog a oedd yn barod i roi arweiniad ym mater yr iaith.

'Roedd y rhai a gysylltir fwyaf ag adfywiad llenyddol y ganrif, sef yr Morrisiaid, yn flaenllaw iawn yn y gymdeithas. Richard Morris, clerc yn Swyddfa'r Llynges, oedd ei sylfaenydd a stamp Lewis Morris ei frawd sydd ar y cyfansoddiad ac ar ddyheadau'r gymdeithas. 'Roedd hon yn gymdeithas uchel-ael a'i haelodau yn griw dethol. Mynnodd Richard Moris dderbyn rhai o dirfeddianwyr Cymru yn aelodau ond pris snobeiddiwch oedd Seisnigo a llesteiriodd hynny waith y gymdeithas.

Yn 1770 sefydlwyd Cymdeithas y Gwyneddigion yn bennaf fel adwaith yn erbyn arafwch y Cymmrodorion. Anelwyd y gymdeithas at drawstoriad ehangach o'r boblogaeth ac at rai mwy bywiog a brwdfrydig dros y Gymraeg. Bu datblygiad cymdeithasau diwylliadol o'r fath yn llesol i gymdeithaseg y Gymraeg. Nid iaith gwerin anllythrennog ddifreintiedig yn unig ydoedd bellach ond iaith dosbarth newydd o arweinwyr dysgedig a diwylliedig. 'Roedd y rhain, er iddynt fudo i Lundain i wella eu byd, yn barod i ymfalchïo yn eu hiaith a'u gwreiddiau ac yr oeddynt yn awyddus i ddangos hynny'n ymarferol drwy gefnogi a hybu prosiectau a gweithgareddau a fyddai'n adfer i'r Gymraeg a'r diwylliant Cymreig beth o'i hen ruddin a'i fywiogrwydd.

Cefnogodd y Gwyneddigion eisteddfodau'r 1780au ac erbyn y 1790au 'roedd yn fforwm bywiog i ddadleuon gwleidyddol cyfoes. Ystyrient y Chwyldro Ffrengig yn llygedyn gobaith ac yn ysbrydoliaeth yn achos rhyddid. Yn ôl Owain Myfyr cefnogi rhyddid yn ei amrywiol agweddau oedd prif nod y gymdeithas. Mae'n ddiddorol nodi mai ar ôl sefydlu'r Gwyneddigion y dechreuodd llyfrau a phamffledi gwleidyddol ymddangos yn y Gymraeg. Rhwng 1770 a 1780 daeth cyfanswm o ddeuddeg i olau dydd, ond yn ystod y nawdegau cyhoeddwyd tua 80 i gyd, ac yn eu plith lyfrynnau Jac Glan Gors, *Seren Tan Gwmwl* (1795) a *Toriad y dydd* (1797) ac yn 1798 *Cwyn yn Erbyn Gorthrymder* gan Thomas Roberts, Llwynrhudol. Ymsododd ef ar y degwm a'r Eglwys a dadleuai'n gryf dros roi lle i'r Gymraeg yng ngweinyddiad y gyfraith. 'Roedd hyn i gyd yn newydd iawn yn y Gymraeg ond dangosai'n glir fod gwerth ymaferol iddi fel cyfrwng i fynegi cysyniadau newydd yn ogystal â throsglwyddo hen werthoedd. Mae'r cyfnod hwn yn bwysig hefyd am i'r Gymraeg nid yn unig ddatblygu i fod yn gyfrwng gwleidydda ond hefyd i fod yn destun gwleidyddol ynddi ei hun.

Yr Eisteddfod

Er cymaint oedd dylanwad y diwygiadau crefyddol ar hynt y Gymraeg yn y ddeunawfed ganrif, er pwysiced oedd trafod-aethau llenyddol a diwylliannol cylch y Morrisiaid a bwrlwm gweithgarwch ysgolheigaidd ail hanner y ganrif, mae'n rhaid nodi hefyd i'r eisteddfodau effeithio'n dra chadarnhaol a chynyddol ar achos yr iaith. Dyma ganrif atgyfodi'r Eisteddfod fel sefydliad a noddai ddiwylliant ac iaith, sefydliad a ddaeth i'w lawn dwf yn ystod y bedwaredd ganrif ar bymtheg. Yn ail hanner y ganrif ddiwethaf, yr Eisteddfod oedd unig sefydliad cenedlaethol y Cymry ac 'roedd ei harwahanrwydd a'i harbenigrwydd ar y pryd yn nodweddion i'w pwysleisio o gofio mai Prydeindod ac unffurfiaeth oedd prif 'ethos' Oes Fictoria. Honnwyd llawer ynglŷn â hynafiaeth a thraddodiad yr Eisteddfod ac fel y nododd H.T. Edwards 'roedd rhai yn ddigon parod i haeru:

> na feddai'r un genedl ac eithrio'r Iddewon, efallai, sefydliad hafal i'r Eisteddfod o ran ei hynafiaeth a'i rym gwareiddiol.[28]

Gor-ddweud, bid siŵr, ond tu ôl i'r rhamantu saif un ffaith ddisyfl, sef fod yr eisteddfodau, y cyfarfodydd barddol cystadleuol hyn yn gwbl unigryw i Gymru ac yn ddolen gyswllt â diwylliant arbennig a oedd yn gwbl ddibynnol ar yr iaith Gymraeg ac ar hunaniaeth Gymreig.

Rhyw gyfarfodydd digon di-nod, di-drefn a diraen yn aml oedd eisteddfodau'r ddeunawfed ganrif, o leiaf hyd at ddegawd olaf y ganrif. Achlysuron oeddynt i fân feirdd gyd-gyfarfod mewn tafarnau i gyfansoddi barddoniaeth ar destunau a osodid ar y pryd. Gelwid yr enillydd yn bencerdd neu gadeirfardd a'i wobr wedyn fyddai ei gwrw, yn rhodd gan ei gyd-feirdd. Nid oedd gwerth llenyddol aruchel i'r cynnyrch, gweddillion gwantan ydoedd o'r hen grefft farddol broffesiynol a oedd yn dal i rygnu byw. Nid oeddynt yn gyfarfodydd lluosog, ac ni cheid cynulleidfa niferus yno a oedd yn awchus i werthfawrogi, a thafoli'r cerddi a genid. Yn ôl H. Ramage:

> Nid oedd o bwys i'r beirdd a ddeuai'r bobl gyffredin yno ond 'roedd yn bwysig iddynt gael cefnogaeth y boneddigion—onid oedd yn rhan o'u hetifeddiaeth draddodiadol i gael nawdd y boneddigion? A theimlai'r boneddigion hwythau ei fod yn ddyletswydd arnynt gefnogi'r beirdd. Mae'n wir fod rhai ohonynt yn edrych ar ymryson y beirdd fel ar yr ymryson ceiliogod, ond yr oedd eraill â gwir ddiddordeb yn y gelfyddyd farddol. A thestun amlwg yn yr Eisteddfodau oedd mawl i'r yswain lleol—onid oedd moli'r uchelwyr yn waith traddodiadol y bardd?[29]

Cyfarfodydd ymarfer cyfansoddi i'r rhai a ystyriai eu hunain yn feirdd oeddynt. Serch hynny, ni ddylid diystyru effaith a phwysigrwydd y di-nod. Os nad oedd y rhain yn feirdd mawr, 'roeddynt o leiaf yn ceisio creu llên yn rhigol y traddodiad Cymreig a hynny yn y Gymraeg. 'Roeddynt yn ddolen yn y gadwyn ddiwylliannol a'u cydia â gorffennol gwych a thoreithiog. Yn wir, credai beirdd y ddeunawfed ganrif fod eu cyfarfodydd barddol syml os nad anhrefnus hwy yn dilyn traddodiad hen eisteddfodau enwog y gorffennol pell. Yn Eisteddfod Aberteifi, 1176, Caerfyrddin, 1450, ac Eisteddfodau Caerwys yn 1523 ac yn 1567, nod yr eisteddfodwyr oedd cynnal a gwarchod y grefft farddol. Drwy gredu eu bod yn gwneud hynny rhoesant wedd genhadol warcheidiol i'w holl weithgareddau. Wrth gwrs, digon dilornus oedd gwŷr dysgedig y cyfnod o'u hymdrechion. Honnent hwy fod clytio cerdd anfedrus neu garol ddi-lun yn ddigon i ddyrchafu dyn yn gadeirfardd!

Un a geisiodd newid delwedd wael yr eisteddfod ar ddechrau'r ganrif oedd Siôn Rhydderch, yr almanaciwr o Gemaes ym Maldwyn. Yn rhifynnau ei almanac rhoes gryn hysbysrwydd i'r eisteddfodau gan ddwyn sylw'r darllenwyr atynt, a chyhoeddi peth o'r cynnyrch yn ddiweddarach. O leiaf 'roedd gwerin gyffredin bellach yn cael peth cyfle i ymgydnabod â chynnyrch llenyddol eu cyfnod eu hunain yn niwyg y mesurau caeth, er mor anwastad ydoedd ei ansawdd. 'Roedd bodolaeth llên gyfoes gynhyrchiol yn y Gymraeg yn sicr yn ffactor a roddai statws ac urddas i'r iaith gan ddylanwadu ar y modd y gwelai ac yr ystyriai'r dyn cyffredin hi. Ceisiodd Siôn Rhydderch ddiffinio swyddogaeth Eisteddfodau'r Almanaciau, yn bennaf yn nhermau gwarchod, dysgu ac adfywio'r grefft gynganeddol ar ei gorau. I'r diben hwn cyhoeddodd gyda'i ramadeg yn 1728 lawlyfr a amlinellai ei syniadau. Yn sicr, daeth â pheth brwdfrydedd ac arweiniad i fyd yr eisteddfod a cheisiodd osod nod a phwrpas i'r fath gynulliadau. Yn yr hysbyseb ynglŷn â'r eisteddfod a oedd i'w chynnal ym Machynlleth ar 24 Mehefin 1701 nodir yn glir i ba ddiben y byddai 'Prydyddion Sir Drefaldwyn, Sir Aberteifi a Sir Feirionedd' yn dod ynghyd:

> . . . i ddechrau adnewyddu a gwastadu Eisteddfod Prydyddion
> (fel ag yr oeddynt yn yr hên amser) i geryddu camgynghaneddu,
> i egluro y pethau towyll a dyrus, ac i wirio yr hyn sydd gywir
> mewn celfyddyd Prydyddiaeth yn yr Iaith Gymraeg.[30]

Digon llugoer oedd yr ymateb yn aml; ychydig a ddeuai ynghyd i gystadlu ac 'roedd y cynnyrch yn aml yn ddi-fflach ac yn wael o ran ansawdd a chrefft. Gan nad oedd beirdd yn dod ynghyd pa siawns oedd i gywion beirdd allu dysgu eu crefft yn iawn gan fanteisio ar wybodaeth, aeddfedrwydd a chrefft beirdd hŷn? Yr union ddiffygion hyn a barodd i Thomas Jones, Corwen benderfynu mynd ati yn 1789 i geisio trefnu eisteddfod wahanol, eisteddfod a fyddai'n ennyn brwdfrydedd, yn gosod safonau ac yn gyfrwng i hyfforddi beirdd. Yn Ionawr 1789 cyhoeddodd Jonathan Hughes eisteddfod yn Llangollen ond cafwyd ymateb gwarthus. Dim ond pedwar bardd a ddaeth ynghyd, yn cynnwys Jonathan Hughes a'i fab. Canlyniad hyn oedd i Jonathan Hughes a Thomas Jones anfon llythyr yr un at Gymdeithas y Gwyneddigion yn Llundain yn erfyn am eu cymorth i weddnewid y fath sefyllfa. 'Roedd Thomas Jones yn gwbl argyhoeddedig mai eisteddfod ddiwygiedig fyddai'r cyfrwng gorau i fagu ac addysgu beirdd gwerth eu halen. 'Beth a ddaw o'r beirdd anneallgar os na fydd cyfarfod blynyddol i roi iddynt ryw ddysg angenrheidiol' oedd un o'i brif resymau dros drefnu eisteddfod fawr yng Nghorwen ym mis Mai 1789 ar gyfer cerddorion yn ogystal â beirdd. Bu hyn yn drobwynt yn hanes yr eisteddfod, oherwydd mynnodd y Gwyneddigion y byddai trefn yr eisteddfodau a ddilynodd yn bur wahanol i'r rhai blaenorol. Mynasant fod yr eisteddfod i'w chyhoeddi flwyddyn ymlaen llaw a rhestr y prif destunau i'w gwneud yn hysbys ar yr un pryd. 'Roedd hyn yn elfen gwbl newydd—nid gosod testun ar y pryd ond ei osod yn gyhoeddus mewn da bryd i alluogi'r beirdd i lunio a chaboli eu cerddi cyn eu cyflwyno. At hynny, mynasant benodi beirniaid a fyddai'n cyflwyno eu beirniadaeth ar y cyfansoddiadau cyn yr eisteddfod. Rhoddasant arweiniad hefyd ynglŷn â mesurau. Yn draddodiadol disgwylid cerdd ar y pedwar mesur ar hugain, ond gan fod Goronwy Owen yn dipyn o eilun i'r Gwyneddigion anogasant y beirdd i gyflwyno cerdd hir gan ddefnyddio llai o fesurau er mwyn rhoi mwy o ryddid i'r awen. Drwy hyn rhoddodd y Gwyneddigion i'r Eisteddfod y math o fframwaith a'i galluogodd yn ddiweddarach i ddatblygu'n sefydliad diwylliannol cenedlaethol. Cynhaliwyd eisteddfod arall yn 1789 yn y Bala ac er i Thomas Jones obeithio cynnal tair eisteddfod y flwyddyn, yng Nghorwen, y Bala a Llanelwy, gorfu iddo fodloni ar un eisteddfod yn flynyddol. Parhaodd y drefn yn ddi-dor hyd 1795 pan symudodd Thomas Jones i Loegr oherwydd galwadau gwaith. Cynhaliwyd un eisteddfod fywiog arall yn ôl y sôn yng Nghaerwys yn 1798, pan ddaeth ynghyd i gystadlu, ugain bardd, deunaw cerddor a deuddeg telynor. Erbyn hynny 'roedd yr eisteddfod wedi dechrau denu cynulleidfa gan ddatblygu'n fan cyfarfod cyhoeddus a chydiodd hefyd yn nychymyg y Cymro cyffredin. 'Roedd yn enghraifft bellach o werineiddio llên draddodiadol, o ennyn diddordeb mewn rhai nad oeddynt ac na fyddent byth ychwaith yn feirdd nac yn gerddorion. Nid barddoni yn unig a gafwyd yn Eisteddfod y Bala yn 1789 ond ar ddiwedd y tridiau o gystadlu chwaraewyd anterliwt gan Twm o'r Nant a'i griw. Dyna rialtwch yn glo i'r cyfan!

Yn y de teimlai Iolo Morganwg ryw gymaint o chwithdod ac o bosibl eiddigedd o weld holl weithgarwch y Gwyneddigion wedi ei ganoli yn y gogledd. Onid oedd cystal traddodiad barddol yn y de? Rhoes ei ddychymyg ar waith gan greu traddodiad maith a pharchus i feirdd Morgannwg, ac ef a dyrnaid dethol arall oedd etifeddion y traddodiad gorwych hwnnw. Cydiodd rhamant y derwyddon ynddo, a mynnodd mai beirdd Morgannwg yn unig oedd yn llinach y traddodiad derwyddol.

Llwyddodd i dwyllo Cymry Llundain â'i gyfrinion a ffugiodd lawysgrifau i gefnogi ei honiadau. Ym Mehefin 1792 cynhaliwyd Gorsedd Beirdd Ynys Prydain am y tro cyntaf ar Fryn y Briallu yn Llundain, ac yno urddwyd nifer o aelodau'r Gwyneddigion. Bellach gwyddom mai ffrwyth dyfeisgarwch toreithiog Iolo oedd y cyfan—pasiant ffug, ond tra apelgar.[31] Serch hynny, enillodd ei thir a daeth yr Orsedd yn rhan o'r patrwm eisteddfodol yn Eisteddfod Caerfyrddin yn 1819. Ychwanegodd hynny at boblogrwydd yr ŵyl yn arbennig felly yn y bedwaredd ganrif ar bymtheg. Yn ôl Ceri Lewis (1966: 215):

> . . . y rhamantiaeth dderwyddol hon a greodd yr angerdd gwladgarol a redai drwy weithgarwch ab Ithel ac a esgorodd ar y mudiad a gynhyrchodd Eisteddfod Llangollen 1858, pan ddaeth yr Eisteddfod a'r Orsedd yn sefydliadau cenedlaethol ac yn ganolfan bywyd llenyddol Cymru. Dyna i chwi enghraifft nodedig o rym ac o werth myth, oblegid drwy gyfrwng y chwedloniaeth Orseddol a'r naws ramantaidd oedd yn ei ysgrifau fe lwyddodd Iolo i raddau i greu cyfnod newydd yn hanes bywyd diwylliannol Cymru.

Beth bynnag yw'n hymateb i dwyll bwriadol Iolo, erys un ffaith yn gwbl glir—rhoes rhamanitaeth a dyfeisgarwch Iolo statws a bri arbennig ar yr iaith Gymraeg. Drwy'r Orsedd cyflwynodd i'r Cymry amlygiad gweledol o barhad traddodiad aruchel a chyfrin, a'r cyfan ynghlwm wrth y Gymraeg! Ar sawl cyfrif 'roedd y ddeunawfed ganrif yn ganrif y rhyfeddodau.

Dosbarthiad daearyddol y Gymraeg

Yn ystod yr ail ganrif ar bymtheg daeth cymunedau dwyieithog yn nodwedd eithaf cyffredin ar hyd y gororau. Gellid clywed y ddwy iaith drwy drwch y boblogaeth, gan gynnwys Cymry unieithog a Saeson unieithog yn ogystal â'r rhai a siaradai'r ddwy iaith. Enghraifft oedd hyn, wrth gwrs, o ddwyieithrwydd unochrog, oherwydd y Cymry a ddysgai'r Saesneg a hwy wedyn oedd yr elfen ddwyieithog yn y gymdeithas. Beth oedd y cymhelliad i ddysgu'r Saesneg yn y lle cyntaf, tybed? Daeth masnach â phobl y gororau i gysylltiad agos â'u cymdogion di-Gymraeg a'r prif ganolfannau trefol o fewn eu cyrraedd yn fynych oedd trefi Lloegr. Saesneg fyddai cyfrwng y bargeinio yn y ffeiriau yno a Saesneg oedd yr iaith swyddogol oddi ar gyfnod y Deddfau Uno, ac yn y Saesneg yn unig y gellid derbyn addysg a 'dod ymlaen' yn y byd. Gan fod yr ail iaith yn bwysicach na'r famiaith cam bach wedyn oedd i rieni benderfynu peidio â throsglwyddo'r iaith i'w plant. Yna o fewn cenhedlaeth daeth dwyieithrwydd gweddol eang yn batrwm cyfyngedig ac yn oedran glwm—yn batrymau'r genhedlaeth hŷn yn unig. Dyma'r patrwm clasurol bob tro yn hanes erydiad iaith—erydiad rhyng-genhedlaeth—ac yn fynych mewn sefyllfaoedd o'r fath gellir colli iaith yn llwyr o fewn tair cenhedlaeth. Daw y genhedlaeth gyntaf yn weddol rhugl yn yr ail iaith, ond pery'r famiaith yn brif iaith iddynt. Bydd eu plant yn ddigon rhugl yn y ddwy iaith, ond pan yw'r amodau yn rhai priodol, gall yr ail iaith ddisodli'r famiaith fel eu prif iaith. Dyma'r rhai wedyn na chânt unrhyw anhawster i wrthod trosglwyddo eu mamiaith i'w hepil hwythau. Tybed ai dyna ddigwyddodd ar hyd y gororau? Ni raid dyfalu oherwydd mae'r dystiolaeth o'r ddeunawfed ganrif yn gwbl glir. 'Roedd dwyieithrwydd ar hyd y ffin yn nodwedd hollol ansefydlog ac roedd statws y Saesneg yn ddigon cryf i achosi enciliad a difodiant y Gymraeg yn yr ardaloedd hynny o fewn oes un genhedlaeth. Ar ddechrau'r ddeunawfed ganrif ymestynnai'r ffin ddwyieithog yn rhimyn denau yn y gogledd-ddwyrain ond cynhwysai Faelor Saesneg (gw. t.167). Rhedai i'r de wedyn ac i'r gorllewin o'r Trallwng heibio i'r Drenewydd gan dreiddio hyd at ganol Sir Faesyfed. 'Roedd pentrefi'r ffin ym Maesyfed, megis Heap, Beguildy, Llanandras, Kinnerton ac Evenjobb wedi eu llwyr Seisnigo eisoes. Ar ddechrau'r ail ganrif ar bymtheg buasai'r rhain yn ardaloedd lle 'roedd y Gymraeg yn ddigon ffyniannus ond troesant yn gymunedau dwyieithog erbyn tua 1650. Erbyn dechrau'r ddeunawfed ganrif 'roedd y clwyf dwyieithog wedi ymestyn yn sylweddol hyd ganol y sir. Nid oedd yr erydiad lawn cymaint ym Mrycheiniog a dim ond parthau dwyreiniol Mynwy oedd yn ddwyieithog. Erbyn canol y ganrif y Saesneg oedd prif iaith y parthau a oedd yn ddwyieithog hanner canrif ynghynt a'r patrwm dwyieithog wedi ymestyn ymhellach i'r gorllewin i ardaloedd a oedd ynghynt i bob pwrpas yn drwyadl Gymraeg eu hiaith. Yn ôl W.H. Rees (1947) byddai'n bosibl tua chanol y ddeunawfed ganrif osod y trefi canlynol ar ffin ddwyreiniol ansefydlog y Gymraeg. Gan ddechrau yn y gogledd-ddwyrain yn nhref y Fflint gellid dilyn y ffin drwy Laneurgain i'r Wyddgrug, ymlaen i Gresford, Wrecsam a Marchwiel; yna drwy ran o Swydd Amwythig yn ardal Croesoswallt i'r Trallwng, Ceri a Threfyclo, ymlaen i Lanandras, Maesyfed (New Radnor) a Phencraig (Old Radnor), Castell-paen, y Gelli, Llanigon a Chrughywel; yna i

Michel Troy a Threfynwy ac ymlaen i dde Sir Fynwy yn Llanfaches.

Mae'n amlwg fod W.H. Rees o'r farn fod yr holl ardaloedd i'r dwyrain o'r trefi hyn wedi eu llwyr Seisnigo erbyn 1750. Mewn geiriau eraill 'roedd y Gymraeg wedi darfod fel grym cymdeithasol yn yr ardaloedd dwyieithog blaenorol. Yn ôl A.H. Dodd dyma gyfnod trechu'r Gymraeg ym Maelor Saesneg yn y gogledd-ddwyrain.[32] Yn sicr dyma gyfnod ymlediad dwyieithrwydd drwy ran helaethaf Sir y Fflint. Nododd R. Warner pan oedd ar ei daith drwy Gymru yn 1798 fod plant Sir y Fflint i gyd erbyn hynny yn ddwyieithog.[33] Efallai y dylid trafod y dystiolaeth â pheth amheuaeth gan mai cyfeirio yr oedd at diroedd gwastad Sir y Fflint. 'Roedd rhannau gorllewinol y sir, y tir uchel a'r ardaloedd mwyaf anghysbell yn sicr yn uniaith Gymraeg. Yn nwyrain Dinbych ar ddechrau'r ganrif, sef yn Gresford ac yn ardal Wrecsam, mae lle i gredu fod y Gymraeg yn ddigon ffyniannus er bod yr ardaloedd hyn yn ddwyieithog erbyn hynny. Mewn llythyr at y Gymdeithas er Taenu Gwybodaeth Gristnogol yn 1700 mynnodd un Dr Robert Wynne mai ysgolion Cymraeg yn unig a fyddai'n llwyddo yn yr ardal. Tua'r un adeg ysgrifennodd rhyw Mr Price o Wrecsam at ysgrifennydd y Gymdeithas gan ddweud mai'r Gymraeg a fyddai'r cyfrwng dysgu gorau yn siroedd y Fflint, Dinbych a Threfaldwyn! Onid awgrym a geir yma fod y Gymraeg yn dal yn iaith y mwyafrif yn y gogledd-ddwyrain ar y pryd? Mae'n sicr i bethau newid yn dra sylweddol yn ystod y ganrif. Rhydd yr hanesydd A.N. Palmer ddarlun tywyll iawn o le'r Gymraeg yn Gresford erbyn 1764:

> At a Vestry Meeting held in June 1764 the Welsh Testament and Common Prayer Book were ordered to be lock'd up in the Church Chest and not to be used any longer till ordered by the bishop.[34]

Felly, 'roedd y rhai a oedd yn blant yn 1700, plant a fyddai'n elwa'n sylweddol o dderbyn eu haddysg yn y Gymraeg yn ôl y Dr Robert Wynne, yn ddigon parod i hepgor gwasanaethau Cymraeg yn yr Eglwys yn 1764. Ar y llaw arall gellid dadlau mai agwedd gwrth-Gymraeg yr Eglwys fel sefydliad yn y ddeunawfed ganrif sy'n brigo i'r wyneb yma.

Yn llythyrau'r Gymdeithas er Taenu Gwybodaeth Gristnogol ar ddechrau'r ganrif ceir ambell gyfeiriad at y sefyllfa ieithyddol. Ym Mehefin 1722 dywedod y Parchedig John Catlyn mai llyfrau Saesneg oedd fwyaf derbyniol yng Ngheri, Sir Drefaldwyn oherwydd er bod peth Cymraeg yn cael ei siarad yn yr ardal, ychydig a allai ddarllen yr iaith (gw. t.168).

Mae'n amlwg, felly, bod llythrennedd ynghlwm wrth y Saesneg. Dyna'r union ddarlun a geir yn llythyr Sir John Price o'r Drenewydd yn 1730.[35] Ceisiodd yntau ragor o lyfrau Saesneg am nad oedd rhyw lawer yn gallu darllen y Gymraeg yng nghyffiniau'r Drenewydd. Rhydd hyn olwg cliriach inni o natur y gymuned ddwyieithog. 'Roedd anghyfartaledd cyweiriol yn rhwym o godi rhwng y ddwy iaith pan oedd un, er yn famiaith, yn cael ei chyfyngu i rai meysydd ac un cyfrwng yn unig. Enghraifft a geir yma o gyfyngu ar bosibiliadau cyweiriol y famiaith gan ei gwneud yn haws i'r ail iaith ddod yn brif iaith cymdeithas. Mae'r hyn a ddigwyddodd ar y gororau dros ddwy ganrif yn ôl yn rhybudd clir fod diffyg llythrennedd yn y Gymraeg yn ffactor a all gyflymu erydiad yr iaith. Pan ddaw'r Saesneg yn gyfrwng llythrennedd, caiff effaith gwbl andwyol ar y Gymraeg hyd yn oed yn llafar. Mae'n rhaid i'r Gymraeg fod yn iaith amlgyfrwng, nid iaith lafar yn unig, ond rhaid i'w siaradwyr allu ei defnyddio fel cyfrwng llythrennedd hefyd. Dyma un rheswm paham y cyfeiriwyd ynghynt at Ysgolion Griffith Jones a'r Diwygiad Methodistaidd yn gyffredinol fel y prif gyfryngau cadarnhaol yng nghadwraeth yr iaith yn ystod y ddeunawfed ganrif. Oni bai amdanynt hwy y tebyg yw y byddai cysgod dwyieithrwydd wedi ymledu'n llawer cyflymach tua'r gorllewin.

Ym Maesyfed y gwelwyd y newidiadau pennaf yn ystod y ganrif. Erbyn ei diwedd, 'roedd y sir bron i gyd heblaw am y rhimyn gorllewinol wedi ei Seisnigo'n llwyr. Ar ddechrau'r ganrif derbyniodd Edward Lhuyd atebion i'w holiadur yn y Gymraeg o ardal Glascwm yn ne-ddwyrain Maesyfed. Erbyn 1730 Saesneg oedd iaith y gwasanaethau eglwysig yn y plwyf ac erbyn diwedd y ganrif 'roedd yr ardal wedi ei Seisnigo'n llwyr. Cafodd Vavasor Powell ei eni yn ardal Cnwclas yng ngogledd-ddwyreiniol y sir ar ddechrau'r ail ganrif ar bymtheg. Daeth yn ôl i'r ardal i bregethu tua 1646 ac 'roedd yno rai y pryd hwnnw a ddeallai'r Gymraeg. Ganrif yn ddiweddarach Saesneg oedd iaith yr ardal. Mewn llythyr at ei frawd William Morris yn 1742 dywed Lewis Morris iddo glywed Cymraeg da ym Mhen-y-bont yng nghanol Sir Faesyfed, ond bod pawb yn gallu siarad Saesneg a honno oedd yr iaith a ddysgai'r plant gyntaf. Clywsai beth Cymraeg yn nhref Maesyfed, a hynny o bosibl ymysg y to hynaf.[35]

Rhwng 1745-49 bu Howel Harris ar daith bregethu drwy'r sir ac yn ôl pob tystiolaeth 'roedd oedfaon dwyieithog yn nodwedd ddigon normal. Daeth John Wesley ar daith bregethu yn 1745 ac 1746. Pregethodd ym Maesmynis, yn Llanfair-ym-Muallt a hefyd yn Aberhonddu yn Sir Frycheiniog. Honnir i dyrfaoedd heidio i wrando arno ac oedfaon Saesneg oedd y rhai hynny. Mae'n amlwg fod y cynulleidfaoedd yn deall digon o Saesneg i allu gwrando ar bregethau digon maith. Pan oedd ar ymweliadau â Margam ac â Llanwynno ger Ynys-y-bŵl cofnodir i Wesley orfod dibynnu ar gyfieithydd. Nid oedd angen cyfieithydd ym Maesyfed sy'n awgrymu fod dwy-ieithrwydd yn nodwedd eang a chyffredin yno erbyn canol y ddeunawfed ganrif.

Wrth gwrs, ni allwn fesur a phwyso hyd a lled y dwyieithrwydd hwnnw. Y tebyg yw fod rhai ymysg trigolion ardal Llanfair-ym-Muallt yn 1750 a oedd i bob pwrpas yn Gymraeg eu hiaith ond yn deall y Saesneg yn bur dda, eraill a oedd yn eithaf rhugl yn y ddwy iaith, ac eraill na allent siarad y Gymraeg o gwbl. Mae'n debyg mai'r term 'cymysgiaith' fyddai'n disgrifio'r sefyllfa orau. 'Roedd dwy garfan nad oeddynt yn deall rhyw lawer o iaith y naill a'r llall, ac yn y canol ceid yr elfen ddwyieithog a oedd yn llawer mwy niferus na'r ddwy garfan arall. Enciliad ymysg y rhain a newidiodd batrymau ieithyddol Sir Faesyfed yn llwyr yn ystod y ddeunawfed ganrif. Erbyn canol y ganrif 'roedd canol y sir yn gymysg ei hiaith ac erbyn diwedd y ganrif ymestynasai hynny hyd at orllewin Maesyfed. Yn ôl tystiolaeth y Parchedig Jonathan Williams, dim ond un eglwys y plwyf a gynhaliai wasanaethau Cymraeg yn 1815, sef eglwys plwyf St. Harmon.[36] Parhaodd hynny hyd 1835 ac wedyn cynhelid un gwasanaeth Cymraeg y mis hyd 1865. Cadwodd capel Wesleaidd St. Harmon at y Gymraeg hyd 1870. Yn ôl Adroddiad y

Comisiynwyr yn 1847 Saesneg oedd iaith pobl Sir Faesyfed drwyddi draw heblaw am ddau blwyf yn y gorllewin, sef Llansantffraid, Cwmdeuddwr a St. Harmon. Paham yr arweiniodd dwyieithrwydd bob tro i unieithrwydd Saesneg a hynny yng nghefn gwlad? Nid yw'r ateb yn syml ac mae plethiad o resymau yn achos pob cymdogaeth, ond y tebyg yw fod gan ymagweddiadau negyddol tuag at y Gymraeg lawer i'w wneud â chyflymder yr erydu. Gan fod y Saesneg yn iaith swyddogol llywodraeth, addysg a chyfraith a threfn, 'roedd iddi rym a statws ym meddwl pobl gyffredin. Hi oedd iaith masnach ac â Lloegr y cysylltid yr ardal hon yn economaidd. I'r dwyrain y lleolid y trefi mawr, y canolfannau masnach a'r ffeiriau. 'Roedd yn llawer haws teithio i'r dwyrain nag i'r gorllewin. Wedi'r cyfan 'roedd Pumlumon yn rhwystr tra effeithiol i ddatblygiad cysylltiadau economaidd, cymdeithasol a diwylliannol clòs â Cheredigion.

Mae'n debyg fod poblogaeth denau'r sir wedi bod yn rhwystr i gynnal diwylliant Cymraeg yn arbennig ar ôl Seisnigo'r uchelwyr yn y ganrif flaenorol. 'Roedd diffyg diwylliant unigryw yn golygu nad oedd gwerth yn cael ei roi ar yr iaith Gymraeg. Brigodd y cymhlyg israddol i'r wyneb ac aeth siaradwyr y Gymraeg eu hunain yn fwriadol ati i ddibrisio eu hiaith gan gefnu arni'n rhannol drwy beidio â'i throsglwyddo i'w plant er iddynt hwy eu hunain barhau i'w defnyddio. Iaith y gorffennol oedd y Gymraeg, iaith yr hen bobl, yr hen ffordd o fyw—y Saesneg oedd yn agor drws y dyfodol, hi oedd priod iaith yr ifanc. Yn y *Cambrian Quarterly Magazine* yn 1831 ceir erthygl ddienw yn sôn am y Parchedig Edward Davies a aned ym mhlwyf Llanforeth yn 1756. Cyfeiria at arferiad rhieni'r cyfnod hwnnw ym Maesyfed fel hyn:

> As a knowledge of the Welsh language was considered by his parents to be injurious to their children by preventing their acquiring English they were forbidden to learn it. However the children gained some knowledge of it by attending to the conversations of their parents, and their acquaintances and from reading the Welsh Bible.[37]

Amlygwyd y fath agwedd droeon ar ôl hynny mewn ardaloedd eraill ledled Cymru. Hanes tebyg a welwyd ym

Mynwy ond na fu ymdreiddiad y Saesneg lawn mor effeithiol ag y bu ym Maesyfed. Ar ddechrau'r ganrif 'roedd parthau dwyreiniol y sir yn ddwyieithog. Gwyddom i George Whitfield fynd ar daith bregethu drwy'r sir. Daeth tyrfa fawr i wrando arno yn Abergafenni. Ni ddaliai'r eglwys y gynulleidfa luosog a gorfu iddynt gynnal yr oedfa yn y fynwent. Saesneg oedd iaith y pregethu ac felly cesglir bod nifer helaeth y bobl yn ddwyieithog yn yr ardaloedd hyn ar y pryd. Bu John Wesley hefyd ar daith bregethu yn ystod yr un flwyddyn ac nid oes cofnod iddo gael cyfieithydd yng Nghas-gwent, Brynbuga, Abergafenni yn Sir Fynwy nac yng Nghaerdydd yn Sir Forgannwg.[38] 'Roedd y Gymraeg yn edwino yn y dwyrain yn sicr yn ystod hanner cyntaf y ganrif ac erbyn yr ail hanner y Saesneg oedd y brif iaith. Dywedir i'r bregeth olaf yn y Gymraeg gael ei thraddodi ym Mrynbuga yn 1750.[39] Er bod Trefynwy yn sicr yn dref ddwyieithog yn 1752, mewn llythyr at y Gymdeithas er Lledaenu Gwybodaeth Gristnogol, mynnodd Syr John Williams fod angen cyfieithiadau i'r Gymraeg yno.[40] Pan ymwelodd yr Is-iarll Torrington â Threfynwy yn 1781 cofnododd iddo glywed llawer yn siarad y Gymraeg yno: 'Welsh is as much spoken and understood as English.'[41] Ef hefyd a nododd fod Trelech yn gwbl Saesneg o ran iaith ond eto'r Gymraeg oedd yr iaith arferol mewn pentref chwe milltir oddi yno.

Yng nghanol y sir gwelwyd peth mewnlifiad o siaradwyr di-Gymraeg gyda thwf diwydiant a'r canlyniad oedd datblygiad cymunedau dwyieithog. Pan symudodd Saeson i weithio yn ardal Caerleon yn 1750, Cymraeg oedd cyfrwng addoliad y capeli Anghydffurfiol yno i gyd. Gorfu iddynt sefydlu achos Bedyddwyr Saesneg. Wrth gwrs, nid yw hynny'n golygu nad oedd rhai di-Gymraeg yng Nghaerleon cyn hynny. Gallent addoli yn y Saesneg yn yr Eglwys, bid siŵr! Dywed Raymond Howell (1988) mai'r Saesneg oedd cyfrwng y gwasanaethau yn Eglwys St. Woolos yng Nghasnewydd yn 1770, ac eto gerllaw ym Masaleg yn 1780 bu cryn helynt rhwng yr Esgob Barrington a Syr Charles Morgan. Penodasai'r olaf offeiriad di-Gymraeg i fywoliaeth y plwyf ac ni chytunai'r Esgob am fod y rhan fwyaf o'r plwyfolion yn fwy cartrefol yn addoli yn y Gymraeg. Cafwyd cyfaddawd yn y diwedd drwy ddweud y byddai'n rhaid i'r offeiriad ddysgu'r Gymraeg. 'Roedd canol y sir erbyn ail hanner y ganrif yn glytwaith ieithyddol pur amrywiol.

Ymddengys i gymoedd gorllewin Mynwy barhau yn Gymraeg eu hiaith drwy gydol y ganrif er gwaethaf mewnlifiad poblogaeth gyda thwf diwydiant. Ni ellir lai na chytuno â dyfarniad William Coxe yn 1801 y gellid rhannu'r sir yn dair rhan. Yn y dwyrain y Saesneg oedd gryfaf, 'roedd canol y sir yn ddwyieithog a'r gorllewin yn Gymraeg ei hiaith:

> The Welsh language is more prevelant than is generally supposed: in the north-eastern, eastern and south-eastern parts the English tongue is in common use: but in the south-western, western and north-western districts, the Welsh excepting in the towns, is generally spoken. The natives of the midland parts are accustomed to both languages; in several places divine service is performed wholly in Welsh, in others in English, and in some alternatively in both. The natives of the western parts, which are sequestered and mountainous, unwillingly hold intercourse with the English, retain their ancient prejudices and still brand them with the name of Saxons; this antipathy however, is gradually decreasing, by means of the establishment of English schools and the introduction of English manners, customs and manufactures.[42]

Mae'n amlwg i'r Gymraeg golli peth tir i'r Saesneg ar hyd y ffin ddwyreiniol yn ystod y ddeunawfed ganrif ond nid oedd eto'n don gref penllanw. Mae'n bwysig cofio bod oddeutu 80% o boblogaeth Cymru yn dal i siarad yr iaith ar ddiwedd y ganrif.

Byddai unrhyw ymdriniaeth â dosbarthiad daearyddol y Gymraeg yn y ddeunawfed ganrif yn gwbl anfoddhaol, os nad yn annigonol, heb gyfeirio at ymchwil y Dr W.T.R. Pryce. Seiliodd ef ei ddadansoddiad ar yr wybodaeth a gasglwyd am iaith gwasanaethau'r Eglwys drwy atebion i Ymholiadau Ymweliadol yr Esgobion. Llwyddodd i ddangos pa ardaloedd oedd yn gadarn eu Cymraeg ac ym mha ardaloedd y ceid gwasanaethau yn y ddwy iaith, ym mha blwyfi y gwneid defnydd achlysurol o'r Gymraeg a hefyd y plwyfi lle 'roedd popeth drwy'r Saesneg. Drwy osod yr wybodaeth ar fap ceir darlun eithaf clir a diddorol o drylediad daearyddol y Gymraeg a'r Saesneg yn 1750, 1850 a 1900. Dengys Ffigur 4.1 beth yn union oedd y sefyllfa yn 1750. 'Roedd ardaloedd lle ceid gwasanaethau Saesneg yn unig, fel y disgwylid yn ne Penfro, Penrhyn Gŵyr a Bro Morgannwg. Yn ogystal dangosir yn glir iawn fod cymdogaethau'r gororau wedi eu Seisnigo erbyn hynny. Ond drwy'r dull hwn llwyddodd Pryce i nodi'r ardaloedd dwyieithog yn glir a diamwys—yr ardaloedd trawsnewid rhwng y Gymru Gymraeg i'r gorllewin a'r di-Gymraeg i'r dwyrain. Sylwer hefyd fod yr un patrwm wedi dechrau amlygu ei hunan yng nghyffiniau'r tiriogaethau hynny a oedd wedi eu Seisnigo oddi ar gyfnod y Normaniaid, sef de Penfro, Penrhyn Gŵyr a rhannau o Fro Morgannwg.

Mae'r Ymholiadau Ymweliadol Esgobol yn sicr yn gloddfa o wybodaeth dra diddorol ynglŷn â chymdeithaseg yr iaith yn y gymuned leol. Gellir gweld yn eithaf buan fod yr Eglwys ar y cyfan yn barotach i gynnal oedfaon Saesneg ar yr esgus lleiaf yn fynych. Cred Pryce, serch hynny, fod iaith y gwasanaethau ar y cyfan yn adlewyrchiad eithaf cywir o'r sefyllfa leol:

> There are now considerable grounds for believing that the language or languages as used regularly in Anglican church services closely reflected local circumstances.[43]

Ar brydiau, serch hynny, nid yw patrwm ieithyddol yr eglwys yn adlewyrchiad o'r sefyllfa leol. Ni fyddai Pryce yn nodi plwyfi Llanycil a'r Rhug fel rhai dwyieithog ar sail yr atebion canlynol:

> LLANYCIL (near Bala): Services are '. . . altogether Welsh except when the Judges came to Church when the Assizes are at Bala. Then we have the Service and Sermon all in English.'

> RUG CHAPEL (near Corwen) 'When the Family is not home most part of the Service is read in English, and when not, all in Welsh.'[44]

Yn yr atebion o'r ardaloedd trawsnewid ceir cadarnhad mai nodwedd a berthynai i'r to iau fynychaf oedd dewis siarad Saesneg yn hytrach na'r Gymraeg. Yn Nhrallong ger Aber-honddu ceid gwasanaethau Cymraeg ond 'roedd y Saesneg eisoes yn cryfhau ymhlith yr ifanc yn ôl datganiad yr offeiriad:

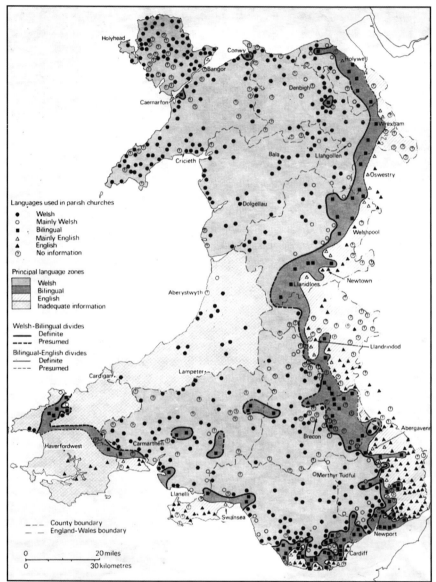

Ffig. 4.4: Y sefyllfa ieithyddol yn 1750.

(drwy ganiatâd Dr W.T.R. Pryce).

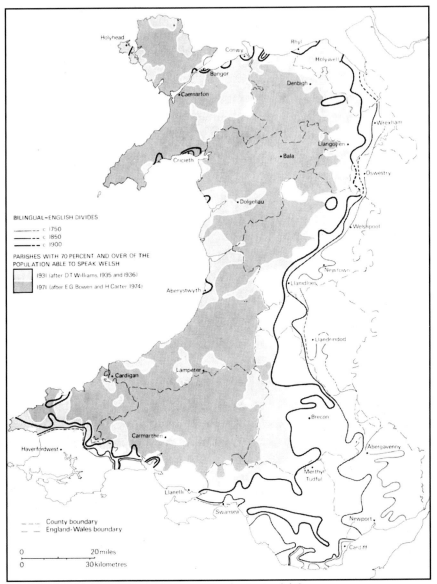

Ffig. 4.5: Ffiniau eithaf y bröydd Saesneg

(drwy ganiatâd Dr W.T.R. Pryce)

Young persons repeat their catechism in English most [Sunday]
afternoons and I expand it to them in English and Welsh.[45]

Tybed a oedd yr eglwys mewn ardaloedd o'r fath yn rhy barod i
droi i'r Saesneg? Mae lle i amau pa mor ddwyieithog oedd y
cymunedau yn rhai o'r plwyfi a restrir fel rhai dwyieithog, ond
mae'n sicr fod plwyfolion yno a fyddai'n ffafrio'r Saesneg. Yn
ambell un o'r atebion ceir enghreifftiau clir o ymagweddu
negyddol tuag at y Gymraeg mewn cymunedau cymysgiaith yn
ogystal â chyfeiriadau at dlodi ieithydol a meistrolaeth rannol y
rhai a siaradai'r iaith. Yn St. Lytham ger Caerdydd croniclwyd
agwedd gwŷr yr eglwys at y Gymraeg:

> . . . the duty is sometimes Welsh and sometimes English, Welsh
> for the Ignorant—English however for the catechism generally.[46]

Mae yn onest iawn beth bynnag!

Yn Llanbedr-ar-fynydd ger y Bont-faen rhoddir rhesymau
ieithyddol am ddiffyg gweithgarwch yn y plwyf:

> . . . no children to catechize by Reason that I believe that there is
> not one can read his mother tongue.[47]

Cyfeiriwyd eisoes at ddiffyg llythrennedd yn y famiaith fel un o
resymau pwysicaf erydiad ieithyddol.

Drwy archwilio patrymau iaith oedfaon yr Eglwys
Anglicanaidd yn 1850 ac yna yn 1900 dangosodd Pryce fod y
broses erydol o barthau dwyrain Cymru wedi parhau am y
ganrif a hanner yn dilyn 1750. Dangosir ffiniau eithaf y bröydd
Saesneg ar Ffigur 2. O ran tiriogaeth, araf a chymharol fychan
fu'r cynnydd yn y gogledd-ddwyrain. Ni fu'n sylweddol yn Sir
Drefaldwyn a Maesyfed ychwaith. Digwyddodd y difrod mawr
ym Maesyfed yn ystod y ddeunawfed ganrif. Yn ail hanner y
bedwaredd ganrif ar bymtheg ildiodd y Gymraeg ardaloedd
sylweddol yn Sir Frycheiniog a dyma i bob pwrpas gyfnod
enciliad syfrdanol y Gymraeg yn ne-ddwyrain Cymru drwy Sir
Forgannwg hyd at Afon Llwchwr. Mae'n rhaid cofio, serch
hynny, mai ar sail cofnodion gwasanaethau'r Eglwys
Anglicanaidd y cafwyd y patrymau. Yn sicr maent yn
fesuryddion digon cywir o'r tueddiadau cyffredinol, ond

dichon nad ydynt yn fanwl gywir bob amser. Rhaid cofio bod twf Anghydffurfiaeth wedi cynyddu'n sylweddol o ail hanner y ddeunawfed ganrif ymlaen, a gellid dadlau, felly, mai sampl anghyflawn o boblogaeth cymunedau a gafwyd wrth ystyried iaith gwasanaethau'r Eglwys Anglicanaidd yn unig. Ar y cyfan 'roedd y capeli yn llawer mwy teyrngar i'r iaith Gymraeg, ond y gwir yw na fyddai iaith capel o angenrheidrwydd yn fesurydd teg o statws a gafael y Gymraeg ar y gymuned. Bu'n rhaid aros hyd Gyfrifiad 1891 cyn gallu cael ffigurau dibynadwy a roddai wybodaeth am ddwyster y ddwy iaith ar draws y wlad i gyd.

Ar ddiwedd y ddeunawfed ganrif nid oedd angen poeni am ddyfodol y Gymraeg. Hi oedd iaith mwyafrif poblogaeth y wlad a phocedi digon disylw a dibwys ar y cyrion oedd yr ardaloedd di-Gymraeg. Ond 'roedd proses ar gerdded a fyddai'n medi llawer mwy yn y dyfodol.

NODIADAU

[1]Gw. B. Bernstein (1964).

[2]Gw. M.B. Evans (1972) 'Roedd ymlythyru Howell Harris yn ddieithriad yn y Saesneg a nifer o lythyrau Gruffydd Jones yr un modd.

[3]G.H. Jenkins (1993: 111).

[4]E. Saunders (1721: 14-15).

[5]Dyfynnwyd yn M.B. Evans (1972: 76-77).

[6]Ibid. (78).

[7]E. Saunders (1721: 25).

[8]M.B. Evans (1972: 84).

[9]E. Saunders (1721: 38-39).

[10]E. Saunders (1721: 43).

[11]M.B. Evans (1972: 84).

[12]G.H. Jenkins, (1990: 211).

[13]Gw. *The Depositions, Arguments and Judgement in the Course of the Church-Wardens of Trefdraeth against Bowles,* Llundain, 1773.

[14]Dyfynnwyd yn R. Tudur Jones, (1973: 68).

[15]G.H. Jenkins, (1990: 169).

[16]W.J. Samarin (1976).

[17]J. Fishman (1981: 1-97); *S. Pol (1981).*

[18]J. Keiner (1991: 178-84).

[19]J. Keiner (1991: 177).

[20]Ceir disgrifiadau diddorol yn B. Neale, (1974).

[21]M.B. Evans (1972: 39).

[22]M.B. Evans (1972: 47-8).

[23]*Ateb Philo-Evangelius* yn N. Cynhafal Jones, (1891: 463).

[24]Yn Dyfnallt Morgan (1966: 00).

[25]Gw. E. White (1993: 72).

[26]Ibid. (1993: 79).

[27]P. Morgan (1981: 79).

[28]Gw. H.T. Edwards (1976: 1). Cyfeirio y mae at sylwadau Gwalchmai yn Owen Jones (1875), *Cymru yn Hanesyddol, Parthedegol a Bywgraphyddol.* Ceir amlinelliad pwrpasol a diddorol o hanes yr Eisteddfod yn H.T. Edwards (1976), (1980) a (1990), a Helen Ramage (1966) a (1968).

[29]H. Ramage (1966: 200)

[30]Dyfynnwyd yn H.T. Edwards (1976: 19)

[31]Ar y dechrau 'roedd cryn amheuaeth ynglŷn â'r Orsedd. Mewn llythyr at Edward Davies haerodd John Walters o Landochau (awdur y geiriadur) mai rhyw gymdeithas gyfrin tebyg i'r Seiri Rhyddion oedd Gorsedd y Beirdd! (Llsg. Caerdydd 3, 104. Cyf. VI, llythyr 3).

[32]Gw. A.H. Dodd (1940: 55).

[33]Gw. R. Warner (1798, Pt. 2: 262-3).

[34]A.N. Palmer (1904: 3:196).

[35]Cyfeirir at hyn yn R. Mathias (1973: 46).

[36]R. Mathias (1973: 46-47).

[37]W.H. Rees (1947).

[38]Gw. A.H. Williams (1971).

[39]J.H. Clark (1890/91: 196).

[40]N.L.W., AOD MS 359B 1373.

[41]Torrington (1934: 22).

[42]W. Coxe (1801: 1).

[43]W.T.R. Pryce (1986: 36).

[44]Ibid (1986: 40).

[45]Ibid (1986: 41).

[46]Ibid (1986: 42).

[47]Ibid (1986: 42).

CANRIF FYRLYMUS Y NEWIDIADAU— Y BEDWAREDD GANRIF AR BYMTHEG

Cyflwyniad

'Roedd y bedwaredd ganrif ar bymtheg yn ganrif fyrlymus a phur dyngedfennol yn hanes y Gymraeg. Cafwyd cyfnewidiadau a effeithiodd ar bob agwedd ar fywyd y bobl ac a adawodd eu cysgodion ar hynt yr iaith Gymraeg hyd at ail hanner yr ugeinfed ganrif. Yn wir y mae deall sut y ffurfiwyd ac y tylinwyd cymdeithaseg y Gymraeg yn ystod y ganrif ddiwethaf yn gwbl allweddol ar gyfer deall a datrys sefyllfa'r iaith ar ddiwedd yr ugeinfed ganrif. Fel y pwysleisiwyd yn y penodau blaenorol, mae iaith a chymdeithas yn anwahanadwy. Maent yn gwbl ddibynnol ar ei gilydd. Fynychaf bydd cyfnewidiadau cymdeithasol, economaidd, diwylliannol, crefyddol a gwleidyddol, neu unrhyw newid arall yn strwythur cymuned neu yn ymagweddiad aelodau'r gymdeithas, yn rhwym o frigo i'r wyneb gan effeithio ar y lefel ieithyddol yn hwyr neu'n hwyrach. Mae rhai cyfnewidiadau'n amlwg ac yn weladwy, tra bo eraill yn llawer tawelach ac arafach, ac os rhywbeth, ynghudd. Dyma'r newidiadau peryclaf yn fynych, pan geir ymosodiad ar ymagweddiad, ar hunan-barch ac ar hunanddelwedd siaradwyr iaith, pan fo ffasiwn neu chwiw 'fodern' yn peri i ddyn ystyried ei iaith yn 'henffasiwn' neu hyd yn oed yn annigonol ar gyfer byw bywyd cyflawn. Gall dibristod, neu ddiffyg ymateb i hynny fod yn andwyol i safle a swyddogaeth iaith mewn cymdeithas. Yn wir, y mae anobaith yn un o'r gelynion oddi mewn ac wrth edrych ar erydiad iaith rhaid ystyried yn bur fanwl beth yw'r ffactorau a esgorodd ar y diffyg hyder hwnnw yn y lle cyntaf. Un o arwyddion amlycaf adfer iaith (R.L.S.)[1] ar y llaw arall yw 'gobaith' a 'hyder' siaradwyr yn eu hiaith a'u brwdfrydedd heintus sy'n gallu argyhoeddi eraill bod meistroli'r iaith yn weithred gwerth chweil.

Ar ddechrau'r ganrif 'roedd poblogaeth Cymru oddeutu

587,000 a'r rhai hynny wedi eu dosbarthu'n eithaf cyfartal a thenau drwy'r wlad i gyd. 'Roedd poblogaeth ddwysach mewn rhai mannau, yn bennaf yn ardaloedd gweithfeydd mwynau Môn, Caernarfon, Fflint, Morgannwg a Mynwy. Tua 20% o gyfanswm poblogaeth Cymru a drigai yn y de-ddwyrain, ym Morgannwg a Mynwy, ond erbyn diwedd y ganrif 'roedd oddeutu 70% o'r boblogaeth yn byw yno. Newidiasai patrwm demograffaidd y wlad yn dra sylweddol. Cynnydd naturiol yn y boblogaeth ynghyd â mewnfudo i'r de-ddwyrain a gyfrifai am hyn—cyfnewidiadau cymdeithasol, yn wir, a allai esgor ar ganlyniadau ieithyddol.

Cafwyd nid yn unig symudoledd ym mhoblogaeth y wlad yn ystod y ganrif ond yn bwysicach byth newidiodd natur ac ansawdd cymdeithas. Ar ddechrau'r ganrif, gwlad amaeth-yddol oedd Cymru ac amcangyfrifir bod tri chwarter y boblogaeth ynghlwm wrth amaethu ac economi bywyd gwledig. Erbyn canol y ganrif 'roedd 216,635 yn ddibynnol ar amaethu am eu bywoliaeth, sef ar y pryd tua 18.2% o'r holl weithlu.[2] Erbyn diwedd y ganrif cwympasai canran yr amaethwyr yn sylweddol i 6.9% o'r gweithlu. 'Roedd strwythur cymdeithasol-economaidd Cymru wedi newid yn gyfan gwbl. Yn ystod y ganrif treblodd poblogaeth y wlad o 587,000 yn 1801 i ychydig dros 1.6 miliwn yn 1891. Dyblodd nifer y Cymry a siaradai'r Gymraeg, ond cynyddodd nifer y di-Gymraeg seithgwaith drosodd. Yn ystod y ganrif cwympodd canran y boblogaeth a siaradai'r Gymraeg o 80% yn 1801[3] i 50% yn 1901. 'Roedd hwn yn newid o bwys oherwydd collodd y Gymraeg dir sylweddol, a bellach yn hytrach na bod yn iaith mwyafrif y boblogaeth, 'roedd yn iaith leiafrifol a dieithr mewn rhai parthau o'r wlad. Amcangyfrifai Sir Thomas Phillips fod poblogaeth Cymru yn 1,046,073 yn 1841 ac yr oedd 700,000, sef 67% o'r rhai hynny yn siarad y Gymraeg.[4] Deng mlynedd ar hugain yn ddiweddarach cofnododd E.G. Ravenstein gynnydd pellach ym mhoblogaeth y wlad, ac er bod tros 300,000 yn fwy yn siarad y Gymraeg, cafwyd cynnydd cyfatebol yn nifer y rhai di-Gymraeg hefyd. Arhosodd canran y Gymraeg yn bur agos i'r hyn ydoedd yn 1841.

Yn ôl ystadegau cyfrifiad 1891 cwympodd niferoedd y Cymry Cymraeg rhwng 1871 ac 1891 ond cynyddodd niferoedd y rhai di-Gymraeg. Ffurfiai'r Cymry Cymraeg 54.4% o'r boblogaeth ond 29% yn unig a oedd yn uniaith Gymraeg.

Ffig. 5.1: Poblogaeth Cymru 1801-1891. Y Rhaniad Ieithyddol

	1801	1841	1871	1891
Cymraeg	470,000 80%	700,000 67%	1,006,100 66.2%	910,289 54.4%
Di Gymraeg	rhwng 100,000 a 120,000 20%	346,000 33%	406,500 33.8%	759,416 45.6%
Cyfanswm	587,245	1,046,073	1,412,583	1,669,705

Erbyn 1901 gostyngasai canran y Cymry Cymraeg hyd at 49.9%. Fel y dengys Ffigur 5.2 gostyngodd dwysedd siaradwyr y Gymraeg o 80% i 67%, yn ystod pedwar degawd cyntaf y ganrif (er bod nifer y siaradwyr wedi dyblu). Rhwng 1871 ac 1891 cyflymodd y dirywiad ar raddfa a oedd yn ddwbl graddfa'r saith degawd blaenorol. Parhaodd y cilio ar yr un raddfa rhwng 1891 a 1901.

Ffig. 5.2: Canran y boblogaeth a siaradai'r Gymraeg 1801-1901

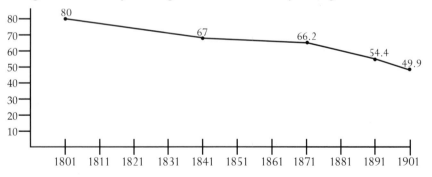

Un pwynt pwysig i'w nodi yw fod cyfrifiadau 1891 ac 1901 yn rhoi inni wybodaeth am ddosbarthiad daearyddol y Gymraeg. Rhwng y ddau gyfrifiad ni chafwyd patrwm unffurf i'r dirywio ar draws y wlad i gyd. Fel y dengys Ffigur 5.3, yn yr ardaloedd diwydiannol yn nwyrain y wlad y cofnodwyd y cefnu pennaf.

Ai diwydiannu, ai newid patrymau cymdeithasol o rai gwledig i rai trefol a fu'n bennaf cyfrifol am yr erydu a'r cefnu

Ffig. 5.3 Siaradwyr y Gymraeg yn y gwahanol siroedd

	1891	1901	Cynnydd/ gostyngiad
Môn	95.5	91.7	-3.8
Ceredigion	95.25	93.0	-2.25
Meirion	94.25	93.7	-0.55
Caernarfon	89.5	89.6	+0.9
Caerfyrddin	89.5	90.4	+0.9
Fflint	68.0	49.1	-18.9
Dinbych	65.5	61.9	-3.6
Maldwyn	50.5	47.5	-3.0
Morgannwg	49.5	43.5	-6.0
Brycheiniog	38.0	45.9	+7.9
Penfro	32.0	34.4	+2.4
Mynwy	15.0	13.0	-2.0
Maesyfed	6.0	6.2	+0.2

ieithyddol? Fel y gwelwn mae'r fath ymresymu yn or-symleiddiad o'r hyn a weithredai yng Nghymru yn ystod y ganrif ddiwethaf.

'Roedd y bedwaredd ganrif ar bymtheg yn ganrif y cyf-newidiadau a'r deuoliaethau. Bu'n ganrif hogi cleddyfau yn erbyn yr iaith, ond hefyd gwelwyd cryn weithgarwch a fu'n llesol iddi ac a sicrhaodd ei bod yn goroesi newidiadau ysgytwol y cyfnod. Yn ystod y ganrif cyhoeddwyd yn agos i wyth mil a hanner o lyfrau Cymraeg, cynnydd seithgwaith ar gyfanswm llyfrau cyhoeddedig Cymraeg y ganrif flaenorol.[5] Mae'n amlwg fod galw amdanynt. Dywedir i 30,000 o gopïau o *Oriau'r Hwyr* gan Ceiriog gael eu gwerthu rhwng 1860 ac 1872.[6] Dywedir bod cryn lewyrch ar gylchgronau a phapurau ac yn 1896 cyhoeddid 2 chwarterolyn, 2 deufisolyn, 28 misolyn a 25 wythnosolyn, sef cyfanswm o 57 cyhoeddiad rheolaidd.[7] Mae hynny'n record arbennig i iaith leiafrifol anwladwriaethol.

Ar ddechrau'r ganrif nid oedd gan werin Cymru lawer o grebwyll gwleidyddol. Y tirfeddianwyr a'r meistri a reolai'r wedd honno. Erbyn diwedd y ganrif 'roedd meibion i ddynion cyffredin yn cynrychioli rhai o etholaethau Cymru yn San Steffan—Lloyd George, William Jones, Mabon a Tom Ellis. A effeithiodd y twf mewn ymwybyddiaeth wleidyddol ar statws y Gymraeg yn ystod y ganrif? Lleiafrif oedd yr Ymneilltuwyr ar ddechrau'r ganrif ond gwlad Ymneilltuol yn bendant oedd Cymru ar derfyn y cyfnod. Bu crefydd yn rym allweddol ym mywyd y bobl drwy gydol y ganrif ac o'r herwydd dyma ffactor arall a effeithiodd yn drwm ar safle a statws y Gymraeg ym mywyd y bobl.

Yn 1801 prin iawn oedd addysg seciwlar yng Nghymru. 'Roedd yr ysgolion gramadeg ar gael, wrth gwrs, ond nid darpariaeth ar gyfer y werin a geid yno. Brithir y ganrif gan amryfal ymdrechion i ddysgu'r Cymry. Sefydlwyd coleg i hyfforddi athrawon yng Nghaerfyrddin yn 1848, yn Abertawe yn 1849 ac un arall ym Mangor yn 1853. Yn 1872 sefydlwyd Coleg y Brifysgol yn Aberystwyth a cholegau eraill yng Nghaerdydd a Bangor yn 1883. Yna yn 1893 sefydlwyd Prifysgol Cymru. Drwy Ddeddf Addysg 1889 cafodd Cymru ei hysgolion canolraddol ei hun. 'Roedd y ddarpariaeth addysgol wedi gwella'n aruthrol ond mater arall yw ystyried a fu'n llesol i barhad a throsglwyddiad yr iaith Gymraeg.

Cefndir cymdeithasol-economaidd 1801-51

Rhwng chwarter olaf y ddeunawfed ganrif a chanol y bedwaredd ganrif ar bymtheg dyblodd poblogaeth Cymru a hynny o fewn dwy neu dair cenhedlaeth. Cynnydd naturiol a gyfrifai am hyn i raddau pell iawn. 'Roedd pobl yn byw yn hŷn a'u hepil yn llawer mwy niferus. Rhwng 1801 ac 1851 amcangyfrifir i boblogaeth Cymru gynyddu'n naturiol ar raddfa o 98%. Ond gwyddom hefyd fod 140,000 o bobl na chawsant eu geni yng Nghymru yn byw yn y wlad yn 1851.[8] Mewnfudwyr o siroedd gorllewin Lloegr ac o Iwerddon oedd y rhain. Dichon fod allfudo o Gymru hefyd yn nodwedd gyffredin yn y cyfnod hwn; symud i Lannau Mersi, Llundain, Canada ac Unol Daleithiau'r Amerig. Ond pur denau oedd y llif hwnnw am nad oedd yn rhaid i'r Cymro ymfudo dramor gan fod cyfleoedd diwydiannol ar gael o fewn terfynau ei wlad ei hun.

Yn 1801 poblogaeth wledig, amaethyddol yn bennaf oedd yng Nghymru er bod canolfannau diwydiannol o bwys wedi datblygu erbyn hynny. 'Roedd ardal Abertawe eisoes yn enwog am ei ffwrneisi copr. 'Roedd traddodiad diwydiannol o ganrif a rhagor yn Abertawe a'r cyffiniau a dyma'n bendant un o ardaloedd mwyaf poblog Cymru yn 1801. Amcangyfrifir bod oddeutu deng mil o bobl yn byw yn Abertawe a rhan isaf Cwm Tawe a hon oedd prif ganolfan copr Prydain ar y pryd. 'Roedd gweithfeydd haearn ym Merthyr Tudful a'r diwydiant glo yn prysuro i gyflenwi anghenion y ffwrneisi haearn. Yn 1801 trigai oddeutu 7,700 o bobl ym Merthyr. Yn y gogledd 'roedd poblogaeth y llain ddiwydiannol rhwng Treffynnon a Wrecsam yn rhifo tua 20,000 ac amcangyfrifir bod rhyw 5,000 o bobl yng nghyffiniau Mynydd Parys yn Amlwch ar Ynys Môn. 'Roedd y rhain yn wir yn ganolfannau o faint ar y pryd, o gofio na cheid yng Nghymru ar ddechrau'r ganrif ond rhyw dair tref ar ddeg a allai honni bod iddynt fwy na 3,000 o drigolion a saith canolfan yn unig a oedd â dros 5,000 o bobl.[9] 'Roedd y canolfannau trin mwynau yn amlwg yn tyfu, yn arbennig yn yr ardaloedd glofaol. Erbyn 1800 'roedd Abertawe, Castell-nedd, Caerdydd a Chasnewydd wedi eu cysylltu â'r meysydd glo agosaf drwy gamlesi a hynny ar gost o tua £400,000 yr adeg honno. 'Roedd hyder y diwydianwyr mewn dyfodol disglair yn amlwg oddi wrth eu buddsoddiadau.

'Roedd yn rhaid wrth weithwyr yn y ffwrneisi copr a haearn, a thunplat yn ddiweddarach, a dibynnai'r gweithfeydd hyn ar gyflenwad rhwydd o lo. Er mwyn sicrhau'r fath gyflenwad 'roedd yn rhaid wrth weithlu. Dyma un rheswm am yr ymfudo o gefn gwlad i'r canolfannau diwydiannol newydd. Yn hanner cyntaf y ganrif ym Mynwy y gwelwyd y cynnydd cyflymaf. Yn 1801 'roedd 10,417 o bobl yn byw yn Ardal Gofrestru'r Fenni ond erbyn 1851 'roedd yno 59,109 o bobl yn nhrefi newydd Blaenafon, Nant-y-glo, Y Blaenau, Pen-y-cae, Tredegar a Rhymni. Yn Ardal Gofrestru Pont-y-pŵl hefyd gwelwyd cynnydd enfawr yn y boblogaeth o 6,346 yn 1801 i 30,288 yn 1851.

O ba le y daeth y gweithwyr hyn? Ar y dechrau un, dylifent o blwyfi a siroedd a oedd yn ymylu ar y canolfannau diwydiannol. Gan mai Saeson oedd y meistri, dygasant grefftwyr ac arbenigwyr gyda hwy wrth sefydlu a datblygu'r gweithiau, ond Cymry Cymraeg—pobl uniaith yn aml—oedd trwch y gweithlu. Yn hanner cyntaf y ganrif cymharol fychan oedd yr elfen ddi-Gymraeg yn y gweithlu. Tueddai'r Saeson a'r

Gwyddyl i ymsefydlu ym mharthau mwyaf dwyreiniol a deheuol yr ardaloedd diwydiannol. Rhoes Cyfrifiad 1851 wybodaeth gliriach inni am fannau geni'r boblogaeth. Yng ngorllewin Mynwy yn Ardaloedd Cofrestru Y Fenni/Bedwellte, Pont-y-pŵl a Chasnewydd, 'roedd mwyafrif llethol y boblogaeth yn Gymry, fel y dengys Ffigur 5.4 isod.[10]

Ffig. 5.4 Canran y boblogaeth dros 20 oed wedi'i dosbarthu yn ôl mannau geni yn 1851

	Y Fenni/Bedwellte	Pont-y-pŵl	Casnewydd
Sir Fynwy	33.5%	54.5%	47.0%
Gweddill Cymru	41.5%	15.5%	15.0%
Lloegr	21.0%	25.0%	29.0%
Iwerddon	4.0%	5.0%	9%

Amrywia canran y Cymry rhwng 75% yn y Fenni/Bedwellte, 70% ym Mhont-y-pŵl a 62% yng Nghasnewydd. O gofio bod canol y sir yn ddwyieithog erbyn diwedd y ddeunawfed ganrif (gw. t.231) ac y gallai William Coxe ysgrifennu yn 1801, 'The natives of the midland part are accustomed to both languages', mae lle i amau a oedd y rhai yn y canolfannau hyn a anwyd yn Sir Fynwy, i gyd yn gallu siarad y Gymraeg. Mae'n llawer mwy tebygol y byddai'r Cymry a restrwyd o dan y penawd 'Gweddill Cymru' yn Gymry Cymraeg. Yn ei hastudiaeth fanwl o'r Gymraeg ym Mynwy ddiwydiannol yn ystod y ganrif ddiwethaf, dangosodd Siân Rhiannon Williams fod y Cymry o siroedd eraill Cymru yn ymrannu'n ddau gategori. Yn gyntaf gellid cynnwys gyda'i gilydd fewnfudwyr o siroedd Morgannwg, Brycheiniog ynghyd â rhai o Sir Benfro a Sir Drefaldwyn. Yn yr ail ddosbarth cynhwysodd y rhai a ddaethai o bum sir gorllewin Cymru, sef Caerfyrddin, Ceredigion, Môn, Meirionnydd a Chaernarfon. Nid yw'n syndod gweld bod llai o fewnfudwyr o'r gorllewin yn y tair Ardal Gofrestru. Yn wir, ni chofnodwyd neb o'r siroedd hyn ym Mhont-y-pŵl a phrin 3% a gofnodwyd yng Nghasnewydd. Felly i ogledd-orllewin y sir yn bennaf yr aeth ymfudwyr o orllewin a gogledd Cymru. Mae'r fath batrwm yn hawdd ei ddeall o gofio y byddai tueddiad i bobl ymfudo i gymunedau lle 'roedd ganddynt deulu, ffrindiau neu gydnabod wedi ymgartrefu yno eisoes. Pa ddehongliad

ieithyddol bynnag a roddir i'r ystadegau am y rhai a anwyd yn
Sir Fynwy, mae'n amlwg mai Ardal Gofrestru Y
Fenni/Bedwellte oedd y Cymreiciaf o ddigon. Ond hyd yn oed
o dderbyn y gallai canran y di-Gymraeg ymhlith y rhai a
anwyd ym Mynwy ac a oedd yn byw ym Mhont-y-pŵl a
Chasnewydd fod mor uchel a 50%, byddai'r Cymry Cymraeg
fel canran o'r boblogaeth yn dal yn uwch na'r garfan ddi-
Gymraeg. Mewn gwirionedd yn 1851 'roedd y Cymry Cymraeg
yn y mwyafrif yn y tair Ardal Gofrestru. Dyma sut y disgrifia
Siân Rhiannon Williams y patrwm ieithyddol yn ei chyfrol *Oes
y Byd i'r Iaith Gymraeg* (1992: 6):

> Poblogaeth gymysg oedd poblogaeth newydd gorllewin Sir
> Fynwy felly. Yn sicr, nid cymdeithas unffurf uniaith mohoni.
> Wedi nodi hynny fodd bynnag, rhaid casglu mai Cymry a
> Chymry Cymraeg oedd mwyafrif y mewnfudwyr yn ystod
> hanner cyntaf y ganrif. Oherwydd er gwaetha'r ffaith fod rhan
> helaeth o ardal ddwyreiniol Sir Fynwy, ynghyd â rhannau o Sir
> Faesyfed a Sir Benfro wedi Seisnigeiddio erbyn y cyfnod hwn, yr
> oedd mwyafrif y boblogaeth ddŵad i bob pwrpas yn drwyadl
> Gymraeg.

Niferoedd lluosog y Cymry dŵad hyn a sicrhaodd mai'r
Gymraeg oedd iaith naturiol y cymunedau diwydiannol yng
ngorllewin y sir yn ystod hanner cyntaf y ganrif. Cyfeiria Siân
Rhiannon Williams at enghreifftiau lu o ymfudwyr di-Gymraeg
a orfodwyd i gymathu yn ieithyddol er mwyn gallu byw yn y
gymdeithas. Myth a ffantasi yw'r gred fod y Cymry wrth
ymfudo o'r wlad i fyd y 'gweithie' yn y de-ddwyrain wedi eu
Seisnigo. Cam-farn yw honni mai iaith cefn gwlad a bywyd
henffasiwn oedd y Gymraeg a bod y chwyldro diwydiannol
wedi rhoi ergyd farwol i'r iaith. Nid felly y bu hi. Ni welwyd
cefnu bwriadol ar yr iaith yn y cymdogaethau diwydiannol yn
ystod hanner cyntaf y bedwaredd ganrif ar bymtheg. 'Roedd y
Gymraeg lawn mor gartrefol yn y pyllau glo a'r gweithfeydd
haearn, plwm, copr a thunplat ag ydoedd yng nghefn gwlad.
Wedi'r cyfan yr un bobl oeddynt ac ni newidiodd eu bywydau
gymaint â hynny. Yn wir, gellid dadlau'n gryf fod y chwyldro
diwydiannol ar ddechrau'r ganrif wedi bod yn foddion i atal y

broses erydol mewn llawer i ardal, a bod yr ymfudo i'r canolfannau diwydiannol wedi bod yn gyfrwng i ail Gymreigio ardaloedd a oedd yn bur gymysg eu hiaith erbyn dechrau'r ganrif. Mae'n bwysig cofio nad ardaloedd diwydiannol Cymru oedd y rhai cyntaf i'w Seisnigo. Yn ardaloedd gwledig Maesyfed, Brycheiniog a Mynwy yr erydwyd yr iaith gyntaf a daeth ardaloedd y 'gweithie' yn gadarnleoedd yr iaith yn y deddwyrain.

Erbyn 1831, 'roedd o leiaf 27,000 o bobl yn byw yn Merthyr Tudful ond 'roedd y cynnydd ym Medwellte yn llawer mwy. Yn yr ardal honno gwelwyd cynnydd o 1795% rhwng 1801 a 1851. Mae'r fath fwrlwm economaidd a chymdeithasol yn anodd ei amgyffred. Eto trwy'r cyfnewidiadau hyn i gyd daliodd y Gymraeg ei thir fel iaith gyntaf a phrif iaith trigolion cymunedau'r 'gweithie'. 'Roedd yno lwyddiant economaidd a digon o gynnyrch i chwyddo coffrau'r meistriaid a oedd, yn ddieithriad, yn bobl ddŵad eu hunain, ac yn Saeson ariannog a welodd eu cyfle i wneud ffortiwn arall. Yn 1827 allforiwyd o Gaerdydd bron 30,000 o dunelli o haearn ac 'roedd hynny'n gyfystyr â hanner allforion haearn Prydain i gyd. O Loegr y daeth yr arian i ddatblygu'r diwydiannau ond Cymry oedd y llafurwyr a'r Gymraeg oedd iaith y mwyafrif llethol yn ystod hanner cynta'r ganrif.

Erbyn 1820 yr ardal rhwng Aberafan a Llanelli a gynhyrchai 90% o gopr Prydain. 'Roedd yno hefyd weithfeydd plwm, arian, sinc a thunplat. Tref Saesneg fu Abertawe oddi ar gyfnod y Normaniaid ond pan ddatblygwyd diwydiant yn yr ardal daeth galw am weithwyr, a Chymry Cymraeg oedd mwyafrif llethol y newydd-ddyfodiaid hyn. Dyma ddywed Heini Gruffydd yn ei ymdriniaeth â lle'r Gymraeg yn ninas Abertawe yn 'Iaith Gudd y Mwyafrif' (1993: 115):

Cynyddodd poblogaeth Abertawe o 6,099 yn 1801 i 19,115 yn 1841, ac i 51,260 yn 1861. 'Roedd nifer y mewnddyfodiaid erbyn hyn yn llawer mwy lluosog na'r trigolion gwreiddiol, ac y mae tystiolaeth y cyfrifiad am y flwyddyn honno'n dangos yn glir mai Cymry oedd y mwyafrif helaeth o'r rhain, a theg barnu bod y rhan fwyaf o'r Cymry'n medru'r iaith. Ganwyd 4,000 o drigolion Abertawe yn Sir Gaerfyrddin, a 34,400 yn Sir

Forgannwg ond ychydig a ddaeth o Geredigion am fod y pyllau plwm yno ar eu hanterth tua 1870. Tua 13% o boblogaeth y dref y flwyddyn honno oedd wedi eu geni yn Lloegr . . .

Dyna'r union batrwm a welwyd yn y gogledd-ddwyrain hefyd. Bu'r tonnau o fewnfudwyr o gefn gwlad yn foddion i gadw cymreictod Sir y Fflint a dwyrain Sir Ddinbych. Yn ardal y chwareli yn y gogledd-orllewin, ni newidiwyd iaith y cymunedau o gwbl dan ddylanwad y mewnfudo. Er na fu'r mewnfudo lawn mor ddwys i ardal y chwareli, Cymry Cymraeg o blwyfi a siroedd cyfagos a symudodd i faes y diwydiant llechi hefyd.

Cymry uniaith oedd mwyafrif y Cymry a fudodd i'r ardaloedd diwydiannol. Dyna'n sicr paham y gorfu i rai di-Gymraeg feistroli'r iaith yn yr union ardaloedd hyn yn ystod hanner cyntaf y ganrif. Hefyd mae'n dra phwysig nodi nad oedd yn angenrheidiol o gwbl i'r Cymry ddysgu'r Saesneg. Yn eu hardaloedd newydd ymffurfient yn rhwydweithiau cymdeithasol hunanddibynnol. Tueddai aelodau o'r un teulu neu bobl o'r un gymdogaeth i ymsefydlu yn agos at ei gilydd ac fel canlyniad hwy fyddai yn y mwyafrif mewn stryd neu ran o'r gymuned. Hawdd iawn wedyn oedd cadw hunaniaeth ac iaith mewn bro newydd. 'Roedd cwlwm teulu, cyfeillion, cefndir cyffredin ac iaith yn angor bwysig mewn byd o gyfnewidiadau. Yn ôl P.S.L. Grenfell, diwydiannwr yn Abertawe, pur ansicr oedd Saesneg llafurwyr y gweithiau copr yn 1847:

> Many of the workmen speak none at all, and those that do scarcely understand anything beyond the common routine phrases applying to their own peculiar station.[11]

Nid yw'n syndod o gwbl i rai di-Gymraeg orfod dysgu'r iaith a chymathu yn grefyddol ac yn ddiwylliannol hefyd yn ôl normau'r mwyafrif. Ceir sawl cyfeiriad at y ffaith fod tueddiad yn y patrymau sefydlu i debyg ymdynnu at ei debyg. Cofnodir hyn yn ddigon clir yn adroddiadau Arolygwyr y Llywodraeth ar gyflwr addysg yng Nghymru yn 1847. Ymddengys fod ardaloedd Saesneg ac ardaloedd Cymraeg yn Abertawe ar y pryd:

The town is exposed to the influx of Welsh from the country lying at the back of it, and of English from its port. The two languages pretty equally divide it . . . At present in the upper part Welsh chiefly is spoken; from about the centre of the town to the sea English prevails. The Welsh part is chiefly inhabited by colliers, coppermen, quay-porters and labourers of all sorts.[12]

Ceir tystiolaeth o batrymau ymsefydlu tebyg ym Merthyr Tudful, Dowlais, Rhymni a Phont-y-pŵl sy'n awgrymu y gallai dwy gymuned ieithyddol fyw ochr yn ochr heb ymyrryd â'i gilydd.[13] Ond sefyllfa dros dro yw un o'r fath. Yn amlach na pheidio pan fo dwy iaith yn gorgyffwrdd, iaith y wladwriaeth, yr un y mae iddi statws uchel yw'r un sy'n ennill y dydd. Yn hanner cyntaf y ganrif 'roedd gwerth i'r Gymraeg yng ngolwg ei siaradwyr yn y bröydd diwydiannol. 'Roedd iddi swydd-ogaeth arbenigol iawn ac yn ail hanner y ganrif y meithrinwyd yr amodau a'r ddelwedd a roes fwy o fri ar y Saesneg ac a achosodd enciliad y Gymraeg yn y de-ddwyrain.

Mae swyddogaeth gymdeithasol bendant i iaith yn un o'r ffactorau pwysicaf yn ei hamddiffyniad a'i chadwraeth. Ar ddechrau'r ganrif ddiwethaf 'roedd i'r iaith le allweddol yn niffiniad hunaniaeth yr unigolyn ac yng ngwead cymdeithas. 'Roedd yn hynod bwysig yng nghefn gwlad, a pharhaodd yn holl bwysig i bobl ar ôl iddynt ymfudo i'r ardaloedd diwydiannol. Y Gymraeg oedd eu hiaith. Iddynt hwy y perthynai hi ac i ganran uchel iawn hi oedd yr unig iaith. 'Roedd hi i raddau yn nod gwahaniaethol dosbarthiadol. Y Gymraeg oedd iaith y werin, y Saesneg a glywid ar wefusau'r gwŷr bonheddig a'r tirfeddianwyr. Yn negawdau cyntaf y ganrif gwelwyd cyni a thlodi dychrynllyd yn dilyn rhyfel Napoleon. Cyn y rhyfel gellid cael chwe cheiniog y pwys am fenyn. Erbyn 1811 gwerthid ef am un geiniog ar ddeg y pwys ond ar ôl Waterloo ni ellid ei werthu am unrhyw bris! Erbyn 1817 ac 1818 gorfu i'r ffermwyr bach a mawr werthu eu da byw am brisiau gwarthus o isel, a hynny er mwyn cael dau ben llinyn ynghyd. Aeth miloedd i ddyledion. Collodd mân ffermwyr eu tir, ac ar adegau o ddirwasgiad dychrynllyd fel hyn y cryfaf yn unig a allai ffynnu, a'r gwannaf, y difreintiedig, y llafurwyr a'r rhai di-dir a ddioddefai. Dechreuodd yr ystadau mawrion godi eu rhenti a hynny ar yr union adeg pan nad oedd ffermio yn talu. Rhwng 1890 ac 1915 codasai rhenti tenantiaid ystad Wynnstay gymaint â 60%, a rhenti Gregynog gymaint â 138%. Yn ystod y deng mlynedd ar hugain rhwng 1790 ac 1820 cynyddodd rhenti tenantiaid Nanteos ar raddfa o 200%![14] At hynny aeth y tirfeddianwyr ati i gynyddu maint eu hystadau ac, wrth gwrs, y werin bobl a ddioddefodd. Daeth y gwahaniaethau cymdeithasol yn llawer amlycach. 'Roedd gagendor economaidd, materol enfawr rhwng trwch y boblogaeth a'r ychydig breintiedig. At hynny 'roedd mwyafrif o blith y werin yn Angydffurfwyr a'r Gymraeg oedd eu hiaith tra oedd y dosbarth breintiedig yn Eglwyswyr ac yn ddi-Gymraeg.

Ni newidiodd y darlun wrth symud i ardaloedd y gweithfeydd. Saeson oedd y meistriaid yno hefyd, a'r Cymry oedd y llafurwyr a'r un broblem a'u hwynebai yn eu cynefin newydd—ymladd tlodi, newyn ac annhegwch. Yn wir, yr un mathau o broblemau a oedd wrth wraidd helyntion Beca yn y gorllewin a threfysgoedd y Siartwyr yn y dwyrain. Yn y ddau achos Cymry Cymraeg a oedd yn protestio. Fel y ceisiaf ddangos yn yr adran nesaf 'roedd y Gymraeg yn fwy na chyfrwng mynegiant, 'roedd wedi ei chlymu wrth grefydd, diwylliant a llythrennedd, yr union agweddau ar fywyd a feithrinai hunan-barch, ac a enynnai ddylanwadau gwâr ynghanol barbareiddiwch a chaledi bywyd y chwyldro diwydiannol. 'Roedd yr iaith Gymraeg yn bwysig. Mae'n rhaid imi gytuno â sylw Ieuan Gwynedd Jones:

> . . . language survived at the levels where it was most important, that it should survive. It heightened the consciousness of the people, gave them self-confidence and pride in themselves, precisely at the time when all else seems to conspire to reduce them to the level of slaves.[15]

Er bod yr uchod yn ddarlun digon dilys o'r sefyllfa ieithyddol yn yr ardaloedd diwydiannol y mae yn un pur gyffredinol. Ni ellir dweud na fu enghreifftiau o erydu ieithyddol yn ystod hanner cyntaf y ganrif. Cyfeiriwyd eisoes at gymunedau cymysgiaith yn Abertawe, Rhymni, Merthyr, Dowlais a Phont-y-pŵl. Gellir cyfeirio at enghreifftiau lluosog o deuluoedd di-

Gymraeg yn cymathu'n ieithyddol wrth ymdoddi i gymuned lle 'roedd y Gymraeg yn iaith y mwyafrif. Ond rhaid cofio hefyd fod natur gymysg y cymunedau diwydiannol wedi bod yn foddion i ddysgu peth Saesneg i rai a oedd ynghynt yng nghefn gwlad yn gwbl unieithog. Bu'n symbyliad i ddod yn ddwyieithog. O dan yr wyneb, yn yr isymwybod fel petai bodolai rhyw syniad fod gallu siarad y Saesneg yn codi statws dyn a bod graddfeydd llithrigrwydd yn yr iaith honno yn adlewyrchiad o raddfeydd cyraeddiadau addysgol. Mor gynnar ag ail a thrydydd degawd y ganrif ceir enghreifftiau o rieni na allent yn wir siarad y Saesneg yn mynd ati'n fwriadol i siarad â'u plant mewn dull carbwl iawn yn yr iaith honno. Dyfynnir un enghraifft o hynny gan y Parchedig E. Evans o Nant-y-glo pan oedd yn athro ysgol ym Mhont-y-pŵl yn 1826:

> Un o'r pethau a dynnodd fy sylw at iaith fratiog y werin oedd clywed gwraig nas medrai nemawr Saesneg . . . yn dweud wrth ei merch fechan 'Go to shop yn glou to fetch a pound of fenyn i fi. Make haste yn ôl.'[16]

Yn wir, un o'r peryglon mwyaf i'r Gymraeg ar ddechrau'r bedwaredd ganrif ar bymtheg, fel cyn hynny yn ardaloedd y gororau, oedd i boblogaeth, wrth ddod yn ddwyieithog, ymwrthod â throsglwyddo'r Gymraeg i'w hepil eu hunain.

Crefydd a'r Gymraeg

Os oedd ail hanner y ddeunawfed ganrif yn gyfnod bwrlwm Methodistiaeth, gellir yn rhwydd alw'r bedwaredd ganrif ar bymtheg yn oes twf a dylanwad Anghydffurfiaeth fel grym crefyddol a chymdeithasol yng Nghymru. Yn 1801 tua 34% o addoldai Cymru a berthynai i'r Ymneilltuwyr. Erbyn 1851 'roedd 70% o addoldai Cymru yn dai cwrdd Ymneilltuol, sef cyfanswm o 2,813 o gapeli.[17] 'Roedd cynifer â 77% o addolwyr Cymru yn Ymneilltuwyr. Yn ystod hanner cyntaf y ganrif amcangyfrifir i'r Ymneilltuwyr ar gyfartaledd agor un capel newydd bob wyth niwrnod. Cynrychiolai hyn weithgarwch aruthrol gan gynnwys ymateb cyflym i anghenion crefyddol, ysbrydol a chymdeithasol y cymunedau newydd yn yr ardaloedd diwydiannol. Carfan o fewn yr Eglwys Wladol oedd y Methodistiaid ar ddechrau'r ganrif er iddynt godi dros gant a hanner o dai cwrdd rhwng 1790 ac 1810. Serch hynny, ni allai eu harweinwyr gynnig y sacramentau i'w haelodau am nad oedd y rhan fwyaf ohonynt erbyn hynny yn glerigwyr urddedig ac ni fodlonai llawer o offeiriaid yr eglwys weinyddu'r Cymun i Fethodist. Ar ôl trafodaeth ddwys a maith, sefydlwyd enwad y Methodistiaid Calfinaidd yn 1811.

Fel y dangoswyd yn y bennod flaenorol, 'roedd Methodistiaeth yn gwbl Gymreig o ran gogwydd ac iaith, a'i neges wedi ei hanelu at werin Cymru, sef trwch poblogaeth y wlad. 'Roedd ei neges grefyddol yn glir a diamwys—galwad ar i ddyn edifarhau, derbyn maddeuant Duw, a phlygu i ewyllys Duw ym mhob agwedd ar ei fywyd. 'Roedd yr elfen o dröedigaeth, neu o ailenedigaeth yn ganolog ac esgorai hynny yn ei dro ar ymddiwygio, hunanddisgyblaeth a chymhwyso'r ddysgeidiaeth ysbrydol ym mywyd beunyddiol yr unigolyn. 'Roedd y pwyslais ar wella buchedd yr aelodau drwy eu hannog i ddysgu darllen ac ysgrifennu yn gwbl greiddiol i'r mudiad oddi ar gyfnod ysgolion Griffith Jones Llanddowror. Crefyddol oedd y cymhelliad yn sicr, ei gwneud hi'n bosibl i bobl gyffredin allu darllen a myfyrio yn y Gair ar eu pennau eu hunain a hynny er budd a lles eu cynnydd ysbrydol. Yn anuniongyrchol sefydlodd hyn y Gymraeg fel cyfrwng llythrennedd, nodwedd a oedd wedi prinhau yn fawr ymysg aelodau'r dosbarth canol a dderbyniasai addysg ffurfiol. Saesneg fuasai cyfrwng y sefydliadau addysgol oddi ar gyfnod y Deddfau Uno. Drwy roi'r pwyslais ar bwysigrwydd darllen y Gair yr hyn a wnaeth Methodistiaeth oedd ymestyn cyweiriau nifer cynyddol o blith y werin, a hynny yn eu hiaith eu hunain. Canlyniad anuniongyrchol hyn oedd lleihau unrhyw reidrwydd i ddysgu'r Saesneg. Nid oedd llythrennedd ynghlwm wrth y Saesneg mwyach; yn hytrach 'roedd ynghlwm wrth y Beibl Cymraeg, emynyddiaeth Gymraeg ac wrth y toreth cynnyrch crefyddol a gynhyrchwyd yn ystod y bedwaredd ganrif ar bymtheg. Canlyniad uniongyrchol y cynnydd mewn llythrennedd oedd cryfhau statws swyddogaethol y Gymraeg. 'Roedd y Gymraeg yn gyfrwng maes pwysig, aruchel ym mywyd yr unigolyn a hefyd daeth yn gyfrwng astudio, myfyrio ac ymresymu, a hynny yn bennaf drwy'r ysgol Sul.

Ateb Thomas Charles i'r gwacter a adawyd pan beidiodd mudiad Ysgolion Cylchynnol Gruffydd Jones ar ôl marwolaeth Madam Bevan oedd sefydlu mudiad yr ysgol Sul. Yr un oedd yr amcan ar y cychwyn, sef gwneud y Methodistiaid yn llythrennog ac o ddechreuadau syml felly datblygodd yn fforwm addysgu, yn fan trafod a meithrin safonau ac yn anogwr ymddiwyllio. Erbyn canol y ganrif 'roedd oddeutu 20% o boblogaeth Cymru yn aelodau o'r ysgol Sul.[18] Erbyn hynny 'roedd yr enwadau Ymneilltuol eraill hefyd wedi mabwys-iadu'r un fframwaith addysgol. Awgrymodd J.E. Southall (1893: 58) fod y cyfrwng ieithyddol yn ysgolion Sul y gwahanol enwadau yn 1846 yn adlewyrchu eu gwahanol agweddau tuag at y Gymraeg. Gan y Methodistiaid Calfinaidd y cafwyd y cyfanswm isaf o ysgolion Sul Saesneg eu hiaith, a hefyd y canran isaf o ysgolion Sul lle defnyddid y ddwy iaith. Dyma'r enwad Cymreiciaf o ddigon, gyda'r Annibynwyr yn dilyn a'r Eglwys Wladol yn rhestru tua 10% o'u hysgolion Sul fel rhai unieithog Gymraeg.

Ffig. 5.5: Iaith ysgolion Sul 1846 (sylfaenedig ar ystadegau Southall 1893: 58)

	Cymraeg	Saesneg	Saesneg a Chymraeg
Eglwyswyr	10%	57%	33%
Methodistiaid Calfinaidd	76%	7%	17%
Annibynwyr	51%	10%	39%

Erbyn diwedd y ganrif 'roedd mwy o aelodau yn yr ysgolion Sul nag o gymunwyr yn y capeli. Mae hynny ynddo'i hun yn dystiolaeth gref i lwyddiant a lle canolog yr ysgol Sul ym mywyd crefyddol y ganrif. Ni ellir gorbwysleisio cyfraniad yr ysgol Sul yng nghadwraeth y Gymraeg yn ystod y ganrif. Bu'n foddion i gyfrannu addysg i bobl gyffredin pan oedd y fframwaith addysgol leyg yn unieithog Saesneg ac yn ymosodol wrth-Gymreig. Yr ysgol Sul, yn wir, a greodd gariad at lyfrau a chylchgronau ac eithriad fyddai gweld cartrefi Cymraeg heb gasgliad o lyfrau. Amcangyfrifir i 70,000 o Feiblau Cymraeg gael eu gwerthu yn 1867.[19] Yr ysgol Sul a greodd ddarllenwyr y ganrif ddiwethaf, a hi i raddau pell iawn a ffurfiodd gynnyrch cyhoeddedig y ganrif.

> Athrawon gwirfoddol, amaturiaid selog oedd athrawon yr ysgol Sul. Er maint eu brwdfrydedd a'u doniau ni fedrent lai nag aros yn amaturiaid, yn blwyfol eu gweledigaeth ac yn fyr o brofiad llenyddol eang. Safonau'r amatur a oedd yn llywodraethu ym mywyd llenyddol Cymru trwy gydol y ganrif, yn cael ei feithrin gan yr ysgol Sul a'i gyfnerthu gan yr Eisteddfod a'r Cyfarfod Llenyddol.[20]

Ym marn y Dr Thomas Parry canlyniad yr amaturiaeth hwn oedd diffyg ymwybyddiaeth â safonau llenyddol traddodiadol y genedl.[21] Serch hynny, mae peth o gynnyrch emynyddol hanner cyntaf y ganrif o safon arbennig o uchel, megis gweithiau Robert ap Gwilym Ddu, Thomas Williams, Bethesda'r Fro, Eben Fardd ac emynau anfarwol Ann Griffiths.

　'Roedd cryfder a gwendid yng nghyfundrefn yr ysgol Sul oherwydd yn ddiweddarach yn ystod y ganrif daethpwyd i dderbyn mai ei swyddogaeth arbennig oedd addysgu drwy'r Gymraeg a gwaith penodol yr ysgolion dyddiol oedd dysgu drwy gyfrwng y Saesneg. Yn llwyddiant yr ysgol Sul cafwyd hedyn y syniad mai ar gyfer rhai meysydd yn unig y gellid defnydio'r Gymraeg a chrefydd oedd un o'r prif sefyllfaoedd hynny. Dyma sut y mynegodd D. Arthen Evans syniadau'r ganrif ddiwethaf ynglŷn ag addasrwydd arbennig y Gymraeg ar gyfer crefydda:

> Pan gollir y Gymraeg fel iaith crefydd, fe gollir un o'r ieithoedd mwyaf cydnaws â gwirioneddau ysbrydol. Nodweddir pob iaith gan neillduolion arbennig. Y mae'r Lladin yn enwog am geinder ei phennill; y Roeg am berffeithrwydd ei mynegiad o'r meddyliau aruchelaf; y Ffrangeg am urddas llenyddol, a godidowgrwydd fel iaith ymdrafodaeth gymdeithasol, a'r Ellmyneg am ddefnyddiau dihysbydd i wisgo gwyddoniaeth ac athroniaeth â disgleirdeb a manylder. Cynhwysa'r Saesneg holl angenrheidiau masnach y byd. Coron a gogoniant iaith y Cymro yw ei chadernid a'i lledneisrwydd fel iaith crefydd. Y mae ynddi

rywbeth sydd yn gydnaws iawn â defosiwn ac addoliad y cysegr. Amdani dywedai Llawdden yr ysgogai hi galonnau Cymreig i dduwiolfrydedd sanctaidd, cynhyrfai waelodion natur y Cymro a chodai gynulleidfa i wres Pentecostaidd.[22]

Wrth dderbyn mai'r Gymraeg oedd priod gyfrwng y cywair crefyddol i'r Cymro, daethpwyd i gredu hefyd fod y Saesneg yn fwy addas ar gyfer trafod meysydd eraill am fod ganddi'r adnoddau ieithyddol priodol, nad oeddynt ar gael yn y Gymraeg. Drwy gydol y ganrif cafwyd diwygiadau crefyddol lleol a chenedlaethol, diwygiadau a effeithiodd ar gymdog-aethau cyfain gan ddwyn degau o filoedd o aelodau newydd i rengoedd yr Ymneilltuwyr. Cymraeg oedd cyfrwng y gorfoledd crefyddol, a Chymraeg wedyn oedd iaith y gwerslyfr—y Beibl. Gydag amser daeth y capeli'n gyrchfan 'oriau hamdden' gyda'u cyrddau diwylliannol, eu cyrddau merched a'u hysgol gân yn ogystal â'r cwrdd gweddi a'r seiat arferol yng nghorff yr wythnos. Daeth y capel yn ganolfan gymdeithasol bwysig ac yn un o bileri'r iaith Gymraeg a Chymreictod, boed hynny yn nghefn gwlad, yn yr ardaloedd diwydiannol, yn Lerpwl, ym Manceinion, yn Llundain neu yng Ngogledd yr Amerig. Ar y cyfan 'roedd y capeli'n sefydliadau cyhoeddus Cymreig a buont yn ddylanwadau cadarnhaol ar hynt yr iaith er i rai geisio dirymu'r effaith hwnnw yn ystod ail hanner y ganrif.

Cyhoeddi a'r Gymraeg

Fel y dangoswyd eisoes bodolai cysylltiad agos rhwng crefydd a chyhoeddi yn y Gymraeg o'r unfed ganrif ar bymtheg ymlaen ac ni welwyd unrhyw newid sylfaenol yn y patrwm hwnnw yn ystod y bedwaredd ganrif ar bymtheg. Dichon y gellid dadlau fod llwyddiant gwaith yr ysgol Sul wedi cynhyrchu cymaint mwy o ddarllenwyr, ac esgorodd hynny ar alw am ragor o ddeunydd darllen a fyddai'n cadarnhau'r amrywiol safbwynt-iau diwinyddol. Disgrifiodd Ieuan Gwynedd Jones y briodas glwm rhwng crefydd a'r wasg:

> . . . the printing press became an extension of the pulpit and the ministry, to have educative functions which in other societies would have been regarded as secular.[23]

Cyflwynodd y wasg Gymry cyffredin i feysydd, pynciau a syniadau newydd ond gan roi stamp Anghydffurfiol a thrwyadl Gymreig arnynt. Swyddogaeth y wasg oedd dysgu a 'rhoi arweiniad mewn materion crefyddol, gwleidyddol, llenyddol a moesol i'r gymdeithas a oedd yn ei chynnal'.[24] Yn hyn o beth bu'n wrthglawdd pendant yn erbyn sialens diwylliant y Saesneg.

Yn ystod deugain mlynedd olaf y ddeunawfed ganrif cyhoeddwyd 863 o lyfrau Cymraeg gan ddyblu cyfanswm y llyfrau a gyhoeddasid yn ystod trigain mlynedd cyntaf y ganrif. Wrth gwrs, 'roedd hyn yn dystiolaeth glir i'r chwyldro cymdeithasol a oedd ar gerdded fel canlyniad i bwyslais y grefydd efengylaidd ar lythrennedd.

Ffig. 5.6: Llyfrau Cymraeg (ystadegau J. Rhys a D. Brynmor-Jones 1900: 533)

1701-20	1721-40	1741-60	1761-80	1789-1800
138	115	177	423	440

Gwelwyd cynnydd mewn cyhoeddi llyfrau Cymraeg yn ystod y ganrif ar raddfa o 218%—cynnydd pur syfrdanol. Tystiolaeth bellach o lwyddiant gwaith yr ysgolion Sul yw'r parhad yng ngraddfa'r cynnydd mewn cyhoeddi llyfrau Cymraeg yn ystod wyth degawd cyntaf y ganrif ddiwethaf. Yn ystod yr ugain mlynedd cyntaf dyblodd cyfanswm y llyfrau Cymraeg a gyhoeddwyd i 890, a dyblodd y cyfanswm hwnnw wedyn yn ystod yr ugain mlynedd nesaf i 1,670. Arafodd graddfa'r cynnydd yn ystod y deugain mlynedd dilynol gan roi cyfanswm o 2,065 ar gyfer 1841-60 a 2,195 ar gyfer 1861-80. Yn ystod ugain mlynedd olaf y ganrif gwelwyd dirywiad yn nifer y llyfrau Cymraeg a gyhoeddwyd gan roi cyfanswm o 1,605 am y cyfnod hwnnw.

Er bod cyfanswm y llyfrau a gyhoeddwyd yn ystod y bedwaredd ganrif ar bymtheg—8,425—yn dangos cynnydd ar raddfa o 552% ar gyfanswm y ddeunawfed ganrif—1,293—nid cynnydd ar raddfa gyson mohono, fel y dengys Ffigur 5.7. Deugain mlynedd cyntaf y ganrif sy'n dangos y cynnydd mwyaf o ddigon. Ni lwyddwyd i gynnal yr un momentwm yn ystod ail hanner y ganrif. A oedd llai o alw am lyfrau Cymraeg?

Ffig. 5.7: Cynnydd yng nghyhoeddi llyfrau Cymraeg 1700-1900

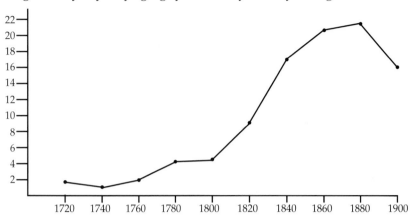

A yw hyn yn adlewyrchiad o gefnu graddol ar y Gymraeg yn ystod ail hanner y ganrif? Yn sicr, ni ellir dehongli'r patrwm drwy ddweud bod llai o ddarllen, ond yn hytrach gwelwyd cynnydd mewn darllen Saesneg. Yn ôl ystadegau J. Rhys a Brynmor-Jones (1900: 533; gw. Ffig. 5.6) cyhoeddwyd 435 llyfr Saesneg yng Nghymru yn ystod y ddeunawfed ganrif, ond yn ystod y ganrif ddiwethaf daeth 3,188 llyfr Saesneg i olau dydd, sef cynnydd ar raddfa o 633%! Fel y digwydd, yn ystod deugain mlynedd olaf y ganrif y gwelwyd y cynnydd pennaf yn nifer y llyfrau Saesneg. Dichon mai ffrwyth cyfundrefn addysg Seisnig ail hanner y ganrif oedd hyn. Y rhyfeddod mawr yw bod cyhoeddi yn y Gymraeg wedi parhau i dyfu o gwbl, o ystyried yr ymagweddiadau afiach a negyddol a fodolai tuag at yr iaith yn ystod ail hanner y ganrif. Oni bai am gyfundrefn gyhoeddi gref ac effeithiol yn y Gymraeg a gwaith godidog yr ysgol Sul yn creu darllenwyr a hybu darllen yn y Gymraeg, byddai hanes y Gymraeg erbyn diwedd y ganrif wedi bod yn dra gwahanol i'r hyn ydoedd. Rhoes y gair printiedig urddas a statws i'r iaith, a daeth yn gyfrwng ymestyn gorwelion ac yn llwybr ymddiwyllio i filoedd na dderbyniasant addysg ffurfiol o unrhyw werth.

'Roedd hanner cyntaf y ganrif yn dra nodedig am swm y cyfnodolion a gyhoeddwyd. Ar derfyn y ganrif flaenorol y pamffledi oedd prif gyfrwng lledaenu syniadau gwleidyddol, radicalaidd yn y Gymraeg a'r awduron enwocaf o ddigon oedd Jac Glan Gors a Thomas Roberts, Llwynrhudol. Er nad oedd eu cynnyrch cyhoeddedig yn swmpus, 'roedd yn ddatblygiad unigol pwysig iawn oherwydd cadarnhawyd y Gymraeg fel cyfrwng addas mewn print i drafod materion cyfoes. Rhwng 1793 ac 1796 cyhoeddwyd tri chylchgrawn arall, sef *Cylchgrawn Cynmraeg*, Morgan John Rhys, *Y Drysorfa Gymmysgedig*, Tomos Glyn Cothi, a'r *Geirgrawn*, Dafydd Dafis Treffynnon. Rhwng 1800 ac 1857 cyhoeddwyd tua 129 o gylchgronau gwahanol yng Nghymru, sef 9 chwarterolyn, 95 misolyn a 25 wythnosolyn.[25] Byrhoedlog fu parhad llawer ohonynt, rhai o bosibl yn rhy sych ac eraill yn rhy gecrus neu yn annerbyniol gan y cyhoedd llythrennog Anghydffurfiol. Briga dwy nodwedd i'r wyneb yn ddigon cyson; 'roedd galw awchus am amrywiaeth o ddeunydd i'w ddarllen ond hefyd yr oedd digon a oedd yn barod i geisio diwallu'r syched hwnnw. Yn 1866, yn ôl tystiolaeth Henry Richards, cyhoeddid yn rheolaidd ryw 38 cyfnodolyn Cymraeg, sef 5 chwarterolyn, 25 misolyn ac 8 wythnosolyn. Amcangyfrifid bod cylchrediad cyfansawdd y rhain oddeutu 120,000 o gopïau.[26] Tybir bod pob copi yn ystod hanner cyntaf y ganrif yn cael ei ddarllen gan gymaint ag ugain person.[27] Hyd yn oed ped anghytunid â'r rhif fel un rhy uchel, gellid yn ddiogel ddweud y byddai cynnwys y cyfnodolion yn siŵr o gyrraedd rhyw ugain person am bob copi a gylchredai. 'Roedd yn arferiad i bobl wrando ar ddarlleniadau cyhoeddus o gynnwys cyfnodolion a thrwy hynny, deuent yn gyfarwydd â phatrymau a rhythmau'r iaith ysgrifenedig ac yn ogystal caent gyfle i gyfoethogi eu geirfa mewn amrywiol gyweiriau. Y nodwedd bwysig oedd bod yr iaith 'ar waith' ac yn cael lle amlwg a pherthnasol wrth fynegi syniadau, ymagweddiadau ac, wrth drafod pynciau, problemau a digwyddiadau a oedd yn gyfoes i'r cyfnod.

Cyfnodolion enwadol oedd y rhai mwyaf llwyddiannus ar ddechrau'r ganrif. Yn 1809 dechreuwyd cyhoeddi'r *Eurgrawn Wesleyaidd* ac yn 1814 ymddangosodd *Seren Gomer,* sef cyfnodolyn y Bedyddwyr. Yn 1821 cychwynnwyd *Y Dysgiedydd* gan yr Annibynwyr ac yn 1831 *Y Drysorfa* gan y Methodistiaid Calfinaidd. Dywedir i'r Parchedig John Blackwell ddatgan mewn araith yn Eisteddfod Dinbych yn 1828 fod cyhoeddiadau misol Cymru ar y pryd wedi eu hanelu at y werin gyffredin, ac aelodau o'r dosbarth hwnnw, meddai, oedd y prif gyfranwyr hefyd.[28] 'Roedd llwyddiant y Wasg Gymreig felly'n ddeublyg. Creodd ddeunydd i ddarllenwyr ond hefyd hybodd ysgrifenwyr newydd—datblygiad pwysig yng nghadwraeth y Gymraeg drwy gydol y ganrif. Yn 1836 ymddangosodd ail gyfnodolyn o gorlan yr Annibynwyr, sef *Y Diwygiwr* dan olygyddiaeth y Parchedig David Rees, Llanelli. Yn yr un cyfnod cyhoeddwyd *Yr Haul, Cronicl yr Oes, Y Seren Ogleddol, Y Wenynnen* a'r *Athro*. Yn 1845 ymddangosodd *Y Traethodydd*. 'Roedd hyn yn gryn gamp i siaradwyr iaith anwladwriaethol ac i rai nad oedd ganddynt sefydliad cenedlaethol ar gyfer hybu eu hiaith a'u diwylliant.

Y papur newydd anenwadol cyntaf i'w gyhoeddi oedd *Yr Amserau* dan olygyddiaeth Gwilym Hiraethog. Yn 1857 cyhoeddodd Thomas Gee *Baner Cymru* a dwy flynedd yn ddiweddarach, cyfunwyd y ddau bapur dan y pennawd *Baner ac Amserau Cymru*. Erbyn 1879 'roedd tri ar ddeg o bapurau newydd wythnosol yn cael eu cyhoeddi ac, yn ôl tystiolaeth Beriah Gwynfe Evans yn 1886-7 i'r Comisiwn Brenhinol ar Addysg Gynradd, 'roedd 120,000 o gopïau o bapurau newydd Cymraeg yn cylchredeg yn wythnosol ac at hynny ymddangosai bob mis ryw 150,000 o gylchgronau Cymraeg. Parhau a wnaeth y bwrlwm drwy gydol y ganrif, a daeth y wasg Gymraeg yn lladmerydd effeithiol i'r grefydd Anghydffurfiol ynghyd â'r moesoldeb, y safonau a'r daliadau gwleidyddol 'rhyddfrydol' a goleddid gan honno. Mae stamp Anghydffurfiaeth yn drwm ar gynnyrch y ganrif. Cyhoeddid yn y Gymraeg yr hyn a ystyrid yn dderbyniol ac yn fucheddol. Cyfeirir yn dra beirniadol at blwyfoldeb y dylanwad crefyddol ar y byd cyhoeddi yn Adroddiad Comisiynwyr y Llywodraeth i Gyflwr Addysg yng Nghymru (1847: 522):

> A sixpenny or at most a shilling book of a religious character is the only safe publishing speculation in the Welsh language, and even this would be loss if it were not 'pushed' in religious circles. It is by no means an uncommon thing for books to be advertised from the pulpit in dissenting places of worship.

Mae'n bosibl dadlau mai dyma oedd achos ei llwyddiant er gwaethaf yr adnoddau prin a cholledion ariannol mynych. Nid elw economaidd oedd symbylydd cyhoeddi yn y Gymraeg ond yn hytrach 'ymdrech gan weinidogion a deallusion i roi arweiniad i'r gymdeithas er gwaethaf gofynion y farchnad gyfalafol . . . Pobl oedd yr ysgrifenwyr hyn a chanddynt neges i'w throsglwyddo a gwirioneddau mawr i'w datgan'.[29] Ar y llaw arall gellid dadlau bod y fath briodas â chrefydd wedi caethiwo a llesteirio'r Gymraeg i rai meysydd yn unig gan agor y drws wedyn i feysydd eraill gael eu hystyried yn rhai a berthynai i'r Saesneg yn unig. Unwaith eto ceir sylw treiddgar yn Adroddiad y Comisiynwyr (1847: 251) lle yr awgrymir na ellid datblygu ac ymestyn cyhoeddi yn y Gymraeg yn y meysydd llenyddol na'r gwyddonol oherwydd y ffactor crefyddol. Mae'n gwbl amlwg eu bod o blaid ymestyn y cyweiriau hyn yn y Saesneg:

> The poverty and the indifference of the Welsh people, and the difficulty of withdrawing any of their attention from questions of theology and polemic religion forbid all hope of extending Welsh literature, without the hearty and continued co-operation of the wealthier classes. No person would venture to set up a periodical of a merely literary or scientific character, unless he had the support of some religious party; and such a support cannot be obtained to any extent.

Canlyniad anorfod hynny oedd derbyn mai'r Saesneg oedd iaith byd masnach, technoleg, byd diwydiant, addysg ac economeg.

Mae'n drueni na welwyd olynydd i'r *Gwyddoniadur Cymreig*, sef cyfrolau cynhwysfawr Thomas Gee ar batrwm yr *Encyclopedia Britannica* a gyhoeddwyd rhwng 1854-79. 'Roedd y cyfrolau hyn yn llwyddiant diamheuol. Gwerthwyd tua 4,000 o gopïau o'r rhifynnau cyntaf, a chynyddwyd gwerthiant y rhifynnau diweddarach. Mae'n rhaid pwysleisio bod Thomas Gee, drwy'r rhifynnau hyn wedi llwyddo i ymestyn gorwelion a pherthnasedd yr iaith Gymraeg. Cafodd ysgrifenwyr i gyfrannu ar bob math o bynciau drwy gyfrwng y Gymraeg. Defnyddiwyd yr iaith, felly, mewn cyd-destunau cwbl newydd a bu'n rhaid cymhwyso cystrawennau a geirfa nes eu bod yn addas ar gyfer ymdrin â gwahanol fathau o wybodaeth. Ystwythwyd yr iaith, ymestynnwyd ei defnydd ac fe'i gwnaed yn offeryn byw a chreadigol ar gyfer trafod meysydd newydd a chyfoes. Ond 'roedd cyfyngiadau ar y wasg. Cyhoeddid yn ôl y galw ac yn ystod y ganrif ddiwethaf ni fu galw mawr am greu geirfa ac addasu ffurfiau ar gyfer meysydd newydd. Rhwystrwyd hynny gan y tueddiad gwrth-Gymreig a'r pwyslais gwasaidd ar y Saesneg a nodweddai fywyd cyhoeddus, ac addysgol ail hanner y ganrif. Er gwaethaf cyfyngiadau o'r fath cafodd cyhoeddiadau'r ganrif ddiwethaf effeithiau cwbl gadarnhaol ar le'r iaith yn y gymdeithas, oherwydd iddynt ddylanwadu'n drwm ar fywyd y bobl a rhoi'r cyfrifoldeb am lenyddiaeth a diwylliant yng nghôl y werin. 'Roedd cyflwr llwyddiannus y byd cyhoeddi Cymraeg yn wir yn wrthwenwyn tra effeithiol i'r diffyg hyder a gynhyrchid gan y gorbwyslais ar bwysigrwydd y Saesneg yn ystod chwarter olaf y ganrif. Dyma ddyfyniad o *Llythyrau 'Rhen Ffermwr* (1878: 129):

> Y rheswm pam mae Sion (John Bull) mor ddig wrth yr hen iaith Gymraeg ydi, fod o wedi misio'i lladd er gneyd i egni am oese a chenedlaethe. Mi treiodd hi ymhob sut a modd, a mi gafodd help llawer Dic Sion Dafydd o dro i dro, ond y cwbl yn ofer . . . byw mae hi a byw fydd hi i gladdu'r tô presennol o broffwydi ac aml i dô ar i hol nhw. Mae'r hen iaith er gwaetha Sion a'i gyfeillion yn cymryd lês newydd ar ei hoes—yn codi papure nwddion, a choeddiade ac yn argraffu mwy o lyfre Cymraeg nag 'rioed; ia, a mae'r Saeson—plant Sion Bwl ei hun a'r Scotied hefyd yn troi i argraffu llyfre Cymraeg yn rhesi y dyddie yma.

'Roedd y papurau a'r cyfnodolion yn fagwrfa ac yn ysgol i ysgrifenwyr newydd ac oni bai am draddodiad cyhoeddi cryf ni fyddai adfywiad llenyddol ugain mlynedd olaf y ganrif wedi gwreiddio cystal. Gellid dadlau hefyd na fyddai ymdrechion John Morris-Jones i sefydlu iaith lenydol safonol wedi dwyn ffrwyth oni bai am y ffaith fod y fframwaith ar gael i ledaenu ei ddiwygiadau.

Y Cymdeithasau diwylliannol a'r eisteddfod

Fel y disgrifiwyd ynghynt, un o gyfraniadau pwysicaf Cymry alltud Llundain i achos y Gymraeg oedd gweithgarwch y cymdeithasau diwylliannol eu natur a sefydlwyd ganddynt yno. 'Roeddynt yn awyddus i gynnal a hybu diwylliant ac ysgolheictod yr 'hen iaith' a gobeithient y byddai *Anrhydeddus Gymdeithas y Cymmrodorion* yn datblygu'n fath ar Academi a fyddai'n swcro llenyddiaeth a diwylliant Cymru yn ogystal â dyrchafu'r iaith. Sefydlwyd *Cymdeithas y Cymmrodorion* yn 1751 ac yn 1770 cychwynnwyd *Cymdeithas y Gwyneddigion*. Yn wir gellir cysylltu adfywiad llenyddol ac ysgolheigaidd y ddeunawfed ganrif â'r cymdeithasau hyn. Yn negawd olaf y ganrif y Gwyneddigion a roes drefn ar yr eisteddfod ac a'i gwnaeth yn bosibl i honno'n ddiweddarach ddatblygu'n sefydliad cenedlaethol. Cefnogwyd diddordebau hynafiaethol gan gynnwys astudiaethau manwl a thrylwyr o hen lawysgrifau. 'Roedd Owain Myfyr a William Owen Pugh yn rhan o'r bwrlwm elitaidd hwn yn Llundain. Gadawodd William Owen Pugh ei gysgod yn drwm iawn ar iaith ac astudiaethau ieithyddol y bedwaredd ganrif ar bymtheg. 'Roedd ymlid 'Puwiaeth o'r tir' yn rhan amlwg o waith yr Athro John Morris-Jones wrth safoni'r iaith lenyddol ar ddiwedd y ganrif. Cefnogodd y cymdeithasau ymchwiliadau ysgolheigaidd ond fel yn achos William Owen Pughe a Iolo Morganwg, 'roedd sylfeini'r astudiaethau hynny braidd yn simsan, wedi eu gwreiddio mewn syniadau a dyfaliadau hynafiaethol pur ryfedd.

Yn 1790 cychwynnwyd *Cymdeithas y Caradogion*—cangen Saesneg ar weithgarwch Cymry Llundain, a dwy flynedd yn ddiweddarach sefydlwyd *Cymdeithas y Cymreigyddion*. Cymdeithas ddadlau a thrafod, yn bennaf, oedd yr olaf, cymdeithas a apeliai at rai a ymddiddorai yn y diwylliant Cymraeg, ond nad oeddynt â diddordeb angerddol y Gwyneddigion mewn ysgolheictod hynafiaethol. Dyma'r math o gymdeithas a gychwynnwyd yng Nghymru o ddechrau ugeiniau'r ganrif ymlaen. 'Roedd hwn yn un o ddatblygiadau pwysicaf y ganrif oherwydd rhoes y cyfrifoldeb am gynnal diwylliant a llenyddiaeth yn gyffredinol ar ysgwyddau cymdeithasau lleol. Dyma gam pellach mewn gwerineiddio llenyddiaeth, diwylliant a chadwraeth iaith. Byddwn yn dadlau bod y fath broses wedi bod o fudd i gymdeithaseg y Gymraeg yn ystod y ganrif oherwydd yn absenoldeb unrhyw sefydliad neu academi genedlaethol a allasai roi arweiniad, ni ellid cael ateb gwell na gosod y sialens a'r cyfrifoldeb ar ysgwyddau siaradwyr yr iaith eu hunain. Yn lleol llwyddodd y cymdeithasau i ennyn brwdfrydedd a chyfrifoldeb o fewn eu dalgylch, datblygiad a oedd yn hynod bwysig yng nghefn gwlad, cadarnle'r Gymraeg yn ogystal ag yn yr ardaloedd diwydiannol ac yn y cymunedau cymysgiaith. Rhwng 1820 ac 1850 sefydlwyd tua chant o gymdeithasau Cymreigyddol. Yn y gogledd y cydiodd y syniad gyntaf, ond erbyn y 1840au 'roeddynt wedi ymledu drwy'r de hefyd. Fel y nodwyd eisoes, o Lundain y daeth yr ysgogiad cyntaf a hynny yn ystod ail ddegawd y ganrif. 'Roedd eisteddfodau'r Gwyneddigion wedi edwino'n raddol a thasg anodd oedd ennyn digon o ddiddordeb a chefnogaeth ar raddfa leol yng Nghymru. Felly, sefydlwyd Cymdeithas Daleithiol Dyfed ar gyfer trefnu Eisteddfod Caerfyrddin yn 1819. Mae'n arwyddocaol mai yn yr eisteddfod hon y daeth yr Orsedd yn rhan o'r gweithgareddau am y tro cyntaf. Yn dilyn llwyddiant yr eisteddfod hon, sefydlwyd tair Cymdeithas Daleithiol arall, sef Powys, Gwynedd a Gwent, a phenderfynwyd cynnal eisteddfod yn y de a'r gogledd bob yn ail, a phwyllgor canolog yn Llundain i lywio'r gwaith. Rhwng 1819 ac 1822 cynhaliwyd pedair eisteddfod fawr: Caerfyrddin, 1819; Wrecsam, 1820; Caernarfon, 1821; ac Aberhonddu, 1822. O'r rhain y tarddodd y cymdeithasau lleol.

Parhaodd yr eisteddfodau taleithiol o 1819 hyd 1834 ac er eu bod yn llwyfan i lenyddiaeth a diwylliant y Gymraeg, ac er eu bod yn gyfrwng i ddod â'r diwylliant hwnnw i sylw'r dyn cyffredin 'roedd hadau ymagweddiadau gwrth-Gymreig fel petaent yn rhan annatod o'r fframwaith. Tra oedd yr eisteddfod yn ymddangosiadol o ddifrif ynglŷn â hybu'r Gymraeg, ei llenyddiaeth a'i diwylliant, 'roedd hefyd o ddifrif ynglŷn â phlesio'r sefydliad di-Gymraeg Prydeinig—yr uchelwriaeth, y teulu brenhinol a pherchenogion diwydiant. Ymwelodd Dug Sussex, brawd y brenin Sior IV ag Eisteddfod Dinbych yn 1828 a breintiwyd eisteddfodwyr 1832 ym Miwmaris â phresenoldeb y Dywysoges Fictoria a'i mam. Dechreuwyd yr arfer o draddodi anerchiadau hir ar hanes a llenyddiaeth Cymru ond drwy gyfrwng y Saesneg. Gosodid cystadlaethau ar bynciau ysgolheigaidd a gellid cyflwyno'r cynnyrch yn y Saesneg neu, yn achos Eisteddfodau'r Fenni, mewn Almaeneg a Ffrangeg yn ogystal â Chymraeg a Saesneg. Cynhelid cyngherddau mawreddog i ddenu'r boneddigion. Dyna oedd achos cŵyn un o'r beirdd—'roedd rhwysg y pethau ymylol wedi gwyro blaenoriaethau trefnwyr yr ŵyl:

> Un Saesnes am nadu fel dylluan a gaiff bunt am bob ceiniog a gaiff yr holl feirdd.[30]

Yn Eisteddfod Biwmaris cafwyd dawnsfeydd a gwledda ac am ddeuddydd cynhaliwyd ras gychod ar y Fenai! Yn ei dyddiadur cyfeiria'r Arglwyddes Charlotte Guest at y gwleddoedd anhygoel a gafwyd yn ystod Eisteddfod Caerdydd yn 1834. 'Roedd rhyw ramantiaeth cwbl ofer yn ffynnu, rhyw ymdrech i gael yr uchelwriaeth a'r frenhiniaeth yn noddwyr yr eisteddfod a'r beirdd, yn union fel yr oedd pethau yn y gorffennol. O safbwynt y Gymraeg, o safbwynt trwch poblogaeth Cymru, gwedd ddi-fudd ar weithgarwch diwylliannol hanner cyntaf y ganrif oedd yr uchod. Go brin y byddai'r gweithgareddau ymylol yn cyffwrdd â bywyd Cymro cyffredin. 'Roedd yr ymryson a'r cystadlu barddonol a cherddorol, ambell araith Gymraeg a gweithgareddau'r Orsedd yn llawer mwy tebygol o wneud argraff arno. At hynny, rhaid cyfeirio at y ffaith i gyfansoddiadau buddugol yr eisteddfodau taleithiol gael eu cyhoeddi mewn cyfrolau megis *Awen Dyfed* (1822), *Powysion* (1821 ac 1826), *Ffrwyth yr Awen* (1823), *Eos Dyfed* (1824), *The Gwyneddigion* (1830 ac 1839) ac *Awenyddion Gwent a Dyfed* (1834). 'Roedd gweld cynnyrch y cystadlaethau mewn print yn dra buddiol oherwydd 'roedd yn gyfle i drosglwyddo diwylliant Cymraeg cyfoes i bobl Cymru.

Datblygiad cyfamserol â thwf yr eisteddfodau taleithiol oedd cynnydd yn niferoedd y cymdeithasau Cymreigyddol lleol. Prif ysgogiad sefydlu'r cymdeithasau hyn oedd awydd i ddiogelu'r iaith Gymraeg. Dywedir i gangen gael ei chychwyn yn

Aberystwyth yn 1822 am fod yno gynnydd aruthrol yn nifer y rhai a siaradai'r Saesneg. Un o'r cymdeithasau enwocaf, a'r hynotaf o bosibl, oedd Cymreigyddion y Fenni a sefydlwyd yn 1833 gyda'r bwriad o weithio i sicrhau parhad y Gymraeg yn yr ardal. Dyma sut y disgrifiodd Carnhuanawc fwriad y gymdeithas yn *Seren Gomer* (Ionawr 1834):

> Y mae... y llygriad wedi cerdded ymhell eisoes, eithr byddwn wych, ac ymdrechwn yn ei erbyn, ... trwy ymegnio hyd eithaf ein gallu, dwyn i fyny blant y genhedlaeth bresennol mewn adnabyddiaeth o'r iaith Gymraeg.

Noddwyd y gymdeithas gan deulu Llanofer, ac 'roedd yr Arglwyddes gyda'r mwyaf brwdfrydig dros weld adfer y Gymraeg yn yr ardal. Rhwng 1834 ac 1853 cynhaliwyd eisteddfodau hynod o lewyrchus gan y gymdeithas. Yn ystod y tri degau ymledodd brwdfrydedd Cymreigyddion y Fenni i ardaloedd diwydiannol Sir Fynwy a sefydlwyd cymdeithasau ym Mhen-maen (1834), Rhisca, Cas-bach a Chasnewydd (1835), Glynebwy a Sirhywi (1836), Rhymni, Tredegar, Bryn-mawr a Nant-y-glo (1839).[31] Bu'r rhain yn sicr yn foddion i godi ymwybyddiaeth ieithyddol a diwylliannol yn yr ardaloedd hynny ar yr union gyfnod pan oedd mewnfudo i'r cyffiniau. 'Roedd capel, ysgol Sul, a rhwydweithiau cymdeithasol a diwylliannol yn gwbl allweddol yn y broses o gymathu newydd-ddyfodiaid â bywyd Cymraeg a Chymreig y bröydd diwydiannol.

Yn ystod y ganrif ymledodd a dwysaodd rhwydwaith y cymdeithasau llenyddol ac erbyn diwedd y ganrif daethai'n arferiad i bob capel gael ei chymdeithas lenyddol ei hun gan amlhau eisteddfodau lleol drwy bob cwr o'r wlad. Pwysigrwydd ieithyddol gwaith y cymdeithasau a'r eisteddfodau yn ystod hanner cyntaf y ganrif oedd creu brwdfrydedd, ymroddiad a gweithgarwch yn lleol gan roi i'r Gymraeg swyddogaethau cymdeithasol, diwylliannol ac adloniadol mewn sefyllfaoedd cyhoeddus eraill yn ychwanegol i'r rhai crefyddol.

Addysg—Brad y Llyfrau Gleision

Ar ddechrau'r ganrif digon gwael oedd y ddarpariaeth addysgol yng Nghymru oni bai am weithgarwch yr ysgolion Sul. 'Roedd yr Ysgolion Gramadeg ar gael, wrth gwrs, ond darpariaeth ar gyfer plant y dosbarthiadau da eu byd, Anglicanaidd a geid yno, ac yr oeddynt yn amlwg am eu Seisnigrwydd digyfaddawd. Os dysgid yr ieithoedd clasurol ynddynt, prin y rhoddid unrhyw sylw i'r Gymraeg. Ynddynt fynychaf yr addysgid y rhai a âi yn ddiweddarach i rengoedd offeiriadaeth Eglwys Loegr. Yn anffodus gwelid addysg o'r fath fel cyfrwng i ddringo ysgol llwyddiant economaidd a chymdeithasol, a'r allwedd ar gyfer gwireddu'r fath uchelgais oedd meistroli'r Saesneg. Ar ddechrau'r bedwaredd ganrif ar bymtheg daeth addysg yn gyfystyr â dysgu'r Saesneg. Heuwyd y syniad anffodus hwnnw mai dyna beth y dylid anelu ato yn yr ysgolion. Yn 1811 sefydlwyd y Gymdeithas Genedlaethol i ddarparu ysgolion dyddiol dan nawdd yr Eglwys. Yn naturiol ddigon nid oedd addysg 'enwadol' o'r fath yn gwbl dderbyniol i'r Ymneilltuwyr. Yn1814 sefydlwyd y Gymdeithas Frutanaidd a Thramor er mwyn darparu addysg anenwadol. Yn 1833 cynhaliwyd 146 o Ysgolion Cenedlaethol ond dim on 15 Ysgol Frutanaidd. Erbyn 1847 bodolai 377 o Ysgolion Cenedlaethol a 105 o Ysgolion Brutanaidd. At y rhain gellid rhestru'r ysgolion 'preifat' a'r Athrofeydd ar gyfer paratoi ymgeiswyr ar gyfer y weinidogaeth.

Pan sefydlodd Micah Thomas Athrofa Fedyddiedig yn Abergafenni yn 1807 ei brif nod oedd dysgu'r Saesneg i Gymry ieuainc fel y byddent yn gymwys i weithio yn Lloegr, yn ogystal ag yng Nghymru. Er mai'r Gymraeg oedd iaith y rhan helaethaf o'r cynulleidfaoedd Bedyddiedig yn y de-ddwyrain ar y pryd, ystyrid mai priodol fyddai hyfforddi darpar-weinidogion drwy gyfrwng y Saesneg. 'Roedd yr hyfforddiant yn gwbl annigonol ac aneffeithiol ar gyfer gweithio drwy gyfrwng y Gymraeg. Dadleuodd Siân Rhiannon Williams fod y fath addysg wedi hwyluso'r ffordd yn Sir Fynwy i sefydlu capeli Bedyddiedig Saesneg a chynyddu pregethu Saesneg yn y capeli Cymraeg:

> Er enghraifft defnyddiwyd y Saesneg wrth agor capel Bedyddwyr yn Nant-y-glo (1829), capel yr Annibynwyr Victoria

(1838), capel yr Annibynwyr Rhymni (1838) ac wrth ordeinio gweinidogion mewn capeli Cymraeg. Un enghraifft o lawer yw cyfarfodydd ordeinio'r Parch. Daniel Morgan yn Horeb Blaenafon yn 1849.[32]

Yn 1808 apwyntiwyd tiwtor Cymraeg i'r Athrofa—cam buddiol ond un byrhoedlog, canys gollyngwyd y Gymraeg o'r maes llafur yn bur fuan. Ystyrid nad gwaith Athrofa oedd gwella meistrolaeth darpar-weinidogion ar y Gymraeg yn llafar nac yn ysgrifenedig. Codwyd cri o brotest gan ambell un, ond llef yn erbyn y llif oedd sylwadau'r Parch. John Jenkins, Hengoed, er enghraifft, yn *Seren Gomer* (Mehefin 1828):

> Yr wyf yn ei ystyried yn warth . . . ein bod yn cynnal Athrofa lle mae cynifer o fyfyrwyr wedi eu dwyn i fyny i'r weinidogaeth ac nad oes gymaint ag un ohonynt . . . a fedr ysgrifennu cymaint a llythyr yn iaith ei fam.

Er mor gadarnhaol oedd dylanwad crefydd ar y Gymraeg 'roedd hadau gwenwynig eisoes yn y fframwaith mor gynnar â dechau'r ganrif. Cadarnhawyd y syniad cyfeiliornus mai drwy gyfrwng y Saesneg yn unig y gellid cyfrannu addysg o safon ac o bwys. Hi oedd iaith ymddiwyllio ac iaith symudoledd cymdeithasol. 'Roedd y Gymraeg yn iawn yn yr ysgol Sul ac yn gwbl briodol fel cyfrwng dysgu darllen a thrin a thrafod materion crefyddol. Ond pan oedd galw am ddyfnhau gwybodaeth ac ymestyn meistrolaeth arbenigol, yna drwy gyfrwng y Saesneg yn unig y gellid gwneud hynny. 'Roedd y fath agwedd yn sarhad llwyr ar y Gymraeg, ond o gofio'r cefndir hanesyddol 'roedd i'w ddisgwyl. Nid oedd na phrifysgol nac unrhyw sefydliad cenedlaethol arall yng Nghymru i hyrwyddo defnydd o'r Gymraeg na chyfundrefn addysg Gymraeg o unrhyw werth ar ôl diflaniad ysgolion y beirdd. Rhoes y Deddfau Uno ddelwedd israddol i'r Gymraeg, a Saesneg oedd iaith y swyddi proffesiynol. 'Roedd y canolfannau hyfforddiant ac addysgol yn Lloegr—prifysgolion Rhydychen a Chaergrawnt a Neuaddau'r Frawdlys ac Ysbytai'r Siawnsri yn Llundain. Dyna oedd y *status quo* ar ddechrau'r ganrif, hwn oedd y safbwynt a dderbynnid yn gwbl ddigwestiwn hyd yn oed gan Gymry Cymraeg unieithog.

'Roedd y ddarpariaeth addysgol yng Nghymru yn gwbl annigonol a'r pwyslais, ynghyd â chyfrwng ieithyddol y dysgu, yn ddieithr i'r plant ac yn gwbl aneffeithiol. Yn aml iawn pobl ddihyfforddiant oedd yr athrawon ac yn sicr mewn sawl achos, pur garbwl oedd Saesneg rhai ohonynt. Mewn achosion eraill, penodid athrawon di-Gymraeg mewn cymdogaethau Cymraeg gyda'r syniad y byddai hynny'n llesol i addysg y plant. Byddai'r disgyblion yn dysgu rhesi o ymadroddion Saesneg a hyd yn oed yn dysgu darllen Saesneg heb unrhyw syniad o ystyr yr hyn a leferid. Serch hynny, yng ngolwg rhieni a thrwch y gymdeithas, dyna oedd prif ddiben yr ysgolion dyddiol— dysgu Saesneg i'w plant. Yn y 1840au 'roedd rhai rhieni yn Llanelli mor awyddus i'w plant feistroli'r Saesneg fel iddynt wneud cais ar i ysgol Sul Capel Als gael ei chynnal drwy gyfrwng y Saesneg. Dyma enghraifft o eilunaddoliaeth o'r Saesneg a pharodrwydd difeddwl i ddibrisio eu hiaith eu hunain. Daethai 'addysg' yr ysgolion dyddiol yn offeryn grymus i farchnata'r Saesneg ymysg Cymry unieithog. Addysg wael, anaddas ac aneffeithiol ydoedd, serch hynny, fel y tystiodd *Adroddiad Y Comisiynwyr Brenhinol ar Addysg yng Nghymru* yn 1847. Dyma rai sylwadau o eiddo H.V. Johnson, un o'r Comisiynwyr:

> The visitors and promoters of such schools appear to have overlooked the defect which lies at the root of all other deficiencies—the want of books expressly adopted and of teachers properly qualified to teach English to Welsh children. The majority appear conscious that English may remain an unknown language to those who can read and recite it fluently; others have frequently assured me that Welsh parents would not endure an encroachment upon their language—an argument which would seem to imply great ignorance of the poor among their countrymen, who . . . insist on having English only taught in the day-schools and consider all time as wasted which is spent in learning Welsh.

Teg yw nodi bod sylwadau Johnson ar y cyfan yn llawer mwy cytbwys a niwtral nag eiddo'r ddau gomisiynydd arall, ond er iddo weld diffygion yn y dysgu ac anghysondeb rhyfedd ar ran y Cymry eu hunain ni welodd mai'r ateb syml i'r holl broblem

fyddai cyfrannu addysg effeithiol i'r plant yn eu mamiaith—
y Gymraeg. Dyna oedd wrth wraidd diffygion y system
addysgol, ond nid casglu tystiolaeth er mwyn gwella'r
ddarpariaeth addysgol yng Nghymru oedd bwriad y Comisiwn
o'r cychwyn ond gwella'r ddarpariaeth ar gyfer dysgu'r
Saesneg yn fwy effeithiol yng Nghymru. 'Roedd goblygiadau
gwleidyddol a rhagfarn wrth-Gymreig ymhlyg yn yr arolwg
cyn ei ddechrau. 'Roedd y Saesneg yn iaith ymerodrol—iaith
swyddogol Canada ac Awstralia, ac ar ôl 1859 hi oedd iaith
llywodraeth a chyfraith India hefyd. Saesneg, wrth gwrs, oedd
iaith UDA ac eto ar y trothwy yng Nghymru parhâi'r Gymraeg
yn wahanfur ac yn faen tramgwydd.

Yn niwedd tridegau'r ganrif a dechrau'r pedwardegau
gwelwyd cynnwrf a therfysg cymdeithasol/gwleidyddol yn y
Gymru wledig ac yn y cymunedau diwydiannol, sef helyntion
y Beca a Siartiaeth. Pan adroddodd comisiwn y llywodraeth i
helyntion Rebecca yn 1844 cwynai mai'r Gymraeg oedd achos
yr helynt, yr iaith oedd symbylydd y fath wrthryfel anwaraidd.
Adleisiai hyn sylw a wnaed yn y *Morning Chronicle* yn 1839, y
gellid disgwyl gwrthryfel yng Nghymru gan fod iaith yn ffactor
ychwanegol a orbwysleisiai'r rhaniad cymdeithasol rhwng y
cyfoethog a'r tlawd.[34] Yr ateb i'r fath broblem oedd ei dileu a'r
ysgolfeistr oedd yr un mwyaf effeithiol i wneud hynny. Dyna'n
sicr oedd barn William Williams, yr Aelod Seneddol dros
Coventry. Cymro oedd hwn, brodor o Lanpumsaint, Sir
Gaerfyrddin, ond a oedd wedi llwyddo'n anghyffredin ym myd
busnes yn Llundain. Fel un a oedd wedi ymwadu â'i wreiddiau
ei hun gwelai addysg Saesneg fel yr unig ffordd i ddiwygio'r
Cymry a gwella eu safonau byw yn gyffredinol. Felly, ar 10
Mawrth 1846, yn Nhŷ'r Cyffredin pwysodd ar y llywodraeth i
benodi Comisiwn Brenhinol i archwilio cyflwr addysg yng
Nghymru:

> If the Welsh had the same advantage for education as the Scots
> they would, instead of appearing as a distinct people, in no
> respect differ from the English. Would it not then be wisdom and
> sound policy to send the English schoolmaster amongst them.
> The people of that country labour under a peculiar difficulty
> from the existence of an ancient language.[35]

Adleisio'r un math o feddylfryd a wnaeth *Adroddiad y Comisiwn Brenhinol* yn 1847:

> The Welsh language is a vast drawback to Wales and a manifold barrier to the moral progress and commercial prosperity of the people. Because of their language the mass of the Welsh people are inferior to the English in every branch of practical knowledge and skill . . . Whether in the country or among the furnaces the Welsh element is never found at the top of the social scale, nor in its own body does it exhibit much variety of graduation. In the country the farmers are very smallholders, in intelligence and capital no wise distinguished from labourers. In the works, the Welsh workman never finds his way into the office . . . Equally in his new or old home his language keeps him under the hatches being one in which he can neither acquire nor communicate the necessary information. It is the language of old fashioned agriculture, of theology and of simple rustic life, while all the world about him is English . . . he is left to live in an underworld of his own and the march of society goes completely over his head![36]

Mae'n ddatganiad cwbl hilyddol sy'n honni bod tlodi, caledi a'r hyn a ystyria'r comisiynwyr yn gyntefigrwydd yn hannu'n uniongyrchol o iaith y Cymro. Nid oedd y Gymraeg o'r un radd â'r Saesneg, a dyna esbonio paham yr oedd y Cymro'n israddol i'r Sais, yn anwybodus, anwaraidd, anfoesol ac aflwyddiannus. Casglodd y Comisiynwyr H.V. Johnson, R.W. Lingen a J.C. Symons doreth o ffeithiau a gwybodaeth hynod o bwysig a diddorol, deunydd a rydd ddarlun eithaf dilys o ansawdd y dysgu, cymwysterau'r athrawon, cyflwr yr adeiladau, ynghyd ag agweddau a rhagfarnau rhai tystion ynglŷn â'r Gymraeg. Mae'n wir nad oedd y rhai a alwyd i roi tystiolaeth i'r Comisiynwyr yn drawstoriad cynrychioliadol o boblogaeth Cymru. Er bod oddeutu tri chwarter y wlad yn Ymneilltuwyr, derbyniwyd tystiolaeth 232 o Eglwyswyr a 79 yn unig o blith yr Ymneilltuwyr. Daw casineb rhai o'r Eglwyswyr yn erbyn yr Ymneilltuwyr i'r wyneb yn aml iawn. 'Roedd James Denning, Ciwrad Aberhonddu am weld diflaniad y Gymraeg fel y byddai'r Eglwys unwaith eto yn adennill ei thir:

I cannot too strongly express my opinion about the necessity of getting rid of the Welsh language . . . the bigotry of the preachers would be driven away.[37]

Trafferth a gwaith ychwanegol oedd y Gymraeg i'r Parchedig J. Hughes, Rheithor Llanhilleth:

. . . I consider the language to be a nuisance and an obstacle both to the administration of the law and the cause of religion, imposing on pastors a double degree of work, by their having the Welsh and the English portion of the community to attend to.[38]

Crair di-fudd o'r gorffennol heb unrhyw berthnasedd i fywyd cyfoes oedd y Gymraeg yn ôl offeiriad Trevethin:

One need only read the Welsh publications to be convinced of the non-utility of the language for any practical purpose whatsoever, religious or commercial, and the sooner it becomes dead the better for the people.[39]

Mynnodd y Dr E.H. Phillips o Bont-y-pŵl mai'r pregethu Cymraeg yn yr eglwysi Ymneilltuol a oedd yn gyfrifol am ymarweddiad cywilyddus y Cymry a'u diffyg parch at awdurdod:

The dissolute habits, their recklessness of living their contempt for authority, their 'speaking evil of dignities' must if unchecked bring on a state of things in this country which is frightful to contemplate.

Ei ateb oedd cael y bobl yn ôl dan ddylanwad yr Eglwys Sefydledig ac felly i sŵn gwasanaethau Saesneg yn ogystal â rhai Cymraeg a byddai hynny yn dwyn ffrwyth:

. . . the general improvement of the people in due deference to their superiors and respect for the law of the land.[40]

O'r fath sarhad, i ddyn mewn safle anrhydeddus yn y gymdeithas allu mynegi'r fath ragfarn hilyddol gwbl ddi-sail! Tystiolaeth o'r un safon a gafwyd gan E.C. Hall, bargyfreithiwr o Gastellnewydd Emlyn:

> The two languages are a great facility to perjury . . . The Welsh language is peculiarly evasive which originates from its having been the language of slavery.[41]

Felly, ymddengys mai'r Gymraeg oedd wrth wraidd pob drwg a phob problem yng Nghymru erbyn canol y ganrif a'r unig ateb oedd cyflwyno gwarineb ac addysg ehangach i'r bobl drwy gyfrwng addysg Saesneg! Derbyniodd y Comisiynwyr dystiolaeth o blaid y Gymraeg hefyd ond tueddiad J.C. Symons a R.W. Lingen oedd defnyddio'r dystiolaeth a gasglwyd i ategu eu safbwyntiau gwrth-Gymreig eu hunain. Eu stamp hwy a oedd ar yr adroddiad swyddogol a oedd yn gwbl ddamniol o addysg yng Nghymru. Cynhwysai rai sylwadau haeddiannol o ystyried yr hyn a welsent yn yr ysgolion dyddiol. 'Roedd safon y dysgu yn aml yn affwysol, ond y brif broblem oedd cyfrwng y dysgu, y ffaith bod yr ysgolion hyn yn mynnu dysgu drwy gyfrwng y Saesneg, iaith a oedd yn gwbl annealladwy i'r rhan fwyaf o'r plant. Yn ôl yr ystadegau a gasglwyd ganddynt yn siroedd y de, un ysgol yn unig a ddefnyddiai'r Gymraeg fel cyfrwng dysgu, Saesneg yn unig oedd iaith 791 ysgol arall. Rhestrwyd 269 ysgol lle ceid esbonio achlysurol yn y Gymraeg, er mai eithriad fyddai hynny yn hytrach na'r norm, hyd yn oed yn yr ysgolion a restrwyd. Cynhwysir craidd y broblem, fel yr awgrymwyd eisoes, yn yr ystadegau hyn—cyfrwng y dysgu. 'Roedd yr addysg hon yn gwbl aneffeithiol. Dylasid bod wedi canmol llwyddiant gwaith yr ysgolion Sul ac awgrymu ymestyn i'r ysgolion dyddiol y fframwaith hwnnw o ddysgu drwy gyfrwng mamiaith y plant.

Difrïol iawn oedd sylwadau Symons ar waith yr ysgol Sul:

> Schools thus conducted cease to be seminaries of religious knowledge and sink into week-day schools of the lowest class. It is a fallacy to say that no secular instruction is given in Welsh Sunday-schools: this is secular instruction and of the most profitless and least spiritual kind.[42]

Byddai'n anathema canmol unrhyw addysg lwyddiannus a honno yn y Gymraeg oherwydd golygai nofio yn erbyn llif balchder ymerodrol y dydd yn iaith diwylliant a llwyddiant economaidd Prydain. Adroddiad rhagfarnllyd, gwleidyddol a gafwyd a gytunai'n llwyr ag agweddau cyfoes gwleidyddion y cyfnod. Y trasiedi mwyaf ydyw iddo fod mor ysgubol o ymosodol gan gysylltu holl ddrygau addysgol, economaidd, cymdeithasol a moesol Cymru â diffyg meistrolaeth ar y Saesneg ac ymlyniad ffôl wrth y Gymraeg. Nid yw'n syndod yn y byd i Gymry'r cyfnod lysenwi'r adroddiad yn 'Frad y Llyfrau Gleision'. 'Roedd y genedl o ran ei diwylliant, ei chrefydd, ei moesoldeb a'i hiaith wedi ei dilorni'n gyhoeddus.

Mae'n eironig braidd i'r protestio yn erbyn 'Brad y Llyfrau Gleision' ganoli ar y sylwadau cwbl ddi-sail a wnaethpwyd ynglŷn â moesoldeb y Cymry a'u hanallu i ddatblygu doniau newydd ac ymaddasu'n effeithiol i'r byd cyfoes o'u cwmpas. Mae'n wir fod arweinwyr cymdeithas yng Nghymru wedi eu cythruddo gan annhegwch ymosodiadau ysgubol yr adroddiad, ond ymatebasant i'r beirniadaethau mewn modd gorsensitif ond hynod o wasaidd. Yn hytrach nag amau a gwrthbrofi'r cyhoeddiadau a'r ensyniadau, aethpwyd ati'n egnïol i ddangos bod safonau moesol Ymneilltuaeth yn rhai cadarn, cywir ac nad oeddent yn gul nac yn llyffethair ar feddwl, ymddygiad na chyraeddiadau'r Cymry. Ar y naill law daeth yn rhyfel agored yn erbyn rhagorfreintiau Eglwys Loegr, ac ar y llaw arall aethpwyd ati â chryn ddyfalwch i ddangos fod Cymru'n wlad foesol a pharchus ac y gallai'r Cymry Cymraeg ymddwyn yn waraidd a sydêt cystal â'u cymdogion ymerodrol. Yn anffodus, rhan o'r parchusrwydd eangfrydig hwn oedd datblygu'r cysyniad bod efelychu'r Sais mewn moes, ymddygiad, syniadaeth ac iaith yn nod i ymgyrraedd ato. Canlyniad naturiol dyrchafu iaith, diwylliant ac arferion un genedl yw bod y rhai sy'n brysur yn efelychu yn rhwym o fychanu ac esgeuluso eu hiaith a'u traddodiadau eu hunain gan eu hystyried yn eilradd neu yn ddiwerth. Derbyniodd y Cymry'r feirniadaeth ynghylch addysg ac yn hytrach nag ennill hunan-barch drwy sefydlu system effeithiol yn y famiaith, aethpwyd ati yn ail hanner y ganrif i geisio gwella system addysg cwbl Saesneg. Byddwn yn dadlau bod hyn yn dystiolaeth ddiamheuol fod y Cymry erbyn canol y ganrif wedi llwyr dderbyn mai'r Saesneg a ddylai fod yn gyfrwng i addysg gyffredinol. Hi oedd iaith swyddogol y wladwriaeth a gellid derbyn mai hi fyddai iaith unrhyw fudiad neu sefydliad cyhoeddus a gefnogid gan San Steffan. 'Roedd y Deddfau Uno wedi llwyddo i gyflyru'r ddelwedd ynglŷn â lle a statws y ddwy iaith ym mywyd Cymru. Aeth 'Brad y Llyfrau Gleision' un cam ymhellach drwy ymosod yn uniongyrchol ar ewyllys y bobl gyffredin i gynnal eu hiaith. Cysylltwyd y Gymraeg â thlodi, anwybodaeth, cyntefigrwydd a safle cymdeithasol israddol. Dyma'r ymagweddu a wenwynodd achos y Gymraeg drwy weddill y ganrif. Mae'n werth dyfynnu datganiad a wnaeth y Prifathro Michael D. Jones o'r Bala yn 1856:

> Oherwydd fod y Cymry yn oresgynedig yn eu gwlad eu hunain . . . maent wedi colli eu hunan-hyder, nid ydynt yn credu y gallant wneud fawr, ac am hynny ychydig y maent yn ei gynnig. Credant fel pob caethion mai gan eu meistr y mae y gallu . . .[43]

Effeithiau 'Brad y Llyfrau Gleision' ar fywyd ail hanner y ganrif

Dechrau'r ymosodiad ar y Gymraeg oedd Brad y Llyfrau Gleision yn 1847. Parhaodd y diraddio a'r dilorni drwy agwedd sarhaus a balch y sefydliad, a thrwy'r ymdeimlad o gywilydd ac israddoldeb a amlygwyd ymhlith arweinwyr newydd y dosbarth canol yng Nghymru. 'Roedd effeithiau seicolegol beirniadaeth ddeifiol a chyson ar bopeth a oedd yn ymwneud â'r Gymraeg, a chanmoliaeth orfoleddus i bopeth Saesneg a Seisnig yn rhwym o gael effaith ar hunanhyder a hunanddelwedd y Cymro Cymraeg. Gyda phob ymosodiad cynyddai'r ymdeimlad o annigonolrwydd, cywilydd ac israddoldeb, yn gyntaf, ymhlith y dosbarth canol, parchus, newydd, ond hefyd ymysg gwerin a oedd â'i bryd ar wella'i byd. Mae ymagweddu negyddol, a dibristod o werthoedd a oedd gynt yn gwbl ddiffiniol yn hunaniaeth cymdeithas a chenedl yn llawer mwy pwerus na grym milwrol neu ormes wleidyddol allanol. Ymagweddiad cadarnhaol ac ewyllys i ffynnu yw'r ddwy nodwedd bwysicaf ym mharhad iaith a diwylliant lleiafrifol. Y foment yr amheuir gwerth a statws yr iaith a'r diwylliant brodorol bydd yr iaith estron ar ei hennill. Dyma union gefndir yr erydiad ieithyddol a ddisgrifia Susan Gal yng nghymunedau Hwngareg dwyrain Awstria. Deddfwyd mai'r Almaeneg fyddai cyfrwng addysg yn y rhanbarthau hynny, a hi hefyd oedd iaith swyddogol pob sefyllfa gyhoeddus ac eithrio'r cywair crefyddol yn y capeli Protestannaidd. Fel yn achos y Gymraeg cwtogwyd ar rwydweithiau posibl yr Hwngareg. Derbyniwyd yn ddigwestiwn mai cam normal oedd i siaradwyr yr Hwngareg ddysgu'r Almaeneg, ac nad oedd rheidrwydd ar siaradwyr yr Almaeneg i ymdrafferthu â meistroli'r Hwngareg. Erbyn hyn y mae'r ymdeimlad o israddoldeb a chywilydd wedi cynyddu i'r graddau fel na chlywir siaradwyr yr Hwngareg yn defnyddio'r iaith yn gyhoeddus, hyd yn oed ymhlith ei gilydd, os bydd person o fewn clyw nad yw'n deall yr iaith. Mae'r Hwngareg yn prysur ddatblygu i fod yn iaith gyfyng ei phosibiliadau cyweiriol a chymdeithasol. Daeth yn iaith yr aelwyd a'r capel yn unig a phrysurodd erydiad a chyfnewid ieithyddol ymysg y cenedlaethau iau.[44]

Yng Nghymru y Saesneg oedd iaith y dosbarth cymdeithasol uchaf, yn feistri tir, ac yn gyfalafwyr diwydiannol. Saesneg oedd iaith llwyddiant materol a chymdeithasol, ac yn chwedegau a saithdegau'r ganrif mynnai'r *Times* ailadrodd cyhuddiadau afresymol 'Brad y Llyfrau Gleision'. Ar 8 Medi 1866 honnai'r papur newydd hwn mai'r Gymraeg oedd 'the curse of Wales'. Yr iaith oedd y bwch dihangol i holl broblemau economaidd, addysgol a chymdeithasol Cymru! Mae'n hawdd cymryd y fath osodiad yn ysgafn heddiw ond, ar y pryd, nid oedd yn rhwydd i rai a oedd eisoes yn ansicr ohonynt eu hunain, i ymysgwyd oddi wrth y fath gyhuddiad ysgubol. Chwe diwrnod yn ddiweddarach, ar 14 Medi yng ngholofn olygyddol y *Times* disgrifir Cymru fel:

> . . . a small country . . . with an indifferent soil and inhabited by an unenterprising people. It is true that it possesses valuable minerals but these have been chiefly developed by English energy and for the supply of English wants. A bare existence on the most primitive food of a mountainous race is all that the Welsh could enjoy if left to themselves.

Mae'n ddarlun difrïol iawn, ac ynghlwm wrth ddoniau amgenach y Sais wrth gwrs 'roedd y Saesneg—iaith llwyddiant. Pan ymwelodd y Prifweinidog Gladstone ag Eisteddfod yr Wyddgrug yn 1873, yn ei anerchiad cyfeiriodd at y Gymraeg fel

'a venerable relic from the past'. 'Roedd y Cymry wedi dotio
arno er iddo eu sarhau wrth gyfeirio at eu hiaith fel crair a oedd
wedi goroesi o niwloedd y gorffennol. Ymhlyg yn y gosodiad
ceir mynegiant mwy cwrtais efallai nag arfer o'r hen syniad
hilyddol mai'r Gymraeg oedd melltith fwyaf y Cymry. Yn wir,
ar 20 Awst 1873, wrth adrodd am ymweliad Gladstone â'r
Wyddgrug, anoga'r *Times* y Cymry i ddysgu'r Saesneg, 'which
is necessary to make them well-informed members of society'.
Onid dyna ddywedodd yr Arglwydd Powys yn Eisteddfod
Rhuddlan yn 1850 pan gyfeiriodd at y Saesneg fel 'the highest
objects of ambition'?

Llyncwyd y fath syniadau a cheisiwyd eu gwireddu ym myd
addysg a diwylliant, gan esgor ar ddeuoliaethau gwrth-
gyferbyniol a oedd yn gwbl wenwynig i achos y Gymraeg. Y
tristwch pennaf yw darganfod y Cymry eu hunain erbyn
chwarter olaf y ganrif yn adleisio rhai o'r honiadau uchod yn
union fel petaent yn wirioneddau diamheuol. Yn y *Geninen*
(1883: 19) mynegir yn hollol glir mai dysgu'r Saesneg yw'r unig
allwedd a all sicrhau llwyddiant materol:

> Os ydych am barhau i fwyta bara tywyll, a gorwedd ar wely
> gwellt, gwaeddwch chwi eich gorau 'Oes y byd i'r iaith
> Gymraeg': ond os ydych chwi yn chwennych bwyta bara gwyn a
> chig eidion rhost, mae yn rhaid i chwi ddysgu Saesneg.

Eir ymlaen gan adleisio'r hyn a ymddangosodd yn y *Times*, 14
Medi 1866:

> Nis gwyddom am gymaint ag un Cymro uniaith a gasglodd
> gyfoeth heb wybod Saesneg . . . Er bod Cymru yn un o rannau
> cyfoethocaf Prydain Fawr a'i thrysorau cuddiedig dan ei drwyn
> a'i draed, eto trwy ei anwybodaeth, ni wnaeth ddim ohonynt
> hyd nes i'r Sais llygad-graff, profiadol ac anturiaethus brynu
> llawer maes ar gyfer y trysor cuddiedig.

'Roedd rhyw agwedd meddwl afiach wedi gafael yn y genedl;
'roedd ail hanner y ganrif yn wir yn gyfnod o argyfwng yn
hanes yr iaith, a'i siaradwyr yn dymuno dilyn dau lwybr
canmol ei hynafiaeth a'r hen ogoniant, ei chadw ar yr aelwyd
a'r capel, ond ei diarddel ym meysydd cyfraith, diwydiant,

gwyddoniaeth ac addysg. 'Roedd bywyd fel petai'n cael ei rannu'n ddau a'r cysylltiad rhyngddynt yn bur fregus. Cymraeg oedd iaith y galon, a'r allwedd i agor drws profiadau crefyddol a thrafodaethau ysbrydol, ond y Saesneg oedd y cyfrwng mwyaf priodol ar gyfer trin y byd materol. Daeth anghyfartaledd cyweiriol rhwng y ddwy iaith yn ffaith na ellid ei gwadu. I lawer, gwerth addurnol oedd i'r Gymraeg, fel y disgrifia H.T. Edwards:

> Fe gâi'r Gymraeg ddiogelu'r pethau dyrchafol. Fe gâi'r Saesneg drin y byd materol. Yr oedd y Gymraeg yn enw doethineb, i gilio'n wirfoddol o fyd masnach a llywodraeth. Yn hytrach na bod yn ddylanwad solet ar fyw beunyddiol y genedl, ar weithgarwch y sefydliadau a'i rheolai byddai'r Gymraeg megis ruban eisteddfodol yn addurn i'w wisgo'n llawen pan fyddai gofyn i'r genedl ei hatgoffa'i hun o'i rhinwedd. O'r 1860au ymlaen troes gwerth y Gymraeg yn fwyfwy emblematig.[45]

Mynn H.T. Edwards mai arwydd a phrawf o argyfwng yr iaith yn ail hanner y ganrif oedd y cerddi gwladgarol arwynebol a'r cerddi i ganmol a llongyfarch yr iaith a ddaeth mor boblogaidd ar ôl 1850. 'Roeddynt yn llawn teimladrwydd bas. Y Gymraeg oedd 'calon' y genedl, ond eto yn y byd real a oedd ohoni 'roedd cleddyfau wedi'u hogi i leihau'r defnydd ohoni gan ei gwneud yn ddianghenraid. 'Roedd y Saesneg yn ymwthio i bob agwedd ar fywyd, 'roedd hi'n gwbl angen-rheidiol, ond nid felly'r Gymraeg. Darlun gobeithiol ffug a geir ym marddoniaeth y ganrif.

Treiddiodd y pwyslais ar hyrwyddo'r Saesneg hyd yn oed i fywyd diwylliannol y ganrif. Mae hynt a helynt yr Eisteddfod yn ystod y 1860au yn dystiolaeth glir o hynny. Erbyn canol y ganrif 'roedd yr Eisteddfod ynghyd â'r Orsedd wedi eu sefydlu fel man cyfarfod cymwys i hyrwyddo'r Gymraeg a'i diwylliant. Trefnodd ab Ithel eisteddfod fawr yn Llangollen yn 1858 gyda threnau rhad i gludo'r eisteddfodwyr o bob rhan o Gymru. Hysbyswyd yr achlysur yn unieithog yn y Saesneg: 'The National Gorsedd of Britain accompanied by a Grand Eisteddfod'. Pam yn y Saesneg, tybed? A oedd gallu denu dyrnaid o uchelwyr yn gwarantu cyhoeddi'r eisteddfod yn y

Saesneg? 'Roedd hyn yn amlwg yn enghraifft o'r parodrwydd i geisio ennill parch a ffafr y rhai na allent weld unrhyw rinwedd i'r Gymraeg na gwerth iwtilitaraidd iddi yn y byd a oedd ohoni. Mae'n enghraifft arall, hefyd, o ansicrwydd y Cymro Cymraeg ar ôl 1847, a'r ymdeimlad dwfn a oedd ynddo ei fod yn ddibynnol ar ffafr a nawdd ac arweiniad y di-Gymraeg. 'Roedd yn sefyllfa drist o gofio mai ysgol i feirdd Cymraeg oedd yr eisteddfod—cyfle i'r Cymry gael gwerthfawrogi'r diwylliant traddodiadol yn eu hiaith eu hunain. Cyfeiriwyd eisoes at ffolinebau'r tridegau pan geisiwyd priodi dau ddiwylliant, dwy iaith a dau ddosbarth dan gochl yr eisteddfod. Yr adeg honno 'roedd dwy eisteddfod ym mhob lleoliad—y gweithgaredd barddonol a cherddorol Cymraeg, a'r cyngherddau mawreddog, y dawnsfeydd a'r gwleddoedd i'r dieithriaid Saesneg. Yn ystod y 1860au daeth ymyrraeth ac ymdreiddiad cefnogwyr y Saesneg yn llawer amlycach.

Yn Eisteddfod Dinbych yn 1860 y daeth yr Eisteddfod fel sefydliad cenedlaethol i fod. Yno penderfynwyd cynnal eisteddfod yn y gogledd a'r de bob yn ail a hefyd yn achlysurol yn rhai o drefi poblog Lloegr lle 'roedd cynifer o Gymry bellach wedi ymsefydlu. Yn 1861 lluniodd Gwilym Tawe 'Gynllun Eisteddfodol' a ymdriniai â threfn, gweinyddiaeth, pwyllgorau a ffynhonnell awdurdod i'r fath sefydliad cenedlaethol. Mae'n arwyddocaol iddo hefyd gynnwys 'cymal yr iaith Gymraeg' yn ei gynllun. Iddo ef 'roedd cynnal yr iaith Gymraeg yn un o amcanion canolog yr Eisteddfod. Nid ymddangosodd y cymal arbennig hwnnw yn 'Rheolau a Threfniadau yr Eisteddfod' yn Aberdâr yn 1861, ac erbyn Eisteddfod Caer, 1866, 'roedd y rheolau yn yr iaith fain! Dair blynedd ynghynt yn 1863, fel protest yn erbyn Seisnigrwydd yr Eisteddfod penderfynasai trigolion y Rhyl gynnal eu heisteddfod eu hunain a hynny wythnos cyn Eisteddfod Genedlaethol Abertawe.[46] Ni ddygodd y brotest ffrwyth amlwg, ac er mwyn lleisio anfodlonrwydd pellach cynhaliwyd eisteddfod brotest arall yng Nghastell-nedd yn 1866, ond i ddim diben. 'Roedd yr Eisteddfod yn sicr yng ngafael carfan a oedd am ei pharchuso, ac am ei gwneud yn gyfrwng i addysgu ac ymestyn gwybodaeth y Cymry. 'Roeddynt am iddi fod yn fforwm trafod a datblygu syniadau, yn sefydliad ymarferol, defnyddiol a allai wella cymdeithas.

Wrth gwrs, 'roedd perygl y byddai'r fath ogwydd yn newid natur a phwyslais yr Eisteddfod yn llwyr. Yn 1867 mynegwyd y pwyslais newydd yn gwbl glir a diamwys gan y Rheithor John Griffiths, Llywydd yr Eisteddfod:

> We cannot afford to spend all of our time in the perpetuation of the Welsh language. The language is very well able to take care of itself. I think our time might be better employed than in bolstering up a language that may be of a questionable advantage.

Nid oedd angen ymosodwyr allanol i ergydio'r iaith, 'roedd y drwg oddi mewn yn hynod o effeithiol.

Prif hyrwyddwr y pwyslais newydd a chefnogwr selog y garfan Saesneg oedd Hugh Owen. Yn Eisteddfod Dinbych yn 1860 cynigiodd y dylid sefydlu 'Social Science Section' o dan adain yr Eisteddfod, a fyddai'n cyfateb i 'The Association for the Promotion of Social Sciences' a sefydlwyd yn yr Alban yn 1857. Mewn llythyr at Nefydd ym mis Tachwedd 1860, ymddengys mai ei fwriad oedd i waith y 'Social Science Section' fod yn gnewyllyn yr ŵyl gan ychwanegu fel atodiad at y trafodaethau hynny '. . . a Department for Poetry and Music, and offering Premiums as at present, for the best poems on given subjects and for the most skilled musical competitions and performances'.[47]

'Roedd yn radical ac yn haerllug oherwydd ceisiodd ddiwygiad sylfaenol a fyddai wedi gwneud yr Eisteddfod yn glwb trafod deallusol i'r dosbarth canol Seisnig ei ogwydd. Ni lwyddodd i wyrdroi'r drefn, ond neilltuwyd diwrnod olaf Eisteddfod Caernarfon 1862 yn llwyr ar gyfer darlithoedd uchel-ael y 'Social Science Section'. Darllenwyd naw papur, wyth yn y Saesneg ac un yn y Gymraeg. 'Roedd y pynciau a drafodwyd yn sicr tu hwnt i ddiddordeb a chyraeddiadau trwch yr eisteddfodwyr. Dyma restr ohonynt:[48]

Hugh Owen:	'Night Schools for Adults'
Owain Alans:	'The Present state of music in Wales'
Dr J.H. Lloyd:	'The theory of Coal Formation in North Wales'
Lewis Hartley:	'The Resources of Wales, its commerce and the extension of railways'

William Davies: 'The employment of leisure hours by
                         working men in Wales'
Y Parch. Henry Solly: 'Club Houses for the working classes'
Robert Lewis: 'Life Assurance'
John Hughes: 'The Geology of Anglesey'
Pedr Mostyn: 'Cydweithrediad gyda golwg ar Weithydd
                         Cymru'

Mae'n gwbl amlwg i Hugh Owen gefnogi i'r eithaf y syniad
mai'r Saesneg oedd iaith dysg a'r cyfrwng mwyaf addas ar
gyfer cyfrannu gwybodaeth ddefnyddiol. Felly, sefydlwyd
cyweiriau siarad cyhoeddus yn y meysydd lled-academig hyn
yn y Saesneg, enghreifftiau o gwtogi pellach ar bosibiliadau
cyfathrebol y Gymraeg. Cafodd hyn effaith andwyol ar
gymdeithaseg y Gymraeg am ganrif a rhagor. Pwysleisiodd
unwaith eto werth a defnyddioldeb academaidd, deallusol,
economaidd a diwydiannol y Saesneg a thlodi ac annigon-
olrwydd honedig y Gymraeg yn y meysydd pwysig hyn. Er
mai edwino a fu hanes y 'Social Science Section', yn bennaf o
ddiffyg cefnogaeth, erys yn enghraifft nodedig o ymroddiad,
egni ac ymdreiddiad agwedd cefnogwyr y Saesneg i fêr bywyd
cyhoeddus yng Nghymru yn ystod ail hanner y ganrif
ddiwethaf. Rhyfeddod yn wir yw fod y Gymraeg wedi ffynnu
cystal yn ystod y ganrif. Oni bai am bwyslais yr ysgol Sul ar
lythrennedd, a'r cyhoeddiadau Cymraeg toreithiog, byddai
erydiad yr iaith wedi bod yn llawer dwysach. Yn 1886-7
tystiodd y cyhoeddwyr Hughes a'i Fab gerbron y 'Cross
Commission' fod £100,000 yn cael eu gwario'n flynyddol ar
gyhoeddiadau Cymraeg. Anelwyd y rhain at y dyn cyffredin.
Iddo ef y Gymraeg oedd iaith llythrennedd a bu hyn yn
wrthglawdd amhrisiadwy yn erbyn dylanwad cynyddol yr
ymagweddu Saesneg.

Addysg wedi Brad y Llyfrau Gleision

'Roedd yr ymagweddu negyddol at yr iaith, a'r difrïo a'r
dibristod a dyfodd o hynny, i raddau helaeth iawn, yn ffrwyth y
gyfundrefn addysg ynghyd ag adwaith y rhai a dderbyniodd yr
addysg honno i gyhoeddiadau Brad y Llyfrau Gleision. Fel y
dangoswyd eisoes, y Saesneg oedd cyfrwng addysg ffurfiol

oddi ar gyfnod y Deddfau Uno. Sefydliadau Seisnig yng Nghymru oedd yr Ysgolion Gramadeg, ond gan mai'r lleiafrif cefnog yn unig a allai anfon eu plant yno, cyfyngwyd y dylanwad Seisnig hwnnw i un haen gymdeithasol yn unig. Serch hynny, 'roedd patrwm wedi ei sefydlu—Saesneg oedd iaith addysgu a theg, felly, oedd disgwyl efelychu'r fath fframwaith wrth ymestyn y rhwydwaith addysgol i haenau cymdeithasol is. Yr efelychu caeth, heb addasu yn ôl gofynion disgyblion, a roes fod i gyfundrefn ysgolion dyddiol dechrau'r ganrif. Yn sgil beirniadaeth ddeifiol Brad y Llyfrau Gleision, gallesid disgwyl newid ond byddai'r diwygio mwyaf synhwyrol, sef trefnu cyfundrefn addysg ym mamiaith y plant, wedi milwrio'n gyfan gwbl yn erbyn y canonau derbyniol ynglŷn â lle canolog y Saesneg o fewn y gyfundrefn. 'Roedd y syniad mai diben addysg oedd dysgu'r Saesneg i'r Cymry wedi gwreiddio'n ddwfn! Eithriad oedd barn y Dr Rowland Williams, un o'r offeiriaid llengar, pan anghytunodd â chynnig William Williams A.S. yn 1846 i anfon yn ysgolfeistr o Sais i Gymru:

> Pe gofynnid yn bwyllog pa beth sydd fwyaf allan o'i le yn yr ysgolion yn yr ardaloedd gwledig yr ateb cywir fyddai, er mor wrthun yr ymddengys, nid diffyg dysgu Saesneg, fel y maentumia'r aelod dros Coventry, ond yn hytrach esgeuluso dysgu Cymraeg . . . Paham na eill cenedl ddysgu iaith ei chymydog heb ladd ei hiaith ei hun ar yr un pryd? Y mae'n llawn cyn hawsed siarad dwy iaith ag un.[49]

Parhaodd yr ysgolion Saesneg, ac yn wir aethpwyd ati'n fwy egnïol i sefydlu rhwydwaith ehangach ohonynt. 'Roedd yn rhaid dangos i wleidyddion Lloegr fod y Cymry o ddifrif ynglŷn â gwella safon addysg. Bu Hugh Owen yn gefnogwr brwd i'r Ysgolion Brutanaidd oddi ar 1843 ac erbyn 1846 bodolai 31 o ysgolion a'r rheini yn y gogledd bron i gyd. Yn 1853 penodwyd y Parch. William Roberts (Nefydd) yn drefnydd i'r Ysgolion Brutanaidd yn y de, ac erbyn 1863 'roedd cant a hanner yn ychwaneg o'r ysgolion hyn yn ne Cymru ond ni Chymreigiwyd y mudiad o gwbl. Ysgolion Saesneg oedd y rhain, ac ni theimlai Hugh Owen na Nefydd na channoedd o Anghydffurfwyr blaenllaw eraill eu bod yn gwneud unrhyw anghymwynas â'r Cymry nac ychwaith â'r Gymraeg. 'Roedd y Saesneg yn iaith ddefnyddiol—iaith cynnydd, datblygiad, llwyddiant, iaith ymddiwyllio ac ymestyn gorwelion, iaith y byd newydd ehangach y gallai'r Cymro ei flasu drwy ei meistroli. Druan o'r Gymraeg, nid oedd lle iddi yn y drefn gymdeithasol newydd! Y rhyfeddod yw fod y bobl hyn wedi gallu sefydlu rhyw ddeuoliaeth ieithyddol ryfedd i'w bywydau. 'Roedd y Gymraeg yn iawn yn y capel, ond y Saesneg oedd iaith cynnydd. Pe byddai sefyllfa ddwylosig eang wedi datblygu, pryd y byddai gwahanol gyweiriau'r unigolyn wedi eu dosbarthu, rhai yn y Gymraeg ac eraill yn y Saesneg, ni fyddai'r Gymraeg mewn perygl o gwbl. Byddai hynny'n debyg i'r hyn a geir ar hyn o bryd yn Paraguay parthed y Sbaeneg a'r Gwarani. Yn hytrach, oherwydd ei statws uwch a'r ddelwedd ffafriol a roed iddi, daeth siarad Saesneg mewn nifer cynyddol o sefyllfaoedd yn nodwedd ffasiynol ymysg y rhai a dderbyniodd addysg. 'Roedd symudoledd cymdeithasol yn golygu cefnu ieithyddol gan adael i'r ail iaith ddod yn brif iaith bywyd. Y Saesneg oedd iaith y bobl ddeallus, ond parhaodd y Gymraeg yn gyfrwng crefydda, ac yn gyfrwng diwylliant a chyhoeddiadau Anghydffurfiol a gwleidyddiaeth radicalaidd.

Yn 1862 mabwysiadwyd trefn newydd i ariannu ysgolion yn ôl medr a chynnydd plant mewn rhifyddeg, a darllen ac ysgrifennu Saesneg. Nid oedd lle i'r Gymraeg yn y cwricwlwm gan nad oedd mesur medr y plant ynddi yn ennill yr un geiniog i goffrau'r ysgol. Aethpwyd i roi'r sylw i gyd i'r Saesneg gan mai mesur meistrolaeth y plant arni a dalai gyflogau'r athrawon. Nid oedd diben mewn gwastraffu amser ar unrhyw bwnc arall. Byddai dysgu drwy gyfrwng y Gymraeg yn aneffeithiol ac yn gwbl ddiwerth. Yn 1864 dywedodd J.B.R. Jones, gŵr blaenllaw ym myd addysg, y gellid defnyddio peth Cymraeg yn gynnil i esbonio ac er mwyn hwyluso dysgu'r Saesneg, ond yn enw pob rheswm ni ellid ystyried y Gymraeg yn bwnc i'w ddysgu, '. . . to make a child a Welsh scholar, and Welsh scholar only would be simply preposterous at this day . . .' Rhwystr oedd yr iaith Gymraeg,

> . . . in the way of education which is necessary for the Welsh labourer who aspires to become an employer . . . generally

speaking it does not materially aid . . . in filling the empty cupboards and purses, and in satisfying the cravings of the hungry children of even those who cling to its sympathies with such patriotic and romantic ardour.[50]

Nid yw'n rhyfedd o gwbl i'r Gymraeg ddiflannu o faes llafur y Colegau Hyfforddi Athrawon. Pa ddiben oedd ymdrafferthu â hi tra gweithredai polisi unieithedd Seisnig yn yr ysgolion? Anwybyddwyd y Gymraeg eto yn Neddf Addysg 1870 pan roddwyd hawl i sefydlu Byrddau Ysgol a fyddai'n gyfrifol am ddarparu addysg o fewn eu hardal eu hunain ac a gyllidid gan dreth leol. Prif gyfraniad y ddeddf oedd ymestyn ymhellach rwydwaith ysgolion Saesneg i bob cwr o'r wlad. Er mwyn i'r plant ddysgu'r Saesneg yn gynt, alltudiwyd y Gymraeg yn gyfan gwbl o'r ysgol. Y rhyfeddod yw fod athrawon a rhieni wedi gallu derbyn y fath drefn yn gwbl ddirwgnach. 'Roedd y Cymry wedi eu llwyr gyflyru i dderbyn mai fel hyn y dylai pethau fod. Gweithredid y system 'Welsh Not' heb ystyried pa effeithiau emosiynol a seicolegol a gâi'r fath drefn anwaraidd ar y plant. Gwaherddid plant rhag siarad Cymraeg yn yr ysgol a phe clywid un yn yngan gair yn y Gymraeg rhoddid y 'Welsh Not'—darn o bren ar gordyn wrth ei wddf. Anogid y plant i gario clecs am ei gilydd i'r athro oherwydd y plentyn a wisgai'r 'Welsh Not' ar ddiwedd y diwrnod ysgol a dderbyniai'r gosb. Hwnnw oedd y gwarth a'r sarhad pennaf—derbyn cosb gorfforol, nid am ddrwgweithrediad ond am siarad mamiaith. 'Roedd y system yn sicr yn swcro'r ymdeimlad o gywilydd ac israddoldeb a berthynai i'r sawl a arddelai'r Gymraeg. Dichon mai dyna pam y tyfodd rhai i fod yn oedolion gwrth-Gymreig. 'Roedd y system addysg wedi bod wrthi oddi ar ddechrau'r ganrif yn ceisio creu Saeson bach o Gymry ieuainc a hynny yn bennaf drwy eu gwatwar a'u cosbi am siarad eu hiaith eu hunain. Un enghraifft o hynny ydoedd y Parchedig J.R. Kilsby Jones. Aethai i ysgol Thomas Phillips yn y Neuadd Lwyd, Ceredigion. Yno byddai'r disgyblion yn treulio pob dydd Llun yn darllen yn uchel y *Carmarthen Journal* a hynny er mwyn gwella eu Saesneg. Codid diriw o geiniog ar bob disgybl a glywid yn siarad Cymraeg. Meistrolodd J.R. Kilsby Jones y Saesneg a bu'n weinidog yn Lloegr am ddwy flynedd ar bymtheg. Yna dychwelodd i Gymru i Sir Faesyfed, unwaith eto i weinidogaethu drwy gyfrwng y Saesneg. 'Roedd yn gymeriad ansicr iawn ohono'i hun. Credai fod rhagluniaeth fawr y nef wedi pennu marwolaeth y Gymraeg ac, felly, gorau po gyntaf y trosid popeth i'r Saesneg. Ond yn gwbl annisgwyl golygodd gasgliad o holl weithiau Williams Pantycelyn! 'Roedd rhyw anghysondeb rhyfedd yn nodweddu ei fywyd.

I lawer, bid siŵr, bu profiad chwerw'r 'Welsh Not' yn ddigon i beri iddynt wneud eu gorau glas i roi gwell cyfle i'w plant feistroli'r Saesneg. Yn yr ardaloedd cymysgiaith bu'n sbardun i beri i rai rhieni geisio siarad Saesneg ar yr aelwyd â'u plant. 'Roedd y system addysg yn gyfrwng effeithiol i'r Cymry ddod yn ddwyieithog ac yn rhwystr clir i'r di-Gymraeg ymdrafferthu â'r iaith o gwbl. Pa werth oedd iddi gan na ddysgid hi yn yr ysgolion a chan fod y Cymry eu hunain mor awyddus i ddysgu'r Saesneg? Nid oedd ychwaith yn bwnc yn unrhyw un o'r Colegau Hyfforddi Athrawon. Pan sefydlwyd Coleg y Brifysgol Aberystwyth yn 1872, ni chynigiwyd y Gymraeg fel pwnc i'w astudio yno ac felly'n union y bu hyd 1875 am y rheswm syml fod yn rhaid rhoi'r flaenoriaeth i bynciau a ystyrid yn academaidd bwysicach. Mewn gwirionedd, 'roedd sefydlwyr y Coleg yn wrth-Gymreig. Dyma farn E.L. Ellis, awdur llyfr ar hanes Coleg y Brifysgol Aberystwyth:

> The founders had said in a money raising circular that it was the diffusion of English that was needed, Welsh they added could look after itself.

Gadawodd profiadau'r 'Welsh Not' eu hôl yn drwm ar lawer. Yr hyn a wnaeth yr argraff ddyfnaf ar Glaslyn o Lanfrothen oedd y modd y dilornid y Gymraeg a'r Cymro hyd yn oed yn y llyfrau darllen:

> Yr oedd un ddalen yn cynnwys darluniau o bobl o wahanol genhedloedd megis Sais, Cymro, Ysgotyn ac ati, ac yr oedd y Sais a'r Cymro wedi eu cyfleu ochr yn ochr—y Sais a golwg fawreddog a thywysogaidd arno a'r Cymro yn gorach henllyd wrth ei ochr a'i ben yn suddo bron o'r golwg rhwng ei ysgwyddau mingrymog, a thebygol fod y darlun wedi ei wneud gyda'r amcan o feithrin yn y plant barch tuag at y naill a dirmyg

tuag at y llall, a chafwyd digon o brofion yng Nghymru ysywaeth fod yr amcan wedi llwyddo i raddau gormodol.[51]

Gallai O.M. Edwards dystio na ddysgodd ef ddim o bwys o dan yr 'hen gyfundrefn felltigedig':

> Nid ar yr ysgolfeistr yr oedd y bai, ond ar y gyfundrefn. Merthyr oedd hi fel minnau. Yr oeddwn yn medru iaith ond ni chymerwyd honno yn foddion i'm haddysgu. Yr oeddwn yn siarad un iaith a'm hathrawes yn siarad iaith arall—ac ni ddysgais ddim. Onibai am yr ysgol Sul buaswn heddiw yn anllythrennog . . . [52]

Mae'n siŵr y byddai hynny'n ddigon gwir am rai oherwydd yn aml profi'r cof a wnâi'r dysgu yn yr ysgol. Yn arbennig felly mewn cymunedau gwledig, Cymraeg eu hiaith. Clywai'r plant Saesneg yn yr ysgol, ond y Gymraeg yn unig yn y gymdogaeth. Dywed J.H. Jones, golygydd y *Brython* y byddai plant Ysgol Talsarnau yn terfynu'r ysgol drwy ganu:

> Let us with a gladsome mind
> Praise the Lord for he is kind.

ond yr hyn a genid yn wir oedd:

> Letus gwydda, glas a maidd
> Pres y Lord ffor hyn Rhys Cain.

Nid oedd y geiriau Saesneg yn golygu dim iddynt. 'Roedd y system addysg a fynnai addysgu drwy gyfrwng iaith ddieithr gan anwybyddu mamiaith y plant yn hynod o aneffeithiol.

Yn ystod y 1880au meiriolodd y safbwynt unieithog ryw gymaint. Yn Eisteddfod Aberdâr, 1885, sefydlodd y Dr Dan Isaac Davies 'The Society for the Utilization of the use of Welsh in Education'. 'Roedd ef yn Is-arolygwr Ysgolion yn ardal Merthyr Tudful, a gallai dystio mor aneffeithiol ydoedd addysg yn yr ysgolion elfennol, oherwydd yr anallu ieithyddol ar ran cymaint o'r plant. Yr hyn a awgrymodd Cymdeithas yr Iaith Gymraeg, mewn gwirionedd, oedd y dylid defnyddio'r Gymraeg yn y dosbarth er mwyn gwneud dysgu'r Saesneg yn fwy effeithiol. Mewn geiriau eraill 'roedd am i blant gael dysgu'r ail iaith, sef y Saesneg, drwy gyfrwng eu mamiaith. O safbwynt methodoleg dysgu, gwnâi hyn synnwyr, ond nid oedd yn ddigon radical i roi lle parchus i'r Gymraeg o fewn y system addysgol. Cyhoeddodd y Dr Davies bamffledyn yn 1885, *Tair Miliwn o Gymry Dwyieithog*. 'Roedd yn dra gobeithiol y gallai'r gyfundrefn sefydlu dwyieithrwydd fel y norm ymhlith plant di-Gymraeg yn ogystal ag ymysg y Cymry Cymraeg. 'Roedd yn unigolyn brwdfrydig iawn, ond tybed nad oedd yn disgwyl gwyrthiau?

Yn 1887 cyflwynodd adroddiad i Gomisiwn Cross ar addysg a chafwyd ymateb yn syth gan y Cyfrin Gyngor. Rhoddwyd caniatâd i ddysgu gramadeg Cymraeg, hanes a daearyddiaeth Cymru a hynny o fewn maes llafur yr ysgolion elfennol. Ond i bob pwrpas gwersi cyfieithu'r Gymraeg i'r Saesneg oedd y rhain, gwersi a allai wella ansawdd y Saesneg yn hytrach na gwella ansawdd Cymraeg y disgyblion. Nid oedd gorfodaeth ar unrhyw ysgol i fabwysiadu'r fath gynllun. Ar ôl blynyddoedd o glywed mai'r Saesneg yn unig oedd yr allwedd i lwyddiant addysgol a materol nid yw'n syndod o gwbl na welwyd ymateb brwd ar ran Byrddau Ysgol na'r rhieni ychwaith. Onid oedd yr ysgolion Sul yn gwneud gwaith campus drwy gyfrwng y Gymraeg? Gwastraff amser, adnoddau ac ynni fyddai dyblu'r ddarpariaeth honno.

Drwy gyfrwng Deddf Addysg 1889 dechreuwyd sefydlu Ysgolion Canolraddol drwy Gyd-bwyllgorau Addysg Sirol ac yn 1896 sefydlwyd Bwrdd Canolog Cymru. Erbyn troad y ganrif 'roedd 95 Ysgol Ganolraddol yng Nghymru yn dysgu dros 10,000 o blant ond mae'n gwbl arwyddocaol mai mewn 47 o'r ysgolion hyn yn unig y ceid gwersi Cymraeg yn 1907. Mewn gwirionedd, sefydliadau cwbl Seisnig o ran iaith, pwyslais a gogwydd oedd yr Ysgolion Sirol newydd. Tueddent i efelychu meysydd llafur ac ethos Ysgolion Gramadeg Lloegr. Clywid y Gymraeg yn y gwersi Cymraeg, ond y Saesneg oedd cyfrwng pob gwers arall, a hi oedd iaith swyddogol yr ysgolion. Ys dywedodd yr Athro Jac L. Williams (1963: 52):

> There was no national language policy and Welsh opinion at all social levels revealed very little enthusiasm for extending the use of the language beyond the home, the chapel and the eisteddfod.

Ni chafodd cyfundrefn addysg y ganrif ddiwethaf effaith addysgol drawiadol ar drwch poblogaeth Cymru ond yn sicr gadawodd ei hôl yn ddwfn ar feddwl, ewyllys ac ymagweddiad y Cymro. Drwy ddyrchafu'r Saesneg creodd ddelwedd wael o'r Gymraeg, yn arbennig ymysg y dosbarth canol newydd. Er i'r grefydd Anghydffurfiol barhau yn gadarnle'r Gymraeg, ceir olion o'r malltod Seisnig hyd yn oed yno hefyd.

Crefydd a'r Gymraeg ar ôl 1850

Ni fyddai'n ormodiaith dweud fod y capeli Anghydffurfiol wedi bod yn elfen holl bwysig yng nghymdeithaseg y Gymraeg yn ystod y ganrif ddiwethaf. Ar ddechrau'r ganrif enwad y Methodistiaid Calfinaidd oedd yr unig sefydliad gwir genedlaethol yn y wlad. 'Roedd yn fudiad trwyadl Gymreig a Chymraeg ei iaith. Gyda threigl y blynyddoedd daeth yr enwadau Anghydffurfiol eraill i'w huniaethu eu hunain â'r iaith Gymraeg. 'Roedd iaith a chrefydd y Cymro yn anwahanadwy. Daeth y capeli'n ganolfannau ysbrydol a chymdeithasol a chwaraeodd hynny ran bwysig mewn gwarchod swyddogaeth gymdeithasol y Gymraeg yn yr ardaloedd diwydiannol. Fel y soniwyd eisoes bu cyfraniad yr ysgol Sul i'r broses o addysgu'r werin yn gwbl amhrisiadwy. Gellid dadlau mai cynnyrch addysgol yr ysgolion Sul ydoedd y rhai a gyfrannai mor gyson i'r cyfnodolion a'r papurau newydd Cymraeg. Yr ysgol Sul a'r capel a greodd y farchnad am lyfrau, yn arbennig y cofiannau, y pregethau, yr emynau a'r nofelau moesoli. Yr ysgol Sul ac nid yr ysgol ddyddiol a feithrinodd lenorion megis Gwilym Hiraethog a Daniel Owen, ac yn *Clych Atgof* cydnebydd O.M.Edwards faint ei ddyled yntau iddi:

> Oni bai am yr ysgol Sul, buaswn heddiw yn anllythrennog . . .
> Un bore yr wythnos a gawn i o ysgol Sul a chwe diwrnod o
> Ysgol Saesneg. Fy mhrofiad yn awr ydyw,—yr wyf yn ddyledus
> am bopeth i'r ysgol Sul . . .[53]

Tra oedd grym ysbrydol a chymdeithasol i'r capeli, 'roedd statws i'r Gymraeg a swyddogaeth bwysig iddi. Bu'r briodas glòs rhwng crefydd a'r Gymraeg yn hynod o bwysig yng nghadwraeth yr iaith yn ystod y ganrif ddiwethaf er gwaethaf y ffaith i bwyslais yr oes ar y Saesneg frigo i'r wyneb hefyd yn y byd crefyddol, yng nghadarnle'r iaith. I raddau pell iawn 'roedd hynny'n anorfod o ystyried safle breintiedig y Saesneg fel cyfrwng addysg.

Yn hanes Ymneilltuaeth y ganrif cawn enghreifftiau cyson o'r tyndra rhwng y genadwri ar y naill law ac addasrwydd y cyfrwng ar y llall. O ddegawdau cynnar y ganrif dadleuai rhai mai neges yr Efengyl oedd bwysicaf ac felly dylid bod yn barod i newid iaith er mwyn cenhadu ymhlith y di-gred. Defnyddid hyn drwy gydol y ganrif yn ddadl gref dros sefydlu achosion Saesneg i'r 'cyfeillion di-Gymraeg' yn yr ardaloedd diwydiannol. Bu hynny, wrth gwrs, yn rhwystr rhag cymathu'n ieithyddol y newydd-ddyfodiaid di-Gymraeg. Yn anffodus, 'roedd yr addysg Saesneg a dderbynnid yn y Colegau Ymneilltuol i'w feio i raddau drwy gynhyrchu rhai a allai bregethu yn y ddwy iaith, ac yn fynych daethai rhai ohonynt yn fwy cyfarwydd ag ymlythyru yn y Saesneg nag yn y Gymraeg. Bu Lewis Edwards, Coleg y Bala, yn gefnogol iawn i addysg Saesneg a phan sefydlwyd Coleg y Brifysgol Aberystwyth yn 1872 ni welai ef unrhyw ddiben mewn dysgu'r Gymraeg yno. Drwy'r *Traethodydd* rhoes ei gefnogaeth lwyraf i'r 'English cause', sef sefydlu achosion Saesneg hyd yn oed mewn ardaloedd Cymraeg. 'Roedd Lewis Edwards, megis David Rees, Capel Als Llanelli neu Thomas Rees, Beaufort ger Abertawe, yn gynnyrch ei oes, a'i agwedd wedi ei ffurfio'n effeithiol iawn gan syniadaeth ddeallusol y cyfnod.

Erbyn canol y ganrif cododd Darwiniaeth ei phen gan ddylanwadu i ryw raddau ar athroniaeth iaith. 'Roedd gwahanol ieithoedd, megis popeth arall, yn ganlyniad datblygiad ond ni fyddai pob iaith yn dangos yr un graddfeydd o esblygiad. Felly, 'roedd rhai ieithoedd yn fwy 'cyntefig' ac eraill yn llawer mwy datblygedig. Y rhai olaf, wrth gwrs, oedd y rhai mwyaf ffyniannus, a'r mwyaf perthnasol ar gyfer bywyd cyfoes, tra oedd y rhai 'cyntefig' yn anaddas, yn amhriodol ac yn gwbl amhosibl i'w cymhwyso ar gyfer bywyd modern. 'Roedd y 'cyntefig' yn hen, yn ddiadnoddau a chan nad oedd wedi datblygu ac ymaddasu, 'roedd ei thranc yn gwbl anorfod.

Pwysleisiai'r syniadaeth Ddarwinaidd fod esblygiad yn gwbl angenrheidiol er sicrhau ffyniant iaith. Gan fod iaith yn organig, ni ellid ymyrryd â'r amser terfynedig a oedd iddi. Nid oedd diben mewn brwydro yn erbyn y llif; derbyn y diwedd ac ymbaratoi ar ei gyfer oedd y cam doethaf. Dyna'n sicr pam y pleidiodd David Rees, Llanelli, Seisnigrwydd ym mhopeth hyd yn oed ym mywyd y capel. Yn nhermau crefyddol, enghraifft o drefn Rhagluniaeth oedd hyn ac ofer, felly, fyddai ymyrryd. Mewn llythyr dyddiedig 24 Hydref 1862 at Nefydd, trefnydd yr Ysgolion Brutanaidd yn y de, dyma oedd barn Eben Fardd, un o feirdd mwyaf ei gyfnod:

> . . . rhaid i genedl ac rhaid i iaith . . . farw yn yr amser gosodedig, ac ni ellir lluddias y cyfryw ddiwedd tyngedfennol.[54]

Un mlynedd ar hugain yn ddiweddarach mynegwyd yr un syniad gan Lewis Edwards yn rhifyn cyntaf y *Geninen* (1883):

> Rhaid cychwyn gyda'r sylw syml ac amlwg fod parhad iaith yn ddarostyngedig i ddeddfau Rhagluniaeth ac felly ni fedr dim arall ei lladd neu ei chadw yn fyw.

Dengys Siân Rhiannon Williams yn *Oes y byd i'r iaith Gymraeg* fod y fath agwedd wedi effeithio'n sylweddol ar hynt y Gymraeg yng nghapeli Sir Fynwy, yn arbennig felly erbyn chwarter olaf y ganrif. Yn wyneb y fath fygythiadau mae'n rhyfeddod fod crefydd wedi parhau yn un o geyrydd yr iaith Gymraeg. Mae'r diolch yn sicr i'r briodas glwm a oedd eisoes rhwng y Gymraeg a maes crefydd, ac i argyhoeddiad cannoedd o arweinwyr capeli na welent fod trefn Rhagluniaeth yn deddfu yn erbyn y Gymraeg. Un o ladmeryddion mwyaf huawdl y blaid gwrth-Seisnig oedd Emrys ap Iwan. Ni dderbyniai'r athroniaeth fod yn rhaid i'r Cymro ymdoddi i'r llifeiriant Prydeinig:

> Lle bynnag y bo gwlad fach ynglŷn â gwlad fawr, ac yn enwedig lle y bo pobl y wlad fach yn ddarostyngedig i bobl y wlad fawr y mae hanes yn dangos mai ei phriod iaith yw anadl einioes y wlad fach . . .[55]

'Roedd yn effro iawn i bob perygl a fygythiai'r iaith, ac ymgyrchodd yn huawdl a chyson yn y wasg dros le anrhydeddus i'r Gymraeg ym myd crefydd, addysg a'r gyfraith.[56] Drwy amau a holi safbwyntiau ei oes rhoes esiampl ac arweiniad i eraill. Yn ei ysgrifau a'i drafodaethau gwnaeth lawer i wella a chodi safon rhyddiaith Gymraeg, ar yr union gyfnod pan oedd ymyrraeth cystrawen a phriod-ddull o'r Saesneg yn rhemp. Rhoes ei lach ar arddull chwyddedig, amleiriog ei gyfnod; condemniodd briod-ddulliau estron ac ymadroddion cwmpasog a oedd yn gyfieithiadau gwael o'r Saesneg. Gwnaeth yr un gymwynas â rhyddiaith Gymraeg ag a wnaeth John Morris-Jones â barddoniaeth. Yn ôl yr Athro Thomas Parry:

> Ni fodlona ar adfer ei phurdeb cystrawennol i'r Gymraeg ond cais hefyd gan ysgrifenwyr rhyddiaith feithrin arddull gain a phersonol. Ar y pwnc hwn y traethodd rai o'i ddywediadau mwyaf treiddgar.[57]

Adfywiad diwedd y bedwaredd ganrif ar bymtheg

Yn ystod ugain mlynedd olaf y ganrif newidiodd delwedd gyhoeddus y Gymraeg a hynny oherwydd i'r cyfnod gynhyrchu nifer o Gymry deallus a dawnus a ddaeth yn arweinwyr i'r genedl mewn sawl maes. 'Roeddynt yn wŷr a dderbyniodd addysg orau eu dydd ym Mhrifysgolion Lloegr, ond eto mynasant wneud y Gymraeg yn faes eu hastudiaethau ysgolheigaidd. 'Roedd ymdrin â'r iaith, ei gramadeg a'i llenyddiaeth ar lefel broffesiynol ynddo'i hun yn awyr iach ar ôl yr addoliad dyrchafol a chibddall o'r Saesneg a nodweddai fyd addysg y ganrif. 'Roedd yn hwb sylweddol i achos y Gymraeg pan benodwyd athrawon cadeiriog yn y Gymraeg yng ngholegau Aberystwyth, Bangor a Chaerdydd. 'Roedd y Gymraeg a'i llenyddiaeth yn awr yn bwnc academaidd, ac erbyn diwedd y ganrif 'roedd sylfeini ysgolheictod ac ymchwil pellach wedi gwreiddio'n ddiogel. Bu'r hyn a gyflawnwyd yn sail i weithgareddau a datblygiadau pellach yn ystod yr ugeinfed ganrif.

Nid drwy gynllun bwriadol ond drwy hap a damwain y

digwyddodd i lu o wŷr ieuainc disglair gael eu hunain yn astudio yn Rhydychen ar yr un pryd. Yn 1865 aethai John Rhŷs, a oedd yn fab i was fferm o Bonterwyd, yn fyfyriwr i Goleg Iesu, Rhydychen. 'Roedd yn alluog iawn ac yn 1877 penodwyd ef yn Athro Celteg Prifysgol Rhydychen, swydd anrhydeddus i ŵr o gefndir cymdeithasol gwerinaidd, ond swydd a enillodd ac a haeddod ar gyfrif ei ysgolheictod. Yn 1877 cyhoeddodd *Lectures on Welsh Philology*. Dyma'r cais cyntaf oddi ar ddyddiau Edward Lhuyd i unrhyw un drafod a dadansoddi'r Gymraeg yn ysgolheigaidd ac yn wyddonol. Ni chafodd ei waith ddylanwad uniongyrchol ar y pryd ar hynt y Gymraeg; 'roedd Rhydychen a chynnyrch ysgolheictod prifysgol y ddinas honno yn annhebygol o ddylanwadu ar y Gymraeg yng Nghymru yn 1877. Er ei athrylith nid Syr John Rhŷs yn bersonol a ddylanwadodd ar hanes y Gymraeg, ond yn hytrach ei ddisgyblion a'r rhai a ddaeth o fewn cylch ei ddylanwad yn Rhydychen. Y rhai amlycaf o ddigon oedd John Morris-Jones, Edward Anwyl, D. Lleufer Thomas, O.M. Edwards a W.J. Gruffydd.

Yn 1886 sefydlwyd 'Cymdeithas Dafydd ap Gwilym' yn Rhydychen a John Rhŷs oedd llywydd y gymdeithas honno. Cafwyd trafodaethau manwl a dwys yng nghyfarfodydd y gymdeithas ac yno'n sicr y seriwyd ar feddwl yr aelodau her y gwaith diwygiadol a chenhadol a oedd o'u blaenau. Yn ei ddarlithoedd yn 1877 cyfeiriasai John Rhŷs at anwadalwch orgraff y Gymraeg. Bu sôn am y broblem oddi ar i Gymreigyddion y Fenni godi'r mater yn 1840 ond nid oedd unrhyw sefydliad na phersonau ar gael â'r wybodaeth angenrheidiol i ddatrys y mater yn effeithiol. Yn 1888 aeth Cymdeithas Dafydd ap Gwilym ati i drafod yr anawsterau orgraffyddol mewn pedwar cyfarfod dan gadeiryddiaeth Rhŷs. Cyhoeddasant eu casgliadau yn y wasg yn 1889 ond yn Eisteddfod Bangor, 1890, ffurfiwyd pwyllgor arall i ystyried y mater. Adroddodd hwn dair blynedd yn ddiweddarach yn 1893. Ychydig o sylw a roes cyhoeddwyr y cyfnod i'r adroddiad a pharhaodd yr anwadalwch orgraff a'r diffyg cysondeb. Ond, 'aml gnoc a dyrr y garreg', ac yn sgil areithiau cyson John Morris-Jones ar lwyfan yr Eisteddfod a chyhoeddiadau O.M. Edwards, dechreuodd yr orgraff newydd wreiddio. 'Roedd cefnogaeth a sêl bendith y byd academaidd yn dra phwysig. Adroddiad 1893 oedd sylfaen trafodaeth Pwyllgor Llên Bwrdd Gwybodau Celtaidd y Brifysgol. Adolygwyd yr Adroddiad hwnnw ac ymddangosodd *Orgraff yr Iaith Gymraeg* yn 1928.

Cyhoeddodd yr Athro Edward Anwyl (Aberystwyth) a'r Athro John Morris-Jones (Bangor) ddisgrifiadau manwl o ramadeg y Gymraeg. Yn sicr ddigon, yr olaf a gafodd y dylanwad pennaf ac iddo ef y mae'r diolch fod Cymraeg llenyddol, ysgrifenedig wedi datblygu'n safonol ac yn unffurf yn ystod yr ugeinfed ganrif. Gellid anghytuno â'i bwyslais ar edrych yn ôl at y traddodiad llenyddol am fesurau cywirdeb, ond o leiaf 'roedd hynny'n sylfaen ddiogelach na mympwyon a dyfeisiadau William Owen Pughe ar ddechrau'r ganrif. Llwyddodd John Morris-Jones yn ei dasg o waredu annibendod cyfeiliornus 'Puwiaeth' o'r orgraff a sefydlodd batrymau derbyniol a safonol i'r cyfrwng ysgrifenedig. Yn naturiol ddigon effeithiodd hyn ar gynnyrch llenyddol y cyfnod. Llwyddodd John Morris-Jones, hefyd, i ddylanwadu ar gynnyrch barddonol diwedd y ganrif. 'Roedd yn hyddysg iawn yng ngweithiau barddol cyfnod Beirdd yr Uchelwyr, a safonau a thechneg y rhai hynny oedd y patrymau y ceisiodd eu hesbonio a'u cyflwyno i feirdd cyfoes. Y pwynt pwysig i'w nodi yw nad arhosodd ysgolheictod Cymraeg yn fud o fewn muriau'r byd academaidd. Daeth i'r amlwg ar lwyfan cyhoeddus mewn eisteddfod, mewn darlithoedd cyhoeddus, cyfarfodydd diwylliannol ac yn y cyfnodolion Cymraeg. Daeth Cymry Cymraeg a ymddiddorai yn y 'pethe' i ymgyfarwyddo â'r datblygiadau diweddaraf ym myd astudiaethau Cymraeg.

Aeth O.M. Edwards i Goleg Baliol yn Rhydychen yn 1884 ac fel John Morris-Jones, Edward Anwyl, J. Poulston Jones a D. Lleufer Thomas 'roedd yn un o sylfaenwyr Cymdeithas Dafydd ap Gwilym. Cafodd yrfa ysgolheigaidd ddisglair a phenodwyd ef yn ddarlithydd hanes ym Mhrifysgol Rhydychen. Ond Cymru a'i diwylliant a'i hiaith a âi â'i fryd. 'Roedd anian y llenor yn gryf ynddo, ac yntau'n ysu i gael addysgu a goleuo ei bobl ei hun. Yn 1891 dechreuodd gyhoeddi *Cymru* a *Cymru'r Plant* yn 1892. Dwy flynedd yn ddiweddarach ymddangosodd *Wales* ac yna *Heddyw* yn 1897. Yn 1896 cyhoeddodd lyfr— *Cartrefi Cymru*—ac wedi hynny adargraffodd ddetholion o'r clasuron Cymraeg yng Nghyfres y Fil ar gyfer darllenwyr

Cymru. 'Roedd y bwrlwm a'r gweithgarwch yn arwydd clir o'i awydd a'i genhadaeth dros feithrin rhyddiaith ddiddorol ac apelgar yn trafod amrywiol feysydd yn y Gymraeg a hynny mewn arddull ystwyth a gweddus. 'Roedd ei afael ar deithi'r iaith yn gadarn a llwyddodd yn symlrwydd ac effeithiolrwydd ei arddull i ddymchwel gafael yr ymadroddion Saesneg ar iaith y wasg. 'Roedd ei fryd ar orseddu Cymraeg rhywiog a naturiol ei gyfnod ei hun gan sylweddoli y gallai gorbwyslais ar ddarddiad hanesyddol geiriau a chywirdeb ieithyddol, hynafol ysgaru'r iaith oddi wrth y rhai a'i siaradai. Ei gyfraniad mawr oedd ystwytho'r Gymraeg a'i gwneud yn gyfrwng addas i drafod amrywiaeth o feysydd a oedd yn berthnasol i fywyd a phrofiad trwch poblogaeth y Gymru Gymraeg. Dyma enghraifft o'i agwedd fel y mynegwyd yn *Er Mwyn Cymru* (1927: 99).

> Pwy sydd i benderfynu beth yw arddull dda?. . . Pwy sydd i ddewis geiriau llenyddol yr iaith, ai yr efrydydd ysgolheigaidd sy'n gwybod eu hachau a'u tras a'r defnydd wneid ohonynt gynt, ynte'r werin na ŵyr am ddim ond fod yn rhaid iddi ddweud ei meddwl. Yr ateb diamwys yw mai'r werin. Y werin sy'n meddwl, y werin sy'n siarad ac os na dderbyn llenyddiaeth eiriau ac arddull y werin, bydd arddull llenyddiaeth Cymru yn rhy hynafol achlasurol ac yna yn annaturiol ac yn ddiwerth at amcanion bywyd. A phan â felly rhewa i farwolaeth.

Yn 1907 dychwelodd i Gymru yn Brif Arolygydd Ysgolion ac yn sicr yn y swydd honno llwyddodd i godi delwedd y Gymraeg a gwnaeth lawer i sefydlu iaith a llên Cymru fel testun cydnabyddedig yn yr Ysgolion Sirol. Yn ystod ugain mlynedd olaf y ganrif eginodd ysbryd newydd yn y wlad ac yr oedd ymdreiddiad graddol y Gymraeg i fyd ysgolheictod ffurfiol yn gam pwysig yn y newid hwnnw. Mae'n bwysig cofio hefyd mai dyma bryd y cyhoeddodd Daniel Owen ei nofelau, chwech ohonynt rhwng 1881 ac 1895. Bu'r rhain yn drobwynt pwysig yn hanes y nofel fel ffurf lenyddol yn y Gymraeg. 'Roedd gobaith yn y tir, a phethau'n gwella'n sylweddol a gwaddol negyddol Brad y Llyfrau Gleision yn araf golli ei rym yn wyneb ymagweddu cadarnhaol ac ymosodol y to newydd o arweinwyr. Yn 1891, gobaith a llwyddiant i'r iaith a welai John Morris-Jones:

Y mae mwy yn ei siarad nag a fu erioed; ac ar gyfer ei siaradwyr mae mwy o ddarllen arni fe allai nag ar unrhyw iaith. Cyhoeddir ynddi gylchgrawn chwarterol a dau ddeufisol; tua pymtheg o gylchgronau misol; a deunaw neu ugain o bapurau wythnosol. Bellach hefyd cydnebydd y Llywodraeth Brydeinig hi a chyfieithir iddi ddeddfau senedd a chrynodebau a phapurau seneddol eraill. Telir hefyd gan y llywodraeth am ei dysgu fel pwngc neillduol yn yr ysgolion elfennol. Dysgir hi ym Mhrifysgol Rhydychen ac yng Ngholegau Athrofaol Cymru ac arholir ynddi am M.A. gan Brifysgol Llundain. Gan mlynedd yn ôl prophwydid amdani na buasai cyn pen can mlynedd. Nid oes neb heddiw a anturiai adrodd cyffelyb brophwydoliaethau. Hir Oes iddi![58]

Hyd yn oed os ydoedd y gŵr ifanc yn orobeithiol, 'roedd hynny'n llawer gwell i'r iaith na'r negyddiaeth ddifaol gynt a erydodd ewyllys y Cymry i gynnal eu hiaith. Ond 'roedd y brwdfrydedd newydd yn rhwym o ddwyn ffrwyth mewn amser ac yng nghanol yr ugeinfed ganrif yr amlygwyd hynny gliriaf. 'Roedd digwyddiadau a newidiadau diwedd y bedwaredd ganrif ar bymtheg o'r pwys mwyaf i ddyfodol a ffyniant y Gymraeg, ond troi cyfeiriad ydoedd yn hytrach na phenllanw. Cyfnod dechrau procio cydwybod, dechrau holi a chychwyn hau had balchder cenedlaethol ac ieithyddol yn lle negyddiaeth a chywilydd oedd dau ddegawd olaf y ganrif ddiwethaf. Nid oedd Emrys ap Iwan mor eithafol wedi'r cyfan ac nid un od anghyffredin oedd Michael D. Jones ychwaith. Erbyn diwedd y ganrif 'roedd O.M. Edwards yn ddigon hyderus i feirniadu'r arferiad o lithro i'r Saesneg wrth siarad yn gyhoeddus ynglŷn â materion masnach, gweinyddiaeth, y gyfraith neu addysg:

Ystyriaf fy hun yn Gymro gwladgarol iawn, ond ar yr un pryd nid oes gennyf ond achos i barchu y cenhedloedd sydd yn yr un ymherodraeth â ni . . . Y mae'r Almaen yn alltudio merched gweini o'r rhannau Danaidd am siarad iaith eu tadau; ac y mae Rwsia orthrymus newydd gyhoeddi fod yn rhaid i bob swyddog drwy Ffinland fedru siarad Rwsieg. Ond gellir siarad Cymraeg drwy holl gynghorau Cymru. Waeth heb grochfloeddio gwladgarwch ar ddygwyl Dewi tra y mae Cymry yn gwrthod siarad Cymraeg yn eu cynghorau lleol eu hunain.[59]

Tynnodd sylw at y ffaith mai rhagfarn y Cymry eu hunain oedd gelyn pennaf y Gymraeg. 'Roedd yn ddatganiad beiddgar, ond cofier fod Michael D. Jones, tad y Wladfa wedi bod wrthi'n braenaru'r tir am yn agos i ddeugain mlynedd. 'Roedd arwyddion fod yr ymagweddiad tuag at y Gymraeg yn dechrau newid ar derfyn hirlwm marwaidd y bedwaredd ganrif ar bymtheg.

Y Gymraeg ym Mhatagonia

Os oedd ail hanner y ganrif yn gyfnod diffrwyth ac anodd i'r Gymraeg yng Nghymru, nid felly ym Mhatagonia. Yno ffynnodd y Gymraeg ac yn wir estynnwyd ei defnydd i gwmpasu pob agwedd ar fywyd y cymunedau. Y Gymraeg oedd yr unig iaith a drosglwyddid gan rieni i'w plant—yn famiaith ac yn brif iaith yr epil a aned yno. Yn rhydd o ddylanwadau erydol y Saesneg a'r ymagweddu negyddol a esgorai ar gymhlyg israddol, profodd y Gwladfawyr nad y Gymraeg oedd yn annigonol ar gyfer bywyd modern, ond yn hytrach y system wleidyddol, weinyddol ac addysgol a bwysai arni. 'Roedd y deng mlynedd ar hugain cyntaf yn hanes y Wladfa yn bendant yn oes aur i'r iaith Gymraeg. Gellid galw Gwladfa Patagonia yn un epig fawr ramantaidd yn hanes Cymru. Dangosodd beth a ellid ei gyflawni, yn gymdeithasol, yn grefyddol, yn addysgol ac yn economaidd gan bobl a reolai eu bywyd a'u tynged eu hunain. Er i dân a gwres y llwyddiant cynnar bylu rhyw gymaint erbyn ail a thrydydd degawd y ganrif hon, ac er i'r Gymraeg golli tir dan ddylanwad y Sbaeneg, iaith swyddogol, ymerodrol a gwladwriaethol arall, mae'n bwysig cofio fod yn Nhalaith Chubut heddiw rai o'r bedwaredd a'r bumed genhedlaeth sy'n dal i siarad y Gymraeg. Ni pharhaodd y Gymraeg cyhyd mewn unrhyw sefydliad na threfedigaeth arall a sefydlwyd gan Gymry. Bron ym mhob achos llwyddiant tymor byr a gafodd y Gymraeg y tu allan i Gymru.

Ceisiwyd sefydlu gwladfeydd droeon cyn i neb sôn am Batagonia. Yn 1617 ceisiodd William Vaughan o'r Gelli Aur, Llandeilo, sefydlu Cambriol yn Newfoundland, ond cefnwyd ar y fenter honno flwyddyn yn ddiweddarach. Yn 1662 ceisiodd

Bedyddwyr o Gymru sefydlu Gwladfa Gymraeg ym Massachusetts, UDA, ac ugain mlynedd yn ddiweddarach ceisiodd y Crynwyr gyrraedd yr un nod yn Pennsylvania. O fewn cenhedlaeth gwasgarwyd y cymunedau hyn, collwyd yr ymwybyddiaeth o hunaniaeth Gymreig a diflannodd y Gymraeg. Llyncwyd hwy ym mywyd, diwylliant ac iaith y cymunedau a'u hamgylchynai. Yn nechrau'r bedwaredd ganrif ar bymtheg, oherwydd caledi bywyd ar ôl rhyfeloedd Napoleon, cynyddodd yr ymfudo o Gymru unwaith eto. Bu tair ymgais wahanol i sefydlu gwladfeydd Cymraeg yng Nghanada. Yn 1818 sefydlwyd New Cambria yn Nova Scotia.[60] Yn 1819 aeth mintai i New Brunswick i sefydlu Cardigan a dwy flynedd yn ddiweddarach ymgartrefodd John Matthews a'i deulu o Gapel y Cwm, Llansamlet, ym Middlesex County, Ontario. Ymunodd rhagor o'i deulu a llu o'i gyd-aelodau o Gapel y Cwm ag ef a daeth cymuned Gymraeg lewyrchus i fod. Ond yna arafodd y mewnfudo o Gymru, a chynnydd naturiol a gyfrannodd wedyn i gryfhau'r gymuned. Erbyn 1850 'roedd yno 93 plentyn yn y wladfa, sef rhyw draean o boblogaeth gyfan y sefydliad. 'Roedd yn anodd i gyn lleied gadw eu hunaniaeth a chadw ar wahân i'r llif Seisnig a'u hamgylchynai. Dichon fod rhai o dylwyth John Matthews yn ddwyieithog cyn cyrraedd Canada, a chan mai Saesneg oedd iaith swyddogol y wlad a'r *lingua franca* ar gyfer cyfathrebu â phobl o'r tu allan i'r wladychfa, 'roedd ymdreiddiad y Saesneg i fywyd y gymuned yn broses anochel. Wedyn, drwy ddod yn ddwyieithog, hawdd iawn oedd i griw bach ymdoddi'n ieithyddol ac yn ddiwyll-iannol yn y môr o'u cwmpas. Dyna'n union a ddigwyddodd yn New Cambria a Cardigan ond amlygwyd y pydredd ynghynt yno gan na fu mewnfudo cyson na sylweddol o Gymru i atgyfnerthu'r bywyd Cymraeg yn y ddau le. Cafwyd colledion ariannol a diffyg cynnydd economaidd ac erbyn canol y ganrif daeth y chwalfa gydag allfudaeth yn nodwedd gyffredin iawn.

Er i'r Cymry gyfeirio at yr Unol Daleithiau fel 'Y Baradwys bell', 'gardd Eden', 'gwlad yr addewid' ac 'ail Eden' pur ysbeidiol a di-drefn oedd yr ymfudo yno, yn arbennig o ganol y ganrif ymlaen. Teuluoedd ac unigolion a ymfudai fel rheol i ymuno â theulu, cyfeillion neu bobl o'u hardal a oedd yno eisoes. Nid oedd trefn fwriadol i'r ymfudo nac ymgais i sefydlu gwladfeydd yno drwy sianelu'r ymfudaeth i fannau penodol. Lle bynnag yr ymgartrefai nifer o deuluoedd Cymraeg, ceid capel Anghydffurfiol Cymraeg yn ganolfan ysbrydol ac ieithyddol i'r alltudion. Amcangyfrifir i ryw 600 o gapeli Anghydffurfiol Cymraeg gael eu codi yn UDA. Honnir bod 83 capel Cymraeg yn nhalaith Wisconsin yn 1872, a 46 o weinidogion ynghyd â 15 pregethwr lleyg i'w gwasanaethu. Daeth Undeb Eglwysi Methodistiaid Calfinaidd Gogledd America yn gorff pwysig i gadw'r gwahanol eglwysi mewn cysylltiad â'i gilydd. Parhaodd y Gymraeg yn iaith gymdeithasol yn ystod oes yr ymfudwyr, ond yn anaml iawn y byddai eu plant yn trosglwyddo'r Gymraeg i'w plant hwythau. Lle bynnag y cartrefai'r Cymry, er iddynt fod yn ddigon niferus i gynnal capeli, 'roeddynt serch hynny yn lleiafrif o fewn y gymuned leol. Hawdd iawn oedd eu boddi yn iaith a diwylliant y mwyafrif. Llwyddodd y capeli i arafu'r broses anorfod o ymgymathu i'r bywyd Americanaidd. Ym mhob sefyllfa lle ceid Cymry Cymraeg drwy'r trwch mewn cymuned Saesneg ei hiaith, nid oedd modd cynnal yr iaith a'i throsglwyddo o un genhedlaeth i'r llall, yn enwedig pan arafai mewnfudo diweddarach o Gymru. Er gwaetha'r ffaith iddynt godi cannoedd o gapeli, sefydlu gweisg Cymraeg, cynnal eisteddfodau lu, a chymanfaoedd canu diddiwedd, ni lwyddasant i gadw eu hunaniaeth fel Cymry. Gyda diflaniad iaith erydid pob nodwedd Gymreig arall hefyd yn gyflym.

Dyma'r tueddiad a welodd y Parchedig Michael D. Jones pan oedd yn yr Unol Daleithiau yn gweinidogaethu ar nifer o eglwysi Cymraeg yn niwedd y 1840au. Fe'i cythruddwyd yn fawr o sylweddoli mor anorfod ydoedd tynged terfynol y Cymry a'r Gymraeg yn UDA. Yn Ionawr 1849 mynegodd ei ofid yn *Y Cenhadwr Americannaidd*:

> . . . nid colled am iaith yn unig a fydd colli ein hiaith, ond colled am ein moesau a'n crefydd i raddau pwysig fel y tystia ein hanes fel pobl bob tu i'r Werydd . . .

'Roedd yn brofiad ysgytwol iddo a'i harweiniodd ymhen rhyw ddegawd i gefnogi'r syniad o sianelu ymfudaeth o Gymru i un man er mwyn ceisio sicrhau cymuned gref, gadarn a allai wrthsefyll pwysau ymgymathu. Cododd yr un awydd ymysg Cymry a oedd eisoes wedi ymfudo. Dechreuwyd sôn am i Gymry Gogledd America i gyd symud i un man lle gallent fyw fel Cymry. Yn 1854 soniai S.R. o Lanbryn-mair am Tennessee fel lle tebygol ond ni ddaeth dim o hynny oherwydd y rhyfel cartref yn UDA. Rhoddodd Cymry Manceinion eu cefnogaeth i Thomas Benbow Phillips a drefnodd i sefydlu Gwladfa Gymraeg yn Rio Grande de Sol yn Ne Brasil. Sicrhaodd dir yno a chofrestrodd y lle â'r llywodraeth fel Nova Cambria. Gwnaeth baratoadau trylwyr ac erbyn diwedd 1851 'roedd pedwar ugain o Gymry wedi ymsefydlu yno, a'r rhan helaethaf ohonynt o Nant-y-glo a Bryn-mawr ym Mynwy ac eraill o Fôn a Dinbych. Ymhen tair blynedd daeth chwalfa yma eto. 'Roedd rhai wedi eu dadrithio, eraill yn ei chael yn anodd cartrefu yno, a denwyd eraill gan y gobaith o wneud bywoliaeth frasach mewn lleoedd eraill. Dyma'r ymgais wladfaol ddiweddaraf yn fethiant llwyr! 'Roedd hyn yn rhan bwysig o gefndir Mudiad Patagonia. O'r methiannau hyn y dysgwyd rhai gwersi pwysig a ddaeth yn rhan o'r ddelfryd wladfaol ac a roes i Fudiad Patagonia arbenigrwydd a'r cryfder i sicrhau llwyddiant yn wyneb caledi dychrynllyd.

Prif ysgogiad pob ymfudaeth oedd yr awydd a'r gobaith y gellid sicrhau byd gwell. Yn y bedwaredd ganrif ar bymtheg, 'roedd llwyddiant materol ac economaidd yn abwyd cryf o gofio caledi bywyd yng nghefn gwlad ac yn y canolfannau diwydiannol yng Nghymru. 'Roedd y freuddwyd o allu perchenogi tir a bod yn rhydd o orthrwm tirfeddianwyr a meistri'r gweithiau yn un hynod o felys ac atyniadol. 'Roedd llwyddiant economaidd, yn naturiol ddigon, yn rhan greiddiol o Fudiad Gwladfaol Patagonia, ond yn wahanol i'r ymfudo blaenorol yn ystod y ganrif, nodweddid y mudiad hwn gan ddelfrydau crefyddol, ieithyddol, gwleidyddol a diwylliannol. 'Roedd y Cymry wedi llwyddo'n economaidd yn UDA ond eto 'roedd pris cynnydd a llwyddiant yno yn un uchel iawn. O blith Cymry Califfornia yn 1856 y daeth y symbyliad cyntaf i sefydlu Mudiad Gwladfaol yng Nghymru, a'r Parchedig Michael D. Jones oedd un o'r rhai a ymatebodd. 'Roedd ef yn grefyddwr blaenllaw a hefyd yn genedlaetholwr brwd mewn cyfnod pan nad oedd hynny'n gyffredin iawn. 'Roedd yn gefnogwr unplyg i'r iaith Gymraeg ac yn feirniad cyson o'r drefn wleidyddol, weinyddol ac economaidd a sarhâi'r iaith ac a gadwai ysbryd y Cymro rhag mentro a rhag datblygu yn ôl ei reddf a'i nodweddion cynhenid ei hun. Gresynai fod yn rhaid i Gymro geisio bod yn Sais er mwyn llwyddo ym myd masnach. Ni allai oddef y pwyslais ar y Saesneg fel cyfrwng llwyddiant:

> Ni ddaw yr un dorth i'r bwrdd wrth siarad Seisonaeg, a pharablu Ffrancaeg a chanu'r berdoneg a dawnsio.[61]

Y delfrydau a'r syniadau newydd yma a daniodd ddychymyg a brwdfrydedd Lewis Jones a Dafydd Hughes Cadfan pan ddarlithiodd Michael D. Jones yn festri Capel Engedi, Caernarfon yn 1858. Ffurfiodd y rhain gnewyllyn Cymdeithas Wladfaol a sefydlwyd yn Lerpwl yn 1861. Aelod arall oedd Edwin Roberts— gŵr a fu'n byw yn Oskosh, Wisconsin, ond a ddychwelodd i Gymru oherwydd iddo yntau, megis Michael D. Jones ugain mlynedd ynghynt, sylweddoli fod pris llwyddiant yn UDA yn galw am ymdoddi llwyr i'r llif Americanaidd. 'Roedd yntau, felly, dan argyhoeddiad cryf fod angen sefydlu gwladfa a fyddai'n sicrhau mwy na thir, golud a llwyddiant materol ond a fyddai, hefyd, yn gwarchod safonau, traddodiadau a hunaniaeth y Cymry. Dyma'r math o batrwm gwladfaol a gafodd ei farchnata yng Nghymru yn ystod chwe-degau'r ganrif ddiwethaf ac wedi hynny. Nid meddiannu tir yn unig oedd diben y fenter, ond sefydlu cymdeithas yn ôl rhai egwyddorion arbennig. 'Roeddynt am sefydlu Cymru newydd, lle gellid byw fel Cymry ac addoli fel Anghydffurfwyr yn rhydd o orthrwm yr Eglwys Wladol. Gwnaed y fath amcanion yn gwbl hysbys. Mewn ysgrif a gyhoeddwyd gyntaf ar 30 Mehefin 1871 dyma a ddywed Evan Jones, gweinidog Capel Moriah, Caernarfon:

> Aeth y rhai hyn allan hefyd, yn ôl eu haddefiad eu hunain, nid yn bennaf gyda'r amcanion sydd yn peri i eraill ymgymryd ag anhawsterau a pheryglon ymfudaeth, ond er mwyn ymsefydlu yn Wladfychfa Gymreig, tu allan i gylch llywodraethau eraill, fel y gallent barhau hen iaith a sefydliadau y Cymry yn eu purdeb a'u perffeithrwydd cyntefig, a lle y gallai cenedl y Cymry ymfudo rhag llaw a mwynhau holl fanteision ymfudaeth heb yr anfanteision sydd ynglŷn ag ymgymysgu â chenhedloedd eraill,

fel yr America . . . Fel canlyniad i'r amcan hwn, darfu iddynt ddewis y wlad ag mai ei hunig ragoriaeth fe allai ydyw ei heangder a theneurwydd ei phoblogaeth.

At y manteision olaf hyn, gellir ychwanegu'r ffaith fod y lle yn anghysbell ac o leiaf tua mil o filltiroedd oddi wrth y sefydliad Ewropeaidd agosaf. Yn ei lyfr, *This Way Southward* (1940: 66) dywed A.F. Tschiffely:

> At last, incredible as it seems, Patagonia came under consideration. At the time these regions were a kind of 'no man's land' without any white inhabitants living in it—from the Rio Negro to the Strait of Magellan, a distance close on a thousand miles. When one considers that the indians were on the warpath and that they were still making incursions far into the province of Buenos Aires, the fact that Patagonia was considered for a Welsh settlement becomes all the more incredible, grotesque and even foolhardy.

Ond yno yr hwyliodd y fintai gyntaf o Lerpwl ar y *Mimosa* yn 1865 a chyrraedd y New Bay dri mis yn ddiweddarach ar 28 Gorffennaf. 'Roedd yr amodau a'u harhosai yn rhai torcalonnus. Nid gwlad yn llifo o laeth a mêl a ymestynnai o'u blaenau ond tir sych, graeanog a dim yn tyfu yno ond rhyw lwyni a thwmpathau o ddreiniach. Ychydig a wyddent i Charles Darwin yn 1832 ddisgrifio'r paith fel:

> This plain has a very sterile appearance, it is covered with thorny bushes and a dry looking grass and will forever remain nearly useless to mankind.[62]

Eto, erbyn diwedd y ganrif 'roedd cymdeithas ffyniannus yn Nyffryn Camwy (Ffigur 5.8 a 5.9). Er gwaetha'r anawsterau creulonaf a'r amodau byw celyd llwyddodd yr ymfudwyr i aros, i ymsefydlu ac mewn amser i greu gardd ffrwythlon ynghanol y peithdir gerwin. Allan o anialwch ac anhrefn llwyddwyd i feithrin gardd, adeiladu pentrefi, trefi, ffyrdd, rheilffordd, capeli, system addysg, rhwydwaith dyfrhau'r tir, a Chwmni Masnachol y Camwy neu'r 'Co-op'. Cyhoeddid papurau wythnosol yn y Gymraeg a chedwid cofnodion y cyngor lleol yn y Gymraeg. 'Roedd bri ar yr eisteddfodau a'r cyrddau llenydol ac nid yw'n rhyfedd i Lewis Jones ysgrifennu yn 1898:

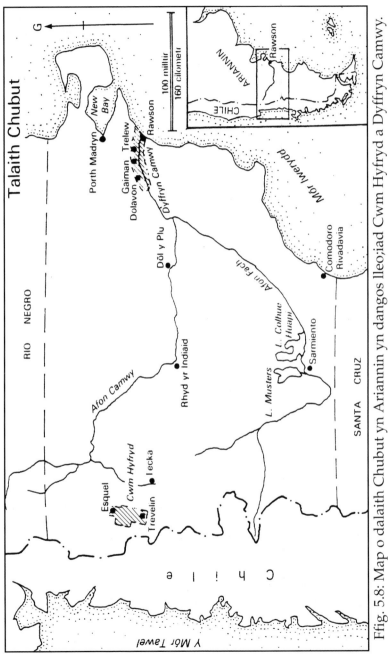

Ffig. 5.8: Map o dalaith Chubut yn Ariannin yn dangos lleo;iad Cwm Hyfryd a Dyffryn Camwy.

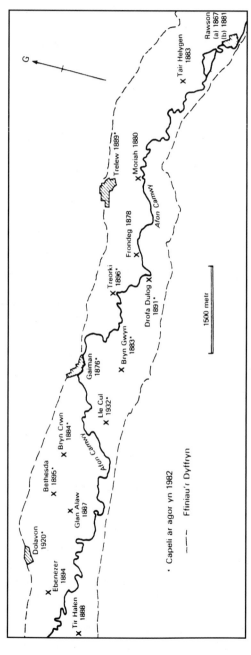

Ffig. 5.9: Capeli'r Dyffryn yn dangos dyddiad eu sefydlu

. . . o bob tu i'r afon y mae'r diwylliant arferol Cymreig yn oruchaf a ffyniannus ac yn gwbl debyg i ardal wledig yng Nghymru—cyrddau llenyddol, cyrddau canu, cyrddau ysgol Sul, eisteddfodau Gŵyl Ddewi a Gŵyl y Glaniad.[63]

Yr hyn na ddywed Lewis Jones ydyw mor annhebyg, hefyd, oedd bywyd yn y Wladfa i'r hyn a geid yng Nghymru. 'Roedd y Gymraeg yn llawer amlycach ym mywyd y gymuned nag ydoedd yng Nghymru. Mewn gwirionedd y Gymraeg oedd unig iaith y cymunedau o 1865 hyd ddiwedd y 1890au.

Y Gymraeg oedd iaith yr ymfudwyr a sylweddolwyd yn bur fuan nad oedd angen y Saesneg arnynt o gwbl. Nid oedd unrhyw statws breintiedig na defnydd arbenigol iddi ar y paith. Yn eu cartref newydd o'r cychwyn gweinyddid cyfraith a barn yn y Gymraeg. Cyn cyrraedd y Wladfa 'roedd y fintai eisoes wedi ethol Cyngor o ddeuddeg i'w llywodraethu. Lluniodd y Cyngor hwnnw gyfansoddiad gwladol, fel sail i gyfraith a threfn yn y Wladfa newydd ac 'roedd hwnnw'n hynod o fanwl ac yn rhyfeddol o glir. Rhoddwyd pleidlais gudd i bawb, gan gynnwys pob gwraig dros ddeunaw oed. Bu'n rhaid i ferched Cymru aros am hanner canrif arall cyn cael y fath fraint. Cyfarfyddai'r Cyngor bob mis a gallai lunio deddfau er mwyn sicrhau cyfiawnder i bawb. Gweinyddid y gyfraith drwy gyfrwng dau lys, sef y Llys Athrywyn a'r Llys Rhaith. Yn y Llys Athrywyn, yr ynad (barnwr), ynghyd â llywydd ac ysgrifennydd y Cyngor a wrandawai ar yr achos, ond yn y Llys Rhaith ceid yr ynad ynghyd â deuddeg o reithwyr. Yn *Deddf Gweinyddiad Barn*[64] ceir disgrifiad manwl o sut y trefnid y llysoedd gan fanylu ynglŷn â swyddogaeth y swyddogion, y rheithwyr a'r pleidiau—y ddwy ochr ym mhob achos. Ar ddechrau'r ddogfen manylir ynglŷn â'r mathau o droseddau y gellid ymdrin â hwy:

Dosrenir cyhuddion cyfreithiol i ddau fath, sef Cynghaws a Throsedd. Cynghaws yw honiad am hawliau a atelir neu a ddygwyddoddiar y naill gan y llall a diben y rhaith yw iawnu camwri a cholled; gelwir y pleidiau mewn Cynghaws 'honwr' a 'diffynydd'. Trosedd yw niwed bwriadol ar eiddo neu berson cyd-ddeiliad, megis
   Gradd I: 1) Treisio   2) Camddefnyddio Ymddiriedaeth
   3) Ffug-ysgrifio 4) Dyn-laddiad 5) Llofruddiaeth

Gradd II: 1) Tori tŷ wedi nos 2) Gosod ar dân mewn malais
3) Cynllwynio bradwrus 4) Cuddio neu gefnogi troseddwr
5) Tyngu anudon
Gradd III: 1) Bygwth a difriaeth 2) Direidwch blinderus
3) Ymosodiad ar berson 4) Ymryson ymladdgar 5) Lladrad
6) Derbyn eiddo lladrad

'Roedd yr uchod yn amlwg yn rhan o ddogfen dechnegol ond eto 'roedd yn glir a diamwys a'r cyfan wedi ei fynegi yn y Gymraeg. Clywid ac ymdrinnid â phob achos yn y llys yn y Gymraeg. Yn y Wladfa, felly, adferwyd i'r Gymraeg y cywair cyfreithiol, a ddiflanasai yng Nghymru dan ddylanwad y Deddfau Uno. Cofrestrid genedigaethau, marwolaethau a cheid tystysgrifau priodasau yn y Gymraeg. 'Roedd gweithredoedd am dir, eiddo ac ewyllysiau hefyd yn y Gymraeg. Estynnwyd cwmpas defnydd yr iaith Gymraeg a hynny ar raddfa gynyddol a phrofwyd unwaith ac am byth fod adnoddau ieithyddol yr iaith yn ddigonol ar gyfer pob maes, yn y ddau gyfrwng ac mewn amrywiol denorau. Yng Nghymru, yn y cyd-destun crefyddol yn unig y gellid clywed iaith ffurfiol gyhoeddus; y Saesneg a geid mewn meysydd cyhoeddus eraill, yn enwedig yn y rhai a weddai i denor ffurfiol. Daeth Cymry Patagonia yn gyfarwydd â thrawstoriad llawer ehangach o gyweiriau, o'u cymharu â'u perthnasau yng Nghymru. 'Roedd defnyddio'r Gymraeg ar gyfer pob agwedd ar fywyd yn rhwym o gyfoethogi geirfa a chystrawennau'r gymdeithas drwyddi draw.

Ym Mhatagonia cafodd y Gymraeg rwydd hynt i ddatblygu ac ymaddasu yn ôl gofynion cymdeithas. Nid oedd angen cynllunio ieithyddol na galw am ymdrechion i *normaleiddio'r* iaith ym mywyd y bobl. Digwyddodd yn naturiol ac yn ddiffwdan. Cymraeg oedd iaith tirfesuraeth, hi oedd cyfrwng amaethu a masnachu ac yn y Gymraeg y cedwid y cyfrifon. Pan sefydlwyd y 'Co-op' (1884) daeth rheolaeth fasnachol ac economaidd i ddwylo'r Cymry. Nid oedd yn rhaid i'r ffermwyr ddelio mwyach â masnachwyr o Buenos Aires. Gallent fynd draw i'r Co-op a thrafod a dadlau eu hachos yn eu hiaith eu hunain. Y Gymraeg oedd iaith gwaith y Co-op hefyd. Cedwid y cyfrifon yn y Gymraeg ac yn y Gymraeg y cyhoeddid yr adroddiad blynyddol.

Gweithredid yr un math o bolisi gan y Cwmni Dyfrhau. Cymry a sefydlodd y cwmni hwnnw a hwy oedd y cyfranddalwyr. Llwyddasant ym myd masnach gan daflu dŵr oer ar honiadau cyffredin y cyfnod na ellid llwyddo ym myd busnes ond drwy gyfrwng y Saesneg. Wrth agor ffosydd dyfrhau ychwanegwyd at yr arwynebedd y gellid ei amaethu. Yn 1870 dim ond 4% o'r tir a feddiannwyd a amaethid ac yr oedd hwnnw ar hyd glan yr afon. Erbyn 1895 'roedd y Cymry wedi agor tua 275 milltir o ffosydd dyfrhau ac amcangyfrifir bod y Cwmni Dyfrhau yn werth £180,000 y pryd hwnnw.[65] Cofier mai oddeutu £50 y flwyddyn fyddai cyflog gwas fferm yng Nghymru yn 1890. Felly, o safbwynt busnes, bu'r Cymry yn hirben iawn. Nid yn unig yr oedd dyfrhau wedi ei gwneud hi'n bosibl i bob ffermwr drwy'r dyffryn amaethu ei dir ond, hefyd, codasai gwerth pob fferm o tua $p100 yn 1870 i $p5000 yn 1890, ac yn ychwanegol at hynny 'roedd y Cwmni Dyfrhau ei hunan yn gyfalaf gwerthfawr, dan reolaeth y Cymry.

Yn ôl Lewis Jones (1885) 'roedd ôl llwyddiant economaidd amlwg yn y Wladfa yn 1884. Erbyn hynny 'roedd yno 350 o ffermydd a phob un yn 280 o erwau. 'Roedd y boblogaeth oddeutu 1,600 a 300 o blant yn mynychu chwe ysgol. Honnir mai hon oedd y wladfa gryfaf a'r mwyaf llewyrchus drwy Weriniaeth Ariannin i gyd. Rhydd Ffigur 5.10 trosodd grynodeb o'r cynnydd a wnaethpwyd yn faterol-amaethyddol rhwng 1865 ac 1897.

O'r cychwyn bu'r ffactor grefyddol yn rhan allweddol o'r Mudiad Gwladfaol ac o fywyd y Wladfa ei hun. Mae'n gwbl amhosibl deall y Wladfa heb ystyried dylanwadau uniongyrchol ac anuniongyrchol Ymneilltuaeth Gymraeg. 'Roedd Michael D. Jones yn gwbl argyhoeddedig bod cenhadaeth Gristnogol flaenllaw yn gwbl hanfodol er ffyniant y Wladfa. Gwelai ef y Wladfa nid yn unig yn nhermau economaidd, cymdeithasol a diwylliannol ond hefyd fel cyfrwng i sefydlu a hyrwyddo cymdeithas Gristnogol a chan mai'r Gymraeg oedd cyfrwng naturiol addoliad a mawl, hi fyddai iaith y cymunedau. Er nad ymfudodd Michael D. Jones ei hun i'r Wladfa, bu ei ddylanwad syniadol yn drwm ar y sefydliad. O'r deg gweinidog a fu'n gweithio yno rhwng 1865 a throad y ganrif, 'roedd pump ohonynt yn gyn-fyfyrwyr Coleg y Bala, a Michael D. Jones yn brifathro arnynt. Dywed E. Pan Jones

Ffig. 5.10: Ystadegaeth y Wladfa 1865-1897

	Poblogaeth	Tai	TirÂr	Erydr	Gwartheg	Ceffylau	Defaid	Moch
1865	152	30			60	40		
1871	153	82	250	18	150	92		
1880	778		2257		2400	704	850	317
1882	1286	325	2877	324	3912	824	1567	411
1888	1967	430	3120		4408	2772	17,244	912
1895	3747	838	4106	538	29,220	13,154	56,147	1241
1897			5505		48,741	16,895	108.137	1151

Ffynhonnell: R.B. Williams (1962), *Atodiad XI*

(1903) fod 'tad y Wladfa' erbyn 1870 yn gweld '. . . y Wladfa yn fwy o symudiad crefyddol na gwladol, a byddai yn gweddïo mewn teimladau mor ddwys am lwyddiant y mudiad . . . ag y byddai yn gweddïo am lwyddiant yr efengyl.'

Serch hynny, byddai'n gwbl gyfeiliornus awgrymu mai symbyliad crefyddol a barodd i'r 156 hwylio o Lerpwl ar y *Mimosa* yn Ebrill 1865. 'Roedd ffactorau economaidd, gwleidyddol a diwylliannol hefyd, ond cafodd ffydd yr ymfudwyr, a'u daliadau crefyddol le blaenllaw os nad cwbl allweddol yn hanes y meddiannu a'r gwladychu. Y gyfundrefn grefyddol a greodd ymwybyddiaeth o gymdogaeth a chymuned ym mhob ardal. Mewn gwirionedd gellid diffinio ardal neu gymuned yn ôl dalgylch aelodaeth capel. Daeth y capel yn ganolfan ysbrydol pob cymuned ond hefyd yn ddiweddarach yn ganolbwynt cymdeithasol pob cymdogaeth. Yno y cynhelid yr ysgol gân, y cyrddau cystadleuol a'r eisteddfodau ac yn y blynyddoedd cynnar yno hefyd y cynhelid yr ysgolion dyddiol i'r plant. Arweinwyr y capeli oedd arweinwyr y cymunedau lleol, a thrwy'r capeli 'roedd modd cadw cysylltiad rhwng ardaloedd anghysbell a'i gilydd. Byddai Undeb Eglwysi'r Wladfa yn cyfarfod yn rheolaidd i drafod materion yn ymwneud â bywyd y capeli a llwyddwyd i gadw undod arbennig rhwng y gwahanol gymdogaethau.

Drwy gyfundrefn y capeli, gosodwyd safonau ymddygiad a gwerthoedd moesol derbyniol drwy'r dyffryn i gyd. Gan fod ffermydd y gwahanol deuluoedd mor anghysbell a bywyd yn galed iawn, a chreulon ar brydiau, gallasai bywyd fod yn unig

iawn a hawdd iawn fyddai gostwng safonau a pheidio ym-
drafferthu ag agweddau cymdeithasol a diwylliannol. Crefydd
oedd y gadwyn a gydiodd y gwahanol deuluoedd â'i gilydd,
a'r ymdeimlad o gyfrifoldeb i gydaddoli a ddygodd pobl at ei
gilydd ar un dydd o'r wythnos. Dyma sut y disgrifia Mrs Mary
Ann Daniel de Jones yr ymrwymiad hwn i gydaddoli pan oedd
hi yn blentyn yn y 1880au:

> Yno yr oeddym yn cadw cyrddau da am 10, 2 a 6 yn yr hwyr a
> hynny rownd y flwyddyn er bod y ffordd ymhell a'r anifeiliaid
> eisiau eu bwydo ac edrych ar eu hôl. Nid oedd yna ffensis wedi
> eu gosod yr adeg honno. Nid oedd pellter na gwaith bugeilio yn
> rheswm dros golli moddion gras . . . 'roedd ein capeli yn llawn
> er bod llawer ohonom yn gorfod mynd bellter ffordd drwy'r
> anialwch ar geffylau neu drol. Gallech wybod fod y lle yn llawn.
> Cof gennyf lawer nos Sul edrych ar y ffenestri a'r chwys yn
> rhedeg lawr arnynt a hithau'n clecian rhewi allan ac eisiau mynd
> o'r Gaiman i Fryn Gwyn mewn trol fel dwedais i a honno'n
> ddigon ryff. 'Roedd poen mawr yn y pen gennyf fi bob amser yn
> cyrraedd adref . . . Os byddem yn colli Sul neu ddau 'roeddwn
> yn teimlo ein bod wedi cael colled.[66]

Daeth y capel yn ganolbwynt bywyd cymuned gyfan, gan esgor
ar yr ymdeimlad o gymdogaeth, cydweithio a chyd-ddibyn-
iaeth. O dipyn i beth daeth patrwm a gwerthoedd bywyd
cymdeithasol yn gapel-glwm. Drwy ymwrthod â'r safonau
hynny byddai unigolion a theuluoedd yn alltudio eu hunain o
fywyd cymdogaeth yn ogystal ag o fywyd crefyddol. Ceir sawl
enghraifft yng nghofnodion y gwahanol eglwysi o ddylanwad
disgyblaethol y capeli. Pan fyddai anghydfod rhwng gwahanol
rai, diaconiaid y capel a gâi'r gwaith o unioni'r berthynas ac oni
cheid cymodi ar ôl yr ymgynghori, yna diarddelid yr unigolyn
o'r eglwys hyd oni fyddai'n cwympo ar ei fai ac adfer cymod â'i
gymydog. Hybodd y capeli unffurfiaeth grefyddol, ddisgyb-
laethol, foesol a chymdeithasol drwy'r dyffryn i gyd. Buont yn
gyfrwng i feithrin patrymau a gwerthoedd addysgol a diwyll-
iannol tebyg ym mhob cymdogaeth. Rhoddwyd y pwyslais
Ymneilltuol arferol ar bwysigrwydd llythrennedd a daeth yr
ysgolion Sul yn ddylanwad addysgol cryf ac effeithiol o'r
dyddiau cynnar yn Rawson ymlaen. Y Beibl oedd y gwerslyfr,

i'w ddarllen, ei ddysgu a myfyrio ynddo. Ieithwedd y Beibl a glywid o'r pulpudau; dyma oedd y patrwm i'r iaith lafar ffurfiol yn ogystal â'r safon i'r iaith ysgrifenedig. 'Roedd y cywair crefyddol yn un safon gyffredin drwy'r dyffryn i gyd, a gweithredodd fel lefain ynghanol yr amrywiaeth tafodieithol a ddygwyd i'r Wladfa

Yng ngeirfa gyfoes y Wladfa ceir olion o'r dylanwad a gafodd y pulpud a'r ysgol Sul ar ddatblygiad tafodieithol y Gymraeg yn Nyffryn Camwy. Daeth ymfudwyr i'r Wladfa o bob rhan o Gymru. Dygasant eu tafodieithoedd brodorol gyda hwy. Wrth ymffurfio'n gymdogaethau 'roedd addasu ac ymdebygu i'w gilydd yn ieithyddol yn anorfod. Cafwyd cryn ddewis, dethol ac ymdoddi yn llafar y genhedlaeth gyntaf a aned yn y Wladfa ac esgorodd hynny ar fframwaith ieithyddol sy'n gwbl gynhenid i Ddyffryn Camwy. Cyfeiria Lewis Jones at yr ymdoddi cymdeithasol ac ieithyddol:

> Pe na wnaethai y Wladva ddim ond lledu ein Cymreigedd i fod yn anrhaethol hwnt i hwntw a northman, yr oedd hynny yn iechyd cenedlaethol.[67]

Yn 1971 lluniais holiadur a gynhwysai eitemau sy'n amrywio'n dafodieithol yng Nghymraeg Cymru yn ôl lleoliad daearyddol. Dyma rai enghreifftiau o'r holiadur hwnnw ynghyd â'r amrywiaeth geirfaol posibl yn nhafodieithoedd Cymru. Ni nodwyd yr amrywiadau hyn yn yr holiadur a ddosbarthwyd yn y Wladfa.

Eitemau yn yr holiadur	Amrywiadau lleol yng Nghymru
2. mam eich mam neu eich tad	nain: gogledd mamgu: de
6. wrth y . . . yr eisteddwn i fwyta	bwrdd: gogledd o Ystwyth bord: de o Ystwyth
9. Y darn lliain a ddefnyddir i sychu'r trwyn	ffunen: Môn
	hances)
	hances boced) gogledd
	cadach)
	macin: Aberteifi
	nicloth: Penfro
	hancisher: Llanelli
	nished: de-ddwyrain

22. Yr hyn y bydd meddyg yn ei roi i'ch gwella	ffisig: gogledd moddion: de
27. Afiechyd sy'n effeithio ar y cyhyrau a'r esgyrn	cryd cymalau: gogledd gwynegon: de rhiwmatic: canolbarth
66. Yr hanner cylch amryliw a fydd yn ymddangos yn yr awyr ar ôl glaw	enfys: gogledd bwa'r arch: de-orllewin bwa'r drindod: de-ddwyrain
72. Gadael dilledyn yn ymyl gwres hyd nes ei fod yn cochi	deifio: gogledd sinjio: gogledd-ddwyrain swinjio: canolbarth rhuddo: de
78. Dull o gladdu'r marw	cynhebrwng: gogledd claddedigaeth: canolbarth angladd: de

Drwy'r atebion yn y Wladfa gobeithiwn allu gweld a fu tueddiadau penodol yno yn y cymysgu a'r ymdoddi tafodieithol. Atebwyd yr holiadur ym Mhorth Madryn, Trelew, Gaiman, Drofa Dulog, Bryn Crwn, Lle Cul, Bryn Gwyn, Dolafon, Tir Halen, Esquel a Threfelin. Y syndod mawr oedd bod 80% o'r atebion yn gyffredin i bob ardal.

Y geiriau sy'n gyffredin i bob ardal yn y Wladfa

taid	llyfrithen	llwynog	curo
nain	iau	cŷn	atal dweud
cwpan	cur pen	gwrych	angladd
bwrdd	llaeth	cynffon	cuddio
'goriad	hufen	pryf genwair	cweir
hidlan	llaeth enwyn	cyndron	rhew
gogor	cetyn	cwch gwenyn	hefo
caead	llyfu	enfys	'rŵan
taclu	ysgwyd llaw	allan	carrots
trowsus	brychni haul	fyny	singlat
blancad	gwartheg	prysur	smocio
smwddio	pwrs y fuwch	brathu	sweets
ffwrn	tas	crio	coral (corlan)
ffisig	cwt mochyn	symud tŷ	galpones (beudai)
ploryn	'redig	plentyn siawns	
deifio	blawd	oen swci	

O'r eirfa gyffredin honno 'roedd 64% yn eiriau gogledd Cymru a dim ond 8% a darddai o dde Cymru. 'Roedd 19% yn eiriau a geid drwy'r rhannau helaeth o Gymru, 6% yn eiriau Saesneg a dim ond 3% yn eiriau Sbaeneg. Y geiriau deheuol oedd 'ffwrn', 'llaeth', 'angladd' a 'symud tŷ'.

O edrych ar yr eirfa a arddangosai amrywiaeth cafwyd patrwm digon tebyg ym Mryn Gwyn ac yn Nolafon, sef nifer llethol y geiriau amrywiol yn rhai o darddiad gogleddol. Yn rhai o'r ardaloedd eraill cafwyd cryn gynnydd yn yr elfen ddeheuol er mai'r gogleddol oedd y cryfaf eto ym mhob ardal. Yn Nhrofa Dulog a Lle Cul 'roedd dros 37% o'r eirfa amrywiol yn rhai deheuol, 31% yn Gaiman a Bryn Crwn, ond 7.6% a gofnodwyd yn Nolafan a Bryn Gwyn.

Patrwm geirfaol tafodieithoedd gogledd Cymru fu'r dylanwad grymusaf, felly, yn ffurfiant geirfa tafodieithoedd y Wladfa. Pam y llwyddodd tafodieithoedd y gogledd i adael eu hôl mor gryf ar dafodieithoedd y Wladfa? Yr ateb symlaf fyddai ceisio profi i fwy o ymfudwyr adael o ogledd Cymru nag o dde Cymru ac mai grym niferoedd a gyfrifai am y patrymau geirfaol. Nid oes tystiolaeth i gefnogi hynny. Ymysg y fintai gyntaf yn 1865 'roedd

> . . . tua'u hanner yn ŵyr, gyda hanner cant o wragedd a rhyw bump ar hugain o blant. Deuai traean ohonynt o ddau le sef o Aberpennar a Lerpwl. Glöwyr o Dde Cymru oedd mwyafrif y fintai ond diau i rai ohonynt gael eu magu mewn ardaloedd amaethyddol cyn mynd i'r glofeydd.[68]

Rhwng 1875 ac 1876 ymfudodd tua phum cant i'r Wladfa a'r mwyafrif ohonynt o'r Rhondda ac Aberdâr.[69] Yn 1886 ymfudodd 465 i adeiladu'r rheilffordd rhwng Porth Madryn a Threlew. Nid oes modd gwybod i sicrwydd o ba ardaloedd yng Nghymru y tarddai'r rhain ond yn sicr nid gogleddwyr fyddent i gyd. Dywedir i Lewis Jones geryddu'r gweithwyr pan gododd anghydfod yn eu plith ynglŷn â thelerau gweithio:

> Dyna fel yr ydach chi, pobl y South, os na fydd popeth wrth eich bodd byddwch yn galw am streic myn uffern i . . .[70]

Chwyddodd poblogaeth y Wladfa'n raddol hyd nes ei bod tua 3,747 yn 1895.[71] Yn 1911 daeth tua chant ar fwrdd yr *Orita* o

Lerpwl a phobl y gogledd-orllewin oedd y rhain yn bennaf ond cyraeddasant yn rhy ddiwedar i effeithio ar eirfa'r Wladfa. 'Roedd y sefydlogi wedi digwydd i raddau pell iawn erbyn hynny.

Y gyfundrefn grefyddol yn sicr oedd yn gyfrifol am yr unffurfiaeth dafodieithol ryfeddol a gafwyd o aber yr afon hyd at ben y dyffryn. Cyfundrefn Undeb Eglwysi'r Wladfa oedd yr unig un a gydiai boblogaeth y gwahanol ardaloedd â'i gilydd a hynny yn rheolaidd a'r capel lleol, fel y crybwyllwyd eisoes, oedd y prif gyfrwng i ddod â phobl ardal at ei gilydd i gymdeithasu â'i gilydd ac i ffurfio cadwyn gymdogaeth ymysg ei gilydd. Heb y fath gyfrwng effeithiol ni fyddai ymdoddi ac ymaddasu ieithyddol wedi bod yn bosibl.

Y tebyg yw mai'r norm i'r ymdoddi ydoedd llafar arweinwyr y gymdeithas, y rhai a allai siarad yn gyhoeddus, yn anffurfiol ac yn ffurfiol, boed hynny yn yr eglwys, yn yr Ynadfa neu yn y Cyngor. 'Roedd y Parchedig R. Meirion Williams a gyrhaeddodd gyda'r fintai gyntaf yn ogleddwr, ac un o Ruthun ydoedd y Parchedig J. Lloyd Jones a gyrhaeddodd yn ddiweddarach. Mae'n wir fod y Parchedig Abraham Matthews a'r Parchedig J. Caerenig Evans yn ddeheuwyr, ond byddai eu hiaith yn y pulpud yn dra gwahanol i'w tafodieithoedd cynhenid. Wrth safoni a ffurfioli, byddai iaith y Beibl yn batrwm iddynt, a chyfran uchel o'r eirfa wedyn yn bur ogleddol ei naws. Ni allaf lai na thybio fod rhyw fyth wedi datblygu fod Cymraeg y gogledd yn uwch ei statws, yn burach na'r hyn a geid yn ne-ddwyrain Cymru. Rhaid cofio, hefyd, mai gogleddwyr oedd y dynion blaenllaw, yr arweinwyr yn y Wladfa. 'Roedd Lewis Jones, Edwin Roberts, H.H. Cadfan a R.J. Berwyn yn hanfod o'r gogledd-orllewin. Bu Lewis Jones yn flaenllaw iawn ym mywyd cyhoeddus y Wladfa. R.J. Berwyn oedd postfeistr ac ynad heddwch cyntaf y sefydliad. Ef hefyd oedd ysgolfeistr yr ysgol gyntaf, a'r ysgolfeistr swyddogol cyntaf ar ôl sefydlu Bwrdd Ysgol yn 1877. Cafodd yr addysg Gymraeg yn yr ysgolion hynny gryn effaith ar iaith a diwylliant y plant. Nid patrwm o ogleddeiddio bwriadol a gafwyd yno ond yn hytrach proses safoni a hynny wedi ei hyrwyddo drwy bregeth, trafodaethau cyhoeddus, ysgol Sul a chyfundrefn addysg gynradd Gymraeg ei chyfrwng.

Fel yng Nghymru, ymroes y capeli'n egnïol i gyfrannu addysg i blant y Wladfa yn yr ysgolion Sul. O'r rhain tyfodd yr awydd am ysgolion dyddiol ond rhai ysbeidiol, ynghlwm wrth yr ysgol Sul, oeddynt ar y dechrau. Yr unig ysgol ddyddiol swyddogol oedd un R.J. Berwyn a agorwyd yn Rawson yn 1868, a bu Eluned Morgan yn ddisgybl ynddi. Y Gymraeg oedd cyfrwng yr addysg a'r Beibl oedd y prif werslyfr, ond yn 1878 cyhoeddodd R.J. Berwyn werslyfr Cymraeg pwrpasol ar gyfer plant y Wladfa. Ar y pryd ni cheid dim cyffelyb yng Nghymru. Flwyddyn ynghynt sefydlwyd Bwrdd Ysgol cyntaf y Wladfa a chanddo'r cyfrifoldeb o drefnu cwricwlwm i'r ysgolion. 'Roedd dysgu darllen ac ysgrifennu yn hanfodol a rhoddwyd lle blaen-llaw i rifyddeg. Y Gymraeg oedd cyfrwng y dysgu i gyd. Mabwysiadodd ysgolion y Wladfa y dull degol o rifo yn ystod y cyfnod cynnar hwn gan y byddai dysgu tablau i'r plant a defnyddio'r rhifolion traddodiadol wedi bod yn gryn drafferth. Dysgwyd y plant i rifo mewn modd cwbl arloesol ar y pryd, sef ym mhob rhifol ar ôl deg nodid y deg yn gyntaf a'r rhif unigol yn dilyn sef 'un deg tri', yn lle 'tri ar ddeg', 'un deg saith' yn lle dau ar bymtheg, 'dau ddeg naw' yn lle naw ar hugain. Yng Nghymru, Saesneg oedd cyfrwng rhifyddeg ac felly yr arhosodd hyd yn oed yn y Fro Gymraeg hyd ail hanner yr ugeinfed ganrif. Yn y Wladfa mentrwyd addasu ac yn wir arbrofi â system newydd a fyddai'n hwyluso'r dysgu i'r plant. 'Roedd yn ddiddorol cofnodi yn 1973/74 mai'r system ddegol a ddefnyddiai'r to hŷn bob amser i drafod y rhifolion, boed hynny wrth gyfrif, wrth gyfeiro at rifau arbennig, trafod arian, dyddiad y mis, oedran, blwyddyn neu rif ffôn. Yng Nghymru ceid llawer o'r un genhedlaeth yn defnyddio rhifolion Saesneg yn rhai o'r cyd-destunau uchod.

Yn chwarter olaf y bedwaredd ganrif ar bymtheg magwyd plant yn unieithog yn y Gymraeg yn y Wladfa. Hi oedd iaith yr aelwyd, cyfrwng cymdeithasu, iaith amaethu, masnachu, llywodraeth leol, diwylliant a gweithgareddau oriau hamdden. Y Gymraeg oedd iaith addoliad a thrafodaeth ddiwinyddol neu foesol, hi oedd cyfrwng llythrennedd a chyfrwng dysgu ac addysgu yn yr ysgolion dyddiol lleol. 'Roedd Byrddau Ysgol yng Nghymru yn mynnu gorfodi'r Saesneg ar blant Cymru oherwydd eu cred gibddall mai drwy'r iaith fain yn unig y gellid cyfrannu addysg a fyddai'n sicrhau llwyddiant. Yn y Wladfa derbyniai'r plant addysg a oedd yn llawer mwy ymarferol ac effeithiol, a'r cyfan yn eu mamiaith eu hunain. Bodolai Ysgolion Cynradd Cymraeg yn y Wladfa o leiaf drigain mlynedd cyn i fframwaith cyffelyb weithredu yng Nghymru.

Bu'r frwydr dros gadw'r system addysg yn un Gymraeg ei chyfrwng yn un hir a diflas, a thrwy'r cyfan daw balchder y Cymry yn eu hiaith i'r golwg ac amlygir yn gwbl glir eu hargyhoeddiad mai yn y Gymraeg y dylid addysgu eu plant. Tua chanol y 1870au dechreuodd llywodraeth yr Ariannin ymddiddori yn y Wladfa, yn bennaf oherwydd fod olion llwyddiant economaidd a chymdeithasol yno, ac arwyddion ysbryd annibynnol. 'Roedd yn rhaid tynnu Patagonia a'i thrigolion i'r gorlan genedlaethol a sicrhau y byddai'r Cymry a'u hepil yn ddinasyddion teyrngar i'r Ariannin. 'Roedd yr iaith Gymraeg yn faen tramgwydd a diffyg gwybodaeth o'r Sbaeneg yn rhwystr i ddatblygiad ymwybyddiaeth o genedlaetholdeb Archentaidd. Byddai perygl i Brydeindod frigo i'r wyneb ac i'r gallu ymerodrol hwnnw hawlio'r rhan hon o Batagonia. Ym mis Mawrth 1878 dechreuodd y llywodraeth ymyrryd yn addysg y Wladfa, drwy anfon Cymro yno o Buenos Aires i sefydlu ysgol genedlaethol a fyddai'n dysgu drwy gyfrwng y Sbaeneg. Ni chafodd R.J. Powel dderbyniad brwd yn Ysgol Glyn Du. Yn wir, ar y dechrau gwrthododd pobl yr ardal anfon eu plant yno, ond 'roedd rhesymau crefyddol yn ogystal ag amheuon ynglŷn â'r wedd ieithyddol. 'Roedd R.J. Powel wedi troi yn Babydd—achos gofid i Ymneulltuwyr Cymraeg! Ar ôl cryn drafod fe'i derbyniwyd ar yr amod y byddai'r llywodraeth yn cyfrannu tuag at gynnal tair ysgol! Cymraeg oedd cyfrwng y dysgu yn Ysgol Glyn Du, ond gan ei fod yn athro cenedlaethol swyddogol 'roedd yn rhaid i R.J. Powel roi gwersi Sbaeneg i'r plant. Dewisodd y dull mwyaf synhwyrol, sef cyflwyno'r iaith estron i'w ddisgyblion drwy gyfrwng eu mamiaith. Lluniodd werslyfrau pwrpasol ar gyfer dysgu ail iaith, drwy gyfrwng y Gymraeg, ac eraill ar gyfer dysgu'r plant ryw gymaint am hanes a daearyddiaeth yr Ariannin. Cyhoeddwyd ei werslyfr ynghyd â llyfryn arall yn 1880 a bu'n gweithio, hefyd, ar eiriadur 'Cymraeg-Hispaenaeg'. Mater o gael llais yn natblygiad addysg oedd hyn o du'r llywodraeth ac erbyn diwedd y 1880au 'roedd y saith ysgol a oedd yn y dyffryn yn dysgu peth Sbaeneg. Dylid pwysleisio, serch hynny, mai ysgolion dan adain y Bwrdd Ysgol oedd y rhain, ac un pwnc yn unig yn y maes llafur ydoedd y Sbaeneg. Nid oedd yn gyfrwng y dysgu o gwbl a Chymry oedd yr athrawon. Pan anfonwyd Seniora Juana yn athrawes genedlaethol swyddogol i dre Rawson yn y 1880au, troes yr ysgol honno yn uniaith Sbaeneg. Rhoddwyd statws cyflawn ysgol genedlaethol i hon wedyn. Y wlad oedd yn ei chynnal a daeth yn ymgorfforiad o ddylanwad Buenos Aires yn eithafoedd Patagonia. 'Roedd y llywodraeth yn cyfrannu at gyflogau athrawon yr ysgolion eraill, ond byddai'r rhieni hefyd yn talu cyfran o'r costau. Yn nalgylch Ysgol Glyn Du yn 1884 dengys y cofnodion, a gadwyd yn y Gymraeg, sut y talodd gwahanol unigolion am addysg eu plant. Talodd rhai mewn arian ond eraill mewn llafur:

Gruffydd Hughes	gwaith tri diwrnod
Evan Jones	gwaith chwe diwrnod
David Hughes	gwaith tri diwrnod
John Edwards	gwaith chwe diwrnod`
Cadvan Hughes	gwaith chwe diwrnod
William Awstin	aredig pedair erw[72]

'Roedd Eisteddfod y Wladfa wedi cynhyrchu dau werslyfr Cymraeg a chyn diwedd y 1880au 'roedd y trydydd ar ei ffordd o'r wasg. 'Roedd yn addysg ymarferol ac effeithiol ac yn llawer mwy llwyddiannus na'r hyn a geid yng Nghymru ar y pryd.

Yn 1893 'roedd deg ysgol yn y Dyffryn, pump ohonynt yn rhai cenedlaethol a phump yn rhai annibynnol Cymraeg. 'Roedd yr ysgol genedlaethol yn Rawson, ynghyd â dwy ysgol Babyddol arall, yn Sbaeneg eu hiaith. Yn y ddwy ysgol genedlaethol arall—Gaiman a Bryn Gwyn, y Gymraeg oedd cyfrwng y dysgu, ond dysgid y Sbaeneg fel pwnc. Cymraeg oedd y cyfrwng dysgu yn y pum ysgol annibynnol. Yn 1884 anfonodd A.A. Conesa, Rhaglaw Talaith Chubut adroddiad at y Pwyllgor Addysg Cenedlaethol yn cwyno nad oedd yr addysg Sbaenaidd yn effeithiol o bell ffordd yn Gaiman nac ym Mryn Gwyn. Yng nghopi Nadolig 1883 o *Ein Breiniad* mynegwyd yr un pryder ynghylch y dysgu ond y tro hwn o safbwynt y Gymraeg:

Nid drulio a mynych adrodd rhes o eiriau hollol annealladwy i'r plant yw addysg. Yn wir tuedd y fath arferiad yw suo rhieni a phlant fod dynwarediad yn ddysgu, tra y mae holl amgyffrediad y plant yn farw. Tra erys cylch aelwyd a chwarae y plant yn Gymraeg gwastraff yw maedro eu pennau â geiriau iaith arall.

Nid oedd y Cymry yn awyddus i'w plant ddysgu'r Sbaeneg tra oedd yr awdurdodau ar y llaw arall yn dechrau dehongli hynny fel diffyg teyrngarwch i'r wlad. Mynegir y fath anfodlonrwydd yn glir mewn sgwrs a gafodd y Rhaglaw Tello â gohebydd papur Buenos Aires, *Diario* yn 1896:

> O'r braidd y mae plant y wlad hon—meibion y Cymry yn meddu un dirnadaeth ar Genedlaetholdeb Archentaidd: yn y bôn deiliaid Prydeinig ydynt ac nis gall rhai ohonynt siarad y Hisbaeneg.

Yn yr un flwyddyn cafwyd deddf gwlad a newidiodd gyfrwng yr addysg yn uniaith Sbaeneg. 'Roedd hi'n enghraifft o 'Frad y Llyfrau Gleision' unwaith eto, hanner canrif ar ôl yr adroddiad trychinebus hwnnw yng Nghymru. Ni chafodd y polisi lwyddiant ysgubol yn syth, yn bennaf am mai Cymry oedd rhan helaethaf yr athrawon, ond hefyd am i'r Cymry eu hunain wrthwynebu'n chwyrn ymyrraeth y llywodraeth ym myd addysg. 'Roedd safonau addysg, yn ôl y wasg Gymraeg, wedi dioddef yn enbyd ac yn arbennig felly yn yr ysgolion lle gweithredid y polisi unieithog yn haearnaidd. Yn y *Dravod*, 17 Tachwedd 1897, ceir sylw bachog ynglŷn ag ansawdd a natur yr addysg:

> Mae'r athrawon oddigerth Rawson o haniad Cymraeg, heb feddu iaith y wlad ac heb y baratoaeth angenrheidiol, er cyflawni eu dyletswyddau caledion gyda rhagoroldeb uchel . . . Y mae plant yr ysgolion hyn ym mhell yn ôl mewn gwybodaeth. Yr unig beth y gellir dweud eu bod wedi gwneud cynnydd ynddo ydyw iaith y wlad gan y gall y mwyafrif ddarllen ac ysgrifennu Yspaeneg.

'Roedd y gohebydd hwn yn amlwg ddigon o blaid dychwelyd i'r hen drefn pan oedd y Gymraeg yn gyfrwng y dysgu, a'r addysg yn llawer mwy effeithiol. Ateb y llywodraeth i'r broblem oedd anfon rhagor o athrawon Archentaidd i'r dyffryn a thrwy hynny tynhawyd ei gafael ar awenau addysg.

Ceisiwyd symud T.G. Lewis o Ysgol Gaiman a gosod 'boneddiges' ddi-Gymraeg yn ei le. Ffrwydrodd y sefyllfa a phenderfynwyd agor ysgol annibynnol yn y dref. Llwyddodd y fenter honno am gyfnod ond erbyn mis Mehefin 1899 y llywodraeth a orfu. Dyma adwaith golygydd y *Dravod*:

> Yr oedd ein hyder a'n balchder o'r Gaimaniaid yn fawr iawn . . . hyd yn ddiweddar yr oedd un ardal â digon o asgwrn cefn ynddi i ddweud 'Dim diolch i chwi' wrth bob gweniaith a hudolaeth o eiddo'r llywodraeth. Ffoi rhag gorthrwm a thraha'r Sais i wlad rydd i gadw'n fyw ein hiaith a'n harferion, dyna ran o gyffes ffydd cefnogwyr y Wladva. Buont yn dysgu iaith y bryniau yn ei thlysni, i'w plant a'u rhyddid oedd felys iawn iddynt . . . a heddiw gwerthwyd yr etifeddiaeth odidog.

'Roedd y llywodraeth wedi ennill y frwydr a hynny oherwydd i awdurdodau Buenos Aires gredu y byddai'r Gymraeg yn rhwystr i'r Cymry fod yn ddeiliaid teyrngar o'u gwlad newydd. Drwy fynnu cadw eu hunaniaeth a'u hiaith enynnodd y Cymry lid a dicter y wladwriaeth. Ar 15 Tachwedd 1898 anfonodd Rhaglaw y Dalaith adroddiad at y Cyngor Addysg Cenedlaethol yn Buenos Aires:

> Cyfarfu'r isod â dinasyddion Ariannin a anwyd yn y lle, ond ni allant siarad yr un gair o Sbaeneg oherwydd iddynt ddysgu a siarad y Gymraeg yn unig o gyfnod eu plentyndod a honno yw'r iaith a ddefnyddiant yn eu cartrefi heddiw. Bydd y rhain yn ddiamau . . . yn tyfu i fyny i fod yn Gymry yn meddwl fel Cymry ac yn ymddwyn fel Cymry a bydd eu teuluoedd megis planhigyn estronol ymhlith teuluoedd eraill yr Ariannin . . . ni feddant byth y ddirnadaeth fwyaf elfennol o'n traddodiadau gwych; a phan eilw'r famwlad arnynt i'w hamddiffyn ni fyddant hyd yn oed yn deall ei hiaith.[73]

Parhaodd rhagfarn gelyniaethus tuag at y Cymry yn y wasg genedlaethol am ddegawdau wedi hynny. Yn *La Nacion*, papur dyddiol Buenos Aires, ar 21 Ebrill 1915 condemniwyd y Cymry mewn iaith huawdl am beidio ag ymdoddi i'r llif Archentaidd.

Honnwyd bod pobl Dyffryn Camwy yn gymaint o ddieithriaid yn y wlad ar y pryd ag oeddynt pan laniasent hanner can mlynedd ynghynt. Yr iaith oedd y mater llosg, hi oedd y gelyn gwrth-Archentaidd. 'Roedd yr adroddiad a ymddangosodd yn *La Razon* ar 1 Medi 1915 yn hiliol ac enllibus a dweud y lleiaf. Cyhuddwyd y Cymry o fod yn bobl hynod o anfoesol ac o fod yn sobr o ddiog. Diolch byth nad oeddynt wedi ymgymathu oherwydd golygai fod y gwendidau hiliol hyn wedi eu cyfyngu i'w cymdeithasau hwy eu hunain. Mor debyg oedd yr agweddau a'r cyhuddiadau i'r hyn a ddioddefwyd yng Nghymru yn ail hanner y bedwaredd ganrif ar bymtheg.

Fel yng Nghymru daeth yr ysgol Sul yn brif gynhaliwr addysg Gymraeg, ac er i'r plant fynychu ysgolion y wlad yn ystod yr wythnos caent addysg Gymraeg yn yr ysgol Sul. Daliodd y Gymraeg ei thir ymysg y plant a phur fratiog ydoedd eu meistrolaeth ar y Sbaeneg. Gan nad oedd y Cymry yn gwbl fodlon ag addysg yr ysgolion cenedlaethol sefydlwyd Cymdeithas Addysg Canolraddol y Camwy yn 1904.

Yn yr Ysgol Ganolraddol derbyniodd cenedlaethau o blant y Wladfa 'addysg bellach' ar ôl cwblhau eu haddysg genedlaethol yn bedair ar ddeg oed. Defnyddid y Gymraeg yn gyfrwng dysgu yno, a thrwythid y plant yng ngramadeg yr iaith a chyflwynid hwy i wahanol weddau ar ei llenyddiaeth. Yn llyfr cofnodion yr ysgol am 1911 nodir cynnwys yr arholiad terfynol am y flwyddyn honno:

> Gramadeg Saesneg, Ysgrifennu, Rhifyddiaeth, Daearyddiaeth, Darllen Saesneg, Algebra, Gramadeg Cymraeg, Darllen Cymraeg, Cyansoddi Cymraeg, Theoretical Geometry, Practical Geometry, English Composition.

Ysgol Ganolraddol Camwy oedd yr Ysgol Gyfun Gymraeg gyntaf. Tarddodd o ysbryd cadarnhaol Cymry Patagonia a'u hyder yn eu hiaith eu hunain. Nid oedd dim tebyg ar gael yng Nghymru ar y pryd, ac eironi'r sefyllfa yw i'r Ysgol Ganolraddol gau ei drysau yn 1947 ar yr union adeg pan oeddym ni yng Nghymru yn dechrau sylweddoli bwysiced yw addysgu plant yn eu mamiaith eu hunain. O safbwynt hanes y Gymraeg dangosodd Gwladfa Patagonia beth a allai ddigwydd i iaith leiafrifol a ystyrid yn gwbl ddiwerth, pan newidid rhagfarnau negyddol am ymagweddiadau cadarnhaol a hyderus. Y siom fawr yw na pharhaodd y rhyddid a'r amodau cadarnhaol ym Mhatagonia ychwaith ar ôl y chwarter canrif cyntaf. Pe byddai'r Cymry yn gryfach o ran niferoedd a'r mewnfudo o Gymru wedi parhau yn gyson yn ystod dau ddegawd cyntaf y ganrif hon mae'n bosibl y gallai'r sefyllfa fod wedi datblygu'n wahanol. Pan aeth Cwmni Masnachol y Camwy yn fethdalwr yn 1928 collodd y cyfranddalwyr nid yn unig eiddo a chyfoeth ond hefyd eu statws fel arweinwyr economaidd y rhanbarth. Pe byddai'r cwmni wedi goroesi'r dirwasgiad byddai'n sicr wedi bod yn gefn i'r bywyd Cymraeg a dichon y byddai sefyllfa'r Gymraeg yn Chubut yn bur wahanol heddiw.

Dosbarthiad daearyddol y Gymraeg

Yn ystod y ganrif treiddiodd y Saesneg ymhellach i'r Gymru Gymraeg o'r ardaloedd dwyieithog a Seisnig a fodolai yn nwyrain y wlad ac ar arfordir y de. Dangosodd W.T.R. Pryce, drwy ei astudiaethau o gyfrwng ieithyddol gwasanaethau'r Eglwys Wladol, fod plwyfi dwyieithog 1750 wedi troi'n uniaith Saesneg erbyn 1850 a'r ardaloedd cydiol, i'r gorllewin, yn bennaf wedi troi'n ddwyieithog.[74] Yn ne-ddwyrain Dinbych 'roedd plwyf y Waun yn ddwyieithog yn 1750 ond yn gwbl Saesneg erbyn 1850. Ym Maldwyn cofnodwyd gwasanaethau Cymraeg a Saesneg i'r gorllewin o'r Trallwng a'r Drenewydd, yn Llanfechain a Llanfair Caereinion. Erbyn 1850 aethai cyfran uchel o blwyfi Sir Frycheiniog i gynnal gwasanaethau Cymraeg a Saesneg, yn enwedig yng nghyffiniau Aberhonddu. 'Roedd dwyrain, canol a de Sir Fynwy bellach yn Saesneg a gorllewin y sir bron i gyd yn ddwyieithog. Fel y dengys Ffigur 5.11 'roedd yr ardaloedd dwyieithog bron ym mhob achos yn cynrychioli lleiniau trawsnewid rhwng bröydd cwbl Saesneg eu hiaith, ac ardaloedd trwyadl Gymraeg. Ymddengys fod y nodwedd ddwyieithog yn elfen gadwyn holl bwysig yn nhrylediad daearyddol y Saesneg. Cyn i gefnu ar y Gymraeg ddigwydd ceid dwyieithrwydd o fath ac yn sicr ceid cymunedau cymysgiaith. Y cwestiwn cymdeithasegol-ieithyddol allweddol

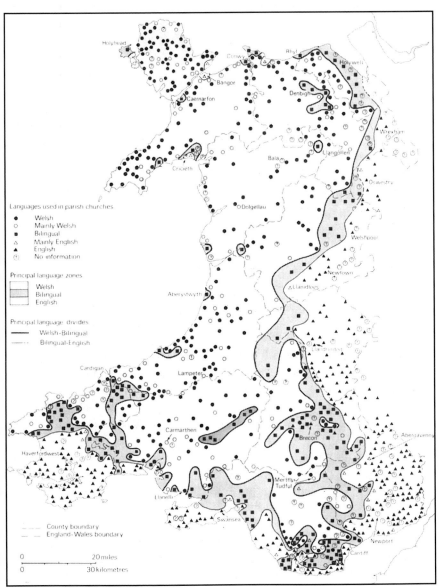

Ffig. 5.11: Iaith gwasanaethau Eglwysig yn 1851

Ffynhonnell: W.T.R. Pryce (1978)

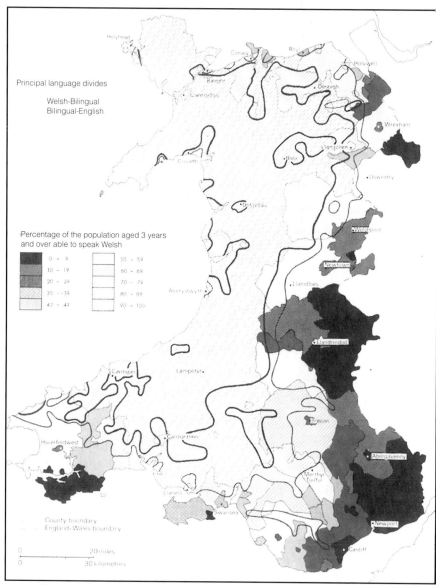

Ffig. 5.12: Iaith gwasanaethau eglwysig yn 1900 a dosbarthiad
siaradwyr y Gymraeg yn ôl cyfrifiad 1901.

Ffynhonell: W.T.R. Pryce (1978)

yw gofyn paham y cafwyd trylediad ieithyddol i un cyfeiriad, sef Cymraeg—dwyieithrwydd—Saesneg. Nid yw'r ateb yn syml o gwbl. Nid un ffactor gweithredol sydd i'w ystyried ond yn hytrach blethiad o ffactorau, a fyddai yn unigol o bosibl yn ddigon di-nod, ond gyda'i gilydd a lwyddodd i danseilio defnydd cymdogaeth o un iaith. Achosodd hynny gefnu ieithyddol yn bennaf yn nhermau un genhedlaeth i ddechrau, a fyddai, maes o law, yn esgor ar ddewis bwriadol i beidio â throsglwyddo'r Gymraeg i'r genhedlaeth a ddilynai. Yn yr ardaloedd cymysgiaith ceid yn naturiol ddigon boblogaeth ddwyieithog ond hefyd garfan a oedd yn uniaith Saesneg. Wrth i'r Gymraeg golli ei gafael ar y gymdeithas deuai teuluoedd cymysgiaith yn dra chyffredin. Byddai'r aelodau hynaf yn rhugl eu Cymraeg, y canol oed yn gwbl rugl yn y ddwy iaith, yr ifanc yn defnyddio mwy o Saesneg na Chymraeg a'u plant hwythau yn ddi-Gymraeg. Y ffactor allweddol yn y cefnu ydoedd mai un garfan ieithyddol yn unig a ddaeth yn ddwyieithog, sef y Cymry Cymraeg. Pe byddai'r rhai a oedd yn uniaith Saesneg wedi dod yn ddwyieithog, ni fyddai'r broses o Seisnigo wedi bod mor anorfod. Yr hyn a gafwyd oedd dwyieithrwydd ansefydlog, a chanlyniad ffenomenon o'r fath bob amser yw unieithrwydd yn yr iaith sy'n gweithredu fel *lingua franca*.

Er bod dadansoddiad yn ôl iaith gwasanaethau eglwysig yn hynod o ddadlennol nid yw o angenrheidrwydd yn gwbl ddibynadwy nac yn hollol gyrychioladol o gymdeithaseg iaith drwy drwch poblogaeth ardal. Adlewyrchiad a gawn yn yr adroddiadau eglwysig o dueddiadau un garfan yn unig, sef aelodaeth yr Eglwys Wladol. Fel y disgrifiwyd eisoes 'roedd capeli'r Anghydffurfwyr yn llawer ffyddlonach yn eu hym-lyniad wrth y Gymraeg a chan eu bod yn fwy niferus na'r Eglwyswyr erbyn canol y ganrif, gellir bod yn gwbl sicr nad lleiafrifoedd oedd y Cymry Cymraeg yn yr ardaloedd 'dwy-ieithog'. Prif arwyddocâd yr adroddiadau eglwysig ydyw eu bod yn dangos fod digon o bobl ddi-Gymraeg yn yr ardaloedd hynny i warantu cael gwasanaethau eglwysig yn y ddwy iaith, ond nid yw'n arwydd o wendid cymdeithasol y Gymraeg nac o oruchafiaeth y Saesneg.

Erbyn 1901 'roedd yr ardaloedd â gwasanaethau Saesneg yn unig yn cynnwys y de-ddwyrain i gyd, dros hanner Sir

Frycheiniog, Maesyfed yn ei chrynswth, hanner dwyreiniol Sir Drefaldwyn, de-ddwyrain Sir Ddinbych a'r cyfan o Sir y Fflint (Ffigur 5.12). 'Roedd yr Eglwys Wladol wedi troi ei chefn ar y Gymraeg yn y parthau hyn ond, fel yr awgrymwyd eisoes, byddai llawer o'r capeli Anghydffurfiol yn Gymraeg eu hiaith.

Drwy edrych ar ystadegau cyfrifiadau 1891 ac 1901 ceir darlun cywirach o ddosbarthiad daearyddol siaradwyr y Gymraeg. Yn y siroedd dwyreiniol y cafwyd y cyfartaleddau isaf o siaradwyr y Gymraeg. Yn 1891 ymrannai'r wlad yn ddwy, sef yr ardaloedd hynny lle 'roedd mwyafrif y boblogaeth yn Gymry Cymraeg, a'r ardaloedd hynny lle 'roeddynt yn lleiafrif. Yn y gorllewin cofnodwyd dros 89% yn siaradwyr y Gymraeg yn siroedd Caerfyrddin, Ceredigion, Meirionnydd, Caernarfon a Môn. 'Roedd dros 65% yn Ninbych a'r Fflint a'r gostyngiad yno o bosibl oherwydd bod eu ffiniau dwyreiniol ar y Gororau. Yn Sir Drefaldwyn 'roedd y mwyafrif—50.5%— yn siarad y Gymraeg, er bod y cyfartaledd gryn dipyn yn is na'r hyn a gafwyd yn siroedd y gorllewin. Ym Mhenfro, Morgannwg, Mynwy, Brycheiniog a Maesyfed 'roedd y Cymry Cymraeg yn garfan leiafrifol. Erbyn 1901 'roedd Sir Drefaldwyn a Sir y Fflint wedi ymuno â'r siroedd a ddangosai leiafrif yn gallu siarad y Gymraeg.

Yn Ffigur 5.13 isod dangosir dosbarthiad siaradwyr y Gymraeg fesul sir yn ôl ystadegau a gynigir gan W.P.R. Pryce (1978: 27). Rhwng 1801 ac 1891, mewn deg sir, nid oedd y dirywiad yng nghanran siaradwyr y Gymraeg yn un sylweddol (o dan 10%), ond mewn tair sir ceir cwymp syfrdanol: Sir Frycheiniog, 38.7%; Sir Forgannwg, 29.9%; Sir Fynwy, 20.8%.

Ffig. 5.13: Dosbarthiad daearyddol siaradwyr y Gymraeg 1801-1901

	1801	1851	1871	1891	1901
Sir Fôn	95.4	100	93.1	95.5	91.7
Sir Gaernarfon	100	88.8	92.9	89.5	89.6
Sir Feirionnydd	100	100	94.4	94.25	93.7
Sir Dbinbych	67.6	73.9	77.1	65.5	61.9
Sir Aberteifi	100	100	95.5	95.25	93
Sir Gaerfyrddin	88.7	97.5	94	89.5	90.4
Sir Benfro	39.7	36.4	35.6	32	34.4

	1801	1851	1871	1891	1901
Sir Fynwy	35.8	34.5	28.9	15	13
Sir Frycheiniog	76.7	78.6	66.6	38	45.9
Sir Faesyfed	11	6.9	4	6	6.2
Sir Drefaldwyn	58	46.7	43.9	50.5	47.5
Sir Forgannwg	79.4	66.7	68.2	49.5	43.5
Sir y Fflint	77	82.1	69.9	68	49.1

Pwynt diddorol i'w nodi yw fod y dirywiad yn y tair sir, rhwng 1801 ac 1871, yn ddigon tebyg i raddfeydd y newid yng ngweddill y siroedd. Rhwng 1871 a 1901 y cyflymodd y dirywiad, gan roi cwymp ym Morgannwg o 68.2% i 43.5%, ym Mynwy o 28.9% i 13.0%, ym Mrycheiniog o 66.6% i 45.9% ond hefyd yn Ninbych o 77.1% i 61.9% ac yn Sir y Fflint o 69.9% i 49.1%. Amlygwyd y dirywiad cyflym hwn yn y de-ddwyrain ac yn y gogledd-ddwyrain—y prif ranbarthau diwydiannol.

Dadleuodd E.G. Lewis (1973, 1978) mai'r chwyldro diwydiannol ac ymfudaeth i'r ardaloedd diwydiannol a oedd yn bennaf cyfrifol am leihad yng nghanran siaradwyr y Gymraeg yn negawdau olaf y ganrif ddiwethaf. Cyn 1850 'roedd ymfudaeth i'r de-ddwyrain yn bennaf o'r Gymru Gymraeg. Rhwng 1851 ac 1901 cynyddodd poblogaeth Morgannwg ar raddfa a oedd chwe gwaith yn uwch na graddfa cynnydd y boblogaeth yng ngweddill y wlad. Yn ystod y cyfnod hwn ychwanegwyd 1,210,000 at boblogaeth Morgannwg, ac amcangyfrifir bod mwy na hanner y rhain yn fewnfudwyr i'r sir a'r rhan helaethaf yn Saeson o orllewin Lloegr. Yn ystod y degawd 1871-81 'roedd y mewnlifiad i Forgannwg yn gryfach nag i unrhyw ardal arall ym Mhrydain, gan gynnwys Llundain. Daeth oddeutu 57% o'r newydd ddyfodiaid o Loegr. Creodd y fath chwyldro cymdeithasol gymunedau cymysg eu hiaith ac mewn rhai ardaloedd 'roedd y Cymry Cymraeg yn haen leiafrifol. Honnir bod canran y Cymry Cymraeg ym mhoblogaeth y sir yn 1851 oddeutu 66%, hyd yn oed yn y cymunedau mwyaf Seisnig ac ym mhen uchaf y cymoedd gallai gyrraedd 98%.[75] Erbyn 1891 'roedd canran siaradwyr Cymraeg y sir wedi gostwng i 49.5%, er bod pum ardal gofrestru â chanrannau uwch na 60%. 'Roedd y mewnlifiad unieithog wedi gwanhau dwysedd y Gymraeg yn y gymdeithas ac yn raddol daeth y Saesneg yn gyfrwng normal ac arferol pob sefyllfa gyfathrebol heblaw am y cartref a'r capel. Tyfodd anghyfartaledd yn nigwyddiad y ddwy iaith. Cyfyngwyd ar y sefyllfaoedd lle gellid defnyddio'r Gymraeg a hwylusodd hyn brosesau erydu a chyfnewid iaith yn y de-ddwyrain.

Wrth gwrs, 'roedd diwydiannu a mewnlifiad siaradwyr di-Gymraeg yn ffactorau o bwys ond gwreiddyn yr erydu a'r hyn a brysurodd gyfnewid iaith oedd statws israddol y Gymraeg, a'r ymosodiadau a fu arni o ganol y ganrif ymlaen. Cafodd polisïau addysg a'r gorbwyslais ar bwysigrwydd y Saesneg effaith seicolegol andwyol ar Gymry Cymraeg. Effeithiodd ar eu hyder ac ar y ddelwedd wael a oedd ganddynt o'u hiaith eu hunain. Cafodd sawl cenhedlaeth ei hargyhoeddi fod dysgu'r Saesneg yn gwbl angenrheidiol yn y byd newydd a oedd ohoni a bod y Gymraeg yn gwbl ddiwerth ac yn rhwystr i lwyddiant addysgol eu plant. Gan fod y Cymry wedi eu cyflyru i feddwl fod dysgu'r Saesneg yn gam doeth a naturiol iddynt hwy, ni ddisgwylient i'r Saeson ymdrafferthu i ddysgu eu hiaith. Nid oedd yn rhaid i'r mewnfudwyr ddysgu iaith newydd tra oedd y brodorion mor barod i ymgymathu atynt hwy. Pa bwynt oedd mewn ymdrechu gan nad oedd siaradwyr y Gymraeg yn rhoi unrhyw bris arni? Nid oedd yn iaith ddiwydiant na masnach, na'r gyfraith na llywodraeth leol. Nid oedd yn iaith addysg ac felly pa ddefnydd oedd iddi? Oni fydd siaradwyr iaith yn barod i barchu, dyrchafu ac anrhydeddu eu hiaith eu hunain, nid oes llawer o obaith i siaradwyr iaith arall wneud hynny. Nid oedd yr amodau cymdeithasol na'r ymagweddu tuag at yr iaith yn ddigon cadarnhaol i allu cymathu'r newydd ddyfodiaid yn ieithyddol nac yn ddiwylliannol. Erbyn diwedd y bedwaredd ganrif ar bymtheg 'roedd olion amlwg fod cenedlaethau o ddifrio a diraddio'r Gymraeg yn dechrau medi cynhaeaf chwerw.

NODIADAU

[1]R.L.S.—*Reversing Language Shift*: term a ddefnyddir gan J. Fishman (1991)
[2]Gw. D.W. Howell (1977)
[3]Th. Darlington (1894).
[4]Sir Thomas Phillips (1849), *Wales: The Language, Social Condition, Moral Character and Religious Opinions of the People considered in relation to Education.*
[5]Gw. J. Rhys a D. Brynmor-Jones (1900: 533)
[6]Gw. J. Davies (1990: 401).
[7]J. Rhys a D. Brynmor-Jones (1900: 534-5). Yn John Morris-Jones (1891) ceir ffigurau ychydig yn wahanol, sef 1 chwarterolyn, 1 deufisolyn, 15 misolyn, 20 wythnosolyn—cyfanswm o 37. Hyd yn oed o dderbyn y gallai rhai fod wedi ymddangos ar ôl 1891, mae'n sicr y byddai peth anghytundeb yn parhau rhwng y ddwy ffynhonnell uchod.
[8]J. Davies (1990: 308-9).
[9]D.W. Howell (1977: 1).
[10]Gw. Atodiad 5 yn S.R. Williams (1992: 135).
[11]*Report . . . into the State of Education in Wales* (1847: 487).
[12]Ibid., 373.
[13]Gw. Harold Carter a Sandra Wheatley (1982), a Siân Rhiannon Williams (1992).
[14]D.W. Howell (1977: 9).
[15]Ieuan Gwynedd Jones (1980: 68).
[16]Dyfynnwyd yn S.R. Williams (1992: 17).
[17]Gw. R. Tudur Jones (1968: 125).
[18]Gw. J.L. Williams (1968: 116).
[19]Henry Richards (1884: 37).
[20]Gw. J.L. Williams (1968: 117).
[21]Thomas Parry (1953: 230).
[22]Gw. *Cymru* (1909: 36).
[23]Gw. Ieuan Gwynedd Jones (1980: 58).
[24]Aled Gruffydd Jones (1988: 94-5).
[25]Gw. Morgan D. Jones (1978: 100). Yn J. Rhys a D. Brynmor-Jones (1900) ceir ystadegau gwahanol. Dywedant i 138 o wahanol gylchgronau gael eu dechrau hyd at 1850.
[26]Henry Richards (1884: 36).
[27]Aled Gruffydd Jones (1988: 98).
[28]J. Rhys a D. Brynmor-Jones (1900: 533).
[29]Aled Gruffydd Jones (1988: 101-2).
[30]Dyfynnwyd yn Helen Ramage (1968: 154).
[31]Siân Rhiannon Williams (1992: 37).
[32]Ibid. (1992: 161, troednodyn 50).
[33]*Report of the Royal Commission* (1847: 477-8).
[34]J. Davies (1990: 373).

[35]Dyfynnwyd yn H.T. Edwards (1987: 124).
[36]*Report of the Royal Commission* (1847, Part II: 66).
[37]Ibid., 359.
[38]Dyfynnwyd yn J.E. Southall (1893: 96).
[39]Ibid., 97.
[40]*Report of the Royal Commission* (1847: 400-401).
[41]Ibid., 345.
[42]Ibid., J.C. Symons: 285.
[43]Dyfynnwyd yn Gwynfor Evans (1971: 284).
[44]Gweler S. Gal (1979). Hefyd cyfeirir at ymosodiadau ar hunan-ymagweddiad yn yr Alban yn N. Dorian (1980) ac yn Llydaw yn L. Timm (1980).
[45]H.T. Edwards (1987: 138).
[46]H.T. Edwards (1980: 19).
[47]N.L.W. MS 9369D Nefydd MS 194.
[48]H.T. Edwards (1980: 68).
[49]Dyfynnwyd yn J.L. Williams (1968: 111-2).
[50]Dyfynnwyd yn H.T. Edwards (1987: 140).
[51]E.G. Millward (1991: 185).
[52]O.M. Edwards (1958: 13).
[53]Ibid., 1958: 13-4.
[54]Ll.G.C. Nefydd 7166D.
[55]Gw. *Y Geninen*, Hydref 1903.
[56]Ceir ymdriniaeth ardderchog yn H.T. Edwards (1989: 141-172).
[57]T. Parry (1953: 292).
[58]Gw. Parch. John Parry (gol.), *Y Gwyddoniadur Cymreig* II (1891).
[59]*Cymru*, 16 (1899: 148).
[60]Peter Thomas (1986), *Strangers from a Secret Land*.
[61]Gw. *Y Geninen* (1894: 93).
[62]Gw. Charles Darwin, *A Diary of the Voyage of HMS Bengle* (gol. N. Barlow, 1933: 156).
[63]Gw. Lewis Jones, *Y Wladfa Gymreig yn Ne Amerig* (1898: 184).
[64]Gw. R. Bryn Williams, Atodiad VIII (1962: 311-6).
[65]Gw. Glyn Williams (1991: 77).
[66]Ysgrifau Mrs. Mary Ann Daniels de Jones yn Amgueddfa Gaiman.
[67]Lewis Jones (1898: 178).
[68]R.B. Williams (1962: 82).
[69]J.C. Davies (1892: 10).
[70]R.B. Williams (1962: 193).
[71]Lewis Jones (1898: 216).
[72]Llawysgrif ar gael yn Amgueddfa Gaiman.
[73]Archivo General de Chubut, 15: 11: 98.
[74]Gw. W.T.R. Pryce (1978: 1-36).
[75]E.G. Lewis (1973: 55).

CANRIF ENCILIO AC ADFER

Cyflwyniad

O ran ei chynnyrch llenyddol cors anobaith oedd y bedwaredd ganrif ar bymtheg, o leiaf hyd at y degawdau olaf. Yna gosodwyd llenyddiaeth ar drywydd gwahanol, llwybr gwella safonau ym marn Thomas Parry: '. . . a chanu rhydd Elfed, awdlau a thelynegion John Morris-Jones a rhyddiaith Owen Edwards ac Emrys ap Iwan oedd y cerrig sarn allan o gors y bedwaredd ganrif ar bymtheg.'[1]

Yn negawd cyntaf y ganrif cynhyrchwyd barddoniaeth nodedig. Y cyntaf i ddod i'r amlwg oedd T. Gwynn Jones a enillodd gadair Eisteddfod Genedlaethol Bangor yn 1902 am ei awdl 'Ymadawiad Arthur'. 'Roedd iaith lân yr awdl a'r arddull syml yn gweddu i'r dim i adrodd stori ac yn wrthgyferbyniad trawiadol i awdlau hirwyntog barddonllyd a dieneiniad y ganrif flaenorol. Ymddangosodd awdl arall o'i eiddo—'Gwlad y Bryniau'—yn 1909. 'Roedd hon eto'n ffres, yn newydd ac yn cyfleu ysbryd gobaith yn hytrach na negyddiaeth a theimladrwydd ffals y ganrif gynt.

Un arall o feirdd troad y ganrif oedd W.J. Gruffydd. Canodd ef ar y mesurau rhydd ac ymddangosodd *Caneuon a Cherddi* yn 1906. Yn 1910 enillodd R. Williams Parry gadair Eisteddfod Bae Colwyn am ei awdl 'Yr Haf'—un o gynhyrchion mwyaf trawiadol dechrau'r ganrif. Datblygodd rhyddiaith yn ogystal gan roi sylfaen gadarn i gynnyrch R.T. Jenkins, Ambrose Bebb, T.H. Parry-Williams, Kate Roberts, D.J. Williams a llawer o lenorion eraill. Dichon mai un o nodweddion amlycaf llenyddiaeth dechrau'r ganrif oedd yr hyder a'r gobaith a fynegir ynddi. Yn wir, erbyn yr ugeinfed ganrif 'roedd agwedd gwbl negyddol y gorffennol agos wedi dechrau colli ei golyn, ac arweinwyr llenyddol a diwylliannol Cymru, bellach, yn fodlon amau gwerth rhai o'r syniadau a'r agweddau a dderbynnid mor llwfr ynghynt. 'Roedd pethau yn newid a'r chwyldro tawel hwnnw yn dra derbyniol. Yn ei ysgrif 'Yr Anhawster Dwy-ieithog' (yn T. Stephens, 1908: 268-73) mynegodd H.M. Hughes ei fodlonrwydd â'r modd yr oedd dysgu'r Gymraeg yn Ysgolion Sir Cymru wedi cynyddu'n syfrdanol rhwng 1905 a 1906. Yn 1905 dysgid y Gymraeg mewn 56 ysgol i gyfanswm o 2,730 o blant. Yn 1906 cynyddodd nifer yr ysgolion i 101 a chyfanswm y disgyblion i 4,558. Ychwanegodd:

> Y mae gwahanol awdurdodau addysg hefyd yn gwneud dysgu Cymraeg yn nodwedd amlwg ym myfyrgylch yr Ysgolion Elfennol. Ceir eithriadau rhyfedd mewn trefi mawr fel Abertawe, Llanelli a Chaerfyrddin. Dechreuodd Caerdydd yn dda drwy wneud hynny yn orfodol yn yr holl o'i hysgolion ond ar archiad ychydig dramoriaid y mae wedi gwystlo ei genedigaeth fraint fel prifddinas Cymru dros amser. Ond fe ryddheir y gwystl eto![2]

Llais ymryddhau o hualau rhagfarnau'r ganrif gynt sydd yma. Sylwer iddo gyfeirio at y rhai na ddysgent y Gymraeg fel 'eithriadau rhyfedd'. Y 'mwyafrif normal' a fyddai'r rhai hynny ryw ddeng mlynedd ar hugain ynghynt. Mynega'r gobaith, hefyd, y byddai'r Gymraeg yn cael ei lle unwaith eto yn ysgolion Caerdydd.

Yn yr un gyfrol (T. Stephens, 1908: 273-6) ceir ysgrif D.T. Davies 'A yw siarad Cymraeg yn Darfod?'. Byrdwn yr awdur yw na ddylid digalonni oherwydd bod ystadegau cyfrifiad 1901 yn dangos lleihad yng nghanran y rhai a siaradai'r Gymraeg oddi ar y cyfrifiad blaenorol yn 1891. 'Roedd y canran efallai yn is, ond mewn gwirionedd gellid ymfalchïo fod nifer y rhai a siaradai'r Gymraeg wedi cynyddu. Cofnodwyd 30,910 o siaradwyr ychwanegol. Nid oedd y sefyllfa'n ddelfrydol efallai, ond hoeliai ei obeithion ar gynnydd niferoedd. Yn wir, gwelwyd cynnydd sylweddol yn niferoedd y rhai a siaradai'r Gymraeg yn ystod degawd cyntaf y ganrif gan gyrraedd brig o dros filiwn yn 1911. Ond yn yr un cyfnod cynyddasai niferoedd y di-Gymraeg yn gyflymach gan beri i ganran siaradwyr y Gymraeg ostwng i 43%. Am y tro cyntaf erioed 'roedd Cymry Cymraeg yn lleiafrif yn eu gwlad eu hunain. 'Roedd niferoedd wedi cynyddu, ond 'roedd dwysedd siaradwyr yr iaith wedi ei leihau. Yn ystod y degawd nesaf cwympodd niferoedd a chanran siaradwyr y Gymraeg a dyna fu patrwm y degawdau dilynol. Ni ddygodd hyder mewn niferoedd ffrwyth adfywiad wedi'r cwbl.

Yr un pwyslais amddiffynol a gobeithiol a ddaw i'r brig yn ysgrif Edward Anwyl, 'Perthynas yr Iaith Gymraeg a Bywyd Cenedlaethol Cymru' (277-82):

> Y ffaith . . . ydyw fod yr iaith Gymraeg yn iaith fyw yn y rhan fwyaf o lawer o Gymru, ac yn cael ei defnyddio nid yn unig mewn ymddiddan ond mewn llenyddiaeth ac yn y pulpud. Y mae ganddi ei lle naturiol yng nghrefydd, yng ngwleidyddiaeth ac yn llên barhaol a diddiflanedig Cymru. Nid rhywbeth nodweddiadol o'r parthau mwyaf ar ôl a digynnydd o'r Dywysogaeth yw'r defnydd o honi fel y gallai'r anghyfarwydd oddi allan dybio ond yr ardaloedd y mae fwyaf blodeuog ynddynt yw'r ardaloedd llawnaf o ysbryd cynnydd a'r awydd am wybodaeth gryfaf ynddynt.

'Roedd Anwyl yn amlwg am ddileu'r hen syniad mai iaith tlodi a chyntefigrwydd, ac iaith cymunedau gwledig, hen-ffasiwn oedd y Gymraeg. Amheuai'n gyhoeddus safbwyntiau Hugh Owen a'i debyg a bregethodd mor gyson mai'r Saesneg oedd iaith cynnydd a llwyddiant. 'Roedd angen ailadrodd y fath wrthdystiad drosodd a throsodd ond araf ar y cyfan fu ymdrechion Cymry'r ugeinfed ganrif, i roi'r parch a'r statws i'w hiaith a fyddai'n sicrhau ei bod yn gyfrwng cyweiriau pwysig a chyhoeddus drwy bob cwr o'r wlad. Er bod y Cymry Cymraeg yn 1901 yn garfan leiafrifol yn yr ardaloedd mwyaf poblog—y de-ddwyrain a'r gogledd-ddwyrain—mae'n siŵr fod digon o fwrlwm yno yn y rhwydweithiau Cymraeg i beri i Anwyl allu bod mor ffyddiog ynglŷn â dyfodol yr iaith yn yr ardaloedd diwydiannol hynny. Erbyn 1951 'roedd yn gwbl amlwg fod erydiad yr iaith yn yr ardaloedd hyn yn yr ugeinfed ganrif wedi bod yn llawer ffyrnicach nag yn yr ardaloedd gwledig. Rhwng 1901 a 1951 cwympodd canran y Cymry Cymraeg yn Ninbych o 61.9% i 38.5%, yn Sir y Fflint o 49.1% i 21.1% ac ym Morgannwg o 43.5% i 20.3%.[3] O fesur graddfa'r dirywiad yn y tair sir ar ddeg ceir mai yn yr ardaloedd diwydiannol y gwelwyd y cwymp llymaf. Mesurai graddfa'r dirywiad 73% ym Mynwy, 57% yn Sir y Fflint, 53% ym Morgannwg a 37% yn Sir Ddinbych. 'Roedd hyn yn gwbl drychinebus. Diflaniad y Gymraeg fel cyfrwng cymdeithasol oedd yr ergyd fwyaf i gymdeithaseg y Gymraeg yn ystod hanner cyntaf yr ugeinfed ganrif. Mae'n sicr i'r newid ddigwydd yn raddol dros sawl cenhedlaeth. Yn yr ardaloedd diwydiannol peidiodd rhieni â throsglwyddo'r Gymraeg i'w plant o ddegawd cyntaf y ganrif ymlaen. Yn 1921 yn y Rhondda 27% yn unig o'r plant dan bum mlwydd oed a siaradai'r Gymraeg er bod cymaint â 64% o'r boblogaeth a oedd dros 65 mlwydd oed yn siarad yr iaith.[4] 'Roedd yn agos i ddau draean o'r genhedlaeth hynaf yn Gymry Cymraeg ac eto yn oedran eu hwyrion prin chwarter a allai barablu yn y Gymraeg. 'Roedd hyn yn enghraifft glasurol o'r broses o gyfnewid ieithyddol mewn cymunedau dwyieithog. Ar hyd arfordir y de ac yn y gogledd-ddwyrain y gwelwyd y twf cyflymaf mewn dwyieithrwydd. Dyma'r union ardaloedd lle peidiodd y Gymraeg â bod yn iaith fyw yn y gymdeithas. Dywedwyd bod 36% o boblogaeth Sir Fôn, Sir Gaernarfon a Sir Feirionnydd yn Gymry Cymraeg unieithog yn 1911. Bu hynny'n sicr yn wrthglawdd pur effeithiol yno ac yn y gorllewin yn gyffredinol, yn erbyn y prosesau erydol a newidiai ddwyieithrwydd un genhedlaeth yn unieithrwydd Saesneg y genhedlaeth nesaf.

Yn ystod hanner cyntaf y ganrif, felly, gellir cyffredinoli drwy ddweud fod enciliad y Gymraeg yn yr ardaloedd a oedd yn gymysg yn ieithyddol yn gwbl anorfod. Yn negawd cyntaf y ganrif gwelwyd cynnydd yng ngwerthiant y wasg boblogaidd Saesneg yng Nghymru. Cyd-ddigwyddodd â'r cefnu graddol ar grefydd. Cafwyd adfywiad crefyddol ysgubol yn 1904-5 ond byrhoedlog oedd ei ddylanwad a'i effeithiau. 'Roedd torri cysylltiad â'r capeli â goblygiadau ieithyddol yn ogystal â chrefyddol. Effeithiodd ar drawstoriad cyweiriol unigolion a chymunedau a daeth y Gymraeg i lawer yn gyfrwng llafar yn unig wedi ei chysylltu â nifer cyfyngedig o sefyllfaoedd cymdeithasol. Y Saesneg oedd yr iaith ehangaf ei dosbarthiad ac 'roedd y deunydd darllen yn y Saesneg yn llawer mwy diddorol a helaethach ei apêl na'r hyn a geid yn y Gymraeg. Dyma sylwadau J. Rhys a D. Brynmor-Jones (1906: 608):

> Speaking generally of the Welsh newspapers, we may say that they agree in eschewing news about horse-racing and in devoting but little of their space to games of any kind. They are chary in their accounts of divorce cases and indecent assaults,

but they are rather more accessible to accounts of murder and tales of horror. They are more literary than English papers of the like standing, and they are always open to poets and versifiers. The editors hail with delight anything of an antiquarian nature and any history or biography, especially relating to Wales. They may be said to be on the whole Puritan in their tone.

Gyda seciwlareiddio cymdeithas, lleihâi apêl y Wasg Gymraeg, a chyda phapurau dyddiol Saesneg ar gael yn rhwydd ym mhob cwr o'r wlad, daeth darllen yn y Gymraeg yn nodwedd brinnach. Yn yr ardaloedd dwyieithog bu hyn yn gryn ergyd i gymdeithaseg y Gymraeg. 'Roedd y Saesneg wedi dod yn norm mewn nifer cynyddol o sefyllfaoedd cymdeithasol a hyd yn oed o fewn teuluoedd Cymraeg 'roedd y Gymraeg wedi ei chyfyngu ar gyfer cyfathrebu â'r genhedlaeth hŷn. Wrth i'r Saesneg ddod yn gyfrwng darllen a llythrennedd, collwyd cydbwysedd cyweiriol rhwng y ddwy iaith. 'Roedd rhagor o sefyllfaoedd cyfathrebol posibl yr unigolyn yn y Saesneg yn hytrach nag yn y Gymraeg a daeth y Saesneg yn brif gyfrwng cyfathrebol teuluoedd Cymraeg yn y cymunedau cymysg yn ieithyddol. Cam bach wedyn oedd ystyried y Gymraeg yn elfen gwbl ddianghenraid ar gyfer bywyd cymdeithasol llawn. Yn ôl John Davies, 'yn y tridegau gwasgwyd yr iaith allan o drwch cymunedau dwyrain y maes glo.'[5]

Yn ystod hanner cyntaf y ganrif gwelwyd cymaint o ddatblygiadau gobeithiol ac adeiladol. Yn 1907 rhoddwyd siarteri i'r Amgueddfa Genedlaethol ac i'r Llyfrgell Genedlaethol. 'Roedd Prifysgol Cymru wedi ennill ei phlwyf ac yn ymgryfhau. Yn 1921 agorwyd pedwerydd coleg yn Abertawe a deng mlynedd yn ddiweddarach derbyniodd yr Ysgol Feddygol yng Nghaerdydd ei siartr. Sefydlwyd Gwasg y Brifysgol a, hefyd, y Bwrdd Gwybodau Celtaidd. Bu'r rhain yn dra allweddol yn nhwf ysgolheictod Cymreig.

'Roedd llenyddiaeth Gymraeg yn ffyniannus a'r *Llenor*, a gychwynnwyd yn 1922 dan olygyddiaeth W.J. Gruffydd yn gyfnodolyn o safon ac yn offeryn i gyhoeddi gweithiau llenorion ieuainc megis R. Williams Parry, Kate Roberts, Saunders Lewis, R.T. Jenkins a G.J. Williams. 'Roedd hwn yn llais tra effeithiol i'r Cymry proffesiynol newydd a oedd yn hyderus iawn o'u Cymreictod. Yn sgil y sefydliadau cened-laethol ymffurfiodd dosbarth canol Cymraeg a oedd yn barod i arddel a hybu'r Gymraeg a Chymreictod a'r rhain oedd yr arweinwyr newydd. Cymry proffesiynol Caerdydd—Cylch Dewi—dan arweiniad W.J. Gruffydd, Athro Cymraeg Coleg Caerdydd, fu'n gyfrifol am brotestiadau brwd ynghylch prinder rhaglenni Cymraeg yn narllediadau newydd y BBC. Ar ôl 1924 'roedd yn bosibl i bob ardal bron dderbyn darllediadau 'cenedlaethol' y BBC ond ni fwriadai'r gorfforaeth baratoi gwasanaeth gwahanol i Gymru a fyddai'n rhoi lle i'r Gymraeg. Yr unig ddarpariaeth Gymraeg gyson oedd rhaglen a ddarlledwyd o Ddulyn o 1927 ymlaen gan Radio Iwerddon! 'Roedd y fath sefyllfa'n gwbl annerbyniol a Seisnigrwydd digywilydd y BBC yn sarhad. Dyna oedd sylwedd cŵyn deallusion Caerdydd ar y pryd. Ymatebodd pennaeth gorsaf Caerdydd—E.R. Appleton—drwy bwysleisio mai gwasanaeth 'cenedlaethol' oedd yr hyn a geid a bod yn rhaid i hwnnw fod yn yr iaith swyddogol. Nid oedd ef am ildio i 'eithafwyr'. Druan ohono, ef oedd yr un cibddall a'r un cyfyng ei orwelion. Parhaodd y frwydr am flynyddoedd, ond 'roedd yn ymgyrch symbolaidd bwysig a byddai ei cholli wedi bod yn ergyd seicolegol anfesuradwy i siaradwyr y Gymraeg oherwydd byddent wedi derbyn goruchafiaeth y Saesneg, a'r Saesneg yn unig ar y cyfryngau. Mater bach pitw oedd hwn efallai, ond pam hogi cleddyfau dros gael clywed Cymraeg ar y radio? 'Roedd yn bendant yn ymgyrch dactegol bwysig yng nghymdeithaseg y Gymraeg. Er mai y lleiafswm a gafwyd, a thameidiog oedd y ddarpariaeth, 'roedd yn well na dim ac yn sail i frwydro pellach yn ystod ail hanner y ganrif.

Cyfrannodd O.M. Edwards lawer i godi safon ac i roi urddas i lenyddiaeth Gymraeg. Yn ei lyfrau ceisiodd ehangu gorwelion ei ddarllenwyr yn arbennig drwy ei lyfrau teithio. Ceisiodd addysgu'r Cymry yn hanes eu gwlad ac yng Nghyfres y Fil bwriodd ati i ailgyhoeddi rhai o glasuron llenyddiaeth y Cymry. 'Roedd am gyfoethogi profiadau ac ymestyn gwybodaeth ei gyd-Gymry; 'roedd yn awyddus i newid eu hagwedd tuag atynt eu hunain, eu hiaith a'u gorffennol. Y prif ddiffyg, wrth gwrs, oedd mai un haen yn unig a elwodd, sef y rhai a ymddiddorai eisoes mewn diwylliant a llenyddiaeth. Nid oedd y strwythurau cymdeithasol ar gael i ledaenu ei hyder a'i frwdfrydedd ef drwy drwch poblogaeth Cymru. Bu'n Brif Arolygwr Ysgolion am un mlynedd ar ddeg rhwng 1909 a 1920 a thra bu yn y swydd allweddol honno gwnaeth ei orau glas i godi delwedd y Gymraeg ym myd addysg. Mae'n sicr iddo orfod wynebu rhagfarnau lluosog ond 'roedd hefyd mewn sefyllfa i weld a chasglu gwybodaeth ynglŷn â'r cefnu graddol ar y Gymraeg a amlygid ymysg y genhedlaeth ifanc. Dichon mai hynny'n rhannol a'i sbardunodd i sefydlu'r Urdd yn 1922. Gwelodd mai ymhlith yr ifanc y dylid lledaenu neges gobaith a hyder; hwy oedd y rhai a ddylai gael delwedd iach a chytbwys o'u hiaith; hwy oedd dyfodol yr iaith. Llwyddodd y mudiad a bu'n foddion arbennig o effeithiol i farchnata'r Gymraeg yn dra llwyddiannus ymhlith cenedlaethau o blant ac ieuenctid Cymru, yn Gymry Cymraeg ac yn ddysgwyr.

'Roedd polisïau iaith y gwahanol awdurdodau addysg yn gwbl amhendant ac ar brydiau'n ymylu ar fod yn fympwyol. Ni allai dysgu'r Gymraeg fel pwnc yn unig byth roi iddi statws cyffelyb i eiddo'r Saesneg yn myd addysg oherwydd nid oedd defnyddiau addas ar gael yn y Gymraeg ac 'roedd prinder athrawon a dderbyniasai hyfforddiant cymwys. Ymgais i gywiro darpariaeth annigonol oedd adroddiad y Bwrdd Addysg—*Y Gymraeg Mewn Addysg a Bywyd*—yn 1927.

Erbyn y 1930au derbyniwyd y Gymraeg fel y prif gyfrwng dysgu yn ysgolion cynradd y gogledd a'r gorllewin, ond ni chafodd unrhyw lwyddiant yn yr ardaloedd Seisnig nac ychwaith yn yr ardaloedd cymysg yn ieithyddol. 'Roedd yn anodd dileu myth a anwyd bedwar ugain mlynedd ynghynt yng nghyfnod 'Brad y Llyfrau Gleision', sef y gallai'r Gymraeg lesteirio addysg a datblygiad plant. Bu'r frwydr dros addysg yn un hir ac amlweddog ond yn sicr erbyn diwedd y ganrif, hon yw'r arf gryfaf a mwyaf effeithiol ym mrwydr adfer iaith. Yn ystod y ganrif daeth llawer tro ar fyd ond erbyn ei diwedd llwyddwyd i ddileu agweddau negyddol Brad y Llyfrau Gleision a derbyniodd addysg Gymraeg ei chyfrwng le parchus a chwbl haeddiannol o fewn y gyfundrefn addysg.

Gelwais y bedwaredd ganrif ar bymtheg yn 'ganrif y newidiadau'. Byddai'r fath bennawd yn dra addas ar gyfer yr ugeinfed ganrif hefyd. Cafwyd datblygiadau economaidd, crefyddol a chymdeithasol enfawr. Ysigwyd cymdeithas gan ddau ryfel byd a dirwasgiad economaidd. Gwelwyd enciliad peryglus yn y defnydd o'r Gymraeg yn ddaearyddol-gymdeithasol ac yn yr achlysuron lle gellid disgwyl i'r Gymraeg gael ei defnyddio. 'Roedd llai yn ei siarad a rhes o gyweiriau newydd yn rhai Saesneg, neu ar y gorau yn rhai Cymraeg bratiog yn llawn o eiriau Saesneg. 'Roedd dibyn difodiant yn agos iawn. Yna daeth ymateb, adfywiad, deffroad ac ymagweddu cadarnhaol, ymosodol. Daeth yr iaith yn bwnc llosg, yn fater gwleidyddol, ac am y tro cyntaf oddi ar y Deddfau Uno ceisiwyd gweithredu'n fwriadol i newid delwedd yr iaith drwy ymestyn y sefyllfaoedd lle gellid ei defnyddio a rhoi iddi statws cyfartal â'r Saesneg. Bu'r ugeinfed yn ganrif newidiadau ond hefyd yn gyfnod adfer ac adeiladu.

Erydiad daearyddol y Gymraeg: yr ystadegau

Yn ôl Thomas Darlington 'roedd 80% o boblogaeth Cymru yn 1801 yn siarad y Gymraeg. Erbyn cyfrifiad 1891, 54% yn unig o'r boblogaeth a siaradai'r Gymraeg. Yn ystod y can mlynedd nesaf parhaodd yr erydu ac yn 1991, 18.6% yn unig o boblogaeth Cymru a siaradai'r Gymraeg. Yn 1901 cofnodwyd 929,824 yn siaradwyr y Gymraeg, sef 49.9% o boblogaeth Cymru. Ymhlith y rhain 'roedd 649,017 (69.8%) yn ddwyieithog a 280,807 (30.2%) yn uniaith Gymraeg. Fel y dengys Ffigur 6.1 crebachodd cyfartaledd y Cymry Cymraeg uniaith ar raddfa gyflym iawn ac yn 1981, 4.2% yn unig o'r rhai a siaradai'r Gymraeg a oedd yn uniaith Gymraeg. Y tebyg yw mai plant oedd cyfran uchel o'r rhain a ddeuent yn ddywieithog wrth dyfu'n hŷn. Yn nhermau niferoedd crebachodd 280,807 o Gymry uniaith 1901 yn 21,283 erbyn 1981.

Ffig. 6.1: Siaradwyr y Gymraeg—Uniaith/Dwyieithog

	1901	1911	1921	1931	1951	1961	1971	1981
Uniaith	30.2	19.47	16.9	10.76	5.76	3.99	6.02	4.2
Dwyieithog	69.8	80.52	83.1	89.74	94.24	96.01	93.98	95.8

Un o dueddiadau amlycaf yr ugeinfed ganrif, felly, fu colli'r sylfaen unieithog a allai fod yn wrthglawdd cadarn yn erbyn trylediad iaith fwyafrifol, ryngwladol. Yng ngwlad Belg, llwyddwyd i rwystro cyfnewid ieithyddol o'r Isalmaeneg i'r Ffrangeg er gwaetha'r ffaith bod i'r Ffrangeg statws iaith ryngwladol a gwerth crachaidd ymysg y dosbarthiadau canol yn ninasoedd Fflandrys. Parhaodd cyfran uchel o siaradwyr yr Isalmaeneg yn unieithog, a sicrhaodd hynny barhad yr iaith fel cyfrwng cymdeithasol angenrheidiol. Yn naturiol, 'roedd ymagweddiad siaradwyr yn dra phwysig hefyd. I drigolion Fflandrys 'roedd eu delwedd o'r Isalmaeneg yn un gadarnhaol a chenedlaethol i raddau. 'Roedd balchder Ffleminiaid Fflandrys yn eu hunaniaeth ynghlwm wrth eu hiaith ac ni wreiddiodd y syniad mai datblygiad naturiol ac anorfod ydoedd iddynt drawsnewid i fod yn gymdeithas ddwyieithog. Nid oedd yn bosibl i ddwyieithrwydd esgor ar sefyllfa ieithyddol anghyfartal nac i'r ail iaith (Ffrangeg) ddod yn brif iaith, oherwydd bod cyfartaledd mor uchel o'r Ffleminiaid yn parhau yn unieithog ac ni welent unrhyw reidrwydd mewn bod yn ddwyieithog.

I raddau helaeth iawn dyma ran o ddadl llywodraeth talaith Quebec yng Nghanada. Cadwodd y Ffrangeg ei gafael yno am fod canran uchel o drigolion perfeddwlad y dalaith yn hollol unieithog yn y Ffrangeg. Rhan fwriadol o gynllunio ieithyddol llywodraeth bresennol y dalaith yw hyrwyddo unieithrwydd yn y Ffrangeg gan ei gwneud yn brif iaith gyhoeddus swyddogol y dalaith. Felly, er bod dwyieithrwydd yn anorfod, ceisir sefydlu'r Ffrangeg fel y brif iaith. Gwêl llawer yno ddwyieithrwydd fel llwybr difodiant i'r Ffrangeg, yn bennaf gan fod y Saesneg yn iaith ryngwladol ac yn gyfrwng y fasnach ffilmiau a cherddoriaeth a 'diwylliant' tra dylanwadol Hollywood ac UDA. Er bod polisïau dwyieithog llywodraeth ffederal Canada yn ymddangos yn dra llwyddiannus ceir teimlad cryf yn Quebec nad yw dwyieithrwydd, pa mor llwyddiannus bynnag y bo, yn mynd i sicrhau dyfodol diogel i'r Ffrangeg yng Nghanada. Fel yn Ngwlad Belg ac yn wir yn y Swistir, y maent yn gwbl bleidiol dros sefydlu talaith a fydd yn hybu un iaith yn hytrach na dwy.

Yng Nghymru tra oedd corff sylweddol y boblogaeth yn unieithog 'roedd erydiad y Gymraeg yn ddigon araf. Gyda datblygiad cymunedau cymysg yn ieithyddol yn chwarter olaf y ganrif ddiwethaf cynyddodd graddfa erydiad y Gymraeg yn sylweddol. Rhwng 1871 ac 1891 cwympodd canran y boblog-aeth a siaradai'r Gymraeg o 66% i 54% ac y mae'n siŵr fod canran y Cymry dwyieithog wedi cynyddu yn ystod y ddau ddegawd. Erbyn 1901 'roedd dros ddwy ran o dair o'r Cymry Cymraeg yn ddwyieithog. Fel y dengys Ffigur 6.1, daliodd canran y Cymry unieithog i ddirywio yn ystod y degawdau dilynol tra gwelwyd cryn erydiad hefyd yn y canran o'r boblogaeth a siaradai'r Gymraeg, fel y dangosir yn Ffigur 6.2.

Ffig. 6.2: Cymry Cymraeg fel canran o'r boblogaeth gyfan

	1901	1911	1921	1931	1951	1961	1971	1981	1991
Cymry Cymraeg	49.9	43.5	37.1	36.8	28.9	26	20.8	18.9	18.6
Y Di-Gymraeg	50.1	56.5	62.9	63.2	71.1	74	79.2	81.1	81.4

Mae'n gwbl amlwg fod cysylltiad rhwng cynnydd dwyieithrwydd ac erydiad y Gymraeg. Byddai'n gwbl anghywir, serch hynny, tybio mai dwyieithrwydd fel y cyfryw yw'r 'gwenwyn'. Rhaid cydnabod bod sawl math ar ddwy-ieithrwydd. Mewn cymdeithasau pur wahanol i'w gilydd yn Ne'r Amerig, yn yr Affrig, yn India ac yn Singapor, er enghraifft, ceir bod amlieithrwydd yn broses gwbl naturiol a derbyniol, ond yno ceir sefyllfa o ddwyieithrwydd cyfartal pan nad yw un iaith yn erydu peuoedd na chymunedau iaith arall. Bydd siaradwyr yr ieithoedd sydd mewn cyswllt â'i gilydd yn deall ac yn gallu eu mynegi eu hunain yn ieithoedd ei gilydd, ond mamiaith pob grwp ieithyddol fydd prif iaith y garfan honno. Cyfeiriwyd eisoes (t. 60) at y sefyllfa ddiddorol a fodola yn Paraguay. Pan fydd siaradwyr dwy iaith yn hollol barod i fod yn ddwyieithog yn ieithoedd ei gilydd a phan nad yw un â statws uwch na'r llall, gall dwyieithrwydd esgor ar sefyllfa ieithyddol sefydlog. Yn y pen draw agwedd siaradwyr dwy iaith at eu mamiaith ac at yr iaith arall sy'n bwysig. Oni fydd siaradwyr iaith A yn rhoi gwerth a phris ar eu hiaith eu hunain, sut y gellir disgwyl i siaradwyr iaith B wneud hynny? I raddau helaeth iawn, dyna yw'r her a wyneba gynllunwyr iaith mewn cymunedau dwyieithog lle cafwyd cryn erydu ar un o'r ieithoedd yn y gorffennol. Ceisio normaleiddio'r defnydd o'r Gatalaneg drwy drwch y boblogaeth ac ym mhob sefyllfa bosibl yw swyddogaeth y Direcció General de Politica Linguistica yn Catalonia. Ceisir ymestyn y defnydd o'r Gatalaneg yn y gymdeithas drwy greu delwedd newydd apelgar iddi a fydd yn peri i siaradwyr uniaith y Sbaeneg ymroi i'w dysgu a bod yn ddwyieithog. Os bydd hynny'n llwyddiant, yna byddant wedi creu'r amodau a'r strwythur cymdeithasol a fydd yn hyrwyddo dwyieithrwydd cyfartal. Llwyddiant proses debyg yw unig obaith y Gymraeg. Ni ellir byth mwyach obeithio sefydlu cymunedau Cymraeg uniaith, ond yn sicr byddai'n ymarferol anelu at gael cymdeithas gwbl ddwyieithog lle y byddai cyfle i'r Cymro Cymraeg a'r Cymro di-Gymraeg fod yn ddwyieithog yn ieithoedd ei gilydd.

Ar ddechrau'r ganrif hon, dwyieithrwydd unochrog a weithredid yng Nghymru. 'Roedd yn rhaid i Gymry Cymraeg ieuainc ddysgu'r Saesneg, ond nid oedd unrhyw reidrwydd ar i'r di-Gymraeg ymdrafferthu ag iaith arall. Yr agwedd meddwl hon i raddau a fu'n gyfrifol am yr erydiad cyson yng nghanran siaradwyr y Gymraeg drwy gydol yr ugeinfed ganrif. Yn Ffigur 6.3 gwelir i raddfa'r erydiad llym rhwng 1871 ac 1891 barhau yn ddiatal hyd 1921 ac yna arafodd rhwng 1921 a 1932. Pe byddai wedi parhau ar ôl 1921 ar yr un raddfa â'r cyfnod cyn 1921, byddai'r Gymraeg wedi llwyr ddiflannu o'r tir cyn diwedd yr wythdegau. Cynyddodd y dirywiad rhwng 1931 a 1951, a dichon y gellir priodoli hynny'n rhannol i'r Ail Ryfel Byd a'r holl gyfnewidiadau cymdeithasol ac economaidd a ddaeth yn ei sgil. Arafodd yn ystod y pumdegau ond carlamodd eto yn ystod y chwedegau. Oni bai am y newid sylweddol yn y patrwm yn ystod y ddau ddegawd diwethaf, mae'n eithaf posibl mai criw bach a gwan a fyddai'n croesawu'r mileniwm newydd yn y flwyddyn 2000. Trafodir ffenomena'r adfywiad a'r adfer oddi ar 1965 yn nes ymlaen.

O ystyried ystadegau'r Gymraeg yn ystod yr ugeinfed ganrif mae'n anodd deall paham y gallai John Morris-Jones fod mor obeithiol (t.294) a chanran siaradwyr y Gymraeg wedi gostwng i 54%. Y gwir yw fod dwy Gymru mewn bodolaeth, y naill lle 'roedd y Gymraeg yn iaith y mwyafrif a'r llall yn cynnwys

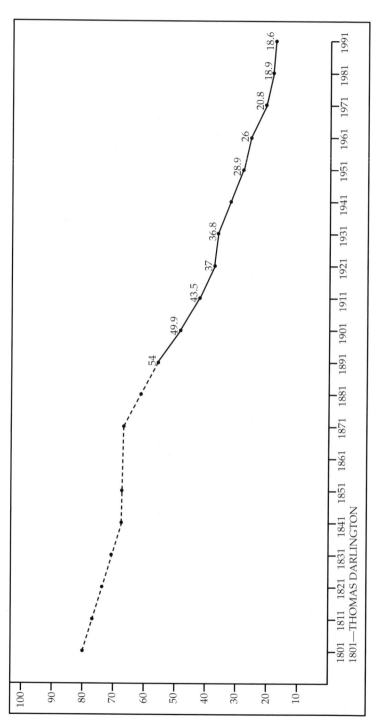

Ffig. 6.3: Yr erydiad yng nghanran siaradwyr y Gymraeg 1801-1991

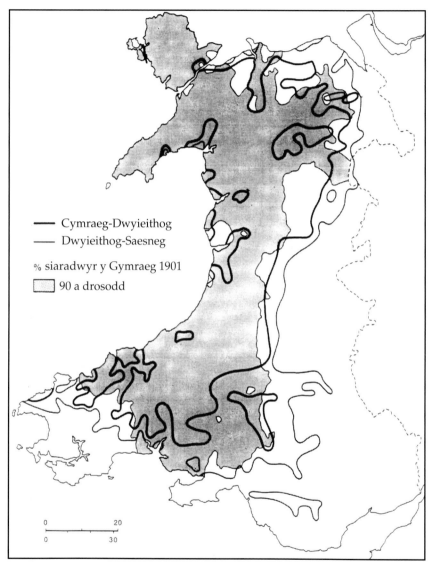

Ffig. 6.4: Y Gymraeg yn 1901.

Ffynhonnell: W.T.R. Pryce (1978)

rhanbarthau lle 'roedd y Gymraeg yn iaith leiafrifol. Fel y dengys Ffigur 6.4 ymestynnai'r Fro Gymraeg, lle 'roedd dros 90% o'r boblogaeth yn Gymry Cymraeg, drwy siroedd y gorllewin i gyd, Caerfyrddin, Aberteifi, Meirionnydd, Caernarfon a Môn, canol a gorllewin Dinbych a gorllewin Sir Drefaldwyn. Bu'r enciliad yn bennaf ar hyd ffin ddwyreiniol Cymru ac ar hyd arfordir y de. Parhâi'r Gymraeg yn brif iaith rhannau helaethaf o arwynebedd daearyddol Cymru. Yn 1895 dyma oedd barn J.E. Southall:

> . . . if we exclude the monoglot English in Monmouthshire and the Cardiff and Swansea districts, the percentages would run thus—English 27.75%, Welsh 72.25%. These percentages tally very nearly with the estimate which has been repeatedly expressed in public that seven out of ten Welsh people speak Welsh.[7]

Yn Ffigur 6.5 ceir braslun o ddwysedd daearyddol siaradwyr y Gymraeg yn ystod pum degawd cyntaf yr ugeinfed ganrif. Fel y dangoswyd eisoes (t. 322) yn y siroedd lle 'roedd y Cymry Cymraeg yn lleiafrif yn 1891 y cafwyd yr erydiad pennaf yn y degawd hyd at 1901. Yn 1891 y siroedd 'lleiafrifol' oedd

Ffig. 6.5: Canran y boblogaeth ym mhob sir a siaradai'r Gymraeg 1891-1951

	1891	1901	1911	1921	1931	1951
Môn	95.5	91.7	88.7	84.9	87.4	79.8
Caernarfon	89.5	89.6	85.6	75	79.2	71
Meirionnydd	94.25	93.7	90.3	82.1	86.1	75.4
Aberteifi	95.25	93	89.6	82.1	87.1	79.5
Caerfyrddin	89.5	90.4	84.9	82.4	82.3	77.3
Dinbych	65.5	61.9	56.7	48.4	48.5	38.5
Trefaldwyn	50.5	47.5	44.8	42.3	46.7	35.1
Y Fflint	68	49.1	42.2	32.7	31.7	21.1
Morgannwg	49.5	43.5	38.1	31.6	30.5	20.3
Mynwy	15	13	9.6	6.4	6.0	3.5
Brycheiniog	38	45.9	41.5	37.2	37.3	30.3
Penfro	32	34.4	32.4	30.3	30.6	26.9
Maesyfed	6	6.2	5.4	6.3	4.7	4.5

Mynwy, Maesyfed, Penfro, Brycheiniog a Morgannwg. Erbyn 1901 ychwanegwyd y Fflint a Threfaldwyn atynt. Ar y cyfan, cafwyd graddfa erydiad llawer llymach yn y tair sir ddiwydiannol a pharhaodd felly am y pum degawd dilynol. Yn 1891 gellid rhannu Cymru yn bedair uned ieithyddol, sef:

a) siroedd â thros 80% o'u poblogaeth yn Gymry Cymraeg
b) siroedd â'r mwyafrif yn Gymry Cymraeg—rhwng 50% a 69%
c) siroedd â lleiafrif yn Gymry Cymraeg—rhwng 30% a 49%
ch) siroedd â lleiafrif yn Gymry Cymraeg—o dan 20%

Rhestrir y dosbarthiad yn Ffigur 6.6. Tanlinellir y sir a newidiodd ddosbarth oddi ar y cyfrifiad blaenorol. Yn hanner cyntaf y ganrif symudiad o B i C oedd y nodwedd amlycaf ac o 1961 ymlaen cafwyd symudiad o A i B ac o C i CH.

Ar ddechrau'r ganrif 'roedd arwyddion polareiddio yn ddigon amlwg. 'Roedd y siroedd lle 'roedd mwyafrif y boblogaeth yn siarad y Gymraeg o fewn yr ystod 89.6%-93.7%, heblaw am un, sef Sir Ddinbych a roes ganran o 61.9%. Rhwng 1921 a 1951 ni chafwyd un sir yn Nosbarth B. Daliodd canrannau Môn, Caernarfon, Meirionnydd, Ceredigion a Chaerfyrddin o fewn dosbarth A hyd 1961, pan gofnodwyd 68.3% yn Sir Gaernarfon. Yn 1961, hefyd, y dechreuodd y llithriad o ddosbarth C i ddosbarth CH. Erbyn 1981, 'roedd pum sir A gynt yn nosbarth B a mwyafrif siroedd Cymru yn nosbarth CH. Rhestrwyd dwy yn nosbarth C ond 'roeddynt yn wir ar gyrion isaf y dosbarth hwnnw, sef Sir Ddinbych 24.2% a Sir Drefaldwyn 24%.

Yn 1901 'roedd canrannau'r siroedd lle 'roedd siaradwyr y Gymraeg yn y mwyafrif yn amrywio rhwng 61% a 93.7% a rhydd hyn inni ganran cyfartalog o 87.3%. Yn y siroedd a gofrestrodd leiafrif yn siarad y Gymraeg, y canran cyfartalog oedd 34.2%. Rhydd hyn ddarlun eglur inni o'r agendor a fodolai rhwng y dosbarth mwyafrifol a'r un lleiafrifol. 'Roedd yn amlwg yn rhaniad clir a phendant. Yn 1981 cafwyd canran cyfartalog o 62.4% i'r siroedd lle 'roedd y Cymry Cymraeg yn y mwyafrif ac 11.6% i'r siroedd lle 'roedd lleiafrif yn siarad y Gymraeg. Unwaith eto dangosir cryn begynu, a chadwyd yr agendor rhwng y mwyafrifol a'r lleiafrifol. Mae'n amlwg fod

Ffig. 6.6: Dosbarthiad siroedd Cymru yn ôl y canrannau a siaradai'r Gymraeg, 1891-1981

	Rhwng 70% a 100% A	Rhwng 50% a 59% B	Rhwng 20% a 49% C	O dan 20% CH
1891	Môn Caernarfon Meirionnydd Ceredigion Caerfyrddin	Dinbych Y Fflint Trefaldwyn	Morgannwg Brycheiniog Penfro	Mynwy Maesyfed
1901	Môn Caernarfon Meirionnydd Ceredigion Caerfyrddin	Dinbych	Y Fflint Trefaldwyn Morgannwg Brycheiniog Penfro	Mynwy Maesyfed
1911	Môn Caernarfon Meirionnydd Ceredigion Caerfyrddin	Dinbych	Y Fflint Trefaldwyn Morgannwg Brycheiniog Penfro	Mynwy Maesyfed
1921	Môn Caernarfon Meirionnydd Ceredigion Caerfyrddin		Dinbych Y Fflint Trefaldwyn Morgannwg Brycheiniog Penfro	Mynwy Maesyfed
1931	Môn Caernarfon Meirionnydd Ceredigion Caerfyrddin		Dinbych Y Fflint Trefaldwyn Morgannwg Brycheiniog Penfro	Mynwy Maesyfed
1951	Môn Caernarfon Meirionnydd Ceredigion Caerfyrddin		Dinbych Y Fflint Trefaldwyn Morgannwg Brycheiniog Penfro	Mynwy Maesyfed
1961	Môn Meirionnydd Ceredigion Caerfyrddin	Caernarfon	Dinbych Y Fflint Trefaldwyn Brycheiniog Penfro	Morgannwg Mynwy Maesyfed
1971	Meirionnydd	Môn Ceredigion Caerfyrddin Caernarfon	Dinbych Trefaldwyn Brycheiniog Penfro	Y Fflint Morgannwg Mynwy Maesyfed
1981		Meirionnydd Môn Ceredigion Caerfyrddin Caernarfon	Dinbych Trefaldwyn	Brycheiniog Penfro Y Fflint Morgannwg Mynwy Maesyfed

dwysedd siaradwyr y Gymraeg yn y boblogaeth wedi lleihau drwy Gymru gyfan. Serch hynny, 'roedd graddfa'r erydiad yn llawer llymach yn achos y dosbarthiad lleiafrifol—66% o'i gymharu â graddfa o 28.5% yn y dosbarthiad mwyafrifol. 'Roedd patrwm clir, felly, i'r erydu. Dechreuodd yn y dwyrain gan ymledu tua'r gorllewin ond ni ddilynodd batrwm unffurf ac ni ledodd ar yr un cyflymder ym mhob cyfnod ym mhob ardal. Gwelsom eisoes i beth Seisnigo gychwyn yn nwyrain Mynwy, Maesyfed a Threfaldwyn erbyn diwedd yr ail ganrif ar bymtheg. Carlamodd drwy Sir Faesyfed yn ystod y ddeunawfed ganrif ac erbyn 1850 diflanasai'r Gymraeg o ddwyrain a chanol Mynwy. Yn Sir Drefaldwyn 'roedd y Drenewydd yn ffin ieithyddol bendant am gyfnod ac yn nwyrain Dinbych a Sir y Fflint datblygiad a berthyn i ddiwedd y bedwaredd ganrif ar bymtheg a dechrau'r ugeinfed ganrif oedd disodli'r Gymraeg gan y Saesneg fel prif iaith cymdeithasu. 'Roedd y Fro Gymraeg yn realiti pendant yn 1901 fel yn wir y gellir dweud fod y rhanbarthau di-Gymraeg hefyd yn realiti llawn mor glir yn y dwyrain a'r de. Ond erbyn 1901 gwelwyd tueddiad newydd, sef ymffurfiad ynysoedd o fewn y Fro Gymraeg, lle 'roedd llai nag 80% yn Gymry Cymraeg, a hynny ar hyd arfordir y gogledd gan ymdreiddio i lawr Dyffryn Conwy i ganol cadernid Eryri ei hun. Ymddangosodd pedair poced arall ar hyd arfordir y gorllewin.

Erbyn 1931 'roedd y Fro Gymraeg wedi crebachu peth ar y cyrion ond y newid pennaf oedd ymdreiddiad y Saesneg ymhellach ar hyd arfordir y gogledd ac ar hyd arfordir Meirionnydd a gogledd Ceredigion (Ffigur 6.7). Serch hynny 'roedd hi'n bosibl teithio o Gaergybi drwy Gymru hyd at arfordir y de yn Sir Gaerfyrddin a'r Gymraeg fyddai'r iaith arferol, normal yn y rhanbarthau hynny i gyd. Yn ystod y tri degawd cyntaf cwympodd canran y Cymry Cymraeg o 49.9% yn 1901 i 36.8% yn 1931. Ym marn C.H. Williams (1980), un achos am yr erydiad oedd cefnu bwriadol ar yr iaith gan rai a fagwyd yn blant dwyieithog yn negawd cyntaf y ganrif ond a ddewisodd siarad Saesneg â'i gilydd pan oeddynt yn hŷn gan beidio trosglwyddo'r iaith i'w plant. Nodwedd a berthynai'n bennaf i'r ardaloedd cymysg yn ieithyddol oedd hyn, ardaloedd lle 'roedd canran siaradwyr y Gymraeg ar drai wrth

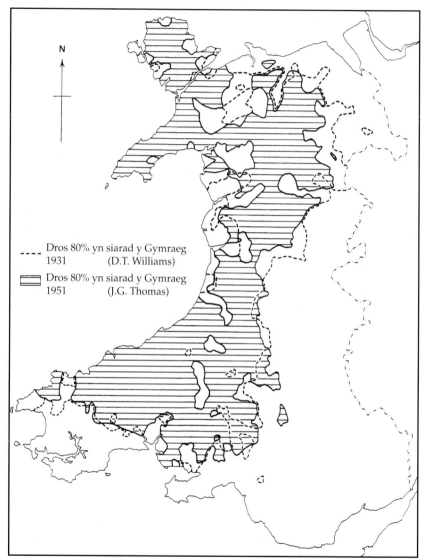

Ffig. 6.7: Y Gymraeg yn 1931 a 1951.

Ffynhonnell: J. Aitchison a H. Carter (1994)

symud o'r henoed i'r ifanc. 'Roedd hyn yn gwbl nodweddiadol o ardaloedd diwydiannol y de-ddwyrain a'r gogledd-ddwyrain lle 'roedd eisoes yn bodoli haen uniaith Saesneg gref o fewn y cymunedau. Ni ellir gweld bai, ac annheg fyddai beirniadu'n hallt oherwydd yn nhermau cymdeithaseg iaith 'roedd y fath gyfnewid ieithyddol yn anorfod. 'Roedd yr amodau cymdeithasegol-ieithyddol o blaid y Saesneg. Hi oedd iaith y mwyafrif; 'roedd iddi statws ac urddas a gwerth economaidd ac addysgol, yn ogystal â rhagorfraint cymdeithasol. 'Roedd i'r Gymraeg ddefnydd arbenigol mewn rhai sefyllfaoedd ond erbyn y 1930au daethai cyfnewidiadau cymdeithasol a diwylliannol, a disodlwyd y capel, y cyrddau llenydol, yr ysgol gân a'r eisteddfod ym mywyd cymdeithas gan weithgareddau 'gwahanol'. Daeth clybiau'r gweithwyr (Workingmen's Clubs) i gystadlu am sylw ac amser y gwŷr yn yr ardaloedd diwydiannol a daeth gweithgareddau adloniant a difyrrwch yn fwy Seisnig eu naws ac yn Saesneg eu cyfrwng.

Rhwng 1931 a 1951 cafwyd lleihad pellach yng nghanran y Cymry Cymraeg (Ffigur 6.2 a 6.7), ond fel yn y degawdau blaenorol nid yn unig yn yr ardaloedd lle 'roedd y Gymraeg eisoes yn iaith leiafrifol y digwyddodd hyn. Effeithiwyd ar ddwysedd siaradwyr y Gymraeg yn y Fro Gymraeg hefyd. Unwaith eto crebachodd y rhanbarth lle 'roedd 80% yn Gymry Cymraeg. Cafwyd lleihad ar y cyrion dwyreiniol a deheuol, estynnwyd y broses o Seisnigo i'r berfeddwlad o drefi glannau môr Meirionnydd a Cheredigion, ac ymdreiddiodd ymhellach o arfordir y gogledd i lawr Dyffryn Conwy i ganol ucheldiroedd Eryri. 'Roedd newid graddol ar gerdded bellach o fewn y Fro Gymraeg ei hun.

Erbyn 1961 cwympodd niferoedd y rhai a siaradai'r Gymraeg i 659,022, sef 26% o boblogaeth Cymru. Fel y dengys Ffigur 6.8 cafwyd rhai newidiadau ond ni chafwyd yr erydiad daearyddol syfrdanol a nodweddai'r cyfnod 1931-51. 'Roedd yn gwbl amlwg, serch hynny, fod y Saesneg yn disodli'r Gymraeg yn gynyddol ar hyd yr arfordir. Sylwyd, hefyd, fod y dirywiad wedi cyflymu'n sylweddol yn yr ardaloedd lle ceid dwysedd o dan 50% yn 1951. Unwaith y daeth y Saesneg yn iaith y mwyafrif; collodd y Gymrag ei thir yn gyflym iawn yn yr ardal

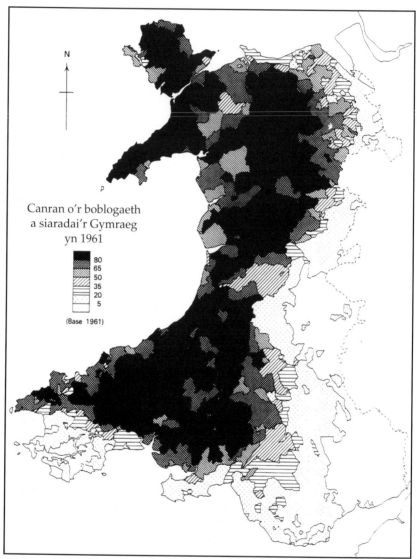

Ffig. 6.8: Y Gymraeg yn 1961.

Ffynhonnell: J. Aitchison a H. Carter (1994)

honno wedi hynny. Crynhoir y sefyllfa'n dra effeithiol gan E. Jones a I.L. Griffiths (1963: 195):

> The distribution has changed very little since the 1931 data were made available . . . Comparison with the 1951 map shows that inroads of increasing anglicization have been small and along some sections only of the language divide.

Fel y dengys Ffigur 6.8 'roedd y gwahaniaeth rhwng y Fro Gymraeg a'r Gymru ddi-Gymraeg yn parhau yn ddigon amlwg yn 1961. 'Roedd siroedd Môn, Caernarfon, Meirionnydd, Ceredigion, Caerfyrddin, gorllewin Dinbych, gorllewin Maldwyn a gogledd Penfro yn ardaloedd lle 'roedd mwyafrif y boblogaeth yn Gymry Cymraeg. Yng ngweddill y wlad ceid dwysedd a amrywiai o 0% i 49% gyda'r rhan helaethaf o'r ardaloedd Seisnig yn dangos dwysedd rhwng 5% ac 20%. Yng ngeiriau E. Jones a I.L. Griffiths (1963: 195):

> The distribution emphasizes that there is a predominantly Welsh Wales, fairly sharply divided from a sharply anglicized area and yielding territorially only reluctantly to the small peripheral advances of the latter.

Ni fyddai'r fath ddisgrifiad yn addas o gwbl i ddisgrifio'r cyfnod 1961-81. 'Roedd y dirywiad yn nhermau dosbarthiad a dwysedd daearyddol siaradwyr y Gymraeg erbyn 1981 yn drychinebus. Diflannodd y rhanbarth ddaearyddol solet—Bro Gymraeg 1931—ac erbyn 1981 rhyw ddwy ynys fechan (lle cafwyd dros 80% yn Gymry Cymraeg) a fodolai yn y de, a thair ynys fwy yn y gogledd, yn bennaf yng Ngwynedd.

Wrth gymharu ystadegau cyfrifiad 1961 â rhai 1971 ceir gostyngiad yng nghanran siaradwyr y Gymraeg a gwelir erydiad pellach a ddinistriodd undod daearyddol blaenorol y Fro Gymraeg (Ffigur 6.9). Awgrymodd E.G. Bowen a Harold Carter (1975) mai datblygiad maestrefi, twf y diwydiant ymwelwyr, a chynnydd yn niferoedd mewnfudwyr a heidiai i rai ardaloedd i ymddeol a gyfrifai'n bennaf am hyn. Cynigiodd C.H. Williams (1981) fod a wnelo tyfiant trefi â'r Seisnigo a bod y syniad yn parhau y pryd hwnnw mai'r Gymraeg oedd iaith

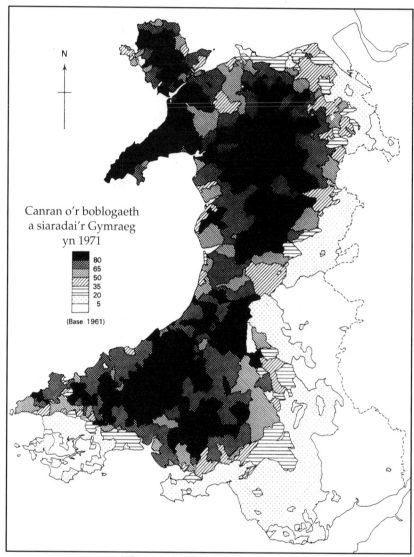

Ffig 6.9: Y Gymraeg yn 1971.

Ffynhonnell: J. Aitchison a H. Carter (1994)

naturiol a disgwyliedig cefn gwlad ond mai'r Saesneg oedd fwyaf addas yn y dref a'i maestrefi. Dyna oedd barn E.G. Lewis (1978) hefyd. Dadleuodd mai delwedd bywyd gwledig oedd i'r Gymraeg, iaith a gysylltid â diwylliant a oedd ar ddiflannu. Nid oedd iddi unrhyw gysylltiad â bywyd dinesig a materion economaidd. Wrth fudo o gefn gwlad i'r dref a'r ddinas 'roedd tueddiad i fabwysiadu'r Saesneg fel prif iaith a chefnu ar y Gymraeg. 'Roedd y fath agwedd meddwl yn gwbl ddifaol ond nid y Gymraeg yw'r unig iaith a ddioddefodd oherwydd y fath syniadau. Digwyddodd prosesau tebyg yn yr Undeb Sofietaidd, yn Llydaw, ac mewn amrywiol gymunedau yn Ewrop ac yn yr Affrig.[9] Ond 'roedd ymfudo hefyd i gefn gwlad. Yn gyntaf daeth y Saeson hŷn i ymddeol ac yna Saeson y dinasoedd i brynu eu tai haf. Yna'n ddiweddarach daeth y llif 'ôl-ddiwydiannol', mewnfudwyr iau a'u teuluoedd ieuainc—rhai a oedd wedi eu dadrithio gan fywyd a gwerthoedd y ddinas. Erbyn diwedd y 1970au a dechrau'r 1980au 'roedd niferoedd y mewnfudwyr wedi dechrau cael effaith andwyol ar ysgolion gwledig a chymunedau diarffordd a oedd, rai blynyddoedd ynghynt, â mwyafrif llethol y boblogaeth yn Gymry Cymraeg. Nid ar y cyrion, nac yn y trefi bellach yr oedd yr ymosod ar y Gymraeg, ond yn hytrach yn ei chadarnleoedd traddodiadol o fewn y Fro Gymraeg. Rhwng 1971 a 1977 amcangyfrifir i 12,000 o bobl symud i Ynys Môn a dim ond 2,150 (18%) o'r rhai hynny a siaradai'r Gymraeg. Tarddai 73% o'r mewnfudwyr o Loegr.[10] Yn ystod ail hanner yr 1980au cryfhaodd y mewnlifiad yn bennaf gan fod tai yng Nghymru yn gymaint rhatach nag yn y dinasoedd ac yn siroedd poblog de-ddwyrain Lloegr. Bellach mae'n gwbl amlwg fod yn rhaid cymathu'r mewnfudwyr yn ieithyddol neu bydd dyddiau cymunedau Cymraeg eu hiaith yn Nyfed a Gwynedd wedi eu rhifo. Sylweddoli pwysigrwydd gwarchod, cynllunio a chryfhau'r union amodau a all gynnal a hybu iaith oedd nodwedd bwysicaf y 1970au a'r 1980au.

Ffactor arall sy'n gysylltiedig â phatrymau erydu yw canran y rhai o blith siaradwyr y Gymraeg sydd yn llythrennog yn y Gymraeg. Nododd E.G. Bowen a Harold Carter (1975) fod cysylltiad rhwng canran llythrennedd mewn ardal a graddfa erydiad erbyn y cyfrifiad dilynol. Mewn geiriau eraill, mewn ardaloedd lle 'roedd canran uchel yn siarad y Gymraeg ond canran isel ohonynt yn llythrennog yn yr iaith yn 1961, cofnodwyd graddfa erydu gref erbyn 1971. Mewn ardaloedd lle 'roedd cyfartaledd uchel o siaradwyr y Gymraeg yn llythrennog hefyd yn yr iaith, 'roedd graddfa'r erydu gryn dipyn yn llai. Dengys y fath berthynas fod gallu i ddefnyddio iaith mewn amrywiol gyfryngau yn wrthglawdd pur effeithiol yn erbyn prosesau erydu. Dengys hyn hefyd mor gwbl aneffeithiol oedd dysgu'r Gymraeg yn yr ysgolion yn ystod y degawdau blaenorol. 'Roedd rhywbeth mawr o'i le mewn cyfundrefn addysg a allai gyfrannu llythrennedd mewn ail iaith i sawl cenhedlaeth, ond na lwyddodd i roi iddynt yr un feistrolaeth ar ddarllen ac ysgrifennu eu hiaith eu hunain. Mae'r ffaith fod cenedlaethau o Gymry rhugl eu Cymraeg llafar wedi gorfod troi i'r Saesneg wrth newid cyfrwng yn gondemniad llym ar yr awdurdodau a fu'n hyrwyddo'r fath sefyllfa anghyfartal, ac yn fater cywilydd i siaradwyr yr iaith a dderbyniodd yn ddibrotest y fath sarnu ar eu hawliau cynradd.

Canlyniad diffyg llythrennedd yn y Gymraeg oedd bod sbectrwm cyweiriol unigolion a chymdeithas wedi ei gyfyngu. Nid oedd posibiliadau'r iaith o ran geirfa, morffoleg na chystrawen yn cael eu meithrin na'u hybu. Nid oedd yr adnoddau ieithyddol angenrheidiol o fewn cyrraedd pobl, a magodd hyn ddiffyg hyder ynghyd â'r syniad bod eu Cymraeg llafar yn fratiog a diurddas a bod eu Saesneg yn well. Cam bach wedyn oedd ymwrthod â llafar di-statws. Mae bod yn llythrennog mewn iaith yn cadarnhau safle ac effeithiolrwydd yr iaith honno o fewn y gymdeithas. Onid yw iaith yn gyfrwng ysgrifennu a darllen, mae ei dyfodol yn bur ansicr. Fel y gwelsom eisoes rhoes Ysgolion Griffith Jones ac ysgolion Sul Thomas Charles yn ddiweddarach fywyd newydd i'r iaith yn ystod y ddeunawfed ganrif. Daeth gwerin anllythrennog yn ddarllenwyr. Estynnwyd eu gorwelion, eu gwybodaeth a'u gobeithion, ac ar yr un pryd estynnwyd eu cyweiriau a'u galluoedd ieithyddol. Yng Nghernyw, ar y llaw arall, ni chafwyd dim tebyg. Nid esgorodd y Dadeni Dysg ar gyhoeddi yn y Gernyweg; arhosodd yn iaith lafar yn unig ac erbyn y ddeunawfed ganrif 'roedd ar ddiflannu.

Dim ond rhyw 30,000 o bobl sy'n siarad y Lladineg ym mynyddoedd y Dolomites yng ngogledd yr Eidal. Mae'n iaith

Rhaeto-Rwmawns ac yn perthyn i'r Romansch yn y Swistir a'r Ffriwleg yng ngogledd-ddwyrain yr Eidal. Unwaith, 'roedd iddi ddosbarthiad daearyddol eang yn nyffrynnoedd mynyddig gogledd yr Eidal ond bellach cyfyngir hi i bum cwm i'r gogledd o dref Bolzano. Amgylchynir siaradwyr y Lladineg gan siaradwyr yr Almaeneg a'r Eidaleg. Un ffactor bendant yn erydiad yr iaith yw na fu yn iaith ysgrifenedig hyd yn gymharol ddiweddar, a hyd yn hyn nid ydynt wedi cytuno ar orgraff safonol a fydd yn gweddu i'r pum prif dafodiaith. Nid yw'n syndod iddi edwino'n raddol, oherwydd yr Eidaleg a'r Almaeneg oedd ac yw cyfrwng llythrennedd i'r boblogaeth. Yn wir, mae'n wyrth ei bod wedi goroesi cyhyd. Oni ellir ei gwneud yn iaith darllen ac ysgrifennu, nid yw'r rhagolygon yn dda. Mae'r Lladineg yn iaith anghyflawn fel y mae; nid yw'n gallu cyffwrdd â holl sefyllfaoedd amrywiol bywyd pob dydd ei siaradwyr. Gellid dweud yr un peth am dueddiadau tebyg sydd mor gyffredin yng Nghymru. Ys dywedodd Colin Baker (1985: 21):

> . . . Welsh oracy without literacy is like a body devoid of limbs. It may have life, but because of limited usefulness, survival may be difficult.

'Roedd ystadegau 1991 yn fwy calonogol gan fod dros 60% o siaradwyr y Gymraeg ym mhob sir, heblaw am Orllewin Morgannwg, yn llythrennog hefyd yn yr iaith.

Ffig. 6.10: Llythrennedd: Canran ymhlith siaradwyr Cymraeg pob sir

	Llafar yn unig	Llafar a darllen	Llafar, darllen ac ysgrifennu
Gwynedd	13.5	4.0	82.5
Dyfed	19.1	8.0	72.9
De Morgannwg	21.4	6.9	71.7
Clwyd	21.5	7.5	71.0
Canol Morgannwg	22.2	9.9	67.9
Powys	23.4	8.8	67.8
Gwent	30.6	8.2	61.2
Gorllewin Morgannwg	29.2	13.1	57.7

Cafwyd canrannau uchel yn y siroedd Seisnig a hynny
oherwydd bod cyfundrefn addysg drwy gyfrwng y Gymraeg
yno bellach yn sicrhau fod plant yn llythrennog yn yr iaith. O
safbwynt cymdeithaseg iaith y mae'r fath gynnydd yn bwysig
ac yn arwydd o newid amgylchiadau a allai argoeli dyfodol
sicrach i'r Gymraeg.

Parhau i ostwng a wnaeth canran y Cymry Cymraeg o 1971
hyd 1981 ac wedyn yn ystod y degawd dilynol hyd 1991, er bod
graddfa'r gostyngiad wedi lleihau yn sylweddol iawn erbyn
hynny. Erydwyd dwysedd y Cymry Cymraeg yn y Fro
Gymraeg hefyd ac erbyn 1981 (Ffigur 6.11) yn Llŷn, Arfon,
Meirionnydd a Cholwyn y lleolid yr uned ddaearyddol fwyaf
lle 'roedd dros 80% o'r boblogaeth yn dal i siarad y Gymraeg.
Yng Ngwynedd y cofnodwyd y dwysedd uchaf o siaradwyr
Cymraeg. Mewn pum ward yn unig y cofnodwyd dros 90% o'r
boblogaeth yn Gymry Cymraeg, ac yn Arfon/Dwyfor/Meirion
yr oedd y rhai hynny, sef Caernarfon, Pen-y-groes, Porthmadog,
Llanaelhaearn a Llanuwchllyn. Erbyn 1991 ynysoedd bychain
yn unig a adawyd, saith ward ar hugain yng Ngwynedd a
phedair yn Nwyrain Dyfed (Ffigur 6.12). 'Roedd deuddeg yn
Arfon, wyth yn Nwyfor, pedair ym Meirion a thair ym Môn, ac
yn y de, dwy yn Llanelli a dwy yn Ninefwr. Un ward yn unig a
gofrestrodd dros 90%, sef Peblig yn Arfon gyda 90.9% ond
'roedd dwy ward arall yn Nosbarth Arfon a oedd o fewn trwch
y blewyn, sef Pen-y-groes (89.8%) a Seiont (89.2%) a hefyd
Porthmadog (89.6%) yn Nwyfor. Bellach mae cryfder niferoedd
y Cymry Cymraeg drwy'r Fro Gymraeg wedi ei ddisbyddu
ond, serch hynny, yn ôl ystadegau 1991 mae'r union rannau hyn
o'r wlad yn parhau â mwyafrif y boblogaeth (dros 50%) yn
siarad y Gymraeg. Eto i gyd, cysgod gwan ydyw hynny o
fwyafrif llethol 1901.

A oes gobaith i'r iaith Gymraeg? Mae'r mapiau'n bendant yn
dangos lleihad yn nosbarthiad daearyddol y Cymry Cymraeg, a
gwanychiad yng nghanrannau siaradwyr yr iaith yn y Fro
Gymraeg draddodiadol. Serch hynny, ni rydd y canrannau'r
darlun cyflawn i ni oherwydd na ddangosant y cynnydd yn
niferoedd y Cymry Cymraeg a gafwyd mewn ardaloedd a oedd
cyn 1960 bron yn gwbl Seisnig. Yn 1981 cofnodwyd bod 5.73% o
boblogaeth Caerdydd a 86.45% o boblogaeth Caernarfon yn

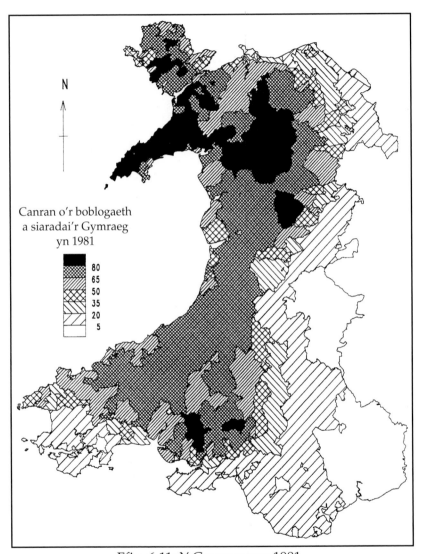

Ffig. 6.11: Y Gymraeg yn 1981.

Ffynhonnell: J. Aitchison a H. Carter (1994)

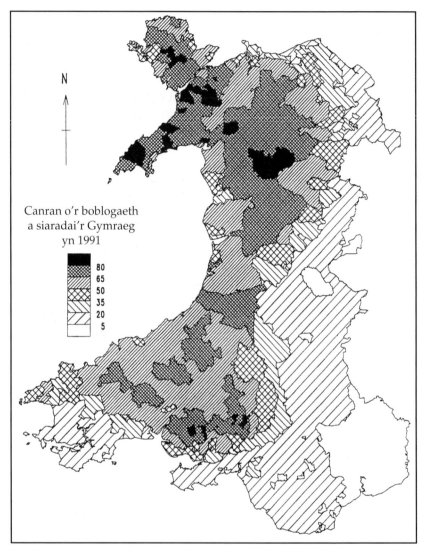

Ffig. 6.12: Y Gymraeg yn 1991.

Ffynhonnell: J. Aitchison a H. Carter (1994)

siarad y Gymraeg ond mewn gwirionedd 'roedd Cymry Cymraeg Caerdydd bron â bod yn ddwbl nifer Cymry Cymraeg Caernarfon. Er bod canran siaradwyr y Gymraeg wedi gostwng rhwng 1981 a 1991, gwelwyd cynnydd sylweddol, sef 14% mewn nifer y siaradwyr yn Ne Morgannwg. Ymddengys bellach nad yw ymfudo o'r wlad i'r dref yn golygu ymwrthod â'r Gymraeg, ond rhaid nodi hefyd fod cynnydd yn niferoedd y dysgwyr oddi ar 1970 wedi chwyddo'n sylweddol niferoedd y Cymry Cymraeg yn y rhanbarthau Seisnig.

Rhwng 1961 a 1971 gwelwyd lleihad yn niferoedd y rhai a siaradai'r Gymraeg mewn 73.2% o gymunedau Cymru a 26.8% yn unig o'r holl gymunedau a ddangosodd gynnydd. 'Roedd hynny'n argoeli'n ddrwg. Erbyn 1981 'roedd canran y cymunedau a ddangosai edwino yn niferoedd Cymry Cymraeg wedi gostwng o 73.2% i 54.6% a gwelwyd cynnydd yn y niferoedd mewn 45.4% o'r holl gymunedau. Er i'r cyfnod 1971-81 ddangos gostyngiad cyffredinol yng nghanran siaradwyr y Gymraeg gwelwyd cynnydd yng nghyfanswm y cymunedau lle 'roedd graddfa'r erydu blaenorol wedi ei atal a'r sefyllfa ieithyddol wedi ei sefydlogi. Dengys Ffigur 6.13 i hynny ddigwydd mewn 260 allan o 929 o gymunedau (28%), tra gwelwyd arafu sylweddol yng ngraddfa'r erydu yn ystod 1971-81 mewn 277 o gymunedau (29.8%)

Ffig. 6.13: Newidiadau yn niferoedd siaradwyr y Gymraeg 1961-71, 1971-81

1961-71	Newidiadau yn ystod 1971-81		1971-1981
Lleihad 73.2%	Cynnydd yn yr erydu	15.4%	54.6% Lleihad
	Lleihad yn yr erydu	29.8%	
	Newid: Lleihad-Cynnydd	28%	
Cynnydd 26.8%	Newid: Cynnydd-Lleihad	9.4%	45.4% Cynnydd
	Lleihad yn y cynnydd	8.6%	
	Rhagor o gynnydd	8.8%	

Sylfaenedig ar Dabl 14: J. Aitchison a H. Carter (1985: 35)

Dengys yr ystadegau'n glir fod newidiadau ar droed a hynny i raddau helaeth iawn yn ganlyniad gweithgarwch ym maes cadwraeth iaith ac adfer iaith a frigodd i'r wyneb o'r 1960au ymlaen. Yn ystadegau cyfrifiadau 1951, 1961 ac i raddau 1971 amlygir difaterwch a diffyg gweithredu a chynllunio ynglŷn â'r iaith. Rhwng 1961 a 1971 cafwyd cwymp ar raddfa o 17.3% yn niferoedd y rhai a siaradai'r Gymraeg ond rhwng 1971 ac 1981 arafodd graddfa'r erydu i 6.34% ac yn ystod y degawd dilynol hyd 1991 cwympodd i 1.4%. Yn 1991 am y tro cyntaf yn ystod y ganrif, 'roedd mwy o bobl ieuainc yn hytrach na hen bobl yn siarad y Gymraeg. Mewn degawd trawsnewidiwyd strwythur oedran siaradwyr y Gymraeg. Dichon mai dyma oedd prif nodyn gobeithiol ystadegau cyfrifiad 1991.

Dan amgylchiadau normal, pan fydd canran uwch o siaradwyr iaith ymhlith yr henoed nag ymhlith y cenedlaethau iau, gellir disgwyl dirywiad cyson yn nifer siaradwyr yr iaith yn y gymuned. Cyfeiriwyd eisoes at y fath batrwm yng Nghwm Rhondda (t. 330). Dyma'r union sefyllfa a gyfyd pan na throsglwyddir iaith o un genhedlaeth i'r llall a dyna'r patrwm clasurol a welwyd yn y de-ddwyrain ac yn yr ardaloedd hynny lle yr aeth canran siaradwyr y Gymraeg o dan 50%.

Yn 1991 'roedd mwy o siaradwyr y Gymraeg dan bymtheg oed nag a oedd dros 65 mlwydd oed. Cofnodwyd 22.3% o siaradwyr y Gymraeg ymhlith y genhedlaeth iau a 21.8% ymhlith y genhedlaeth hŷn. Dyma oedd y drefn gyffredinol ym mhob sir heblaw am ddwy, sef Dyfed a Gorllewin Morgannwg. Yn y ddwy sir hon fel y gwelir yn Ffigur 6.14, 'roedd niferoedd yr henoed dipyn yn uwch na niferoedd yr ieuenctid. Sylwer fod gwahaniaethau sylweddol rhwng niferoedd yr ieuainc a'r henoed yn siroedd diwydiannol y de-ddwyrain. Yn achos Gwent a De Morgannwg 'roedd niferoedd yr ieuainc yn ddwbl niferoedd yr henoed ac yng Nghanol Morgannwg 'roedd niferoedd yr ieuainc gymaint ag unwaith a hanner yn fwy na nifer yr henoed. Mae hyn yn bendant yn dystiolaeth glir i lwyddiant fframwaith addysg Gymraeg ac i newid yn ymagweddiad rhieni tuag at yr iaith.

O ystyried siaradwyr ieuainc y Gymraeg fel canran o'r grŵp oedran hwnnw yn y boblogaeth, gwelir cynnydd ym mhob sir rhwng 1981 a 1991. Dim ond 40.3% o blant Dyfed rhwng 3 a 15 mlwydd oed a siaradai'r Gymraeg yn 1981 ond 'roedd 47.7% ohonynt yn siarad yr iaith yn 1991. Cododd y canrannau ym mhob sir, ond hefyd cynyddodd y niferoedd o fewn y degawd.

Yng Nghanol Morgannwg cofnodwyd cynnydd o 64% ar niferoedd 1981, ym Mhowys 66.4% ond yng Ngwent cafwyd cynnydd ar raddfa o 81.1%.

Ffig. 6.14: Siaradwyr y Gymraeg—dosbarthiad oedran: 1991

	O dan 15 mlwydd oed		Dros 65 mlwydd oed	
Clwyd	18335	25.7%	15187	21.3%
Dyfed	26086	18%	33820	23.3%
Gwent	3558	34.4%	1456	14.1%
Gwynedd	28256	20.4%	25974	18.7%
Powys	5517	24.1%	5100	22.3%
Canol Morgannwg	14786	34.2%	9801	22.7%
De Morgannwg	7888	32.1%	3028	12.3%
Gorllewin Morgannwg	8810	16.9%	16527	31.6%

Ffig. 6.15: Siaradwyr y Gymraeg yn yr haen oedran 3-15 mlwydd oed

	Canran		Niferoedd		% Newid
	1981	1991	1981	1991	1981-91
Clwyd	18.6	27.9	13,796	18,167	31.7
Dyfed	40.3	47.7	23,163	25,811	11.4
Gwent	2.3	4.8	1,921	3,490	81.1
Gwynedd	69.3	77.6	28,785	27,889	-3.1
Powys	16.7	30.0	3,284	5,463	66.4
Canol Morgannwg	8.6	16.1	8,906	14,604	64
De Morgannwg	7.4	11.9	5,152	7,690	49.3
Gorllewin Morgannwg	9.3	15.0	6,064	8,719	43.8

Mae'r ystadegau uchod yn argoeli'n dda ar gyfer y dyfodol. Os gwelir patrwm cynnydd cyffelyb yn y degawd hwn yn niferoedd y rhai sy'n siarad Cymraeg yn y dosbarth oedran iau, dylai canran siaradwyr y Gymraeg o'r boblogaeth gyfan godi erbyn y cyfrifiad nesaf. Byddai hynny'n sicr yn un cam i gyflawn'r hyn a alwodd Joshua Fishman yn 'wrthdroi cyfnewid iaith' (reversal of language shift). Yn nechrau'r nawdegau y dechreuwyd gweld ffrwyth deffroad ieithyddol a ddechreuodd yn wir yn y 1960au.

Y chwedegau—cyfnod y deffro

Erbyn y 1960au 'roedd y dirywiad graddol ond cyson yng nghymdeithaseg y Gymraeg yn dechrau brathu, yn arbennig dan ddylanwad ymchwydd pellach diwylliant Seisnig drwy gyfrwng radio a theledu. Gwerth a defnydd cyfyng yn wir oedd i'r Gymraeg. Iaith hen bobl oedd hi mewn rhai ardaloedd ac yn y Gymru Gymraeg, 'roedd olion dirywiad amlwg yn yr iaith lafar a dewisodd llawer mwy ddarllen ac ysgrifennu yn eu hail iaith yn hytrach na'u mamiaith. Er bod cynnyrch llenyddol o safon uchel wedi ei gynhyrchu yn ystod y ganrif ac er bod ysgolheictod y Gymraeg wedi datblygu'n nerthol, carfan fechan ar y cyfan a gyffyrddid gan y rhain. Fel y dengys ystadegau 1971 cyflymodd graddfa'r erydu yn niferoedd siaradwyr y Gymraeg yn ystod y degawd o 8.2% yn y 1950au i 17.3% yn y 1960au. 'Roedd delwedd y Cymry Cymraeg ohonynt eu hunain, eu diwylliant a'u hiaith yn isel, a phrosesau ymgymathu i'r diwylliant Prydeinig, Seisnig ar eu hanterth. 'Roedd allfudaeth ymysg Cymry Cymraeg ar gynnydd a thlodwyd ymhellach fywyd cymdeithasol y Fro Gymraeg. Ynghanol y 1960au cafwyd adwaith, ymateb i ofn a dychryn difodiant, a daeth yr iaith yn rhan greiddiol ac amlwg o wleidyddiaeth Cymru. Buasai'r iaith yn bwnc diwylliannol a chrefyddol pwysig cyn hynny, ond yn y 1960au y daeth yn brif bwnc gwleidyddol Cymru, a hynny i ddechrau ymhlith yr ifanc, y dysgedig a'r gwŷr proffesiynol. Gwthiwyd cwestiwn yr iaith i'r amlwg, drwy brotestiadau, ralïau, anerchiadau cyhoeddus, meddiannu eiddo, peintio arwyddion cyhoeddus ac anharddu adeiladau cyhoeddus. Erlynwyd rhai yn y llysoedd am weithredu'n uniongyrchol ac am dorri cyfraith gwlad. Aeth rhai ar streiciau newyn a rhoddwyd cryn amlygrwydd yn y wasg ac ar y cyfryngau i 'broblem yr iaith'. Gosodwyd sialens gan yr ychydig i'r llawer gan beri iddynt feddwl o ddifrif ynglŷn â dyfodol yr iaith Gymraeg—os oedd dyfodol i fod iddi. Cythruddwyd llawer gan brotestiadau ac ymgyrchoedd aelodau Cymdeithas yr Iaith Gymraeg ond calonogwyd eraill i weld mai brwydr iawnderau ieithyddol oedd yr unig lwybr a gynigiai obaith. Dechreuodd agweddau newid a gwrthodwyd y safbwynt traddodiadol a bwysleisiai oruchafiaeth y Saesneg ac annigonolrwydd y Gymraeg. Paham derbyn yn ddigwestiwn statws israddol i'r Gymraeg yng Nghymru? Bu'r ffaith fod cynifer o bobl ieuainc yn barod i dorri'r gyfraith a mynd i garchar dros gwestiwn yr iaith yn ddigon i ddarbwyllo eraill fod dyfodol yr iaith yn y fantol. 'Roedd Saunders Lewis yn ei ddarlith radio *Tynged yr Iaith* (1962) wedi rhybuddio bod difodiant yn anorfod oni ellid newid yr amodau cymdeithasegol ieithyddol:

> Mi ragdybiaf hefyd y bydd terfyn ar y Gymraeg yn iaith fyw, ond parhau'r tueddiad presennol, tua dechrau'r unfed ganrif ar hugain . . .

Anogodd ei wrandawyr i weithredu, i wrthod y *status quo* a cheisio newid yr union amgylchiadau a'r ymagweddiadau a oedd mor elyniaethus i barhad y Gymraeg:

> Eler ati o ddifrif a heb anwadalu i'w gwneud hi'n amhosibl dwyn ymlaen fusnes llywodraeth leol na busnes llywodraeth ganol heb y Gymraeg. Hawlier fod papur y dreth yn Gymraeg neu yn Gymraeg a Saesneg . . . Nid polisi i unigolion, un yma, un acw ar siawns mo hyn. Byddai gofyn ei drefnu a symud o gam i gam gan roi rhybudd a rhoi amser i gyfnewidiadau. Polisi i fudiad yw ef, a'r mudiad hwnnw yn yr ardaloedd y mae'r Gymraeg yn iaith lafar feunyddiol ynddynt.

Dyma ddechrau Cymdeithas yr Iaith Gymraeg. Sianelodd y gymdeithas hon frwdfrydedd ac ynni'r ieuainc i brotestiadau a gweithgarwch adeiladol. Dyma gorff cenedlaethol anenwadol, amhleidiol a'i unig nod oedd gwella'r amodau cymdeithas-egol-ieithyddol a fyddai'n rhoi statws teilwng i'r Gymraeg ym mywyd cyhoeddus Cymru ac a fyddai'n ymestyn ei defnyddioldeb mewn trawstoriad ehangach o sefyllfaoedd cymdeithasol. Brwydrodd yn ddyfal i ddileu'r myth mai priodol oedd i Gymro Cymraeg droi i'r Saesneg mewn rhai sefyllfaoedd cymdeithasol. Condemniwyd fframweithiau gwein-yddol a orfodai'r Cymro i droi i'r Saesneg, a hoeliwyd sylw ar y cyd-destunau lluosog hynny a'i gwnâi yn anghyfreithiol iddo allu defnyddio ei iaith ei hun. 'Roedd yma weledigaeth, brwdfrydedd ac ewyllys i weithredu fel na chollid yr un nodwedd honno sy'n unigryw i ni fel cenedl—ein hiaith. Mynegodd yr Athro Bobi Jones yr union bwyntiau yn dra effeithiol:

> Who will go to jail for Chemistry or Music? Who will go on hunger-strike for Computer Science? Welsh students have sacrificed years of their young lives so that the language of their country—the language cast away with such nonchalance by some of their forefathers and insulted or ignored by their contemporaries should live and flourish.[11]

Cysylltir Cymdeithas yr Iaith ag arwyddion ffyrdd dwyieithog, ffurflenni swyddogol dwyieithog, a'r hawl i ddefnyddio'r Gymraeg yn y llysoedd. Brwydrodd dros hawliau siaradwyr iaith leiafrifol i allu cyfathrebu yn eu hiaith eu hunain mewn trawstoriad ehangach o sefyllfaoedd cymdeithasol. Byddai'r fath ddarpariaeth ychwanegol wedi bod yn gwbl ddi-fudd, serch hynny, oni fyddai siaradwyr yr iaith eu hunain wedi manteisio ar y posibiliadau estynedig. Felly, 'roedd addysgu a chreu galw am well cyfleusterau yn rhan o dacteg y gymdeithas o'r dechrau. 'Roedd yn rhaid tanseilio'r hen syniadau negyddol am yr iaith Gymraeg a pha ffordd well i wneud hynny na thrwy fynnu cael ei defnyddio mewn cyd-destunau a oedd wedi bod yn gaeedig iddi ers cenedlaethau? Pa ffordd well i gael pobl i wneud defnydd ehangach o'u hiaith na thrwy ddyrchafu, parchu a rhoi urddas i'r iaith honno? 'Roedd dangos bod y Gymraeg cystal ag unrhyw iaith arall yn un ffordd sicr o gael gwared o'r ymagweddu negyddol a'r ymdeimlad o israddoldeb a fu'n llyffethair mor effeithiol arni cyhyd. O dipyn i beth daeth siaradwyr y Gymraeg i hawlio mwy, i ddisgwyl mwy ac i ymgyrchu'n fwy effeithiol er mwyn creu amodau adfer iaith ynghyd â hybu gweithgareddau gwrthdroi cyfnewid iaith (reversal of language shift).[12] Ond os yw 'reversal of language shift' i lwyddo nid yw syniadau, brwdfrydedd, gweledigaeth a chynllunio ieithyddol nac arbenigedd cymdeithasol ar eu pennau eu hunain o unrhyw werth parhaol. Mae'n gwbl angenrheidiol cael y strwythur hwnnw a fydd yn gyfrwng gwyntyllu syniadau, sianelu brwdfrydedd a gweithredu cynlluniau fel eu bod yn dwyn ffrwyth mewn modd ymarferol. Ar lawer ystyr dyna ran o'r hyn a gyflawnodd Cymdeithas yr Iaith. Bu'n braenaru'r tir ar hyd y blynyddoedd a gweithredodd yn dra effeithiol fel cydwybod y genedl. Dangosodd na ellir sefyll yn yr unfan. Er bod angen cadarnhau a chynnal yr hyn sydd ar gael mae'n rhaid bod yn ddigywilydd-ymosodol gan fynnu rhagor, er mwyn gallu ymestyn y defnydd o'r Gymraeg i bob sefyllfa bosibl a chael ei chlywed ar wefusau nifer cynyddol o siaradwyr newydd.

Mae cynyddu niferoedd siaradwyr iaith ac ymestyn ei defnyddioldeb mewn trawstoriad ehangach o sefyllfaoedd yn ddwy agwedd ganolog o gynllunio ieithyddol ac o godi statws iaith. Ni all un warantu llwyddiant heb y llall. Gwaith seithug yw amlhau sefyllfaoedd lle gellir defnyddio iaith oni fydd siaradwyr y Gymraeg eu hunain yn manteisio ar hynny. Yn ddelfrydol dylid ymestyn sefyllfaoedd a sefydlu cyweiriau newydd oherwydd bod siaradwyr yr iaith yn galw am hynny. Ar yr un pryd rhaid sylweddoli na fydd galw o du rhai pobl hyd nes y bydd dewis ar gael iddynt. Mae ymestyn y sefyllfaoedd lle gall Cymry Cymraeg ddefnyddio eu hiaith yn enghraifft o gynllunio ieithyddol doeth, ac ar yr un pryd yn gam cadarnhaol yn y broses o godi statws iaith a'i marchnata'n fwy effeithiol. Drwy ddefnyddio iaith mewn trawstoriad ehangach o sefyllfaoedd y mae siaradwyr y Gymraeg yn datgan yn glir ac yn groyw ei bod hi'n iaith ddefnyddiol a pherthnasol i fywyd ar ddiwedd yr ugeinfed ganrif. Gall gwell delwedd yn ei dro beri i rai ymroi i ddysgu'r Gymraeg fel ail iaith oherwydd bod iddi statws amgenach a defnyddioldeb amlwg. Pan na ddefnyddir ffurflenni swyddogol Cymraeg, a phan ymlythyrir â'r banc neu ag awdurdodau lleol yn y Gymraeg gan wŷr dysgedig yn unig a chan bobl frwd dros yr iaith, dim ond llwyddiant rhannol a welir. Ceir llwyddiant gwirioneddol pan na fydd siaradwyr cyffredin yn cyfnewid y Gymraeg am y Saesneg wrth newid maes, wrth ffurfioli neu wrth newid o'r iaith lafar i'r ysgrifenedig. Mae adfer iaith yn golygu ymestyn posibiliadau ieithyddol rhai sydd eisoes yn siarad yr iaith, yn ogystal â'i dysgu i siaradwyr newydd. Bu hyn i gyd yn rhan o frwydr Cymdeithas yr Iaith. Mae'n wir nad oedd y strategaeth yn fwriadol yn gaeth i ganonau cymdeithaseg iaith, ond fel y ceisiwyd dynodi uchod, 'roedd y sylfaen yn iawn, 'roedd y nodau yn rhai cywir. I atal erydiad rhaid yw codi statws iaith yng ngolwg ei siaradwyr ac yn ogystal ym meddwl y rhai nad ydynt yn ei siarad. I gynnal iaith rhaid yw ei defnyddio ac ymestyn y defnydd ohoni. I atal erydiad mae'n rhaid cynyddu nifer y rhai sy'n ei siarad Dyna beth ddechreuodd ddigwydd o ganol y 1960au ymlaen. Bu i Gymdeithas yr Iaith ran allweddol yn y deffro hwnnw.

Gellir rhestru'n gyffredinol ond yn syml iawn rai o'r ffactorau a hybodd erydiad y Gymraeg yn y gorffennol:

1. Mesurau cyfreithiol a gwtogodd nifer y sefyllfaoedd lle gellid defnyddio'r Gymraeg
2. Ymosodiad ar ymagweddiad—y cymhlyg isradd a'r tueddiad i gysylltu'r Gymraeg â safle cymdeithasol isradd ac amhosibilrwydd symudoledd cymdeithasol.
3. Mewnfudiad pobloedd di-Gymraeg ac absenoldeb strwythur a chynllun i'w cymathu'n ieithyddol.
4. Addysg orfodol a oedd yn gwbl elyniaethus i'r Gymraeg.
5. Yr adnoddau ariannol a'r gefnogaeth i ddulliau ymestyn dylanwad yr iaith Saesneg a'i diwylliant, hynny yw marchnata effeithiol o'r Saesneg.

Mae'n amlwg fod angen gweithredu ar bob un o'r pwyntiau uchod, ond, a bod yn realistig, byddai'n bur anodd ymaflyd â'r pum pen ar yr un pryd, ac yr oedd hynny'n arbennig o wir am Gymru'r 1960au.

Mater cwbl wleidyddol yw'r cyntaf gan ei fod yn ymwneud â hawliau ieithyddol cyfartal wedi eu sicrhau gan gyfraith gwlad. Oddi ar y 1960au trafodwyd y materion hyn ar bob lefel ac ymgyrchwyd yn ddygn a pharhaus. Cafwyd dau Fesur yr Iaith Gymraeg, yr ail un am nad oedd y cyntaf yn effeithiol nac yn ddigonol. Dadleua rhai nad yw'r ail ychwaith yn mynd yn ddigon pell i sicrhau dilysrwydd a statws cyfartal i'r Gymraeg drwy bob gwedd ar fywyd Cymru. Yn sicr, nid aeth mor bell â'r hyn a gafwyd yng Nghanada pan roddwyd cyfansoddiad dwyieithog i'r wlad honno. Bwrdd yr Iaith Gymraeg sy'n gyfrifol am sicrhau fod 'ysbryd' y mesur yn cael ei wireddu. Gwnaeth y Bwrdd waith clodwiw hyd yma, ond byddai'n llawer mwy effeithiol pe byddai â'r cyllid, yr arbenigedd cymdeithasegol ieithyddol, a'r grym i gymeradwyo polisïau ac i sicrhau fod y rhai hynny'n cael eu gweithredu. Y Bwrdd yn sicr yw'r asiantaeth a ddylai ymgymryd â'r pumed pwynt, sef marchnata'r iaith yn effeithiol, ac y mae'n wir yn anodd ysgaru'r wedd honno oddi wrth yr ail, sef creu delwedd newydd i'r iaith a swcro ymagweddiad cadarnhaol. Oddi ar y 1960au ceisiwyd mynd i'r afael â ffactorau 2, 3 a 4, yn bennaf drwy faes addysg, y byd cyhoeddi a'r cyfryngau, a haedda'r tri phwnc hwn sylw manwl oherwydd eu heffeithiau amlweddog a phellgyrhaeddol ar hynt y Gymraeg yn ystod tri degawd olaf yr ugeinfed ganrif.

Addysg

Ym myd addysg y cymerwyd camau breision dros y Gymraeg yn ystod ail hanner yr ugeinfed ganrif. Fel yng ngwlad y Basg, i'r maes hwn y sianelwyd ynni ac adnoddau ym mrwydr gwarchod ac adfer yr iaith Gymraeg yng Nghymru. Mae hynny'n ddealladwy o gofio'r cefndir hanesyddol. Datblygiad fframwaith addysg Seisnig yng Nghymru, yn dilyn Adroddiad y Comisiynwyr Brenhinol yn 1847, oedd y ffactor unigol a gyfrannodd fwyaf i brosesau erydu'r Gymraeg am oddeutu can mlynedd. Felly, gellir yn gwbl gyfiawn ystyried twf addysg Gymraeg fel y datblygiad unigol pwysicaf ym mhrosesau adfer y Gymraeg yn ail hanner yr ugeinfed ganrif.

Gwelwyd cynnydd graddol mewn defnydd o'r Gymraeg fel cyfrwng dysgu drwy gydol y ganrif. Yn y degawd cyntaf caniatawyd defnyddio'r Gymraeg yn adran y babanod (yn yr ardaloedd Cymraeg yn unig, wrth gwrs). O'r 1930au ymlaen defnyddiwyd y Gymraeg yn yr ysgolion cynradd ond, ar y cyfan, araf iawn oedd y twf mewn defnyddio'r Gymraeg i ddysgu amrywiaeth o bynciau. Yn ôl *Code of Regulations for Public Elementary Schools in Wales* (1907):

> Any of the subjects of the curriculum may (where the local circumstances make it desirable) be taught in Welsh. Where Welsh is the mother-tongue of the infants that language shall be the medium of instruction in the classes. Provision should be made for the teaching in every school, of Welsh history, and the geography of Wales and Welsh literature should also be included in the curriculum of higher elementary schools.

Awgrymai hyn, felly, y dylid dysgu amrywiaeth o bynciau drwy'r Gymraeg ond ar y pryd 'roedd rhagfarnau cenedlaethau o addysgwyr yn faen tramgwydd i ymlediad y Gymraeg drwy'r gyfundrefn addysg. Yng ngeiriau'r Athro Jac L. Williams:

> Wales continued to be reluctant to give her natural language an important position in the curriculum of her schools and Welsh was rarely used at all as a medium of instruction beyond the settling in period in the infants' school.[13]

Yn negawd olaf y ganrif gellir addysgu plant drwy gyfrwng y Gymraeg o'r cylch meithrin hyd at addysg uwch ac y mae'r ddarpariaeth ar gael drwy'r wlad i gyd, er y gall olygu cryn deithio o fewn dalgylchoedd rhai ysgolion. Mae'n bosibl derbyn addysg drwy gyfrwng y Gymraeg yn y dyniaethau, ieithoedd tramor, y gwyddorau, mathemateg, technoleg a chyfrifiadureg, cymdeithaseg a'r gyfraith. Bellach ceir cyrsiau hyfforddi athrawon drwy gyfrwng y Gymraeg a chynigir rhai cyrsiau drwy gyfrwng y Gymraeg mewn amrywiaeth o bynciau yng ngholegau Prifysgol Cymru. Gellid a dylid ymestyn y ddarpariaeth yn y sector addysg uwch. Ceir cyrsiau galwedigaethol drwy gyfrwng y Gymraeg sy'n cynnwys busnes a gwaith swyddfa, gofal a gwaith cymunedol. Oddi ar 1975 rhoes colegau Addysg Bellach Gwynedd le blaenllaw i'r Gymraeg fel cyfrwng dysgu nifer helaeth o'u cyrsiau a rhoddwyd lle cyfartal i'r Gymraeg a'r Saesneg ym mhob agwedd ar waith, gweinydd-iaeth a bywyd y colegau. Drwy'r gyfundrefn addysg a'u hymlyniad i roi addysg drwyadl ddwyieithog i blant y sir bu Pwyllgor Addysg Gwynedd yn dra arloesol a thrwy eu polisïau llwyddasant i sefydlu proffil newydd i'r iaith ac ymwybydd-iaeth ieithyddol lawer iachach ymhlith trigolion y sir.[14]

Agorodd yr ysgol Gymraeg gyntaf (annibynnol) yn Aber-ystwyth yn 1939 ond erbyn 1950 'roedd saith ysgol gynradd Gymraeg mewn bodolaeth, a phob un dan reolaeth yr awdur-dodau addysg lleol. Yn ystod y deng mlynedd nesaf gwelwyd cynnydd ar raddfa o 300% gan roi 28 ysgol gynradd ac un ysgol gyfun, sef Ysgol Glan Clwyd yn y gogledd-ddwyrain. O'r 1960au ymlaen, fel y dengys Ffigur 6.16, gwelwyd tyfiant aruthrol yn y sector Gymraeg mewn ardaloedd Seisnig.

Ffig. 6.16: Ysgolion dwyieithog penodedig (ysgolion Cymraeg)

	1950	1960	1970	1980	1983	1984	1985	1986	1987	1988
Ysgolion Cynradd	7	28	46	54	64	64	64	67	67	67
Disgyblion	-	-	6,253	9,769	10,447	10,788	10,478	11,472	11,539	12,112
Ysgolion Cyfun	0	1	4	11	13	14	16	16	16	16
Disgyblion	-	-	2,017	7,860	8,933	9,576	10,065	10,279	10,620	10,526
Cyfanrif Disgyblion	-	-	8,270	17,629	19,380	20,364	21,043	21,751	22,159	22,638

Yn ystod y flwyddyn academaidd 1988-89 derbyniodd cyfanrif o 22,638 o ddisgyblion eu haddysg drwy gyfrwng y Gymraeg yn yr ysgolion hyn. Deng mlynedd ar hugain ynghynt addysg uniaith Saesneg yn unig a gynigid yn yr union ardaloedd hyn. Yn ystod y 1950au a'r 1960au golygai gryn ymdrech i rieni Cymraeg eu hiaith drosglwyddo'r iaith i'w plant yn yr ardaloedd hynny lle nad oedd y Gymraeg yn gyfrwng cymdeithasol naturiol y gymuned. 'Roedd yn frwydr i gadw'r iaith yn gyfrwng yr aelwyd pan oedd sefyllfaoedd cyfathrebol y tu allan i'r cartref, yn y gymdeithas ac yn yr ysgol, yn Saesneg. 'Roedd yn broblem llawer dwysach mewn cartrefi ieithyddol-gymysg lle ceid un o'r rhieni'n unig yn siarad y Gymraeg. Fynychaf iaith y gymuned a'r *lingua franca* yn y cartref a orfu. Gellid sicrhau llwyddiant rhannol yn yr achosion hynny lle derbyniai'r plant addysg ysgol Sul drwy gyfrwng y Gymraeg. Yr aelwyd a'r capel oedd yr unig sefydliadau a allai gynnal y broses o drosglwyddo'r iaith o un genhedlaeth i'r llall, ond nid oedd y sefydliadau hynny bob amser yn llwyddiannus. Y llwybr rhwyddaf mor fynych oedd siarad Saesneg â'r plant. Mewn arolwg dan nawdd y Weinyddiaeth Addysg yn 1950 cofnodwyd mai 42% o rieni Cymraeg eu hiaith ym Morgannwg a ddewisai siarad Cymraeg â'u plant. Yn Sir Feirionnydd ar y llaw arall y Gymraeg oedd y cyfrwng cyfathrebol ymysg 96% o'r rhieni Cymraeg. Ym Morgannwg mewn teuluoedd lle 'roedd y tad yn siarad yr iaith a'r fam yn ddi-Gymraeg, mewn 4% yn unig o'r teuluoedd hynny y siaradai'r tad y Gymraeg â'i blant. Mewn teuluoedd lle 'roedd y fam yn ddwyieithog a'r tad yn ddi-Gymraeg, dewisodd 7% o'r mamau y Gymraeg yn gyfrwng i gyfathrebu â'u plant ym Morgannwg, ond cododd y canran i 39% ym Meirionnydd. Lle 'roedd y gyfundrefn addysg yn uniaith Saesneg, bodolai'r syniad y byddai siarad Cymraeg â'r plant yn llesteirio eu haddysg pan aent i'r ysgol. Yr ateb oedd siarad Saesneg â hwy fel y byddent yn deall popeth o'r cychwyn. Bellach troes y fath agwedd negyddol yn un hollol gadarnhaol o blaid y Gymraeg yn yr ardaloedd Seisnig oherwydd ei bod yn bosibl i blant gael eu haddysgu drwy gyfrwng y Gymraeg.

Gorchwyl gyntaf yr ysgolion Cymraeg oedd profi y gallent gynnig addysg gyflawn ac effeithiol ac na fyddai safonau academaidd yn dioddef drwy ddysgu mathemateg, gwyddoniaeth a thechnoleg drwy gyfrwng y Gymraeg. Mewn gwirionedd 'roedd yn rhaid iddynt anelu at roi addysg ragorach a mwy cytbwys na'r hyn a geid yn yr ysgolion uniaith Saesneg. Cafwyd llwyddiant diamheuol a'r prawf amlycaf o hynny yw'r cynnydd aruthrol a welwyd. Yn ystod y 1970au cynyddodd niferoedd disgyblion yn yr ysgolion cynradd Cymraeg ar raddfa o 56% ac yn y sector gyfun saethodd graddfa'r cynnydd i 290%. Digwyddodd hyn ar yr union adeg pan welwyd lleihad cynyddol ym mhoblogaeth gyffredinol yr ysgolion. Rhwng 1980 a 1988 cafwyd cynnydd o 24% yn niferoedd disgyblion cynradd, a 33% yn niferoedd disgyblion cyfun. Cyrhaeddwyd y brig yn y 1970au ond yn y degawd dilynol, fel y tystia'r ystadegau, parhaodd y twf ar raddfa ffafriol. Ni fyddai plant o gartrefi Cymraeg neu o gartrefi cymysg yn ieithyddol wedi gallu cynnal y fath dwf. Daeth canran uchel o'r disgyblion o gartrefi di-Gymraeg, o deuluoedd lle collwyd y Gymraeg ryw ddwy genhedlaeth ynghynt. Wrth gwrs, mae hyn yn fater o 'ennill' ar sawl cyfrif. Yn awr gellir sicrhau bod epil rhieni Cymraeg yn cael cyfle i gadw a chadarnhau eu gafael ar yr iaith. Yn awr gellir cadw to ifanc yn Gymry Cymraeg a fyddai bron yn ddieithriad wedi eu Seisnigo yng nghyfnod plentyndod eu rhieni. At hynny, daeth plant o gefndiroedd di-Gymraeg i fod yn gwbl rugl yn yr iaith, nodwedd na ddigwyddai cyn sefydlu'r ysgolion Cymraeg. Un canlyniad uniongyrchol arall i'r fframwaith addysg Gymraeg oedd twf dosbarthiadau dysgu Cymraeg. O weld eu plant yn gwbl ddwyieithog cymhellwyd aelodau o'u teuluoedd i fynd ati i ddysgu'r iaith hefyd. 'Roedd cymhelliad iwtilitaraidd cryf yn awr dros fod yn ddwyieithog ac mae eu brwdfrydedd yn ddiarhebol. Troes y rhod o ganlyniad i'r ddelwedd newydd, gadarnhaol a gyflwynwyd i'r gymdeithas drwy'r ysgolion Cymraeg.

Ar yr un pryd gwelwyd datblygiadau cadarnhaol yn y Fro Gymraeg drwy ymestyn y defnydd o'r Gymraeg fel cyfrwng dysgu mewn ysgolion nad oeddynt yn rhai penodedig dwyieithog, sef yr ysgolion traddodiadol mewn cymunedau Cymraeg eu hiaith yn Nyfed, Powys, Gwynedd a Chlwyd. Yn ystod 1987-8 dysgwyd yn gyfan gwbl drwy gyfrwng y Gymraeg mewn 363 (20.7%) o ysgolion cynradd Cymru a dysgwyd rhai pynciau drwy'r Gymraeg mewn 13.1%. 'Roedd y Gymraeg yn bwnc a ddysgid fel ail iaith mewn 46.7% o'r ysgolion ac mewn 19.5% ni ddysgid y Gymraeg o gwbl. Dengys Ffigur 6.17 mor anghyfartal ydoedd y ddarpariaeth Gymraeg o sir i sir. Yng Ngwynedd yn unig y cafwyd mwyafrif llethol yr ysgolion yn dysgu popeth neu gyfran o'r cwricwlwm drwy gyfrwng y Gymraeg (96.5%). Tarddai hyn o bolisi iaith clir a fabwysiadwyd gan yr awdurdod yn 1975. Yn Nyfed dysgid popeth drwy'r Gymraeg mewn 35% o'r ysgolion, a dysgid rhannau o'r cwricwlwm yn y Gymraeg mewn 35.6% o ysgolion y sir. Yn y siroedd eraill, pwnc ail iaith oedd y Gymraeg, heblaw am ysgolion Gwent lle na cheid dysgu Cymraeg o gwbl mewn 97.4% o ysgolion y sir. Yn nhermau canran y disgyblion a dderbyniodd gyfran o'u haddysg yn y Gymraeg dengys Ffigur 6.18 i 12.2% dderbyn y cyfan o'u haddysg drwy gyfrwng y Gymraeg ac i 8.4% arall gael cyfran o'u gwersi yn y Gymraeg. Pwnc (ail iaith) ar y cwricwlwm oedd y Gymraeg i 47.1% o blant Cymru, ac ni chafodd 83,373 neu 32.4% o blant ysgolion cynradd Cymru unrhyw hyfforddiant yn y Gymraeg. Er bod y darlun yn well nag ydoedd yn y 1950au a'r 1960au, 'roedd cryn dipyn o waith gwella pe cynigid darpariaeth ddigonol, addas a chyfartal drwy'r wlad i gyd.

Ffig. 6.17: Dysgu drwy gyfrwng y Gymraeg yn ysgolion cynradd Cymru, 1987-8

	Canol Morg.	Clwyd	De Mogan.	Dyfed	Gor. Morgan.	Gwent	Gwynedd	Powys	Cymru
A. Ysgolion lle dysgir popeth drwy'r Gymraeg	8.9%	13.9%	5.8%	35%	9.5%	2.6%	69.7%	15.8%	20.7%
B. Dysgir rhan o'r cwricwlwm drwy'r Gymraeg i ddosbarthiadau cymysg—mam-iaith ac ail iaith	0	4%	0	19.5%	0.6%	0	8.6%	2.6%	5.4%
C. Dysgir peth drwy gyfrwng y Gymraeg i ddosbarthiadau ail iaith	1.6%	10.3%	3.2%	16.1%	3.0%	0	18.2%	6.2%	7.7%
CH. Cyfyngir y Gymraeg i'r gwersi Cymraeg ail iaith yn unig	85%	71.4%	54.2%	20.1%	80.4%	0	3%	72.8%	46.7%
D. Dim gwersi Cymraeg	4.5%	0.4%	36.8%	9.3%	6.5%	97.4%	0.5%	2.6%	19.5%

Ffynhonnell: *Statistics of Education in Wales*, No. 2, 1988

Ffig. 6.18: Disgyblion ysgolion cynradd: addysg drwy gyfrwng y Gymraeg, 1987-8

Math o Ysgol	Niferoedd	%
A. Popeth drwy'r Gymraeg	31,320	12.2
B. Rhan o'r dysgu drwy'r Gymraeg	6,088	2.4
C. Ail iaith ond y Gymraeg yn gyfrwng peth o'r dysgu1	5,325	5.9
CH. Gwersi ail iaith yn unig	121,246	47.1
D. Dim gwersi Cymraeg	83,373	32.4

Yn ystod y chwe blynedd 1988-1993 cafwyd cynnydd yn yr ysgolion lle defnyddid y Gymraeg fel unig gyfrwng y dysgu (o 20.7% i 26.9%). Gostyngodd niferoedd yr ysgolion na ddysgai'r

Gymraeg o 19.5% i 7% a chafwyd cynnydd cyfatebol yn nifer yr ysgolion a ddysgai'r Gymraeg fel ail iaith.

Ffig. 6.19: Dysgu drwy gyfrwng y Gymraeg yn ysgolion cynradd Cymru, 1988-93

	1987-88	1988-89	1989-90	1990-91	1991-92	1992-93
A. Ysgolion lle dysgir popeth drwy gyfrwng y Gymraeg	20.7%	21.1%	24.1%	25.9%	26.1%	26.9%
B. Ysgolion lle dysgir rhan o'r cwricwlwm drwy gyfrwng y Gymraeg— dosbarthiadau	5.4%	5.0%	2.9%	2.1%	7.2%	6.5%
C. Dysgir peth drwy gyfrwng y Gymraeg i ddosbarthiadau ail iaith	7.7%	7.6%	7.5%	7.1%		
CH. Gwersi Cymraeg (ail iaith yn unig)	46.7%	47.4%	48.2%	50.7%	56.3%	59.6%
D. Dim Gwersi Cymraeg	19.5%	18.9%	17.3%	14.2%	10.4%	7.0%

Ffynhonnell: *Statistics of Education in Wales*, No. 2, 1988, 1994

Yn ystod y chwe blynedd gwelwyd cynnydd yn y defnydd o'r Gymraeg fel cyfrwng y dysgu ym mhob un o'r siroedd ond fel y gellid disgwyl yn y ddwy sir a oedd gryfaf yn 1988 y gwelwyd y cynnydd pennaf, sef yng Ngwynedd ac yn Nyfed (Ffigur 6.20). Cafwyd cynnydd sylweddol yn Nyfed oherwydd i'r awdurdod addysg fabwysiadu polisi iaith clir a phendant yno yn ystod y cyfnod hwn.

Yn 1987 'roedd ysgolion ym mhob sir na ddysgai'r Gymraeg o gwbl. Erbyn 1993 newidiasai'r sefyllfa mewn pump o'r wyth sir ac mewn tair sir yn unig y ceid ysgolion Categori D—dim Cymraeg o gwbl. Yn ystod y chwe blynedd cwympasai canran y categori hwn o 19.5% i 7%. Yn 1988 dysgid 31,220 disgybl yn gyfan gwbl drwy gyfrwng y Gymraeg, ond 'roedd 83,373 na chawsant wersi Cymraeg o unrhyw fath. 'Roedd yr agendor rhwng y ddau eithaf ieithyddol yn arswydus o fawr—dros 50,000. Erbyn 1993 daethai'r ddau eithaf yn lled debyg i'w

Ffig. 6.20: Ysgolion Cynradd: y Gymraeg yn unig yn gyfrwng y dysgu

	1987	1993
Gwynedd	69.7%	82.7%
Dyfed	35%	56%
Powys	15.8%	19.3%
Clwyd	13.9%	16%
Gorllewin Morgannwg	9.5%	10.4%
Canol Morgannwg	8.9%	9.5%
De Morgannwg	5.8%	7.0%
Gwent	2.6%	2.8%

Ffynhonnell: *Statistics of Education in Wales: Schools, 1988, 1994*

gilydd. Dim ond 596 o wahaniaeth a fodolai y tro hwn, 46,088 yn derbyn eu haddysg i gyd drwy gyfrwng y Gymraeg, a 46,684 wedi eu haddysgu drwy gyfrwng y Saesneg yn unig a heb dderbyn gwersi Cymraeg (Ffigur 6.21). Mae'r sefyllfa wedi gwella cryn dipyn, yn ystadegol beth bynnag. Erys un cwestiwn na ellir ei ateb heb ymchwil ychwanegol dros gyfnod o flynyddoedd, sef pa mor effeithiol a llwyddiannus yw dysgu'r Gymraeg fel ail iaith? Gellir lluosogi'r ddarpariaeth ond rhaid wrth gyrsiau bywiog, apelgar ac athrawon arbenigol os yw gwersi ail iaith yn yr ysgolion cynradd i lwyddo.

Ffig. 6.21: Disgyblion Ysgolion Cynradd: addysg drwy gyfrwng y Gymraeg, 1988-1993

	1987-8	1988-9	1989-90	1990-1	1991-2	1992-3
A. Popeth drwy'r Gymraeg	31,320	33,174	36,441	38,404	43,984	46,088
B. Peth o'r dysgu drwy'r Gymraeg	6,088	5,802	4,347	3,780	10,522	8,986
C. Ail iaith ond y Gymraeg yn gyfrwng peth o'r dysgu	15,325	15,582	16,345	17,308	-	-
Ch. Gwersi ail iaith yn unig	121,246	128,688	139,894	151,037	165,019	175,323
D. Dim gwersi Cymraeg	83,373	81,199	73,382	62,245	54,761	46,684

Ffynhonnell: *Statistics of Education in Wales, 1994*

Yn y flwyddyn ysgol 1987-8 'roedd pum deg tair ysgol gyfun yng Nghymru yn dysgu amrywiaeth o destunau drwy gyfrwng y Gymraeg. Dysgai un ysgol ar bymtheg hyd at ddeg pwnc drwy gyfrwng y Gymraeg. Mewn pedair ysgol ar ddeg dysgid rhwng un pwnc ar ddeg a phymtheg drwy'r Gymraeg ac mewn tair ysgol ar hugain arall dysgid hyd at un pwnc ar bymtheg drwy gyfrwng y Gymraeg. Erbyn hyn 'roedd patrymau ac *ethos* yr ysgolion Cymraeg penodedig wedi treiddio i'r ysgolion dwyieithog traddodiadol yn yr ardaloedd Cymraeg. Yng Ngwynedd defnyddir y Gymraeg i ddysgu amrywiaeth o bynciau mewn un ysgol ar hugain o'r pedair ar hugain sydd yn y sir. Unwaith eto rhaid pwysleisio mai canlyniad mabwysiadu polisi iaith pendant a diamwys yw hyn. Wrth ymestyn defnydd o'r Gymraeg o fewn yr ysgol, crewyd y galw am eirfa, ymadroddion ac yn wir am amrywiadau ieithyddol a fyddai'n addas ar gyfer trafod yr amryfal bynciau. 'Roedd galw, hefyd, am werslyfrau addas. Creodd y gyfundrefn addysg alw am ddeunydd dysgu priodol yn y Gymraeg. Ymatebwyd i'r galw hwnnw.

Oddi ar 1975 ymroes Awdurdod Addysg Gwynedd â'i holl egni i sefydlu polisi dwyieithog ymarferol ym mhob ysgol drwy'r sir, ac erbyn diwedd yr 1980au ymestynasid yr un polisi i bob sefydliad addysg bellach hefyd:

> Yr amcan yw datblygu gallu disgyblion a myfyrwyr y sir i fod yn hyderus ddwyieithog er mwyn eu galluogi i fod yn aelodau cyflawn o'r gymdeithas ddwyieithog y maent yn rhan ohoni.[15]

'Roeddynt yn amlwg yn gwbl ymwybodol fod angen amrywiaeth o ddulliau i gyflawni'r amcan yn effeithiol gyda'r gwahanol haenau ieithyddol:

> Ar un pegwm, yr amcan yw cadarnhau dwyieithrwydd disgyblion o gartrefi Cymraeg tra, yn y pegwn arall, datblygu dwyieithrwydd dysgwyr y Gymraeg yw'r prif nod. Rhwng y ddau begwn ceir ystod o amrywiaethau gwahanol pur gymhleth. [1975: vii]

Dysgir y Gymraeg ym mhob ysgol drwy'r sir. Yn yr adran gynradd yn 1993 dysgid yn bennaf neu yn gyfan gwbl drwy gyfrwng y Gymraeg mewn 82.7% o ysgolion y sir ac yn y

gweddill defnyddid y Gymraeg fel cyfrwng dysgu yn
ychwanegol i'r gwersi Cymraeg. Y bwriad cyffredinol yw rhoi'r
cyfle i bob plentyn yn y sir allu datblygu'n ddwyieithog, pa
iaith bynnag yw ei famiaith. Yn y sector gynradd y nod yr
anelir ato yw:

> Cadarnhau a datblygu Cymraeg a Saesneg pob plentyn yn eu
> holl agweddau goddefol a gweithredol, er mwyn sicrhau ei fod
> yn gallu siarad, darllen ac ysgrifennu'n rhwydd ac yn hyderus
> yn y ddwy iaith pan fo'n trosglwyddo i'r ysgol uwchradd.

Mae'n amcan tra uchelgeisiol o gofio nad oedd dysgu'r
Gymraeg fel ail iaith yn y gorffennol wedi gwarantu y byddai
plant di-Gymraeg yn ddwyieithog erbyn diwedd eu gyrfa
ysgol. Mae'r disgwyliadau yn rhai uchel a dichon mai dyna
gryfder *Polisi Iaith* Adran Addysg Gwynedd. Am y tro cyntaf
gosodwyd terfynau clir a diamwys, ac yna aethpwyd ati i
newid, diwygio, cyflwyno dulliau a gweithredu tactegau er
mwyn cyrraedd y nod a osodwyd. 'Roedd *Polisi Iaith* Gwynedd
yn 1975 yn llawer mwy arloesol nag a feddyliodd y
cynghorwyr sir erioed. Dyma'r ymgais gyntaf fwriadol ar
gynllunio ieithyddol. 'Roedd yn gam cadarnhaol mewn
cadwraeth iaith yn ogystal ag yn weithredu bwriadol i ymestyn
y defnydd o'r Gymraeg—cam sicr ym mhroses adfer ac atal
erydiad yr iaith.

Er mwyn cyrraedd nod dwyieithrwydd cyfartal anogwyd yr
ysgolion yn y cymunedau cymysg eu hiaith, yn ogystal ag yn y
bröydd Cymraeg, i ddefnyddio'r Gymraeg ar draws y
cwricwlwm yn hytrach na'i chyfyngu i rai pynciau yn unig. Yn
achos y disgyblion ail iaith amlhaodd hyn y cyfleoedd iddynt
allu clywed yr iaith mewn cyd-destunau dilys y tu allan i'r wers
iaith. Golygai ymestyn eu dealltwriaeth a'u meistrolaeth
oddefol o'r iaith gan arwain wedyn i gynnydd yn eu hyder a'u
defnydd o'r iaith. Rhoes cyfundrefn 'athrawon bro' awch ar y
dysgu. Athrawon teithiol oedd y rhain, arbenigwyr ar ddysgu
ail iaith, a ymwelai â chylchoedd o ysgolion, yn ôl y galw, i
gynorthwyo'r athrawon lleol, i gynghori ac i sicrhau bod
polisïau iaith y sir yn cael pob chwarae teg ar y lefel leol. Nid eu
gwaith oedd ysgwyddo dysgu'r Gymraeg yn y cylch o ysgolion
dan eu gofal, ond annog, cyfarwyddo a chynorthwyo'n

ymarferol pan oedd angen sylw arbenigol neu wersi ychwanegol ar rai o'r disgyblion.

Oddi ar y 1970au, fel yn y gweddill o Gymru wledig, crewyd problem ieithyddol enfawr drwy fewnfudiad nifer cynyddol o deuluoedd ieuainc o Loegr i'r sir. 'Roedd niferoedd y mewnfudwyr unieithog hyn yn ddigon i amharu'n fawr ar bolisïau iaith yr ysgolion. Mewn ambell ysgol wledig gallai'r mewnfudwyr ffurfio mwyafrif gan achosi problemau dysgu dybryd i'r athrawon a fyddai yn awr â phlant â'r Gymraeg yn famiaith iddynt a Saeson uniaith yn yr un dosbarth. Ar ddechrau blwyddyn ysgol 1988-9 cofrestrwyd 678 o newydd-ddyfodiaid Saesneg eu hiaith yn ysgolion cynradd Gwynedd. Gwelwyd bod yn rhaid cymathu'r newydd-ddyfodiaid yn ieithyddol neu byddai nodau'r polisi iaith wedi eu chwalu'n llwyr. Nid oedd yn ymarferol rhoi sylw arbenigol i'r plant yn yr ysgolion lleol ac o 1984 sefydlwyd canolfannau iaith lle rhoddid gwersi iaith dwys i blant rhwng 7 ac 11 oed, hyd nes y byddent yn ddigon rhugl yn y Gymraeg i allu mynychu eu hysgolion lleol heb achosi unrhyw drafferthion ieithyddol yn y mannau hynny. Sefydlwyd y ganolfan gyntaf yng Nghaernarfon yn 1984 ac erbyn 1988 'roedd rhwydwaith o chwe chanolfan ar waith. Yn ôl ystadegau 1988-9, 'roedd y galw am y fath addysgu arbenigol yn ddwywaith mwy na'r ddarpariaeth a oedd ar gael. Felly, dim ond hanner y plant yr oedd angen y ddarpariaeth arnynt a gafodd y cyfle i ymgymathu'n ieithyddol i'w hysgolion newydd. Mae'n bendant yn gam i'r cyfeiriad iawn, a chlod mawr i Wynedd am arloesi'r fath gynllun. Dylai'r ddarpariaeth fod ar gael i bawb sydd ei angen, oherwydd dyma un ffordd i ddileu'r syniad oesol hwnnw mai ond o un cyfeiriad y gweithreda dwyieithrwydd. Wrth weld bod mater yr iaith yn un a ystyrir o ddifrif yn yr ysgolion, gwêl mewnfudwyr fod angen ymdrech ar eu rhan hwy hefyd i ymgymathu ac i ymdoddi'n ieithyddol i'r cymunedau y dewisasant fyw ynddynt. Geilw hyn am newid ymagweddiad ymhlith y ddwy garfan ieithyddol—y Cymry a'r Saeson—os yw'r patrwm a ddisgrifir gan D. Greene (1981) i'w atal:

> Even in Wales where the language had been highly developed by the time that universal education was introduced, only a few

fanatics ever dreamed of making it the language of instruction, and the Welsh people opted for a bilingualism in which no Englishman ever participated and in which the losses were inevitably in one direction.[16]

Yn ysgolion cyfun Gwynedd gall natur a dwysedd y dysgu drwy gyfrwng y Gymraeg amrywio yn ôl nodweddion ieithyddol dalgylch yr ysgol unigol. Yn hyn o beth mae'r polisi'n hyblyg ac wedi ei saernïo yn ôl natur ac anghenion y gymuned leol. Gall dwysedd y dysgu drwy gyfrwng y Gymraeg, felly, amrywio rhwng 70% yn yr ardaloedd Cymraeg i 20% yn yr ardaloedd Seisnig. Mae'r sefyllfa'n dra gwahanol i'r hyn a geid yn y 1950au a'r 1960au. Ethos Seisnig ar y cyfan oedd i'r ysgolion cyfun y pryd hwnnw, hyd yn oed yn yr ardaloedd Cymreiciaf. Dysgid popeth drwy'r Saesneg heblaw am y gwersi Cymraeg a'r gwersi Ysgrythur, a gallai'r olaf fod drwy gyfrwng y Saesneg hefyd gan y dibynnai ar yr athro ac nid ar bolisi clir. Gwersi Saesneg mewn 'Geography, History, General Science, Woodwork, Latin a French' a gefais i yn Ysgol Dyffryn Nantlle. 'Roedd fy nghyd-ddisgyblion yn y dosbarth i gyd yn Gymry Cymraeg, a'r athrawon i gyd yn Gymry Cymraeg, ond eto y Saesneg oedd iaith swyddogol y dysgu. Yr unig ymarfer mewn ysgrifennu'r Gymraeg a gaem oedd yr hyn a ddigwyddai yn y gwersi Cymraeg a'r gwersi Hanes Cymru. 'Roedd y system ar y pryd, er nad oedd yn agored yn elyniaethus i'r Gymraeg, yn bendant o blaid y Saesneg. Er bod disgyblion yn gadael yr ysgol yn gwbl rugl eu Cymraeg llafar, nid oedd hynny'n wir am y cyfrwng ysgrifenedig. 'Roeddynt yn llawer mwy hyderus yn darllen ac yn ysgrifennu yn y Saesneg. Bellach, mae'r ddarpariaeth wedi ei thrawsnewid a'r pwyslais ar ddwyieithrwydd cyfartal. Fel yr awgrymais eisoes 'roedd *Polisi Iaith* Gwynedd yn chwyldroadol ac adeiladol pan gafodd ei sefydlu ac union ethos y polisi hwnnw a argymhellwyd yn ddiweddarach ar gyfer Cymru gyfan drwy'r Cwricwlwm Cenedlaethol.

Drwy Fesur Diwygio Addysg 1988 ceisiodd yr Ysgrifennydd Gwladol dros Gymru ymestyn dysgu'r Gymraeg drwy ysgolion Cymru i gyd dan gochl y Cwricwlwm Cenedlaethol. Fel y dengys Ffigur 6.18, yn ystod y flwyddyn ysgol 1987-8 ni dderbyniodd cymaint â 32.4% o blant ysgol Cymru wersi Cymraeg o gwbl. Oherwydd ymgyrchoedd cyson Cymdeithas yr Iaith oddi ar y 1960au 'roedd yr iaith yn bwnc gwleidyddol llosg. Hoeliwyd sylw'r cyhoedd dro ar ôl tro ar statws israddol y Gymraeg ym mywyd cyhoeddus Cymru. Deffrowyd ymwybyddiaeth ieithyddol newydd a gwelwyd bod yn rhaid gweithredu'n gadarnhaol i atal yr erydu ac i gynnal yr iaith. Dyma gefndir Deddf Addysg 1988—ymagweddu pleidiol i'r iaith, ymwybyddiaeth o ddiflaniad yr iaith, disgwyliadau cliriach a phwysedd diwylliannol a gwleidyddol. Ymateb yr Ysgrifennydd Gwladol i'r môr o leisiau a'r procio cyson oedd y ddeddf. Bwriedir i bob disgybl yng Nghymru rhwng 5 a 16 mlwydd oed gael y cyfle i ddysgu'r Gymraeg a hynny yn y pen draw drwy gydol ei yrfa yn yr ysgol:

> . . . the Government envisages that programmes of study should cover the full range of linguistic circumstances and be applicable to all parts of Wales.[17]

Rhoddwyd statws 'pwnc craidd' i'r Gymraeg mewn ysgolion Cymraeg eu cyfrwng a 'phwnc sylfaen' mewn ysgolion eraill. Mewn gwirionedd dylai wneud trefn ar y clytwaith anghyfartal ac anfoddhaol a fodolai ynghynt:

> The extent of Welsh teaching also varies markedly at present, in different parts of Wales and for different age groups. For example, the great majority of pupils (81%), in the first year of secondary school learn Welsh, but only a minority (28%) still do so in year 5 of secondary school. At primary level the pattern of teaching is also varied. We welcome the opportunity provided by the Act to place the teaching of Welsh at a systematic and consistent footing in all schools in Wales but recognise that it will be some time before the necessary teachers and resources are available in the right places. We therefore recommend that the requirement to phase Welsh should be phased in, beginning in 1990 for 5, 7 and 11 year olds in schools where Welsh is taught at present, and progressively from 1992, on a year by year basis in schools where Welsh is not currently taught. [*Proposals . . . 1989*: 147]

Nodir lefelau cyrhaeddiad ar gyfer y gwahanol lefelau ieithyddol a manylir ynglŷn â'r hyn y dylai plentyn ei ddeall a'i gyflawni yn 7 oed, 11 oed, 14 ac 16 oed. Rhydd y targedau cyrhaeddiad, ynghyd â'r rhaglenni dysgu manwl, fframwaith glir y gellir gosod o'i mewn ddisgyblion o amrywiol oed-rannau, a chefndiroedd ieithyddol a chymdeithasol. Bellach gosodir nodau cyffredin sy'n berthnasol o un pen i'r wlad i'r llall:

> In short, our objective is that all children should by the time they complete their compulsory schooling at 16 after eleven years' study of Welsh in school have acquired a substantial degree of fluency in Welsh. Depending on background ability and opportunity they should be able to use Welsh throughout adult life in social communication at work and in cultural activities. For some pupils this will mean full bilingualism. For others it will mean at the very best an easy familiarity with Welsh and a confidence in their ability to use the language as an alternative natural medium of communication in Wales. [*Proposals. . . 1989*: 4]

Fel y dengys Ffigur 6.19 a 6.20 (t.369-70) effeithiodd y ddeddf ar ystadegau mor gynnar â dechrau'r 1990au. Gostyngodd canran yr ysgolion na ddysgai'r Gymraeg o 19.5% yn 1988 i 7% yn 1993. Bu hyn yn ennill i'r dosbarth hwnnw o ysgolion lle dysgir y Gymraeg fel ail iaith. Cafwyd cynnydd, hefyd, drwy Gymru gyfan yng nghanran yr ysgolion sy'n defnyddio'r Gymraeg fel cyfrwng y dysgu. Ond nid yw ystadegau ar eu pen eu hunain yn ddigonol i fesur llwyddiant neu aflwyddiant unrhyw gynllun dysgu. Bydd yn rhaid i genhedlaeth gyfan fynd drwy'r ysgol cyn y gellir tafoli gwerth argymhellion 1989. Ar bapur ymddengys yn gam mawr ymlaen i allu dweud ei bod hi'n bosibl i bob plentyn yng Nghymru allu dysgu'r Gymraeg. Erys rhai cwestiynau holl bwysig: Beth yw ansawdd y dysgu? A oes cyflenwad digonol o athrawon profiadol ar gael? A fydd yr ariannu yn ddigonol i hyfforddi athrawon mewn dulliau arbenigol o ddysgu ail iaith ac i gynhyrchu defnyddiau addysgu clywedol a gweledol, yn ogystal â gwerslyfrau addas? Nid yw'r ffaith fod athro/athrawes yn rhugl yn y Gymraeg yn golygu y gall ddysgu'r Gymraeg fel ail iaith hyd yn oed yn yr ysgol gynradd. Mae angen sgiliau arbennig ar athro/athrawes i wneud y Gymraeg yn fwy na phwnc ar yr amserlen a'i gwneud yn gyfrwng i fynegi pob math o wybodaeth a phrofiadau a fydd yn berthnasol i blant o oedran arbennig. Pan gyflwynwyd polisïau dwyieithog tebyg yn ysgolion Catalonia ac yn ysgolion Gwlad y Basg 'roedd prinder athrawon cymwys a phrofiadol yn fater o ofid mawr i'r awdurdodau, oherwydd heb athrawon hyfforddedig a dysgu effeithiol byddai'r cynllun ieithyddol yn fethiant llwyr. Canolbwyntiodd y naill lywodraeth ranbarthol a'r llall ar hyfforddi athrawon. Yn 1977 hanner athrawon Catalonia yn unig a allai siarad yr iaith ac yr oedd llai byth yn ddigon hyderus i ddysgu drwy gyfrwng y Gatalaneg. Erbyn 1989 'roedd 65% o athrawon y rhanbarth yn gymwys i ddysgu drwy gyfrwng y Gatalaneg. Oherwydd cyrsiau hyfforddi lluosog gwelwyd cynnydd hefyd yn nifer yr athrawon a allai ddysgu drwy gyfrwng y Fasceg yn y rhanbarth hwnnw o Sbaen. Mae'n glir fod y naill ranbarth a'r llall yn gweld y gyfundrefn addysg fel cyfrwng tra effeithiol ar gyfer cynnal a chynyddu'r defnydd o'u hieithoedd.

Un ateb i'r diffyg yng Nghymru oedd peirianwaith 'athrawon bro'. Mae'n bendant yn fframwaith ardderchog i ymestyn sgiliau athro iaith profiadol drwy gylch o ysgolion, ond gallai gael effaith andwyol pe gosodid y cyfrifoldeb am ddysgu'r Gymraeg ar ysgwyddau'r athro teithiol yn unig. Gall y dysgu fod yn llawer mwy effeithiol pan fydd yr athro/athrawes dosbarth hefyd yn cefnogi a chadarnhau'r hyn a ddysgir gan yr 'athrawon bro'. Oni fydd athro/athrawes dosbarth yn yr ysgol gynradd yn gallu dysgu'r Gymraeg, mae perygl i'r disgyblion wedyn ystyried y gwersi Cymraeg fel rhyw elfen atodol, ymylol i'w haddysg yn hytrach nag yn rhan sylfaenol o'r cwricwlwm. Mewn adroddiad gan Arolygwyr ei Mawrhydi (1994) cwynir nad yw'r ddarpariaeth 'athrawon bro' yn ddigonol a hynny oherwydd bod cryn amrywiaeth o ardal i ardal:

> . . . the service is spread too thinly, the provision is fragmentary and consequently there have been difficulties in establishing a coherent progression of learning activities.[18]

Beirniadwyd yr athrawon am fod eu disgwyliadau'n rhy isel. Nid oeddynt yn amcanu cyflawni digon a chafodd hynny effaith andwyol ar yr addysgu a'r dysgu. Mae'n gwbl amlwg

fod hyfforddiant trylwyr, brwdfrydedd heintus a chymhelliant i
lwyddo yn nodweddion cwbl angenrheidiol yn yr athro ail-
iaith llwyddiannus. Mewn arolwg a wnaethpwyd yng Ngwent
yn 1992 brigodd y feirniadaeth ynglŷn â disgwyliadau isel i'r
wyneb eto:

> Expectations need to be raised, in some cases an inadequate
> range of language is presented to pupils.[19]

Mewn adroddiad ar ysgolion yng ngogledd Powys yn 1991
ystyrir datblygiad ieithyddol plant o gartrefi di-Gymraeg, rhai
yn mynychu ysgolion Cymraeg ac eraill mewn ysgolion
Saesneg. Cesglir mai'r dysgwyr llwyddiannus yw'r rhai sydd
yn yr ysgolion Cymraeg lle dysgir popeth drwy gyfrwng y
Gymraeg. Nid pwnc ysgol yw'r Gymraeg i'r rhain ond cyfrwng
addysgu a chyfathrebu ym mhob sefyllfa. Y Gymraeg yw'r
norm drwy'r dydd. Mae defnydd ymarferol i'r Gymraeg a
gallant ei chysylltu ag amrywiaeth o bynciau, sefyllfaoedd a
phrofiadau. Deuant i feistroli amrywiadau cyweiriol yr iaith
mewn modd cwbl naturiol. Yn ôl yr adroddiad:

> By the age of six it is difficult to distinguish the effective learners
> from the native speakers.[20]

Ar y llaw arall ni chafwyd cynnydd arbennig yn yr ysgolion y
dysgid y Gymraeg fel pwnc yn unig ynddynt.

Er i gynnydd aruthrol ddigwydd yn niferoedd y disgyblion a
ddysgai'r Gymraeg fel ail iaith o 121,246 yn 1988 i 175,323 yn
1993 nid yw hynny o angenrheidrwydd yn arwydd bod y llanw
yn awr o blaid y Gymraeg. I fedi llwyddiant bydd yn rhaid i'r
Gymraeg fod yn amgenach na gwers ar gwricwlwm yr ysgol.
Bydd yn rhaid iddi gael rhan ystyrlon ym mywyd y plant, ac
effaith ar y cymunedau y maent yn byw ynddynt. Mae'n ffaith
gydnabyddedig fod disgyblion yn anghofio'n gyflym y sgiliau
hynny a ddysgwyd yn yr ysgol os nad oes defnydd ymarferol
iddynt o fewn eu cymunedau. Tybed, felly, nad gorchwyl
seithug yw dysgu ail iaith o fewn y dosbarth oni ellir, hefyd,
ddangos i'r plant fod defnydd ymarferol iddi yn y byd y tu
allan i'r dosbarth? Dyna sy'n digwydd yn yr ysgolion Cymraeg
ac yn wir ym mhob 'sefyllfa trochiad', megis ysgolion Ffrangeg
eu cyfrwng yng Nghanada. Gwêl y plant ddefnydd i'r iaith a

chyflwynir chwaraeon, adloniant, ffilmiau a diwylliant iddynt drwy gyfrwng yr iaith yn ychwanegol i'r pynciau addysgol arferol. Gall yr elfen allgyrsiol fod yn hollbwysig wrth ddysgu ail iaith. Mae'r profiad o glywed, a defnyddio'r iaith a ddysgir mewn cyd-destunau cymdeithasol dilys yn gwbl hanfodol os yw disgyblion ail iaith i ddatblygu hyder a llithrigrwydd yn y Gymraeg. Rhaid cadarnhau'r dysgu ffurfiol â llu o weithgareddau o fewn y dosbarth ac o'r tu allan a fydd yn dangos gwerth ymarferol yr iaith fel cyfrwng cyfathrebol mewn amrywiaeth o sefyllfaoedd. Oni ellir mynd â'r iaith o'r dosbarth i'r gymdeithas, ymarferiad academaidd yn unig fydd dysgu'r Gymraeg fel ail iaith. Bydd cynnydd yn niferoedd y rhai a fydd yn gwybod peth o'r Gymraeg, ond nid yw gwybodaeth oddefol yn cynhyrchu siaradwyr nac yn fodd i atal erydiad iaith. Ymddengys fod angen cryfhau a dwysáu dysgu'r Gymraeg fel ail iaith a byddai ymestyn y defnydd o'r Gymraeg fel cyfrwng i ddysgu rhai pynciau eraill yn sicr yn gam i'r cyfeiriad iawn. Mae gan yr ysgol gyfraniad pwysig i'w wneud mewn atal erydiad y Gymraeg, ond man cychwyn yw'r dosbarth; yn y gymuned yr enillir neu y collir y frwydr. Oni ellir dwyn yr iaith o'r dosbarth i'r gymdeithas yna ofer fydd yr addysgu a'r dysgu. Nid yw gwybod iaith yn sicrhau ffyniant iaith. Mae'n rhaid wrth siaradwyr sy'n ei defnyddio yn y gymdeithas. Dyna'r union bwynt a wnaethpwyd gan William F. Mackey yn 1977 mewn perthynas â'r Wyddeleg:

> Y mae iaith yn ffynnu mewn system gymdeithasol, gellid dweud eco-system, lle mae'r elfennau oll,—cartref, gwaith ysgol a chymuned—yn rhyngweithio; y mae unrhyw bolisi iaith nad yw'n cymryd y ffactor yma i ystyriaeth wedi'i dynghedu i fethiant.[21]

Nid yw twf ysgolion Cymraeg na chynnydd yn y sector ail iaith o angenrheidrwydd yn gwarantu y bydd y Gymraeg yn cael ei throsglwyddo drwy'r cartref i blant y disgyblion presennol. Dyna'r broses naturiol o drosglwyddo iaith a'r ffordd fwyaf dibynadwy o fesur llwyddiant polisïau adfer iaith o fewn y gyfundrefn addysg. Haera Joshua Fishman mai trosglwyddiad iaith o un genhedlaeth i'r nesaf yw'r cam cyntaf a'r prif gam ym mhroses adfer iaith. Amser a ddengys a fydd y Gymraeg yn iaith yr aelwyd i'r disgyblion hynny sydd yn yr ysgolion Cymraeg ac sy'n dod o gartrefi Saesneg eu hiaith. Pan ddigwydd hynny bydd yn enghraifft glir o adfer iaith.

Yn ystod y deng mlynedd ar hugain diwethaf gwelwyd datblygiadau breision ym maes addysg Gymraeg. Fel y gwelwyd, estynnwyd a chyfoethogwyd cyweiriau'r Gymraeg drwy'r gyfundrefn addysg. Mewn ysgolion Cymraeg yn yr ardaloedd Seisnig gellir dysgu mathemateg, cemeg, bywydeg, cyfrifiadureg, technoleg, ymarfer corff, Ffrangeg, Almaeneg, hanes a daearyddiaeth, i gyd drwy gyfrwng y Gymraeg ond yn fynych y Saesneg yw iaith y buarth a'r cae chwarae, ac yn wir hi yw'r iaith gymdeithasol gryfaf i ganran uchel o'r plant.[22] Iaith dosbarth, iaith pynciau addysgol yn unig yw'r Gymraeg, cyfrwng cwbl amherthnasol ar gyfer bywyd yn y gymuned. I lawer, ar ôl gadael yr ysgol, medr gyfathrebol oddefol yw'r Gymraeg, y gallant ei defnyddio yn awr ac yn y man. Mae'n ofynnol i'r Gymraeg gael delwedd gymdeithasol bwysig. Ar hyn o bryd mae angen datblygu strwythurau ac asiantau a fydd yn ei gwneud yn bosibl i blant allu siarad y Gymraeg y tu allan i furiau'r dosbarth. Mae'n rhaid iddi gael ei defnyddio mewn trawstoriad o beuoedd cymdeithasol y plant.

Cafwyd canlyniadau calonogol yn yr ardaloedd hynny lle gall addysg Gymraeg hwyluso patrymau cymdeithasu plant o gartrefi di-Gymraeg. Digwyddodd hynny oherwydd bod gwaith yr ysgol yn cael ei gadarnhau yn y gymuned. Ceir yr enghreifftiau mwyaf lluosog o hyn yn y Fro Gymraeg. Ym Medi 1989, mabwysiadwyd polisi iaith yn Nyfed, a rhannwyd yr ysgolion yn dri dosbarth yn ôl canonau ieithyddol a natur ieithyddol dalgylch yr ysgol unigol:

A. Ysgolion Cymraeg eu cyfrwng
B. Ysgolion â ffrydio—Cymraeg/Saesneg
C. Ysgolion Saesneg eu cyfrwng, ond lle dysgir y Gymraeg fel ail iaith

Cryfder y polisi yw na ellir newid cyfrwng y dysgu o'r Gymraeg i'r Saesneg ar gyfer y rhai di-Gymraeg. Mae'n rhaid iddynt ymgymathu'n ieithyddol. 'Roedd hyn yn gam pwysig yn enwedig mewn ardaloedd yng nghefn gwlad lle 'roedd nifer cynyddol o'r disgyblion yn blant mewnfudwyr. Yn ôl yr hen drefn gallai cyfrwng y dysgu newid yn ôl y galw, a gallai droi i'r Saesneg yn rhwydd gyda dyfodiad dau neu dri theulu di-Gymraeg i'r ardal. Dylai'r system newydd allu sicrhau cadw Cymraeg plant o gefndir Cymraeg, yn ogystal â gwneud plant teuluoedd uniaith Saesneg yn ddwyieithog. Bydd yn gymorth i warchod natur ieithyddol y gymuned leol. Canmolir swyddogaeth gadarnhaol yr ysgol o fewn y cymunedau lleol yn *Adroddiad gan Arolygwyr Ei Mawrhydi . . . Ardal Llandeilo* (1992).

Ymwelwyd â thair ysgol ar ddeg, un ar ddeg ohonynt yn nosbarthiad A, un yn A/B ac un yn B. Yn yr ysgolion Cymraeg eu cyfrwng (A) 36% yn unig o'r plant a ddeuai o gartrefi Cymraeg eu hiaith. Dengys hyn faint y mewnlifiad i'r ardal a hefyd effaith erydu o un genhedlaeth i'r llall. Yn ôl cyfrifiad 1991, 'roedd 68.8% o boblogaeth Llandybïe yn siarad y Gymraeg, ond eto 16.1% yn unig o blant yr ysgol gynradd a ddysgodd y Gymraeg ar yr aelwyd. Cofrestrwyd 78.5% o boblogaeth Pen-y-groes yn Gymry Cymraeg a 22.3% o blant oed ysgol gynradd a siaradai'r Gymraeg cyn mynd i'r ysgol. Felly, mae'n amlwg fod dwy broses ar gerdded yn yr ardaloedd hyn—mewnfudwyr di-Gymraeg a rhieni a allai siarad y Gymraeg yn dewis peidio trosglwyddo'r iaith i'w plant.

Llwyddodd yr ysgolion categori A i wneud mwyafrif y plant ym mhob blwyddyn yn rhugl yn y Gymraeg. Yn Ffigur 6.22 ceir crynodeb o'r lefelau ieithyddol ym mhob blwyddyn oedran yn yr ysgol gynradd. Sylwer bod canran y plant a oedd yn rhugl yn y Gymraeg yn codi'n raddol o ddosbarth i ddosbarth. Erbyn y flwyddyn olaf yn yr ysgolion cynradd 'roedd 70% o'r plant yn gwbl rugl yn y Gymraeg a 12.5% yn parhau i wneud cynnydd, ond 'roedd 17.5% yn dal yn bur sigledig eu Cymraeg. Wrth gwrs, cafwyd peth amrywiaeth o ysgol i ysgol. Yn yr un ysgol Gymraeg benodedig, 'roedd 84.5% o'r plant yn rhugl ac mewn pedair ysgol arall cafwyd canran o dros 50%, ond mewn un ysgol dim ond 20.5% o'r disgyblion a ddaeth yn gwbl rugl yn y Gymraeg. Mae'n rhaid cofio serch hynny i'r arolwg hwn gael ei gynnal yn ystod blwyddyn gyntaf aildrefniad yr ysgolion cynradd yn Nyfed. Drwy weithredu polisi iaith y sir yn unol â'r canllawiau ar gyfer ysgolion Categori A gellid disgwyl i'r ystadegau wella'n sylweddol yn y dyfodol, gan ymdebygu i rai yr ysgol Gymraeg benodedig.

Ffig. 6.22: Dosbarthiad o'r disgyblion yn ôl oedran ac yn ôl lefelau ieithyddol

Oedran	Rhugl	Gwneud cynnydd	Cymraeg cyfyngedig/ Dim Cymraeg
3-4	45.5%	20.5%	34.0%
4-5	35.9%	35.9%	28.2%
5-6	60.7%	21.3%	18.0%
6-7	62.1%	31.5%	6.4%
7-8	65.9%	19.5%	14.6%
8-9	65.6%	19.4%	15.0%
9-10	64.9%	20.7%	14.4%
10-11	70.0%	12.5%	17.5%

Sylfaenedig ar ystadegau yn *Adroddiad . . . Llandeilo* (1992)

Yn yr adroddiad canmolir y gwaith yn ysgolion Categori A ond datgenir mai pur aneffeithiol yw dysgu'r Gymraeg fel ail iaith yn ysgolion Categori B. Awgryma'r dystiolaeth o'r ardaloedd hyn eto fod defnyddio'r ail iaith fel cyfrwng y dysgu yn llawer mwy tebygol o esgor ar lwyddiant.

Nid yw'r gwersi ail iaith ar y cyfan yn llwyddo i osod yr iaith mewn cyd-destunau dilys a fydd yn ystyrlon i'r plant. Mewn llawer ardal mae angen codi delwedd y Gymraeg fel y bydd yr ifainc yn ei hystyried yn gyfrwng manteisiol i'w meistroli a'i defnyddio. Mae'n holl bwysig fod yr ifanc yn gallu cymdeith-asu mewn sefyllfaoedd bywiog, diddorol ac adloniadol lle byddai'r Gymraeg yn 'norm'. Gwnaeth yr ysgolion waith clodwiw, ond ffolineb yw credu y bydd Cymreigio'r gyfundrefn addysg yn ddigonol i adfer y Gymraeg.

I'r ifanc gall gwahanol beuoedd gyflyru'r dewis o iaith a phan fydd y rhan fwyaf o'r sefyllfaoedd a ystyrir yn bwysig i'r ifanc yn y Saesneg, yna mae'n dra phosibl i honno ddod yn brif iaith yr haen oedran. I lawer, ar ôl gadael yr ysgol, ni fydd unrhyw un o'u sefyllfaoedd cymdeithasol yn gofyn am y Gymraeg. Mae angen dybryd am bont ieithyddol o'r ysgol i'r gymdeithas. Bydd llawer yn cysylltu'r Gymraeg â'r ysgol, y capel, yr Urdd, yr eisteddfod a rhai rhaglenni teledu. Saesneg fydd cyfrwng yr agweddau apelgar, yr hyn sy'n bwysig: teledu, fideo, caneuon a cherddoriaeth ysgafn, cylchgronau, adloniant, chwaraeon cyfrifiadurol, sgiliau newydd a chymdeithasu â chyfoedion. Yn 1992 cyhoeddodd Cymdeithas y Dysgwyr *Iaith Ifanc,* sef trafodion cynhadledd a gynhaliwyd i drafod paham y defnyddir pa iaith ym mha sefyllfa. Y mater llosg oedd ceisio deall sut y gellid cael oedolion ieuainc i barhau i siarad y Gymraeg ar ôl gadael yr ysgol a chyn y cyfnod pan fyddant yn rhieni ieuainc eu hunain ac felly mewn sefyllfa i drosglwyddo'r Gymraeg i genhedlaeth arall. Yn ôl carfan o Feirionnydd 'roedd y pwysedd arnynt i droi i'r Saesneg cyn gryfed yng nghefn gwlad ag ydoedd yng Nghaerdydd, Abertawe neu Gasnewydd. Mae'r cyfryngau yn dra effeithiol ym marchnata'r Saesneg i'r ifanc. Hi yw cyfrwng y diwylliant Anglo-Americanaidd, yn ffilmiau, disgiau ac adloniant fideo. Yn y Saesneg y cyhoeddir cylchgronau ffasiwn, a chyhoeddiadau lliwgar wedi eu hanelu at rai rhwng un ar bymtheg a thair ar hugain oed. Saesneg yn wir yw'r cyfrwng cyathrebol ar gyfer yr holl beuoedd sy'n apelio fwyaf at yr ifanc. Galwai carfan Meirionnydd am fwy o weithgareddau adloniadol/cymdeithasol/amser hamdden yn y Gymraeg. Mae'n amlwg fod angen annog defnyddio'r Gymraeg mewn sefyllfaoedd sydd mor aml yn uniaith Saesneg, megis clybiau *judo, karate, aerobics,* ymarfer corff, colli pwysau, arlunio, a chlybiau ieuenctid, megis y sgowtiaid, dosbarthiadau nofio, hyfforddiant pêl-droed a hyfforddiant rygbi, disgos, cyngherddau roc, golf, snwcer, a'r llu o sefyllfaoedd eraill sy'n tueddu i fod yn y Saesneg. Dyma ran o genhadaeth Menter Cwm Gwendraeth, Menter Aman Tawe a Menter Taf Elái— ymestyn y defnydd o'r Gymraeg o fewn y gymuned a chreu sefyllfaoedd lle gall pobl gyfathrebu'n gwbl normal yn y Gymraeg. Mewn geiriau eraill, rhoi'r cyfle i bobl ddefnyddio'u hiaith mewn cyd-destunau cymdeithasol cwbl ddilys. Mae hyn, wrth gwrs, yn ffordd o ymyrryd, mae'n enghraifft o gynllunio ieithyddol cwbl adeiladol. Nid yw deall na gallu siarad iaith yn ddigonol; mae'n rhaid ei defnyddio. Rhan o'r broses adfer yw ehangu'r ddarpariaeth addysgol, yr ail gam yw 'normaleiddio' yr iaith o fewn y gymdeithas.

Mudiad Ysgolion Meithriin

Mae i'r Mudiad Meithrin le allweddol yn hanes adfywiad y Gymraeg yn ystod tri degawd olaf yr ugeinfed ganrif.

Gweithiodd y mudiad yn y gymuned i roi cyfle i blant a oedd o dan oed ysgol gael chwarae a chymdeithasu â'i gilydd yn y Gymraeg ac mewn awyrgylch Cymreig. Ond yn anuniongyrchol bu'r cylchoedd yn llwyfan dylanwadol i gyflwyno'r Gymraeg drwy'r plant i rieni di-Gymraeg. Bu'n gyfrwng llesol i newid agweddau a rhagfarnau rhai tuag at yr iaith. Bu'n foddion ardderchog i farchnata'r iaith yn arbennig yn y deddwyrain.

Sefydlwyd y cylch chwarae Cymraeg cyntaf yng Nghaerdydd yn y 1940au gan rieni ieuainc a oedd yn awyddus i'w plant gael cyfle i chwarae a chymdeithasu â'i gilydd yn y Gymraeg. 'Roedd hynny'n benderfyniad pwysig o ran cymdeithaseg iaith oherwydd bu'r cylch yn foddion i ymestyn geirfa a chyweiriau'r plant bach, ond yn bwysicach byth, bu'n gyfrwng i sefydlu'r Gymraeg fel cyfrwng naturiol chwarae. Erbyn canol y 1960au 'roedd tuag ugain cylch tebyg ar draws y wlad a'r rhai hynny, hefyd, yn rhoi'r flaenoriaeth i'r Gymraeg fel iaith gyffredin y cylch.

Pan sefydlwyd Mudiad Ysgolion Meithrin yn ffurfiol yn 1971, 'roedd 70 o gylchoedd wedi eu hagor. O'r dechrau mynegwyd amcanion y mudiad yn glir a diamwys—ei nod oedd darparu cyfleusterau meithrin drwy gyfrwng y Gymraeg i blant o bob math o gefndiroedd cymdeithasol, economaidd, crefyddol, hiliol neu ieithyddol. 'Roedd y drws yn agored i bob plentyn, ond y Gymraeg fyddai iaith y cylch. Erbyn 1973 cynyddodd nifer y cylchoedd i 137, ac erbyn 1983 'roedd 579 o gylchoedd ar gael, yn darparu addysg feithrin i 7,400 o blant. Ddeng mlynedd yn ddiweddarach, cynhaliwyd 1,015 o gylchoedd ac ynddynt gyfanswm o 14,850 o ddisgyblion. Cyn diwedd 1994 'roedd 1,041 o gylchoedd dan adain y mudiad a 15,097 o blant yn eu mynychu, a'r rhan fwyaf o'r rheini'n dod o gartrefi di-Gymraeg. Dengys hyn fesur llwyddiant gwaith y mudiad yn ennill diddordeb a brwdfrydedd rhieni di-Gymraeg dros yr iaith. Nid mater o wrthsefyll erydiad yn yr ardaloedd Cymraeg yn unig a welir yma, ond ymgyrch fwriadol, drefnus i farchnata'r iaith ymhlith y di-Gymraeg, yn yr union ardaloedd lle collwyd gafael ar y Gymraeg rhyw ddwy a thair cenhedlaeth ynghynt.

O'r dechrau yn 1971 'roedd croeso yn y cylchoedd meithrin i

unrhyw blentyn a fynnai ymuno. Nid mudiad elitaidd oedd hwn ac nid oedd am wahaniaethu rhwng un plentyn ac unrhyw un arall. Nid arian, iaith, hil na chrefydd a agorai'r drws, ond yn hytrach parodrwydd ac awydd rhieni i'w plant gael chwarae drwy gyfrwng y Gymraeg. Bu'r polisi 'drws agored' yn hynod o effeithiol oherwydd rhoes y cyfle cyntaf erioed i rai rhieni ieuainc yn y de-ddwyrain, ac yn wir drwy Gymru gyfan, ddod wyneb yn wyneb â'r Gymraeg a hynny mewn awyrgylch anffurfiol hapus, lle 'roedd eu plant yn mwynhau eu hunain. Llwyddodd y profiad 'meithrin' i ddileu ofnau a rhagfarnau llawer a rhoddwyd boddhad a phleser mawr i rieni wrth iddynt glywed eu hepil bychain yn ymateb i gyfarwyddiadau yn y Gymraeg ac yn canu rhigymau a hwiangerddi a oedd yn gwbl ddieithr iddynt hwy, y rheini. Mae'n werth dyfynnu'r ddwy adran gyntaf o 'Chwe Phwynt Polisi', a gyhoeddwyd yn *Adroddiad Blynyddol Mudiad Ysgolion Meithrin 1976-7*:

1. Nod ac Amcan
Amcan Mudiad Ysgolion Meithrin yw rhoi cyfle i'r plentyn ifanc ddatblygu o ran ei gorff, ei ddeall, ei emosiwn ac yn gymdeithasol a hynny drwy amrywiol fathau o chwarae trwy gyfrwng y Gymraeg.

2. Plant di-Gymraeg
Mae'n rhan o swyddogaeth y Mudiad i dderbyn plant o gartrefi di-Gymraeg, ond mynn y Mudiad fod yn rhaid bod yn gadarn ar le'r Gymraeg yn y cylch. Ni ddylid defnyddio'r Saesneg ond pan fo hynny'n angenrheidiol er mwyn cyfathrebu â'r plentyn ar ôl methu cael ateb drwy'r Gymraeg.

Yn aml, bydd arweinydd cylch yn un o'r mamau ac yn athrawes brofiadol, ond gan nad yw hynny bob amser yn bosibl datblygodd y mudiad fframwaith hyfforddi a sesiynau dysgu ar lefel sirol a chenedlaethol. Trefnir gweithgareddau yn sirol ac yn genedlaethol hefyd ar gyfer y plant a'u rhieni. Nid cylch pentref neu ardal wedi ei ynysu a'i adael i ymladd ei dynged ei hun yw unrhyw gylch, ond dolen mewn cadwyn a ymestyn ar draws y wlad i gyd. Sefydlir cysylltiadau rhwng arweinwyr cylchoedd sir neu ranbarth a chânt gyfle i drafod problemau a gwyntyllu syniadau newydd pan gydgyfarfyddant.

Rhan o gryfder ac, yn wir, achos llwyddiant y mudiad yw'r 'gweithwyr maes'—y swyddogion datblygu. Eu gwaith hwy yw cynnal a hybu'r gwaith yn y cylchoedd sydd dan eu gofal yn eu hardaloedd hwy. Golyga hyn ymweliadau cyson â'r cylchoedd i sicrhau fod polisïau'r mudiad yn cael eu gweithredu, i gynghori arweinwyr y cylchoedd, cwrdd ac annog rhieni a bod yn gysylltydd rhwng y cylch a'r awdurdod addysg, y Gwasanaeth Lles, Iechyd a'r asiantau hynny a all ddelio ag anghenion arbennig. Gwaith y swyddog datblygu yw 'creu' galw am ragor o gylchoedd a thrwy hynny ymestyn y ddarpariaeth i fod o fewn cyrraedd pob plentyn drwy'r wlad i gyd. Yn ystod y 1970au dyblodd niferoedd y swyddogion datblygu o 8 yn 1974 i 18 yn 1980. Erbyn 1994 cyflogwyd 28 swyddog datblygu, ac yn ychwanegol, dair athrawes deithiol yng Ngwynedd a phedair yng Nghlwyd. Mae gan y mudiad hefyd Gysylltwyr Cynlluniau Cyfeirio mewn gwahanol rannau o'r wlad. Hwy yw'r ddolen gyswllt rhwng plant yn y cylchoedd a'r gwasanaethau cymdeithasol. Mae anghenion plant yn uchel ar agenda gweithgareddau'r mudiad, boed hynny yn ddefnyddiau dysgu newydd, yn llyfrau, yn gerddoriaeth, yn ddeunydd gweledol a chlywedol, yn fater plant mewn angen neu blant ag anghenion arbennig. Lansiwyd cynllun 'Cyd-Chwarae' yn 1993, sef pecyn o wybodaeth gynhwysfawr a deunydd hyfforddiant i arweinwyr cylchoedd ar sut i gymathu plant ag anghenion arbennig i fwrlwm y cylchoedd. Yn 1994 cynhaliwyd cyrsiau hyfforddiant ym mhob rhan o Gymru ac fe'u mynychwyd gan 550 o weithwyr.

Mae'r mudiad, hefyd, ar flaen y gad yn lleol, yn y frwydr dros hawliau sylfaenol plant ag anghenion arbennig i allu derbyn hyfforddiant, drwy gyfrwng eu mamiaith. Hyd yn oed ar ôl yr ail Ddeddf Iaith ymddengys yn aml fod yn rhaid ymgyrchu'n ddiatal os am sicrhau gwasanaeth teilwng. Un mater y bu'r mudiad yn ymgyrchu drosto oddi ar 1987 yw darpariaeth therapi llafar, neu yn hytrach diffyg gwasanaeth therapi llafar drwy gyfrwng y Gymraeg. Derbyniwyd addewid yn 1987 am gefnogaeth gan y Swyddfa Gymreig i gwrs Therapyddion Llafar yng Ngholeg y Brifysgol Bangor, ond naw mlynedd yn ddiweddarach erys y sefyllfa fel cynt. Yn ôl ystadegau a gasglwyd yng nghylchoedd y Mudiad Meithrin yn 1994 'roedd angen therapi llafar ar 154 plentyn, a 71 o'r rhai hynny angen y driniaeth drwy'r Gymraeg. Oherwydd prinder therapyddion, 54% o'r plant a dderbyniodd y gwasanaeth a dim ond 28% o'r rhai hynny a gafodd wasanaeth Cymraeg. O'r 154 plentyn a restrwyd fel rhai a ddylai dderbyn gwasanaeth therapydd llafar, 'roedd 88 yn rhai a fyddai'n elwa ar wasanaeth Cymraeg a'r 66 arall yn rhai a allai dderbyn gwasanaeth yn y Saesneg. Mae'n drist meddwl mai ond ychydig dros hanner y plant a dderbyniodd driniaeth ond mae'n fater llawer mwy difrifol sylweddoli mor anghyfartal yw'r gwasaneth sydd ar gael. Derbyniwyd triniaeth gan 91% o'r plant a allai elwa ar y gwasanaeth Saesneg, ond dim ond 26% o'r rhai yr oedd angen gwasanaeth Cymraeg arnynt a dderbyniodd hynny.[23] Mae'r ystadegau yn feirniadaeth ddeifiol ar system sy'n dal i anwybyddu'r ffaith mai triniaeth yn ei iaith ei hun yw'r un fwyaf effeithiol i blentyn sy'n cael anhawster â llefaru. Enillodd Mudiad Ysgolion Meithrin enw da iddo'i hun fel un sy'n rhoi lles y plant gyntaf ac sy'n fodlon ymladd, ymgyrchu a gweithio'n ddyfal i sicrhau hynny.

Yn y bröydd Cymraeg, gweithreda'r cylch fel y prif sefydliad ar gyfer cymathu plant y di-Gymraeg, fel y byddant, pan gyrhaeddant oed ysgol, yn gwbl gyfarwydd â chlywed y Gymraeg o'u cwmpas ond yn bwysicach byth byddant wedi eu cyflyru i dderbyn y Gymraeg fel cyfrwng chwarae naturiol a chyfrwng cymdeithasu â'u cyfoedion. Ni cheir dysgu iaith ffurfiol yn y cylch; mae'r plant yn rhy ifanc o'r hanner. Yn hytrach, y mae'r dysgu'n gwbl anffurfiol ac yn cael ei gyflawni drwy gân, symudiad a chwarae. Mae'n ddysgu pleserus a dibynnir llawer ar glywed, ailadrodd ac efelychu, a'r rhyfeddod yw fod plant o dan bedair blwydd oed yn dysgu mor rhwydd a diymdrech. Anogir y rhieni i ymddiddori yn y gwaith a'i gefnogi ond cedwir yn gaeth at y polisi ieithyddol, sef mai'r Gymraeg yw iaith swyddogol y cylch ac mai'r bwriad yw cadarnhau ac ymestyn Cymraeg y plant sydd eisoes yn siarad yr iaith a chyflwyno'r iaith i'r di-Gymraeg.

Croesewir rhieni i'r cylchoedd 'Ti a Fi' gyda'u plant ac anogir hwy i ddysgu geiriau ac ymadroddion syml sy'n ymwneud â phatrwm bywyd beunyddiol eu plant—gwisgo, ymolchi, bwyta, chwarae a mynd i'r gwely. Yn fynych bydd rhieni a phlant yn dechrau dysgu'r Gymraeg ar yr un pryd. Fel y gwelir yn Ffigur 6.23 cafwyd datblygiad cyson a chadarn ar hyd y blynyddoedd o 70 cylch yn 1971 i 1,041 yn 1994. Parhaodd graddfa'r cynnydd yn gyson a di-dor rhwng 1978 a 1990 ond yna arafodd yn ystod y 1990au. Pe byddai graddfa cynnydd y 1980au wedi parhau yn nechrau'r 1990au, byddai nifer y cylchoedd wedi bod oddeutu 1,200 yn 1994. Os pery'r cynnydd ar raddfa 1992-94 yna'r tebyg yw y cyrhaeddir cyfanrif o 1,200 yn 1998-99. Yn y siroedd dwyreiniol Seisnig y daw y cynnydd pennaf yn y dyfodol oherwydd ceir darpariaeth bur ddwys eisoes yng Ngwynedd ac yn Nyfed. Yn Ffigur 6.24 dynodir nifer y cylchoedd a'r plant ynddynt ym mhob sir yn 1991:

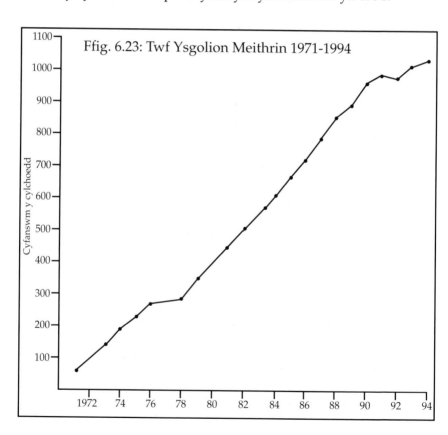

Ffig. 6.23: Twf Ysgolion Meithrin 1971-1994

Ffig. 6.24: Nifer y cylchoedd a'r disgyblion yn 1991

	Cylchoedd	Plant
Gwynedd	281	4,117
Dyfed	212	3,182
Canol Morgannwg	142	2,076
Clwyd	105	1,424
Gorllewin Morgannwg	86	1,103
De Morgannwg	64	1,036
Powys	38	447
Gwent	33	487

Gwynedd a Dyfed sydd ar y brig, fel y disgwylid o gofio mai'r rhain yw'r siroedd Cymreiciaf. O ystyried canran y plant sydd â'r Gymraeg yn iaith gyntaf iddynt, yng Ngwynedd yn unig y cafwyd y dosbarth hwnnw yn y mwyafrif yn y cylchoedd (59%). Yn Nyfed, 43% oedd yn siarad y Gymraeg fel mamiaith. Saesneg oedd iaith gyntaf y gweddill. Yn y siroedd eraill i gyd, lleiafrifoedd oedd y Cymry Cymraeg ar gofrestrau'r cylchoedd. Yn y siroedd hynny, felly, gwnaeth y mudiad waith arloesol i ddenu'r di-Gymraeg, a'r categori hwnnw sy'n cyfrif am y cynnydd blynyddol. Yng Ngwent daethai 84% o'r plant o gartrefi di-Gymraeg a chafwyd canran o 90% ym Morgannwg Ganol. Bu'r ymgyrch i sefydlu cylchoedd yn arbennig o lwyddiannus yno. Yn 1991 gweithredai 142 o gylchoedd ac ynddynt 2,076 o ddisgyblion, a 90% o'r rhai hynny o gartrefi di-Gymraeg. Mae hyn yn enghraifft ardderchog o farchnata iaith yn effeithiol a hefyd yn esiampl o lwyddiant yng nghamau cyntaf adfer iaith, sef ennyn diddordeb, dileu rhagfarn a hybu brwdfrydedd.

Canlyniad twf Mudiad Ysgolion Meithrin ydoedd y cynnydd yn y galw am addysg gynradd Gymraeg ac oherwydd hynny estynnwyd y ddarpariaeth. Anfonodd rhieni eu plant i'r cylch lleol heb fwriadu o gwbl iddynt dderbyn addysg Gymraeg. Bu'r cyfnod yn y cylch meithrin yn gwbl allweddol gan beri i lawer ddymuno cael parhâd mewn addysg Gymraeg i'w plant. Bu'r cynnydd hwnnw yn y de-ddwyrain yn ystod y 1980au yn eithaf dramatig. Amcangyfrifir yn awr fod cymaint â 25% o blant Taf Elái yn derbyn eu haddysg drwy gyfrwng y Gymraeg. Mae'r canran hwnnw ymhlith plant ysgol yn ddwbl canran siaradwyr y Gymraeg ymhlith y boblogaeth gyfan o fewn yr un ardal (Cyfrifiad 1991). Mae ymdrechion y cylchoedd yn sicr wedi dwyn ffrwyth a rhaid rhoi peth o'r clod wrth ddrws Mudiad Ysgolion Meithrin am y newid a welwyd yng nghyfrifiad 1991 yn strwythur oedran y boblogaeth Gymraeg.

Gwnaeth Mudiad Ysgolion Meithrin waith proffesiynol iawn o ystyried mai nifer cymharol fychan a gyflogir yn benodol ar gyfer cyflawni'r gwaith. Dibynnodd i raddau ar weithgarwch a brwdfrydedd gwirfoddolwyr parod. Bydd ymestyn y ddarpariaeth yn y dyfodol yn waith caletach o dipyn a geilw am ragor o weithwyr llawn amser. Mae'n waith hynod o bwysig. Yn wir, mae'n wedd gwbl angenrheidiol ar gynllunio ieithyddol ystyrlon. Geilw am unoliaeth mewn nod a thargedau a chydlynu agos rhwng y gwaith meithrin a'r cynlluniau i ddysgu'r Gymraeg yn yr ysgolion i bob plentyn rhwng 5 mlwydd oed ac un flwydd ar bymtheg.

Derbyniodd y mudiad gyllid blynyddol drwy'r Swyddfa Gymreig. Yn 1974 derbyniwyd £15,000; yn 1994 daeth £717,042 i goffrau'r mudiad. Mae'n swm aruthrol, ac mae'n dda bod y llywodraeth yn barod i gydnabod maint y gwaith a wneir. Yn wir, rhoddir gwasanaeth ardderchog am yr arian. Os yw'r mudiad i estyn cylch ei weithgarwch, yna bydd cyllid yn ffactor holl bwysig. Ar hyn o bryd rhaid cydnabod bod Mudiad Ysgolion Meithrin yn cyrraedd grŵp nad ydynt yn gallu rhoi gwasanaeth effeithiol iddynt, sef y rhieni di-Gymraeg. Yn y cylchoedd 'Ti a Fi' gall y rhieni di-Gymraeg ddysgu geiriau, ymadroddion a chaneuon gyda'u plant ond yn gyffredinol nid oes darpariaeth bellach ar gael.[24] Ar ôl deffro'r diddordeb a'r awydd byddai'n rhagorol pe cynhelid dosbarthiadau dysgu Cymraeg i'r rhieni tra bo'r plant yn y cylch. Gallai hynny yn ei dro gynhyrchu llif cyson o rieni ieuainc a fyddai'n gallu cadarnhau peth o waith ieithyddol y cylch yn eu cartrefi eu hunain. Y nod yw ffurfio rhagor o aelwydydd Cymraeg. Mae plant a ddysgodd y Gymraeg fel ail iaith yn fwy tebygol o ddatblygu'n gwbl hyderus a rhugl yn y Gymraeg pan fydd cyfle iddynt gyfathrebu yn yr iaith yn eu cartrefi a chyda'u cyfoedion yn yr ysgol.

Dysgwyr—Oedolion

Mae'r gweithgareddau hynny sy'n gallu hwyluso newid iaith yr aelwyd o'r Saesneg i'r Gymraeg yn hynod o bwysig mewn unrhyw gynllun adfer iaith. Ynghyd â'r ysgol, yr aelwyd yw'r dylanwad pennaf ar ddatblygiad ieithyddol plentyn yn ystod ei flynyddoedd cynnar. Ar yr aelwyd ac o fewn y teulu y daw plentyn i glywed ac i ymarfer amrywiol gyweiriau. Ymestynnir ei iaith, a bydd yn clywed patrymau a geiriau mewn cyddestunau cymdeithasol dilys. Gall y cartref gadarnhau yr hyn a ddysgir yn yr ysgol, a gall yr ysgol ymestyn ac adeiladu ar y sylfaen ieithyddol a arferir ar yr aelwyd. Drwy i'r Gymraeg fod yn iaith yr aelwyd mae'n llawer haws sicrhau mai hi fydd prif iaith y plentyn, oherwydd yn ei flynyddoedd cynnar, yn y cartref, ac yn yr ysgol y treulia plentyn y rhan fwyaf o'i fywyd.

Ar yr aelwyd y dechreuwyd adfer yr Hebraeg fel iaith fyw cymdeithas, yn hytrach na'i chadw yn unig ar gyfer gwasanaethau crefyddol. Pan ymfudodd Ben Yehuda a'i wraig i Balesteina yn 1881, penderfynasant mai'r Hebraeg yn unig fyddai iaith y cartref o hynny ymlaen er nad oedd yn famiaith i'r naill na'r llall. Yn 1885 ganwyd mab iddynt a magwyd yntau i siarad yr Hebraeg fel mamiaith—y cyntaf i wneud hynny ers ugain canrif. Bu troi aelwydydd yn Hebraeg eu hiaith yn rhan flaenllaw o waith Ben Yehuda. Profodd mai'r aelwyd oedd y sefydliad mwyaf effeithiol i hybu, meithrin a throsglwyddo iaith. Erbyn 1894 'roedd ysgolion meithrin Hebraeg yn gweithredu a'r plant, ar ôl meistroli'r iaith, yn troi'n athrawon ar yr aelwyd gartref. 'Roedd gweld eu plant yn meistroli'r iaith yn gymhelliad i'r rhieni ymroi i ddysgu, ac o dipyn i beth troes hynny yr aelwydydd yn rhai Hebraeg. Bu hynny'n ffactor sobr o bwysig yn achos adfer yr Hebraeg, oherwydd 'roedd yn enghraifft o 'normaleiddio' defnydd o'r iaith yn yr union gyddestun sydd yn greiddiol a dylanwadol ym mhob cymdeithas, y teulu. 'Roedd y cam cyntaf, sef cyflwyno'r iaith i'r plant, yn hynod o bwysig, ond 'roedd yr ail gam—ymestyn yr iaith i'r teulu—yn bwysicach byth. Erbyn 1913 'roedd trigain sefydliad addysgol yn dysgu 2,600 o ddisgyblion drwy gyfrwng yr Hebraeg ac yn 1914 sefydlwyd Prifysgol Hebraeg. 'Roedd hyn yn gyflawniad anhygoel o fewn tri degawd, ond sylfaen gadarn y cynllun adfer oedd cyrraedd y rhieni drwy'r plant a datblygu cyrsiau trochiad ar eu cyfer. Mae dysgu iaith i rieni ieuainc yn gwbl allweddol er mwyn sicrhau llwyddiant tymor hir. Yng Nghymru, fel y gwelwyd eisoes, cyflawnwyd cryn dipyn drwy addysg feithrin Gymraeg ac addysg gynradd a chyfun Gymraeg, ond ennill tymor byr yn unig yw hwnnw oni fydd y disgyblion yn parhau i ddefnyddio'r Gymraeg mewn sefyllfaoedd cymdeithasol normal ar ôl gadael yr ysgol. Yn sicr, mae hynny'n llawer mwy tebygol pan yw'r iaith yn gyfrwng ar eu haelwydydd ac yn iaith arferol nifer sylweddol o rwydweithiau cymdeithasol y teulu.

Oddi ar y 1960au gwelwyd cynnydd syfrdanol ym maes dysgu'r Gymraeg i oedolion. Newidiodd syniadau ac agweddau a deffrowyd yr awydd i ddysgu'r iaith ymhlith Cymry di-Gymraeg yn ogystal ag ymhlith mewnfudwyr. Newidiodd yr ymgyrchoedd gwleidyddol-ieithyddol y ddelwedd a oedd gan bobl o'r iaith. Codwyd statws yr iaith gan lwyddiant addysg Gymraeg a thwf Mudiad Ysgolion Meithrin. Yn yr ardaloedd dinesig, dechreuwyd addysg Gymraeg yn bennaf drwy ymdrechion rhieni Cymraeg dosbarth canol, diwylliedig a phroffesiynol. Daeth y cynnydd nesaf o blith grwpiau di-Gymraeg cyffelyb—rhieni a welai fod addysg ddwyieithog yn llwyddiant. Wedi hynny y dechreuodd grwpiau cymdeithasol is weld manteision addysg Gymraeg. 'Roedd y cynnydd yn un cwbl wirfoddol a dyna'n wir yw ffynhonnell ei lwyddiant. Penderfyniad y rhieni di-Gymraeg eu hunain oedd dewis addysg Gymraeg i'w plant ac o blith y rhai hyn a'u teuluoedd y chwyddwyd rhengoedd yr oedolion a ymroes i ddysgu'r Gymraeg, yn arbennig felly yn ystod y 1980au. Hyd yn oed yng Ngwent, y sir â'r canran isaf o'i phoblogaeth yn siarad y Gymraeg, cafwyd cynnydd yn narpariaeth addysg Gymraeg ac yn ei dro creodd hyn alw am ddosbarthiadau Cymraeg i oedolion. Drwy gydol y 1990au 'roedd y galw yng Ngwent am ddosbarthiadau i oedolion, yn uwch na'r adnoddau, yn nhermau tiwtoriaid a oedd ar gael. Mewn geiriau eraill, gellid cynnal mwy o ddosbarthiadau yn y sir pe byddai rhagor o diwtoriaid profiadol yn dod i'r adwy.

Mae'r fath awydd ar ran oedolion i ddysgu'r Gymraeg yn un o'r agweddau mwyaf calonogol o'r cyffro newydd oddi ar y

1960au. 'Roedd dosbarthiadau nos i ddysgu'r Gymraeg fel ail iaith yn dra chyffredin o ddechrau'r 1960au ond, ar y cyfan, tueddent i ddysgu Cymraeg llenyddol, yn bennaf am nad oedd cwrs ar gael wedi ei anelu'n benodol at ddysgu iaith i oedolion. Fynychaf câi'r dysgwyr gryn drafferth i glywed y ffurfiau a ddysgent yn y dosbarth, ar dafod leferydd Cymry Cymraeg. 'Roeddent mewn gwirionedd yn dysgu 'iaith llyfr' ac, wrth gwrs, Cymraeg prennaidd, annaturiol fyddai hwnnw i glust y Cymro Cymraeg. Cynhelid y dosbarthiadau fynychaf unwaith yr wythnos yn ystod y gaeaf ac 'roedd diffyg dilyniant o un flwyddyn i'r llall yn wendid mawr.

Erbyn y 1970au daethai'n amlwg fod angen cyrsiau priodol ar gyfer oedolion a fyddai wedi eu hanelu at gael y dysgwyr i ddefnyddio'r iaith. Nid cynhyrchu pobl a wyddai gryn dipyn am yr iaith oedd y nod bellach ond cynaeafu siaradwyr newydd. 'Roedd yn rhaid gweithio ar gyrsiau a fyddai'n rhoi hyder i ddysgwyr ddefnyddio'u gwybodaeth yn ymarferol a symudodd y pwyslais o'r llenyddol i'r llafar. Yn 1974 penododd y Brifysgol Swyddog yr Iaith Gymraeg i fod yn gyfrifol am ddatblygu cyrsiau addas ar gyfer oedolion. Esgorodd hynny ar y cyrsiau Wlpan, cyrsiau dwys wedi eu sylfaenu ar batrymau'r iaith lafar ac a gynhelid am sesiynau awr a hanner neu ddwy sawl gwaith yr wythnos. Amcenid cael y dysgwyr i allu cyfathrebu yn y Gymraeg erbyn diwedd y cwrs. Wrth gwrs, sylfaen yn unig yw cwrs o'r fath i ddysgu pellach drwy gyfrwng cyrsiau ôl-Wlpan. Yn y rhai hynny, ymestynnir geirfa, a chystrawennau gan geisio cyfoethogi cadwyn gyweiriol y dysgwyr yn y Gymraeg. Ar ôl hynny ceir cyfle i feistroli gofynion gwahanol y cyfrwng ysgrifenedig. Bellach cynigir sbectrwm o gyrsiau penodol i oedolion gan yr awdurdodau addysg, y colegau addysg, adrannau addysg oedolion colegau Prifysgol Cymru, a hefyd gan gyrff gwirfoddol megis cymdeithasau athrawon/rhieni, Merched y Wawr, Cymdeithas yr Iaith, yr Eisteddfod Genedlaethol, yr Urdd a chymdeithasau diwylliannol lleol. Apwyntiodd y Cyd-Bwyllgor Addysg swyddog i fod yn gyfrifol am ddysgu Cymraeg i oedolion a threfnwyd arholiadau TGAU a Safon Uwch mewn Cymraeg fel ail iaith ar gyfer oedolion. Gweithiwyd, hefyd, ar brofion er mwyn gallu mesur cyrhaeddiad y dysgwyr ar wahanol amserau yn ystod y cyrsiau. Swyddog y Cyd-Bwyllgor sydd hefyd yn gyfrifol am gasglu gwybodaeth am yr holl gyrsiau, yr ysgolion undydd a'r amrywiol weithgareddau a drefnir yn benodol ar gyfer dysgwyr. Anfonir yr wybodaeth bob tymor at athrawon a threfnwyr cyrsiau drwy'r wlad i gyd. Mae'n ffordd dra effeithiol i hysbysu pawb ynglŷn â'r hyn a ddigwydd ac ynglŷn â defnyddiau, adnoddau a chyfarpar newydd sydd ar gael. Gall dysgwyr profiadol sefyll Arholiad Tystysgrif yn y Gymraeg, Prifysgol Cymru, a dderbynnir yn gymhwyster proffesiynol gan gyflogwyr ac yn gymhwyster ar gyfer derbyniad i gwrs gradd yng ngholegau'r Brifysgol. Graddiodd cryn hanner dwsin o Adran y Gymraeg Abertawe oddi ar ddiwedd y 1980au ac y mae pump ohonynt bellach yn athrawon y Gymraeg. Mae'r system yn bendant yn gweithio.

Mae'r ddarpariaeth o ran y cyrsiau a gynigir yn well nag y bu erioed a'r nodyn calonogol yw nad yw'r galw yn lleihau. Cynhelir cyrsiau yn y bore, yn y prynhawn a gyda'r nos, cyrsiau penwythnos a chyrsiau preswyl. Mewn rhai canolfannau cynhelir cyrsiau rhwng 8.00 a.m. a 9.30 a.m. ar gyfer y rhai na allant ddod yn yr hwyr, oherwydd galwadau gwaith neu gyfrifoldebau teuluol. Ymddengys fod cyrsiau yn y gweithle yn dod yn llawer mwy cyffredin ac yn dra phoblogaidd. Trefnir y rhain fynychaf ar gyfer gweithwyr yn y sector gyhoeddus megis, llywodraeth leol, colegau, ymddiriedolaethau iechyd, Hyder a chwmnïau cyhoeddus eraill. Mae cryn angen cynyddu'r math hwn o ddosbarth gan fod yr elfen 'iaith at ddibenion arbennig' yn wedd ychwanegol, ymarferol. Y gobaith mawr yw y bydd modd targedu rhagor o gwmnïau preifat yn y dyfodol gyda'r un neges, sef y byddai'n fanteisiol iddynt gael gweithwyr dwyieithog. Er bod gwaith sylweddol wedi ei gyflawni ym maes addysg oedolion yn ystod yr ugain mlynedd diwethaf, pery o hyd yn un o'r meysydd mwyaf addawol o safbwynt cynnydd a datblygiad yn y dyfodol, yn arbennig os eir ati o ddifrif i sylweddoli amcanion ac ysbryd Deddf Iaith 1993.

Ni ellir gorbwysleisio pwysigrwydd gwaith dysgu'r Gymraeg i oedolion. Nid awgrymaf am eiliad nad yw'r gwaith gwych a wnaethpwyd â phlant yn mynd i ddwyn ffrwyth ond, fel yr amlinellwyd eisoes, mae'n fwy tebygol y bydd plant sydd yn gallu cyfathrebu yn y Gymraeg yn eu cartrefi yn parhau i siarad y Gymraeg ar ôl gadael yr ysgol. Dadleuodd Bobi Jones ers blynyddoedd, mai oedolion, ac yn arbennig oedolion ieuainc, yw'r grŵp pwysicaf o ddigon i'w hennill i fod yn rhugl yn y Gymraeg.[25] Dadleuodd eu bod yn llawer mwy dylanwadol a chreadigol ym mhrosesau adfer iaith. Gallant newid iaith yr aelwyd o'r Saesneg i'r Gymraeg gan wneud trosglwyddiad ieithyddol o'r naill genhedlaeth i'r llall yn bosibl. Gall oedolion benderfynu, cynllunio, adeiladu, ffurfio barn a dylanwadu ar syniadau ac ymagweddiad cymdeithas. Nid oes gan blant y gallu na'r grym i wneud hynny. Gall plant ennyn diddordeb o fewn eu teuluoedd, a hwy yn fynych yw'r prif gymhelliad i'w rhieni fynd ati i ddysgu'r Gymraeg, ond nid yw rhoi addysg Gymraeg i blentyn o angenrheidrwydd yn golygu y bydd ei rieni a'i deulu yn dysgu'r iaith.

Beth ddigwydd i'r dysgwyr ar derfyn eu cyrsiau? A ydynt yn parhau yn ddysgwyr neu a ellir eu cymathu o fewn rhwyd-weithiau cymdeithasol Cymraeg? Mae yna bont y mae'n rhaid ei chroesi. Mae'n rhaid i wybodaeth a gallu ieithyddol gael eu hehangu a'u hymarfer mewn sefyllfaoedd cymdeithasol real ac nid o fewn cylch cyd-ddysgwyr ac athro yn unig. Prif angen dysgwyr rhugl a lled-rugl yw ennill hyder a chael cyfleoedd i ymarfer eu medrau newydd. I'r perwyl hwn trefnir llu o weithgareddau cymdeithasol, megis Sadyrnau siarad a chyrsiau preswyl ar y penwythnos. Agorwyd Canolfan Iaith Nant Gwrtheyrn ym Mhen Llŷn, lle gall dysgwyr a'u teuluoedd fynychu cyrsiau neu dreulio cyfnod o wyliau yng nghwmni teuluoedd eraill sy'n Gymry Cymraeg. Yr angen pennaf yw amlhau'r cyfleoedd i ddysgwyr gymdeithasu â Chymry Cymraeg mewn sefyllfaoedd cwbl anffurfiol a naturiol. Ond rhaid addysgu'r Cymro Cymraeg hefyd a'i berswadio i beidio trosi i'r Saesneg pan fydd dysgwr yn cael trafferthion. Ni all ennill hyder llwyr tra bo'r Cymro Cymraeg yn fodlon troi i'r Saesneg. Dyma yw craidd beirniadaeth Carol Trosset, dysgwraig ei hunan:

> All learners I spoke to agree that the hardest thing about learning Welsh is getting opportunities to speak it. In general people do not speak to learners in Welsh. Even when they know

that someone is learning Welsh and wants to hear it spoken, Welsh speakers will tend to use English in his presence. Learners attempting to converse in Welsh with native speakers often find that the first time they make a linguistic mistake, thus signalling their lack of fluency, the Welsh speakers will switch to English.

'Roedd yn feirniadaeth hollol deg. Bellach ceisir pontio'r agendor drwy ymdrechion mudiadau gwirfoddol megis Cymdeithas yr Iaith, Merched y Wawr, yr Urdd, Cymdeithas y Dysgwyr a rhai cymdeithasau lleol eraill. Bu twf clybiau cymdeithasol Cymraeg, hefyd, yn dra buddiol oherwydd eu bod yn cynnig cyfleoedd i gymdeithasu mewn awyrgylch Cymreig ac mewn man y disgwylir i'r Gymraeg fod yn norm.

Oddi ar canol yr 1980au gwnaeth Cymdeithas y Dysgwyr waith arbennig yn y cyswllt hwn. Nod y gymdeithas yw cyd-gysylltu dysgwyr â Chymry Cymraeg a hynny drwy gyfarfodydd cymdeithasol eu naws. Yn 1994 'roedd gan y gymdeithas 60 cylch, wedi eu dosbarthu dros Gymru gyfan, mewn ardaloedd Cymraeg yn ogystal ag yn y trefi a'r dinasoedd. Y nod yw rhoi'r gefnogaeth angenrheidiol i ddysgwyr allu ymdoddi i rwydweithiau cymdeithasol lleol sy'n Gymraeg eu hiaith. Yng nghyfarfodydd CYD cânt gyfle i dorri'r iâ, ennill hyder a dod i adnabod nifer o Gymry Cymraeg lleol. Rhydd hyn gyfle iddynt ymestyn eu hiaith drwy drafod amrywiaeth o bynciau yn y Gymraeg â'u ffrindiau newydd. Pwrpas y gweithgareddau yw cyflwyno'r dysgwr yn raddol i fywyd Cymraeg ei ardal. Cyhoeddir cylchlythyr—*Cadwyn CYD*—sy'n llawn gwybodaeth am lyfrau, gweithgareddau a chyfarfodydd a fydd o gymorth i'r dysgwr. Cyflawnodd CYD waith pwysig ac adeiladol, ond y broblem fawr yw diffyg cyllid i allu dyblu niferoedd y trefnwyr lleol cyflogedig. Mae lle allweddol i weithgarwch o'r math hwn ym mhroses adfer iaith, ond y diffyg pennaf yw, mai amrywiaeth o fudiadau gwirfoddol a geisiodd ymateb i'r galw. Serch hynny, bu'r ymateb yn un rhagorol, fel y tystia'r cynnydd syfrdanol a welwyd yn y sector hwn yn ystod y 1980au a dechrau'r 1990au. Byddai'n gwbl briodol galw'r cyfnod 1985-95 yn 'Ddegawd y Dysgwr'. Gyda'r parhad yn y galw am wersi Cymraeg, bydd canran uchel iawn o siaradwyr y Gymraeg yn y dyfodol agos yn rhai a ddringodd drwy rengoedd y dysgwyr. Byddai'n ffolineb tybio fod pawb sy'n ymuno â chwrs Wlpan yn llwyddo i feistroli'r Gymraeg, ond gellir tynnu cysur o'r ffaith fod cynifer yn fodlon mentro. Newidiodd yr hinsawdd gryn dipyn oddi ar ddegawd cyntaf yr ugeinfed ganrif. Yr unig ddysgwyr yng Nghymru y pryd hwnnw oedd Cymry Cymraeg yn ymlafnio â'r Saesneg. Nid oedd yn ffasiynol o gwbl i'r di-Gymraeg ymhél â dysgu'r iaith.

Y byd cyhoeddi

Un tueddiad cynyddol a brawychus yn ystod yr ugeinfed ganrif ydyw'r lleihad mewn darllen ac ysgrifennu yn y Gymraeg, hyd yn oed yn y Gymru Gymraeg. Nid mater o ddiffyg llythrennedd yn y Gymraeg yw hyn, ond yn hytrach tueddiad cynyddol ymhlith mwy a mwy i ddewis ysgrifennu a darllen yn y Saesneg oherwydd y teimlent eu bod yn fwy cartrefol yn yr iaith honno. Wrth gwrs, ffrwyth addysg a roes y prif bwyslais ar y Saesneg oedd yn gyfrifol am hyn, a chanlyniad y ffaith mai llyfrau Saesneg oedd y gwerslyfrau, ac yn y Saesneg y trafodid pob pwnc heblaw am y Gymraeg. Tyfodd cenedlaethau a oedd yn ddigon rhugl ar lafar yn y Gymraeg, ond ni ddarllenent ddim yn y Gymraeg, onid aent i gapel neu eglwys yn rheolaidd. Ychwanegodd y cefnu ar grefydd at rengoedd y Cymry un cyfrwng hyn—y Cymry iaith lafar yn unig. Erbyn canol y ganrif daethai darllen ac ysgrifennu yn y Gymraeg yn nodwedd a gysylltid â chapelwyr neu â phobl broffesiynol a dderbyniasai addysg. Nid oedd llawer o ddyfodol i'r Wasg Gymraeg.

Teneuasai cynnyrch sylweddol diwedd y bedwaredd ganrif ar bymtheg ac yr oedd y trawstoriad o ddeunydd a ddeuai i olau dydd yn bur gyfyngedig ei apêl. Saesneg oedd y papurau dyddiol, ac 'roedd y newyddion yn ail-law erbyn i'r wythnos-olion Cymraeg ymddangos. 'Roedd llawer mwy o ddewis yn y Saesneg, yn gylchgronau at bob dant ac yn llyfrau ar bob pwnc dan yr haul a'r rhai hynny'n rhesymol eu pris ac yn ddeniadol eu diwyg. 'Roedd perygl gwirioneddol y gallai'r gair argraff-edig, yr iaith ysgrifenedig ddatblygu i fod yn nodwedd a arferid gan feirdd, llenorion, beirniaid llenyddol ac ysgolheigion proffesiynol yn unig. 'Roedd cyhoeddi yng Nghymru mewn cyflwr trychinebus.

Yn 1951 cyhoeddwyd Adroddiad A.W. Ready (Y Swyddfa Gartref) ar gyflwr cyhoeddi yn y Gymraeg. 'Roedd ei ddyfarniad yn frawychus a diflewyn ar dafod:

> A bookless people is a rootless people, doomed to lose its identity and its power of contributing to the common fund of civilization . . . If the published language goes, the language itself as a cultural medium will soon follow: and if Welsh goes a bastardised vernacular will take its place.

'Roedd yr ymchwilydd A.W. Ready yn llygad ei le. Rhoes ei fys ar nodwedd dra phwysig yng nghadwraeth iaith. Yn niwylliannau'r byd yn gyffredinol rhoddir cryn statws i'r iaith lenyddol fel yr amrywiad gorau ar iaith, yr amrywiad safonol a llinyn mesur cywirdeb. O gyfnod Dionysius Thrax, y gramadegydd o Alecsandria yn y ganrif gyntaf cyn Crist, hyd y ganrif hon y cyfrwng llenyddol oedd sylfaen pob astudiaeth ramadegol. Ystyrid mai gwyriadau ar yr iaith lenyddol bur oedd y tafodieithoedd, amrywiadau llafar eilradd, distatws. 'Roedd Cymraeg y pulpud yn dra llenyddol, ac yn ei gyweiriau ffurfiol tuedda'r Cymro i symud rhyw gymaint tuag at normau'r iaith lenyddol. Mae traddodi araith yn effeithiol yn golygu paratoi ymlaen llaw ar bapur a rhaid wrth allu i ddefnyddio patrymau a chystrawennau cydnabyddedig yr iaith ysgrifenedig. Gallai lleihad mewn darllen y Gymraeg, felly, gael effaith ddeublyg. Wrth i Gymry Cymraeg ddod yn fwy cyfarwydd â'r gair argraffedig yn y Saesneg, yn eu hail iaith wedyn y bydd eu hamrywiadau statws. Gall hynny, yn ei dro, effeithio ar rychwant eu cyweiriau posibl yn y Gymraeg. Ni fyddant yn rhy hapus mewn arddull ffurfiol yn y Gymraeg; bydd y patrymau yn ddieithr iddynt a byddant yn llawer parotach i siarad yn gyhoeddus yn y Saesneg. Canlyniad y fath anghydbwysedd cyweiriol yn y ddwy iaith yw dod i ystyried mai Cymraeg gwael, di-raen, 'talcen slip' yw eu Cymraeg llafar. Mae tlodi cyweiriol yn un cam ym mhroses erydiad iaith a chyfnewid ieithyddol. Pan fo'r famiaith yn gyfyngedig i'r cyfrwng llafar yn unig, yna daw'r ail iaith yn brif iaith. Fel y dangosodd cyfrifiadau 1971 a 1981, gwelwyd erydiad llym yn safle'r

Gymraeg yn yr ardaloedd hynny lle cafwyd canran isel o siaradwyr y Gymraeg yn llythrennog yn yr iaith. Mae gan lythrennedd mewn iaith ac ymarfer cyson o'r nodwedd honno le creiddiol ym mhrosesau cadwraeth ac adfer iaith. Os yw iaith leiafrifol i ffynnu, mae'n bwysig ei bod yn gyfrwng ysgrifenedig a llafar effeithiol ac ymarferol.

Ymatebwyd i Adroddiad Ready drwy sefydlu Pwyllgor Llyfrau Cymraeg o dan adain y Cyd-Bwyllgor Addysg. Yn 1954 mabwysiadwyd cynllun a sicrhâi gyflenwad cynyddol o lyfrau diddorol ac apelgar i'w defnyddio yn yr ysgolion. Ar yr un pryd sefydlwyd rhwydwaith o gymdeithasau llyfrau Cymraeg— Clwb Llyfrau—er mwyn hybu darllen yn y Gymraeg a chreu marchnad ehangach i lyfrau Cymraeg newydd. O'r ymdrechion a'r cymdeithasau hyn y tarddodd y Cyngor Llyfrau Cymraeg yn 1961. Yn y cyfamser gweinyddai Gwasg Prifysgol Cymru grant o £1,000 y flwyddyn a roddwyd gan y llywodraeth rhwng 1956 a 1961 fel cymhorthdal i gyhoeddwyr Cymru allu cyhoeddi llyfrau Cymraeg i oedolion. Daethai peth ymyrryd adeiladol, felly, i geisio achub y Wasg Gymraeg rhag difodiant. 'Roedd dau ben i'r ymosodiad—llyfrau deniadol i blant, a thrawstoriad ehangach o lyfrau a apeliai at oedolion. Yn ystod y 1970au gweinyddid y cymhorthdal cyhoeddi gan bedwar corff gwahanol: Bwrdd Gwasg Prifysgol Cymru, y Cyd-Bwyllgor Addysg, Cyngor y Celfyddydau a'r Cyngor Llyfrau. Nid oedd angen pedwar corff ac fel y nodwyd yn Adroddiad Cyngor yr Iaith Gymraeg, *Publishing in the Welsh Language* a gyhoeddwyd yn 1978:

> . . . the need for a common strategy is inescapable . . . the very nature of the present system, developed ad hoc over a number of years often makes co-ordination of purpose and effort difficult. It also runs the risk of not being completely attuned to customer demand, which in our opinion, is the most important factor of all.[27]

Unwaith eto gweithredwyd yn ôl yr argymhellion, ac o 1981 ymlaen ymgymerodd y Cyngor Llyfrau â'r gwaith o weinyddu'r cymhorthdal er i Gyngor y Celfyddydau, hefyd, gyfrannu peth at y gwaith. Rhwng 1981 ac 1986 cefnogwyd 546 o lyfrau gan y Cyngor Llyfrau a 44 llyfr gan Gyngor y

Celfyddydau yn ystod y pum mlynedd 1982-7. Cyfrannwyd cyfanswm o £638,720 yn gymhorthdal tuag at gyhoeddi'r 590 cyfrol uchod.[28]

O ddiwedd y 1960au ysgwyddodd y Cyd-bwyllgor Addysg y cyfrifoldeb o gynhyrchu llyfrau darllen graddedig, diddorol a deniadol i blant ysgol. Sicrheid gwerthiant i'r llyfrau drwy ymrwymiad ar ran yr awdurdodau addysg lleol i brynu lleiafswm o 1,300 copi. Sicrhâi hyn bryniant ond, yn bwysicach byth, sicrhâi fod y llyfrau yn cyrraedd yr union ddarllenwyr y bwriadwyd hwy ar eu cyfer. Dechreuwyd cynhyrchu yn benodol yn ôl anghenion y farchnad, a chyda'r cynnydd yn y sector addysg Gymraeg, 'roedd paratoi deunydd addas ac effeithiol i ateb y galw yn gam cadarnhaol, pwysig. Drwy ymateb i'r angen, crewyd galw am ragor o lyfrau. Rhwng 1982 a 1988 cefnogodd y Cynllun Llyfrau Darllen Cymraeg 129 o deitlau gyda chymhorthdal o £592,020.[29]

Yn 1978 ymgymerodd y Cyngor Llyfrau â'r gwaith o hybu cyhoeddi llyfrau amser hamdden a oedd yn benodol ar gyfer plant hŷn a phobl ieuainc. 'Roedd llyfrau'r Cyd-bwyllgor Addysg wedi creu diddordeb mewn darllenwyr ieuainc. Yn awr 'roedd angen dilyniant yn y deunydd darllen a fyddai'n apelio at blant hŷn, ac a fyddai'n sicrhau eu bod yn parhau i ddarllen llyfrau Cymraeg, yn yr union oedran pan oedd perygl iddynt droi eu cefnau, oherwydd y rhychwant dewis a'r deunydd lliwgar ac apelgar a oedd ar gael yn y Saesneg. 'Roedd yn dipyn o her ac yn gam i'r cyfeiriad iawn. Rhwng 1980 ac 1986 cefnogodd y Cyngor Llyfrau 406 teitl gyda chym-horthdal o £373,378, a rhwng 1983 ac 1987 cefnogodd Cyngor y Celfyddydau ddeg teitl. Yn ystod yr un cyfnod gwelwyd cynnydd sylweddol yn y galw am werslyfrau Cymraeg yn y sector addysg gyfun yn ogystal â'r cynradd. Yn y pum mlynedd rhwng 1982-87, cefnogwyd 132 o deitlau gan yr awdurdodau addysg lleol.

Bu'r 1980au, felly, yn gyfnod tra chynhyrchiol ym myd cyhoeddi deunydd yn y Gymraeg. Aethpwyd ati o ddifrif i gynhyrchu amrywiaeth o ddefnyddiau diddorol, apelgar a deniadol ar gyfer plant ieuainc a phlant hŷn yn bennaf. Mae rhychwant a safon y deunydd cystal unrhyw ddydd â'r hyn a geir yn y Saesneg neu yn unrhyw un o ieithoedd rhyngwladol y byd. Serch hynny, ni chyflawnwyd digon ar gyfer plant yn eu harddegau a phobl ieuainc. 'Roedd perygl y byddai'r darllenwyr brwd, iau yn dewis darllen llyfrau Saesneg o gyfnod eu harddegau ymlaen. Yn ôl *Market Research Working Party* (1988: 43):

> . . . it can be calculated . . . that the Welsh speakers in the sample have read nearly five times as many English books as Welsh books.

Tybed nad oedd awgrym o batrwm oedran-glwm yn yr arolwg o ddarllenwyr y Gymraeg? 'Roedd yr iaith yn gyfrwng darllen naturiol i'r plant ac 'roedd cyflenwad addas o lyfrau da ar gael iddynt, ond o gyfnod yr arddegau ymlaen 'roedd cryn gilio, a'r Saesneg yn disodli'r Gymraeg fel prif gyfrwng darllen. 'Roedd yn amlwg fod yn rhaid ystyried y broblem a cheisio unioni'r gwall. Gwelwyd bod yn rhaid gwella'r cyflenwad o lyfrau Cymraeg, ond, hefyd, 'roedd angen gweithredu dulliau marchnata mwy effeithiol.

> On a personal level it can be seen that the linguistic ability and the language of the home, in addition to educational attainment are important factors in the number of Welsh books read. On the other hand the scarcity of Welsh books in some of the most important categories and a lack of shops which sell the product, affect even the most fluent speakers. Compare this with the incredibly wide range of English books on sale, the effort made to market them, and all the different outlets through which they are available.

Dylid cofio, serch hynny, nad yw'n bosibl cynhyrchu rhagor o lyfrau ar bynciau amrywiol ar gyfer sbectrwm ehangach o ddarllenwyr heb yn gyntaf annog a hyfforddi awduron newydd. Mae ysgrifenwyr proffesiynol llawn amser yn y Gymraeg yn brin iawn, ac yn ôl *Market Research Working Party* (1988: 139):

> . . . the annual salary of the Welsh 'professional' author does not exceed £7-8000 per annum—a totally inadequate sum by any professional standards.

Ni ellir ateb yr angen oni cheir fframwaith hyfforddiant effeithiol a chyllid digonol i warantu hynny.

Yn ystod y 1970au cynyddodd nifer y cyhoeddiadau Cymraeg ar raddfa o 109%, o 199 yn 1972 i 416 yn 1982. Yn ystod y degawd nesaf arafodd y cynnydd beth, ond eto dangoswyd graddfa o 32%, ac yn ystod yr un flwyddyn 1992-93 cafwyd cynnydd o 12%. Os pery graddfa'r cynnydd hwn drwy gydol y 1990au yna bydd y tyfiant yn ddigon tebyg i'r hyn a gafwyd yn ystod y 1970au. Dros y blynyddoedd datblygodd y Cyngor Llyfrau strategaeth farchnata dra effeithiol ac un o'r cynlluniau mwyaf ffrwythlon yw 'Clwb Sbondonics' ar gyfer plant. Drwy ganolbwyntio ar ddarllenwyr o oedran arbennig a gwella'n sylweddol y ddarpariaeth annigonol flaenorol, llwyddodd y Cyngor Llyfrau i atal y llif ymhlith darllenwyr o'r Gymraeg i'r Saesneg. Fel y dengys Ffigur 6.25 cynrychiolai llyfrau plant 30.1% o'r farchnad lyfrau yn 1978. Rhwng 1978 ac 1988 cynyddodd cyhoeddiadau Cymraeg ar raddfa o 54% ond 'roedd graddfa cynnydd llyfrau plant yn 176.3%. Mewn gwirionedd 'roedd 53% o gynnyrch y Wasg Gymreig yn 1988 yn llyfrau ar gyfer plant a phobl ieuainc. 'Roedd hyn yn gynnydd sylweddol ar ganran 1978, er, fel y dengys Ffigur 6.26, ar ei ben ei hun dim ond 5.5% o'r cyfanswm a gyhoeddwyd ar gyfer pobl ifanc. Ni newidiodd y canran hwnnw yn ystod y pum mlynedd nesaf hyd 1994. Yn Ffigur 6.27 dangosir y dosbarthiadau yn 1994. Llyfrau plant sydd ar y brig unwaith eto, a golyga hyn fod cyflenwad ardderchog o lyfrau plant ar gael ar y farchnad. Yn ôl yr ystadegau, prif angen y dyfodol agos yw comisiynu a hybu cyhoeddi nofelau, llyfrau ysgafn, llyfrau amser hamdden a chwaraeon, deunydd a fyddai'n apelio at bobl ifanc. Mae'n hynod o bwysig bod y genhedlaeth a gafodd flas ar ddarllen llyfrau Cymraeg i blant yn parhau i wneud hynny wrth fynd yn hŷn. Y gobaith yw y gellir cryfhau ac ymestyn y farchnad lyfrau i oedolion pe gellid cadw diddordeb plant a chadw'r arferiad o ddarllen llyfrau Cymraeg drwy gydol cyfnod eu llencyndod.

Yn ystod yr ugain mlynedd diwethaf comisiynwyd a chynhyrchwyd deunydd ar gyfer un oedran—cyfnod plentyndod pan sefydlir patrymau ac arferion darllen. Yn awr mae angen dilyniant, yn arbennig o gofio mai yn eu harddegau diweddar, ar ôl gadael yr ysgol, y collir niferoedd o blith rhengoedd siaradwyr cyson yr iaith. Diolch i'r Cyngor Llyfrau a'r gweisg am waith clodwiw. Diolch am y cymhorthdal a

Ffig. 6.25: Llyfrau Cymraeg a gyhoeddwyd yn 1978— y gwahanol ddosbarthiadau

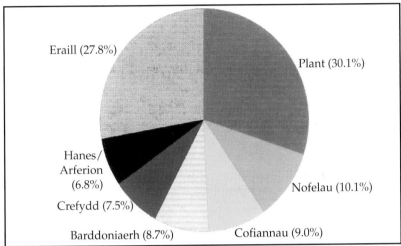

Ffynhonnell: seilwyd ar ystadegau Cyngor Llyfrau Cymru

Ffig. 6.26: Llyfrau Cymraeg a gyhoeddwyd yn 1988— y gwahanol ddosbarthiadau

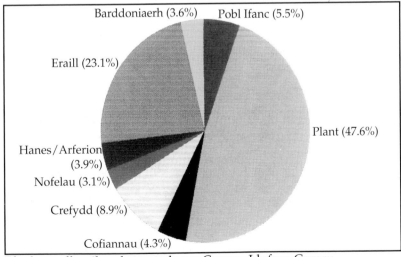

Ffynhonnell: seilwyd ar ystadegau Cyngor Llyfrau Cymru

Ffig. 6.27: Llyfrau Cymraeg a gyhoeddwyd yn 1994—y gwahanol ddosbarthiadau

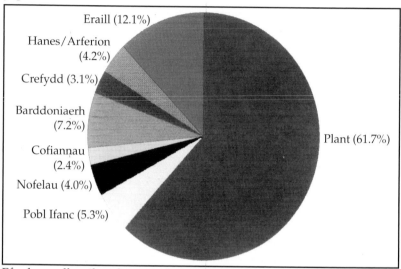

Eraill (12.1%)

Hanes/Arferion (4.2%)

Crefydd (3.1%)

Barddoniaerh (7.2%)

Cofiannau (2.4%)

Nofelau (4.0%)

Pobl Ifanc (5.3%)

Plant (61.7%)

Ffynhonnell: seilwyd ar ystadegau Cyngor Llyfrau Cymru

wnaeth hyn yn bosibl, ond mae angen rhagor o ymdrech ac adnoddau os am lwyddo yn yr ymgyrch i gael Cymry Cymraeg yn gwbl llythrennog yn eu hiaith eu hunain.

Un esiampl o ymgyrch lwyddiannus i gael siaradwyr y Gymraeg i ymgyfarwyddo â darllen yr iaith unwaith eto yw tyfiant a phoblogrwydd anhygoel y papurau bro oddi ar ddechrau'r 1970au. Ar y pryd 'roedd gwerthiant *Y Cymro* a'r *Faner* yn sobr o isel a'r *Herald Cymraeg* a *Herald Môn*, yng nghadarnle'r Gymraeg yng Ngwynedd, yn wynebu problemau dybryd. Bu'r ddau bapur ar hyd y blynydoedd yn deyrngar iawn i'r Gymraeg gan wrthod cydymffurfio â ffasiwn y tridegau o gynnwys eitemau Saesneg mewn papurau lleol Cymraeg. Yng nghopi 12 Gorffennaf 1932 o *Adsain* yng Nghorwen cyhoeddwyd pedair eitem ar hugain yn y Saesneg a dim ond pedair yn y Gymraeg! Dilynwyd yr un polisi gan gyhoeddwyr *Y Seren* a'r *Cyfnod* yn y Bala. Erbyn y 1960au, prin iawn oedd yr wythnosolion na ddilynasant y ffasiwn:

> Of the nine papers listed in Benn's Newspapers Press Directory for 1967 with Welsh language titles, only a few had not

succumbed to the blight of bilingualism, a form of palsy which usually leads to death.[30]

'Roedd yr *Herald Cymraeg* a *Herald Môn* ymhlith y pedwar. Tueddent i fod yn fwy cyfyng eu hapêl na'r wythnosolion Saesneg *Caernarvon and Denbigh Herald* a'r *Holyhead and Anglesey Mail*. At hynny, ymddangosai'r newyddion lleol yn y papurau Saesneg gyntaf ac felly 'roedd yn hen ac yn ail law erbyn i'r ddau *Herald* ymddangos. Effeithiodd hynny'n fawr ar eu cylchrediad. Erbyn dechrau'r 1970au, fel yr awgrymwyd eisoes, 'roedd llythrennedd ymarferol yn y Gymraeg wedi prinhau'n fawr a Chymry Cymraeg rhugl yn cael yr iaith lenyddol yn sych a thrymaidd. I raddau helaeth iawn llwyddodd y papurau bro i wrthweithio'r malltod hwn. Yng ngeiriau lliwgar Clive Betts (1976: 132):

> The new papurau bro (district papers) have rescued the language from the clutches of the literateur and returned it to the manual labourer in the council house up the street who is far more interested in the state of his sewers than in the latest poetic gem from the minister in the manse in the next county.

Mewn geiriau eraill, cynhwysai'r papurau bro newyddion cwbl leol a fyddai o ddiddordeb i bobl leol, newyddion nas ceid mewn unrhyw bapur arall. Gan ei fod wedi ei leoli'n lleol, ei ysgrifennu gan bobl leol ar gyfer eu cymuned eu hunain, tueddent i fod yn anffurfiol a sgwrsgar o ran arddull, yn trafod digwyddiadau, materion a phroblemau a oedd o bwys i bobl leol ac yn gwbl amherthnasol i eraill. Y wedd sgwrsgar, gymunedol a pherthnasol a barodd iddynt ennill eu plwyf ac ymestyn drwy Gymru gyfan.

Yn 1971 ymddangosodd *Llais Ceredigion* ond ar ôl pum rhifyn aeth i'r wal. 'Roedd hwn yn bapur lleol dwyieithog a dichon bod hynny'n ffactor yn ei fethiant. Yn Ebrill 1973 ymddangosodd *Y Dinesydd*—papur lleol i Gymry Caerdydd. Bu'n llwyddiant mawr a chydiwyd yn y syniad mewn pedair ardal wledig, ac yn 1974 cyhoeddwyd eu papur bro eu hunain yng Nghrymych, Tal-y-bont/Glandyfi, Y Bala a Bethesda. Yn ôl golygydd *Papur Pawb*, tua 20% o boblogaeth ardal Tal-y-bont a ddarllenai Gymraeg yn gyson yn 1973 ond ar ôl dechrau cyhoeddi'r papur bro, mynn fod cymaint â 90% yn darllen yr iaith yn gyson. Os yw hynny'n iawn, yna gellir yn hawdd gydnabod bod swyddogaeth hynod o bwysig i'r papurau bro yn yr ymgyrch i adfer statws a defnyddioldeb i'r Gymraeg. Gallant gyfoethogi iaith ac ymestyn cyweiriau'r darllenwyr a hynny drwy drafod pynciau a materion sy'n berthnasol i fywyd lleol.

Rhwng 1973 a 1989 ymddangosodd 63 papur bro ac ar y pryd (1989) 'roedd 54 wedi dal eu tir. Amcangyfrifir bod 60,000 copi o'r papurau bro yn cael eu gwerthu'n fisol, a bod eu darllenwyr yn rhifo 180,000.[31]

Fel y dengys Ffigur 6.28, cafwyd twf cyflym rhwng 1975 ac 1980 yna arafodd wedi hynny. Yn Ffigur 6.29 dangosir yr union nifer a ddechreuwyd bob blwyddyn rhwng 1973 a 1989. Yr 'oes aur' oedd y pum mlynedd o 1975 hyd 1979 pryd y sefydlwyd 40 papur bro. Yn ystod y deng mlynedd nesaf, 1980-1989, sefydlwyd 20 papur bro newydd. Un nodyn gobeithiol, serch hynny, yw mai yn yr ardaloedd Seisnig y sefydlwyd y chwe phapur diwethaf, sef *Tafod Elai* (Caerdydd), *Y Clawdd* (Wrecsam), *Clochdar* (Cwm Cynon), *Hogwr* (Pen-y-bont ar Ogwr), *Y Bigwn* (Dinbych) a *Papur Bro Ifor* (Cwm Rhymni). Ceir syniad o ddosbarthiad a chylchrediad y papurau bro yn 1989 yn Ffigur 6.30.

Ffig. 6.28: Twf papurau bro, 1973-89

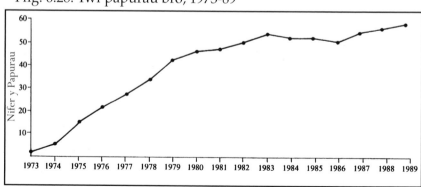

Ffynhonnell: Llyfrgell Genedlaethol Cymru, 1989

Ffig. 6.29: Niferoedd papurau bro newydd yn flynyddol, 1973-89

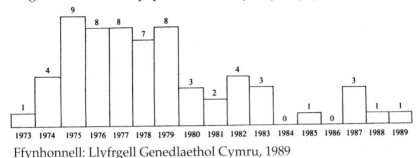

Ffynhonnell: Llyfrgell Genedlaethol Cymru, 1989

Ffig. 6.30: Dosbarthiad daearyddol a chylchredol papurau bro yn 1989

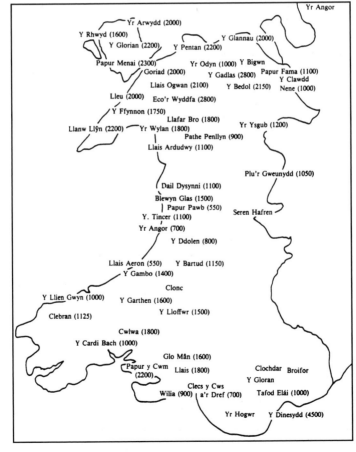

Y cyfryngau

Oherwydd datblygiadau technolegol ein canrif ni, nid yw'n bosibl nac yn ymarferol i unrhyw gymuned ynysu ei hun oddi wrth ddylanwadau allanol, boed y rhai hynny yn rhai diwylliannol, ymagweddiadol, moesol, gwleidyddol neu ieithyddol. Arferid synied bod dau faes yn gadarnleoedd i'r Gymraeg, sef y teulu a'r aelwyd, a chrefydd a'r capel. Hyd yn oed pan ddefnyddid y Saesneg yn y gwaith, yn yr ysgol, yn y siopau ac mewn llu o sefyllfaoedd cymdeithasol eraill, gellid gwarchod y Gymraeg yn y cartref. Nid syniad Cymreig yw hwn o angenrheidrwydd oherwydd, y teulu, wedi'r cyfan yw'r cyfrwng naturiol ar gyfer trosglwyddo iaith o un genhedlaeth i'r llall. Ym mhennod 1 (t.55-7) cyfeiriais at sefyllfa ieithyddol anghyffredin sy'n bodoli ymhlith llwythau indiaidd yng ngogledd-orllewin yr Amazon. Yno mae'r dynion i gyd yn ddwyieithog yn iaith y llwyth a Tukana, sef iaith marchnata a ddefnyddir yn unig ar gyfer cyfathrebu â dynion o lwythau eraill. Mae'r merched i gyd hefyd yn ddwyieithog, yn eu mamiaith ac iaith y llwyth y perthynant iddi drwy briodas. Mynn traddodiad a threfn gymdeithasol fod gwŷr ieuainc yn dewis gwraig o lwyth arall bob amser. Gan fod pob llwyth yn siarad iaith wahanol, nid mamiaith y gwŷr, sef iaith y llwyth, fydd mamiaith y gwragedd priod. Mynnir, felly, fod pob gwraig briod ifanc yn dysgu iaith ei gŵr oherwydd honno, iaith y llwyth, yw'r unig iaith a ganiateir ar yr aelwyd ac o fewn y teulu. Drwy fynnu hyn, llwyddodd pob llwyth i gadw ei iaith gynhenid. Felly, ni adawyd i'r sefyllfa Twr Babel posibl ddatblygu oherwydd iddynt sefydlu'r rheol mai iaith y llwyth yn unig a drosglwyddir o fewn y teulu o'r naill genhedlaeth i'r llall. Yn Awstria 'roedd yr Hwngareg yn ddigon diogel tra parhaodd yr iaith yn brif gyfrwng yr aelwydydd. Atgyfnerthwyd swyddogaeth yr aelwyd gan bwysigrwydd y capel Lwtheraidd ym mywyd y gymuned. Hwngareg oedd cyfrwng yr addoli a'r dysgu yn y fan honno.

Yng Nghymru yn y bedwaredd ganrif ar bymtheg derbyniwyd mai pwrpas addysg ffurfiol oedd dysgu'r Saesneg i'r plant. Credid y byddai'r aelwyd a'r ysgol Sul yn gwarchod y Gymraeg. Brigodd yr un syniadau i'r wyneb ym Mhatagonia ar droad y ganrif hon. Derbyniwyd y Sbaeneg fel cyfrwng addysg, gweinyddiaeth, masnach a bancio. Hi oedd iaith swyddogol bywyd cyhoeddus a chyfyngwyd y Gymraeg i beuodd y cartref a'r capel. I raddau helaeth, erbyn heddiw gall y dewis ieithyddol ddibynnu ar leoliad y sgwrs. Bydd dau unigolyn yn siŵr o gyfarch ei gilydd yn y Gymraeg yn y capel neu yn nhai ei gilydd, ond yn yr ysgol, y banc neu'r swyddfa bost maent yn fwy tebygol o ddefnyddio'r Sbaeneg. Mae'n sefyllfa ddwylosig ddiddorol a phur anarferol, ond hefyd yn un beryglus iawn i'r iaith leiafrifol, oherwydd pan dreiddia'r iaith fwyafrifol i'r cartref bydd dyddiau'r Gymraeg wedi eu rhifo.

Dyna'r math o fygythiad a gyflwynwyd yng Nghymru gan dechnoleg newydd y cyfryngau. Gyda dyfodiad radio ac yna'r teledu gellid clywed Saesneg yn y gegin ac yn y parlwr drwy'r dydd a phob dydd. Saesneg oedd iaith y darllediadau o Gaerdydd a hynny am fod Cymru a Gorllewin Lloegr yn uned ranbarthol yng ngolwg y Gorfforaeth. Nid oedd diben, felly, ddarlledu mewn iaith a oedd yn annealladwy i gyfran helaeth o'r gwrandawyr. Y gwir yw mai esgus digon tila oedd hwnnw ac ni chroesodd feddwl rheolwyr y BBC fod angen unrhyw ddarpariaeth yn y Gymraeg. Protestiodd gwŷr blaenllaw Caerdydd dan arweiniad yr Athro W.J. Gruffydd ond ymateb digon swta a gafwyd gan bennaeth Gorsaf Ddarlledu Caerdydd. Yn 1927 cyhoeddwyd adroddiad *Welsh in Education and Life* gan bwyllgor a benodwyd gan Lywydd y Bwrdd Addysg, 'to inquire into the position occupied by Welsh in the educational system of Wales and to advise how its study may be promoted'. Yn yr adroddiad cyfeirir yn benodol at ddylanwad andwyol posibl, darllediadau unieithog y BBC ar safle a statws y Gymraeg:

> We regard the present policy of the British Broadcasting Corporation as one of the most serious menaces in the life of the Welsh language.

Mae'n eironig mai o brifddinas Gweriniaeth Iwerddon ac nid o brifddinas Cymru y darlledid yr unig raglen radio Gymraeg yn 1927.

Mae'n amlwg i W.J. Gruffydd sylweddoli maint y perygl i'r

iaith oherwydd dwysáu dylanwad y Saesneg yng nghartrefi
Cymru drwy'r radio. Bu cryn anfodlonrwydd a chafwyd
ymgyrchu cyson i geisio unioni'r cam ond arhosodd y BBC yn
gwbl bengaled am ddeng mlynedd arall. Ar 4 Gorffennaf 1937
crewyd rhanbarth Cymru o'r BBC, a dechreuwyd darlledu
rhyw gymaint yn y Gymraeg. 'Roedd ansawdd y rhaglenni yn
uchel ond nid oedd y ddarpariaeth yn ddigonol o bell ffordd.
Yr ateb cyson oedd na ellid amlhau rhaglenni Cymraeg ar y
'Welsh Home Service' oherwydd nad oedd y mwyafrif a
wrandawai ar y radio yn deall yr iaith.

Mae'n wir fod ychydig bach yn well na dim, ond nid oedd yn
ddigon i wrthweithio'r ddelwedd gyhoeddus amgenach a
enillid i'r Saesneg. 'Roedd amrywiaeth rhyfeddol o raglenni
Saesneg y gellid gwrando arnynt, a hynny drwy'r dydd. 'Roedd
y Saesneg yn cael ei marchnata'n hynod o lwyddiannus ar
aelwydydd Cymru ac 'roedd yn anorfod y byddai'n effeithio ar
addasrwydd cyhoeddus y Gymraeg. 'Roedd defnydd o'r
Gymraeg yn rhwym o grebachu ymhellach, yn arbennig felly ar
ôl i'r teledu ddod yn dra chyffredin erbyn diwedd y 1960au.
Teimlid yn gyffredinol y gallai'r cyfryngau niweidio dyfodol y
Gymraeg yn llawer mwy na'r hyn a wnaeth addysg wrth-
Gymreig yn ystod y ganrif gynt. 'Roedd yr ofnau yn rhai digon
cywir. Dangosodd G.L. Berry a C. Mitchell-Kernan y gallai'r
teledu gael effaith negyddol ar blant a berthynai i ddiwylliant
ac ieithoedd lleiafrifol yng ngogledd yr Amerig.[32] Ar y teledu
cyflwynir iaith, diwylliant a safonau'r mwyafrif, a hynny'n
gyson gan esgor ar y syniad mai hynny yw'r delfrydol a'r
normal. Tuedda plant o deuluoedd lleiafrifol i deimlo eu bod,
nid yn unig yn wahanol, ond hefyd yn israddol ac yn ôl yr
ymchwilwyr gall hynny beri i'r plant ymwrthod ag iaith a
diwylliant eu teuluoedd, oherwydd bod y cyfryngau yn rhoi
profiadau cymdeithasol iddynt drwy gyfrwng iaith arall.
Cadarnheir hyn yn ymchwil E. Price-Jones (1982) pan
archwiliodd ddylanwad gwahanol ffactorau ar raddfeydd
dwyieithrwydd plant yng Nghymru. 'Roedd o'r farn y gallai'r
teledu gael effaith ar ymagweddiad plant tuag at y Gymraeg.
Pan na cheid dylanwadau diwylliannol Cymraeg, megis yr
ysgol Sul yng nghylch bywyd plentyn, gallai dylanwad y teledu
beri cefnu bwriadol ar y Gymraeg. Yn ystod y 1960au a'r

1970au pur denau oedd rhaglenni teledu Cymraeg a thueddid i'w dangos yn ystod oriau anghymdeithasol. Yn wir, ni cheid dilysrwydd cyfartal i'r ddwy iaith ar y cyfryngau ar ddechrau'r 1970au er i ni gael Deddf yr Iaith Gymraeg yn 1967.

Yn ystod y 1970au prysurodd yr ymgyrchu dros gael gwell gwasanaeth yn y Gymraeg, a hynny gan drawstoriad cynrych-ioliadol o siaradwyr y Gymraeg.[33] Bu Cymdeithas yr Iaith wrthi'n protestio'n heddychol a thrwy dor-cyfraith yn ystod y 1960au ond ni fedwyd ffrwyth llwyddiant. Yn ystod 1959-60 darlledid rhaglenni Cymraeg am 16.4 awr yr wythnos ac erbyn 1971-72 tyfodd hynny yn 27.8 awr yr wythnos. Onid oedd hynny'n arwydd o lwyddiant? Oedd, ond llwyddiant rhannol yn unig ydoedd oherwydd yn ystod yr un cyfnod cynyddodd cyfanswm oriau rhaglenni Saesneg hefyd, ac ar raddfa llawer cyflymach nag eiddo'r rhaglenni Cymraeg. Yn ystod y deuddeng mlynedd cafwyd cynnydd o 5.8% yng nghyfanswm wythnosol y rhaglenni Cymraeg, ond cynyddodd y rhai Saesneg ar raddfa o 6.3%. Er bod y Cymro Cymraeg yn derbyn 11.4 awr yn rhagor o raglenni Cymraeg yn wythnosol yn 1971-72 mewn cymhariaeth â chyfanswm wythnosol 1959-60, gostyngasai'r ddarpariaeth Gymraeg o'i hystyried fel canran o'r cyfanswm. Yn 1971-72 dim ond 4.2% o'r rhaglenni a ddarlledid yng Nghymru oedd yn y Gymraeg.

Parhaodd Cymdeithas yr Iaith â'r ymgyrch a lledodd drwy drwch rhengoedd y Cymry Cymraeg. Dyma ddisgrifiad A.D. Rees (1973: 189):

> While Judges condemn the offenders as criminals, such national bodies as the Guild of Graduates of the University of Wales and the National Eisteddfod confer honours upon them . . . Under the society's leadership, hundreds of older people are already withholding payment of television licences and scores of them have been fined by maginstrates courts—each offender taking advantage of the court as a public platform to draw attention to the scandalous condition of Welsh broadcasting.

Yn wir, 'roedd y ffeithiau ar eu pennau eu hunain yn ddigon o dystiolaeth fod angen diwygio'r ddarpariaeth.

Ffig. 6.31: Darlledu yn y Gymraeg a'r Saesneg 1971-2

	Cymraeg	Saesneg	Cyfanswm
Radio	2 awr 9 munud	63 awr 24 munud	65 awr 33 munud
Teledu	1 awr 48 munud	27 awr 16 munud	29 awr 4 munud
Cyfanswm	3 awr 57 munud	90 awr 40 munud	94 awr 37 munud

Yn ystod 1971-72, drwy gyfrif yr amryfal raglenni a ddarlledid mewn diwrnod ar y radio a'r teledu yng Nghymru, cafwyd cyfanswm a gyfatebai i 94 awr 37 munud. Yn y Gymraeg darlledwyd am 3 awr 57 munud, ond yn y Saesneg cafwyd yr hyn a gyfatebai i 90 awr 40 munud. Dim ond 3.3% o'r rhaglenni radio a oedd yn y Gymraeg a 6.2% o'r rhaglenni teledu a oedd ar gyfer y Cymry Cymraeg. Nid oes angen dewin i weld fod y ddarpariaeth yn sobr o anghyfartal. Yn ôl cyfrifiad 1971 'roedd bron 21% o'r boblogaeth yn Gymry Cymraeg a phe derbynnid hynny fel math o linyn mesur yna dylasid bod wedi derbyn gwasanaeth Cymraeg ar y radio am 13.8 awr y dydd a rhaglenni Cymraeg am 6 awr ar y teledu. Dyma oedd craidd beirniadaeth A.D. Rees (1973: 180):

> But on radio there was only one hour of Welsh for every 31 in English and on television, one for every fifteen. In short the proportion of Welsh broadcasting in Wales bears no relation whatsoever to the proportion of Welsh speakers in the population. The Welsh language is simply drowned in a sea of English.

Yn 1978 sefydlwyd Radio Cymru, a newidiwyd y 15 awr yr wythnos o raglenni Cymraeg yn 65 awr yr wythnos. 'Roedd Radio Cymru yn llwyddiant ysgubol. Gellid darlledu amrywiaeth o raglenni nawr, o'r newyddion i raglenni trafod, dramâu, nosweithiau llawen, rhaglenni prynu a gwerthu, cerddoriaeth ysgafn neu ganu emynau. 'Roedd rhaglenni garddio ar gael, rhaglenni merched ac, wrth gwrs, rhaglenni plant. Daeth rhaglenni chwaraeon yn dra phoblogaidd a chyfarwyddodd y gwrandawyr â geiriau ac ymadroddion newydd yn y Gymraeg, termau a oedd yn rhai Saesneg cyn hynny.

Prif ganlyniad ymestyn rhychwant y rhaglenni ydoedd rhoi cyfle i wrandawyr Cymraeg glywed trafod yn y Gymraeg rai meysydd a fuasai'n gyfarwydd iddynt yn y Saesneg cyn hynny. Llwyddodd Radio Cymru i gynyddu ymwybyddiaeth ieithyddol y Cymro a pheri iddo weld fod y Gymraeg yn gwbl addas ar gyfer trafod pynciau mor amrywiol ag economeg, gwleidyddiaeth ryngwladol, problemau cymdeithasol, iechyd, mabwysiadu, erthylu neu hilyddiaeth. Nid iaith barddoniaeth, crefydd a'r eisteddfod oedd y Gymraeg ond iaith pob agwedd ar fywyd. Dyna gyfraniad mwyaf Radio Cymru oddi ar 1978— bu'n gyfrwng i ymestyn posibiliadau'r iaith. Yng nghanol y 1990au mae'n bosibl gwrando ar amrywiaeth o raglenni Cymraeg ar y radio drwy'r dydd, ar Radio Cymru ac ar orsafoedd annibynnol megis Sain Abertawe a Radio Ceredigion.

Yn 1974 mynegodd Adroddiad Crawford y dylid unioni'r sefyllfa anghyfartal ym myd teledu drwy roi'r bedwaredd sianel arfaethedig yn gyfan gwbl i raglenni Cymraeg. Ni wireddwyd hynny yn ystod y 1970au. Ar ddechrau'r degawd darlledid 12.7 awr yn y Gymraeg ar y teledu rhwng BBC ac ITV. Erbyn 1978 cafwyd 14.9 awr yr wythnos ac 18.5 awr erbyn 1981. Serch hynny, nid oedd sôn am weithredu awgrym Crawford. Yn 1980 mynegodd y llywodraeth nad oedd yn fwriad ganddynt weithredu cynllun Crawford wedi'r cyfan, ond y byddai modd cynyddu'r ddarpariaeth ar y ddwy sianel arall. Esgorodd y penderfyniad ar brotestiadau mynych a thrwy gydol haf 1980 cwestiwn gwasanaeth Cymraeg teilwng ar y teledu oedd pwnc llosg y dydd, bron bob dydd. Daeth y mater yn symbol o'r frwydr dros dynged yr iaith a hunaniaeth Gymraeg. Cyhoeddodd y Dr Gwynfor Evans y byddai'n dechrau ympryd hyd angau ar 6 Hydref 1980 oni chadwai'r llywodraeth ei haddewid gwreiddiol. Anfonwyd llythyr at y Gweinidog Cartref gan saith deg wyth o Gymry blaenllaw yn amlinellu bwysiced oedd sicrhau'r sianel newydd ar gyfer cynnal a chyfoethogi diwylliant Cymru. Ar 17 Medi 1980 cytunodd y llywodraeth y gweithredid yn ôl argymhellion Crawford. Dyma gychwyn S4C a dechreuodd ddarlledu ym mis Tachwedd 1982 gan warantu y darlledid rhaglenni Cymraeg o hynny ymlaen yn ystod yr oriau brig ac nid ar amserau anghymdeithasol fel cynt. Yn 1982 cafwyd 22 awr yr wythnos yn y Gymraeg. Erbyn 1983 'roedd y ddarpariaeth yn ymestyn dros 24.6 awr yr wythnos ac erbyn 1989 cyraeddasai gyfanswm o 29 awr. Felly, rhwng 1978 a 1989 dyblodd cyfanswm oriau rhaglenni Cymraeg. Yn 1996 ceir ar gyfartaledd tua 4.6 awr y dydd a hynny yn ystod oriau brig.

Cafodd S4C lwyddiannau a methiannau. Mae'n dasg anodd plesio pawb drwy'r amser. Mae'r rhaglenni newyddion o safon uchel a cheir rhaglenni trafod diddorol a pherthnasol. Cyflawnwyd llawer ym maes arloesi defnydd o'r Gymraeg mewn rhaglenni chwaraeon a gall ieuenctid heddiw drafod amrywiol chwaraeon yn y Gymraeg, tra byddai ieuenctid ugain mlynedd yn ôl wedi defnyddio geirfa Saesneg. Mae rhaglenni plant yn broffesiynol iawn a bu'r rhaglen 'sebon' *Pobl y Cwm* yn hynod o boblogaidd gan ddenu tua 30% o'r boblogaeth Gymraeg ei hiaith. Darlledir rhai rhaglenni ar gyfer dysgwyr, sy'n ddatblygiad calonogol iawn. Cynhyrchwyd ffilmiau a dramâu o safon uchel ond yr un yw'r gân: 'melys moes mwy'. Y mae'n rhaid i'r safon fod yn uchel oherwydd bod dewis o dair sianel arall ar gael i'r person dwyieithog. Ar un olwg mae'r gystadleuaeth yn un galed ond hyd yma llwyddodd y rhaglenni Cymraeg yn bur dda. O safbwynt apêl, gellid anelu rhagor o raglenni at bobl ifanc. Pur denau yw'r ddarpariaeth ar hyn o bryd. Nid yw addasiad neu Gymreigiad o raglen bop Saesneg yn mynd i ateb y galw. Dylid anelu at raglenni gwreiddiol. Ceir canmol, ceir cwyno, ceir anghytuno, ond yn sicr gwnaeth S4C gyfraniad pwysig i gymdeithaseg y Gymraeg oddi ar ei sefydlu yn 1982. Rhoes broffil llawer mwy deniadol a chadarnhaol i'r iaith yng ngolwg y Cymro Cymraeg a'r di-Gymraeg. Fe'i clywir ar y bocs a thrwy'r amrywiaeth o raglenni gosodwyd y Gymraeg yn y canol fel cyfrwng cyhoeddus effeithiol. Enynwyd diddordeb y di-Gymraeg yn nifer o'r darllediadau, yn arbennig y rhai hynny sydd wedi eu his-deitlo. Clywir rhai'n dweud yn fynych i raglenni teledu Cymraeg fod yn gymhelliad cryf iddynt fentro i ddysgu'r iaith.

Rhoes S4C fodolaeth i ddiwydiant newydd—diwydiant ffilmiau Cymraeg. Sefydlwyd nifer o gwmnïau cynhyrchu annibynnol ar gyfer cyflenwi rhychwant o ddeunydd ar gyfer S4C. Bu twf yn y diwydiannau cynnal hefyd, o lunio setiau, goleuo, arlwyo, is-deitlo, i waith golygu ffilmiau. Datblygwyd stiwdio deledu newydd gan gwmni Barcud yng Nghaernarfon.

Sefydlwyd cyfundrefn hyfforddi—Cyfle—ar gyfer darpar weithwyr newydd. Bellach, mae oddeutu 80% o'r technegwyr a gyflogir yn y maes hwn yn Gymraeg eu hiaith. Derbyniodd peth o gynnyrch rhai o'r cwmnïau hyn wobrau a chanmoliaeth uchel mewn gwyliau ffilmiau rhyngwladol. Mae'n un ffordd dra effeithiol o hysbysu'r byd mawr fod yna iaith leiafrifol sy'n dal yn fyw ar gyrion gorllewinol Prydain. O safbwynt cymdeithaseg iaith ac adfer iaith llwyddodd y cyfryngau i wneud cyfraniad gwerthfawr ond mae'r posibiliadau er budd a chynnal yr iaith yn parhau yn ddihysbydd. Mae'r cyfryngau'n rhan allweddol o bob ymgyrch i hybu a chefnogi ieithoedd lleiafrifol.

Yr Eisteddfod Genedlaethol a'r Urdd

Ni fyddai unrhyw ymdriniaeth â statws y Gymraeg yn yr ugeinfed ganrif yn gytbwys heb gyfeiriad at yr Eisteddfod Genedlaethol ar y naill law a'r Urdd ar y llaw arall. Drwy'r naill cysylltir ni heddiw â'r gorau yn natblygiad y diwylliant Cymraeg drwy'r canrifoedd. Yn y llall cawn enghraifft ragorol o ymateb cadarnhaol a gobeithiol i broblemau'r Gymraeg yn y ganrif hon.

Erbyn hyn mae'r Eisteddfod yn fusnes mawr, a golyga rai blynyddoedd o gasglu arian, trefnu a chynllunio gofalus i allu sicrhau Eisteddfod lwyddiannus. Drwy'r Eisteddfod ceir cyfle i arddangos y gorau o'r diwylliant Cymraeg a hynny ar lwyfan cyhoeddus mewn cyfres o ddigwyddiadau sy'n ymestyn dros naw niwrnod i gyd. Daeth yn gyrchfan flynyddol i filoedd, yn fan cyfarfod ac yn ganolfan trafod llenyddiaeth, cerddoriaeth, diwylliant cyffredinol ac, wrth gwrs, yr iaith a'i dyfodol.

Un o gryfderau'r Eisteddfod yw ei bod yn hen, yn gysylltiad clòs â'r diwylliant traddodiadol Cymreig, ond mae hefyd yn ifanc ac yn barod i arbrofi a derbyn newidiadau. Llwyddodd i ddiosg dylanwadau Seisnig rhyfedd Huw Owen a'i gymheiriaid yn ystod y ganrif ddiwethaf. Oddi ar 1950 derbyniwyd mai'r Gymraeg yn unig yw iaith swyddogol holl weithgareddau'r Eisteddfod. Ni chroesewir dwyieithrwydd, rhaid i bopeth fod yn y Gymraeg. Ar un ystyr mae'n fyd cwbl annaturiol a chroes i fywyd pob dydd pawb sy'n ymweld â'r

Eisteddfod, ond o leiaf mae'n ynys o Gymreictod am ychydig dros wythnos bob blwyddyn. Bu cryn gwyno ynglŷn â'r rheol Gymraeg, a honnai rhai ei bod yn cau'r drws ar y Cymry di-Gymraeg. Yn wir, gwrthyd rhai awdurdodau lleol gyfrannu at goffrau'r Eisteddfod. Ond mae'n anodd credu bod y rheol yn achosi poen neu elyniaeth o ystyried pa mor aml y bu'r Eisteddfod mewn ardaloedd Seisnig iawn o fewn yr ychydig flynyddoedd diwethaf—Casnewydd, Glynebwy, Llanelwedd, Castell-nedd ac Abergele. Bellach, gall y di-Gymraeg fanteisio ar offer cyfieithu ar y pryd sy'n eu galluogi i flasu'n well beth o hwyl ac ysbryd yr ŵyl. Mae'n dda i ddelwedd yr iaith bod yr achlysur blynyddol, rhwysgfawr hwn, nid yn unig yn gynheiliad safonau llenyddol a diwylliannol ond hefyd yn gwbl ddigyfaddawd yn amddiffynnydd yr iaith. Mae'n galonogol gweld bod yr Eisteddfod yn llwyddo i ddenu pobl o bob oedran, yn arbennig yr ifanc.

Mudiad ar gyfer plant yw'r Urdd, ond un a roes o'r dechrau le blaenllaw i'r iaith yn ei weithgareddau ac yn ei gynlluniau a'i amcanion. Rhoes yr Urdd i Gymru fudiad ieuenctid Cymraeg a chyfarfodydd a gweithgareddau lle byddai siarad Cymraeg yn 'normal', yn wir yn fwy derbyniol na'r Saesneg. Drwy'r eisteddfodau cylch, sirol a rhanbarthol cynhyrchir bwrlwm diwylliannol drwy'r wlad i gyd o Ionawr hyd y Pasg, ac yna yn ystod yr wythnos gyntaf ym Mehefin ceir yr uchelfannau yn Eisteddfod Genedlaethol yr Urdd.

Rhydd yr Urdd gyfle i blant o bob cefndir, yn Gymry Cymraeg neu ddysgwyr i gystadlu'n gyhoeddus. Anogir y dysgwyr yn arbennig i gystadlu, a thrwy weithgareddau fel hyn ceir rhyw elfen o gymathu diwylliannol. Yng ngwersylloedd yr Urdd trefnir cyrsiau iaith i ddysgwyr o bob safon, ac yn yr haf trefnir gwyliau i ddysgwyr ac i Gymry Cymraeg, ac anogir y dysgwyr i ymarfer eu Cymraeg. Mae'n gyfle gwych i gadarnhau patrymau a ddysgwyd yn y dosbarth drwy eu defnyddio mewn cyd-destunau dilys.

Fel yn achos yr Eisteddfod Genedlaethol dibynna llwyddiant yr Urdd ar waith gwirfoddolwyr. Ni ellir amau gwerth llafur o'r fath. Nid amheuir ychwaith faint a phwysigrwydd cyfraniad yr Urdd i ddyfodol y Gymraeg. Yn sicr, ni all gyflawni mwy na'r hyn a wna ar hyn o bryd ar y cyllid sydd o fewn ei chyrraedd. Daw llwyddiant yn yr ymdrechion diwylliannol oherwydd gweithgarwch athrawon ymroddgar. Onid oes athrawon felly ar gael, ni cheir darpariaeth i'r plant a'r ifanc. Mae hyn yn gryfder ac yn wendid. Wrth wynebu'r dyfodol gallai'r Urdd gyfrannu llawer i strategaeth a chynllunio ieithyddol clir a chenedlaethol. Gyda rhagor o weithwyr maes a threfnwyr lleol cyflogedig gellid sefydlu Aelwydydd llewyrchus ar gyfer yr ifanc yn eu harddegau, sef mannau ymgynnull cymdeithasol lle byddent yn cael eu hannog i fwynhau eu hunain drwy gyfrwng y Gymraeg. Yn sicr, mae gan yr Urdd y profiad a'r arbenigedd i fod yn rhan ganolog o ymdrech adfer iaith.

Statws yr Iaith: bywyd cyhoeddus

Os yw iaith leiafrifol i ffynnu mae'n rhaid iddi fod yn berthnasol a gweithredol ar gyfer pob agwedd ar fywyd yr unigolyn o fewn ei gymdeithas. Mewn sefyllfa ddwyieithog mae'n gwbl hanfodol fod iddi statws a defnyddioldeb cyfartal â'r iaith fwyafrifol. Sicrhau hynny yw un o gamau blaenaf adfer iaith. Mae gwerth seicolegol pwysig i'r broses o sicrhau statws cyfartal oherwydd rhydd dystiolaeth ddiamheuol i siaradwyr iaith fod eu hiaith hwy cystal a llawn mor ddefnyddiol â'r iaith arall. Creu'r fath sefyllfa ffafriol yw conglfaen pob cynllunio ieithyddol llwyddiannus. Mae'n sail gadarn y gellir adeiladu arni i ddileu agweddau negyddol cenedlaethau yn erbyn yr iaith leiafrifol.

Fel y mynegwyd eisoes, ni all iaith ffynnu wrth ei chyfyngu i rai sefyllfaoedd penodol yn unig. Bydd naill ai sefyllfa ddwylosig eang yn datblygu neu collir y dydd. Ni all y Gymraeg byth oroesi drwy ei chyfyngu i'r cartref, y capel, y wers Gymraeg a'r Eisteddfod, neu o'i defnyddio mewn un cyfrwng yn unig—y llafar. Mae'n rhaid iddi ddigwydd mewn trawstoriad o gyweiriau: rhai sefyllfaoedd uchel yn ogystal â rhai isel. Mae'n gwbl hanfodol cael sefyllfa sy'n llawer mwy hyblyg yn nhermau defnydd o'r iaith a'r defnydd posibl ohoni. Pan geir sefyllfa 'cadwyn estynedig' yn yr iaith, gellir bod yn hyderus y bydd ei dyfodol yn ddiogel.[34] Wrth roi statws cyfartal cydnabyddedig i iaith, estynnir ei chyweiriau, ei hadnoddau a'i galluoedd creadigol. Bydd yn datblygu, yn ymaddasu ac ychwanegir at niferoedd ei siaradwyr. Oherwydd y pwyslais eithafol a roddwyd ar y Saesneg yn ystod y ganrif ddiwethaf, a chan na fu'r Gymraeg yn iaith swyddogol ym myd y gyfraith, gweinyddiaeth na'r byd llywodraethol swyddogol oddi ar y Deddfau Uno, daeth y Cymro i dderbyn safle israddol y Gymraeg. 'Roedd y broses o dderbyn goruchafiaeth y Saesneg ym mywyd swyddogol a chyhoeddus Cymru yn gyfystyr â chydnabod mai swyddogaeth eilradd oedd i'r Gymraeg. Un mater yw derbyn hynny, mater gwahanol yw cydnabod a chredu bod hynny'n wir. Pan gymerir yr ail gam, dodir stamp israddoldeb yn gymdeithasol ac yn ieithyddol ar yr iaith. Dyna i raddau ran o'r hyn a welwyd yng Nghymru, ac yr oedd diffyg parch a defnyddioldeb cymdeithasol cyfyng yn ffactorau cryfion ym mhrosesau erydiad. Mae'n rhaid i iaith fyw, newid ac ymaddasu yn ôl gofynion ac amodau cymdeithas sy'n newid. Gan fod iaith a chymdeithas yn anwahanadwy mae'n rhaid wrth amrywiadau iaith sy'n addas ar gyfer pob sefyllfa.

Fel y gwelwyd, cafwyd camau breision ym myd addysg Gymraeg yn ystod ail hanner yr ugeinfed ganrif. Gwnaeth hynny lawer i godi delwedd yr iaith ac ymestyn y defnydd ohoni. 'Roedd twf Mudiad Ysgolion Meithrin a chynnydd syfrdanol dysgu'r Gymraeg i oedolion yn gamau i'r cyfeiriad iawn. Ond daw llawer mwy o rym drwy wybod y gellir defnyddio iaith ym mhob sefyllfa oherwydd bod cyfraith gwlad yn gwarantu hynny. Dichon mai hon yw brwydr amlycaf yr ugeinfed ganrif. Hi, hefyd, yw'r frwydr y bydd yn rhaid ei hennill os yw'r Gymraeg i ffynnu yn y dyfodol. Mae sicrhau hawliau ieithyddol dilys yn broses gymhleth; mae'n wleid-yddol, yn seicolegol ac yn ieithyddol. Yn achos y Gymraeg bu'n ymdrech araf a phoenus.

Yn ystod Eisteddfod Genedlaethol Caerdydd, 1938, trefnwyd Deiseb yr Iaith Gymraeg a alwai am ddefnydd helaethach o'r Gymraeg ym mywyd cyhoeddus Cymru. Fe'i llofnodwyd gan 394,864 o dystion ac fe'i cyflwynwyd yn Nhŷ'r Cyffredin dair blynedd yn ddiweddarach yn 1941. Canlyniad hynny oedd Deddf Llysoedd Cymru yn 1942 a ganiatâi i'r Cymro allu tystiolaethu mewn llys barn yn y Gymraeg, pe byddai traddodi yn y Saesneg yn anfanteisiol iddo. Serch hynny, 'roedd yn rhaid cadw cofnodion y llys yn unieithog yn y Saesneg. Er y gallai'r Cymro ddefnyddio'i iaith mewn llys barn, digwyddiad eithriadol fyddai hynny yn hytrach na'r norm. Y Saesneg oedd yr iaith swyddogol o hyd. I'r Saesneg y perthynai urddas a grym.

Yn ystod y 1950au a'r 1960au protestiodd unigolion yn erbyn system a oedd yn sarhau'r Gymraeg. Un esiampl nodedig oedd Trevor Beasley a'i wraig o Langennech. Gwrthodasant dalu trethi i Gyngor Dosbarth Llanelli oni dderbynient gais dwyieithog. Dygwyd achosion cyfreithiol yn eu herbyn ar ddeuddeg achlysur. Ystyrid hwy ar y dechrau yn rhai od ac eithafol ond, o dipyn i beth, dechreuodd y farn gyhoeddus gynhesu. Cawsant gefnogaeth ehangach a gorfu i Gyngor Llanelli baratoi ffurflenni dwyieithog. Yn 1962 daeth darlith Saunders Lewis *Tynged yr Iaith* i gynhyrfu rhagor ar y dyfroedd. Lleisiodd ef yr hyn a ofnai llaweroedd cyn hynny, ond yn ei ffordd ddihafol ei hun hoeliodd y neges adref. Ganwyd Cymdeithas yr Iaith Gymraeg, yn benodol er mwyn ymestyn defnydd o'r Gymraeg hyd yn oed os golygai hynny herio'r awdurdodau a thorri cyfraith gwlad. Yn Chwefror 1963 cynhaliwyd gwrthdystiad ar bont Trefechan, Aberystwyth ac yna yn Swyddfa Bost y dref. Tynnwyd sylw'r cyhoedd at statws israddol y Gymraeg ym mywyd Cymru. Heriwyd y sefydliad ac ysbardunwyd y tawel a'r dihyder i weithredu. Ym mis Gorffennaf cynullodd y Gweinidog dros Faterion Cymreig bwyllgor dan gadeiryddiaeth Sir David Hughes-Parry,

> . . . to clarify the legal status of the Welsh language and to consider whether changes should be made in the law.[35]

Yn adroddiad Hughes-Parry yn 1965 argymhellwyd y dylai'r Gymraeg gael dilysrwydd cyfartal â'r Saesneg ym meysydd llywodraeth a gweinyddiaeth:

> . . . there should be a clear,a positive, legislative declaration of general application to the effect that any act, writing or thing done in Welsh should have the legal force as if it had been done in English. (Y Swyddfa Gymreig, 1965: 35)

Nid oedd hyn yn gyfystyr â statws cyfartal oherwydd ni roes yr hawl i'r Cymro ddefnyddio ei iaith ym mhob sefyllfa ffurfiol, swyddogol. Unig gyfraniad Deddf yr Iaith Gymraeg 1967 oedd caniatáu defnydd a gohebiaeth swyddogol. Nid oedd y ddeddf yn ddigon cryf nac ychwaith yn glir. Nid hawl y gellid ei gael yn ddidrafferth ydoedd. Ni chynigid gwasanaeth Cymraeg, 'roedd yn rhaid gofyn amdano. Nid oedd unrhyw sicrwydd wedyn y gellid ei gael. Honnai'r ddeddf fod i'r Gymraeg ddilysrwydd cyfartal â'r Saesneg, ond nid oedd grym yn y ddeddf i sicrhau gweithredu hynny. Canolbwyntiodd Cymdeithas yr Iaith yn y blynyddoedd dilynol ar ddangos annigonolrwydd ac amwysedd y ddeddf. Ymgyrchwyd yn ddyfal dros gael dogfennau swyddogol dwyieithog, megis trwyddedau moduron, trwyddedau radio a theledu, ffurflenni pensiwn, papurau treth incwm a ffurflenni cofrestru etholiadol. Bu'n rhaid brwydro ac ymgyrchu hyd at dor-cyfraith i sicrhau'r hyn yr honnid ei fod yn ddilys a rhesymol yn ôl Deddf yr Iaith 1967. Nid oedd dannedd i'r ddeddf na'r peirianwaith ychwaith i sicrhau cyflawni ysbryd y ddeddf. Ymgyrchwyd yn erbyn polisi unieithog y banciau ac o'r diwedd cafwyd sieciau dwyieithog a'r gydnabyddiaeth fod siec yn y Gymraeg yn dâl cyfreithiol. Yna ymgyrchwyd dros gael gohebiaeth ddwyieithog gan gwmnïau cyhoeddus, megis y Byrddau Trydan, Nwy a Dŵr. Ymhen amser cafwyd hynny ond canlyniad protestio a diflastod oedd y caniatáu ac nid dilyniant naturiol i Ddeddf 1967. Erbyn canol y 1970au dechreuwyd targedu'r Rheilffordd Prydeinig a'r cwmnïau bysiau a phwyswyd ar rai o'r siopau mawr i ddefnyddio arwyddion dwyieithog. Erbyn canol y 1970au cafwyd peth llwyddiant; o leiaf 'roedd lle ychydig yn amlycach i'r Gymraeg yn gyhoeddus, yn weledol ac yn weithredol. Adwaith Clive Betts i hyn oedd:

> Welsh is now becoming respectable. Cymdeithas yr Iaith have shown that they are capable of making so much trouble that it is easier to go bilingual (at least symbolically).[36]

Yn ystod y 1970au hefyd ymladdodd Cymdeithas yr Iaith frwydr sianel deledu Gymraeg yn ogystal â thynnu sylw at broblem gymdeithasol/economaidd cynnydd tai haf yn y Gymru Wledig. Condemniwyd yr 'ifanc eithafol' am eu gweithredu di-drais. Dadleuid na allai amharu ag eiddo pobl a thor-cyfraith gyflawni dim. Mater arall yw'r record hanesyddol oherwydd rhagflaenwyd pob cynnydd yn nefnydd cyhoeddus y Gymraeg gan ymgyrch brotestio ddwys gan Gymdeithas yr Iaith. Dyma sut y disgrifiodd D. Glyn Jones ran Cymdeithas yr Iaith yn neffroad ymwybyddiaeth ieithyddol y 1970au (1973: 303):

> In the meantime Cymdeithas yr Iaith has succeeded in bringing the problem of the Welsh language into public notice on a scale never achieved before . . . Thus every campaign of Cymdeithas yr Iaith has, in addition to the obvious aim of obtaining concessions in the public use of Welsh, a less immediate but equally central aim, which is to awaken a new spirit among the people . . . But Cymdeithas yr Iaith will readily concede that status will not of itself save a language. Just as important, as part of the broad strategy is the spirit of determination which the fight for official status calls into being. Cymdeithas yr Iaith has assumed that persuasion, to be effective, does not have to be friendly, and that the kind of persuasion which shocks and challenges people, impresses them with a seriousness of purpose and appeals to the aristocratic instinct in them, eventually brings more solid results.

Yn 1973 sefydlodd yr Ysgrifennydd Gwladol dros Gymru bwyllgor ymgynghorol, sef Pwyllgor yr Iaith Gymraeg. Ei waith oedd archwilio'r sefyllfa a chynnig cyngor ar faterion a ymwnâi â'r iaith Gymraeg. Cyflwynodd adroddiadau ar ddarlledu, ar gylchgronau plant ac ar addysg feithrin Gymraeg. Derbyniodd y llywodraeth yr adroddiadau a gweithredwyd arnynt. 'Roedd yr iaith o dipyn i beth yn cael lle amlycach ym mywyd Cymru ond parhâi'r hen asgwrn cynnen ynglŷn â statws cyfartal y ddwy iaith.

Daeth rhagor o ffurflenni a thaflenni Cymraeg i olau dydd, ond nid oedd modd derbyn y fersiwn Cymraeg oni ofynnid yn benodol amdano. Nid arddangosid y fersiynau Cymraeg yn gyhoeddus, ac nis defnyddid hwy gan gannoedd a allai eu defnyddio am na wyddent am eu bodolaeth. Ar y dechrau cyfieithiadau o'r fersiynau Saesneg wedi eu cyhoeddi ar wahân a gafwyd; yn ddiweddarach y daeth fersiynau dwyieithog yn gyffredin. Cryfder y rhai dwyieithog yw eu bod yn dystiolaeth agored ac amlwg fod y ddwy iaith yn ddilys ym mywyd cyhoeddus Cymru. Erbyn 1986 'roedd trosiadau Cymraeg o 377 o ffurflenni ar gael ond 20 yn unig a gyhoeddid yn ddwyieithog.[37]

Yn ystod y 1980au parhaodd yr ymgyrchu diatal am ragor o ddefnydd o'r Gymraeg yn y meysydd swyddogol a chyhoeddus a dwysaodd yr alwad am statws cyfartal cyfreithiol ac ymarferol i'r Gymraeg. Ym mis Gorffennaf 1983 galwodd Archesgob Cymru am Ddeddf Iaith newydd. Ym mis Hydref 1984 atseiniwyd yr un gri mewn cynhadledd a drefnwyd yng Nghaerdydd dan lywyddiaeth Arglwydd Faer y ddinas. Yng Ngorffennaf 1987 cyflwynodd Dafydd Wigley A.S. Fesur Iaith Newydd yn Nhŷ'r Cyffredin. Ar yr un pryd buasai'r Arglwydd Prys Davies, hefyd, wrthi'n gweithio ar Fesur Iaith a fyddai'n debygol o gyflawni'r hyn na sicrhawyd drwy Fesur 1967. Ymateb y llywodraeth drwy'r Swyddfa Gymreig oedd eu bod yn ystyried y mater, ac yr ymgynghorid ynglŷn â'r camau a weithredid yn ddiweddarach. Ymhen dwy flynedd, yng Ngorffennaf 1988 datgelwyd ffrwyth yr ymgynghori—Bwrdd yr Iaith Gymraeg. Gwaith y bwrdd newydd oedd casglu gwybodaeth a chynghori ynglŷn â'r agweddau a ddylai gael sylw gweinyddol a deddfwriaethol. Yn ychwanegol rhoddwyd ar ysgwyddau'r bwrdd y cyfrifoldeb o gynghori'r Ysgrifennydd Gwladol ynglŷn â sut y gellid hybu a chynyddu'r defnydd o'r Gymraeg gan gyrff preifat yn ogystal â chyrff cyhoeddus. Rhoddwyd i'r bwrdd, felly, swyddogaeth ymchwil, ymgynghori, cynllunio a pherswadio. Yn brydlon iawn yn Ionawr 1989 cyhoeddodd y bwrdd fraslun o anferthedd y dasg a'i wynebai.[38] Ymrannai'r amcanion yn ddwy adran, sef creu cymdeithas drwyadl ddwyieithog, a chreu rhagor o gyfleoedd o fewn y gymdeithas i'r unigolyn allu defnyddio'r Gymraeg yn gwbl ddilestair. Y gwaith pellach fyddai sicrhau deddfwriaeth a'r pwerau perthnasol i allu gwireddu'r amcanion hyn ond byddai'r gweithgarwch i gyd o fewn ffiniau dilysrwydd cyfartal yn hytrach na statws cyfartal. Ni ellir anghytuno o gwbl â'r amcanion bras, ond ymatebwyd yn groch am nad oedd sicrhau statws cyfartal cyfreithiol yn yr arfaeth. Dadleuodd beirniaid y bwrdd mai hynny'n unig a roddai rym cyfreithiol i unrhyw gynllun, a Deddf Iaith gref yn unig a allai sicrhau y gweithredid egwyddor 'dilysrwydd cyfartal' yn deg ac yn drwyadl. Yng nghynllun y bwrdd nid deddfu i sicrhau lle'r Gymraeg oedd y cynllun ond 'cyflwyno canllawiau gwirfoddol ar gyfer cynyddu'r defnydd o'r Gymraeg gan gyrff cyhoeddus/sector breifat'. Ystyriai'r bwrdd mai drwy newid yr hinsawdd ymagweddiadol, drwy ddwyn pwysau a pherswadio graddol y gellid symud ymlaen gan warchod a hybu'r Gymraeg ar yr un pryd. 'Roedd yn dra phleidiol i brosiectau a mentrau a fyddai'n hybu dwyieithrwydd yn y gymuned.

Yn Adran B o'r amcanion rhestrir pedwar bwriad clodwiw:

> Cynyddu nifer y siaradwyr Cymraeg
> Cynhaliaeth i ardaloedd Cymraeg eu hiaith
> Lliniaru effeithiau symud poblogaeth
> Newid agweddau cymdeithasol negyddol

Yna awgrymir rhai dulliau o weithredu. O safbwynt cymdeithaseg iaith mae'r dadansoddiad o'r sefyllfa ac yna'r atebion er mwyn newid y *status quo* yn rhai digon cywir, ond ar ddiwedd y dydd, a yw'r grym a'r gallu gan y bwrdd i sicrhau bod y cynllunio a'r perswadio yn dwyn ffrwyth? Yn Hydref 1989 cyflwynodd y Bwrdd ddrafft o Fesur Iaith i'r Swyddfa Gymreig, a chyhoeddwyd *Mesur yr Iaith Gymraeg: Nodyn Egluro*. Yn ystod y flwyddyn bu'r bwrdd yn brysur yn gweithredu rhai o'i amcanion. Cyhoeddwyd *Polisi Dwyieithog, Canllawiau ar gyfer y Sector Gyhoeddus* a *Dewisiadau Ymarferol ar gyfer defnyddio'r Gymraeg mewn Busnes*. Oherwydd pwysau o du'r bwrdd ym mis Mawrth 1990 sefydlodd Cyllid y Wlad uned arbennig i drafod materion treth incwm â'r cyhoedd yn y Gymraeg. 'Roedd hyn yn amlwg yn enghraifft o berswadio yn dwyn ffrwyth a, hefyd, yn gyfle rhagorol i ddangos fod blaenoriaethau ieithyddol y cyhoedd yn ffactorau y dylid eu hystyried o ddifrif. 'Roedd yn ffordd o newid syniadau ac ymatebiadau pobl. Nid eithafwyr, bellach, oedd y rhai a fynnai ddefnyddio'r Gymraeg ond pobl normal a geisiai'r hyn a oedd yn hawl sylfaenol iddynt. Dyma oedd datganiad Malcolm Kirkland, Rheolwr Cyllid y Wlad, yng Nghymru:

> Our local offices throughout Wales have always done their best to provide a service in Welsh. This new unit will supplement

local arrangements and help to enhance the quality of our service. I expect further improvements as the unit develops its expertise in dealing with technical taxation matters in Welsh. We recognise that many taxpayers prefer to deal with us in their first language and this is all part of our continuing desire to improve our service to the public.

'Roedd yn ddatganiad goleuedig, a chyn hir 'roedd yn bosibl gallu derbyn gwybodaeth a ffurflenni yn y Gymraeg. Ni chyhoeddir deunydd dwyieithog, a rhaid gofyn yn benodol am ohebiaeth yn y Gymraeg. Mae'r dewis ar gael, ydyw, ond rhaid gofyn amdano. Yn yr un flwyddyn hysbysodd yr Adran Nawdd Cymdeithasol ei bod hithau am weithredu polisi dwyieithog hefyd, a hynny drwy'r wlad i gyd:

The policy applies to all offices of the Department of Social Security in Wales. Its aim is to respond positively to these people wanting to conduct their business with the department in Welsh, and to provide them that service up to the standard of the English equivalent. The policy is a bilingual one where Welsh and English have equal status . . . Where a response is not immediately available special arrangements will be made to provide one as soon as possible.[39]

Sylwer ar y frawddeg olaf. Nid addawodd yr adran sicrhau gwasanaeth ym mhobman. Nid oedd ymrwymiad yma i sicrhau y byddai gweithiwr Cymraeg ar gael ym mhob cangen lle gellid disgwyl ymholiadau Cymraeg.

Ym Mesur Drafft y Bwrdd Iaith, dilysrwydd cyfartal yw'r nod yr anelir ato, ond yn y ddogfen cyfeiriwyd hefyd at weithredu os oedd hynny yn 'ymarferol' ac yn 'rhesymol'. Cythruddwyd beirniaid y Mesur Drafft gan y ddau air 'rhesymol' ac 'ymarferol', yn syml oherwydd y llu deongliadau y gellir eu rhoi arnynt yn ôl safbwynt a thueddfryd y person sy'n ymresymu. Mewn geiriau eraill, gellid medi amwysedd oherwydd y seiliau goddrychol a roddwyd i'r gweithredu posibl. Ymatebodd Eleri Carrog, Cymdeithas Cefn, i'r awgrymiadau drwy haeru eu bod yn rhy wan ac yn sicr yn amwys:

Ein safbwynt sylfaenol ni yw na ddylai unigolyn na chymdeithas orfod profi fod defnyddio ei iaith ei hun yn ei wlad ei hun, yn fater rhesymol.

Yn Rhagfyr 1990 cyflwynodd Bwrdd yr Iaith ei fesur iaith diwygiedig i'r Swyddfa Gymreig. 'Roedd hwn yn welliant ar yr un blaenorol. Ynddo ymgorfforwyd cymal a fyddai'n mynnu y dylai cwmni neu gorff allu cyfiawnhau ar dir cyfreithiol ei sail dros beidio cydymffurfio â pholisi iaith dwyieithog.

Ym mis Rhagfyr 1992 cyflwynodd y llywodraeth *Fesur yr Iaith Gymraeg* yn Nhŷ'r Cyffredin,

> . . . to promote and facilitate the use of the Welsh language in Wales, and in particular its use in the conduct of public business and the adminstration of justice on a basis of equality with English.

Yn Hydref 1993 daeth yn ddeddf gwlad, gan sefydlu Bwrdd Iaith newydd a oedd yn awr yn gorfforaeth gorfforedig. Diffinnir ei swyddogaeth yn gryno ar ddechrau'r ddeddf:

> Deddf i sefydlu Bwrdd a chanddo'r swyddogaeth o hyrwyddo a hwyluso defnyddio'r iaith Gymraeg, i ddarparu i gyrff cyhoeddus baratoi cynlluniau i weithredu'r egwyddor wrth gynnal busnes cyhoeddus ac wrth weinyddu cyfiawnder yng Nghymru y dylid trin y Gymraeg a'r Saesneg ar sail cydraddoldeb, i wneud darpariaeth bellach ynglŷn â'r iaith Gymraeg, i ddiddymu rhai deddfiadau darfodedig ynglŷn â Chymru, ac at ddibenion cysylltiedig.

Nid yw Deddf Iaith 1993 yn gwarantu hawliau ieithyddol cyfreithiol i'r Cymro Cymraeg. Ni chafwyd deddf na datganiad a oedd yn dirymu cymal iaith y Deddfau Uno. Pery'r ymadrodd 'dilysrwydd cyfartal' ac nid 'statws cyfartal'.

Yn Nhŷ'r Cyffredin ar 15 Gorffennaf 1993 mynnodd y Gwir Anrhydeddus Syr Wyn Roberts, A.S. nad oedd angen bôn braich cyfreithiol ar y ddeddf:

> . . . y mae'r Gymraeg yn iaith swyddogol yn y wlad hon. Nid oes rhaid datgan hynny mewn cyfraith. Nid yw'n cael ei ddatgan mewn cyfraith yn achos y Saesneg. Mae'r Saesneg hefyd yn iaith swyddogol.

Mae'n ddiddorol fel y gellir chwarae â geiriau! Efallai ei bod hi'n iaith ddilys mewn rhai cyd-destunau bellach, ond nid yw'r Gymraeg yn un o ieithoedd swyddogol y wladwriaeth. Dyna'r maen prawf a ddefnyddir gan awdurdodau'r Gymuned Ewropeaidd ym Mrwsel i gau'r Gymraeg o rai prosiectau sy'n benodol ar gyfer ieithoedd swyddogol. Cyfrifir yr Wyddeleg yn iaith swyddogol, ac ymgorfforir hynny yng nghyfraith y wlad.

Mae hyd a lled y gwaith a wyneba'r Bwrdd Iaith yn anferthol a dichon ei fod wedi ei gymhlethu ymhellach oherwydd y canllawiau a'r cyfyngiadau a roddwyd arno. Ar un ystyr trosglwyddwyd i'r Bwrdd swyddogaeth anogwr, ymgynghorydd, cynllunydd iaith a phlismon i gadw golwg ar broses datblygu polisi iaith ystyrlon gan gyrff cyhoeddus. Gall fod yn broses araf iawn, ac o bosibl yn dra chymhleth i beri bod dwyieithrwydd yn gwbl normal ym mhob un o'r cyrff cyhoeddus. 'Roedd clytwaith ar gael cyn 1993. Gweithredodd Cyngor Sir Gwynedd bolisi dwyieithog cyflawn oddi ar 1975. Rhoddodd Cyngor Dosbarth Dwyfor y flaenoriaeth i'r Gymraeg. Ni olygodd hynny gwtogi ar hawliau'r di-Gymraeg oherwydd sicrhawyd gwasanaeth cyfieithu ar y pryd ym mhob cyfarfod. Nid estynnir yr un hwylustod i Gymry Cymraeg yn rhai o'r siroedd eraill. Yn 1990 cynhaliwyd arolwg gan *Golwg* i ddarganfod beth yn union fyddai'r ddarpariaeth Gymraeg gan brif gwmnïau'r stryd fawr. Darganfuwyd clytwaith anhrefnus fel y dengys Ffigur 6.32.

Yr unig gwmnïau a ddefnyddiai arwyddion ar y tu allan yn y Gymraeg oedd Banc y Midland, y Swyddfa Bost a Thrydan De Cymru. Amrywiai'r patrwm o ardal i ardal yn achos banciau National Westminster, Barclays a Lloyds. Yn y Saesneg yn unig yr oedd arwyddion Boots. Yn y sampl a holwyd, 'roedd 60% wedi defnyddio'r Gymraeg ar eu harwyddion allanol. O edrych ar arwyddion y tu mewn i'r adeiladau, dim ond 30% a oedd yn y Gymraeg. Un yn unig, Banc Lloyds, Caerfyrddin, a ddarparai bamffledi yn y Gymraeg. Gellid trafod yn y Gymraeg ym mhob sefydliad ym Mhorthmadog a Chaerfyrddin ond dim ond mewn 38% o rai Caerdydd. 'Roeddynt i gyd yn fodlon derbyn sieciau Cymraeg er y gallai Tesco fod yn lletchwith ar brydiau.

Mae'n wir ei bod yn llawer gwell i gwmnïau ddewis defnyddio'r Gymraeg o'u gwirfodd yn hytrach na chael eu gorfodi i wneud hynny. Unig fantais gorfodaeth gyfreithiol yw bod y trawsnewid o bolisi unieithog i un dwyieithog yn gallu digwydd yn llawer cyflymach. Amser a ddengys a fydd Bwrdd

Ffig. 6.32: Defnydd o'r iaith Gymraeg gan brif gwmnïau'r stryd fawr tair dref yng Nghymru; Haf 1990

Ddim yn berthnasol	-
Yden	○
Ychydig neu drwy drefniant	◗
Dim	●

		Arwyddion tu fas	Arwyddion tu mewn	pamffledi/ ffurflenni	ateb ymholiadau	derbyn siec
PORTHMADOG	Barclays	○	◗	◗	○	○
	Midland	◗	○	◗	○	○
	Nat West	◗	◗	◗	○	○
	Manweb	○	○	●	○	○
	Llythyrdy	○	○	◗	○	○
	Woolworths	-	◗	-	○	○
CAERFYRDDIN	Barclays	○	●	◗	○	○
	Midland	○	●	◗	○	○
	Nat West	○	◗	●	○	○
	Lloyds	○	●	○	○	○
	Trydan y De	○	○	●	○	○
	Llythyrdy	○	○	●	○	○
	Woolworths	-	◗	●	○	○
	Littlewoods	-	●	-	○	○
	Boots	●	◗	●	○	○
	M + S	—	○	●	○	○
	Tesco	-	○	●	○	◗
CAERDYDD	Barclays	◗	◗	●	○	○
	Midland	○	○	◗	○	○
	Nat West	◗	◗	◗	○	○
	Lloyds	◗	◗	◗	○	○
	M + S	-	◗	●	◗	○
	Boots	●	◗	●	◗	○
	Tesco	-	◗	●	●	◗
	Llythyrdy	○	○	◗	●	○
	Trydan y De	○	◗	◗	●	○
	Nwy	◗	●	●	●	○
	Barclays Whitchurch Rd	○	●	●	●	○
	Nat West Whitchurch Rd	○	◗	●	●	○
	Lloyds Heol y Crwys	●	●	◗	○	○

Ffynhonnell: *GOLWG*

yr Iaith, drwy berswâd, yn gallu Cymreigio bywyd cyhoeddus Cymru. Gan mai'r bwrdd yw'r prif offeryn a chanddo'r gallu i ymyrryd yn sefyllfa'r iaith, mae'n holl bwysig fod yr amrywiol agweddau ar ei waith yn cael eu cyflawni yn effeithiol. Mae'n dda gweld parodwydd i gefnogi'r iaith o fewn y gymuned, megis drwy Fentrau Gwendraeth, Aman-Tawe a Thaf-Elái. Drwy ymchwil ieithyddol-cymdeithasegol gellid mesur llwyddiant y prosiectau hyn, a dysgu gwersi a fydd yn berthnasol ar gyfer cynlluniau pellach. Yn ogystal ag annog Cymreigio bywyd cyhoeddus, ymestyn gwaith y Bwrdd drwy bob agwedd ar fywyd a all effeithio ar ddefnydd o'r Gymraeg. Ni all y Bwrdd gynnwys o'i fewn ei hun yr holl adnoddau a'r arbenigedd ieithyddol, addysgol, cymdeithasol, economaidd a chymdeithasol-ieithyddol sydd mor angenrheidiol i wneud gwaith effeithiol a llwyddiannus. Gall ymgynghori ag arbenigwyr yn y meysydd hynny. Bellach, mae cymdeithaseg iaith yn wyddor bur ddatblygedig, a gellir elwa ar ymchwil, astudiaethau a phrosiectau a gynhaliwyd dros y byd i gyd. Gellid elwa o brofiad cynllunio ieithyddol mewn gwledydd eraill. Gellir dysgu oddi wrth yr hyn sy'n digwydd ar hyn o bryd mewn gwledydd mor amrywiol â Sbaen, Estonia, Lithwania, Seland Newydd (Maori) a Chanada.

Yn 1995 cyhoeddwyd dogfen hynod o bwysig a dadlennol gan Fwrdd yr Iaith, sef adroddiad ymchwil gan N.O.P. Social and Political ar *Agweddau'r Cyhoedd tuag at yr Iaith Gymraeg*. 'Roedd eu dulliau samplo yn rhai dilys a dibynadwy. Ar y cyfan, dengys yr atebion fod yr hyn a awgrymais ynghynt yn y bennod hon, wedi digwydd, sef newid sylfaenol yn yr ymagweddu tuag at y Gymraeg, o du'r Cymry Cymraeg a'r Cymry di-Gymraeg fel ei gilydd. 'Roedd 23% o'r sampl yn siarad yr iaith, 18% ohonynt yn rhugl. 'Roedd 32% arall yn gwybod rhyw ychydig o eiriau a brawddegau ond roedd 45% yn hollol ddi-Gymraeg.

Dangosodd 71% eu cefnogaeth i ddefnydd eang o'r Gymraeg ac 'roedd 57% yn awyddus i weld defnydd ehangach ohoni. Dywedodd 83% y byddent yn croesawu mwy o ddefnydd o'r Gymraeg gan gwmnïau cyhoeddus a chefnogai 82% arwyddion dwyieithog. 'Roedd 77% o'r farn ei bod yn fanteisiol i fod yn ddwyieithog, a chredai 75% y dylai'r Gymraeg a'r Saesneg fod â statws cyfartal yng Nghymru. Honnai 88% eu bod yn teimlo'n hynod o falch o'r Gymraeg (Ffigur 6.33a a b). Cynrychiola hyn newid llwyr o'r ymagweddu negyddol a geid yn hanner cyntaf y ganrif hon. Canmolodd y mwyafrif wasanaeth S4C er yr

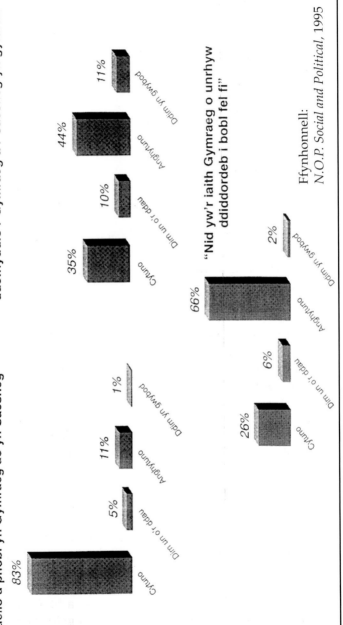

Ffig. 6.33a   **Agweddau Tuag at yr Iaith**

"Dylai pob corff/gwasanaeth cyhoeddus allu delio â phobl yn Gymraeg ac yn Saesneg"

83% Cytuno
5% Dim un o'r ddau
11% Anghytuno
1% Ddim yn gwybod

"Byddai'n rhy ddrud i bob corff cyhoeddus ddefnyddio'r Gymraeg a'r Saesneg yn gyfartal"

35% Cytuno
10% Dim un o'r ddau
44% Anghytuno
11% Ddim yn gwybod

"Nid yw'r iaith Gymraeg o unrhyw ddiddordeb i bobl fel fi"

26% Cytuno
6% Dim un o'r ddau
66% Anghytuno
2% Ddim yn gwybod

Ffynhonnell:
N.O.P. Social and Political, 1995

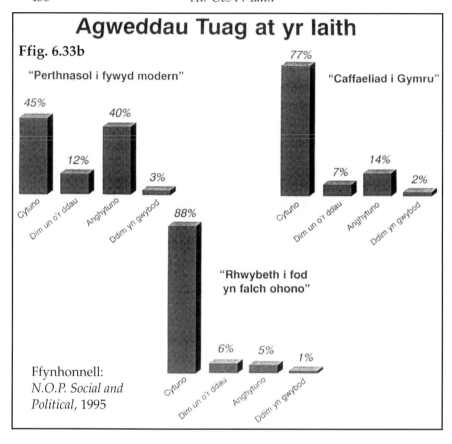

Agweddau Tuag at yr Iaith

Ffig. 6.33b

"Perthnasol i fywyd modern"   "Caffaeliad i Gymru"

45%   12%   40%   3%   77%   7%   14%   2%

Cytuno · Dim un o'r ddau · Anghytuno · Ddim yn gwybod

88%   6%   5%   1%

"Rhwybeth i fod yn falch ohono"

Cytuno · Dim un o'r ddau · Anghytuno · Ddim yn gwybod

Ffynhonnell:
N.O.P. *Social and
Political,* 1995

hoffai rhai weld defnydd ehangach o is-deitlo. 'Roedd y Mudiad Ysgolion Meithrin ac addysg Gymraeg yn dra chymeradwy. Yn wir, daliai 83% y dylai addysg Gymraeg o'r dosbarth meithrin i safon addysg uwch fod o fewn cyrraedd pob plentyn. Teimlai'r mwyafrif (53%) yn hyderus ynglŷn â dyfodol yr iaith.

Mae'n gadarnhaol iawn gweld bod yr ystadegau yn gefnogol i amcanion Bwrdd yr Iaith. Ni ellir honni, mwyach, mai criw bach o eithafwyr yw'r rhai sy'n galw am barch a defnydd ehangach o'r Gymraeg. Yn yr atebion, hefyd, cadarnheir rhai o'r pwyntiau ieithyddol-gymdeithasegol a godwyd ynghynt yn y bennod hon. Soniwyd am yr angen i ymestyn cyweiriau iaith a rhoi cyfle i bobl ymgyfarwyddo â gwahanol arddulliau.

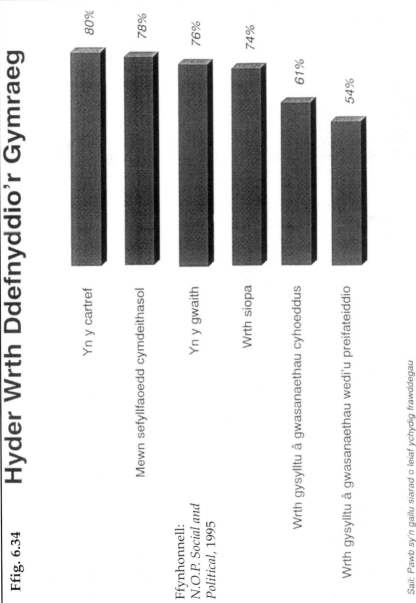

Ffig. 6.34

Hyder Wrth Ddefnyddio'r Gymraeg

- Yn y cartref — 80%
- Mewn sefyllfaoedd cymdeithasol — 78%
- Yn y gwaith — 76%
- Wrth siopa — 74%
- Wrth gysylltu â gwasanaethau cyhoeddus — 61%
- Wrth gysylltu â gwasanaethau wedi'u preifateiddio — 54%

Ffynhonnell:
N.O.P. Social and Political, 1995

Sail: Pawb sy'n gallu siarad o leiaf ychydig frawddegau

Ymhlith y rhai yn y sampl a siaradai'r Gymraeg, yn y cartref y defnyddiai'r rhan fwyaf ohonynt yr iaith, ond 61% yn unig a oedd yn ddigon hyderus i'w defnyddio wrth gysylltu â gwasanaethau cyhoeddus (Ffigur 6.34).

Mae'n dra diddorol hefyd, fel y dengys yr atebion i'r adran ar ddarllen ac ysgrifennu, fod ffurfioldeb y sefyllfa yn amharu ar hyder person i ddefnyddio'r amrywiad priodol yn y Gymraeg. Mynegodd 27% o'r sampl eu bod yn awyddus i wella eu Cymraeg. Mae dosbarthiadau Cymraeg i oedolion, felly, o'r pwys mwyaf ac yn arbennig pan sylweddolir bod 78% yn rhai a ddysgodd y Gymraeg yn yr ysgol ac nid ar yr aelwyd. Mae angen ymgyrch i ddysgu'r Gymraeg i rieni di-Gymraeg plant sy'n mynychu ysgolion Cymraeg.

Yn y dyfodol agos bydd yn rhaid ystyried gwahanol ddulliau o gryfhau'r Gymraeg o fewn y gymuned drwy swcro gweithgareddau ac achlysuron cymdeithasol Cymraeg eu hiaith. Byddai'n dra manteisiol targedu pobl ifanc, oherwydd oni cheir cyfleusterau yn y gymdeithas iddynt allu defnyddio'r Gymraeg erys yn gyfrwng addysgu yn y dosbarth yn unig. Er mwyn sicrhau y bydd plant heddiw yn defnyddio'r Gymraeg yn y dyfodol, mae angen strwythuro a gwella eto'r ddarpariaeth sydd ar gael i ddysgu'r Gymraeg i oedolion. Yn y gorffennol bu rhaglenni teledu yn gymorth mawr. Gellid ariannu rhagor o gyfresi yn ogystal â dechrau ymgyrch werthu'r Gymraeg drwy hysbysebion bachog ar y teledu.

Un perygl mawr ar y foment yw amlhau enghreifftiau o Gymraeg gwallus mewn hysbysebion, arwyddion, ffurflenni a gohebiaeth. Yn fynych cred rhai cwmnïau fod gallu i siarad yr iaith yn gymhwyster digonol i alluogi gweithiwr i gyfieithu'n foddhaol. Mor anfynych y mae hynny'n wir. Ar daflen wybodaeth ynglŷn â threthi'r cyngor lleol darganfûm 36 o wallau iaith cwbl sylfaenol. 'Roedd yn amlwg nad oedd y sawl a fentrodd ar y gwaith yn gyfarwydd â'r iaith ysgrifenedig. Mewn gwirionedd mae cyfieithu yn waith arbenigol iawn ac i fod yn gyfieithydd da mae angen llawer mwy na geiriadur. Ar gyrion Abertawe lleolir Parc Busnes/Marchnata lle ceir pob math o siopau, archfarchnadoedd, gwestai, swyddfeydd a banciau. Yn Saesneg gelwir y lle yn Swansea Enterprise Park ac yn y Gymraeg ymddangosodd 'Parc Anturiaeth Abertawe'.

Gellai ymwelydd yn rhwydd gamddehongli'r 'Anturiaeth' yna i olygu'r Saesneg 'adventure'. Byddai cyfieithydd profiadol wedi osgoi'r fath amwysedd. Mae'n bwysig gweld y Gymraeg yn amlwg yn gyhoeddus, ond mae'n gwbl hanfodol sicrhau bod yr iaith yn glir, yn gywir ac yn ddiamwys. Gellir hyrwyddo hynny drwy i Fwrdd yr Iaith ystyried o ddifrif a chefnogi amrywiol gyrsiau iaith a hyfforddiant arbenigol mewn defnyddio'r Gymraeg yn y gweithle. Mae angen gloywi eu hiaith ysgrifenedig ar Gymry Cymraeg. Dylai hyfforddiant iaith mewn swydd ddod yn batrwm normal yng Nghymru fel y bu ac fel y mae yn y cyrff cyhoeddus yng Nghanada. Ni ellir gweithredu cynllun iaith heb weithwyr cymwys.

Yn Rhagfyr 1993 penderfynodd yr Ysgrifennydd Gwladol ohirio cyflwyno'r Gymraeg fel ail iaith yng Nghyfnod Allweddol 4 hyd 1999 oherwydd prinder adnoddau ac athrawon cymwys i weithredu'r cynllun yn effeithiol. Yn eu hadroddiad *Gweithredu'r Gymraeg yn Ail Iaith yng Nghyfnod Allweddol 4* (1994) dywed Arolygwyr ei Mawrhydi:

> Ar gyfartaledd dros yr holl siroedd mae 21% o ddosbarthiadau Cymraeg Ail Iaith yn cael eu haddysgu gan athrawon heb gymwysterau cychwynnol penodol yn y Gymraeg.

Cynhaliodd Bwrdd yr Iaith Gymraeg ymchwiliad gan gyflwyno'i gasgliadau ar ffurf dogfen drafod yn Chwefror 1995. Gwna argymhellion manwl a phwrpasol i'r Swyddfa Gymreig ynglŷn ag amseru'r cynllun, arolygu'r dysgu, gwerthuso'r cynnydd, cyllido, hyfforddi athrawon priodol a pharatoi defnyddiau dysgu cymwys ac effeithiol. Mae'n adroddiad teg iawn, ond a weithredir yr argymhellion?

Un wedd dywyll yn ystadegau cyfrifiad 1991 yw fod dwysedd siaradwyr y Gymraeg yn yr ardaloedd traddodiadol Gymraeg yn lleihau. Mewn geiriau eraill, mae perygl i'r Fro Gymraeg ddod yn ardaloedd cymysg yn ieithyddol. Perir hyn gan allfudiad Cymry Cymraeg a chan fewnfudiad teuluoedd di-Gymraeg. Yn ystod y 1980au symudodd oddeutu 59,000 o fewnfudwyr i Gymru a'r cyfran helaethaf ohonynt i Wynedd a Dyfed. Mae'r angen am bolisïau cymathiad ieithyddol ar gyfer y mewnfudwyr yn fater o'r pwys mwyaf. Ystyria Harold Carter mai mewnfudiad yw prif achos yr erydu parhaol ar y Fro Gymraeg. Dyma'r nodwedd

> . . . which has induced the present crisis of the language, for the reservoir which continually renewed it is in danger of drying up. (1989: 21)

Mae'n bwynt dilys. Ni all iaith barhau heb fod iddi diriogaeth lle defnyddir hi yn brif gyfrwng cyfathrebol y gymuned. Mae'n rhaid gwarchod cymunedau yn ogystal ag ymestyn defnydd swyddogol o'r iaith. Ni ellir hepgor y naill na'r llall mewn polisi iaith ystyrlon. Dibynna parhad y Gymraeg ar gynllunio gofalus mewn amrywiol feysydd—y cymdeithasol, yr addysgol, yr economaidd, y sefydliadol, y gweinyddol a'r diwylliannol. Mae angen ynni, brwdfrydedd, ymroddiad a theyrngarwch. Mae'n werth dyfynnu geiriau'r diweddar Athro Bedwyr Lewis Jones:

> Areas where Welsh has a stronghold in the home—neighbour-hood domains, need to be sociolinguistically consolidated by policies to bolster language loyalty and reduce to a minimum domains in which English presence is spreading. Welsh usage and the likelihood of Welsh speech events have to be propagated everywhere. These matters involve employment policies and plans for the siting and size of factories; they involve control over housing developments; they require the planned extension of the language in public administration and on television. They imply a political decision. It is a decision by Welshmen and women that the native language is essential to their authenticity as a distinct people and must therefore be re-established in a central rather than a marginal position. And it is a decision that will inevitably involve conflict.

Y mae dyfodol i'r Gymraeg, os mynn y Cymry eu hunain hynny.

NODIADAU

[1]Gw. Thomas Parry (1953: 293).

[2]H.M. Hughes (1908: 268).

[3]Mae'r ystadegau hyn yn seiliedig ar Dabl 3.(i) yn J. Aitchison a H. Carter (1994: 41)

[4]Gw. John Davies (1990: 543).

[5]ibid. (559).

[6]Yn B. Thomas (1987: 437) dadleuir mai'r rhyfeloedd a'r dirwasgiad ynghyd â chefnu ar grefydd a achosodd enciliad cyflym y Gymraeg yn yr ardaloedd diwydiannol:

> . . . a major cause of the decline of the Welsh language was the collapse of the Welsh economy after World War I . . . The class war in the coalfield intensified and the clarion call was Marxist not Methodist. What the potato famine did to the Irish economy, the great depression did to the Welsh economy. In the twentieth century, economic and demographic contraction, the decline of nonconformity, severe unemployment and emigration, have been a curse to the language.

[7]J.E. Southall (1895: 25-6).

[8]Sylfaenwyd hyn ar ystadegau J. Aitchison a Harold Carter (1994: 50) lle y nodant y canrannau yn 1981 yn unol â'r hen ffiniau sirol er i'r drefn honno gael ei disodli gan y siroedd newydd yn 1974.

[9]Gw. E.G. Lewis (1972, 1973, 1978); A. Tabouret-Keller (1968, 1972); W. Dressler a R. Wodak-Leodolter (1977), a L. Timm (1980).

[10]Gw. C. James (1986: 69-70).

[11]Bobi Jones (1993: 14).

[12]R.L.S.—Reversing Language Shift—term a fathwyd gan Joshua Fishman i gyfeirio at yr amodau cymdeithasegol, seicolegol a diwylliannol sy'n debyg o rwystro erydiad ieithyddol gan greu grym adfer iaith. Gw. J. Fishman (1991).

[13]Jac L. Williams (1963: 58).

[14]Gw. *Polisi Iaith Cyngor Sir Gwynedd* (1975: IX).

[15]ibid. (1975: i).

[16]Gw. David Greene (1981: 8).

[17]Gw. *Proposals of the Secretary of State for Wales* (1989: 151).

[18]Gw. *Arolwg o waith Athrawon Bro, Athrawon Ymgynghorol ac Athrawon Cynorthwyol eraill y Gymraeg* (1994: 6).

[19]Gw. *Introducing Welsh as a Second Language at Key stage I in Gwent* (1992).

[20]Gw. *The Implementation of the National Curriculum in 12 small schools in North Powys* (1991: 20).

[21]W.F. Mackey (1977: 1). Dyfynnwyd yn Cynog Dafis (1985: 24).

[22]Gw. Cynog Dafis (1992: 13-16).

[23]Ymddengys y canlynol yn *Adroddiad Blynyddol Mudiad Ysgolion Meithrin* (1993-4: 19).

Nifer y plant sy'n **derbyn** therapi llafar	83
Trwy'r Gymraeg	23
Trwy'r Saesneg	60
Nifer y plant sydd **angen** therapi llafar	71
Trwy'r Gymraeg	65

[24]Cynhaliwyd dosbarthiadau dan gynllun Van Leer a weinyddid gan Fudiad Ysgolion Meithrin yn y 1980au ym Morgannwg Ganol. Yn sicr dylid ymestyn a dwysáu'r fath ddarpariaeth.

[25]Gw. Bobi Jones (1993).

[26]Gw. Carol Trosset (1986: 169).

[27]Gw. Cyngor yr Iaith Gymraeg (1978b: 79-80).

[28]Sylfaenwyd y swm ar ffigurau a gyhoeddwyd yn Market Research Working Party, *The Book Trade in Wales* (1988: 10-12).

[29]Gw. Market Research Working Party (1988: 14).

[30]Gw. C. Betts (1976: 131).

[31]Gw. C. Jones (1988: 19).

[32]Gw. G.L. Berry a C. Mitchell Kernan (1982).

[33]Gw. A.T. Davies (1972), A.D. Rees (1971), (1973: 174-94)

[34]'Cadwyn estynedig'—term a ddefnyddiwyd gan yr Athro Basil Bernstein i ddisgrifio patrwm cyweiriol sy'n cwmpasu amrywiaeth o feysydd, yr holl bosibiliadau cyfrwng ynghyd ag amrywiaeth o arddulliau. Dynoda iaith gyfoethog o'i chyferbynu ag iaith 'cadwyn gyfyngedig' lle ceir llai o amrywiaeth geirfa a chystrawennau, yn ogystal â phroblemau gallu cyfathrebu'n effeithiol mewn trawstoriad o sefyllfaoedd cymdeithasol.

[35]Gw. Y Swyddfa Gymreig, *Statws Cyfreithiol i'r Iaith Gymraeg* (1965: iii).

[36]Gw. C. Betts (1976: 37).

[37]Gw. Y Swyddfa Gymreig, *Ffurflenni ar gael yn y Gymraeg* (1986).

[38]Bwrdd yr Iaith Gymraeg *Yr Iaith Gymraeg: Strategaeth i'r Dyfodol* (1989a).

[39]Department of Social Security, *A Bilingual Policy. Guidelines for the staff* (1990: 1).

[40]Gw. B.L. Jones (1980: 50-1).

LLYFRYDDIAETH

ABDULAZIZ MIKILIFI, M.H., 1978, *Triglossia and Swahili-English biling-ualism in Tanzania*, yn Fishman, Joshua (gol.) (1978: 129-52).

AITCHISON, J. a CARTER, H., 1985, *The Welsh Language 1961-81. An Interpretative Atlas*, Caerdydd: Gwasg Prifysgol Cymru.
   1994 *A Geography of the Welsh Language*, Caerdydd: Gwasg Prifysgol Cymru.

AITCHISON, J., CARTER, H. a WILLIAMS, C.H., 1981, 'The Welsh Language at the 1981 Census', *Area* 17 (1): 11-17.

ALATIS, James (gol.), 1978, *Georgetown University Round Table on Languages and Linguistics*, Washington D.C.: Gwasg Prifysgol Georgetown.

ALLADINA, S. ac EDWARDS, V., 1991, *Multilingualism in the British Isles*, Llundain: Longman.

ANDREWS, C.B. (gol.), 1934, *The Torrington Diaries*, Llundain: Eyre and Spottiswoode.

ANHYSBYS, 1585, 'Drych Crisnogawl: Yn yr Hwn y Dichon Pob Cristiawn Ganfod Gwreiddyn A Dechreuad Pob Daioni Sprydawl', yn *Rhagymadroddion* (1951: 49-62).

ANWYL, Edward, 1908, 'Perthynas yr iaith Gymraeg a Bywyd Cenedlaethol Cymru', yn Thomas Stephens (1908: 277-82).

ARCHIVO GENERAL DE CHUBUT, 15.11.98. Llythyrau yn Archifdy'r Dalaith yn Rawson.

BAKER, C., 1985, *Aspects of Bilingualism in Wales*, Clevedon: Multilingual Matters.

BARKER, Charles, 1964, *The Flux of Languages*, London: George Allen and Unwin Ltd.

BAUMAN, R. a SHERZER, J. (gol.), 1974, *Explorations in the Ethnography of Speaking*, Caergrawnt: Gwasg Prifysgol Caergrawnt.

BEBB, W.A., 1937, *Y Deddfau Uno 1536 (Y Cefndir a'r Canlyniadau)*, Caernarfon: Plaid Genedlaethol Cymru.

BELL, A., 1982, 'Radio: the style of the news language', *Journal of Communication*, 32: 150-64.

BECANUS, J. Goropius, 1569, *Origines Antwerpianac*, Antwerp.

BERSTEIN, Basil, 1964, 'Elaborated and restricted codes, their social origins and consequences', *American Anthropologist*—cyfrol arbennig *Ethnography of Communication*
   1966, 'Elaborated and Restricted Codes': an outline, *Sociological Inquiry* 36, 2: 254-61.

BERRY, G.L. a MITCHELL-KERNAN, C., 1982, *Television and the Socialization of the Minority Child*, New York: Academic Press.

BETTS, C., 1976, *Culture in Crisis: The Future of the Welsh Language*, Upton: Ffynnon Press.

BLOM, J.P. a GUMPERZ, J.J., 1972, 'Social meaning in linguistic structure', yn Gumperz, J.J. a Hymes, D. (gol.) (1972: 407-34).

BLOOMFIELD, Leonard, 1935, *Language*, New York: Holt, Rinehart and Winston.

BOWEN, Geraint (gol.), 1974, *Y Traddodiad Rhyddiaith yn yr Oesoedd Canol*, Llandysul: Gomer.

BOWEN, E.G. a CARTER, H., 1975, 'Some preliminary observations on the distribution of the Welsh language at the 1971 census', *Geographical Journal*, 140: 432-43.

BOWEN, Ivor, 1908, *The Statutes of Wales*, Llundain: Fisher Unwin.

BRADNEY, J., *A History of Monmouthshire*, Vol. III, Rhan I (1921), Rhan 2 (1923), Llundain: Mitchell Hughes and Clarke.

BREWER, J.S., GAIRDNER, J. a BRODIE, R.H. (gol.), 1862-1932, *Letters and Papers, Foreign and Domestic of the Reign of Henry VIII* (23 vols.)

BRIGHT, W. (gol.), 1966, *Sociolinguistics*, Hague: Mouton.

BROMWICH, R. ac EVANS, D. Simon, 1988, *Culhwch ac Olwen*, Caerdydd: Gwasg Prifysgol Cymru.

BROWN, R. a FORD, M., 1961, 'Address in American English', *Journal of Abnormal and Social Psychology*, 62: 375-85.

BROWN, R. a GILMAN, A., 1960, 'The pronouns of power and solidarity', yn Sebeok, T.A. (1960: 253-76).

BWRDD YR IAITH GYMRAEG, 1989, *Polisi Dwyieithog. Canllawiau ar gyfer y Sector Gyhoeddus*, Caerdydd.

1989, *Dewisiadau Ymarferol ar gyfer Defnyddio'r Gymraeg mewn Busnes*, Caerdydd.

1989, *Yr Iaith Gymraeg. Strategaeth i'r Dyfodol*, Caerdydd.

1989, *Mesur yr Iaith Gymraeg. Nodyn Egluro*, Caerdydd.

1990, 'Bwrdd yr Iaith Gymraeg': Datganiad i'r Wasg ynglŷn ag Adran Cyllid y Wlad.

1990, 'Menter Cwm Gwendraeth' : Datganiad i'r Wasg.

1993, *Cynlluniau Drafft ynghylch Ffurf a Chynnwys Cynlluniau*, Caerdydd.

1994, *Mesurau Mewn Cynllun Iaith*, Caerdydd.

1995, *Strategaeth ar gyfer Ail Gyflwyno Cymraeg Ail Iaith. Cyfnod Allweddol 4*, Caerdydd.

CARROG, E., 1990, 'Yr Iaith, A Oes Heddwch?', *Y Faner*, 31 Awst 1990: 3-6.

CARTER, H., 1985, 'The Distribution of Welsh speakers', 1961-81, *Cambria*, 13 (1): 101-8

1989, *Culture, Language and Territory*, Llundain: Y Gorfforaeth Ddarlledu Brydeinig.

CARTER, H. a BOWEN, E.G., 1975, 'The Distribution of the Welsh Language in 1971: an analysis', *Geography*, 60 (1) 1-5.

CARTER, Harold a WHEATLEY, Sandra, 1982, *Merthyr Tydfil in 1851. A Study of the Spatial Structure of a Welsh Industrial Town*, Caerdydd: Gwasg Prifysgol Cymru.

CATFORD, J.C., 1965, *A Linguistic Theory of Translation*, Llundain: Gwasg Prifysgol Rhydychen.

CHEN, M., 1972, 'The time dimension: contribution toward a theory of sound change', *Foundations of Language*, 8: 457-98.

CLARKE, J.H., 1891, *Usk Past and Present*, Usk.

CLEMENT, Mary, 1954, *The S.P.C.K. and Wales 1699-1740*, Llundain: S.P.C.K.

CLENNENAU LETTERS AND PAPERS, *Cylchgrawn Llyfrgell Genedlaethol Cymru*, 1947: 126-27.

CODE OF REGULATIONS FOR PUBLIC ELEMENTARY SCHOOLS IN WALES 1907, Llundain: Y Weinyddiaeth Addysg.

CORBETT, J.S., 1925, *Glamorgan: Papers and Notes on the hardship and its members*, Caerdydd: William Lewis.

COUPLAND, N., 1990, *English in Wales: Diversity, Conflict and Change*, Clevedon: Multilingual Matters.

COXE, W., 1801, *An Historical Tour in Monmouthshire*, Aberhonddu: Davies a'i Gwmni.

CRYSTAL, David, 1971, *Linguistics*, Harmondsworth: Penguin.

1987, *The Cambridge Encyclopedia of Language*, Caergrawnt: Gwasg Prifysgol Caergrawnt.

CURIA REGIS ROLLS 1237-42, 1989, No. 1493.

CYMDEITHAS Y DYSGWYR, 1992, *Iaith Ifanc*, Aberystwyth: CYD CYNGOR LLYFRAU CYMRAEG

Adroddiad Blynyddol 1987-88.

Adroddiad Blynyddol 1991-92.

Adroddiad Blynyddol 1992-93.

Adroddiad Blynyddol 1993-94, Aberystwyth: Y Cyngor Llyfrau.

CYNGOR SIR GWYNEDD, 1975, *Polisi Iaith/Language Policy*, Caernarfon: Adran Addysg Gwynedd.

1988, *Canolfannau Iaith Gwynedd*, Caernarfon: Yr Adran Addysg.

CYNGOR YR IAITH GYMRAEG, 1978a, *A future for the Welsh Language*, Caerdydd, H.M.S.O.

1978b, *Publishing in the Welsh Language*, Caerdydd, H.M.S.O.

DAFIS, Cynog, 1985, *Effeithiau mewnfudiad ar iaith mewn cymdeithas ac mewn ysgol*, Aberystwyth: Canolfan Addysg Ddwyieithog, Coleg Prifysgol Cymru, Aberystwyth.

1992, 'Pobl ifanc a'r iaith', *Barn*, 351, Ebrill 1992: 13-16.

DAHLSTEDT, K.H. (gol.), 1971, *The Nordic Languages and Linguistics*, Stokholm: Almquist a Wiksell.

DANIEL, R. Iestyn, 1981, *'Ymborth yr Enaid'. Trydydd Llyfr 'Cysegrlan Fuchedd'*, Ph.D. Prifysgol Cymru.

DARLINGTON, T., 1894, 'The English-speaking population of Wales', *Wales*, I (1894: 11-16).

DARWIN, Charles, *A Diary of the Voyage of H.M.S. Beagle*, gol. N. Barlow (1933).

DAVIES, A.T., 1972, *Darlledu a'r Genedl*, Caerdydd: Y Gorfforaeth Ddarlledu Brydeinig.

DAVIES, C., 1980, *Rhagymadroddion a Chyflwyniadau Lladin 1551-1632*, Caerdydd: Gwasg Prifysgol Cymru.

1981, *Latin Writers of the Renaissance*, Caerdydd: Gwasg Prifysgol Cymru.

DAVIES, Dan Isaac, 1986, *Yr Iaith Gymraeg 1785, 1885, 1985, neu Tair Miliwn o Gymry Dwyieithog mewn Can mlynedd*, Dinbych: Gwasg Gee.

DAVIES, D.T., 1908, 'A yw siarad Cymraeg yn darfod?', yn Thomas Stephens (1908: 273-6).

DAVIES, Dr John, 1621, *Antiquae Linguae Britannicae . . . Rudimenta*, Llundain: John Billium.

1632, *Antiquae Linguae Britannicae . . . Dictionarium Duplex*, Llundain: R. Young.

DAVIES, John, 1990, *Hanes Cymru*, Llundain: Penguin.

DAVIES, J.C., 1891, *Patagonia: a description of the country and the manner of living at Chubut Colony. Also an account of the Indians and their habits*, Treorci: D. Davies.

DAVIES, J. Dyfrig, 1965, *Astudiaeth Destunol o Waith Siôn Mawddwy*, Traethawd M.A. Prifysgol Cymru, Aberystwyth.

DAVIES, J.H. (gol.), 1908, *Gweithiau Morgan Llwyd o Wynedd II*, Caerdydd: Gwasg Prifysgol Cymru.

DAVIES, Rondl, 1675, *Profiad yr Ysprydion neu Ddatcuddiad gau Athrawon a Rhybudd i'w gochelyd*, Rhydychen: H. Hall.

DAVIES, R.R., GRIFFITHS, R.A., JONES, I.G. a MORGAN, K.O. (gol.), 1984, *Welsh Society and Nationhood Historical Essays presented to Glanmor Williams*, Caerdydd: Gwasg Prifysgol Cymru.

DAVIES, R.R., 1991, *The Age of Conquest. Wales 1063-1415*, Llundain: Gwasg Prifysgol Rhydychen.

DAVIES, W. Ll., 1931, 'Phylipiaid Ardudwy. A Survey and a Summary', *Cymmrodor*, XLII: 155-268.

DENISON, Norman, 1972, 'Some observations on language variety and plurilingualism', in Pride, J.B. and Homes, J. (gol.) (1972: 65-77).

DEPARTMENT OF SOCIAL SECURITY 1990, *A Bilingual Policy. Guidelines for the staff.*

DILL, Anwar (gol.), 1971, *Language in Social Groups. Essays by J.J. Gumperz*, Stanford: Gwasg Prifysgol Stanford.

DILLON, Myles, 1947, 'The Archaism of Irish Tradition', *Proceedings of the British Academy*, XXXIII: 253 ff.

DIVERRES, P., 1913, *Le Plus Ancien Texte des Meddygon Myddveu*, Paris: Maurice LeDault.

DODD, A.H., 1940, 'Welsh and English in East Denbighshire. A Historical Retrospect', *Transactions of the Honourable Society of the Cymmrodorion*, 1940: 34-66.

　　1957, *A History of Wrexham*, Hughes a'i Fab: Wrexham.

DORIAN, N., 1977, 'A Hierarchy of morphophonemic decay in language death: the differential failure of lenition', *Word*, 28, 96-109.

　　1980, 'Language shift in community and individual: the phenomenon of the laggard semi-speaker', *International Journal of the Sociology of Language*, 25: 85-94.

　　1981, *Language Death: The Life Cycle of a Scottish Gaelic Dialect*, Philadelphia: Gwasg Prifysgol Pennsylvania.

DRESSLER, W. a WODAK-LEODOLTER, R., 1977, 'Language preservation and language death in Brittany', *International Journal of the Sociology of Language*, 12: 31-44.

EDWARDS, H.T., 1976, *Yr Eisteddfod, Cyfrol Dathlu Wythgan-mlwyddiant yr Eisteddfod 1176-1976*, Llandysul: Gwasg Gomer.

1980, *Gŵyl Gwalia. Yr Eisteddfod Genedlaethol yn Oes Aur Victoria 1858-1868*, Llandysul: Gwasg Gomer.

1987, 'Y Gymraeg yn y bedwaredd ganrif ar bymtheg', yn G.H. Jenkins (1987: 119-52).

1989, *Codi'r Hen Wlad yn ei Hôl 1850-1914*, Llandysul: Gwasg Gomer.

1990, *Eisteddfod Ffair y Byd, Chicago 1893*, Llandysul: Gwasg Gomer.

(gol.), 1993, *Cwm Tawe*, Llandysul: Gwasg Gomer.

EDWARDS, J.G., 1991, *Tywysogaeth Cymru 1267-1967*, Bangor: Ysgol Astudiaethau trwy'r Gymraeg, Prifysgol Cymru Bangor.

EDWARDS, John, 1651, *Madreuddyn y Ddifinyddiaeth Diweddaraf*, cyfieithiad o *Marrow of Modern Divinity*, Edward Fisher, Llundain: T. Mabb a A. Coles.

EDWARDS, O.M., 1958, *Clych Atgof ac Ysgrifau Eraill*, Wrecsam: Hughes a'i Fab.

EKKA, Francis, 1972, 'Men's and Women's speech in Kurux', *Linguistics*, 81: 21-31.

ELIAS-OLIVARES, Lucia, 1976, 'Language use in a Chicano Community. A Sociolinguistic Approach', *Working Papers in Sociolinguistics*, 30: 1-23. Austin Texas: South West Educational Development Laboratory.

ELLIS, E.L., 1972, *The University College of Wales Aberystwyth 1872-1972*, Caerdydd: Gwasg Prifysgol Cymru.

ELLIS, Peter Berresford, 1985, *Celtic Inheritance*, Llundain: Frederick Muller.

ELLIS, T.E. (gol.), 1899, *Gweithiau Morgan Llwyd o Wynedd I*, Caerdydd: Gwasg Prifysgol Cymru.

ENDERBIE, P., 1661, *Cambria Triumphans*, adargraffiad 1810, Llundain.

ENQVIST, N.E., SPENCER, J. a GREGORY, M.J., 1964, *Linguistics and Style*, Llundain: Gwasg Prifysgol Rhydychen.

EVANS, D. Arthen, 1909, 'Y Gymraeg a'r llanw Seisnig', *Cymru*, 37: 34-6.

EVANS, D. Simon (gol.), 1977, *Historia Gruffydd vab Kenan*, Caerdydd: Gwasg Prifysgol Cymru.

EVANS, Evan (Ieuan Brydydd Hir), 1764, *Some specimens of the poetry of the antient Welsh bards*, Llundain: R. a J. Dodsley.

EVANS, Gwynfor, 1971, *Aros Mae*, Abertawe: Gwasg John Penry.

EVANS, Muriel Bevan, 1972, *Diwygiadau'r Ddeunawfed Ganrif*, Caerdydd: Gwasg Prifysgol Cymru.

EVANS, Theophilus, 1715, *Drych y Prif Oesoedd*, adargraffiad S.J. Evans (1932), Caerdydd: Gwasg Prifysgol Cymru.

EVANS, William, 1771, *Geiriadur Saesneg a Chymraeg*, adargraffiad 1812, Caerfyrddin: John Evans.

FASOLD, R., 1984, *The Sociolinguistics of Society*, Rhydychen: Basil Blackwell.

    1990, *Sociolinguistics of Language*, Rhydychen: Basil Blackwell.

FERGUSON, C.A., 1959, 'Diglossia', *Word*, 15: 325-40.

FIRTH, J.R., 1950, 'Personality and language in Society', *Sociological Review*, 42.

    1957a, *Papers in Linguistics 1934-51*, Llundain: Gwasg Prifysgol Rhydychen.

    1957b, 'Modes of Meaning', yn Firth, J.R. (1957a: 192-215).

    1957c, *Man and Culture*, Llundain: Routledge a Kegan Paul.

FISCHER, John, 1958, 'Social influences on the choice of a linguistic variant', *Word*, 14: 47-56.

FISHMAN, J. (et. al), 1966, *Language Loyalty in the United States*, Hague: Mouton.

    1967, 'Bilingualism with and without diglossia: diglossia with and without bilingualism', *Journal of Social Issues*, 23: 29-38.

    1968, *Readings in the Sociology of Language*, Hague: Mouton.

    1972a, 'The Sociology of Language', yn Giglioli, P.P., (1972: 45-58) (gol.), 1972, *Advances in the sociology of language*, Vol. 2, The Hague: Mouton.

    1978, *Advances in the study of societal multilingualism*, The Hague: Mouton.

    1980, 'Bilingualism and biculturalism as individual and societal phenomena', *Journal of Multilingual and Multicultural Development*, 1: 3-17.

    (gol.), 1981, *Never Say Die. A Thousand Years of Yiddish in Jewish Life and Letters*, Hague: Mouton.

    1981, 'The Sociology of Yiddish', yn Fishman, J. (gol.), (1981: 1-97).

    1991, *Reversing Language Shift*, Clevedon: Multilingual Matters.

FISHMAN, J., FERGUSON, C.A. a DA GUPTA, J. (gol.), 1968, *Language Problems of Developing Nations*, Efrog Newydd: John Wiley a'i Feibion.

GAL, S., 1979, *Language shift: Social Determinants of Linguistic Change in Bilingual Austria*, New York: Academic Press.

GAMBOLD, William, 1727, *Grammar of the Welsh Language*, Caerfyrddin: Nicolas Thomas.

GEERTZ, C., 1972, 'Linguistic Etiquette', yn Pride, J. a Holmes J. (1972: 167-79).

GIGLIOLI, P.P. (gol.), 1972, *Language and Social Context*, Harmondsworth: Penguin.

GIMSON, A.C., 1962, *An Introduction to the pronunciation of English*, Llundain: Edward Arnold.

GOFFMAN, E., 1964, 'The Neglected Situation', *American Anthropologist*, 66.6: 133-6.

GREENE, David, 1981, 'The Atlantic Group: Neo Celtic and Faroese', yn Haugen, McClure, Thomson (1981: 1-9).

GREENFIELD, L., 1972, 'Situational measures of normative language views in relation to person, place and topic among Puerto Rican bilinguals', yn Fishman J. (1972: 17-35).

GREGORY, M., 1967, 'Aspects of varieties differentiation', *Journal of Linguistics*, 3: 177-98.

GRIFFITH, R.T.H. (gol.), 1874, *The Rámayan of Válmíki*, London.

GRUFFYDD, Heini, 1993, 'Iaith Gudd y Mwyafrif: Y Gymraeg yn Abertawe ganol y bedwaredd ganrif ar bymtheg', yn H.T. Edwards (1993: 105-42).

GRUFFYDD, R.G., 1989, *William Morgan Dyneiddiwr*, Abertawe: Coleg Prifysgol Abertawe.

GRUFFYDD, W.J., 1906, *Caneuon a Cherddi*, Bangor: Jarvis a Foster.

GUMPERZ, J.J., 1958, 'Dialect Differences and Social Stratification in a North Indian Village', yn Dill, Anwar S. (gol.) (1971: 25-47).

GUMPERZ, J.J., 1961, 'Speech variation and the study of Indian civilization', *American Anthropologist*, 63: 976-88.

      1971, 'Linguistic and Social Interaction in Two Communities', yn Dill, Anwar S. (1971: 151-76).

      1977, 'The Sociolinguistic significance of conversational code-switching', *R.E.L.C. Journal*, 8(2): 1-34.

GUMPERZ, J.J. a HYMES, D. (gol.), 1972, *Directions in Sociolinguistics*, Llundain: Holt, Reinhart a Winston.

HAAS, M.R., 1944, 'Men's and Women's speech in Koasati', *Language*, 20: 142-9.

HALLIDAY, M.A.K., 1973, *Explorations in the functions of language*, Llundain: Edward Arnold.

1975, *Learning How to Mean: Explorations in the development of Language*, Llundain: Edward Arnold.

1978, *Language as Social Semiotic*, Llundain: Edward Arnold.

HALLIDAY, M.A.K., McINTOSH, A. a STREVENS, P., 1964, *The Linguistic Sciences and Language Teaching*, Llundain: Longman.

HARDING, A. (gol.), 1980, *Law Making and Law makers in British History*, Llundain: Royal Historical Society.

HAUGEN, E., McCLURE, J.D., THOMSON, D.S., 1980, *Minority Languages Today*, Caeredin: Gwasg Prifysgol Caeredin.

HERBERT, Lord, 1886, *An Autobiography* (gol. S. Lee), Llundain.

HERBERT, T. a JONES, G.E., 1988, *Tudor Wales*, Caerdydd: Gwasg Prifysgol Cymru.

HIRAETHOG, Gruffydd, 1561, *Diarhebion Kamberaec*, yn Peniarth 155, 'Llyfr Richard Philip o Bictwn' (1561-62: 4-6), hefyd yn Parry-Williams (1953: 60).

HOLLAND, Robert, 1595, *Dau Gymro yn taring yn bell o'u gwlad*. Ailargraffwyd yn 1681 ynghyd â *Cannwyll y Cymru*, Stephen Hughes (gol.), Llundain: Thomas Dawks.

HOPKINS, K.S., 1975, *Rhondda Past and Present*, Rhondda Borough Council.

HOWELL, David, 1977, *Land and People in nineteenth century Wales*, Llundain: Routledge a Kegan Paul.

HOWELL, Raymond, 1988, *A History of Gwent*, Llandysul: Gwasg Gomer.

HUDSON, Richard A., 1980, *Sociolinguistics*, Caergrawnt: Gwasg Prifysgol Caergrawnt.

HUGHES, G.H., 1951, *Rhagymadroddion 1547-1648*, Caerdydd: Gwasg Prifysgol Cymru.

HUGHES, Hugh, 1902, *Barddoniaeth Edward Morris, Perthi Llwydion*, Lerpwl: Isaac Foulkes.

HUGHES, H.M., 1908, 'Yr Anhawster Dwyieithog', yn Thomas Stephens (1908: 268-73).

HUGHES, Stephen (gol.), 1659, *Rhan o Waith Mr. Rees Pritchard*, Llundain: Thomas Brewster.

(gol.), 1681, *Canwyll y Cymry, gwaith y Ficer Pritchard*, Llundain: Thomas Dawks.

1688, *Iaith neu Siwrnai y Pererin*, cyfieithiad o *Pilgrim's Progress*, John Bunyon, Llundain: J. Richardson.

HUME, I. a PRYCE, W.T.R., 1986, *The Welsh and their Country*, Llandysul: Gwasg Gomer.

HYMES, D.H., 1964, *Language in Culture and Society: A Reader in Linguistics and Anthropology*, Efrog Newydd: Harper a Row.

1967, 'Models of the interaction of language and social setting', *Journal of Social Issues*, 23, No.2.

1972, 'On Communicative Competence', yn Pride a Holmes (1972: 269-293).

INLAND REVENUE, 1990, *Inland Revenue Improves service for Welsh speakers*, Llundain: Swyddfa Gyhoeddiadau Cyllid y Wlad.

JACKSON, J., 1974, 'Language identity of the Colombian Vaupé Indians', yn Bauman, R. a Sherzer, J. (gol.) (1974: 50-64).

JACKSON, K.H., 1969, *The Gododdin: The Oldest Scottish Poem*, Caeredin: Gwasg Prifysgol Caeredin.

JAMES, Brian Ll., 1972, 'The Welsh Language in the Vale of Glamorgan', *Morgannwg*, 16, 1972: 16-36.

JAMES, C., 1986, 'Planning for the language', *Planet*, 55: 63-73.

JAMES, Dan L., 1960, *Bywyd a gwaith Huw Machno*, Traethawd M.A. Prifysgol Cymru, Abertawe.

JAMES, Ivor, 1887, 'Yr Iaith Gymraeg yn yr unfed a'r eilfed ganrif ar bymtheg', *Traethodydd*, 42 (1887), 243-54, 295, 312.

1887, *The Welsh Language in the 16th and 17th centuries*, Caerdydd: Daniel Owen a'i Gwmni.

JARMAN, A.O.H., 1988, *Aneirin, Y Gododdin*, Llandysul: Gomer.

JARVIS, B., 1992, *Cymru, Cymraeg a Dyneiddwyr*, Abertawe: Prifysgol Cymru, Abertawe.

JENKINS, G.H., 1983, *Hanes Cymru yn y Cyfnod Modern Cynnar 1536-1760*, Caerdydd: Gwasg Prifysgol Cymru.

(gol.), 1986, *Cof Cenedl*, Llandysul: Gwasg Gomer.

(gol.), 1987, *Cof Cenedl II*, Llandysul: Gwasg Gomer.

(gol.), 1988, *Cof Cenedl III*, Llandysul: Gwasg Gomer.

1990, *Cadw Tŷ Mewn Cwmwl Tystion*, Llandysul: Gwasg Gomer.

1993, *The Foundations of Modern Wales 1642-1780*, Rhydychen: Gwasg Prifysgol Rhydychen.

JENKINS, Philip, 1992, *A History of Modern Wales 1536-1990*, Llundain: Longman.

JESPERSON, Otto, 1946, *Mankind, nation and individual*, Llundain: Allen & Unwin.

JONES, Aled Gruffydd, 1988, 'Y Wasg Gymreig yn y Bedwaredd Ganrif ar Bymtheg' yn G.H. Jenkins (1988: 91-115).

JONES, Bobi, 1959, *I'r Arch: Dau o Bob Rhyw*, Llandybïe: Llyfrau'r Dryw.

    1960, Y   *Tair Rhamant*, Aberystwyth: Cymdeithas Lyfrau Ceredigion.

    1974, 'The roots of Welsh inferiority', *Planet*, 22: 53-72.

    1993, *Language Regained*, Llandysul: Gwasg Gomer.

Jones, B.L., 1980, 'Welsh: linguistic conservatism and shifting bilingualism', yn Haugen, McClure a Thomson (gol.) (1980: 40-52).

JONES, C., 1988, 'Papurau Bro. Arolwg ac Argymhellion', *Barn*, Gorffennaf 1988: 16-19.

JONES, Dafydd, 1759, *Blodeugerdd Cymry . . . o gynnulliad David Jones o Drefriw*, Amwythig: Stafford Prys.

    1766, *Cydymaith Diddan*, Caerleon: Elizabeth Adams.

JONES, E. a GRIFFITHS, I.L., 1963, 'A linguistic map of Wales: 1961', *Geographical Journal*, 129 (2): 192-6.

JONES, Frank Price, 1968, 'Gwleidyddiaeth', yn Dyfnallt Morgan (1968: 96-106).

JONES, Gwerfyl Pierce, 1976, 'Lle'r Gymraeg yng Ngweithiau Llenyddol 1660-1710', yn Williams, J.E.C. (gol.) (1976: 163-90).

JONES, Hugh, 1759, *Dewisol Ganiadau yr Oes Hon*, Amwythig: Stafford Prys.

JONES, Ieuan Gwynedd, 1980, 'Language and Community in nineteenth century Wales', yn Smith, D., (gol.) (1980: 47-71).

    1992, *Mid Victorian Wales. The Observers and the Observed*, Caerdydd: Gwasg Prifysgol Cymru.

JONES, John, 1767, *Considerations on the Illegality and Impropriety of preferring Clergymen who are unacquainted with the Welsh Language to beneficies in Wales*, Llundain: W. Harris.

JONES, John (Jac Glan Gors), 1795, *Seren Tan Gwmwl*, Llundain: Vaughan Griffiths.

    (Jac Glan Gors), 1797, *Toriad y Dydd*, Llundain: John Jones.

JONES, J.G., 1982, 'Rhai agweddau ar y consept o Uchelwriaeth yn Nheuluoedd Bonheddig Cymru yn yr Unfed a'r Ail ganrif ar bymtheg', yn Williams, J.E.Caerwyn (gol.), (1982: 201-49).

1987, 'Beirdd yr Uchelwyr a'u cymdeithas 1540-1640', yn Jenkins, G.H. (1987: 27-60).

1994, *Early Modern Wales c. 1525-1640*, Llundain: Macmillan.

JONES, J.R., 1967, 'Gweithredu Anghyfreithlon', yn *Areithiau Eisteddfod Aberafan*.

JONES, Lewis, 1898, *Hanes y Wladva Gymreig*, Caernarfon: Cwmni'r Wasg Genedlaethol Gymreig.

JONES, Morgan D., 1978, *Cymwynaswyr y Gymraeg*, Abertawe: Tŷ John Penry.

JONES, Y Parch N. Cynhafal, 1887, *Gweithiau Williams Pantycelyn*, Cyfrol I, Treffynnon: P.M. Evans a'i Fab.

1891, *Gweithiau Williams Pantycelyn*, Cyfrol II, Casnewydd: W. Jones.

JONES, Owen (Owain Myfyr), WILLIAMS, Edward a PUGHE, William Owen (gol.), 1801, *Myfyrian Archaeology*, Llundain: S. Rousseau.

JONES, Rhys, 1773, *Gorchestion Beirdd Cymru*, Amwythig: Stafford Prys.

JONES, R.M., 1957, 'Y Rhamantau Cymraeg a'u cysylltiad â'r Rhamantau Ffrangeg', *Llên Cymru*, IV: 208-27.

JONES, Robert Owen, 1967, *A Structural Phonological Analysis and Comparison of Three Welsh Dialects*, Traethawd M.A. Prifysgol Cymru Bangor.

1979, *Tyred Drosodd*, Caernarfon: Gwasanaeth Llyfrgell Gwynedd.

1983, *Astudiaeth o Gydberthynas Nodweddion Cymdeithasol ac Amrywiadau'r Gymraeg yn y Gaiman, Dyffryn y Camwy*, Traethawd Ph.D. Prifysgol Cymru Abertawe.

1987, *Yr Efengyl yn y Wladfa*, Pen-y-bont ar Ogwr: Llyfrgell Efengylaidd Cymru.

1994, 'Llyfr Rhybuddiol', *Barn*, 375: 27-8.

JONES, R. Tudur, 1963, 'Agweddau ar ddiwylliant Ymneilltuwyr 1800-50', *Transactions of the Honourable Society of the Cymmrodorion*, 1963: 171-89.

1968, 'Anghydffurfiaeth', yn Morgan, Dyfnallt (1968: 119-28).

1973, 'The Welsh Language and Religion', yn M. Stephens (1973: 64-91).

JONES, Rowland, 1764, *The Origins of Languages and Nations*, Llundain: J. Hughs

1768, *Hieroglyfic*, Llundain: John Hughs.

1769, *The Philosophy of Words*, Llundain: John Hughs.

1771, *The Circles of Gomer*, Llundain: S. Crowder, Richardson, Urquhart, P. Elmsley a J. Almond.

JONES, William, 1798, *Llu o Ganiadau*, Croesoswallt: W. Edwards.

JOOS, Martin, 1962, *The Five Clocks*, Hague: Mouton.

KAHANE, H. a KAHANE, R., 1979, 'Decline and survival for western prestige languages', *Language*, 55 (1): 183-8.

KEINER, J., 1991, 'The Yiddish Speech Community', yn Alladina ac Edwards (1991: 170-84)

KILSBY-JONES, J.R., 1867, *Holl Weithiau Prydyddawl a Rhyddieithol y Diweddar Barch William Williams Pant-y-Celyn*, Llundain: William Mackenzie.

KURATH, H. a BLOCH, B., 1939, *Handbook of the Linguistic Geography of New England*, Providence R.I.: Gwasg Prifysgol Brown.

KYFFIN, Maurice, 1595, *Deffynniad Ffydd Eglwys Loegr*, cyfieithiad o *Apologia Ecclesiae Anglicanae*, John Jewel (1562), Llundain: Richard Field.

LABOV, W., 1963, 'The Social Motivation of a Sound Change', *Word*, 19: 273-309.

    1966, *The Social Stratification of English in New York City*, Washington DC: Canolfan Ieithyddiaeth Gymwysedig.

    1970, 'The Study of language in its social context', *Studium Generale*, 23: 30-87.

    1972a, *Sociolinguistic Patterns*, Oxford: Basil Blackwell.

    1972b, *Language in the Inner City*, Philadelphia: University of Pennsylvania Press.

LAOSA, Luis. 1975, 'Bilingualism in three United States Hispanic groups: contextual use of language by children and adults in their families', *Journal of Educational Psychology*, 67(5): 617-27.

LEVINE, L. a CROCKETT, H.J., 1966, 'Speech variation in a Piedmont Community: post vocal r', yn Liebersen, S. (1966: 76:98).

LEWIS, Ceri, 1975, 'The Welsh language in the Rhondda', yn Hopkins, K.S., 1975: (205-21).

LEWIS, E.G., 1972, 'Migration and language in the USSR', yn Fishman, J., (gol.) (1972: 310-41).

    1973, 'Language contact in the USSR and Wales', *Planet*, 20: 53-64.

    1975, 'Attitude to language among bilingual children and adults in Wales', *International Journal of the Sociology of Language*, 4: 103-25.

1978, 'Migration and the decline of the Welsh language', yn Fishman, J.F., (1978: 263-352).

LEWIS, Henry a DIVERRES, P. (gol.), 1928, *Delw y Byd*, Caerdydd: Gwasg Prifysgol Cymru.

LEWIS, Saunders, 1932, *Braslun o Hanes Llenyddiaeth Gymraeg*, Caerdydd: Gwasg Prifysgol Cymru.

1962, *Tynged yr Iaith*, Adargraffiad 1972, Aberystwyth: Cymdeithas yr Iaith.

LIEBERSON, S. (gol.), 1966, *Explorations in Sociolinguistics*, Bloomington: Gwasg Prifysgol Indiana.

1972, 'Bilingualism in Montreal: a demographic analysis' yn Fishman, J., (1972: 231-54).

1980, 'Procedures for improving sociolinguistic surveys of language maintenance and language shift', *International Journal of the Sociology of Language*, 25: 11-27.

LLAWYSGRIFAU BANGOR 467A, 467B, 4671, *Cofnodion Cymdeithas Llafar Gwlad*.

LLAWYSGRIF CAERDYDD 83.

LLOYD, D. Myrddin, 1959, 'The Poets of the Princes', yn Roderick, A.J (1959: 97-104).

LLOYD, N., 1993, *Blodeugerdd Barddas o'r Ail ganrif ar Bymtheg*, Llandybïe: Barddas

LLOYD, Nesta ac OWEN M.E., 1986, *Drych yr Oesoedd Canol*, Caerdydd: Gwasg Prifysgol Cymru.

LHUYD, Edward, 1707, *Archaeologia Britannica*, Adargraffiad 1971, Shannon: Gwasg Prifysgol Iwerddon.

LLWYD, Morgan, 1653, *Gwaedd Ynghymru yn wyneb pob cydwybod euog*, Dulyn: William Bladen.

1653, *Dirgelwch i rai iw ddeall ac i eraill i'w watwar sef tri aderyn yn ymddiddan* [Llyfr y Tri Aderyn], Llundain: James Flesher.

1653, *Llythyr i'r Cymru Cariadus*, yn *Gweithiau Morgan Llwyd* (1908 Cyf. II: 316-7).

LLYFRGELL GENEDLAETHOL CYMRU, 1989, *Rhestr o Bapurau Bro*, Aberystwyth: Y Llyfrgell Genedlaethol.

MACAULAY, R.K.S. a TREVELYAN, G.D., 1973, 'Language, education and employment in Glasgow', *Report to the Social Science Research Council*, Caeredin: Cyngor yr Alban i Ymchwil mewn Addysg.

MacEOIN, G., AHLQUIST, A. a Ó hAODHA, D. (gol.), 1988, *Third*

International Conference on Minority Languages. Celtic Papers, Clevedon: Multilingual Matters.

MACKAY, W.F., 1977, *Irish Language Promotion: Potentials and Constraints*, Dulyn: Institiuid Teangeaslaiochta Eirann.

MALINOWSKI, Bronislav, 1923, 'The problem of meaning in primitive languages', yn Ogden, C.K. a Richards, I.A. (1923: 297-336).

MARKET RESEARCH WORKING PARTY, 1988, *The Book Trade in Wales*, Llandysul: Gwasg Gomer.

MARTIN, S., 1964, 'Speech Levels and Social Structure in Japan and Korea', yn Hymes, Dell (1964).

MATHIAS, Roland, 1973, 'The Welsh Language and the English Language', yn Stephens, M. (1973: 32-63).

MILLWARD, E.G., 1991, *Cenedl o Bobl Ddewrion. Agweddau ar Lenyddiaeth Oes Victoria*, Llandysul: Gwasg Gomer.

MILROY, J. ac L., 1978, 'Change and variation in an urban vernacular', yn Trudgill, P. (gol.) (1978: 19-36).

MILROY, L., 1980, *Language and Social Networks*, Rhydychen: Basil Blackwell.

1982, 'Social network and Linguistic focusing', yn Romaine S. (gol.) (1982: 141-52).

MINISTRY OF EDUCATION, 1907, *Code of Regulations for Public Elementary Schools in Wales*, Llundain: HMSO.

MORGAN, Dyfnallt (gol.), 1966, *Gwŷr Llên y Ddeunawfed Ganrif*, Llandybïe: Christopher Davies.

(gol.), 1968, *Gwŷr Llên y Bedwaredd Ganrif ar Bymtheg a'u Cefndir*, Llandybïe: Llyfrau'r Dryw.

MORGAN, Prys, 1981, *The Eighteenth Century Renaissance*, Llandybïe: Christopher Davies.

1982, 'Abertawe a'r fro cyn y Chwyldro Diwydiannol', yn Williams, I.M. (1982: 31-45).

MORGAN, P.T.J. a THOMAS, D. (gol.), 1984, *Wales, the Shaping of a Nation*, Newton Abbot.

MORRICE, J.C., 1908, *Barddoniaeth William Llŷn*, Bangor: Jarvis a Foster.

MORRIS-JONES, John, 1891, 'Cymraeg', yn John Parry, 1891 (48-76).

1913, *Welsh Grammar, Historical and Comparative*, Oxford: Clarendon Press.

1921, *An Elementary Welsh Grammar*, Caerdydd: Gwasg Prifysgol Cymru.

MULLER, Max, 1862, *Lectures on the Science of Language*, Llundain.

NEALE, Barbara, 1974, 'Language use among Asian Communities', yn Whitby, W.H. (1974: 263-317).

N.O.P. SOCIAL AND POLITICAL, 1975, *Public Attitudes to the Welsh Language. A Research Report. . . For the Central Office of Information and the Welsh Language Board*, Llundain: N.O.P.

NORDBERG, B., 1971, 'En undersökningav språket i Eskilstuna', *Sprakvard*, 3: 7-15.

    1973, 'Contemporary social variation as a stage in a long term phonological change', yn Dahlstedt, K.H. (gol.) (1971: 587-608).

ORTON, H., 1962, *An Introduction to the Survey of English Dialects*, Leeds: E.J. Arnold.

OGDEN, C.K. a RICHARDS, I.A., 1923, *The Meaning of Meaning*, Llundain: Kegan Paul.

PALMER, A.N., 1890, *A History of the town and parish of Wrexham*, Wrecsam: Hughes a'i Fab.

    1890, 'Welsh Settlements, East of Offa's Dyke, During the Eleventh Century' *Cymmrodor* 10 (1890: 29-45).

PARRY, John, 1891, *Y Gwyddoniadur Cymreig*, Dinbych: Gwasg Gee.

PARRY, Thomas, 1953, *Hanes Llenyddiaeth Gymraeg hyd 1900*, Caerdydd: Gwasg Prifysgol Cymru.

    1962, *Oxford Book of Welsh Verse*, Oxford: Clarendon Press.

PARRY-WILLIAMS, T.H., 1953, *Rhyddiaith Gymraeg. Detholion o lawysgrifau 1488-1609*, Caerdydd: Gwasg Prifysgol Cymru.

PETYT, K.M., 1978, 'Secondary contractions in West Yorkshire negatives' yn Trudgill, P. (1988: 91-100).

    1980, *The Study of Dialect: an introduction to Dialectology*, London: Deutsch.

PHILLIPS, T., 1849, *Wales: The Language, Social Conditions, Moral Character and Religious Opinions of the People considered in their Relation to Education*, Llundain: John W. Parker.

PILCH, H., 1971, 'The Syntactic Study of Colloquial Welsh', *Studia Celtica*, 6, 138-57.

POL, S., 1981, 'The role of Yiddish in American Ultra-Orthodox and Hasidic communities', yn Fishman, J. (1981: 197-218).

POWELL, D., 1584, *The History of Cambria*, Llundain.

POWELL, Thomas, 1657, *Cerbyd Iechydwriaeth neu Prif Byngciau Crefydd Gristionogawl*, Llundain: Sarah Griffin.

PRICE-JONES, E., 1982, *A study of some of the factors which determine the degree of bilingualism of a Welsh child between 10 and 13 years of age*, Traethawd Ph.D. Prifysgol Cymru.

PRIDE, J.B. a HOLMES, J. (gol.), 1972, *Sociolinguistics*, Harmonds-worth: Penguin.

PRITCHARD, Rhys, 1672, *Cannwyll y Cymry*, Adargraffiad 1867, Wrecsam: Hughes a'i Fab.

PRYCE, W.T.R., 1978, 'Welsh and English in Wales 1750-1971: A spatial analysis based on the linguistic affiliations of parochial communi-ties', *Bwletin y Bwrdd Gwybodau Celtaidd*, 28, 1 (1978) 1-36.

    1986, 'Wales as a Culture Region', yn Hume, I., a Pryce, W.T.R. (1986: 26-63).

PRYS, John Pritchard, 1721, *Difyrwch Crefyddol*, Amwythig: John Rhydderch.

PRYS, Edmwnd, 1621, *Llyfr y Salmau*—yn gysylltiedig â'r Llyfr Gweddi Gyffredin, Llundain.

PRYS, Syr John, 1547, *Yn y llyvyr Hwnn*, Adargraffiad 1902, Davies, J.H. (gol.).

PUGH, Evan O., 1968, 'Cymdeithasau', yn Morgan, Dyfnallt (1968: 164-74).

PUGHE, William Owen, 1793, *Geiriadur Cymraeg a Saesneg. A Welsh and English dictionary . . . to which is prefixed a Welsh Grammar*, Llundain: E a T. Williams.

    1832, *A Grammar of the Welsh Language*, Dinbych: Thomas Gee.

RAMAGE, Helen, 1968, 'Yr Eisteddfod', yn Morgan, Dyfnallt (1968: 151-63)

RAVENSTEIN, E.G., 1879, 'On the Celtic Languages in the British Isles: A Statistical Survey', *Journal of the Royal Statistical Society* (42: 579-622).

REES, A.D., 1971, *Broadcasting in Wales*, Aberystwyth: Cymdeithas yr Iaith Gymraeg.

    1973, 'The Welsh language in broadcasting', yn Stephens, M. (1973: 174-94).

REES, Alwyn a REES, Brynley, 1961, *Celtic Heritage*, Llundain: Thames a Hudson.

REES, William, 1951, *An Historical Atlas of Wales*, Llundain: Faber a Faber

REES, William Henry, 1947, T*he vicissitudes of the Welsh langauge in the Marches of Wales with special reference to its territorial* *distribution in modern times*, Traethawd Ph.D. Prifysgol Cymru Aberystwyth.

REPORT OF THE ROYAL COMMISSIONERS INQUIRY INTO THE STATE OF EDUCATION IN WALES, Pts. 1, 2, 3 (1847).

RHYDDERCH, Sion, 1725, *The English and Welsh Dictionary . . . Y Geirlyfr Saesneg a Chymraeg*, Salop: John Rhydderch.

1728, *Gramadeg Cymraeg*, Amwythig: J. Rhydderch.

RHYS, John a BRYNMOR-JONES, David, 1906, *The Welsh People*, Llundain: T. Fisher Unwin.

RHYS, Sion Dafydd, 1592, *Cambrobrytannicae Cymraecae Linguae Institutiones et Rudimenta*, Cyflwyniad yn *Rhagymadroddion* (1951: 63-82).

RICHARDS, Henry, 1866, *Letters on the Social and Political Condition of the Principality of Wales*, Llundain: Jackson, Walford a Hodder.

RICHARDS, Thomas, 1753, *Antiquae Linguae Britannicae Thesaurus*, Bryste: Felix Farley.

RICHARDS, William, 1682, *Wallography*, Llundain.

RICHARDS, William, 1798, *Geiriadur Saesneg a Chymraeg*, Caerfyrddin: J. Daniel.

ROBERT, Gruffydd, 1567, *Dosbarth Byrr ar y Rhan Gyntaf i Ramadeg Cymraeg*, Milan: Vincenzo Girardone, Adargraffiad 1939 Williams, G.J. (gol.), Caerdydd: Gwasg Prifysgol Cymru.

ROBERTS, R.O., 1960, 'The Coming of Industrialism', yn.Roderick, A.J (1960: 125-31).

ROBERTS, Thomas, 1798, *Cwyn yn Erbyn Gorthrymder*, Llundain: John Jones.

RODERICK, A., 1981, 'A History of the Welsh Language in Gwent', *Gwent Local History*, No. 50: 13-39, No. 51: 2-32.

RODERICK, A.J. (gol.), 1959, *Wales through the Ages I*, Llandybïe: Christopher Davies.

1960, *Wales through the Ages II*, Llandybïe: Christopher Davies.

ROMAINE, S., 1978, 'Postvocalic /r/ in Scottish English: a sound change in progress?', yn Trudgill, P. (1978: 144-57).

(gol.), 1982, *Sociolinguistic Variation in Speech Communities*, Llundain: Longmans.

RONA, J.P., 1966, 'The social and cultural status of Guarani in Paraguay', yn Bright, W. (1966: 277-98).

ROWLANDS, Henry, 1723, *Mona Antiqua Restorata . . .* Adargraffiad 1766, Llundain: John Knox.

RUBIN, J., 1968, 'Bilingual usage in Paraguay', yn Fishman, J. (gol.) (1968: 512-30).

1978, 'Towards bilingual education for Paraguay', yn Alatis, James (gol.) (1978: 189-201).

1985, 'The special relation of Guarani and Spanish in Paraguay', yn Wolfson, N. a Manes J. (gol.) (1985: 111-20).

RUSSELL, J., 1982, 'Networks and sociolinguistic variation in an African Urban setting', yn Romaine, Suzanne (gol.) (1982: 141-52).

SALISBURY, R.E., 1962, 'Notes on bilingualism and linguistic change in New Guinea', *Anthropological Linguistics*, 4, No.7: 1-13.

SALISBURY, William (gol.), 1547, *Oll Synnwyr pen Kembero ygyd*, Llundain: Nycholas Hyll.

1547, *A Dictionary in Englyshe and Welshe*, Llundain: John Waley.

SAMARIN, W.J., 1976, *Language in Religious Practice*.

SANKOFF, G., 1972, 'Language use in multilingual societies: some alternative approaches', yn Pride, J.B. a Holmes J. (gol.) (1972: 33-51).

SAPIR, Edward, 1915, 'Abnormal types of speech in Nookta', *Geological Survey of Canada, Memoir 62, Anthropological Series No. 5*, Ottawa.

SAUNDERS, Erasmus, 1721, *A view of the state of Religion in the Diocese of St. Davids*, Llundain: John Wyat.

1721, *A view of the state of Religion in the Diocese of St. Davids*, Adargraffiad 1949, Caerdydd: Gwasg Prifysgol Cymru.

SHUY, R. a FASOLD, R., 1973, *Language Attitudes: Current Trends and Prospects*, Washington DC: Gwasg Prifysgol Georgetown.

SEBEOK, T.A. (gol.), 1960, *Style in Language*, Cambridge, Mass.: M.I.T. Press.

SIMPSON, J.M.Y., 1979, *A First Course in Linguistics*, Caeredin: Gwasg Prifysgol Caeredin.

SMITH, David (gol.), 1980, *A People and a Proletariat. Essays in the History of Wales 1780-1980*, Llundain: Pluto Press.

SMITH, J.B., 1980, 'The Legal position of Wales in the Middle Ages', yn Harding, A. (gol.) (1980: 21-53).

SMITH, Ll.B., 1986, 'Pwnc yr Iaith yng Nghymru', yn Jenkins, G.H. (gol.) (1986: 1-34)

SOMMERFELT, A., 1962, *Diachronic and Synchronic Aspects of Language*, Hague: Mouton.

SORENSEN, A.P., 1971, 'Multilingualism in the North west Amazon', *American Anthropologist* 69: 670-84.

SOUTHALL, John E., 1893, *Wales and Her Language*, Casnewydd: J.E. Southall.

STEPHENS, M., 1973, *The Welsh Language Today*, Llandysul, Gwasg Gomer.

STEPHENS, Thomas, 1908, *Cymru Heddyw ac Yforu*, Caerdydd: Western Mail.

TABOURET-KELLER, A., 1968, 'Sociological factors of language maintenance and language shift: a methodological approach based on European and African examples', yn Fishman, Ferguson a Das Gupta (1968: 107-18).

   1972, 'A contribution to the sociological study of language maintenance and langauge shift', yn Fishman, J. (1972: 365-76).

TAYLOR, D., 1951, 'Sex, gender in Central American Carib', *International Journal of American Linguistics*, 17(2): 102-4.

THE DEPOSITIONS, ARGUMENTS AND JUDGEMENT IN THE COURSE OF THE CHURCH-WARDENS OF TREFDRAETH AGAINST BOWLES, Llundain, 1773.

THOMAS, A.R., 1973, *The Linguistic Geography of Wales*, Caerdydd: Gwasg Prifysgol Cymru

THOMAS, Beth, 1980, 'Cymrêg, Cymraeg: Cyweiriau iaith siaradwraig o Ddyffryn Afan', *Bwletin y Bwrdd Gwybodau Celtaidd*, XVIII, Rhan IV, 1980 (579-92).

   1987, 'Accounting for language shift in a South Wales mining community', *Cardiff Working Papers in Welsh Linguistics*, 5.

   1988, 'Accounting for language maintenance and shift. Socio-historical evidence from a mining community in Wales', yn MacEoin, G. Ahlquvist, A., a Ó hAodha, D. (gol.) (1988: 13-26).

THOMAS, Yr Arglwydd Dafydd Elis, 1994, *Bywyd yr Iaith*, Caerdydd: B.B.C.

THOMAS, Gwyn, 1985, *Llenyddiaeth y Cymry. Cyflwyniad Darluniadol*, Y Bontfaen: D. Brown.

THOMAS, John, 1680, *Ymarferol Athrawiaeth Gweddi*, Llundain.

THOMAS, J.G., 1956, 'The geographical distribution of the Welsh language', *Geographical Journal* 122: 71-9.

THOMAS, Peter, 1986, *Strangers from a Secret Land*, Toronto: Gwasg Prifysgol Toronto.

THOMAS, R.M., 1967, *The linguistic geography of Carmarthen,*

Glamorgan and Pembrokeshire from 1750 to the present day, Traethawd M.A. Prifysgol Cymru Aberystwyth.

TIMM, L., 1980, 'Bilingualism, diglossia and language shift in Brittany', *International Journal of the Sociology of Language*, 25: 29-42.

TROSSET, Carol, 1986, 'The social identity of Welsh learners', *Language in Society*, 15: 165-92.

TRUDGILL, Peter, 1974, *The Social Differentiation of English in Norwich*, Caergrawnt: Gwasg Prifysgol Caergrawnt.

1978, *Sociolinguistic Patterns in British English*, Llundain: Edward Arnold.

TSCHIFFELY, A.F,. 1940, *This Way Southward*, Llundain: Heinemann.

USHER, G.A., 'Medieval Wrexham', yn Dodd, A.H. (1957: 14-33).

VAUGHAN, Rowland, 1630, *Yr Ymarfer o Dduwioldeb*. Cyfieithiad o *The Practice of Piety*, Lewis Bayly (1610), Llundain: Felix Kyngston.

VERDOODT, A., 1972, 'The differential impact of immigrant French speakers on indigenous German speakers: a case study in the light of two theories', yn Fishman, J. (1972: 377-85).

WALKER, David, 1977, *The Norman Conquerors*, Abertawe.

1984, 'Cultural Survival in an Age of Conquest', yn Davies R.R., Griffiths, R.A., Jones, I.G. a Morgan, K.O. (1984: 35-50).

WALTERS, John, 1771, *Dissertation of the Welsh Language . . .*, Y Bontfaen: R. a D. Thomas.

1794, *An English Welsh Dictionary*, Llundain: J. Walters.

WANG, W.S.Y. a CHENG, C.C., 1970, 'Implementation of phonological change. The Shuang-fung Chinese case', *Proceedings of the Annual Regional Meeting of the Chicago Linguistics Society*, 6, 552-9.

WARNER, R. 1799, *A Second Walk Through Wales*, Llundain.

WHITE, E., 'Y Byd, y Cnawd, y Cythraul: Disgyblaeth a threfn Seiadau Methodistaidd De Orllewin Cymru 1737-1750', yn Jenkins, G.H. (1993: 69-102).

WHITLEY, W.H. (gol.), 1974, *Language in Kenya, . . .* Nairobi: Gwasg Prifysgol Rhydychen.

WILLIAMS, A. H. (gol.), 1971, *John Wesley in Wales, 1739-1790: Entries from his Journal*, Caerdydd: Gwasg Prifysgol Cymru.

WILIAM, Aled Rhys, 1960, *Llyfr Iorwerth*, Caerdydd: Gwasg Prifysgol Cymru.

WILLIAMS, C.H., 1980, 'Language contact and language change: a study in historical geo-linguistics', *Welsh History Review*, 10, 207-38.

1981, 'The territorial dimension in language planning: an evalua tion of its potential in contemporary Wales', *Langauge Problems and Language Planning,* 5(1): 57-73.

1988, *Language in Geographic Context,* Clevedon: Multilingual Matters.

WILLIAMS, D.T., 1935, 'Linguistic divides in South Wales', *Archaeologia Cambrensis,* 90: 239-66.

1936, 'Linguistic divides in North Wales', *Archaeologia Cambrensis,* 91: 194-209.

1937, 'A linguistic map of Wales', *Geographical Journal,* 89(2): 146-57.

WILLIAMS, Glanmor, 1962, *The Welsh Church from Conquest to Reformation,* Caerdydd: Gwasg Prifysgol Cymru.

1985, *Harri Tudur a Chymru,* Caerdydd: Gwasg Prifysgol Cymru.

1988, 'The act of incorporation and the Welsh language', *Planet,* 72: 48-53.

1990, 'The Renaissance', yn Williams G. a Jones, R.O. (gol.) (1990: 1-16).

WILLIAMS, Glanmor a JONES, R.O. (gol.), 1990, *The Celts and the Renaissance,* Caerdydd: Gwasg Prifysgol Cymru.

WILLIAMS, Gwyn, 1977, *The Land Remembers. A View of Wales,* Llundain: Faber & Faber.

WILLIAMS, Ieuan M., 1982, *Abertawe a'r Cylch,* Llandybïe: Christopher Davies.

WILLIAMS, Ifor, 1930, *Pedeir Keinc y Mabinogi,* Caerdydd: Gwasg Prifysgol Cymru.

1960, *Canu Taliesin,* Caerdydd: Gwasg Prifysgol Cymru.

1961, *Canu Aneirin,* Caerdydd: Gwasg Prifysgol Cymru.

WILLIAMS, J.E.C., 1963, 'Medieval Welsh Religious Prose', *Proceedings of the Second International Congress of Celtic Studies* (1963: 65-100) Caerdydd: Gwasg Prifysgol Cymru.

1966, 'Naws y Ganrif' yn Morgan, Dyfnallt (1966: 11-25).

1974, 'Rhyddiaith Grefyddol Cymraeg Canol', yn Bowen, Geraint (gol.) (1974: 312-408).

(gol.), 1976, *Ysgrifau Beirniadol IX,* Dinbych: Gwasg Gee. 1982, *Ysgrifau Beirniadol XII,* Dinbych: Gwasg Gee.

WILLIAMS, J.L., 1963, 'The turn of the tide. Some thoughts on the Welsh language in education', *Transactions of the Honourable Society of the Cymmrodorion,* 1963: 48-69.

1968, 'Addysg', yn Morgan, Dyfnallt (gol.) (1968: 107-18).

1973, 'The Welsh language in Education', yn Stephens, Meic (1973:92-109)

WILIAMS, Penry, 1988, 'Government and Politics', yn Herbert, Trevor a Jones, G.E. (1988: 134-62).

WILLIAMS, R. Bryn, 1962, *Y Wladfa*, Caerdydd: Gwasg Prifysgol Cymru.

WILLIAMS, Sian Rhiannon, 1992, *Oes y Byd i'r Iaith Gymraeg*, Caerdydd: Gwasg Prifysgol Cymru.

WILLIAMS, Thomas, 1691, *Ymadroddion Bucheddol ynghylch Marwolaeth*, cyfieithiad o William Sherlock, *Practical Discourse Concerning Death*, Rhydychen: Leon Lichfield.

WILLIAMS, William, 1756, *Golwg ar Derynas Crist*, yn Jones, N. Cynhafal (1887: 67-234)

1762, *Y Môr o Wydr* yn Jones, N. Cynhafal (1891: 127-188).

1763, *Ateb Philo Evangelius i Martha Philopur*, Caerfyrddin: Rhys Thomas a J.Ross.

1764, *Bywyd a Marwolaeth Theomemphus*, Adargraffiad (1905), Caernarfon: Llyfrfa'r Cyfundeb.

1771, *Templum Experientiae Apertum neu Drws y Society Profiad* yn Jones, N.Cynhafal (1891: 479-534).

1777, *Ductor Nuptiarum neu Gyfarwyddwr Priodas*, Adargraffiad yn Kilsby-Jones, J.R. (1867: 322-41).

WILLIAMS, W.D., 1964, 'Survival of the Welsh Language after the Union of England and Wales. First Phase 1536-1642', *Welsh History Review II*, 1964: 67-93.

WILLIS, David, 'Dweud y Drefn: Myfyrdodau ar Hanes Trefn Geiriau yn y Gymraeg', *Yr Aradr*, (5) 1993-4: 70-75.

WOLFRAM, W., 1969, *A sociolinguistic description of Detroit Negro Speech*, Washington DC: Canolfan Ieithyddiaeth Gymwysedig.

WOLFSON, N. a MANES, J. (gol.), 1985, *Language and Inequality*, Hague: Mouton.

WATTON, W. a WILLIAMS, M., 1730, *Cyfreithiau Hywel Dda ac eraill*, Llundain: William Bowyer.

WYNN, Edward, 1662, *Trefn Ymarweddiad y Gwir Gristion*, Llundain.

WYNNE, Elis, 1703, *Gweledigaetheu y Bardd Cwsg*. Adargraffiad Morris-Jones, J. (1898), Bangor: Jarvis a Foster.

Y BWRDD ADDYSG, 1927, *Y Gymraeg mewn Addysg a Bywyd*, Llundain: HMSO.

Y SWYDDFA GARTREF, 1951, *Report of the Committee on Welsh Language Publishing* (Ready Report), Llundain: HMSO.

1965, *Statws Cyfreithiol i'r Iaith Gymraeg*, Caerdydd: HMSO.

Y SWYDDFA GYMREIG, 1986, Rhestr—Ffurflenni ar gael yn y Gymraeg.

1988, *Statistics of Education in Wales: Schools No. 1988*, Caerdydd: HMSO.

1989, *Welsh for Ages 5-16. Proposals of the Secretary of State for Wales*, Caerdydd: HMSO.

1991, *The Implementation of the National Curriculum in 12 small schools in North Powys*, Caerdydd: HMSO.

1992, *Adroddiad gan Arolygwyr ei Mawrhydi. Arolwg o'r Gymraeg yn Iaith Gyntaf ac yn Ail Iaith yn Ysgolion Cynradd Ardal Llandeilo*, Caerdydd: HMSO.

1992, *Introducing Welsh as a Second Language at Key Stage 1 in Gwent* Caerdydd: HMSO.

1994, *Arolwg o waith Athrawon Bro, Athrawon Ymgynghorol ac Athrawon Cynorthwyol eraill y Gymraeg*, Caerdydd: HMSO.

1994, *Gweithredu'r Gymraeg yn Ail Iaith yng Nghyfnod Allweddol 4*, Caerdydd: HMSO.

1994, *Statistics of Education in Wales: Schools No. 2 1994*, Caerdydd: HMSO.

MYNEGAI